"十二五"国家重点图书出版规划项目

中国现代化报告 2014~2015

——工业现代化研究

何传启　主编

中国现代化战略研究课题组
中国科学院中国现代化研究中心　编

北京大学出版社
PEKING UNIVERSITY PRESS

图书在版编目(CIP)数据

中国现代化报告.2014~2015:工业现代化研究/何传启主编.—北京:北京大学出版社,2015.5
ISBN 978-7-301-25678-7

Ⅰ.①中⋯　Ⅱ.①何⋯　Ⅲ.①现代化建设—研究报告—中国—2014　②工业现代化—研究报告—中国—2014
Ⅳ.①D61　②F124.1

中国版本图书馆 CIP 数据核字(2015)第 078814 号

书　　　名	中国现代化报告 2014～2015——工业现代化研究
著作责任者	何传启　主编
责 任 编 辑	黄　炜
标 准 书 号	ISBN 978-7-301-25678-7
出 版 发 行	北京大学出版社
地　　　址	北京市海淀区成府路 205 号　100871
网　　　址	http://www.pup.cn
电 子 信 箱	zpup@pup.cn
新 浪 微 博	@北京大学出版社
电　　　话	邮购部 62752015　发行部 62750672　编辑部 62752038
印 刷 者	北京大学印刷厂
经 销 者	新华书店
	850 毫米×1168 毫米　16 开本　31.5 印张　887 千字
	2015 年 5 月第 1 版　2015 年 5 月第 1 次印刷
定　　　价	128.00 元

未经许可,不得以任何方式复制或抄袭本书之部分或全部内容。
版权所有,侵权必究
举报电话:010-62752024　电子信箱:fd@pup.pku.edu.cn
图书如有印装质量问题,请与出版部联系,电话:010－62756370

中国现代化战略研究课题组

顾　问

　　周光召　院　士　中国科学院
　　成思危　教　授　全国人大常委会
　　路甬祥　院　士　中国科学院
　　徐冠华　院　士　国家科学技术部
　　白春礼　院　士　中国科学院
　　许智宏　院　士　北京大学
　　陈佳洱　院　士　国家自然科学基金委员会
　　李主其　教　授　国家自然科学基金委员会
　　郭传杰　研究员　中国科学院
　　方　新　研究员　中国科学院

组　长

　　何传启　研究员　中国科学院中国现代化研究中心

成　员（按姓氏笔画为序）

　　于维栋　研究员　中共中央办公厅调研室
　　马　诚　研究员　中国科学院生物科学与技术学部
　　方竹兰　教　授　中国人民大学经济学院
　　叶　青　副　研　中国科学院中国现代化研究中心
　　刘　雷　副　研　中国科学院中国现代化研究中心
　　刘细文　研究员　中国科学院文献情报中心
　　刘洪海　编　审　中国科学院国家纳米科技中心
　　朱庆芳　研究员　中国社会科学院社会学研究所
　　毕晓梅　博　士　中国科学院中国现代化研究中心
　　汤锡芳　编　审　国家自然科学基金委员会
　　吴述尧　研究员　国家自然科学基金委员会
　　张　凤　研究员　中国科学院发展规划局
　　李　力　助　研　中国科学院中国现代化研究中心
　　李　宁　副教授　美国东华盛顿大学
　　李　扬　助　研　中国科学院中国现代化研究中心
　　李存富　高　编　中国科学报社
　　李泊溪　研究员　国务院发展研究中心
　　杜占元　研究员　国家教育部

杨重光	研究员	中国社会科学院城市与环境研究中心
邹力行	研究员	国家开发银行研究院
陈　丹	研究员	中国科学院文献情报研究中心
陈永申	研究员	国家国有资产管理局
胡志坚	研究员	国家科学技术部中国科技发展战略研究院
赵西君	副　研	中国科学院中国现代化研究中心
赵学文	研究员	国家自然科学基金委员会
程　萍	教　授	国家行政学院
董正华	教　授	北京大学世界现代化进程研究中心
谢文蕙	教　授	清华大学经济管理学院
裘元伦	研究员	中国社会科学院欧洲研究所
靳　京	助　研	中国科学院中国现代化研究中心

前　言

现代化既是我国的国家目标,也是世界交叉科学的前沿课题。2001年既是新世纪的纪元,也是中国"第三步战略"的起点。2001年开始出版的《中国现代化报告》(以下简称《报告》),曾经先后得到国家自然科学基金委员会、国家科技部和中国科学院的资助,得到课题组顾问们的关怀和指导,受到许多著名学者的充分肯定,受到部分知名媒体的持续关注,特此感谢!

本项研究得到中国科学院前辈们的关怀和支持。中国科学院前院长周光召院士题词:为可持续发展的现代化奋斗。中国科学院前院长路甬祥院士题词:研究现代化规律,创新现代化理论,促进现代化建设。中国科学院院长白春礼院士连续为《报告》作序。中国工程院前院长宋健院士亲笔指导:你们近几年出版的《现代化报告》,非常好,对各界极有参考价值,很有思想性。国家科技部前部长徐冠华院士为《报告》作序:系统和科学地研究现代化,全面揭示现代化的客观规律,是中国科学家的一个历史责任。北京大学前校长、国家自然科学基金委员会前主任陈佳洱院士为《报告》作序:中国现代化研究既是关系国家目标和国家长远发展的重大基础研究,又是跨学科、跨领域和跨部门的综合研究,值得社会各界给予关注和支持。

美国杜克大学社会学荣誉教授图亚江(E. Tiryakian)说:《报告》覆盖的领域很广,而且毫无疑问,它代表了这些领域的世界先进水平。在东亚兴起的新一轮现代化进程中,你们正在发挥引领作用。联合国教科文组织国际社会学理事会理事长、意大利米兰大学马蒂内利教授(A. Martinelli)说:《报告》采用自然科学与社会科学相结合的研究方法,这种方法是促进现代化研究的有效方法。欧洲科学院院士、波兰社会学家莫拉斯基教授(W. Morawski)等说:将在大学讲课时使用这份《报告》。俄罗斯科学院通讯院士拉宾教授(N. Lapin)借鉴《报告》的研究方法,发现2010年俄罗斯有19个地区已进入第二次现代化,有64个地区处于第一次现代化。

2001年以来,先后有280多家中国媒体对《报告》进行报道或评论;美国、英国、德国、韩国和澳大利亚等国家的媒体进行了多次报道。2008年香港《中国评论通讯社》说:《中国现代化报告》的影响力很大,对政府长远政策的制定、对社会精英的思考模式、对社会舆论的理论引导、对民意的启发,都具有无法低估的作用。2011年元月《科学时报》头版报道:现代化科学是民族复兴基础。2011年《中国现代化报告》被列入"十二五"国家重点图书出版规划项目。

迄今为止,《报告》已经走过了13年历程。《报告》前13年的主题依次是:现代化与评价、知识经济与现代化、现代化理论与展望、地区现代化、经济现代化、社会现代化、生态现代化、国际现代化、文化现代化、世界现代化、现代化科学、农业现代化和城市现代化。它们分别涉及现代化理论研究、分层次现代化、分领域现代化和分部门现代化研究等。

今年《报告》主题是工业现代化研究,属于部门现代化研究。关于工业化、工业革命、工业经济学和发展经济学的研究有许多经典著作。它们与工业现代化紧密相关,并为工业现代化研究提供了学术指引和历史借鉴。本项研究侧重定量研究和国际比较研究,其主要目的有四个:① 为研究工业现代化提供历史事实;② 为研究工业现代化理论提供一种框架;③ 为中国工业现代化提供世界背景;④ 为中国工业现代化提供一些政策建议。

本《报告》主要包括四个部分:首先,系统分析1700～2100年期间世界工业现代化的事实和前景,完成世界工业现代化的四十年评价(1970～2010)。其次,系统阐述工业现代化研究的主要观点和基本原理。其三,简要分析中国工业现代化的事实和前景,提出中国工业现代化路线图。其四,完成2011和2012年世界现代化评价。

本《报告》和前13本《报告》一样,世界现代化评价注意了如下几个方面:

(1) 有限目标。现代化是动态的和综合的,涉及人类生活各个领域的深刻变化。世界现代化评价仅对经济、社会、文化和环境现代化进行评价,没有涉及政治领域的现代化。

(2) 评价方法的科学性。现代化评价是对一个非线性大系统的动态过程进行评价,评价方法包括定性评价、定量评价和综合评价等。基于目前的条件,本报告采用定量评价。

(3) 评价指标的合理性。选择评价指标有四个原则:其一,具有代表性的关键指标,避免指标相互重叠;其二,可以获得连续的官方统计数据,避免随机波动;其三,具有可比性,能够反映发展水平;其四,对评价指标进行相关性分析,保证指标的合适性和逻辑一致性。

(4) 评价数据的权威性和一致性。评价数据采用国际权威机构和官方统计机构公布的数据;其中,世界现代化评价以世界银行的《2014年世界发展指标》网络数据库的系列数据为基本数据来源,中国地区现代化评价以《中国统计年鉴2013》的系列数据为基本数据来源。

(5) 评价结果的相对性和客观性。本《报告》的数据来源是权威的,现代化评价方法没有采用"加权系数",减少人为因素的影响,评价结果具有连续可比性。影响现代化的因素很多,评价结果更多反映一种趋势。在分析和引用结果时,要非常慎重。

本项研究得到中国科学院中国现代化研究中心理事会的大力支持。中国科学院文献情报中心和北京同响时代现代化管理咨询中心给予了许多的帮助。北京大学出版社在很短时间内完成了《报告》的编辑出版工作。特此,向有关领导、单位、学者及工作人员表示诚挚的谢意!

本《报告》是集体合作的成果。课题组对《报告》进行了多次讨论和修改。

《报告》各部分执笔人分别是:前言和综述:何传启;第一章:刘雷;第二章第一节和第二节:毕晓梅;第二章第三节和第四节:何传启;第三章前三节:赵西君;第三章第四节:何传启;第四章:叶青;第五章:何传启和张凤;附录一:叶青;附录二和附录三:张凤。

本《报告》包含570多张图表和大量数据,在处理过程中难免出现遗漏和错误;有些统计数据有争议,有些观点只是一家之言。敬请读者不吝赐教,我们将虚心学习和不断改进。

本报告突出了工业现代化的定量分析,但关于工业企业、工业制度和工业发展经验的定性分析有所不足。这既是一个缺憾,也是课题组今后的一个研究方向。

何传启

中国现代化战略研究课题组组长
中国科学院中国现代化研究中心主任
2015年1月30日

目　　录

综述　现代工业的新前沿 ·· i

上篇　工业现代化研究

第一章　世界工业现代化的基本事实 ·· 4
第一节　工业现代化的研究方法 ·· 4
　　一、工业现代化研究的基本概念 ·· 5
　　二、工业现代化研究的一般方法 ·· 8
　　三、工业现代化研究的坐标分析法 ·· 9
第二节　工业现代化的时序分析 ·· 15
　　一、世界工业生产的时序分析 ·· 16
　　二、世界工业经济的时序分析 ·· 44
　　三、世界工业环境的时序分析 ·· 57
　　四、世界工业要素的时序分析 ·· 63
第三节　工业现代化的截面分析 ·· 72
　　一、世界工业生产的截面分析 ·· 73
　　二、世界工业经济的截面分析 ·· 82
　　三、世界工业环境的截面分析 ·· 89
　　四、世界工业要素的截面分析 ·· 94
第四节　工业现代化的过程分析 ·· 100
　　一、世界工业现代化的历史进程 ·· 100
　　二、世界工业现代化的客观现实 ·· 112
　　三、世界工业现代化的前景分析 ·· 116
本章小结 ·· 123

第二章　世界工业现代化的基本原理 ·· 127
第一节　工业现代化的相关研究 ·· 127
　　一、工业化与工业革命 ·· 127
　　二、工业经济学 ·· 133
　　三、发展经济学 ·· 134
第二节　工业现代化的专题研究 ·· 135
　　一、工业现代化的概念研究 ·· 135
　　二、工业现代化的实证研究 ·· 136
　　三、工业现代化的应用研究 ·· 137

第三节　工业现代化的基本原理 ······ 138
一、工业现代化的内涵 ······ 139
二、工业现代化的过程 ······ 142
三、工业现代化的结果 ······ 150
四、工业现代化的动力 ······ 153
五、工业现代化的模式 ······ 158

第四节　工业现代化的政策研究 ······ 161
一、工业现代化的一般政策 ······ 161
二、工业现代化的战略分析 ······ 163
三、工业现代化的政策选择 ······ 166

本章小结 ······ 167

第三章　中国工业现代化的理性分析 ······ 172

第一节　中国工业现代化的时序分析 ······ 173
一、中国工业生产的时序分析 ······ 173
二、中国工业经济的时序分析 ······ 185
三、中国工业环境的时序分析 ······ 196
四、中国工业要素的时序分析 ······ 202

第二节　中国工业现代化的截面分析 ······ 206
一、中国工业生产的截面分析 ······ 206
二、中国工业经济的截面分析 ······ 209
三、中国工业环境的截面分析 ······ 212
四、中国工业要素的截面分析 ······ 214

第三节　中国工业现代化的过程分析 ······ 216
一、中国工业现代化的历史进程 ······ 216
二、中国工业现代化的客观现实 ······ 223
三、中国工业现代化的前景分析 ······ 230

第四节　中国工业现代化的战略分析 ······ 235
一、中国工业现代化的目标分析 ······ 235
二、中国工业现代化的路线图 ······ 242
三、中国工业现代化的战略要点 ······ 247

本章小结 ······ 267

下篇　世界和中国现代化评价

第四章　工业现代化四十年 ······ 274

第一节　世界工业现代化四十年 ······ 274
一、2010年世界工业现代化指数 ······ 275
二、1970～2010年世界工业现代化进程 ······ 282

第二节　中国工业现代化四十年 ··· 288
　　　　一、2010 年中国工业现代化水平 ·· 289
　　　　二、1970～2010 年中国工业现代化进程 ··································· 291
　　第三节　中国地区工业现代化进程 ··· 294
　　　　一、2010 年中国地区工业现代化指数 ······································ 296
　　　　二、2000 年中国地区工业现代化指数 ······································ 297
　　本章小结 ·· 298

第五章　2012 年世界和中国现代化指数 ··· 300
　　第一节　2012 年世界现代化指数 ·· 300
　　　　一、2012 年世界现代化的总体水平 ··· 301
　　　　二、2012 年世界现代化的国际差距 ··· 308
　　　　三、2012 年世界现代化的国际追赶 ··· 309
　　第二节　2012 年中国现代化指数 ·· 311
　　　　一、2012 年中国现代化的总体水平 ··· 311
　　　　二、2012 年中国现代化的国际差距 ··· 314
　　　　三、2012 年中国现代化的国际追赶 ··· 316
　　第三节　2012 年中国地区现代化指数 ·· 317
　　　　一、2012 年中国地区现代化的总体水平 ··································· 317
　　　　二、2012 年中国地区现代化的国际差距 ··································· 323
　　　　三、2012 年中国地区现代化的国际追赶 ··································· 324
　　本章小结 ·· 325

技术注释 ·· 327

参考文献 ·· 341

数据资料来源 ··· 348

附　　录

　　附录一　工业现代化评价的数据集 ··· 351
　　附录二　世界现代化水平评价的数据集 ······································· 394
　　附录三　中国地区现代化水平评价的数据集 ································ 439

图 表 目 录

　　图 A　1820～2010 年产业结构变迁 ··· iii
　　图 B　1801～2010 年就业结构变迁 ··· iii

图 C	20世纪制造业技术结构	iii
图 D	低技术出口比例变迁	iii
图 E	2010年中国、美国和德国的产业结构(a)和工业劳动生产率(b)的比较	x
图 F	2010年中国、美国和德国的制造业技术结构(a)和制造业劳动生产率(b)的比较	xi
图 G	2010年中国、美国和德国的制造业出口结构(a)和人均制造业出口值(b)的比较	xi
图 H	工业现代化的路线图	3
图 1-1	工业现代化犹如一场工业发展的国际马拉松比赛	4
图 1-2	工业现代化的研究对象	4
图 1-3	工业内涵和外延的操作性界定	5
图 1-4	工业现代化的研究对象(示意图)	6
图 1-5	现代化现象的过程分析	9
图 1-6	现代化过程的结果分析	9
图 1-7	工业现代化的一种分析框架	15
图 1-8	1980～2012年人均原油储量的变化	18
图 1-9	1700～2010年工业劳动力比例的变化	20
图 1-10	1960～2010年工业能耗占总能耗比例的变化	20
图 1-11	1980～2012年采矿劳动力比例的变化	20
图 1-12	1980～2012年制造业劳动力比例的变化	21
图 1-13	1980～2012年建筑业劳动力比例的变化	21
图 1-14	1980～2012年公共事业劳动力比例的变化	21
图 1-15	1970～2011年固定资产形成占GDP比例的变化	22
图 1-16	1970～2011年固定资产折旧占GNI比例的变化	22
图 1-17	1960～2011年工业能耗占总能耗比例的变化	22
图 1-18	1960～2011年工业用电占全部用电比例的变化	23
图 1-19	1980～2011年工业人均能耗的变化	23
图 1-20	1980～2011年工业人均电耗的变化	23
图 1-21	1870～2010年工业劳动力生产率的变化	27
图 1-22	1800～2010年工业增加值占GDP比例的变化	27
图 1-23	1970～2009年建筑业增加值占GDP比例的变化	28
图 1-24	1970～2009年制造业增加值占GDP比例的变化	28
图 1-25	1971～2011年单位工业增加值的能源消耗的变化	29
图 1-26	1971～2011年单位工业增加值的电力消耗的变化	29
图 1-27	1982～2011年单位工业增加值的淡水消耗的变化	30
图 1-28	1960～2010年工业增加值与服务业增加值的比值变化	33
图 1-29	1980～2010年工业劳动力与服务业劳动力的比值变化(工业劳动力/服务业劳动力)	34
图 1-30	1960～2010年工业增加值与农业增加值的比值变化(工业增加值/农业增加值)	34
图 1-31	1980～2010年工业劳动力与农业劳动力的比值变化(工业劳动力/农业劳动力)	34
图 1-32	1980～2012年采矿业劳动力占工业劳动力比例的变化	35
图 1-33	1980～2012年制造业劳动力占工业劳动力比例的变化	35

图 1-34	1980~2012年建筑业劳动力占工业劳动力比例的变化	35
图 1-35	1980~2012年公共事业劳动力占工业劳动力比例的变化	36
图 1-36	1970~2009年采矿业增加值占工业增加值比例的变化	36
图 1-37	1970~2009年制造业增加值占工业增加值比例的变化	36
图 1-38	1970~2009年建筑业增加值占工业增加值比例的变化	37
图 1-39	1970~2009年公共事业增加值占工业增加值比例的变化	37
图 1-40	1990~2009年食品、饮料和烟草占制造业增加值比例的变化	37
图 1-41	1990~2009年纺织品与服装行业占制造业增加值比例的变化	38
图 1-42	1990~2009年化工产品占制造业增加值比例的变化	38
图 1-43	1990~2009年机械和运输设备占制造业增加值比例的变化	38
图 1-44	1990~2009年其他制造业占制造业增加值比例的变化	39
图 1-45	1970~2009年美国制造业的技术结构变化	39
图 1-46	1970~2009年德国制造业的技术结构变化	39
图 1-47	1970~2009年日本制造业的技术结构变化	39
图 1-48	1970~2009年英国制造业的技术结构变化	39
图 1-49	1970~2009年法国制造业的技术结构变化	40
图 1-50	1970~2009年意大利制造业的技术结构变化	40
图 1-51	1970~2009年韩国制造业的技术结构变化	40
图 1-52	1970~2009年墨西哥制造业的技术结构变化	40
图 1-53	1960~2010年人均电力产量的变化	46
图 1-54	1870~2000年人均原糖产量的变化	46
图 1-55	1900~2000年美国典型耐用品供给的变化	46
图 1-56	1900~2000年美国人均原糖和啤酒供给的变化	47
图 1-57	1960~2010年美国人均电力和水泥供给的变化	47
图 1-58	1990~2012年工业产品简单平均适用税率变化	50
图 1-59	1970~2010年人均制造业出口的变化	50
图 1-60	1960~2011年人均电力消费的变化	52
图 1-61	1970~2000年人均原糖消费的变化	52
图 1-62	1970~2012年美国人均钢铁、水泥、原糖和化肥消费的变化	53
图 1-63	1990~2012年美国人均原油、煤炭和天然气消费的变化	53
图 1-64	1970~2010年各国制造业出口占全球制造业出口比例的变化	56
图 1-65	1970~2010年各国人均制造业出口的变化	56
图 1-66	2001~2010年15国高技术出口占全球高技术出口比例的变化	56
图 1-67	1990~2010年15国人均高技术出口的变化	57
图 1-68	1990~2011年工业废水处理率的变化	58
图 1-69	1990~2011年工业废物填埋处理率的变化	59
图 1-70	PM 10平均浓度(全国空气颗粒物平均浓度)变化	59
图 1-71	PM 2.5平均浓度(全国空气颗粒物平均浓度)变化	59
图 1-72	受PM 2.5污染(超出世界卫生组织健康标准)人口比例的变化	60
图 1-73	工人人均工业有机废水(BOD)排放的变化	60

图 1-74	单位工业增加值的有机废水(BOD)排放的变化	60
图 1-75	1960～2012年人均GDP的变化趋势	62
图 1-76	1960～2012年大城市人口比例(人口超过百万的城市)的变化趋势	62
图 1-77	1970～2011年中学入学率的变化趋势	65
图 1-78	1970～2011年大学入学率的变化趋势	65
图 1-79	2000～2009年工业劳动力月平均工资的变化	65
图 1-80	1990～2012年制造业每周工时的变化趋势	66
图 1-81	2004～2011年新注册企业比例(新注册企业/千成年人)的变化	67
图 1-82	1960～2010年专利拥有比例(专利申请数/万居民)的变化	68
图 1-83	1980～2009年企业申请专利占比的变化	68
图 1-84	1970～2012年人均可再生能源消费的变化	70
图 1-85	工业资源变量与国家经济水平的关系(举例)	76
图 1-86	工业投入变量与国家经济水平的关系(举例)	77
图 1-87	工业产出变量与国家经济水平的关系(举例)	77
图 1-88	工业效率变量与国家经济水平的关系(举例)	77
图 1-89	工业结构变量与国家经济水平的关系(举例)	78
图 1-90	工业供给变量与国家经济水平的关系(举例)	84
图 1-91	工业流通变量与国家经济水平的关系(举例)	85
图 1-92	工业消费变量与国家经济水平的关系(举例)	85
图 1-93	工业竞争力变量与国家经济水平的关系(举例)	85
图 1-94	生态环境变量与国家经济水平的关系	91
图 1-95	社会环境变量与国家经济水平的关系	91
图 1-96	工业劳动力变量与国家经济水平的关系	96
图 1-97	工业企业变量与国家经济水平的关系	96
图 1-98	工业技术变量与国家经济水平的关系	96
图 1-99	工业制度变量与国家经济水平的关系	97
图 1-100	工业观念变量与国家经济水平的关系	97
图 1-101	世界工业现代化的过程分析	100
图 1-102	世界现代化和人类文明的主要阶段	101
图 1-103	工业4.0——物联网和服务网	104
图 1-104	1963～2007年间按收入阶段和技术组别分类的制造业增加值份额的变化情况	105
图 1-105	1970～2010年完成第一次工业现代化的国家数量(a)和国家比例(b)	111
图 2-1	工业现代化的学科定位	127
图 2-2	德国提出工业革命的四个阶段(工业4.0)	132
图 2-3	18世纪以来创新的六次浪潮	136
图 2-4	工业现代化是工业发展、工业转型与工业国际互动的交集	140
图 2-5	工业现代化是工业变迁与现代化的交集	140
图 2-6	工业现代化的两条路径	142
图 2-7	工业变迁和工业现代化的坐标	144

图 2-8	工业现代化过程的结构（三个层次）	145
图 2-9	工业要素现代化的超循环模型	147
图 2-10	工业要素创新的主要路径	147
图 2-11	工业要素选择的多样性	147
图 2-12	工业要素传播的多样性	148
图 2-13	工业要素退出的多样性	148
图 2-14	工业和工业现代化的二重性	148
图 2-15	现代工业的三个来源	149
图 2-16	工业转型的主要路径	149
图 2-17	工业国际互动的主要路径	149
图 2-18	国家工业水平的国际地位的几种状态（马尔科夫链）	150
图 2-19	1970～2010年工业现代化过程的国际工业体系的水平结构	152
图 2-20	工业现代化过程的动力因素	154
图 2-21	工业现代化过程的创新驱动模型	154
图 2-22	工业现代化过程的三新驱动模型	155
图 2-23	工业现代化过程的双轮驱动模型	155
图 2-24	工业现代化过程的联合作用模型	155
图 2-25	工业现代化过程的创新扩散模型	156
图 2-26	工业现代化过程的创新溢出模型	156
图 2-27	工业现代化过程的竞争驱动模型	156
图 2-28	21世纪工业现代化的三条路径	159
图 2-29	综合工业现代化的要素配方的变化（示意图）	162
图 2-30	工业政策创新的生命周期	166
图 3-1	1750～2010年中国制造业占世界制造业产值的比重	172
图 3-2	21世纪中国工业现代化的路径选择——综合工业现代化的运河路径	173
图 3-3	中美工业劳动力比例比较	178
图 3-4	中美采矿业劳动力比例比较	178
图 3-5	中美制造业劳动力比例比较	178
图 3-6	中美建筑业劳动力比例比较	178
图 3-7	中美公共事业劳动力比例	179
图 3-8	中美工人人均资本比较	179
图 3-9	中美制造业劳动生产率比较	181
图 3-10	中美建筑业劳动生产率比较	181
图 3-11	中美工农业增加值之比的比较	184
图 3-12	中美工业与服务业增加值之比的比较	184
图 3-13	中美工农业劳动力之比的比较	185
图 3-14	中美工业与服务业劳动力之比的比较	185
图 3-15	中美食品、饮料和烟草产业比例的比较	185
图 3-16	中美纺织品与服装行业比例的比较	185

图 3-17	中美化工产品比例的比较	185
图 3-18	中美机械和运输设备产业比例的比较	185
图 3-19	中美人均钢铁产量变化趋势	188
图 3-20	中美人均原糖产量变化趋势	188
图 3-21	中美人均水泥产量变化趋势	188
图 3-22	中美人均石油产量变化趋势	188
图 3-23	1985~2010年中国制造业进口比例和出口比例的变化	189
图 3-24	中美工业产品简单平均适用税率比较	191
图 3-25	中美制造业出口比例比较	191
图 3-26	1970~2010年中国人均原油生产和原油消费的变化	192
图 3-27	1970~2010年中国人均电力生产和电力消费的变化	192
图 3-28	中美人均钢铁消费比较	194
图 3-29	中美人均原糖消费比较	194
图 3-30	中美人均水泥消费比较	194
图 3-31	中美人均化肥消费比较	194
图 3-32	中美PM 10平均浓度比较	198
图 3-33	中美人均制造业和建筑业的CO_2排放量比较	198
图 3-34	中美城市人口比例比较	201
图 3-35	中美人均能源消费比较	201
图 3-36	中美互联网普及率比较	201
图 3-37	中美汽车普及率比较	201
图 3-38	中美企业申请专利占比比较	204
图 3-39	中美万人专利申请数比较	204
图 3-40	中国工业现代化的过程分析	216
图 3-41	中国工业化与城市化比较	220
图 3-42	中国工业现代化的路线图——运河路径	244
图 3-43	中国工业现代化路线图的战略要点	248
图 3-44	经济质量的层次模型	249
图 3-45	工业过程的分析模型	249
图 3-46	工业技术结构和市场结构的演化模型	257
图 3-47	工业技术结构和专利结构的演化模型	257
图 3-48	工业市场结构和专利结构的演化模型	258
图 3-49	现代化的创新驱动模型（简化模型）	259
图 3-50	工业产品的生命周期	263
图 I	现代化评价的结构	273
图 4-1	1970~2010年世界工业现代化进程	283
图 4-2	1950~2010年中国工业现代化指数	291
图 5-1	2012年世界现代化进程的坐标图	300

图 5-2	2012年世界现代化的定位图(基于现代化阶段和第二次现代化水平)	303
图 5-3	2012年世界现代化的定位图(基于现代化阶段和综合现代化水平)	303
图 5-4	2012年中国第一次现代化的特点	312
图 5-5	2012年中国第二次现代化的特点	313
图 5-6	2012年中国综合现代化的特点	314
图 5-7	1950~2012年中国现代化指数的增长	316
图 5-8	1970~2012年中国现代化水平的提高	316
图 5-9	2012年中国地区现代化进程的坐标图	318
图 5-10	2012年中国现代化的地区定位图(第二次现代化水平的定位)	320
图 5-11	2012年中国现代化的地区定位图(综合现代化水平的定位)	320
图 5-12	2012年中国地区第一次现代化指数	321
图 5-13	2012年中国地区第二次现代化指数	321
图 5-14	2012年中国地区综合现代化指数	322
图 a	第一次现代化阶段评价的信号指标变化	330

表 A	20世纪以来世界经济结构变迁的基本特点	ii
表 B	18世纪以来的产业革命	v
表 C	世界工业现代化的两个阶段	viii

表 1-1	工业现代化的研究范围与研究单元的研究矩阵	5
表 1-2	工业现代化的研究内容的分类	6
表 1-3	工业现代化研究的结构矩阵	7
表 1-4	工业现代化与分领域和分层现代化的交叉	7
表 1-5	工业现代化研究的主要类型	8
表 1-6	现代化研究的坐标分析方法	10
表 1-7	文明时间与历史时间的对照表	10
表 1-8	人类历史上的文明范式及其代表性特征	11
表 1-9	人类历史上的工业范式及其代表性特征	11
表 1-10	工业现代化的时序分析的国家样本(2010年)	12
表 1-11	2010年截面分析的国家分组	13
表 1-12	工业现代化研究的分析变量的主要类型	14
表 1-13	工业现代化的分析指标	15
表 1-14	工业变量的特点和分类	16
表 1-15	1700~2010年工业生产的变迁	16
表 1-16	工业资源与工业劳动生产率的相关系数	18
表 1-17	2010年工业资源的国别差异	19
表 1-18	2010年典型国家工业资源	19
表 1-19	工业投入的分析变量和变化趋势	19
表 1-20	1990~2010年工业投入与工业效率的相关系数	24
表 1-21	1700~2010年工业劳动力比例的世界趋势和国际差距	25

表 1-22	1960~2000年工人人均资本的国别差异	25
表 1-23	1970~2010年典型国家的工业投入变化趋势	25
表 1-24	1970~2010年典型国家的工业劳动力投入结构变化趋势	26
表 1-25	工业产出与效率的分析变量和变化趋势	27
表 1-26	工业劳动生产率的国家地位的转移概率（马尔可夫链分析）	29
表 1-27	1870~2010年工业劳动生产率的世界前沿和国际差距	30
表 1-28	1820~2010年工业增加值比例的世界前沿和国际差距	31
表 1-29	1970~2009年典型国家的工业产出变化趋势	31
表 1-30	2000~2009年典型国家的工业效率变化趋势	32
表 1-31	工业结构的分析变量和变化趋势	33
表 1-32	1970~2010年世界工业的外部结构（增加值）变化趋势和国际差距	40
表 1-33	1970~2010年世界工业的外部结构（劳动力）变化趋势和国际差距	41
表 1-34	1970~2010年典型国家工业的外部结构变化趋势	41
表 1-35	1970~2009年典型国家工业的内部结构变化趋势	42
表 1-36	2000~2010年典型国家工业内部劳动力结构的变化趋势	42
表 1-37	1990~2009年典型国家制造业产业结构的变化趋势	43
表 1-38	1970~2009年典型国家制造业技术结构的变化趋势	44
表 1-39	1700~2010年工业经济的变迁	44
表 1-40	工业供给的分析变量和变化趋势	45
表 1-41	1820~2000年人均钢铁产量的世界前沿和国别差异	47
表 1-42	1870~2000年人均原糖产量的世界前沿和国别差异	48
表 1-43	1960~2010年人均电力产量的世界前沿和国别差异	48
表 1-44	1820~2000年典型国家人均钢铁和原糖供给的变化趋势	48
表 1-45	1995~2010年典型国家人均水泥和化肥供给的变化趋势	49
表 1-46	工业流通的分析变量和变化趋势	49
表 1-47	1990~2010年人均高技术出口世界前沿和国别差异	50
表 1-48	1990~2012年典型国家工业产品简单平均适用税率变化趋势	51
表 1-49	1990~2012年典型国家的制造业和食品出口比例	51
表 1-50	工业需求（消费）的分析变量和变化趋势	51
表 1-51	1990~2012年人均原油消费的世界前沿和国际差距	53
表 1-52	2002~2010年人均化肥消费的世界前沿和国别差异	54
表 1-53	2006~2012年典型国家人均钢铁消费的变化趋势	54
表 1-54	1970~2000年典型国家人均原糖消费的变化趋势	54
表 1-55	2006~2012年典型国家人均水泥消费的变化趋势	54
表 1-56	2002~2010年典型国家人均化肥消费的变化趋势	54
表 1-57	工业竞争力的分析变量和变化趋势	55
表 1-58	2009年世界各国工业竞争力指数排名	55
表 1-59	1700~2010年工业环境的变迁	57
表 1-60	生态环境的分析变量和变化趋势	58
表 1-61	1990~2010年典型国家生态环境的变化趋势	61

表 1-62	社会环境的分析变量和变化趋势	62
表 1-63	1990~2010 年典型国家社会环境的变化趋势	63
表 1-64	1700~2010 年工业要素的变迁	63
表 1-65	工业劳动力的分析变量和变化趋势	64
表 1-66	2000~2010 年典型国家工业劳动力的变化趋势	66
表 1-67	工业企业的分析变量和变化趋势	67
表 1-68	工业技术的分析变量和变化趋势	68
表 1-69	工业技术发展的主要阶段(举例说明)	69
表 1-70	1980~2010 年典型国家工业技术的变化趋势	70
表 1-71	2000~2011 年典型国家机器人使用的变化趋势	70
表 1-72	人类历史上的工业制度(举例)	71
表 1-73	工业思想观念的时序变迁(特征举例)	72
表 1-74	工业变量的截面特征及其与时序特征的关系	73
表 1-75	2010 年工业生产 76 个变量与国家经济水平的特征关系	73
表 1-76	2010 年工业生产变量与国家经济水平的特征关系的分类	76
表 1-77	2010 年截面工业生产变量的世界前沿和国际差距(9 组国家特征值之间的比较)	78
表 1-78	2010 年工业生产变量的截面特征与时序特征的关系	79
表 1-79	2000 年截面工业生产变量与国家经济水平的特征关系的分类	80
表 1-80	2000 年工业生产变量的截面特征与时序特征的关系	80
表 1-81	1970 年截面工业生产变量与国家经济水平的特征关系的分类	80
表 1-82	1970 年工业生产变量的截面特征与时序特征的关系	81
表 1-83	1900 年截面工业生产变量与国家经济水平的特征关系的分类	81
表 1-84	工业生产变量与国家经济水平的关系分类	81
表 1-85	1820 年截面工业生产变量与国家经济水平的特征关系的分类	81
表 1-86	1700 年截面工业生产变量与国家经济水平的特征关系	82
表 1-87	2010 年工业经济 48 个定量指标与国家经济水平的特征关系	82
表 1-88	2010 年工业经济变量与国家经济水平的特征关系的分类	84
表 1-89	2010 年截面工业经济变量的世界前沿和国际差距(9 组国家特征值之间的比较)	86
表 1-90	2010 年工业经济变量的截面特征与时序特征的关系	87
表 1-91	2000 年截面工业经济变量与国家经济水平的特征关系的分类	87
表 1-92	2000 年工业经济变量的截面特征与时序特征的关系	87
表 1-93	1970 年截面工业经济变量与国家经济水平的特征关系的分类	88
表 1-94	1970 年工业经济变量的截面特征与时序特征的关系	88
表 1-95	1900 年截面工业经济变量与国家经济水平的特征关系的分类	88
表 1-96	工业经济变量与国家经济水平的关系分类	88
表 1-97	1820 年截面工业经济变量与国家经济水平的特征关系的分类	89
表 1-98	2010 年工业环境 38 个变量与国家经济水平的特征关系	89
表 1-99	2010 年工业环境指标与国家经济水平的特征关系的分类	90
表 1-100	2010 年截面工业环境定量指标的世界前沿和国际差距(9 组国家特征值之间的比较)	91

表 1-101	2010 年工业环境定量指标的截面特征与时序特征的关系	92
表 1-102	2000 年截面工业环境定量指标与国家经济水平的特征关系的分类	93
表 1-103	2000 年工业环境定量指标的截面特征与时序特征的关系	93
表 1-104	1970 年截面工业环境定量指标与国家经济水平的特征关系的分类	93
表 1-105	1970 年工业环境定量指标的截面特征与时序特征的关系	93
表 1-106	1900 年截面工业环境定量指标与国家经济水平的特征关系的分类	93
表 1-107	工业环境定量指标与国家经济水平的关系分类	94
表 1-108	1820 年截面工业环境定量指标与国家经济水平的特征关系的分类	94
表 1-109	2010 年工业要素 33 个定量指标与国家经济水平的特征关系	94
表 1-110	2010 年工业要素定量指标与国家经济水平的特征关系的分类	95
表 1-111	2010 年截面工业要素定量指标的世界前沿和国际差距（9 组国家特征值之间的比较）	97
表 1-112	2010 年工业要素定量指标的截面特征与时序特征的关系	98
表 1-113	2000 年截面工业要素定量指标与国家经济水平的特征关系的分类	99
表 1-114	2000 年工业要素定量指标的截面特征与时序特征的关系	99
表 1-115	1970 年截面工业要素定量指标与国家经济水平的特征关系的分类	99
表 1-116	1970 年工业要素定量指标的截面特征与时序特征的关系	99
表 1-117	工业要素定量指标与国家经济水平的关系分类	100
表 1-118	世界现代化进程的阶段划分	102
表 1-119	世界现代化的两大阶段和六次浪潮	102
表 1-120	世界经济现代化的两大阶段和六次浪潮	102
表 1-121	世界工业现代化的两大阶段和六次浪潮	103
表 1-122	20 世纪工业指标与国家经济水平的相关性	108
表 1-123	1760~1970 年世界工业现代化的结果分析(举例说明)	109
表 1-124	1970~2010 年世界整体现代化的结果分析(举例说明)	109
表 1-125	1970~2010 年世界工业现代化的国际体系的结构(根据现代化指数分组)	110
表 1-126	1970~2010 年世界工业现代化的地理结构(国家个数)	110
表 1-127	工业现代化水平的国家地位的转移概率(马尔可夫链分析)	111
表 1-128	2010 年世界整体的工业现代化的阶段分析	112
表 1-129	2000~2010 年世界工业现代化的整体水平和速度分析	112
表 1-130	2010 年世界工业现代化的地理结构	113
表 1-131	2000~2010 年世界工业现代化的国际体系	113
表 1-132	1970~2010 年工业现代化指数排前 20 名的国家	114
表 1-133	1990~2010 年世界和 15 个国家工业现代化的速度	115
表 1-134	1970~2010 年世界范围的国家工业现代化的水平分析(第一次工业现代化指数)	116
表 1-135	1990~2010 年世界范围的国家工业现代化的水平分析(第二次工业现代化指数)	116
表 1-136	人类文明发展的历史逻辑的举例说明	117
表 1-137	21 世纪世界工业现代化的先进水平的情景分析	118
表 1-138	21 世纪世界工业现代化的平均水平的情景分析	118
表 1-139	21 世纪世界工业生产的世界前沿水平的情景分析	119

表 1-140	21世纪世界工业生产的世界平均水平的情景分析	119
表 1-141	21世纪世界工业经济的世界前沿水平的情景分析	120
表 1-142	21世纪世界工业经济的世界平均水平的情景分析	120
表 1-143	21世纪世界工业环境的世界前沿水平的情景分析	121
表 1-144	21世纪世界工业环境的世界平均水平的情景分析	121
表 1-145	21世纪世界工业要素的世界前沿水平的情景分析	122
表 1-146	21世纪世界工业要素的世界平均水平的情景分析	122
表 1-147	世界范围的国家工业现代化进程的一种估计	122
表 2-1	工业化研究的文献检索	127
表 2-2	工业化的内涵	128
表 2-3	关于工业革命的学术文献	130
表 2-4	不同学者对工业革命(产业革命)的解释	131
表 2-5	18世纪以来的工业革命	131
表 2-6	工业经济学的文献检索	133
表 2-7	发展经济学的文献检索	134
表 2-8	工业现代化研究的文献检索	135
表 2-9	工业发展的政策研究	137
表 2-10	工业现代化理论的结构	138
表 2-11	广义工业现代化的一般理论	138
表 2-12	工业现代化的四层涵义	139
表 2-13	工业现代化的多种操作性定义	139
表 2-14	工业现代化的概念模型	140
表 2-15	工业现代化的两个判据和四个标准	141
表 2-16	工业现代化的基本类型	141
表 2-17	工业现代化的基本要求	141
表 2-18	工业变迁和工业现代化的周期表——工业形态的变化	143
表 2-19	经济和工业现代化的六次浪潮	144
表 2-20	工业现代化过程的一般特点	145
表 2-21	工业现代化过程的分阶段特点	146
表 2-22	第二次现代化理论的10个基本原理	146
表 2-23	世界工业的前沿变化	151
表 2-24	工业现代化过程的动力模型	154
表 2-25	工业现代化的组合模式(举例)	160
表 2-26	工业现代化的主要路径	161
表 2-27	工业现代化战略与工业发展战略的比较	163
表 2-28	工业现代化目标的制定方法	164
表 2-29	工业现代化规划的制定方法	165
表 3-1	1900~2010年世界工业的地理分布	172

表 3-2	2010年中国工业指标的变化趋势	173
表 3-3	1980～2010年中国人均工业资源的变化	174
表 3-4	1980～2010年中国人均石油资源的国际比较	174
表 3-5	1980～2010年中国人均天然气资源的国际比较	175
表 3-6	2010年中国人均工业资源的国际比较	175
表 3-7	1970～2010年中国工业投入的变化	176
表 3-8	1960～2010年中国工业劳动力比例的国际比较	177
表 3-9	1970～2010年中国人均固定资本形成的国际比较	177
表 3-10	2010年中国工业投入的国际比较	178
表 3-11	1960～2010年中国工业效率的变化	179
表 3-12	1960～2010年中国工业劳动生产率的国际比较	180
表 3-13	1960～2010年中国人均制造业增加值的国际比较	180
表 3-14	2010年中国工业效率的国际比较	181
表 3-15	1980～2010年中国工业结构的变化	182
表 3-16	1970～2010年中国工业与农业增加值之比的国际比较	183
表 3-17	1970～2010年中国工业增加值占全球工业增加值比例的国际比较	183
表 3-18	2010年中国工业结构的国际比较	184
表 3-19	1960～2010年中国工业生产的变化	186
表 3-20	1960～2010年中国人均电力生产的国际比较	186
表 3-21	1960～2010年中国人均钢铁产量的国际比较	187
表 3-22	2010年中国工业生产的国际比较	187
表 3-23	1985～2010年中国工业流通的变化	188
表 3-24	1965～2010年中国人均制造业出口的国际比较	190
表 3-25	2010年中国工业流通的国际比较(1)	190
表 3-25	2010年中国工业流通的国际比较(2)	191
表 3-26	1970～2010年中国工业需求和消费的变化	192
表 3-27	1960～2010年中国人均电力消费的国际比较	193
表 3-28	2010年中国工业需求(消费)的国际比较	193
表 3-29	1985～2010年中国竞争力的变化	195
表 3-30	1965～2010年中国人均制造业出口占全球人均制造业出口比例的国际比较	195
表 3-31	2010年中国工业竞争力的国际比较	196
表 3-32	1990～2010年中国工业生态环境的变化	196
表 3-33	1960～2010年中国制造业和建筑业的CO_2排放比例的国际比较	197
表 3-34	1960～2010年人均制造业和建筑业的CO_2排放量的国际比较	197
表 3-35	2010年中国工业生态环境的国际比较	198
表 3-36	1960～2010年中国工业社会环境的变化	199
表 3-37	1960～2010年中国城市化率的国际比较	200
表 3-38	2010年中国工业社会环境的国际比较(1)	200
表 3-38	2010年中国工业社会环境的国际比较(2)	201
表 3-39	1985～2010年中国工业技术的变化	202

表 3-40	1965~2010 年中国万人专利申请数的国际比较	203
表 3-41	2010 年中国工业技术的国际比较	203
表 3-42	1995~2010 年中国工业企业、劳动力和制度的变化	204
表 3-43	1990~2010 年中国上市公司数目的国际比较	205
表 3-44	1995~2010 年中国接受过高等教育的劳动力比例的国际比较	205
表 3-45	2010 年中国工业企业、劳动力和制度的国际比较	205
表 3-46	1970 年、2000 年和 2010 年截面中国工业指标的水平分布	206
表 3-47	2010 年截面中国工业生产指标的相对水平	207
表 3-48	2010 年中国工业生产指标的国际比较	207
表 3-49	2000 年截面中国工业生产指标的相对水平	209
表 3-50	1970 年截面中国工业生产指标的相对水平	209
表 3-51	2010 年截面中国工业经济指标的相对水平	209
表 3-52	2010 年中国工业经济指标的国际比较	210
表 3-53	2000 年截面中国工业经济指标的相对水平	211
表 3-54	1970 年截面中国工业经济指标的相对水平	211
表 3-55	2010 年截面中国工业环境指标的相对水平	212
表 3-56	2010 年中国工业环境指标的国际比较	212
表 3-57	2000 年截面中国工业环境指标的相对水平	213
表 3-58	1970 年截面中国工业环境指标的相对水平	214
表 3-59	2010 年截面中国工业要素定量指标的相对水平	214
表 3-60	2010 年中国工业要素定量指标的国际比较	214
表 3-61	2000 年截面中国工业要素定量指标的相对水平	215
表 3-62	1970 年截面中国工业要素定量指标的相对水平	216
表 3-63	中国经济现代化的发展阶段	217
表 3-64	中国工业现代化的起步	217
表 3-65	中国工业现代化的发展阶段	218
表 3-66	1890~2010 年中国经济结构、就业结构和工业劳动生产率	219
表 3-67	1970~2010 年中国工业现代化水平的变化	219
表 3-68	1970~2010 年中国工业和农业劳动生产率的差距	221
表 3-69	1913~2010 年中国工业转型的协调性	221
表 3-70	1985~2010 年中国进口与出口比例	221
表 3-71	1970~2010 年中国工业现代化水平的国际差距	222
表 3-72	1970~2010 年中国工业指标的国际差距(举例)	223
表 3-73	2010 年中国工业现代化和国家现代化的国际比较	224
表 3-74	2000~2010 年中国工业现代化速度的国际比较	224
表 3-75	2010 年中国工业四大方面的现代化水平	225
表 3-76	2010 年中国工业指标的现代化水平	225
表 3-77	2010 年中国工业指标的世界排名和国际差距(举例)	225
表 3-78	2010 年中国工业生产指标的国际差距	226
表 3-79	2010 年中国工业经济指标的国际差距	226

表 3-80	2010年中国工业环境定量指标的国际差距	227
表 3-81	2010年中国工业要素定量指标的国际差距	227
表 3-82	2010年中国工业生产指标的国别差异	228
表 3-83	2010年中国工业经济指标的国别差异	229
表 3-84	2010年中国工业水平的年代差	229
表 3-85	21世纪中国第一次工业现代化指数的几种估算	230
表 3-86	21世纪中国第二次工业现代化指数的几种估算	230
表 3-87	21世纪中国综合工业现代化指数的两种估算	231
表 3-88	21世纪中国第二次工业现代化指数的一种国际比较	231
表 3-89	21世纪中国工业生产现代化的情景分析	232
表 3-90	21世纪中国工业经济现代化的情景分析	232
表 3-91	21世纪中国工业环境现代化的情景分析	233
表 3-92	21世纪中国工业要素现代化的情景分析	234
表 3-93	2010年中国第一次工业现代化指标的国际差距	236
表 3-94	2010年中国第二次工业现代化指标的国际差距	236
表 3-95	2010年中国综合工业现代化指标的国际差距	237
表 3-96	21世纪中国工业现代化的政策目标的时间分解（一种可选的方案）	237
表 3-97	21世纪中国第一次工业现代化的共性目标	238
表 3-98	2050年中国第二次工业现代化的共性目标	238
表 3-99	2050年中国综合工业现代化的共性目标	239
表 3-100	2010年中国制造业的国际比较	240
表 3-101	2050年中国工业现代化的个性目标：绿色制造业强国	240
表 3-102	2010年中国工业生态环境指标的国际比较	241
表 3-103	2050年中国工业现代化的个性目标：减少副作用	241
表 3-104	中国工业现代化路线图的战略目标	242
表 3-105	中国工业现代化路线图的时间阶段	242
表 3-106	中国工业现代化路线图的基本任务	243
表 3-107	中国工业现代化路线图的监测指标体系	244
表 3-108	中国工业现代化的工业质量监测	245
表 3-109	中国工业现代化的工业结构监测	246
表 3-110	中国工业现代化的工业环境监测	247
表 3-111	提高工业质量的主要途径	249
表 3-112	提高中国工业质量的政策建议	250
表 3-113	工业结构的主要指标	253
表 3-114	工业结构调整的途径和措施	254
表 3-115	1700~2010年世界经济结构的变迁和特点	254
表 3-116	2010年中国经济结构的国际比较	255
表 3-117	制造业的技术分组	256
表 3-118	加快中国工业结构调整的政策建议	258
表 3-119	2010年中国工业指标排名的国际比较	259

表 3-120	16 世纪以来的科技革命	261
表 3-121	18 世纪以来工业革命的阶段划分	262
表 3-122	改善工业环境的主要途径	264
表 3-123	改善工业环境的政策建议	264
表 4-1	工业现代化水平的评价指标	274
表 4-2	世界工业现代化进程的信号指标和判断标准	275
表 4-3	1970~2010 年世界工业现代化评价	275
表 4-4	2010 年世界工业现代化指数	276
表 4-5	2010 年世界工业现代化的前沿	278
表 4-6	2010 年世界工业现代化水平的国家差距	279
表 4-7	世界工业现代化的国家地位的转移概率（马尔可夫链分析）	279
表 4-8	工业现代化评价三种指数的相关性	281
表 4-9	1990~2010 年世界工业现代化的国际差距	283
表 4-10	1970~2010 年工业现代化分组升级和降级的国家	284
表 4-11	1970~2010 年工业现代化的世界地位发生升降的国家	284
表 4-12	1970~2010 年世界工业现代化水平的结构	285
表 4-13	发展中国家第一次工业现代化的预期完成时间	285
表 4-14	世界工业现代化与世界现代化的相关系数	286
表 4-15	1970~2010 年中国工业现代化指数	289
表 4-16	2010 年中国工业现代化水平	289
表 4-17	2010 年中国工业现代化水平的国际差距	290
表 4-18	中国完成第一次工业现代化的预期时间（达到 1970 年发达工业化国家水平）	290
表 4-19	中国第二次工业现代化指数达到 2010 年的 100 的预期时间	291
表 4-20	中国综合工业现代化指数达到 2010 年的 100 的预期时间	291
表 4-21	1970~2010 年中国工业现代化进程	292
表 4-22	1970~2010 年中国现代化的协调性	292
表 4-23	1970~2010 年中国工业现代化评价指标的表现	293
表 4-24	中国地区工业现代化的统计数据	294
表 4-25	2000 年和 2010 年中国内地地区工业现代化水平	295
表 4-26	中国内地地区工业现代化的国内差距和国际差距	296
表 4-27	中国大陆内地地区工业现代化的追赶	297
表 4-28	2010 年中国内地地区工业现代化的不平衡性	297
表 4-29	2000 年中国内地地区工业现代化的不平衡性	298
表 5-1	世界现代化指数的组成	301
表 5-2	2000~2012 年的世界现代化进程	301
表 5-3	2000~2012 年根据第二次现代化水平的国家分组	301
表 5-4	2012 年国家现代化的水平与阶段的关系	302
表 5-5	21 个发达国家的现代化指数	304

表5-6	20个中等发达国家的现代化指数	304
表5-7	43个初等发达国家的现代化指数	305
表5-8	47个欠发达国家的现代化指数	307
表5-9	2012年处于第二次现代化发展期的国家	308
表5-10	2012年世界现代化的前沿国家	308
表5-11	2012年世界现代化的后进国家	309
表5-12	世界现代化水平的国际差距	309
表5-13	2000~2012年世界现代化的国际地位发生变化的国家	310
表5-14	1960~2012年世界现代化的国际地位发生变化的国家	310
表5-15	世界现代化的国家地位的转移概率(马尔科夫链分析)	311
表5-16	1950~2012年中国现代化指数	312
表5-17	1970~2012年中国第二次现代化指数	313
表5-18	1980~2012年中国综合现代化指数	314
表5-19	2012年中国现代化指数的国际比较	314
表5-20	2012年中国第一次现代化评价指标的差距	314
表5-21	2010年中国第二次现代化评价指标的国际比较	315
表5-22	2010年中国综合现代化评价指标的国际比较	315
表5-23	2012年中国地区现代化指数	318
表5-24	1990~2012年的中国现代化进程	319
表5-25	2012年中国不同区域的现代化水平的比较	322
表5-26	2012年中国内地地区现代化的前沿水平和国际比较	323
表5-27	1990~2012年中国内地地区现代化的地区差距	324
表5-28	1990~2012年中国内地地区现代化的国际差距	324
表5-29	2000~2012年中国内地地区第二次现代化指数的地区分组变化	325
表5-30	2000~2012年中国内地地区综合现代化指数的分组变化	325

表a	《中国现代化报告2003》的国家分组	328
表b	第一次现代化的评价指标和评价标准(1960年工业化国家指标平均值)	329
表c	第一次现代化信号指标的划分标准和赋值	330
表d	第二次现代化评价指标	331
表e	第二次现代化信号指标的标准和赋值	333
表f	综合现代化评价指标	334
表g	第一次工业现代化的信号指标的分段标准和赋值	337
表h	第一次工业现代化水平评价指标的标准值(1970~2010)	339
表i	第二次工业现代化水平评价指标的基准值	339
表j	综合工业现代化水平评价指标的参考值(1990~2010)	339
表k	中国地区工业现代化的评价结构	340

综述　现代工业的新前沿

人类工业从石器制造开始,迄今已有200多万年历史。现代工业则从18世纪的英国工业革命开始,大约有200多年历史。工业革命既是世界工业化和工业现代化的起点,也是世界现代化的开端。18世纪以来,工业现代化不仅是经济现代化的核心内涵和国家现代化的战略基石,也是经济现代化和国家现代化的推动力。

在过去200多年里,工业现代化大致经历了工业化和后工业化两大阶段,工业质量和工业效率大幅提高,工业结构和工业环境发生非线性变化,工业强国和工业发达国家在国际经济体系中发挥着主导作用。本报告着重从定量分析角度,分析世界工业现代化的事实、前景和原理,探讨21世纪中国工业现代化的理性选择。

一、世界工业现代化的事实和前景

根据国际标准行业分类,农业是第一产业,工业是第二产业,服务业是第三产业;工业包括采矿业、制造业、建筑业和公共事业;公共事业包括水、暖、燃气和电力的生产和供应。工业现代化指工业部门的现代化。本报告将对世界工业现代化进行时序分析、截面分析和过程分析,时间跨度为400年(1700~2100年),覆盖131个国家和97%的世界人口,分析内容涉及工业生产、工业经济、工业环节和工业要素4个方面15类200多个发展指标,以及工业现代化的定量评价等。

18世纪以来,世界工业发展既有复杂性,又有规律性。20世纪以来,大约68%的工业指标与国家经济水平显著相关,30多个工业指标出现先升后降的拐点,工业现代化进程表现为非线性,发展中国家的工业政策需要谨慎选择。

1. 世界工业生产的基本事实

18世纪以来,世界工业生产和工业格局发生了翻天覆地的变化。这些变化涉及工业资源、工业投入、工业结构和工业效率等方面。20世纪以来,大约51%的工业生产指标与国家经济水平显著相关,20多个工业生产指标出现拐点。

- 工业资源。工业资源储量与技术进步密切相关,勘探、开采和冶炼技术的进步拓展了资源储量。20世纪以来,世界人均工业资源总体下降,而有些国家人均资源上升,工业资源的种类差异和国别差异非常大。
- 工业投入。18世纪以来,工业劳动力比例和制造业劳动力比例先上升后下降,2010年高收入国家工业劳动力比例在22%左右。20世纪以来,固定资产形成占GDP比例、工业能耗占总能耗比例、工业用电占全部用电比例、工人人均电力消耗和工人人均能源消耗先上升后下降,工人人均资本持续上升等。
- 工业生产与工业效率。18世纪以来,工业增加值和制造业增加值占GDP比例、单位工业增加值的能源消耗、电力消耗和淡水消耗先上升后下降;人均工业增加值和制造业增加值上升,但部分发达国家已开始下降;工业劳动生产率持续上升,但国际差距扩大;2010年工业劳动生产率的国际绝对差距近30万美元,相对差距有300多倍。

18世纪以来,世界工业结构变化既有一些共性特点,也有很大的国别差异和时代差异。20世纪以来世界经济结构变迁具有一些基本特点(表A)。

表A　20世纪以来世界经济结构变迁的基本特点

项目	产业结构(增加值占GDP比例)变化		就业结构(劳动力占就业劳动力比例)变化		特点
国民经济	农业比例	下降	农业比例	下降	线性
	工业比例	先升后降	工业比例	先升后降	有拐点
	服务业比例	上升	服务业比例	上升	线性
工业	采矿业比例	部分国家先升后降	采矿业比例	部分国家先升后降	国别差异大
	制造业比例	先升后降	制造业比例	先升后降	有拐点
	公共事业比例	部分国家先升后降	公共事业比例	部分国家先升后降	国别差异大
	建筑业比例	先升后降	建筑业比例	先升后降	有拐点
项目	产业结构(增加值占制造业GDP比例)变化		就业结构(劳动力占制造业劳动力比例)变化		
制造业	高技术产业比例	上升	高技术产业比例	上升(国别差异大)	国别差异大
	中技术产业比例	先升后降	中技术产业比例	先升后降(估计)	有拐点
	低技术产业比例	下降	低技术产业比例	下降	线性
项目	20世纪90年代以来产业结构(增加值占制造业GDP比例)变化				
制造业	食品、饮料和烟草产业比例	国别差异大,人均增加值上升			国别差异大
	纺织与服装产业比例	下降,人均增加值下降			有拐点
	化工产业比例	上升,人均增加值上升			国别差异大
	机械和运输设备产业比例	上升,人均增加值上升			国别差异大
	其他制造业比例	国别差异大			国别差异大
项目	20世纪90年代以来出口结构(出口占制造业出口比例)变化				
制造业	高技术出口比例	国别差异大			国别差异大
	中高技术出口比例	国别差异大			国别差异大
	中低技术出口比例	国别差异大			国别差异大
	低技术出口比例	下降			线性

- 国民经济的结构变迁:农业增加值比例和劳动力比例下降,工业增加值比例和劳动力比例先升后降,服务业增加值比例和劳动力比例上升(图A和图B)。
- 工业部门的结构变迁:部分国家采矿业增加值比例和劳动力比例先升后降,制造业增加值比例和劳动力比例先升后降,建筑业增加值比例和劳动力比例先升后降,部分国家公共事业增加值比例和劳动力比例先升后降;采矿业和公共事业的国别差异大。
- 制造业的技术结构:高技术产业增加值比例上升,中技术产业增加值比例先升后降,低技术产业增加值比例下降(图C);高技术产业劳动力比例上升但有国别差异,中技术产业劳动力比例先升后降,低技术产业劳动力比例下降。

- 制造业的产业结构:20 世纪后期,食品、饮料和烟草产业比例变化国别差异大,纺织与服装产业比例下降,化工产业比例上升,机械和运输设备产业比例上升,其他制造业比例的变化国别差异较大;化工和机械产业比例的变化也有国别差异。
- 制造业的历史经验:根据霍夫曼系数,按消费品和资本品分类,第一阶段消费品产业占主导地位,第二阶段资本品产业快速上升,第三阶段资本品产业超过消费品产业。根据钱纳里模型,按轻工业和重工业分类,第一阶段轻工业占主导地位,第二阶段重工业快速上升,第三阶段轻工业和重工业协调发展,第四阶段制造业比例下降。
- 制造业的出口结构:高技术出口、中高技术出口和中低技术出口占制造业出口比例的国别差异比较大;低技术出口占制造业出口比例下降(图 D)。

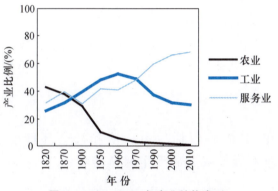

图 A　1820～2010 年产业结构变迁

注:数据为美国和德国的数据.

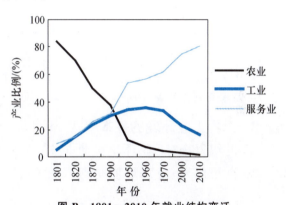

图 B　1801～2010 年就业结构变迁

注:数据为美国数据,1801 年为估计值.

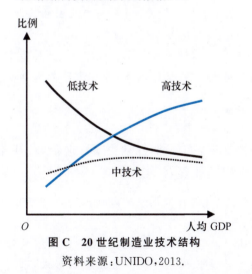

图 C　20 世纪制造业技术结构

资料来源:UNIDO,2013.

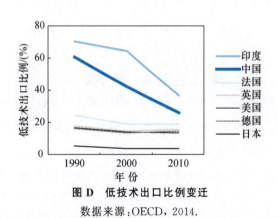

图 D　低技术出口比例变迁

数据来源:OECD,2014.

2. 世界工业经济的基本事实

在 18～20 世纪期间,先是工业经济逐步超过农业经济,随后服务经济快速超过工业经济,世界经济发生两次转型。在这个过程中,工业供给、工业流通、工业需求和工业消费都发生了深刻变化。20 世纪以来,大约 80% 的工业经济指标与国家经济水平显著相关,10 多个工业经济指标出现拐点,人均工业需求有极限。

- 工业供给。18世纪以来,人均钢铁产量、人均煤炭产量、人均啤酒产量先上升后下降。19世纪以来,人均水泥产量、人均铜产量、人均化肥产量先上升后下降。20世纪以来,人均电力产量和天然气产量不断上升。
- 工业流通。20世纪以来,人均公路货运量、人均航空运输量持续上升;国际工业贸易发展加快,但国别差异比较大;工业产品简单平均适用税率下降,2010年世界平均低于10%;人均制造业出口和人均高技术出口不断上升,2010年世界人均高技术出口的最大值超过2万美元,最小值低于1美元。
- 工业需求和消费。20世纪以来,人均工业消费水平提高,但人均消费和需求有极限。目前发达国家,人均钢铁消费、人均水泥消费、人均原油消费、人均原糖消费、人均化肥消费等几个指标的变化都呈下降趋势。
- 工业竞争力。发达国家具有较高竞争力。2010年高收入国家制造业出口占全球的72%,中等和低收入国家占28%;高收入国家高技术出口占全球的65%,中等和低收入国家占35%;人均制造业出口和人均高技术出口,高收入国家分别是世界平均值的3.8倍和3.5倍,中等收入国家分别是世界平均值的39%和50%。

3. 世界工业环境的基本事实

18世纪以来,工业环境变迁同样是巨大和深刻的,包括生态环境和社会环境的变化。20世纪以来,生态环境受到广泛关注,工业发展模式先后发生绿色转型。

- 生态环境。20世纪以来,温室气体排放在增加,部分国家已经下降;PM10平均浓度呈现先上升后下降的趋势;主要国家工人人均工业有机废水(BOD)排放量、单位工业增加值的有机废水(BOD)排放量的变化先上升后下降,同时废水处理率呈上升趋势;人均工业固体废物上升,固体回收利用率不断提高。
- 社会环境。19世纪以来,平均预期寿命在延长,人口自然增长率从上升到下降,世界城市人口比例不断上升;公共卫生持续改善,初等教育逐步普及。20世纪以来,普及中等教育和高等教育,计算机和互联网普及率大幅提高。

4. 世界工业要素的基本事实

世界工业发展的影响因素非常多。有些基本要素,如工业劳动力、工业企业、工业技术、工业制度和工业观念等,同时作用于工业生产和工业经济。

- 工业劳动力。20世纪以来,工业劳动力受教育年数在增长;工业劳动力收入和福利不断提高,包括工作时间缩短、工伤率下降和社会保障提高等。
- 工业企业。20世纪以来,企业管理水平提高,ISO认证企业比例趋于上升。企业质量管理大致经历质量检测、质量控制、全面质量管理和国际质量认证等阶段。企业组织形式不断演化,部分行业产业集中度提高,工业园区发展等。
- 工业技术。工业技术发展可以大致分为3个阶段:传统工业技术、现代工业技术和绿色智慧工业技术。18世纪以来大致发生了3次技术革命:蒸汽机和机械革命、电力和运输革命、电子和信息革命。其中,电子和信息革命包括上半部(电子和自动化革命)和下半部(信息和智能化革命)。技术革命与产业革命一一对应。18世纪以来大约发生3次产业革命;有学者预计,第4次技术革命和产业革命已进入倒计时(表B)。

表 B 18 世纪以来的产业革命

产业革命	大致时间	主要特征	关键技术	主要产业
第一次	1763~1870	机械化 蒸汽机	蒸汽机、纺织机、工作母机等	蒸汽机、纺织工业、机械、煤炭、冶金、铁路等
第二次	1870~1913	电气化 内燃机	电力、内燃机、化工、电讯等	电力、钢铁、石油、化工、汽车、航空、电讯等
第三次（上部）	1945~1970	自动化 计算机	电子、自动控制、航空、其他高技术	电子工业、计算机、电视、核电、航空航天、自动化产品等
第三次（下部）	1970~2020	信息化 智能化 绿色化	信息技术、云计算、量子通信、人工智能、绿色技术等	信息产业、电子商务、智能制造、物联网、无线网、大数据、先进材料、机器人、绿色产业等
第四次（预测）	2020~2050	新生物学 仿生化 再生化	信息转换器、人格信息包、仿生、创生、再生、生物技术等	生物产业、再生医学、信息转换器、人格信息包、仿生产业、创生产业、再生产业、人工智能、仿生人等

注：关于产业革命没有统一认识。有人认为，第三次产业革命上半部（电子和自动化革命）是第三次产业革命，第三次产业革命下半部（信息化和智能化革命）是第四次产业革命，如《德国工业 4.0》等。

- 工业制度。工业制度的演变可以大致分为三大阶段：农业经济时代、工业经济时代和知识经济时代的工业制度。本报告讨论了土地制度、生产制度、贸易制度、分配制度、消费制度、税收制度、科教制度和工业环境制度等。
- 工业观念。工业观念的演变可以大致分为三大阶段：农业经济时代、工业经济时代和知识经济时代的工业观念。本报告讨论了资源观念、生产观念、分配观念、消费观念、税收观念、企业观念、管理观念、科教观念和环境观念等。

5. 世界工业现代化的基本事实

首先，世界工业现代化的历史进程。

- 在 18~21 世纪期间，世界工业现代化大致分为两大阶段。第一次工业现代化是从传统工业向现代工业的转型，大致时间是 1763~1970 年，主要特点包括机械化、电气化、规模化、标准化、自动化和工业比例上升等。第二次工业现代化是从现代工业向智慧工业的转型，大致时间是 1970~2100 年，主要特点包括信息化、绿色化、高技术、智能化、国际化和工业比例下降等。
- 在 1970~2010 年期间，完成第一次工业现代化的国家数量从 5 个上升到 34 个，进入第二次工业现代化的国家从 1 个上升到 29 个；工业发达国家的比例为 14%~17%，工业发展中国家的比例为 83%~86%。
- 在 1970~2010 年期间，大约 5% 的工业发展中国家升级为工业发达国家，大约 5% 的工业发达国家降级为工业发展中国家；国际地位发生变化的国家有 24 个。

其次，世界工业现代化的现实水平。

- 2010 年世界工业现代化处于两次工业现代化并存的阶段。世界工业现代化的前沿已经进入第二次工业现代化，平均大约处于第一次工业现代化的后期，末尾处于传统农业社会。世界工业平均水平约为世界工业先进水平的 1/3。
- 2010 年根据第二次工业现代化指数分组，美国和德国等 22 个国家属于工业发达国家，希腊和马来西亚等22个国家属于工业中等发达国家,南非和中国等21个国家属于工业初等发达国家,肯尼亚等36个国家属于工业欠发达国家。
- 2010年第二次工业现代化指数世界排名前10位的国家:荷兰、爱尔兰、瑞士、英国、丹麦、以色列、新加坡、法国、日本、挪威。美国和德国分列第11位和第14位。

6. 世界工业现代化的前景分析

首先,世界工业现代化的整体前景。

- 整体水平。大体而言,工业发达国家2050年第二次工业现代化指数会比2010年提高1倍,2100年会比2050年提高约2倍多;世界工业现代化的平均水平大约比发达国家的平均水平落后约50年。
- 国际体系。根据过去40年的经验,工业国际体系结构相对稳定,工业发达国家和发展中国家的国际地位相对稳定,地位转变概率一般低于10%。21世纪世界工业现代化的水平结构和地理结构很难发生根本性的改变。
- 国家水平。进入第二次工业现代化的国家,2050年为60个左右,2100年将达90个左右;完成第一次工业现代化的国家,2050年将达70多个,2100年将为100个左右。
- 国际追赶。21世纪有2个左右工业发达国家将有可能降级为工业发展中国家,有5个左右工业发展中国家将有可能晋级工业发达国家。

其次,世界工业四个方面的前景。

- 工业生产前景。未来30年,人均工业资源将继续下降,工业资源压力将持续增加;工业劳动力比例会继续下降,工业资本投入将继续增加;工业增加值比例和单位工业增加值的能源消耗会继续下降;工业效率的国际差距将继续扩大;发达国家按不变价格计算的人均工业增加值和人均制造业增加值将先上升后下降等。
- 工业经济前景。未来30年,人均电力供应、天然气供应会继续提高,国别差异较大;国际贸易会继续增长,工业产品贸易关税可能会继续下降等。
- 工业环境和工业要素的前景。未来30年,平均预期寿命将继续增加,世界城市化率将继续提高,通信技术将继续发展;工业劳动力将普及高等教育,机器人使用率继续提高等。

二、世界工业现代化的基本原理

1. 工业现代化的内涵

首先,工业现代化没有统一定义。下面是它的3种操作性定义。从政策角度看,工业现代化指世界工业先进水平以及达到和保持世界先进水平的过程。

- 工业现代化是18世纪以来世界工业的一种前沿变化和国际竞争,是现代工业的形成、发展、转型和国际互动的前沿过程,是工业要素的创新、选择、传播和退出交替进行的复合过程,是追赶、达到和保持世界工业先进水平的国际竞争和国际分化等;达到和保持世界工业先进水平的国家是工业发达国家,其他国家是工业发展中国家,两类国家之间的转换有一定概率。
- 工业现代化是现代工业的世界前沿,以及达到和保持世界前沿的行为和过程。
- 工业现代化是18世纪以来工业发展、工业转型和工业国际互动的交集。

其次,工业现代化的4个标准。工业现代化既是一种工业变迁,也是一种工业竞争;

既需要国内视角,也需要国际视角;既有工业进步,也有副作用;既有共性,也有多样性;既有国际工业趋同,也有国际工业分化;工业现代化不是一劳永逸的,而是不进则退。满足如下4个标准的工业变迁,才属于工业现代化。

- 有利于工业生产力和工业质量的提高;
- 有利于职工收入和生活质量的提高;
- 有利于工业技术水平和竞争力的提高;
- 有利于工业的环境友好和绿色发展。

其三,工业现代化的两重性。从工业变迁和工业转型角度看,每个国家的工业现代化都会前进和有可能成功,但国家工业进步有快慢,工业水平有高低,成功时间有先后。从世界前沿和国际竞争角度看,只有部分国家的工业能够达到和保持世界先进水平,不同国家成功的概率有差异。

其四,工业化与工业现代化。18世纪以来,世界工业现代化大致经历了两大阶段:工业化和后工业化。目前,发展中国家面临工业化和后工业化的双重挑战。

- 工业化指国民经济中,工业经济比例和工业劳动力比例上升的过程,同时工业主义向全社会渗透。属于第一次工业现代化的主要内容。
- 后工业化(亦称非工业化)指国民经济中,工业经济比例和工业劳动力比例下降的过程,同时工业观念从追求效率向环境友好转型。属于第二次工业现代化的主要内容。
- 新工业化指发展中国家的一种工业发展战略,是工业化、信息化和绿色化的高度融合。它采用信息化和绿色化的理念来推进工业化,是综合工业现代化的一种表现形式。
- 再工业化指发达国家的一种工业振兴战略,包括现有工业的现代化改造和高新技术产业的发展。属于第二次工业现代化的一种发展模式,是一种经济刺激政策。

2. 工业现代化的过程

首先,工业现代化的过程大致分为两类:前沿过程和追赶过程,它们相互影响。前沿过程是发达国家的工业现代化,是领先型工业现代化。追赶过程是发展中国家的工业现代化,是追赶型工业现代化。

其次,工业现代化的前沿过程包括两大阶段:第一次和第二次工业现代化(表C)。如果说,第一次工业现代化是初级工业现代化,是从传统工业向现代工业的转变;那么,第二次工业现代化是高级工业现代化,是从现代工业向智慧工业的转变;两次工业现代化的协调发展是综合工业现代化,它比较适合于发展中国家。

其三,工业现代化过程的主要特点。一般特点包括:部分可预期、不均衡的、不同步的、有阶段的、多样性、系统性、复杂性、长期性、进步性、全球性、风险性、政府作用、工业效率分化、工业结构趋同和具有副作用等。第一次和第二次工业现代化的特点是不同的,不同国家工业现代化的特点也有差别。

其四,工业现代化过程的基本原理。工业现代化遵循现代化的一般原理,包括:进程不同步、分布不均衡、结构稳定性、地位可变迁、行为可预期、路径可选择、需求递进、效用递减、状态不重复、中轴转变原则。工业现代化具有二重性:既要维护国家安全利益,又要提高工业生产力和国际竞争力。

表 C 世界工业现代化的两个阶段

项目	第一次工业现代化	第二次工业现代化
时间	约 1763～1970 年	约 1970～2100 年
内容	从传统工业向现代工业转变 工业化,工业和制造业比例上升	从现代工业向智慧工业转变 后工业化,工业和制造业比例下降
生产	专业化、标准化、规模化、城市化	绿色化、国际化、数字化、订单化、工业园
技术	机械化、电气化、自动化等	知识化、信息化、智能化、绿色化、生物技术等
企业	现代企业、科学和效率管理、质量管理	网络型、学习型、柔性管理、创新和战略管理
职工	提高识字率、普及初等教育、职业培训	提高竞争力、普及高等教育、终生学习
制度	现代企业制度、劳动和福利制度、工会等	环境保护制度、自由贸易和低关税、知识产权等
观念	效率、产量、收入、技术、标准等	效益、质量、创新、服务、环境意识等
动力	技术、资本、劳动、制度、竞争等	知识、信息、创新、学习、国际竞争等
目标	提高工业效率、促进经济增长等	提高工业质量、创新能力和国际竞争力等
副作用	资源破坏、环境污染、劳动安全性低等	技术风险、网络风险、国际风险等

3. 工业现代化的结果

工业现代化的结果,是时间的函数,随时间而变化。

首先,工业现代化的一般结果。主要包括工业现代性、特色性、多样性和副作用的形成,包括工业效率和职工收入的提高、工业质量与工业竞争力的改善、工业技术和工业制度的发展、工业企业和工业管理的进步、工业行为和工业结构的合理化以及国家工业水平、国际工业地位和国际工业体系的变化等。不同国家工业现代化的结果既有共性又有差异;两次工业现代化的结果是不同的。

其次,工业现代化的 3 种变化。包括世界工业的前沿变化、国际工业体系变化和国家工业状态的变化。世界工业前沿变化主要表现在 6 个方面。

其三,工业现代化的国家目标。从政策角度看,国家工业现代化的主要目标有 2 个:提高工业生产力和竞争力,保持或达到世界工业先进水平;发达国家的政策目标是保持世界工业先进水平,发展中国家的政策目标是追赶和达到世界工业先进水平。从理论角度看,国家工业现代化大致有如下 3 个目标。

- 完成第一次工业现代化,实现从传统工业向现代工业的转型;
- 完成第二次工业现代化,实现从现代工业向智慧工业的转型;
- 追赶、达到和保持世界工业的先进水平,成为工业发达国家或缩小国际差距。

4. 工业现代化的动力

工业现代化的动力分析,涉及动力因素和动力机制两个方面。

首先,工业现代化的动力因素。主要包括技术创新、制度创新、企业创新、工业竞争、国家利益和市场需求等。在工业发达国家,技术创新和企业创新作用比较突出;在工业发展中国家,工业竞争和学习作用比较突出。

其次,工业现代化的动力模型。包括微观、宏观和定量模型。

- 微观动力模型。创新驱动模型、双轮驱动模型和联合作用模型等。
- 宏观动力模型。创新扩散模型、创新溢出模型、竞争驱动模型等。
- 定量动力模型。工业生产力函数、工业要素优化模型、工业结构优化模型、工业企业进化模型等。工业生产率,与工业技术、工业劳动力人均资本和人均技能成正比;与先进技术比例、优质资产比例和优质劳动力比例成正比;与高效产业比例和优质企业比例成正比。
- 创新价值模型。假设:① 创新价值指创造性劳动创造的价值(创新的超额利润),简单劳动价值指简单性劳动创造的价值;② 简单性劳动包含物化劳动和普通劳动,物化劳动指物化在资本和技术中的劳动,普通劳动指人类的简单性劳动。推论:① 工业生产率和劳动生产率,与创新价值比例成正比,与简单劳动价值比例成反比;② 工业生产率和劳动生产率,与物化劳动比例成正比,与普通劳动比例成反比。

5. 工业现代化的模式

工业现代化是一个长期过程,具有时间跨度和发展路径。不同国家的工业现代化,有自己的发展路径和阶段模式。工业现代化模式是工业发展经验的代名词。

- 21世纪工业现代化大致有3条基本路径:第一次工业现代化路径、第二次工业现代化路径和综合工业现代化路径。不同国家可以选择不同路径。
- 工业现代化没有标准模式,没有最佳模式,只有合适模式。第一次工业现代化大约有30种模式,第二次工业现代化大约有30种模式(其中18种模式为新模式),综合工业现代化大约有30种模式(其中6种模式为新模式)。

一般而言,第一次工业现代化的模式选择,更多受自身条件和历史条件的影响。第二次工业现代化的模式选择,更多受科技水平和国际环境的影响。综合工业现代化的模式选择,更多受政策导向和国际竞争的影响。

6. 工业现代化的政策选择

工业现代化的战略分析包括目标分析、目标制定和规划制定等。

在21世纪,工业发达国家可以采用第二次工业现代化路径;工业发展中国家可以有3种选择:追赶工业现代化路径、综合工业现代化路径和第二次工业现代化路径。3条路径有不同内涵和特点,可以和需要采取不同政策。

工业政策创新和措施选择,遵循5个原则:有利于工业生产力和工业质量的提高,有利于企业创新能力和管理水平的提高,有利于职工收入和生活质量的提高,有利于工业技术水平和国际竞争力的提高,有利于工业的环境友好和绿色发展等。

三、中国工业现代化的理性思考

工业是国民经济的支柱产业,工业现代化是国家现代化的主要动力。中国工业化和工业现代化可以追溯到19世纪的"洋务运动"时期。1949年以来,工业化和工业现代化一直是中国经济建设的重中之重。20世纪中国提出全面实现农业、工业、国防和科技现代化的战略目标。21世纪中国提出新型工业化、信息化、城镇化和农业现代化四化同步的新构想。在全球化时代,中国工业现代化将影响世界。

中国工业现代化是一种后发追赶型现代化,它既要面对先行国家所经历的诸多挑战,又要面对新的经济形态和国际竞争。关于中国工业现代化的战略选择,必然见仁见智。我们认为,21世纪前50年,中国可以选择综合工业现代化路径,制定工业现代化路线图,实施三个行动议程,建设工业创新强国和绿色工业强国。

1. 中国工业生产的基本事实

18世纪初,中国工业生产规模处于世界前列。18世纪以来,中国制造业占世界制造业比例经历了下降和上升两个阶段。目前,中国工业生产规模再次走到世界前列,但工业生产的质量和效率仍然处于世界中下游水平,国际差距比较大。

- 工业资源。2010年中国人均石油资源、人均天然气资源、人均铁矿资源、人均铜矿资源都低于世界平均值,人均石油资源和天然气资源为世界平均值的8%。
- 工业投入。1970年以来,工业劳动力比例上升了约1.8倍。1970年到2010年期间,矿产资源消耗占国民收入(GNI)比例上升了10倍,森林资源消耗占GNI比例下降了约8%,自然资源消耗占GNI比例和能源资源消耗占GNI比例在波动。
- 工业效率。在1960~2010年期间,中国工业增加值提高了约93倍,工业劳动生产率提高了36倍多。在1970~2010年期间,单位工业增加值能源消耗下降为原来的11%,单位工业增加值电力消耗下降为原来的39%。2010年中国工业劳动生产率约为高收入国家平均值的18%,人均制造业增加值约为高收入国家平均值的32%。

根据国际组织的统计资料,2010年中国经济结构具有如下特点:

- 国民经济结构:农业增加值比例和劳动力比例过高,服务业增加值比例和劳动力比例过低,工业增加值比例是发达国家的2倍(图E),工业劳动力比例与发达国家相当。

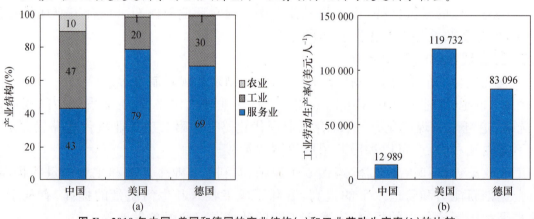

图E 2010年中国、美国和德国的产业结构(a)和工业劳动生产率(b)的比较

数据来源:World Bank, 2014.

- 工业部门产业结构:采矿业增加值比例偏高,公共事业和建筑业增加值比例与发达国家相当,制造业增加值比例高于发达国家。
- 工业部门就业结构:采矿业劳动力比例偏高,制造业、公共事业和建筑业劳动力比例与发达国家相当。

- 制造业的技术结构:高技术增加值比例、中技术增加值比例和低技术增加值比例与发达国家相当(图F)。
- 制造业的出口结构:高技术出口比例和中低技术出口比例与发达国家相当,中高技术出口比例低于发达国家,低技术出口比例高于发达国家(图G)。

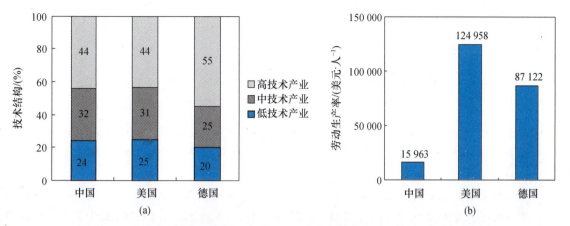

图F　2010年中国、美国和德国的制造业技术结构(a)和制造业劳动生产率(b)的比较

注:制造业的技术分组和统计见专栏3-8。数据来源:UNIDO,2014;World Bank,2014.

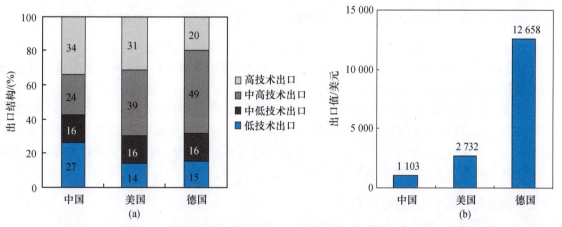

图G　2010年中国、美国和德国的制造业出口结构(a)和人均制造业出口值(b)的比较

数据来源:OECD,2014;World Bank,2014.

2. 中国工业经济的基本事实

20世纪以来中国工业供给能力和消费水平有很大提高,但国际差距依然明显。

- 工业供给。1960年以来,人均铝供给、人均原糖供给、人均电力供给分别提高了97倍、12倍和近35倍。2010年人均电力供给与世界平均值相当,人均天然气供给和原油供给为世界平均值的15%和28%。
- 工业流通。1985年以来,人均航空运输量和铁路货运量分别提高了32.5倍和1.4倍,人均制造业出口值提高了159倍。1990年以来,中国制造业出口结构发生了变化,中国低技术产品出口比例下降了40%,高技术产品出口比例提高了1.8倍,人均高技术出口值提升了近48倍。2000年以来,工业产品平均关税下降了约50%。2010年,高技术产品出口比例、制造业出口比例与经济发达国家相当。
- 工业需求和消费。1970年中国原油供给与消费基本持平，2010年原油消费与原油产量之比接近2倍。在1970~2010年期间，人均天然气消费提高了25倍，人均煤炭消费提高了5倍。2010年，中国人均原油消费和人均天然气消费仅为世界平均水平的52%和16%。
- 工业竞争力。1985年以来，中国制造业出口占全球制造业出口比例提高了22倍，人均制造业出口与全球人均制造业出口之比提高了23倍。2000年以来，中国高技术产品出口占全球高技术出口比例提高了3.8倍，人均高技术出口与全球人均高技术出口之比提高了5.9倍。

3. 中国工业环境的基本事实

中国工业环境的发展趋势与世界相同，但发展阶段和水平存在国际差距。

- 工业生态环境。根据统计数据，1990年以来，工业一氧化氮排放比例和人均工业一氧化氮排放量先升后降；2005年以来，工人人均有机废水排放量下降了2%。但是，工业生态环境的严峻形势没有根本改变。
- 工业社会环境。1960年到2010年之间，平均预期寿命提高了70%。1970年以来，中学入学率和大学入学率分别提高了近2倍和176倍。1960年以来，人均GDP上升了48倍，城市化率提高了2倍，移动通信普及率提高到64%。

4. 中国工业要素的基本事实

20世纪以来，中国工业要素进步取得显著成绩，部分指标达到世界平均水平。

- 工业技术。1995年以来，企业R&D经费占工业增加值比例提高了20%。1985年到2009年间，企业申请专利比例提高了1.7倍。2010年中国专利拥有比例和人均信息和通信技术出口高于世界平均值。
- 工业企业、劳动力和制度。1995年以来，中国上市公司数量提高了6倍。2000年以来，国际质量标准认证（ISO）企业比例提高了49%，提供员工培训企业比例下降了7%，接受过高等教育的劳动力比例提高了1.4倍。2010年中国ISO认证企业比例、接受过中等教育的劳动力比例已达到经济中等发达国家水平。

5. 中国工业现代化的基本事实

首先，中国工业现代化的历史进程。

- 中国工业现代化起步比发达国家晚了约百年。中国工业现代化的发端，可以追溯到19世纪中后期，大致可以以1860年为起点。
- 19世纪以来，中国工业现代化大致分为3个阶段：清朝后期的工业现代化起步、民国时期的局部工业现代化、新中国的全面工业现代化。

其次，中国工业现代化的现实水平。

- 2010年中国属于工业初等发达国家。2010年中国第一次工业现代化指数为65，排名世界第57位；第二次工业现代化指数为38，排名世界第52位；中国综合工业现代化指数为34，排名世界第59位。
- 中国工业指标发展不平衡。2010年中国工业四个方面的指标水平大致是：3.4%的指标达到工业发达水平，19.3%的指标为中等发达水平，67.0%的指标为初等发达水平，10.2%指标为欠发达水平。

其三，中国工业现代化的国际差距。

- 指标差距。工业生产指标，中国与高收入国家相对差距超过5倍的指标有2个，超过2倍的指标有4个，超过1倍的指标有1个。工业经济指标，中国与高收入国家相对差距超过5倍的指标有1个，超过2倍的指标有4个，超过1倍的指标有2个。
- 关键指标。工业劳动生产率，美国和加拿大是中国的7倍多，德国、英国、法国、日本、澳大利亚是中国的6倍多。人均制造业出口，德国是中国的10多倍，法国、意大利和加拿大是中国的5倍多，美国、英国和日本是中国的2倍多。
- 综合差距。2010年中国工业经济水平比德国等落后约百年。如果按工业劳动生产率、工业增加值比例和工业劳动力比例指标的年代差的平均值计算，2010年中国工业经济水平，比德国、荷兰、英国和法国大约落后100多年，比美国、丹麦、意大利大约落后80多年，比瑞典、挪威、奥地利、西班牙和日本落后约60多年。

6. 中国工业现代化的前景分析

首先，中国工业现代化的整体前景。

- 路径选择。21世纪前50年，可以选择综合工业现代化路径，两次工业现代化协调发展，并持续向第二次工业现代化转型。工业发达地区可以采用第二次工业现代化路径，其他地区可以分别采用第一次工业现代化路径或综合工业现代化路径等。
- 水平估计。有可能在2030年前后完成第一次工业现代化，达到1970年工业发达国家的平均水平；在2050年前后，达到世界工业中等发达水平，基本实现工业现代化。
- 巨大挑战。2010年中国工业为初等发达水平。根据世界经验估算，在40年里，工业初等发达水平升级为中等发达水平的概率约为30%；在80年里，工业初等发达水平升级为发达水平的概率约为6%。由此可见，简单借鉴发达国家的工业现代化经验，中国很难在21世纪达到世界工业的先进水平。

其次，中国工业四个方面的前景。

- 工业生产前景。未来30年，中国人均工业资源继续下降，工业资源压力继续增加；工业劳动力总量和比例会下降，采矿业、制造业和建筑业劳动力比例可能下降；工业劳动生产率的国际差距有可能先扩大后缩小等。
- 工业经济前景。未来30年，人均汽车产量和电力产量将有较大增长，人均原糖消费和人均原油消费会进一步提升，工业竞争力将会提高等。
- 工业环境前景。未来30年，中国人均CO_2排放量、单位工业增加值固体废物将经历先上升后下降的变化过程，废水处理率会不断提升；平均预期寿命、城市化率、中学入学率、大学普及率、互联网普及率等指标将继续提升。
- 工业要素前景。未来30年，企业科研投入比例、科技人员比例、机器人使用比例将继续增长；企业申请专利比例、接受过高等教育的劳动力比例将会提高，职工人均工资会增加，工业制度会不断发展和完善等。

7. 中国工业现代化的路线图

中国工业现代化的路线图是中国工业现代化的目标和路径的一种系统集成。

首先,中国工业现代化路线图的基本思路。依照综合工业现代化原理,采纳两次工业现代化的精华,避免两次工业现代化的误区;坚持"质量优先、创新驱动和环境友好"三个原则,实施"中国质量十年议程""工业创新议程""绿色工业议程"三个行动议程,重点推进工业质量现代化、工业结构现代化和工业环境现代化;加速从传统工业向现代工业和智慧工业的转型,迎头赶上工业现代化的世界先进水平。

- 第一步,在2030年前后完成第一次工业现代化,建设工业质量强国;
- 第二步,在2050年前后基本实现工业现代化,建设工业创新强国;
- 第三步,在21世纪末全面实现工业现代化,建设世界领先工业强国。

其次,中国工业现代化的运河路径。瞄准世界工业的未来前沿,两次工业现代化协调发展,并持续向第二次工业现代化转型;大力推进工业自动化、信息化、智能化、绿色化、服务化和国际化,推动工业结构向高端市场和核心技术的上行演化,大幅度提高工业质量和工业效益,降低工业能耗和"工业三废"排放,提高工业国际竞争力和国际地位,迎头赶上工业现代化的世界先进水平;在2050年建成工业创新强国,在21世纪末建成世界领先工业强国,工业质量、工业结构、工业环境、工业技术、职工福利和物质生活质量等达到当时的世界先进水平。

其三,中国工业现代化路线图的政策重点。中国工业现代化需要全面推进,未来30年可以重点突破三个方面,制定和实施三个行动议程。

(1) 坚持质量优先原则,推动工业质量现代化,建设"工业质量强国"

- 实施"中国质量十年议程",建设工业质量强国;
- 编制《中国工业质量法典》,完善质量法规体系,夯实工业质量的法律基础;
- 提高法律执行力,保障生产者和消费者合法权益,提高工业质量的社会基础;
- 健全职工技能体系,优化职业培训体系,提高工业质量的技能基础;
- 加快技术新陈代谢,定期淘汰落后技术,提高工业质量的技术基础。

(2) 坚持创新驱动原则,推动工业结构现代化,建设"工业创新强国"

- 实施"工业创新议程",建设工业创新强国和绿色制造强国;
- 把握新科技和新产业革命的机遇,建设"生物经济强国";
- 启动"高端产品进口替代工程",带动产业和市场升级;
- 适度增加对外投资,把部分外汇存款变为对外投资;
- 加快产业结构的存量调整,优化产业的空间结构;
- 大力发展生产性服务业和科技服务业,优化企业发展的经济环境。

(3) 坚持环境友好原则,推动工业环境现代化,实现工业与环境的双赢

- 实施"绿色工业议程",走绿色发展道路,推动工业发展与环境退化的脱钩;
- 严把海关进口检验关,坚决杜绝污染进口;
- 研究和实施环境成本核算,明确环境责任;
- 继续大力发展环保产业和循环经济;

- 继续实施污染治理和传统工业改造工程,清除历史遗留的环境污染。

(4)"中国质量十年议程"建议书摘要

从经济角度看,质量是立国之本,工业是强国之道。工业质量不仅是工业现代化的标志性指标,而且是物质生活质量的决定性因素。目前,中国工业规模已经位居世界前列,但是,中国工业质量位于世界中下游。借鉴世界工业强国的成功经验,加快中国经济发展方式的根本转变,实现从规模扩张型向质量进步型的战略转型,是一种历史必然。未来10年,提高工业质量,应该成为中国工业现代化的第一优先,应该摆在经济工作的首要位置。

建议全面落实国务院《质量发展纲要》,制定和实施"中国质量十年议程"。

总体目标:力争用10年时间(2015—2025),中国工业微观质量达到2010年世界先进水平,中国工业宏观质量接近2010年发达国家平均水平,基本建成工业质量强国。

宏观措施:建立政府和部门质量目标责任制,编制《中国工业质量法典》,提高质量法规执行力,完善质量体系和质量奖励制度,优化质量发展环境,促进高质量物联网建设等。

微观措施:明确企业法人质量责任制,鼓励企业建立全面质量管理体系,建立产品"召回制度",开发提出新的质量标准,建立职业培训学校等。

重大行动:举行"中国质量十年议程"启动仪式,宣布"向质量进军";建立"中国质量管理中心",重建企业职业技能体系,建立"国家质量巡回法院",设立"质量检察官"等。

(5)"工业创新议程"建议书摘要

工业创新是工业现代化的原动力。工业创新可以产生新产业和新经济,可以导致新制度和新观念,可以驱动工业结构升级、工业质量提升、工业环境改善和工业经济增长。工业结构、工业质量和工业环境的现代化,是中国工业现代化的三大任务。目前,发达国家普遍采用创新驱动模式推动工业转型和结构升级,创新驱动模式也应该成为中国的政策首选。

建议研制和实施"工业创新议程",建设工业创新强国和绿色制造强国。整合创新政策,创造有利于新产业和新经济发展的良好环境;整合创新资源,提高企业和产业创新能力。创新政策和创新资源协同作用,提高中端和高端市场占有率,提升核心专利拥有率。

总体目标:力争用30年时间(2015—2045),中国工业结构达到世界先进水平,中国工业质量接近发达国家平均水平,中国工业创新能力达到世界先进水平,建成工业创新强国、智慧工业强国和绿色制造强国。

宏观措施:系统整合创新政策和创新举措,编制《中国工业创新政策指南》,实施积极的科技财政政策,完善政府创新采购制度,完善创新产权制度,促进工业创新服务网建设等。

微观措施:鼓励企业把握前沿机遇,获取更多核心知识产权;鼓励企业整合创新资源,打造创新产业链和创新积聚区;开展高端产品的进口替代,扩大对外投资;建立产业创新联盟,推进自主创新和协同创新;扩展价值链,完善生产性服务,提高市场竞争力等。

重大行动:打造工业创新驱动的发动机,组建"国家先进技术研究院";组织实施"工业创新伙伴计划",组织实施"智慧机器人工程",成立国家中小企业服务局等。

(6)"绿色工业议程"建议书摘要

人类从诞生开始,就生活在自然环境之中。自然环境为我们提供了生命支持、物质和文化服务。没有自然环境,就没有人类文明。但是,随着工业发展和人口增长,如果按照传统发展模式,人类需求将逐步逼近自然环境的承载极限,自然环境有可能发生不可逆退化,人类生存环境有可能持续恶化。

20世纪80年代以来,欧美国家普遍采用工业生态学和生态现代化原理,采用预防和创新原则,通过绿色技术创新、绿色制度创新和经济结构调整(结构生态化),推动经济增长与环境退化脱钩,实现经济与环境双赢。目前,中国环境问题受到广泛关注。

建议实施"绿色工业议程",实现工业与环境共赢,工业环境质量达到发达国家水平。

总体目标: 力争用30年时间(2015—2045),工业环境影响主要指标接近发达国家平均值,工业环境管理主要指标达到发达国家平均值,工业环境质量达到发达国家水平;自然生态系统恢复良性循环,工业生态文明达到世界先进水平。

宏观措施: 编制《中国资源和环境法典》,促进绿色技术创新,推进绿色制度创新,提高环境执法能力,促进传统工业流程再造,继续推进循环经济,继续实施污染治理工程等。

微观措施: 严格执行环境影响评价制度,严格国家环境质量标准,鼓励企业采用清洁生产、绿色工艺、面向环境的设计、环境质量认证和环保产业认证,建立全面环境质量管理等。

重大行动: 建立环境质量责任制和环境损失20年期内追究制,制定和实施污染总量控制计划,建设一批清洁生产示范项目和绿色工业园区,建立环境信息和污染企业定期公布制度,研制国家资源安全和能源安全战略等。

四、世界和中国现代化评价

1. 2012年世界现代化水平

首先,世界现代化的整体水平。2012年美国等27个国家进入第二次现代化,约占国家样本数的21%;中国等100个国家处于第一次现代化,乍得等4个国家处于传统农业社会,有些原住民族仍然生活在原始社会。

其次,世界现代化的国际体系。根据第二次现代化指数的国家分组,2012年美国等21个国家为发达国家,俄罗斯等20个国家为中等发达国家,中国等43个国家为初等发达国家,肯尼亚等47个国家为欠发达国家。

其三,世界现代化的前沿。2012年第二次现代化指数排世界前10名的国家是:瑞典、美国、丹麦、芬兰、新加坡、日本、荷兰、比利时、德国、澳大利亚。

其四,世界现代化的国际追赶。在2000~2012年期间,根据第二次现代化水平分组,在131个参加评价的国家中,组别上升国家有13个,组别下降国家有11个。

2. 2012年中国现代化水平

2012年中国属于初等发达国家,处于发展中国家的中间水平。

2012年中国第一次现代化指数为96,排名世界131个国家的第58位;第二次现代化指数和综合现代化指数分别为42和44,排名第56位和第62位。

3. 2012年中国地区现代化水平

首先,中国地区现代化的整体水平。2012年北京等5个地区进入第二次现代化,天津等29个地区处于第一次现代化,局部地区属于传统农业社会。

其次,中国地区现代化的水平结构。根据第二次现代化指数分组,2012年中国多数地区属于发展中地区;北京、上海、天津、香港、澳门和台湾等地具有发达水平的部分特征,江苏、辽宁、浙江、广东、重庆、山东、福建、陕西和湖北等地具有中等发达水平的部分特征,宁夏等 18 个地区具有初等发达水平的特征。

如果京、津、沪、港、澳和台不参加排名,2012 年综合现代化指数排前 10 位地区为:江苏、浙江、辽宁、广东、山东、重庆、福建、湖北、吉林、黑龙江。

21 世纪,世界工业现代化将出现若干拐点,中国工业现代化面临难得的机遇。

中国工业的世界声誉,要实现三次跃进:中国质量、中国标准、中国设计。

实现工业现代化,需要政府和企业的通力合作,需要全社会的共同努力。

何传启
中国现代化战略研究课题组组长
中国科学院中国现代化研究中心主任
2015 年 1 月 30 日

上 篇

工业现代化研究

现代经济：农业是基础，工业是支柱。

没有工业现代化，就没有经济现代化。

没有经济现代化，就没有国家现代化。

工业现代化是经济现代化的核心内涵，是国家现代化的重要内容和主要动力。《中国现代化报告 2005》讨论了经济现代化，《中国现代化报告 2012》讨论了农业现代化，本报告专题研究工业现代化（图 H）。从现代化角度研究工业变迁，只是工业研究的一个视角。

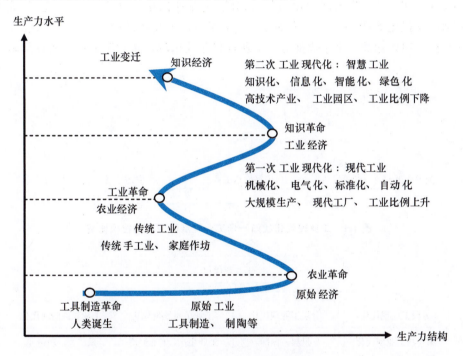

图 H　工业现代化的路线图

注：人类文明曾经发生过四次革命，文明中轴发生了三次转换，形成四个时代和四种基本社会形态，每个时代和每种社会的生产力结构不同，坐标的刻度不同。结构刻度采用劳动力结构数值：原始社会为农业劳动与狩猎采集劳动之比，农业社会为狩猎采集劳动与农业劳动之比，工业社会为工业劳动与农业劳动之比，知识社会为工业劳动与知识劳动之比。

第一章 世界工业现代化的基本事实

工业与人类相伴而生。最早工业是原始工具制造,如原始石器制造和陶器制造等。工业不仅是古老产业,也是现代产业,更是国民经济的支柱产业。没有现代工业就没有现代经济。工业现代化是18世纪以来的一种工业变迁,是现代化的一种表现形式。迄今为止,关于工业现代化,没有统一定义。根据现代化科学的解释,工业现代化犹如一场工业发展的国际马拉松比赛;跑在前面的国家成为工业发达国家,跑在后面的国家成为工业发展中国家,两类国家之间可以转换(图1-1)。在本报告里,工业现代化指工业部门和工业体系的现代化,它包括分段工业现代化、分层工业现代化、工业子系统现代化和工业亚部门现代化等(图1-2)。一般而言,工业部门是国民经济的一个核心部门,工业现代化是国家现代化和经济现代化的一个组成部分。工业现代化受市场需求和国家利益的双重驱动。

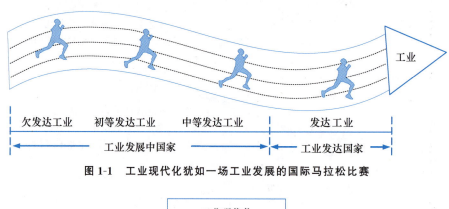

图1-1 工业现代化犹如一场工业发展的国际马拉松比赛

图1-2 工业现代化的研究对象

注:综合工业现代化是两次工业现代化的协调发展,是发展中国家工业现代化的一条基本路径。

第一节 工业现代化的研究方法

工业现代化是工业部门或工业系统现代化的一种简称,它与领域现代化、分段现代化和分层现代化有交叉。工业现代化研究以国家为基本研究单元,它可以合理延伸到世界和地区层面;工业现代化研究的地理范围,可以是世界、国家或地区等(表1-1)。工业是国民经济的主导部门,它不仅为国民经济的各个部门提供生产工具、技术装备和物品,而且为人类物质文化生活提供日用工业品。工业现代化涉及国家利益和国际竞争,涉及工人利益和社会稳定等。工业现代化研究需要多角度、多层面和综合的系统研究。

表 1-1 工业现代化的研究范围与研究单元的研究矩阵

		研究范围		
		全球范围	国家范围	地区范围
研究单元	世界	世界层面的工业现代化	—	—
	国家	全球范围的国家工业现代化	某国的工业现代化	—
	地区	全球范围的地区工业现代化	某国的地区工业现代化	某地的工业现代化

一、工业现代化研究的基本概念

工业现代化是现代化的一个重要方面,工业现代化研究是现代化研究的一个重要分支。它可以以 18 世纪初为起点,可以从历史进程、客观现实和未来前景三个角度进行分析。

1. 工业现代化的词义分析

工业现代化包含两个单词:工业和现代化。

(1) 什么是工业

一般而言,工业是指采掘物质资源、对原料进行加工或再加工的生产部门(图 1-3)。根据国际标准行业分类,农业是第一产业,工业是第二产业,服务业是第三产业;工业包括采矿业、制造业、建筑业和公共事业;公共事业包括水、暖、燃气和电力的生产和供应。

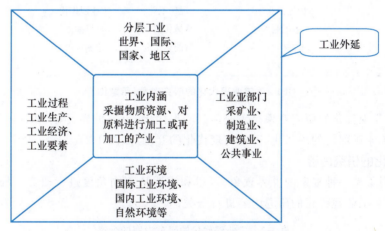

图 1-3 工业内涵和外延的操作性界定

注:公共事业包括水、暖、燃气和电的生产和供应。

- 工业的生产要素:劳动力、资本、土地、资源、能源、机械设备(技术)等。
- 工业的主要产品:矿产、钢铁、水泥、电力、化工、机械、食品、纺织品、材料等。

(2) 什么是现代化

现代化研究已经有 50 多年历史,但迄今为止,现代化没有统一定义。

现代化科学认为:现代化是 18 世纪工业革命以来的一种世界现象,是现代文明的一种前沿变化和国际竞争,它包括现代文明的形成、发展、转型和国际互动,文明要素的创新、选择、传播和退出,以及追赶、达到和保持世界先进水平的国际竞争和国际分化;达到和保持世界先进水平的国家是发达国家,其他国家是发展中国家,两类国家之间可以转换。

(3) 什么是工业现代化

工业现代化研究已经有 50 多年历史,迄今为止,工业现代化也没有统一定义。

- 现代化科学认为:工业现代化是 18 世纪工业革命以来工业部门的一种前沿变化和国际竞争,它包括现代工业的形成、发展、转型和国际互动,工业要素的创新、选择、传播和退出,以及追赶、达到和保持世界工业先进水平的国际竞争和国际分化;达到和保持世界工业先进水平的国家是工业发达国家,其他国家是工业发展中国家,两类国家之间可以转换。
- 如果把工业看成是一个部门(国民经济的一个分部门),工业现代化是工业部门的现代化。如果把工业看成是一个领域(经济领域的一个分领域),工业现代化是工业领域的现代化。如果把工业看成是一个系统(经济系统的一个分系统),工业现代化是工业系统的现代化。

2. 工业现代化的研究对象

显而易见,工业现代化现象,是工业现代化研究的研究对象。

工业现代化现象是 18 世纪以来的一个客观的历史现象,包括工业变迁和工业国际竞争等;但是,并非所有的工业变迁和工业国际竞争都属于工业现代化。一般而言,工业现代化研究重点关注 18 世纪以来工业变迁的世界前沿、达到前沿的过程和国际竞争(图 1-4)。

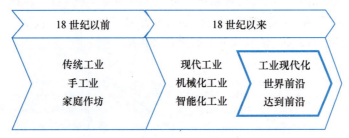

图 1-4　工业现代化的研究对象(示意图)

具体而言,工业现代化的研究对象是工业部门的现代化,包括世界、国家和地区的工业现代化,包括工业子系统和工业亚部门的现代化、工业与现代化的互动等(图 1-2)。

3. 工业现代化的研究内容

工业现代化现象是一种复杂的世界现象,可以和需要从不同角度进行研究。根据研究的目的和性质的不同,可以对工业现代化的研究内容进行分类(表 1-2)。

表 1-2　工业现代化的研究内容的分类

分类的依据	研究内容的描述
概念研究	现代工业的世界前沿的形成、发展、转型、国际互动 现代工业要素的创新、选择、传播、退出等
过程和行为研究	四个方面:工业现代化的过程、结果、动力、模式 四个要素:工业行为、结构、制度、观念的现代化 相互作用:工业不同系统、不同要素的相互作用等
结果研究	四种结果:工业的现代性、特色性、多样性、副作用 四种分布:工业的地理结构、国际结构(水平结构和国家分层)、人口结构、系统结构等
研究问题	理论问题:工业的世界前沿、长期趋势、文明转型、国际分化等 应用问题:工业的国际竞争、国际经验、国际追赶、前沿创新等
研究性质	基础研究:工业的世界前沿和前沿变化的特征和规律,工业发达的科学原理等 应用研究:工业达到和保持世界前沿的方法和途径,工业发达的基本方法等 开发研究:工业现代化的战略、规划和政策等

4. 工业现代化研究的研究矩阵

首先,研究范围与研究单元的研究矩阵。一般而言,工业现代化的实证研究,需要明确研究范围和研究单元,它们可以组成一个研究矩阵(表 1-1)。研究范围可以是全球、国家或地区范围等,研究单元可以是世界、国家或地区等。国家是现代化研究的基本单元。

其次,研究对象与研究内容的研究矩阵。工业现代化的研究对象是工业部门和工业系统的现代化,包括工业生产、工业经济、工业要素、工业环境等;研究内容包括工业行为、结构、制度和观念的现代化等。它们可以组成一个结构矩阵(表 1-3)。

表 1-3 工业现代化研究的结构矩阵

研究内容		研究对象		
		工业部门(系统)	工业生产、工业经济、工业要素、工业环境	世界、国家、地区工业
		工业现代化	四个工业子系统的现代化	三个层次的工业现代化
要素	行为 结构 制度 观念	工业行为、工业结构、工业制度和工业观念的现代化	四个工业子系统的工业行为、工业结构、工业制度和工业观念的现代化	三个层次的工业行为、工业结构、工业制度和工业观念的现代化
方面	过程 结果 动力 模式	工业现代化的过程、结果、动力和模式	四个工业子系统的现代化的过程、结果、动力和模式	三个层次的工业现代化的过程、结果、动力和模式

注:工业生产涉及工业资源、工业投入、工业产出与效率、工业结构等;工业经济涉及工业供给、工业流通、工业需求与消费、工业竞争力等;工业要素涉及工业劳动力、工业企业、工业技术、工业制度和工业观念等。工业环境涉及生态环境、社会环境等。工业现代化的研究内容还有许多,例如,分段工业现代化、工业亚部门现代化、工业前沿分析、工业趋势分析、工业前沿过程分析、工业追赶过程分析、国际竞争分析、国际工业差距分析、工业现代化要素和不同领域之间的相互作用等。

其三,工业现代化与分领域和分层次现代化的交叉(表 1-4)。一般而言,现代化科学包括分领域现代化和分层次现代化研究,工业现代化研究包括工业部门、亚部门和工业子系统现代化研究等。它们可以组成一个研究矩阵,反映了工业现代化研究的交叉性。

表 1-4 工业现代化与分领域和分层现代化的交叉

部门现代化	分领域现代化				分层次现代化		
	经济现代化	社会现代化	文化现代化	生态现代化	世界和国际现代化	国家现代化	地区现代化
工业现代化	*	*	*	*	*	*	*
采矿业	*			*	*	*	*
制造业	*			*	*	*	*
建筑业	*			*	*	*	*
公共事业	*	*	*	*	*	*	*
工业生产	*			*	*	*	*
工业经济	*			*	*	*	*
工业要素	*	*	*	*	*	*	*
工业环境	*	*	*	*	*	*	*

注:* 表示该部门现代化与主要的领域和层次现代化的交叉。工业环境包括生态环境和社会环境等。

二、工业现代化研究的一般方法

工业现代化研究是现代化研究的一个组成部分,可以沿用现代化研究的研究方法。

1. 工业现代化研究的方法论

工业现代化研究,大致有五种研究视角和方法论。

- 从科学角度研究工业现代化,可以采用实证主义的研究方法,揭示工业现代化的客观事实和基本规律,建立客观的和没有偏见的因果模型。
- 从人文角度研究工业现代化,可以采用阐释主义的研究方法,描述工业现代化的意义和关联,建构工业现代化现象的话语和理念。
- 从政策角度研究工业现代化,可以采用现实主义的研究方法,归纳工业现代化现象的因果关系和价值导向,提出工业现代化的解释模型和政策建议。
- 从未来学角度研究工业现代化,分析工业现代化的趋势,预测它的未来。
- 从批判角度研究工业现代化,分析和批判工业现代化的现行理论、实践和失误,提出改进的对策和建议等。

在现代化科学里,实证研究、阐释研究和实用研究的区分是相对的,有些时候会交替采用三种方法论,有些时候会同时采用三种方法论。一般而言,实证研究提供现代化现象的事实和原理,阐释研究提供现代化现象的意义和关联,实用研究提供现代化现象的政策选择和建议。

2. 工业现代化研究的主要方法

工业现代化研究是一种交叉研究,自然科学和社会科学的诸多研究方法,都可以作为它的研究方法。例如,观察、调查、模拟、假设、心理分析、统计分析、定量分析、定性分析、模型方法、理论分析、比较分析、历史分析、文献分析、过程分析、情景分析和案例研究等。

工业现代化研究有许多的研究类型,不同研究类型可以采用不同研究方法(表1-5)。

表1-5 工业现代化研究的主要类型

编号	类型	特点和方法
1	事后分析	在工业现代化现象发生后进行研究,是对现代化进程和结果的研究
2	事先分析	在工业现代化现象发生前进行研究,是对现代化前景和战略的研究
3	系统分析	从工业现代化的源头到末尾进行系统研究。工业现代化的源头是创新,工业现代化的末尾是工业现代化的结果。从创新到现代化的系统研究,是一种多学科的交叉研究
4	单维研究	对工业现代化进行单维度、单学科的研究
5	交叉研究	对工业现代化进行两维度或多维度、跨学科的交叉研究
6	综合研究	对工业现代化进行多维度、多学科的综合研究
7	历史研究	工业现代化的历史研究,时序、截面、过程、前沿、范式、文献、历史和案例研究等
8	现实研究	工业现代化的现状研究,层次、截面、统计、比较、前沿分析、社会调查、案例研究等
9	前景分析	工业现代化的前景分析,回归、趋势分析、线性和非线性外推、目标逼近和情景分析等

工业现代化研究的前沿分析、过程分析和结果分析,具有不同特点和要求。

- 工业现代化现象的前沿分析。前沿分析包括工业现代化的世界前沿的识别、比较和变化分析等。通过分析世界前沿的特征、水平和变化等,研究工业前沿的变化规律和工业发达的基本原理。
- 工业现代化现象的过程分析。过程分析包括工业现代化过程的类型、阶段、特点、内容、原理、动力、路径和模式分析等(图 1-5)。工业现代化过程的阶段分析,旨在识别和描述它的主要阶段和阶段特征等,分析方法包括定性和定量分析等。它的阶段划分应该与经济现代化过程的阶段划分相协调。

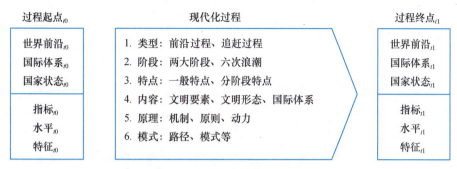

图 1-5　现代化现象的过程分析

注:文明要素包括文明的行为、结构、制度和观念等。

- 工业现代化过程的结果分析。过程的结果与它的时间跨度紧密相关,与起点截面和终点截面(或分析截面)紧密相关(图 1-6)。在不同历史截面,工业现代化的世界前沿、国际体系和国家状态有所不同,它的指标、水平和特征有所不同;通过两个截面的宏观和微观层次的比较,可以分析在两个截面之间的工业现代化的主要结果。截面比较包括定量和定性比较等。一般而言,工业现代化过程的结果是时间的函数,工业现代性是时间的函数。

在起点截面 a 和终点截面 b 之间,工业现代化进程的结果＝截面 b－截面 a

简化的数学表达式: $f_{b-a}=f_b-f_a$

其中, f 为工业现代化状态函数, f_{b-a} 为状态变化, f_b 为截面 b 的状态, f_a 为截面 a 的状态。

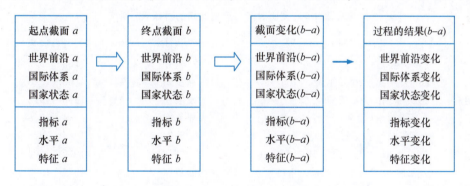

图 1-6　现代化过程的结果分析

注:从起点截面 a 到终点截面 b ,现代化过程的主要结果包括:① 宏观变化,如世界前沿、国际体系和国家状态的变化等;② 微观变化,如指标变化(新增的指标、消失的指标)、水平变化(原有指标的水平变化、新增指标的水平变化)和特征变化(新增的特征、消失的特征)等,包括工业的现代性、特色性、多样性和副作用等。工业现代化过程的有些变化,有可能消失在过程中,在结果里没有体现。

三、工业现代化研究的坐标分析法

现代化研究的坐标分析方法是现代化科学的一种常用方法,它主要包括三个步骤和六个部分(表 1-6)。其主要特点是:时序分析与截面分析相结合,定量分析与定性分析相结合,分析方法和结果表达的模型化、图形化、数量化、系统性、实证性和科学性等。三个步骤和六个部分相互关联和相互支持,形成现代化的、连续的、系列的时间坐标图和截面分布图,从而相对直观和系统地刻画现代化的进程和分布。这种方法可应用于工业现代化研究。

表1-6 现代化研究的坐标分析方法

序号	主要步骤	六个部分	注释
1	建立坐标系	现代化的坐标体系	确定坐标系的横坐标和纵坐标
2	变量分析	范式分析、定量评价、时序分析和截面分析	分析现代化的各种变量
3	表达结果	现代化的坐标图和路径图	将分析结果标记到坐标系上

1. 建立工业现代化的坐标体系

工业现代化的坐标体系是坐标分析的核心内容,包括工业变迁和工业现代化的时间表、周期表、坐标系和路线图等。工业变迁和工业现代化的坐标系由横坐标和纵坐标组成。横坐标可以是历史时间、文明时间等,纵坐标可以是工业现代化水平、工业现代化指标水平等。文明时间是根据人类文明的"前沿轨迹"所标识的一种时间刻度(表1-7)。

在世界上,不同国家都采用统一的历史时间;但是,在同一历史时间,不同国家可能处于不同的文明时间。历史时间好比人的生物年龄,文明时间好比人的生理年龄。对于走在人类文明前列的国家,文明时间可能与历史时间是一致的;对于后进国家,文明时间与历史时间是不一致的。例如,2000年,美国处于知识文明时代,少数非洲国家处于农业文明时代。

如果将工业现代化进程评价、时序分析、截面分析、范式分析和一般过程分析的结果,标记在工业现代化的坐标系里,就可以构成工业现代化的坐标图、路线图等。工业现代化的坐标图和路线图,既有基本图,也有分阶段、分层次、分部门、分专题和分指标的分解图,它们组成一个工业现代化的坐标图和路线图的系统,全方位地表征工业现代化的进程和分布。

表1-7 文明时间与历史时间的对照表

文明时间	历史时间(大致时间)	文明时间	历史时间(大致时间)
原始文化时代	250万年前~公元前3500年	工业文明时代	1763~1970年
起步期	250万年前~20万年前	起步期	1763~1870
发展期	20万年前~4万年前	发展期	1870~1913
成熟期	4万年前~1万年前	成熟期	1914~1945
过渡期	1万年前~公元前3500年	过渡期	1945~1970
农业文明时代	公元前3500年~公元1763年	知识文明时代	1970~2100年
起步期	公元前3500年~公元前500年	起步期	1970~1992
发展期	公元前500年~公元500年	发展期	1992~2020
成熟期	公元500年~1500年	成熟期	2020~2050
过渡期	1500年~1763年	过渡期	2050~约2100

注:历史时间指自然的物理时间,文明时间指根据人类文明的"前沿轨迹"所标识的一种时间刻度。

2. 工业现代化的坐标分析的四种方法

(1) 工业现代化研究的范式分析

一般而言,工业现代化研究不仅要有单要素分析,而且要有整体分析。不能只见树木不见森林。工业现代化研究的整体分析,就是分析它的整体变化。那么,如何分析工业现代化的整体变化呢?目前没有通用方法。现代化研究,借鉴科学哲学的"范式"概念,分析现代化的"范式"变化,建立现代化研究的范式分析。工业现代化研究也可以采用范式分析。

> **专栏 1-1　科学范式和文明范式**
>
> 美国科学哲学家库恩在《科学革命的结构》一书中提出了"范式"的概念,认为现代科学的发展模式是"范式Ⅰ——科学革命——范式Ⅱ"。简单地说,范式指科学共同体公认的范例,包括定理、理论和应用等。在科学发展史上,一种范式代表一种常规科学(成熟的科学),从一种范式向另一种范式的转变就是科学革命。在科学哲学领域,尽管还存在争议,范式和科学革命被认为是解释科学进步的一种有力理论。
>
> 借鉴库恩的"范式"思想,可以把与经济、社会、政治、文化、环境管理和个人行为的典型特征紧密相关的"文明类型"理解为一种"文明范式"(表 1-8)。依据这种假设,文明发展可以表述为"文明范式Ⅰ——文明革命(文明转型)——文明范式Ⅱ",或者"文明类型Ⅰ——文明革命(文明转型)——文明类型Ⅱ"。这样,可以抽象地认为,文明发展表现为文明范式的演变和交替,现代化表现为现代文明范式的形成和转变。反过来说,可以用文明范式和范式转变为分析框架,讨论文明特征和现代化特征的定性变化。

表 1-8　人类历史上的文明范式及其代表性特征

项目	原始文化	农业文明	工业文明	知识文明
历史时间	人类诞生至 公元前 3500 年	公元前 3500 年至 公元 1763 年	公元 1763 年至 1970 年	1970 年至 约 2100 年
经济特征	狩猎采集	农业经济	工业经济	知识经济
社会特征	原始社会	农业社会	工业社会	知识社会
政治特征	原始民主	专制政治	民主政治	多元政治
文化特征	原始文化	农业文化	工业文化	网络文化
个人特征	部落生活方式	农村生活方式	城市生活方式	网络生活方式
环境特征	自然崇拜 部落互动	适应自然 国际关系等	征服自然 国际战争等	人与自然互利共生 国际依赖等

注:本表的四种文明范式分类,是文明范式分类的一种分类方式。

工业现代化研究的范式分析,可以参考现代化研究的文明范式分析。依据工业生产力水平和结构进行分类,人类工业主要有四种基本类型:原始工业、传统工业、现代工业和智慧工业(1-9)。它们既是工业变迁的不同历史阶段的形态,又同时存在于现今世界。

表 1-9　人类历史上的工业范式及其代表性特征

项目	原始工业	传统工业	现代工业	智慧工业
历史时间	人类诞生至 公元前 3500 年	公元前 3500 年至 公元 1763 年	公元 1763 年至 1970 年	1970 年至 约 2100 年
工业资源	动植物、石器、陶土	矿产、煤炭等	矿产、能源、投资等	知识、信息、投资等
工业生产	手工	手工、分散生产	机械化、规模化、标准化	信息化、智能化、绿色化
工业流通	实物交换	区域性贸易	全国性贸易	全球性贸易
工业需求	衣物、工具等	生活和生产用品	生活和生产用品等	生活、生产和环保用品等
工业经济	手工经济	地区性商品经济	全国性商品经济	全球性商品经济
工业技术	制陶技术等	传统手工艺和技术	现代工业科技	智能化和绿色化技术等

(续表)

项目	原始工业	传统工业	现代工业	智慧工业
工业环境	自然环境	自然和地区环境	自然和国内环境	国内和国际环境
工业劳动力	部落工匠	手工业者	现代工业劳动者	知识型工业劳动者
工业特征	手工制作 小规模、地域性	家庭作坊 小规模、分散性	标准化工厂 市场化经济	智能化和绿色化 工业园区、全球经济等
工业比例	比例很小	占GDP 10%以下	占GDP 50%左右	占GDP 20%左右

注：本表的四种工业范式分类，是工业范式分类的一种分类方式。反映工业变迁的世界前沿的轨迹。

一般而言，工业变迁是不同步的，国家内部发展也是不平衡的。当某个国家进入某种基本工业形态时，它的内部可以存在一些生产力水平比基本工业形态的生产力水平更低或者更高的工业形态；它们的规模相对较小，可以统称为亚工业形态。国家的基本工业形态和亚工业形态是相对的，不是绝对的，可以相互转换。

(2) 工业现代化研究的定量评价

工业现代化是一种工业变化，包括定性变化和定量变化。其中，定量变化可以定量评价。例如，《中国现代化报告》提出了一批现代化过程的定量评价模型，包括第一次现代化、第二次现代化、综合现代化、地区现代化、经济现代化、社会现代化、文化生活现代化、生态现代化和国际现代化等的评价方法，并完成1950年以来131个国家的现代化定量评价。工业现代化的定量评价，已经有大量的研究文献。

(3) 工业现代化研究的时序分析

工业现代化研究的时序分析是现代化坐标分析的重要内容。它旨在通过分析比较工业现代化的时间系列数据、特征、资料和变化，揭示工业现代化的长期趋势及其变化规律。时序分析主要用于工业现代化的历史进程研究，可以作为一种趋势分析。

首先，选择分析指标。一般选择关键指标进行分析。可以从三个方面选择：工业现代化的综合指标，工业行为、结构、制度和观念现代化，工业供给、流通、需求、科技、环境和工人现代化等。行为和结构指标，多数是定量指标；制度和观念指标，多数是定性指标。

其次，选择分析的国家样本。目前，世界上有190多个国家。如果条件许可，可以对每一个国家进行时序分析。如果条件不许可，或者根据研究目的，可以选择若干国家进行时序分析。《中国现代化报告》选择15个国家作为分析样本（表1-10），包括8个发达国家和7个发展中国家，它们的国民收入(GNI)约占世界总收入的73%，人口约占世界总人口的60%。这些分析样本，与经济、社会、文化和生态现代化研究的时序分析的国家样本是一致的。

表1-10 工业现代化的时序分析的国家样本(2010年)

国家	人均收入/美元	国民收入占世界比例/(%)	人口占世界比例/(%)	国家	人均收入/美元	国民收入占世界比例/(%)	人口占世界比例/(%)
美国	48 358	23.34	4.49	墨西哥	8885	1.63	1.71
日本	43 118	8.58	1.85	巴西	10 978	3.34	2.84
德国	40 145	5.12	1.19	俄罗斯	10 710	2.38	2.07
英国	36 703	3.57	0.90	中国	4433	9.25	19.43
法国	39 186	3.98	0.94	印度尼西亚	2947	1.11	3.50
加拿大	46 211	2.46	0.50	印度	1419	2.67	17.51
澳大利亚	51 746	1.78	0.32	尼日利亚	1437	0.36	2.32
意大利	33 761	3.19	0.88	合计	—	72.76	60.45

数据来源：World Bank, 2014.

其三，选择分析的时间范围。一般的时间跨度约为300年(1700年至今)。

其四，采集和建立分析指标的时序数据和资料。一般而言，定量指标采用权威部门的统计数据或著名学术机构的相关数据；定性指标应采用比较科学客观的研究资料。

其五，系统分析现代化的定量指标的变化和长期趋势等。

其六，系统分析现代化的定性指标的长期趋势和特征等。

(4) 工业现代化研究的截面分析

工业现代化研究的截面分析是现代化坐标分析的重要内容。它旨在通过分析比较工业现代化的不同时间截面的数据、特征、资料和变化，揭示或阐释工业现代化的结构特征及其规律等。截面分析主要用于工业现代化的现状研究和历史进程研究。

首先，选择分析变量。同时序分析一样，从三个方面选择关键指标进行分析。

其次，选择分析国家和国家分组(表1-11)。世界范围的工业现代化研究的截面分析，可以包括全部国家(有数据的国家)。为便于表述截面特征，可以对国家进行分组，并计算每组国家的特征值。除按国家经济水平分组外(根据人均国民收入对国家分组)，还可以按国家现代化水平和工业现代化水平分组。

表1-11 2010年截面分析的国家分组

分组号		1	2	3	4	5	6	7	8	9	合计
分组标准	人均国民收入/美元	小于501	501~1000	1001~2000	2001~5000	5001~9307	9308~20 000	20 001~30 000	30 001~45 000	大于45 000	—
分组结果	国家/个	11	17	17	26	18	15	5	12	9	130
	人均国民收入/美元	361	683	1324	3448	7044	13 205	24 107	39 208	55 739	—

注：数据来自世界银行数据库2014。2010年人均国民收入的世界平均值为9307美元，高收入国家平均值为35 365美元，中等收入国家平均值为3792美元，低收入国家平均值为514美元。

其三，选择分析截面。可以根据研究目的和需要选择截面。

其四，采集和建立分析指标的截面数据和资料。一般而言，定量指标采用权威部门的统计数据或著名学术机构的相关数据；定性指标应采用比较科学客观的研究资料。

其五，定量分析需要计算每组国家某个变量的"特征值"。计算方法大致有三种："中值法""平均值法"和"回归分析法"。《中国现代化报告》采用第二种方法——算术平均值法。

$$X_{ij} = \sum x_{ij} / n_{ij}$$

其中，X_{ij}为第i组国家第j个变量的"特征值"；$\sum x_{ij}$为第i组国家第j个变量的每个国家的数值的加和；n_{ij}为国家个数，即第i组国家第j个变量具有数据的国家个数。

其六，单个截面的系统分析。主要分析截面的结构特征、水平特征和性质特征，包括国家经济水平与现代化变量的截面"特征关系"和统计关系，制度和观念的截面特征等。关于截面特征的分析，可以是定性、定量或综合分析。

其七，多个截面的比较分析。两个或多个截面之间的比较，包括结构比较、水平比较、特征比较和性质比较等，还可以计算分析指标的变化速率等。

3. 工业现代化的坐标分析的分析变量

(1) 选择分析变量的原则

由于工业现代化的研究对象非常复杂，一项研究不可能对它的所有方面和全部过程进行分析。比较合理和有效的方法是选择有限的关键变量进行分析。分析变量的选择，需要考虑三个因素：具有学术或政策意义,便于国际比较和分析,可以获得连续数据或资料。

（2）分析变量的性质

工业现代化研究的分析变量,包括定量和定性指标、共性和个性指标（表 1-12）。

表 1-12 工业现代化研究的分析变量的主要类型

类型		解释	举例
定量指标	综合指标	若干个单项指标经过模型计算合成一个综合指标	工业现代化指数
	总量指标	指标数值反映总量	工业劳动力、工业增加值
	人均指标	指标数值反映人均量	人均电力产量
	结构指标	指标数值反映结构比例	工业劳动力比例
	效率指标	指标数值反映单位产出	工业劳动生产率
	增长率指标	指标数值反映年度变化率	工业增加值的年增长率
	前沿指标	指标数值反映世界先进水平	发达国家工业生产率
	平均指标	指标数值反映世界平均水平	世界平均工业生产率
	末尾指标	指标数值反映世界末尾水平	欠发达国家工业生产率
	差距指标	指标数值反映国际差距	工业生产率的最大差距
定性指标	制度指标	制度的特征和变化	工业产品简单平均关税
	观念指标	观念的特征和变化	工业环境观念
两类指标	共性指标	反映工业现代化的共性、普遍特征和要求的指标	工业效率、职工收入
	个性指标	反映工业现代化的个性、特殊性和多样性的指标	工业资源、工业环境

- 定量指标:多数可以通过统计资料获得数据;没有统计数据的定量指标（新现象）,需要专题研究。
- 定性指标:制度和观念变化是定性指标,可以定性分析,缺少统计数据。有些时候,定性指标可以通过社会调查,转换成相应的定量指标。
- 共性指标:反映工业现代化的共性、普遍特征和要求的指标,如工业劳动生产率和职工收入等,多数为定量指标。
- 个性指标:反映工业现代化的个性、特殊性和多样性的指标,多数为定性指标,如工业制度等;部分为定量指标,如人均工业资源等。

一般而言,人均指标、结构指标、效率指标和共性指标,可以用于工业现代化的定量评价;总量指标、增长率指标、定性指标和个性指标,可以用于工业现代化的特征分析。

（3）分析变量的类型

工业现代化研究的分析变量,根据长期趋势和变化特点的不同,可以大致分为八种类型。一般而言,上升和下降变量可以用于现代化评价,转折变量和波动变量用于政策分析。

- 上升变量:有些变量随时间而上升,其数值会发生短期波动。
- 下降变量:有些变量随时间而下降,其数值会发生短期波动。
- 转折变量:有些变量经历上升和下降（或者下降和上升）两个阶段。
- 波动变量:有些变量长期在一定范围内波动,运动没有明显的方向性,趋势很平缓。
- 随机变量:有些变量的变化是随机的,趋势不明显。
- 地域变量:有些变量的变化趋势存在明显的地域差异和多种形式,没有统一趋势。
- 稳定变量:有些变量的变化幅度非常小,或几乎没有明显变化,如国土资源等。

- 饱和变量:在上升或下降变量中,有些变量的数值已经饱和或接近饱和,数值不再发生变化或变化不大。例如,许多国家的小学普及率已经达到100%。

根据数据的可获得性和指标的重要性,本报告选择16类指标作为工业现代化研究的分析变量,其中,定量指标为15类225个,定性指标3个(表1-13,附表1-1)。

表1-13 工业现代化的分析指标

指标分类	指标数据	指标分类	指标数据
(1) 工业资源	14个指标	(9) 工业竞争力	6个指标
(2) 工业投入	25个指标	(10) 生态环境	20个指标
(3) 工业产出	11个指标	(11) 社会环境	22个指标
(4) 工业效率	13个指标	(12) 工业劳动力	12个指标
(5) 工业结构	25个指标	(13) 工业企业	4个指标
(6) 工业供给	13个指标	(14) 工业技术	12个指标
(7) 工业流通	24个指标	(15) 工业制度	7个指标
(8) 工业消费	14个指标	(16) 工业观念	3个指标

注:指标详见附表1-1。

第二节 工业现代化的时序分析

工业现代化的时序分析,是对工业现代化的全过程的时间序列数据和资料进行分析,试图去发现和归纳工业现代化的客观事实和基本规律。在工业现代化过程中,在一定程度上,工业生产现代化是它的"微观基础",工业经济现代化是它的"宏观表现",工业的一些共性要素同时作用于工业生产和工业经济,而工业活动本身与其所处的自然环境、社会环境之间相互影响(图1-7)。我们选择15个国家为分析样本,分析工业生产、工业经济、工业要素和工业环境的变迁,时间跨度约为300年(1700~2010年),分析内容包括长期趋势、世界前沿、国际差距或国别差异等。本节聚焦于工业内部的变迁,关于工业与其他现代化的相互关系,需要专门讨论。本章第一节介绍了工业现代化时序分析的分析方法,本节讨论它的分析结果。

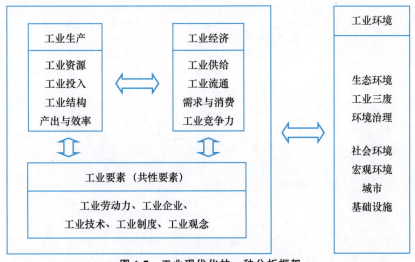

图1-7 工业现代化的一种分析框架

注:关于工业生产、工业经济、工业要素和工业环境的归类划分是相对的,它们既相互交叉,又相互影响。

一般而言,工业现代化的时序分析需要鉴别工业变量的趋势和特征。根据它们的变化趋势,工业变量可以分为上升变量、下降变量、转折变量、波动变量和地域变量等;根据它们与工业水平的关系,工业变量可以分为水平变量、特征变量和交叉变量等(表1-14)。其中,水平变量,反映国家工业的"发展水平",具有很好的国际可比性和历史可比性;特征变量,反映国家工业的特点,不反映国家工业的发展水平,历史(纵向)可比性好,国际(横向)可比性差;交叉变量,同时与国家工业的发展水平和地理特点有关,历史可比性好,但国际可比性差。由于报告篇幅有限,我们选择少数指标为代表,用"图形"显示它们的变化趋势。

表1-14 工业变量的特点和分类

变量分类	变量的特点	变量的举例
水平变量	反映"发展水平",不反映国别特色。国际可比性好,历史可比性好	工业劳动生产率、工业增加值比例等
特征变量	不反映"发展水平",反映国别特色。历史可比性好,国际可比性差	人均石油储量、人均铁矿资源等
交叉变量	反映"发展水平",反映国别特色。历史可比性好,国际可比性差	采矿业劳动力占工业劳动力比例等
上升变量	指标数值长期上升,短期波动,反映工业的"发展水平"	工业劳动生产率、全要素生产率等
下降变量	指标数值长期下降,短期波动,反映工业的"发展水平"	低技术制造占制造业增加值比例等
转折变量	指标数值发生转折,先升后降,或先降后升,与"发展阶段"有关	工业劳动力比例等
波动变量	指标数值不断波动,趋势不明显,与工业的"发展状态"有关	工业增加值的增长率等
地域变量	指标数值与工业的"地理特征"有关,与工业的"发展水平"没有关系	人均煤炭资源等

一、世界工业生产的时序分析

工业生产涉及许多方面和要素,我们不可能对每一个方面和要素都进行分析,只能选择有代表性的方面和统计数据比较齐全的指标进行分析。这里讨论工业生产的自然资源、工业投入、工业的产出与效率以及工业结构(表1-15)。尽管这种分析很不完备,但可以提供有用信息。

表1-15 1700~2010年工业生产的变迁

方面	工业变量				长期趋势和特点
	18世纪	19世纪	1900~1970年	1970~2010年	
工业资源	人均国土面积、人均淡水资源				下降,国别差异
		人均铁矿储量、人均铜矿储量、人均铝土矿储量、人均煤炭储量、人均原油储量、人均天然气储量、煤炭静态开采年限、天然气静态开采年限、原油静态开采年限			国别差异,部分波动,部分下降
			废纸循环利用率、铝循环利用率		上升,国别差异
		人均森林面积			先降后升,国别差异
工业投入	工业劳动力、工业劳动力比例、制造业劳动力、制造业劳动力比例				先升后降,国别差异
			工业劳动力增长率、制造业劳动力增长率		先升后降,波动,国别差异
			采矿业劳动力比例、建筑业劳动力比例、公共事业劳动力比例、工业女劳动力比例、制造业童工比例		先升后降,国别差异
			固定资产形成占GDP比例、工业能耗占总能耗的比例、工业用电占全部用电比例、工人人均电力消耗、工人人均能源消耗		先升后降,国别差异
			工业用水占年度淡水消耗的比例、矿产资源消耗占GNI比例、自然资源消耗占GNI比例、森林资源净损耗占GNI比例、能源资源消耗占GNI比例、固定资产折旧占GNI比例		国别差异
			人均固定资产形成、工人人均资本、工人人均用水		上升,国别差异

（续表）

方面	工业变量				长期趋势和特点
	18世纪	19世纪	1900~1970年	1970~2010年	
工业产出与效率	工业增加值,工业劳动生产率,制造业增加值,制造业劳动生产率,人均工业增加值,人均制造业增加值				上升,国别差异
		工业增加值占GDP比例,制造业增加值占GDP比例			先升后降,国别差异
			工业生产指数,制造业生产指数,建筑业劳动生产率,公共事业劳动生产率		上升,国别差异
			工业增加值增长率,制造业增加值增长率		波动,国别差异
			单位工业增加值的电力消耗,单位工业增加值的能源消耗,单位工业增加值的淡水消耗		先升后降,波动,国别差异
			公共事业增加值占GDP比例		先升后稳,波动,国别差异
			建筑业增加值占GDP比例		先升后波动,国别差异
				采矿业增加值占GDP比例,采矿业劳动生产率,工业劳动报酬占工业增加值比例,工业资本生产率,制造业增加值份额	国别差异
工业结构			工业劳动力与农业劳动力之比,工业增加值与农业增加值之比		上升,国别差异
				建筑业劳动力占工业劳动力比例,公共事业增加值占工业增加值比例,化工产品占制造业增加值比例,机械和运输设备占制造业增加值的比例,高技术制造占制造业增加值比例	上升,国别差异
				低技术制造占制造业增加值比例	下降,国别差异
			中技术制造占制造业增加值比例,工业劳动力与服务业劳动力之比,制造业劳动力占工业劳动力比例,工业增加值与服务业增加值之比,制造业增加值占工业增加值比例,纺织品与服装行业占制造业增加值比例		先升后降,国别差异
				工业增加值占全球工业增加值比例,制造业增加值占全球制造业增加值的比例,采矿业劳动力占工业劳动力比例,公共事业劳动力占工业劳动力比例,采矿业增加值占工业增加值比例,建筑业增加值占工业增加值比例,食品、饮料和烟草占制造业增加值比例,其他制造业占制造业增加值比例,中高技术制造业占制造业增加值比例,中低技术制造业占制造业增加值比例	国别差异

1. 工业资源的时序分析

这里,工业资源指自然资源,涉及矿产资源、能源、水资源、森林资源、土地等。我们选择工业自然资源的14个变量进行分析(表1-15);它们与国家的工业地理特征紧密相关,与国家的工业"发展水平"的相关性不显著,都属于特征变量。

(1) 工业资源的变化趋势

一般而言,资源总量的变化,比较小,比较慢;人均资源的变化,比较大,比较快。

人均资源与人口成反比,与资源总量成正比。随着世界和许多国家的人口增长,人均资源的总体趋势是下降;有些国家人口出现负增长,人均资源可能表现为上升。与此同时,资源储量与技术进步密切相关,勘探、开采以及冶炼技术的进步拓展了资源储量。所以,自然资源总量和人均资源量的变化,有时是非线性的。例如,油砂作为"非常规原油",随着开发技术的日益成熟以及油砂油生产成本的逐渐下降,20世纪末加拿大油砂工业进入了新一轮开发热潮。巨大的油砂资源潜力,使加拿大一跃成为全球人均原油储量最丰富的国家之一。

工业资源的14个指标,可以划分为三类:① 矿产资源:人均铁矿储量、人均铜矿储量、人均铝土矿储量;② 能源资源:人均煤炭储量、人均原油储量、人均天然气储量、煤炭静态开采年限、天然气静态开采年限、原油静态开采年限;③ 其他资源:人均国土面积、人均淡水资源、人均森林面积、废纸循环利用率、铝循环利用率。

这里,不妨以人均原油储量(图1-8)的变化为代表,反映人均工业资源的变化。

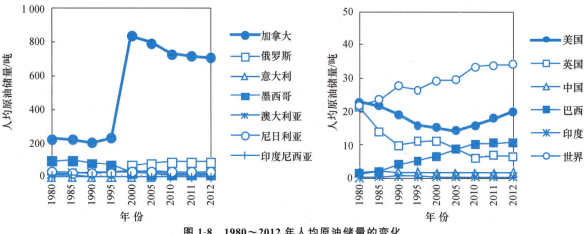

图1-8　1980～2012年人均原油储量的变化

数据来源:BP, 2014.

(2) 工业资源的世界前沿和国别差异

首先,工业资源的世界前沿。在统计学意义上,人均工业资源与工业劳动生产率之间存在一定的相关性(表1-16),人均国土面积等4个指标与工业的"发展水平"之间没有显著关系,而人均原油储量等4个指标与工业劳动生产率正相关。讨论工业资源的世界前沿,是没有意义的,因为在工业资源方面没有"世界前沿"。

表1-16　工业资源与工业劳动生产率的相关系数

项目	人均国土面积	人均森林面积	人均淡水资源	人均原油储量	人均煤炭储量	人均天然气储量	人均铁矿石储量	铝循环利用率
1990	0.265	0.154	—	0.544	—	0.783	—	—
2000	0.096	0.136	—	0.570	0.322	0.636	0.337	—
2010	0.048	0.123	−0.054*	0.423	0.180	0.540	0.265	0.628
相关性	不相关	不相关	不相关	正相关	正相关	正相关	不相关	正相关

注:国家样本为16～131个。指标单位见附表1-1。—表示没有数据;* 表示数据由邻近年数据代替,该处为2011年数据,后同。

其次,工业资源的国别差异非常大。例如,2010年人口超过130万的131个国家,它们的人均国土面积、人均森林面积和人均原油储量的最大相对差距超过5000倍,人均煤炭储量、人均天然气储量的最大相对差距近500倍(表1-17)。

其三,典型国家的工业资源分析。我们选取美国、德国、英国、法国和日本五个典型国家进行比较分析。现有数据表明,它们自然资源禀赋差异较大(表1-18)。以天然气为例,美国对页岩气的开发,使美国在2009年首次超过俄罗斯成为世界第一大天然气生产国和资源国。

表 1-17 2010 年工业资源的国别差异

项目	人均国土面积	人均森林面积	人均淡水资源*	人均原油储量	人均煤炭储量	人均天然气储量	人均铁矿石储量	铝循环利用率
最大值	57.66	9.09	114 217	4847	3462	2 016 067	1088	96%
最小值	0.01	0.00	0.00	0.69	3	4063	6.00	20%
平均值	4.10	0.58	6123	33.64	125	25 598	26	63%
绝对差距	57.65	9.09	114 217	4846	3 459	2 012 004	1082	76%
相对差距	5766	22 725	—	7024	1154	496	181	5
国家样本数	131	131	131	38	29	41	15	26

注：绝对差距＝最大值－最小值，相对差距＝最大值÷最小值。后同。指标单位见附表 1-1。

表 1-18 2010 年典型国家工业资源

国家	人均原油储量/吨	人均煤炭储量/吨	人均天然气储量/立方米	人均铁矿石储量/吨
美国	16.16	767	27 886	22
德国	—	498	841	
英国	6.43	7	4063	
法国	—	—	—	
日本		3	—	

2. 工业投入的时序分析

工业投入涉及劳动力、资本等要素。我们选择 25 个工业投入指标为代表；其中，6 个指标为水平变量，8 个指标为交叉变量，11 个指标为特征变量。

(1) 工业投入的变化趋势

工业投入指标的变化趋势是：3 个指标属于上升变量，14 个指标属于转折变量，2 个指标为波动变量，6 个指标属于地域变量（表 1-19）。其中，工业劳动力比例（图 1-9）的变化可以反映水平变量的特点，工业能耗占总能耗的比例可以反映交叉变量的特点（图 1-10）。

表 1-19 工业投入的分析变量和变化趋势

变化趋势	水平变量	交叉变量	特征变量
上升变量	工人人均资本	人均固定资产形成，工人人均用水	
转折变量	工业劳动力比例，制造业劳动力比例，制造业童工比例，工人人均电力消耗，工人人均能源消耗	公共事业劳动力比例，女性工业劳动力比例，工业能耗占总能耗的比例，工业用电占全部用电比例，固定资产形成占 GDP 比例，建筑业劳动力比例	工业劳动力，制造业劳动力，采矿业劳动力比例
波动变量			工业劳动力增长率，制造业劳动力增长率
地域变量			自然资源消耗占 GNI 比例，森林资源净损耗占 GNI 比例，能源消耗占 GNI 比例，矿产资源消耗占 GNI 比例，固定资产折旧占 GNI 比例，工业用水占年度淡水消耗的比例

(2) 工业投入变化的主要特点

首先，工业劳动投入的变化。18 世纪以来，工业劳动力的投入总量和工业劳动力比例的投入都呈现出先上升后下降的趋势（图 1-9）。目前，高收入国家工业劳动力比例为 22% 左右。采矿业、制造业、

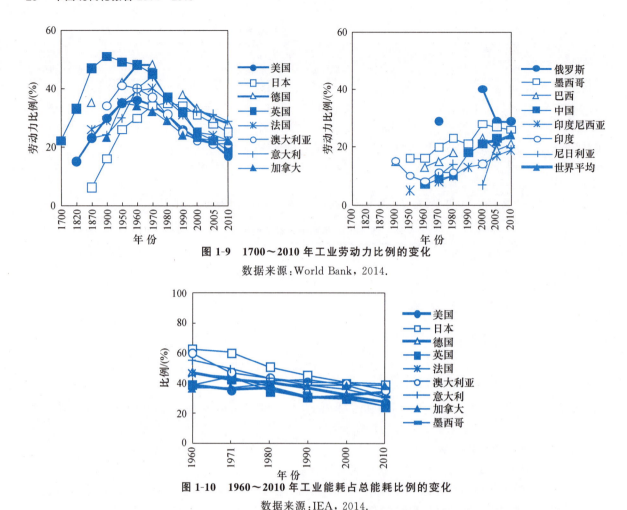

图 1-9　1700~2010 年工业劳动力比例的变化

数据来源：World Bank，2014．

图 1-10　1960~2010 年工业能耗占总能耗比例的变化

数据来源：IEA，2014．

建筑业、公共事业四个部门劳动力比例变化的与工业劳动力比例的变化趋势基本一致，但是采矿业、建筑业以及公共事业三个部门劳动力比例的变化国别差异较大（图 1-11~图 1-14）。1980~2012 年，工业劳动力性别结构的变化集中体现为女性所占比重的下降。全球制造业童工比例在持续下降，据 2010 年国际劳工组织全球综合报告，全球仍有 2.15 亿儿童陷于童工劳动。

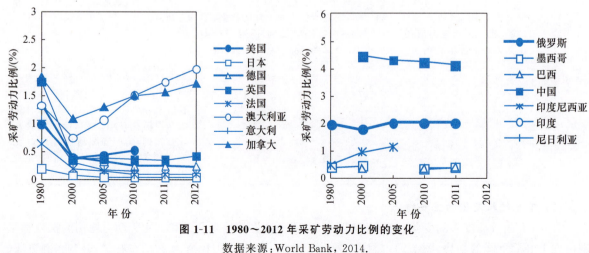

图 1-11　1980~2012 年采矿劳动力比例的变化

数据来源：World Bank，2014．

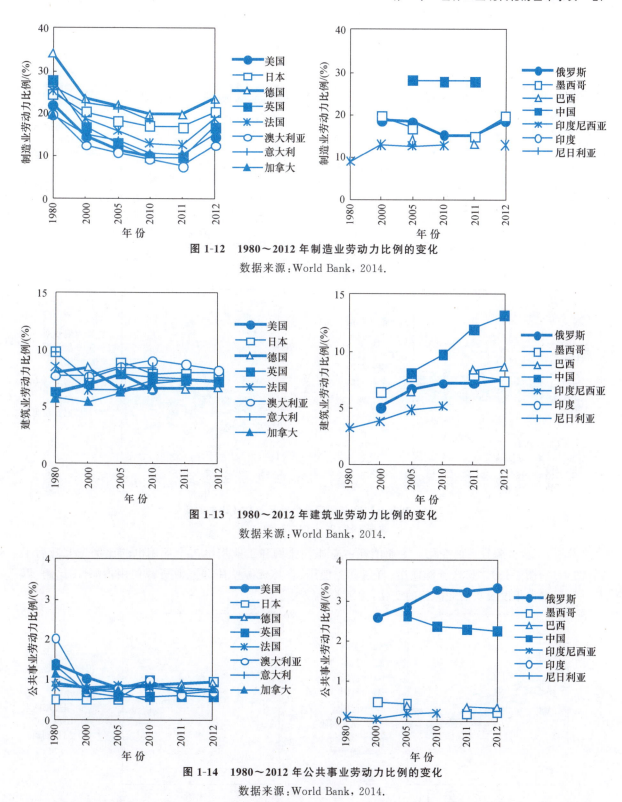

图 1-12 1980～2012 年制造业劳动力比例的变化

数据来源：World Bank，2014.

图 1-13 1980～2012 年建筑业劳动力比例的变化

数据来源：World Bank，2014.

图 1-14 1980～2012 年公共事业劳动力比例的变化

数据来源：World Bank，2014.

其次，工业资本投入的变化。固定资产形成占 GDP 比例的变化（图 1-15）先上升后下降，而固定资产折旧占 GNI 比例变化（图 1-16），国别差异比较大。

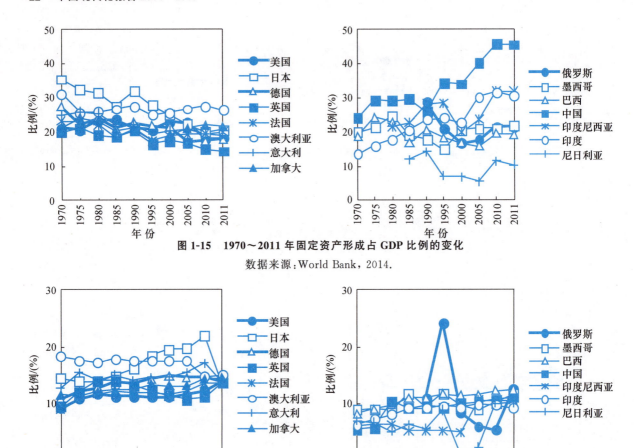

图 1-15　1970~2011 年固定资产形成占 GDP 比例的变化

数据来源：World Bank，2014.

图 1-16　1970~2011 年固定资产折旧占 GNI 比例的变化

数据来源：World Bank，2014.

其三，工业资源投入的变化。工业能耗占总能耗比例和工业用电占全部用电的比例先上升后下降（图 1-17，图 1-18）。矿产资源使用、自然资源使用、森林资源使用和能源资源使用占 GNI 比例，以及工业用水占年度淡水消耗比例的变化，国别差异较大。

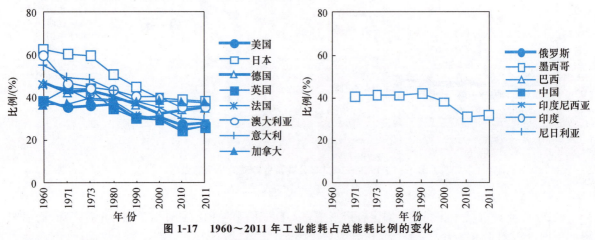

图 1-17　1960~2011 年工业能耗占总能耗比例的变化

数据来源：World Bank，2014.

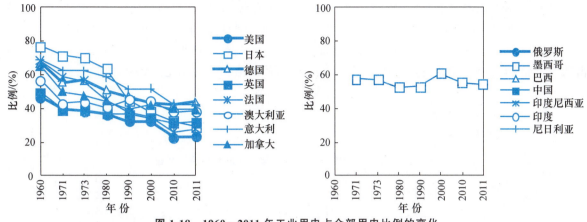

图 1-18　1960～2011 年工业用电占全部用电比例的变化

数据来源：World Bank，2014.

其四，工业投入强度的变化。工人人均资本、人均固定资产形成以及工人人均用水持续上升，但国别差异比较大。工人人均电力消耗和工人人均能源消耗先上升后下降（图 1-19，图 1-20）。

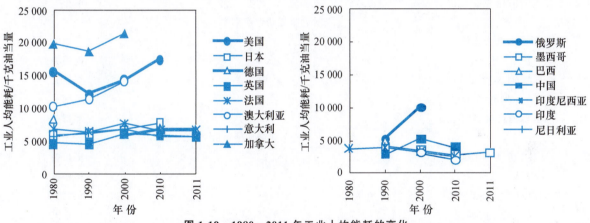

图 1-19　1980～2011 年工业人均能耗的变化

数据来源：World Bank，2014.

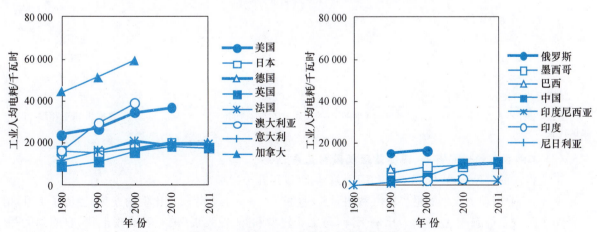

图 1-20　1980～2011 年工业人均电耗的变化

数据来源：World Bank，2014.

其五,工业投入与工业效率的关系。在 1990~2010 年期间,工业劳动力比例与工业劳动生产率和制造业劳动生产率不相关,与人均工业增加值和人均制造业工业增加值正相关;工人人均资本与工业劳动生产率、制造业劳动生产率、人均工业增加值和人均制造业工业增加值正相关;工人人均能源消耗与工业劳动生产率、制造业劳动生产率、人均工业增加值和人均制造业工业增加值正相关;工人人均电力消耗与工业劳动生产率、制造业劳动生产率、人均工业增加值和人均制造业工业增加值正相关;自然资源消耗占 GNI 比例与工业劳动生产率、制造业劳动生产率和人均工业增加值不相关,与人均制造业工业增加值负相关(表 1-20)。

表 1-20　1990~2010 年工业投入与工业效率的相关系数

指标	1990	2000	2010	相关性
工业劳动生产率				
工业劳动力比例	0.09	0.23	0.12	不相关
工人人均资本	0.88	0.86	—	正相关
工人人均能源消耗	0.66	0.61	0.67	正相关
工人人均电力消耗	0.85	0.81	0.82	正相关
自然资源消耗占 GNI 比例	−0.13	0.12	−0.02	不相关
制造业劳动生产率*				
工业劳动力比例	0.32	0.01	0.09	不相关
工人人均资本	0.86	0.74	—	正相关
工人人均能源消耗	0.83	0.68	—	正相关
工人人均电力消耗	0.82	0.73	—	正相关
自然资源消耗占 GNI 比例	0.29	−0.01	−0.11	不相关
人均工业增加值				
工业劳动力比例	0.22	0.33	0.19	正相关
工人人均资本	0.93	0.90	—	正相关
工人人均能源消耗	0.60	0.54	0.55	正相关
工人人均电力消耗	0.77	0.75	0.74	正相关
自然资源消耗占 GNI 比例	−0.11	−0.06	−0.08	不相关
人均制造业增加值				
工业劳动力比例	0.38	0.46	0.27	正相关
工人人均资本	0.95	0.96	—	正相关
工人人均能源消耗	0.38	0.50	0.53	正相关
工人人均电力消耗	0.39	0.48	0.51	正相关
自然资源消耗占 GNI 比例	−0.21	−0.14	−0.27	负相关

注:国家样本数为 27~129 个,不同指标不同年份的国家样本数有所不同。* 表示 2010 年数据由邻近年 2007 年数据代替。

(3) 工业投入的世界前沿、国际差距或国别差异

工业投入的世界前沿、国际差距和国别差异,可以用几个指标来代表。

首先,工业劳动力比例的世界前沿和国际差距(表 1-21)。工业劳动力比例的变化,经历了上升和下降两个阶段。目前,工业劳动力比例下降,是工业转型和"工业发展"的一种表现形式;它的国际相对差距超过 10 倍。

表 1-21　1700～2010 年工业劳动力比例的世界趋势和国际差距

项目	1700	1820	1900	1950	1960	1970	1980	1990	2000	2010
最大值/(%)	33	33	51	49	50	49	48	46	48	38
最小值/(%)	—	—	—	2	1	2	10	2	2	3
平均值/(%)	—	19	24	23	18	20	29	22	23	21
绝对差距/(%)	—	—	—	47	49	47	38	44	46	35
相对差距	—	—	—	24	50	24	5	23	24	13
国家样本数	2	4	24	48	106	102	39	128	95	104

注：绝对差距＝最大值－最小值，相对差距＝最大值÷最小值，后同。

其次，工人人均资本的国别差异（表 1-22）。20 世纪以来，全球工业资本积累加快和资本日益深化（即工人人均资本的增加）。2000 年，工人人均资本的国家相对差距超过 300 倍。

表 1-22　1960～2000 年工人人均资本的国别差异

项目	1960*	1970	1980	1990	2000
最大值/万美元	6.085	11.135	14.667	15.757	17.692
最小值/美元	35	146	140	286	499
平均值/万美元	1.051	1.896	2.850	3.349	4.059
绝对差距/万美元	6.081	11.120	14.653	15.729	17.642
相对差距	1738	763	1048	551	354
国家样本数	92	92	92	92	92

注：* 表示 1960 年数据由邻近年 1961 年数据代替。

其三，典型国家的工业投入分析。1970～2010 年美国、德国、英国、法国、日本五国，在投入要素方面：工人人均资本投入呈上升趋势；工业劳动力比例下降；而工人人均能源消耗国别差异较大（表 1-23）。在工业劳动力投入结构方面：采矿业劳动力比例和制造业劳动力比例下降；建筑业劳动力比例和公共事业劳动力比例的变化国别差异较大（表 1-24）。

表 1-23　1970～2010 年典型国家的工业投入变化趋势

国家	1970	1980	1990	2000	2010
	工人人均资本/万美元				
美国	5.544	7.977	11.081	14.569	—
德国	—	—	—	—	—
英国	4.6694	6.2983	7.7819	9.8435	—
法国	5.8969	9.3800	11.9867	14.1771	—
日本	3.2569	7.0412	10.6275	14.5955	—
	工人人均能源消耗/千克标准油				
美国	—	15 889	12 468	14 661	17 707
德国	—	8500	—	6097	7080
英国	—	4874	4795	6401	6125
法国	—	7018	6569	7798	6792
日本	—	6070	6378	6897	8000

(续表)

国家	1970	1980	1990	2000	2010
工业劳动力比例/(%)					
美国	34.00	30.80	26.40	23.20	16.70
德国	48.00	—	38.00	33.50	28.4
英国	45.00	37.20	32.30	25.10	19.10
法国	40.00	35.50	29.60	26.30	22.20
日本	34.00	35.30	34.10	31.20	25.30

表 1-24 1970～2010 年典型国家的工业劳动力投入结构变化趋势

国家	1970	1980	1990	2000	2010
采矿业劳动力比例/(%)					
美国	—	0.99	—	0.39	0.53
德国	—	1.34	—	0.40	0.25
英国	—	1.74	—	0.36	0.36
法国	—	0.64	—	0.20	0.10
日本	—	0.20	—	0.08	0.05
制造业劳动力比例/(%)					
美国	26.4	22.1	18.0	14.7	10.1
德国	—	34.0	31.6	23.6	19.9
英国	34.7	27.7	29.0	16.9	9.9
法国	27.1	25.4	21.0	18.8	13.1
日本	—	24.7	24.1	20.5	17.2
建筑业劳动力比例/(%)					
美国	—	6.26	—	6.98	6.53
德国	—	8.04	—	8.46	6.64
英国	—	6.38	—	7.08	7.65
法国	—	8.55	—	6.50	7.39
日本	—	9.90	—	—	7.96
公共事业劳动力比例/(%)					
美国	—	1.41	—	1.07	—
德国	—	0.95	—	0.84	0.90
英国	—	1.39	—	0.71	0.61
法国	—	0.86	—	0.81	0.84
日本	—	0.54	—	0.53	1.04

3. 工业产出与效率的时序分析

工业产出与效率涉及劳动生产率、资源使用效率等诸多方面。我们选择 23 个工业效率指标为代表;其中,11 个指标为水平变量,4 个指标为交叉变量,8 个指标为特征变量。

(1) 工业产出与效率的变化趋势

工业产出与效率指标的变化趋势是:10 个指标属于上升变量,7 个指标属于转折变量,2 个指标属于波动变量,4 个指标属于地域变量(表 1-25)。其中,工业劳动生产率(图 1-21)和工业增加值占 GDP

比例(图1-22)的变化可以反映为水平变量的特点,建筑业增加值占GDP比例(图1-23)可以反映交叉变量的特点。

表1-25 工业产出与效率的分析变量和变化趋势

变化趋势	水平变量	交叉变量	特征变量
上升变量	工业劳动生产率,制造业劳动生产率,人均工业增加值,人均制造业增加值,建筑业劳动生产率,公共事业劳动生产率		工业生产指数,制造业生产指数,工业增加值,制造业增加值
转折变量	单位工业增加值的电力消耗,单位工业增加值的能源消耗,单位工业增加值的淡水消耗,工业增加值占GDP比例,制造业增加值占GDP比例	公共事业增加值占GDP比例,建筑业增加值占GDP比例	
波动变量			工业增加值增长率,制造业增加值增长率
地域变量		采矿业劳动生产率,工业资本生产率,制造业增加值比率	采矿业增加值占GDP比例,工业劳动报酬占工业增加值比例

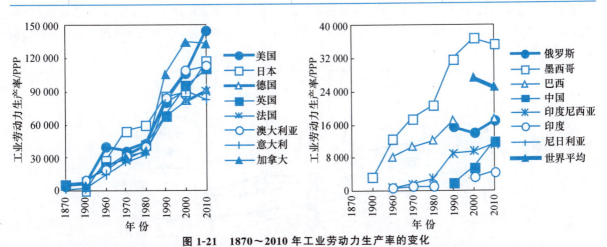

图1-21 1870～2010年工业劳动力生产率的变化

注:本图中PPP为1990年国际购买力平价。数据来源:World Bank,2014.

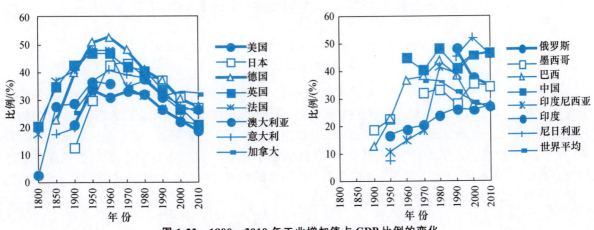

图1-22 1800～2010年工业增加值占GDP比例的变化

数据来源:World Bank,2014.

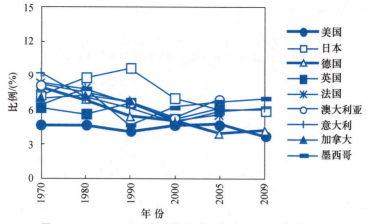

图 1-23　1970～2009 年建筑业增加值占 GDP 比例的变化

数据来源：OECD，2014.

(2) 工业生产与效率变化的主要特点

首先，工业产出的变化。19 世纪以来，工业增加值和制造业增加值持续上升；同时，作为衡量工业发展速度的重要指标——工业生产指数和制造业生产指数，自 1960 年以来全球呈现上升趋势，个别国家出现波动。而工业增加值占 GDP 比例（图 1-22）和制造业增加值占 GDP 比例（图 1-24）的变化先上升后下降。

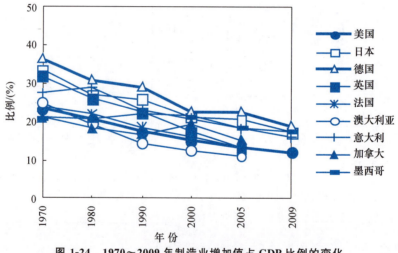

图 1-24　1970～2009 年制造业增加值占 GDP 比例的变化

数据来源：OECD，2014.

其次，工业生产效率的变化。18 世纪以来，工业生产效率不断提高，其中工业劳动生产率、制造业劳动生产率、人均工业增加值和人均制造业增加值持续上升；采矿业、建筑业、公共事业三个部门的劳动生产率以及工业劳动报酬占工业增加值的比例国别差异较大。工业劳动生产率的国际地位可以转移（表 1-26）。根据工业劳动生产率的高低，可以把国家分为工业发达、中等发达、初等发达和欠发达国家。在 10～20 年里，工业发达国家下降为发展中国家的概率约为 7%，发展中国家升级为发达国家的概率约为 9%；国际体系的结构相对稳定。

表1-26 工业劳动生产率的国家地位的转移概率(马尔可夫链分析)

分组	国家数	发达	中等	初等	欠发达	国家数	发达	中等	初等	欠发达
	1990	1990~2010年转移概率/(%)				2000	2000~2010年转移概率/(%)			
发达	17	94	6	0	0	18	94	6	0	0
中等	4	0	75	0	25	10	30	50	20	0
初等	21	5	19	67	9	25	8	32	44	16
欠发达	8	0	0	37	63	18	0	33	56	11

注：发展中国家有效样本少，转移概率有很大误差。根据工业劳动生产率分组，发达代表工业发达国家，中等代表工业中等发达国家，初等代表工业初等发达国家，欠发达代表工业欠发达国家。分组方法：发达国家：工业劳动生产率超过高收入国家平均值的80%；中等发达国家：超过世界平均值但低于高收入国家平均值的80%；初等发达国家：低于世界平均值但高于欠发达国家；欠发达国家：1990年低于5000美元，2000年低于6000美元，2010年低于7000美元，按2005年不变价美元价格计算。

其三，工业资源使用效率的变化。单位工业增加值的能源消耗(图1-25)、电力消耗(图1-26)和淡水消耗(图1-27)的变化先上升后下降。1990~2000年数据表明，工业资本生产率的变化国别差异较大。

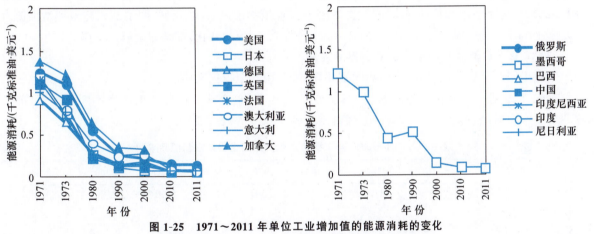

图1-25 1971~2011年单位工业增加值的能源消耗的变化

数据来源：World Bank，2014. 部分国家无数据，后同.

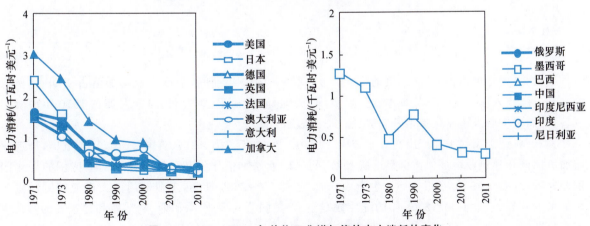

图1-26 1971~2011年单位工业增加值的电力消耗的变化

数据来源：World Bank，2014.

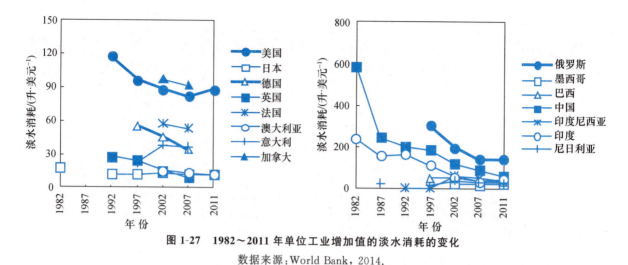

图 1-27　1982～2011 年单位工业增加值的淡水消耗的变化

数据来源：World Bank，2014.

其四，工业生产与效率变化的几个拐点。有些工业指标的变化会出现拐点，值得特别关注。在工业生产与效率这一主题中，单位工业增加值的能源消耗（图 1-25）、单位工业增加值的电力消耗（图 1-26）、单位工业增加值的淡水消耗（图 1-27）、工业增加值占 GDP 比例（图 1-22）、建筑业增加值占 GDP 比例（图 1-23）和制造业增加值占 GDP 比例（图 1-24）等的变化，都是先上升后下降。

（3）工业产出与效率的世界前沿和国际差距

工业生产的世界前沿、国际差距和国别差异，可以用几个指标来代表。

首先，以工业劳动生产率为代表，在 1870～2010 年期间，全球工业劳动生产率不断提高；目前工业劳动生产率的绝对差距近 30 万美元，相对差距有 300 多倍（表 1-27）。

表 1-27　1870～2010 年工业劳动生产率的世界前沿和国际差距

项目	1870	1900	1960	1970	1980	1990	2000	2010
最大值/万元 PPP	0.716	1.092	4.085	5.501	5.992	22.121	31.201	29.273
最小值/元 PPP	—	—	—	—	—	1931	2263	953
平均值/万元 PPP	—	—	—	—	—	3.819	2.731	2.517
绝对差距/万元 PPP	—	—	—	—	—	21.927	30.975	29.178
相对差距	—	—	—	—	—	114	138	307
国家样本数	4	9	10	11	11	51	79	102

注：1870～1960 年为估算值。工业劳动生产率的单位为 1990 年国际购买力平价 PPP。

其次，工业增加值占 GDP 比例的变化。在 1820～1980 年期间，全球工业增加值占 GDP 比例持续上升。高收入国家，如美国、日本、德国、英国、法国、澳大利亚、意大利、加拿大等在 1970 年前后出现转折，而中低收入国家保持上升态势（图 1-22，表 1-28）。

其三，典型国家的工业产出与效率分析。1970～2009 年美国、德国、英国、法国、日本五国，制造业增加值比例和建筑业增加值比例呈下降趋势，而采矿业增加值比例和公共事业增加值比例的变化国别差异较大（表 1-29）。在工业劳动生产率方面，在 2000～2009 期间，工业部门四大产业的劳动生产率都呈上升趋势（表 1-30）；2009 年的统计数据显示，美国公共事业、采矿业、制造业和建筑业的劳动生产率分别为 477 059、366 023、132 449、67 648 美元/人。

表 1-28 1820~2010 年工业增加值比例的世界前沿和国际差距

项目	1820	1900	1960	1970	1980	1990	2000	2005	2010
最大值/(%)	40.0	43.0	59.0	67.2	74.9	61.0	72.2	71.9	75.4
最小值/(%)	—	—	3.9	6.9	4.5	10.5	9.7	9.4	8.1
平均值/(%)	—	—	21.7	29.7	36.5	32.8	29.2	28.1	26.8
绝对差距/(%)	—	—	55.1	60.3	70.4	50.5	62.5	62.5	67.3
相对差距	—	—	15	10	17	6	7	8	9
国家样本数	4	9	28	73	87	119	126	125	128

表 1-29 1970~2009 年典型国家的工业产出变化趋势

国家	1970	1980	1990	2000	2009
采矿业增加值比例/(%)					
美国	1.45	3.26	1.52	1.09	1.71
德国	1.56	1.04	0.62	0.28	0.20
英国	1.96	6.67	2.63	2.84	2.58*
法国	—	—	—	—	—
日本	0.81	0.54	0.25	0.12	0.06
制造业增加值比例/(%)					
美国	23.5	20.8	17.5	15.2	12.3
德国	36.5	31.0	29.2	22.9	19.1
英国	32.1	26.3	22.5	17.4	12.4*
法国	23.9	22.0	18.6	16.2	12.1*
日本	33.5	27.2	26.1	21.3	17.6
建筑业增加值比例/(%)					
美国	4.77	4.72	4.20	4.70	3.81
德国	8.04	6.96	5.54	5.18	4.30
英国	6.29	5.73	6.65	5.28	6.08*
法国	8.39	7.91	6.63	5.16	6.68*
日本	7.33	8.90	9.70	7.10	6.08
公共事业增加值比例/(%)					
美国	2.09	2.19	2.51	1.75	1.90
德国	2.19	2.28	2.22	1.84	2.86
英国	3.07	3.19	2.27	1.83	1.69*
法国	1.47	1.85	1.90	1.57	1.67*
日本	2.44	3.14	3.15	3.50	3.32

注:* 为邻近年数据。

表 1-30 2000~2009 年典型国家的工业效率变化趋势

国家	2000	2002	2004	2006	2008	2009
采矿业劳动生产率/(万美元·人$^{-1}$)						
美国	20.545	21.010	29.722	36.639	43.613	36.602
德国	3.764	4.235	5.403	7.075	11.520	7.842
英国	47.036	45.618	67.146	91.427	—	—
法国	—	—	—	—	—	—
日本	8.188	7.337	8.087	7.632	6.691	7.641
制造业劳动生产率/(万美元·人$^{-1}$)						
美国	8.086	8.886	10.398	11.531	12.246	13.245
德国	4.840	5.121	7.355	8.245	9.637	7.633
英国	5.363	5.686	7.587	8.596	9.506	—
法国	5.214	5.354	7.428	7.855	9.713	—
日本	8.278	6.984	8.804	8.311	9.056	8.771
建筑业劳动生产率/(万美元·人$^{-1}$)						
美国	5.420	5.749	6.073	6.603	6.735	6.765
德国	3.201	3.426	4.587	4.750	6.000	5.808
英国	3.702	4.224	5.870	6.287	6.400	—
法国	4.191	4.505	6.517	7.227	9.394	—
日本	5.374	4.474	5.326	4.964	5.489	6.124
公共事业劳动生产率/(万美元·人$^{-1}$)						
美国	28.888	30.778	37.210	43.096	46.982	47.706
德国	10.584	11.842	19.206	21.658	30.803	30.408
英国	17.974	17.562	25.788	34.167	—	—
法国	10.757	12.924	18.482	20.110	26.279	—
日本	28.773	25.234	29.225	26.046	25.468	31.494

4. 工业结构的时序分析

我们选择 24 个工业生产指标为代表进行工业结构的时序分析;其中,8 个指标为水平变量,7 个指标为交叉变量,9 个指标为特征变量。

(1) 工业结构的变化趋势

工业生产指标的变化趋势是:7 个指标属于上升变量,1 个指标属于下降变量,5 个指标属于转折变量,11 个指标属于地域变量(表 1-31)。其中,工业增加值与服务业增加值之比(图 1-28)和工业劳动力与服务业劳动力之比(图 1-29)的变化可以反映为水平变量的特点,公共事业增加值占工业增加值比例可以反映交叉变量的特点。

表 1-31　工业结构的分析变量和变化趋势

变化趋势	水平变量	交叉变量	特征变量
上升变量	工业劳动力与农业劳动力之比,工业增加值与农业增加值之比,高技术制造占制造业增加值比例	建筑业劳动力占工业劳动力比例,公共事业增加值占工业增加值比例,化工产品制造业增加值比例,机械和运输设备占制造业增加值比例	
下降变量	低技术制造占制造业增加值比例		
转折变量	中技术制造占制造业增加值比例,工业劳动力与服务业劳动力之比,工业增加值与服务业增加值之比,制造业劳动力占工业劳动力比例	纺织品与服装行业占制造业增加值比例	
地域变量		公共事业劳动力占工业劳动力比例,制造业增加值占工业增加值比例	采矿业劳动力占工业劳动力比例,采矿业增加值占工业增加值比例,建筑业增加值占工业增加值比例,食品、饮料和烟草占制造业增加值比例,其他制造业占制造业增加值比例,工业增加值占全球工业增加值比例,制造业增加值占全球制造业增加值的比例,中高端制造业占制造业增加值比例,中低端制造业占制造业增加值比例

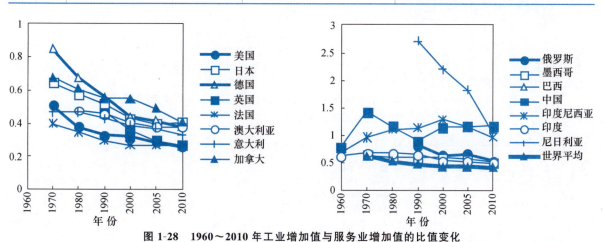

图 1-28　1960~2010 年工业增加值与服务业增加值的比值变化

数据来源:World Bank,2014.

(2) 工业结构变化的主要特点

首先,工业外部结构的变化。1960~2010 年期间,世界工业增加值与农业增加值之比持续上升,而工业增加值与服务业增加值之比呈下降趋势(图 1-28)。目前,世界工业增加值与农业增加值之比平均值为 7.87,工业增加值与服务业增加值之比平均值为 0.42。在 2000~2010 年期间,各国制造业增加值占全球制造业增加值的比例变化不尽相同,高收入国家呈现下降趋势,而中低收入国家呈上升趋势。劳动力方面,现有数据(1980~2010 年)表明工业劳动力与农业劳动力之比呈上升趋势,而工业劳动力与服务业劳动力之比持续下降(图 1-29)。

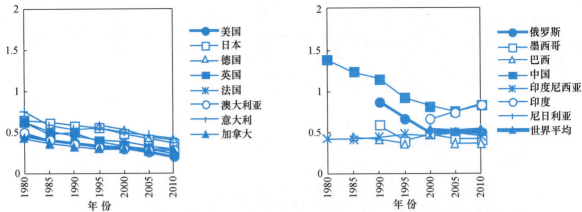

图 1-29　1980～2010 年工业劳动力与服务业劳动力的比值变化（工业劳动力/服务业劳动力）

数据来源：World Bank，2014.

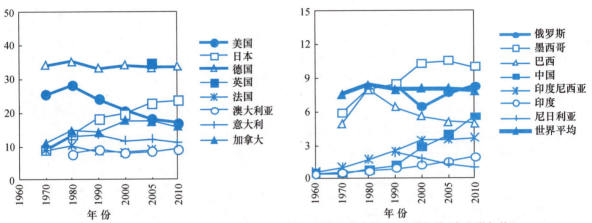

图 1-30　1960～2010 年工业增加值与农业增加值的比值变化（工业增加值/农业增加值）

数据来源：World Bank，2014.

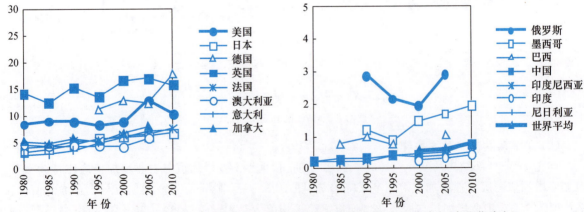

图 1-31　1980～2010 年工业劳动力与农业劳动力的比值变化（工业劳动力/农业劳动力）

数据来源：World Bank，2014.

其次，工业就业结构的变化。1980～2012 年期间，世界制造业劳动力占工业劳动力比例下降；采矿业、建筑业、公共事业这三个行业占工业劳动力比例的变化，国别差异比较大（图 1-32～图 1-35）。

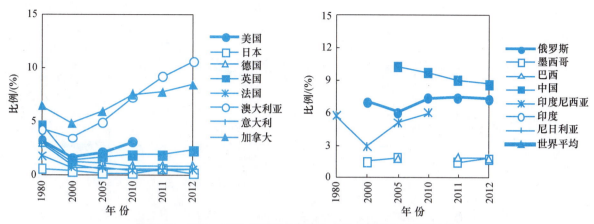

图 1-32　1980～2012 年采矿业劳动力占工业劳动力比例的变化

数据来源：OECD，2014.

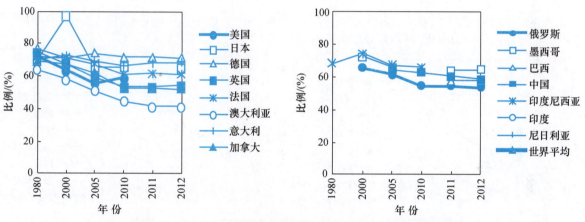

图 1-33　1980～2012 年制造业劳动力占工业劳动力比例的变化

数据来源：OECD，2014.

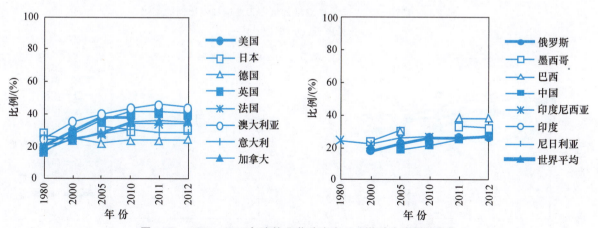

图 1-34　1980～2012 年建筑业劳动力占工业劳动力比例的变化

数据来源：OECD，2014.

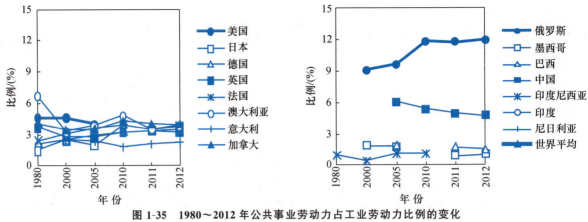

图 1-35　1980~2012 年公共事业劳动力占工业劳动力比例的变化

数据来源：OECD，2014.

其三，工业内部结构的变化。根据 OECD 资料，1970~2009 年期间，制造业增加值占工业增加值比例均下降；而采矿业增加值占工业增加值比例、建筑业增加值占工业增加值比例以及公共事业增加值占工业增加值比例的变化，国别差异较大（图 1-36~图 1-39）。

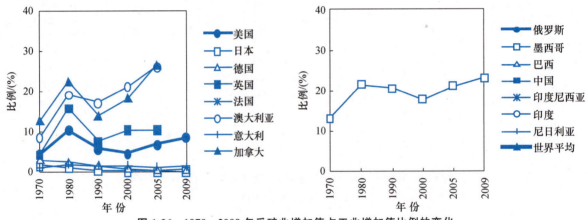

图 1-36　1970~2009 年采矿业增加值占工业增加值比例的变化

数据来源：OECD，2014.

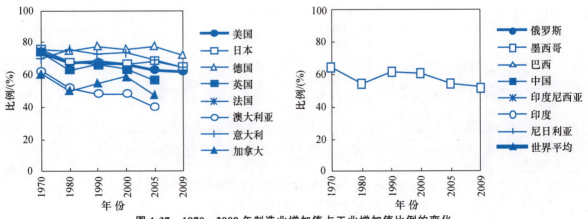

图 1-37　1970~2009 年制造业增加值占工业增加值比例的变化

数据来源：OECD，2014.

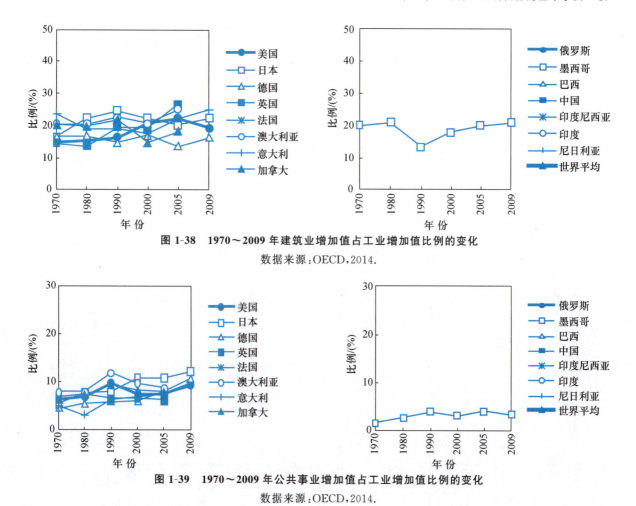

图 1-38　1970～2009 年建筑业增加值占工业增加值比例的变化

数据来源：OECD，2014.

图 1-39　1970～2009 年公共事业增加值占工业增加值比例的变化

数据来源：OECD，2014.

其四，制造业内部结构的变化。在 1990～2009 年期间，纺织品与服装行业比例下降，而化工产品比例、机械和运输设备比例均上升；食品、饮料和烟草比例以及其他制造业比例的变化国别差异较大（图 1-40～图 1-44）。从制造业技术层面分析，OECD 统计数据表明，在 1970～2009 年期间，中高端制造业比例上升，低端制造业比例下降（图 1-45～图 1-52）。

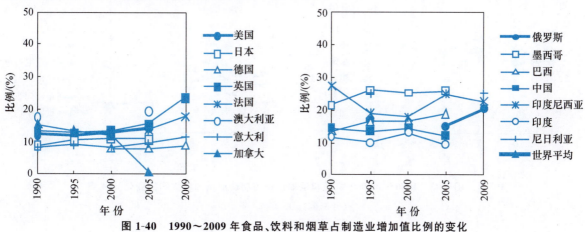

图 1-40　1990～2009 年食品、饮料和烟草占制造业增加值比例的变化

数据来源：OECD，2014.

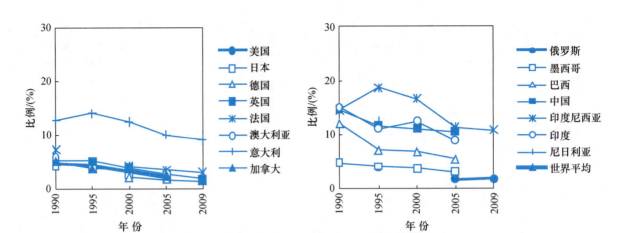

图 1-41 1990~2009 年纺织品与服装行业占制造业增加值比例的变化
数据来源：OECD，2014.

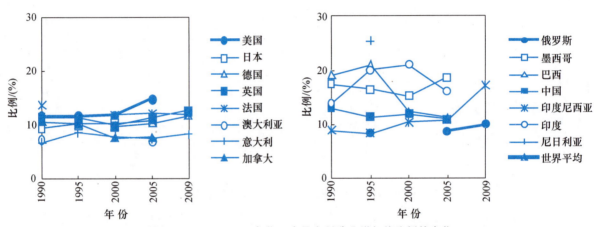

图 1-42 1990~2009 年化工产品占制造业增加值比例的变化
数据来源：OECD，2014.

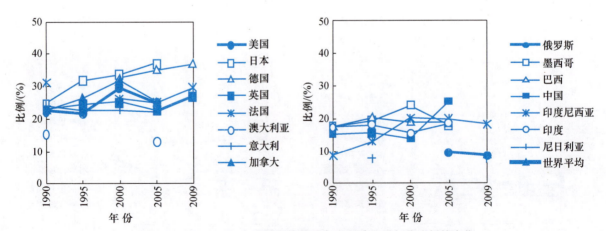

图 1-43 1990~2009 年机械和运输设备占制造业增加值比例的变化
数据来源：OECD，2014.

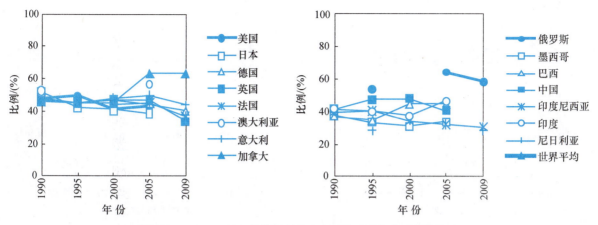

图 1-44　1990～2009 年其他制造业占制造业增加值比例的变化
数据来源：OECD, 2014.

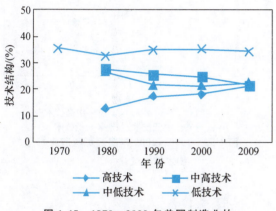

图 1-45　1970～2009 年美国制造业的技术结构变化

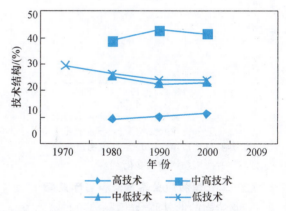

图 1-46　1970～2009 年德国制造业的技术结构变化

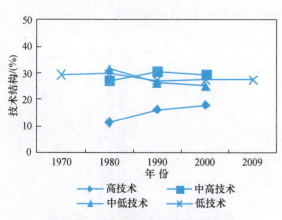

图 1-47　1970～2009 年日本制造业的技术结构变化

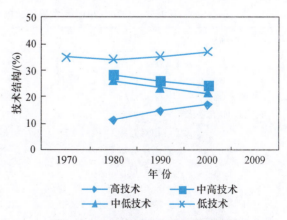

图 1-48　1970～2009 年英国制造业的技术结构变化

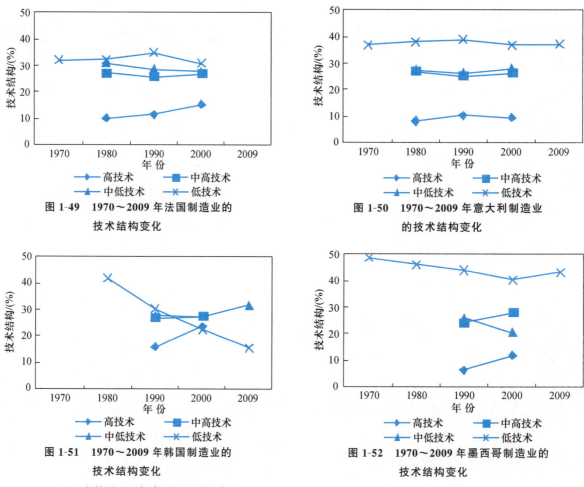

图 1-49　1970～2009 年法国制造业的技术结构变化

图 1-50　1970～2009 年意大利制造业的技术结构变化

图 1-51　1970～2009 年韩国制造业的技术结构变化

图 1-52　1970～2009 年墨西哥制造业的技术结构变化

（3）工业结构的世界前沿和国际差距

工业结构的世界前沿、国际差距和国别差异，可以用几个指标来代表。

首先，2010 年工业与农业增加值之比的最大值约 790，最小值约为 0.2，相对差距超过 4000 倍；工业与服务业增加值之比的最大值约为 3，最小值 0.14，相对差距超过 20 倍（表 1-32）。

表 1-32　1970～2010 年世界工业的外部结构（增加值）变化趋势和国际差距

类别	项目	1970	1980	1990	2000	2005	2010
工业增加值与农业增加值之比	最大值	37.70	57.52	112.51	341.91	590.59	790.28
	最小值	0.24	0.17	0.17	0.14	0.17	0.17
	平均值	7.61	8.44	7.99	8.10	8.07	7.87
	绝对差距	37.46	57.35	112.34	341.77	590.42	790.11
	相对差距	157	338	662	2442	3474	4649
	国家样本数	69	79	104	117	124	124
工业增加值与服务业增加值之比	最大值	5.42	2.80	6.92	3.94	3.05	2.96
	最小值	0.15	0.09	0.23	0.24	0.22	0.14
	平均值	0.63	0.53	0.48	0.44	0.43	0.42
	绝对差距	5.27	2.71	6.69	3.70	2.83	2.82
	相对差距	36	31	30	16	14	21
	国家样本数	67	75	102	119	125	125

其次,2010年工业与农业劳动力之比的最大值约为20,最小值0.04,相对差距近500倍;工业与服务业劳动力之比的最大值约为0.84,最小值为0.16,相对差距约5倍(表1-33)。

表1-33 1970~2010年世界工业的外部结构(劳动力)变化趋势和国际差距

类别	项目	1970	1980	1990	2000	2005	2010
工业劳动力与农业劳动力之比	最大值	—	27.46	79.00	35.33	21.36	19.73
	最小值	—	0.12	0.13	0.05	0.04	0.04
	平均值	—	—	—	0.57	0.62	0.79
	绝对差距	—	27.34	78.97	35.28	21.32	19.69
	相对差距	—	229	608	707	534	493
	国家样本数	—	37	61	80	91	104
工业劳动力与服务业劳动力之比	最大值	—	1.67	1.59	1.56	0.81	0.84
	最小值	—	0.33	0.33	0.16	0.19	0.16
	平均值	—	—	—	0.54	0.51	0.54
	绝对差距	—	1.34	1.26	1.40	0.62	0.68
	相对差距	—	5	5	10	4	5
	国家样本数	—	37	62	80	91	106

其三,典型国家的工业结构分析。1970~2010年期间,美国、德国、英国、法国、日本五国工业外部结构的变化:工业与农业劳动力之比上升,工业与服务业劳动力之比以及工业与服务业增加值之比下降,而工业与农业增加值之比的变化国别差异较大(表1-34)。

表1-34 1970~2010年典型国家工业的外部结构变化趋势

项目	国家	1970	1980	1990	2000	2005	2010
工业增加值与农业增加值之比	美国	25.59	28.39	24.23	20.72	18.30	17.07
	德国	34.18	35.36	33.34	34.23	33.67	33.73
	英国	—	—	—	—	34.81	—
	法国	9.06	10.47	8.60	8.37	9.07	—
	日本	9.15	13.73	18.34	19.79	23.06	23.84
工业增加值与服务业增加值之比	美国	0.51	0.38	0.33	0.32	0.29	0.26
	德国	0.85	0.68	0.56	0.44	0.42	0.38
	英国	—	—	0.47	0.36	0.30	0.27
	法国	0.40	0.35	0.30	0.27	0.27	0.27
	日本	0.65	0.58	0.52	0.43	0.40	0.41
工业劳动力与农业劳动力之比	美国	—	8.56	9.10	8.92	12.88	10.44
	德国	—	—	—	12.88	12.42	17.75
	英国	—	14.31	15.38	16.73	17.08	15.92
	法国	—	4.23	5.29	6.41	6.58	7.66
	日本	—	3.39	4.74	6.12	6.34	6.84
工业劳动力与服务业劳动力之比	美国	—	0.47	0.37	0.31	0.26	0.21
	德国	—	—	—	0.53	0.44	0.41
	英国	—	0.63	0.50	0.34	0.29	0.24
	法国	—	0.63	0.46	0.38	0.33	0.30
	日本	—	0.65	0.59	0.49	0.42	0.36

工业内部结构的变化:1970～2010年期间,制造业增加值比例下降,而采矿业增加值比例、建筑业增加值比例和公共事业增加值比例的变化国别差异较大(表1-35)。2000～2010年期间制造业劳动力比例趋于下降,仅德国出现波动;公共事业劳动力比例整体趋于上升,仅美国呈现下降趋势;而采矿业劳动力比例和建筑业劳动比例的变化国别差异较大(表1-36)。

表1-35 1970～2009年典型国家工业的内部结构变化趋势   单位:%

项目	国家	1970	1980	1990	2000	2005	2009
采矿业增加值占 工业增加值比例	美国	4.56	10.53	5.91	4.81	7.04	8.67
	德国	3.23	2.51	1.66	0.93	0.66	0.76
	英国	4.52	15.91	7.71	10.41	10.47	—
	法国	—	—	—	—	—	—
	日本	1.83	1.36	0.63	0.37	0.31	0.23
制造业增加值占 工业增加值比例	美国	73.9	67.1	68.1	66.9	63.0	62.3
	德国	75.6	75.1	77.7	75.9	77.8	72.2
	英国	73.9	62.8	66.1	63.6	56.5	—
	法国	—	—	—	—	—	—
	日本	76.0	68.3	66.6	66.5	68.5	65.1
建筑业增加值占 工业增加值比例	美国	15.0	15.3	16.3	20.6	22.4	19.3
	德国	16.6	16.9	14.7	17.1	13.6	16.3
	英国	14.5	13.7	19.5	19.3	26.7	—
	法国	—	—	—	—	—	—
	日本	16.6	22.4	24.7	22.2	20.2	22.4
公共事业增加值占 工业增加值比例	美国	6.57	7.07	9.73	7.67	7.54	9.65
	德国	4.54	5.52	5.89	6.08	7.99	10.82
	英国	7.08	7.60	6.67	6.69	6.37	—
	法国	—	—	—	—	—	—
	日本	5.54	7.91	8.04	10.92	10.94	12.26

表1-36 2000～2010年典型国家工业内部劳动力结构的变化趋势   单位:%

项目	国家	2000	2002	2004	2006	2008	2010
采矿业劳动力占 工业劳动力比例	美国	1.66	1.73	1.86	2.29	2.83	3.06
	德国	1.20	1.25	1.06	1.06	0.95	0.89
	英国	1.44	1.62	1.39	1.69	2.03	1.93
	法国	0.76	0.76	0.50	0.49	0.43	0.47
	日本	0.37	0.40	0.22	0.17	0.17	0.18
制造业劳动力占 工业劳动力比例	美国	63.6	60.9	56.9	54.6	55.0	58.9
	德国	70.9	72.7	74.0	73.9	74.1	71.9
	英国	67.5	65.0	60.8	58.5	56.7	53.4
	法国	71.4	70.2	67.9	66.7	65.0	61.2
	日本	97.1	96.9	65.5	66.6	67.2	65.6
建筑业劳动力占 工业劳动力比例	美国	30.1	32.4	37.2	39.2	37.9	38.0
	德国	25.4	23.5	22.3	22.2	21.9	24.0
	英国	28.2	30.2	34.9	36.9	38.1	41.4
	法国	24.7	25.8	27.6	28.6	31.2	34.5
	日本	—	—	32.5	31.2	30.8	30.3

（续表）

项目	国家	2000	2002	2004	2006	2008	2010
公共事业劳动力占工业劳动力比例	美国	4.62	4.93	4.03	3.95	4.24	—
	德国	2.51	2.52	2.68	2.86	3.01	3.25
	英国	2.85	3.19	2.90	2.85	3.18	3.28
	法国	3.10	3.28	3.94	4.13	3.37	3.92
	日本	2.50	2.70	1.73	2.01	1.83	3.95

在制造业方面，1990～2009年期间，美国、德国、英国、法国、日本五国食品、饮料和烟草比例、机械和运输设备比例上升，纺织品与服装行业比例和其他制造业比例下降，化工产品比例整体趋于上升，仅法国为下降（图表1-37）。从技术层面分析：1990～2009年期间，五国的高技术制造比例和中低技术制造比例上升，中高技术制造比例和低技术制造比例的变化存在国别差异（表1-38）。

表1-37 1990～2009年典型国家制造业产业结构的变化趋势　　　　单位：%

项目	国家	1990	1995	2000	2005	2009
食品、饮料和烟草比例	美国	12.4	12.1	13.0	14.4	—
	德国	—	—	8.2	8.0	8.9
	英国	13.4	13.0	13.7	15.6	23.9
	法国	—	—	12.9	13.8	17.9
	日本	8.9	10.6	11.4	11.0	
纺织品与服装行业比例	美国	4.9	4.5	3.4	2.3	
	德国	—	—	2.3	1.8	1.5
	英国	5.3	5.3	4.0	2.8	2.0
	法国	7.3	—	4.3	3.6	3.1
	日本	4.7	4.1	3.0	2.1	
化工产品比例	美国	11.7	11.7	11.8	14.9	
	德国	—	—	9.7	10.3	11.8
	英国	11.4	11.3	9.9	11.3	12.7
	法国	13.6	—	11.8	12.1	11.8
	日本	9.5	10.2	10.4	10.7	—
机械和运输设备比例	美国	22.6	21.8	29.7	25.1	
	德国	—	—	32.7	35.3	37.1
	英国	23.1	24.6	25.3	22.7	27.2
	法国	31.2	—	26.3	25.0	29.6
	日本	24.9	32.1	33.9	37.2	—
其他制造业比例	美国	48.4	49.8	42.0	43.3	
	德国	—	—	47.1	44.6	40.7
	英国	46.7	45.7	47.2	47.5	34.2
	法国	47.9	—	44.7	45.4	37.5
	日本	52.0	43.0	41.2	38.9	—

表 1-38　1970～2009 年典型国家制造业技术结构的变化趋势　　　　　　　　　　　　单位：%

项目	国家	1970	1980	1990	2000	2009
高技术制造比例	美国	—	12.8	17.5	18.2	21.2
	德国	—	9.4	10.2	11.2	—
	英国	—	11.3	14.9	17.1	—
	法国	—	10.0	11.4	15.0	—
	日本	—	11.5	16.1	17.9	—
中高技术制造比例	美国	—	27.9	25.7	25.0	21.8
	德国	—	39.0	43.1	41.8	—
	英国	—	28.3	26.2	24.5	—
	法国	—	27.0	25.6	26.7	—
	日本	—	27.3	30.6	29.4	—
中低技术制造比例	美国	—	26.6	21.7	21.5	22.6
	德国	—	25.4	22.6	23.2	—
	英国	—	26.2	23.4	21.4	—
	法国	—	30.8	28.4	27.6	—
	日本	—	31.4	26.3	25.2	—
低技术制造比例	美国	35.7	32.6	35.1	35.4	34.4
	德国	29.6	26.3	24.0	23.9	—
	英国	35.0	34.2	35.5	37.0	—
	法国	31.9	32.2	34.6	30.7	—
	日本	29.4	29.8	27.1	27.5	27.5

二、世界工业经济的时序分析

工业经济现代化是工业现代化的重要内容。工业经济涉及许多方面和要素，这里我们重点讨论工业供给、工业流通、工业需求（消费）和工业竞争力（表 1-39）。

表 1-39　1700～2010 年工业经济的变迁

方面	工业变量				长期趋势和特点
	18 世纪	19 世纪	1900～1970 年	1970～2010 年	
工业供给			人均原糖产量		上升，国别差异
				人均电力产量	上升
				人均天然气产量	上升，国别差异
		人均水泥产量，人均铜产量，人均原油产量，人均化肥产量			先升后降，国别差异
		人均钢铁产量，人均煤炭产量，人均啤酒产量			先升后降，国别差异
			人均铝产量，人均汽车产量，人均电话产量		先升后降，国别差异

(续表)

方面	工业变量				长期趋势和特点
	18 世纪	19 世纪	1900～1970 年	1970～2010 年	
工业流通				人均制造业出口	上升
				中低技术出口占制造业出口比例,人均高技术出口,人均中低技术出口,人均中高技术出口,人均低技术出口	上升,国别差异
				人均公路货运量,人均航空运输量	上升,国别差异
				食品价格指数,金属和矿产品价格指数,钢产品价格指数	波动
				能源、石油、木材、化肥价格指数	上升,波动
			制造业出口比例,人均铁路货运量,高技术出口占制造业出口比例,中高技术出口占制造业出口比例,高技术产品出口比例		先升后降,国别差异
			低技术出口占制造业出口比例,工业产品简单平均适用税率,食品进口比例,食品出口比例		下降,国别差异
			制造业进口比例,矿石和金属出口比例,矿石和金属进口比例		国别差异
工业消费			人均铝消费,人均铜消费,人均天然气消费,人均电力消费		上升,国别差异
				人均手机消费,人均计算机消费	上升
			人均钢铁消费,人均原糖消费,人均化肥消费,人均水泥消费,人均汽车消费,人均原油消费		先升后降,国别差异
				人均煤炭消费	国别差异
工业竞争力				工业竞争力指数	国别差异
			制造业出口占全球制造业出口比例,高技术产品出口占全球高技术出口比例,人均制造业出口与世界人均制造业出口之比,人均高技术出口与世界人均高技术出口之比		国别差异

1. 工业供给的时序分析

工业供给涉及工业用品供给和生活用品供给等。我们选择 13 个工业供给指标为代表;其中,4 个指标为水平变量,4 个交叉变量,5 个指标为特征变量。

(1) 工业供给的变化趋势

工业供给指标的变化趋势是:3 个指标属于上升变量,10 个指标属于转折变量(表 1-40)。其中,人均电力产量(图 1-53)和人均原糖产量(图 1-54)的变化可以反映水平变量的特点。

表 1-40 工业供给的分析变量和变化趋势

变化趋势	水平变量	交叉变量	特征变量
上升变量	人均原糖产量,人均电力产量		人均天然气产量
转折变量	人均水泥产量,人均化肥产量	人均啤酒产量,人均钢铁产量,人均汽车产量,人均电话产量	人均原油产量,人均煤炭产量,人均铜产量,人均铝产量

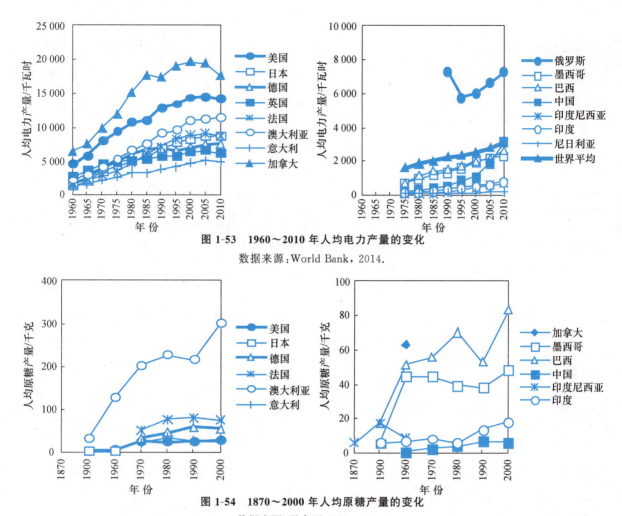

图 1-53 1960~2010年人均电力产量的变化

数据来源：World Bank, 2014.

图 1-54 1870~2000年人均原糖产量的变化

数据来源：联合国 CYB, 2000.

(2) 工业供给变化的主要特点

首先，在耐用品方面，18世纪以来，人均钢铁产量、人均铝产量、人均铜产量、人均汽车产量和人均电话产量等几个指标的变化都是先上升后下降（图1-55），但是国别差异较大。

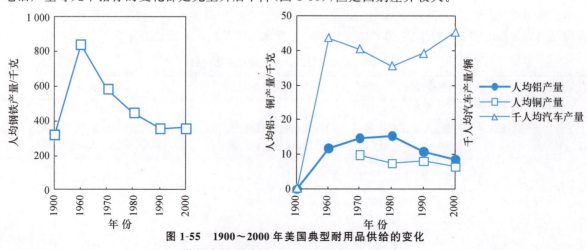

图 1-55 1900~2000年美国典型耐用品供给的变化

数据来源：联合国 CYB, 2000; OICA, 2014.

其次,在非耐用品方面,人均原糖供应能力不断提高。人均化肥产量和人均啤酒产量的变化先上升后下降(图1-56),其中人均啤酒产量的变化国别差异较大。

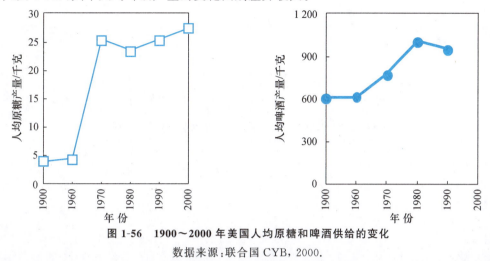

图1-56　1900~2000年美国人均原糖和啤酒供给的变化

数据来源:联合国CYB,2000.

其三,在其他产品方面,人均电力产量和人均天然气产量的变化呈现上升趋势;人均水泥产量、人均原油产量和人均煤炭产量的变化都是先上升后下降(图1-57),其中人均原油产量和人均煤炭产量的变化,国别差异较大。

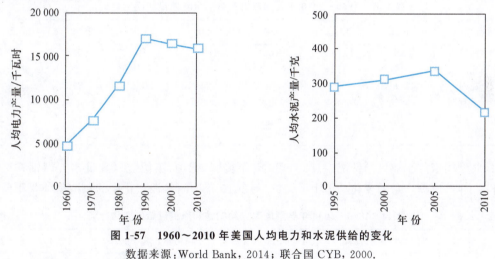

图1-57　1960~2010年美国人均电力和水泥供给的变化

数据来源:World Bank,2014;联合国CYB,2000.

(3) 工业供给的世界前沿和国别差异

工业供给的世界前沿和国别差异,可以用几个指标来代表。

首先,耐用品供应能力的世界前沿和国别差异,以人均钢铁产量为代表。2000年,人均钢铁产量,最大值超过2500千克,最小值不足1千克,相差超过10 000倍(表1-41)。

表1-41　1820~2000年人均钢铁产量的世界前沿和国别差异

项目	1820	1870	1900	1960	1970	1980	1990	2000
最大值/千克	15.1	193.0	442.5	934.5	2708.1	2452.6	1870.4	2766.8
最小值/千克	2.0	0.7	0.7	0.2	0.1	0.1	0.2	0.2
平均值/千克	—	—	—	—	—	—	—	—

(续表)

项目	1820	1870	1900	1960	1970	1980	1990	2000
绝对差距/千克	13.1	192.3	441.8	934.3	2708	2452.5	1870.2	2766.6
相对差距	7	275	632	4672	27 081	24 526	9352	13 834
国家样本数	3	6	8	15	57	78	70	75

其次，非耐用品供应能力的世界前沿和国别差异，以人均原糖供应为代表。2000年统计数据表明：人均原糖供应最大值超过300千克，最小值约为6千克，相对差距约为50倍（表1-42）。

表1-42 1870～2000年人均原糖产量的世界前沿和国别差异

项目	1870	1900	1960	1970	1980	1990	2000
最大值/千克	5.9	30.5	127.3	201.9	226.6	215.7	301.7
最小值/千克	—	1.5	0.7	2.6	3.8	6.5	6.2
平均值/千克	—	—	—	—	—	—	—
绝对差距/千克	—	29	126.6	199.3	222.8	209.2	295.5
相对差距	—	20	182	77	60	33	49
国家样本数	1	7	9	17	17	18	18

其三，其他工业产品供应的世界前沿和国别差异，以人均电力产量为代表。目前，人均电力产量，最大值超过25 000千瓦时，最小值不足20千瓦时，相差1500多倍（表1-43）。

表1-43 1960～2010年人均电力产量的世界前沿和国别差异

项目	1960	1970	1980	1990	2000	2005	2010
最大值/千瓦时	8780	15 010	20 499	28 672	31 733	29 686	25 206
最小值/千瓦时	102	248	3	4	12	13	16
平均值/千瓦时	—	—	1847	2244	2529	2815	3118
绝对差距/千瓦时	8678	14 762	20 496	28 668	31 721	29 673	25 190
相对差距	86	60	6833	7168	2644	2283	1575
国家样本数	23	24	92	112	115	115	115

其四，典型国家的工业供给情况。1820～2000年美国、德国、英国、法国、日本五国钢铁产量的变化先上升后下降，原糖产量的变化趋于上升；1995～2010年期间水泥和化肥的供应整体呈下降趋势。

表1-44 1820～2000年典型国家人均钢铁和原糖供给的变化趋势　　　　单位：千克

项目	国家	1820	1870	1900	1960	1970	1980	1990	2000
钢铁	美国	2.0	43.8	318.9	843.1	581.8	446.5	356.2	360.9
	德国	—	32.1	442.5	902.4	576.2	560.0	483.9	564.1
	英国	15.1	193.0	366.5	777.3	508.3	200.3	312.6	257.3
	法国	—	30.6	105.4	687.9	458.1	383.5	325.7	344.0
	日本	—	—	0.7	366.4	894.4	953.9	893.1	839.0
原糖	美国	—	—	4.1	4.4	25.4	23.5	25.4	27.4
	德国	—	—	—	—	32.6	45.9	58.9	55.3
	英国	—	—	—	—	—	—	—	—
	法国	—	—	—	—	51.9	77.0	81.1	74.7
	日本	—	—	1.5	1.6	—	—	—	—

表 1-45　1995～2010 年典型国家人均水泥和化肥供给的变化趋势　　　　　　　　单位：千克

项目	国家	1995	2000	2005	2010
水泥	美国	289	311	336	215
	德国	452	463	387	363
	英国	231	211	188	260
	法国	331	328	—	—
	日本	721	639	—	—
化肥	美国	—	—	—	—
	德国	18.5	16.1	9.6	8.1
	英国	—	—	36.1	—
	法国	—	—	—	—
	日本	—	—	—	—

注：部分年的数据为邻近年数据代替。

2. 工业流通的时序分析

工业流通涉及国内流通和国际贸易等。这里重点讨论国际工业贸易，选择 27 个工业流通指标为代表；其中，1 个指标为水平变量，10 个指标为交叉变量，16 个指标为特征变量。

(1) 工业流通的变化趋势

工业流通指标的变化趋势是：12 个指标属于上升变量，4 个指标属于下降变量，3 个指标属于波动变量，5 个指标属于转折变量，3 个指标属于地域变量（表 1-46）。这里，仅以工业产品简单平均适用税率（图 1-58）为代表，反映水平变量的特点。

表 1-46　工业流通的分析变量和变化趋势

变化趋势	水平变量	交叉变量	特征变量
上升变量		人均制造业出口，人均高技术出口，人均中高技术出口，人均中低技术出口，人均低技术出口，人均公路货运量，人均航空运输	中低技术出口占制造业出口比例，能源价格指数，石油价格指数，木材价格指数，化肥价格指数
下降变量	工业产品简单平均适用税率	低技术出口占制造业出口比例	食品进口比例，食品出口比例
波动变量			食品价格指数，金属和矿产品价格指数，钢产品价格指数
转折变量		人均铁路货运量，制造业出口比例	高技术出口占制造业出口比例，中高技术出口占制造业出口比例，高技术产品出口比例
地域变量			制造业进口比例，矿石和金属出口比例，矿石和金属进口比例

(2) 工业流通变化的主要特点

首先，工业国际贸易扩展。20 世纪以来，国际工业贸易发展很快，包括人均制造业出口、人均高技术出口、人均中高技术出口、人均中低技术出口、人均低技术出口等，都有大幅上升。

其次，工业国际贸易存在很大国别差异，以人均制造业出口为例，2010 年世界人均制造业出口为 1513 美元，高收入国家为 5810 美元，中等收入国家 596 美元，低收入国家约 30 美元。

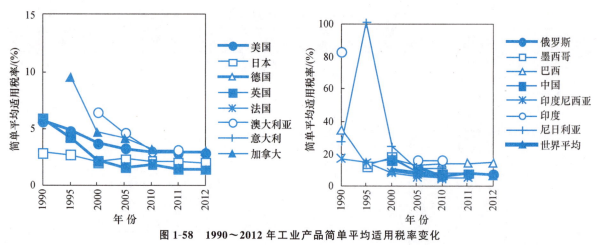

图 1-58 1990~2012 年工业产品简单平均适用税率变化

数据来源：World Bank, 2014.

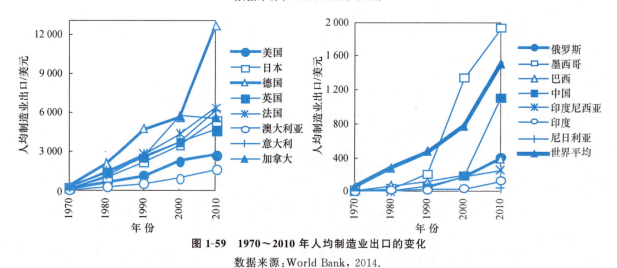

图 1-59 1970~2010 年人均制造业出口的变化

数据来源：World Bank, 2014.

其三，工业产品关税下降。20 世纪以来工业产品关税普遍下降，目前世界平均低于 10%。

(3) 工业流通的世界前沿和国别差异

工业流通的世界前沿和国别差异，仅以人均高技术出口为代表(表 1-47)。目前，世界人均高技术出口的最大值超过 2 万美元，最小值低于 1 美元。

表 1-47 1990~2010 年人均高技术出口世界前沿和国别差异

项目	1990	1995	2000	2005	2010
最大值/美元	4930	15 218	18 352	24 768	25 012
最小值/美元	1	1	1	1	0.001
平均值/美元	—	—	190	245	258
绝对差距/美元	4929	15 217	18 351	24 767	25 012
相对差距	4930	15 218	18 352	24 768	2.5E+7
国家样本数	39	67	84	87	111

典型国家工业流通情况。以美国、欧盟、日本的工业产品简单平均适用税率的变化来看，1990~2012 年期间呈现降低趋势(表 1-48)；同一时期，美国、德国、英国、法国、日本五国的制造业出口比例整

体呈现下降趋势,仅法国为先上升后下降;食品出口比例的变化国别差异较大(表1-49)。

表 1-48 1990~2012年典型国家工业产品简单平均适用税率变化趋势　　　单位:%

国家	1990	1995	2000	2005	2010	2011	2012
美国	5.68	4.79	3.74	3.26	2.98	2.89	2.87
欧盟	5.86	4.23	2.21	1.57	1.85	1.42	1.41
日本	2.88	2.67	2.05	2.32	2.13	2.05	1.98

表 1-49 1990~2012年典型国家的制造业和食品出口比例

项目	国家	1970	1980	1990	2000	2005	2010	2011	2012
制造业出口比例/(%)	美国	66.7	65.5	74.1	82.7	79.9	66.1	63.4	63.4
	德国	86.8	84.2	89.0	83.7	86.1	82.2	83.2	82.5
	英国	80.1	71.5	79.1	77.1	76.9	70.1	68.3	66.4
	法国	73.7	73.3	77.0	80.9	80.2	78.4	76.4	77.0
	日本	92.5	94.7	95.9	93.9	92.0	89.0	89.1	89.6
食品出口比例/(%)	美国	16.0	18.2	11.2	7.4	7.4	9.8	10.0	10.2
	德国	3.2	5.3	4.8	4.2	4.5	5.2	5.4	5.5
	英国	3.2	5.3	4.8	4.2	4.5	5.2	5.4	5.5
	法国	15.8	16.1	15.8	11.0	10.7	12.0	12.7	12.6
	日本	3.5	1.3	0.6	0.5	0.5	0.6	0.6	0.6

3. 工业需求(消费)的时序分析

工业需求(消费)涉及日用工业品的需求和消费、生产工具和技术装备的需求和消费以及工业原料需求等。这里按照耐用品、非耐用品和其他工业产品的分类,选择14个需求消费指标为代表;其中,6个指标为水平变量,7个指标为交叉变量,1个特征变量。

(1) 工业需求的变化趋势

工业需求(消费)的变化趋势是:6个指标属于上升变量,6个指标属于转折变量,2个指标属于地域变量(表1-50)。其中,人均铝消费、人均铜消费、人均钢铁消费、人均煤炭消费、人均天然气消费、人均原糖消费、人均化肥消费、人均啤酒消费等指标,具有很大的国别差异。

表 1-50 工业需求(消费)的分析变量和变化趋势

变化趋势	水平变量	交叉变量	特征变量
上升变量	人均手机消费,人均计算机消费,人均电力消费	人均铝消费,人均铜消费,人均天然气消费	
转折变量	人均水泥消费,人均原油消费,人均汽车消费	人均钢铁消费,人均原糖消费,人均化肥消费	
地域变量		人均煤炭消费	人均啤酒消费

这里,可以用人均电力消费(图1-60)和人均原糖消费(图1-61)的变化,分别反映水平变量和交叉变量的变化特点。

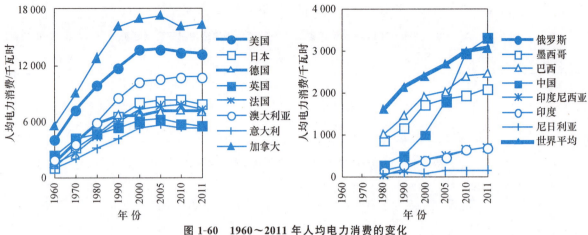

图 1-60　1960～2011 年人均电力消费的变化

数据来源：WDI，2014.

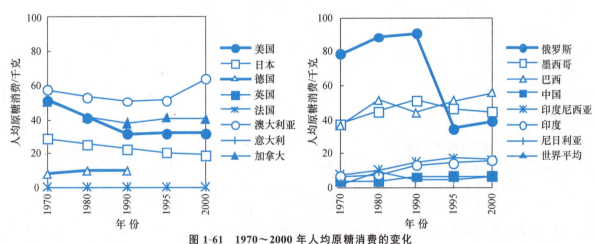

图 1-61　1970～2000 年人均原糖消费的变化

数据来源：CYB，2000.

(2) 工业需求（消费）变化的主要特点

首先，人均消费水平的提高。20 世纪以来，人均铝消费、人均铜消费、人均电力消费、人均天然气消费等指标，都有较大提高。

其次，人均消费需求有极限。人均钢铁消费、人均水泥消费、人均原油消费、人均原糖消费、人均化肥消费等几个指标的变化都出现先上升后下降的趋势。对于高收入国家，目前以上几个指标都呈下降趋势。

其三，消费结构的变化。需求结构变化比较复杂，国家差别很大。如果把工业消费资料分为生存资料、享受资料、发展资料三大类，那么由于各国发展水上的差异，对三种工业消费品的需要有明显的不同。

(3) 工业需求（消费）的世界前沿和国别差异

工业需求（消费）的世界前沿、国际差距和国家差异，选用 3 个指标为代表。

首先，人均原油消费的世界前沿和国际差距。目前，人均原油消费的最大值约为 5130 千克，最小值约 64 千克，相对差距约为 80 倍（表 1-51）。

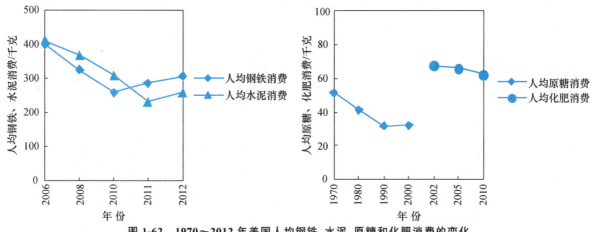

图 1-62　1970～2012 年美国人均钢铁、水泥、原糖和化肥消费的变化

数据来源：世界钢铁协会，2014；世界银行，2014；联合国，CYB2000.

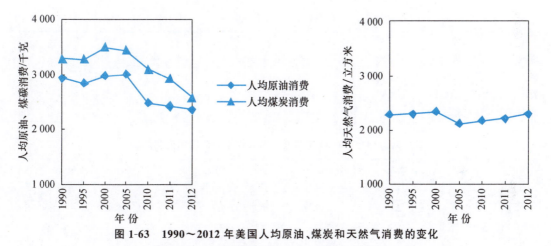

图 1-63　1990～2012 年美国人均原油、煤炭和天然气消费的变化

数据来源：世界能源委员会，2014；世界银行，2014.

表 1-51　1990～2012 年人均原油消费的世界前沿和国际差距

项目	1990	1995	2000	2005	2010	2011	2012
最大值/千克	2932	3841	4363	5524	5476	5284	5134
最小值/千克	66	66	80	91	61	57	64
平均值/千克	579	563	573	588	563	560	560
绝对差距/千克	2866	3775	4283	5433	5415	5227	5070
相对差距	44	58	54	61	89	92	80
国家样本数	43	43	43	43	43	43	43

其次，人均化肥消费的世界前沿和国别差异。目前，人均化肥消费的最大值超过 150 千克，最小值约 0.1 千克，相对差距超过 1500 倍（表 1-52）。

表 1-52 2002~2010 年人均化肥消费的世界前沿和国别差异

项目	2002	2003	2004	2005	2006	2007	2008	2009	2010
最大值/千克	221.4	234.9	180.9	279.5	237.9	234.9	183.2	163.9	157.7
最小值/千克	0.2	0.2	0.1	0.1	0.1	0.1	0.1	0.1	0.1
平均值/千克	23.5	24.2	24.1	24.8	25.4	26.4	25.9	26.0	26.9
绝对差距/千克	221.2	234.7	180.8	279.4	237.8	234.8	183.1	163.8	157.6
相对差距	1107	1174	1809	2795	2379	2349	1832	1639	1557
国家样本数	115	114	116	118	118	119	120	121	119

其三，典型国家工业消费情况。以人均钢铁消费、人均原糖消费、人均水泥消费和人均化肥消费四个典型工业消费指标为例，现有数据表明（表 1-53~1-56）：美国等五国以上四个领域的消费都呈下降趋势，但是国别差异较大。

表 1-53 2006~2012 年典型国家人均钢铁消费的变化趋势　　单位：千克

国家	2006	2007	2008	2009	2010	2011	2012
美国	399	358	323	192	257	285	306
德国	475	518	514	342	440	497	460
英国	212	211	193	114	142	145	144
法国	263	269	247	176	208	217	198
日本	625	642	616	417	502	507	506

表 1-54 1970~2000 年典型国家人均原糖消费的变化趋势　　单位：千克

国家	1970	1980	1990	1995	2000
美国	51.4	41.1	31.5	32.2	31.9
德国	8.2	9.7	9.9	—	—
英国	—	—	—	—	—
法国	0.4	0.1	0.2	0.1	0.2
日本	29.0	25.5	22.9	20.7	19.0

表 1-55 2006~2012 年典型国家人均水泥消费的变化趋势　　单位：千克

国家	2006	2007	2008	2010	2012
美国	409	367	307	230	258
德国	351	331	336	302	341
英国	—	—	—	—	—
法国	379	387	376	304	304
日本	459	438	399	328	337

表 1-56 2002~2010 年典型国家人均化肥消费的变化趋势　　单位：千克

国家	2002	2003	2004	2005	2006	2007	2008	2009	2010	2011	2012
美国	67.7	70.7	70.0	66.3	67.9	66.2	59.8	56.0	62.3	67.7	70.7
德国	31.5	31.5	31.0	30.1	28.0	32.0	23.2	26.5	30.7	31.5	31.5
英国	31.1	29.8	27.9	26.0	25.6	25.3	20.4	23.5	24.2	31.1	29.8
法国	62.8	65.9	62.1	56.0	54.9	59.8	43.3	42.0	42.4	62.8	65.9
日本	11.6	11.5	12.1	11.9	11.3	11.9	9.4	8.1	8.8	11.6	11.5

4. 工业竞争力的时序分析

工业竞争力涉及制造业的出口、高技术出口等要素。我们选择5个工业竞争力指标为代表。

(1) 工业竞争力的变化趋势

工业竞争力指标的变化趋势是:5个指标都属于地域变量。

表1-57 工业竞争力的分析变量和变化趋势

变化趋势	水平变量	交叉变量	特征变量
地域变量		工业竞争力指数	制造业出口占全球制造业出口比例、高技术产品出口占全球高技术出口比例、人均制造业出口与世界人均制造业出口之比、人均高技术出口与世界人均高技术出口之比

(2) 工业竞争力变化的主要特点与世界前沿

工业竞争力是一个国家工业在国际工业贸易中的竞争能力,它包括微观层次企业竞争力和宏观层次产业竞争力两个方面。这里我们侧重于宏观产业竞争力的分析。

现有数据表明:在五个工业竞争力指标中,工业竞争力指数、制造业出口占全球制造业出口比例、高技术产品出口占全球高技术出口比例、人均制造业出口与世界人均制造业出口之比、人均高技术出口与世界人均高技术出口之比存在明显的国别差异。

2009年,98个国家的工业竞争力指数排名,位列首位的新加坡是0.642,末尾的阿塞拜疆为0.036,中国的工业竞争力指数为0.128,位列第68位(表1-58)。

表1-58 2009年世界各国工业竞争力指数排名

排名	国家	指数	排名	国家	指数	排名	国家	指数
1	新加坡	0.642	60	毛里塔尼亚	0.144	89	玻利维亚	0.073
2	美国	0.634	61	牙买加	0.141	90	蒙古	0.070
3	日本	0.628	62	哥斯达黎加	0.135	91	加纳	0.069
4	德国	0.597	63	塞内加尔	0.134	92	坦桑尼亚	0.068
5	哥伦比亚	0.557	64	阿尔巴尼亚	0.133	93	埃塞俄比亚	0.068
6	瑞士	0.513	65	委内瑞拉	0.131	94	马达加斯加	0.059
7	韩国	0.480	66	博茨瓦纳	0.131	95	巴拿马	0.053
8	爱尔兰	0.479	67	乌拉圭	0.129	96	也门共和国	0.044
9	芬兰	0.442	68	中国	0.128	97	阿尔及利亚	0.042
10	比利时	0.442	69	叙利亚	0.128	98	阿塞拜疆	0.036

资料来源:UNIDO,2010.

在制造业出口方面,2010年高收入国家的制造业出口占全球的71.8%,中等收入国家占27.4%,低收入国家占0.3%;制造业出口比重位列前五的中国、德国、美国、日本、韩国分别占全球制造业出口的14.2%、10.0%、8.1%、6.6%、4.0%(图1-64)。

从人均制造业出口的角度分析,2010年世界人均制造业出口约为1513美元,新加坡、比利时和瑞士的人均制造业出口排名位列前三,分别为50 686、28 155、22 153美元(图1-65)。

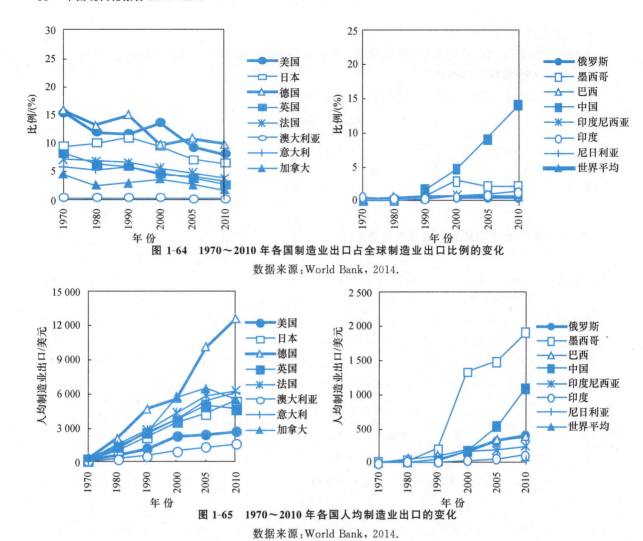

图 1-64　1970~2010 年各国制造业出口占全球制造业出口比例的变化

数据来源：World Bank，2014.

图 1-65　1970~2010 年各国人均制造业出口的变化

数据来源：World Bank，2014.

从技术层面分析，2010 年高技术出口占全球高技术出口比例排名前五的分别为（图 1-66）：中国（22.8%）、德国（8.9%）、美国（8.2%）、新加坡（7.1%）、日本（6.9%）。

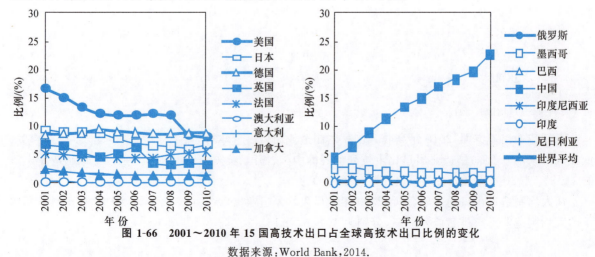

图 1-66　2001~2010 年 15 国高技术出口占全球高技术出口比例的变化

数据来源：World Bank，2014.

从人均高技术出口的角度分析,2010年世界人均高技术出口为258美元,新加坡、瑞士、爱尔兰的人均高技术出口位列前三,分别为25 012美元、5472美元和4745美元(图1-67)。

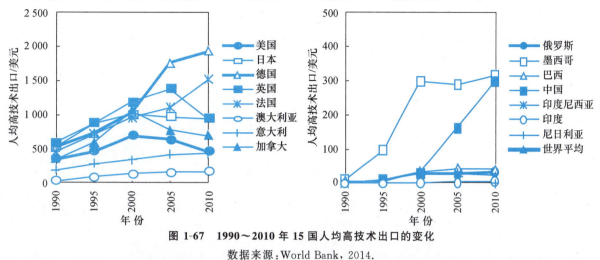

图1-67　1990~2010年15国人均高技术出口的变化

数据来源：World Bank, 2014.

三、世界工业环境的时序分析

工业环境涉及工业的生态环境和社会环境等要素(表1-59)。这里选择44个指标为代表；其中,21个指标为水平变量,7个指标为交叉变量；16个指标为特征变量,与国家工业地理特征紧密相关。

表1-59　1700~2010年工业环境的变迁

方面	工业变量				长期趋势和特点
	18世纪	19世纪	1900~1970年	1970~2010年	
生态环境				人均工业固体废物、工人人均固体废弃物、废水处理率	上升,国别差异
				制造业和建筑业的CO_2排放比例,人均制造业和建筑业的CO_2排放量,单位工业增加值的固体废物排放,废物填埋处理率,工业和能源过程NO排放比例,人均工业NO排放量,工人人均有机废水(BOD)排放量,单位工业增加值的有机废水(BOD)排放量,PM 10平均浓度	先升后降,国别差异
				化学工业污水排放比例,黏土和玻璃工业污水排放比例,食品工业污水排放比例,金属工业污水排放比例,制纸和纸浆工业污水排放比例,纺织工业污水排放比例,木材工业污水排放比例,其他工业污水排放比例	国别差异
社会环境			人均GDP,人口,中学入学率,大学入学率,城市人口比例,人均能源消费,劳动力		上升,国别差异
				大城市人口比例,电话普及率,平均预期寿命,医疗服务,安全饮水普及率,卫生设施普及率,电力普及率	上升,国别差异
				移动通信普及率,互联网普及率	上升
				小城市人口比例	下降,国别差异
				人均铁路里程,人均淡水消费,汽车普及率	先升后降,国别差异
				人口年增长率,人均GDP增长率,失业率,城市人口增长率	波动,国别差异

1. 生态环境的时序分析

生态环境涉及工业废水、废气、废物的排放与处理等。我们选择20个生态环境指标为代表；其中，7个指标为水平变量，3个交叉变量，10个指标为特征变量。

(1) 生态环境的变化趋势

生态环境指标的变化趋势是：3个指标属于上升变量，9个指标属于转折变量，8个指标属于地域变量（表1-60）。其中，废水处理率（图1-68）的变化可以反映水平变量的特点，废物填埋处理率（图1-69）的变化可以反映交叉变量的特点。

表1-60 生态环境的分析变量和变化趋势

变化趋势	水平变量	交叉变量	特征变量
上升变量	废水处理率	人均工业固体废物，工人人均固体废弃物	
转折变量	人均制造业和建筑业的CO_2排放量，单位工业增加值的固体废物排放，人均工业NO排放量，工人人均有机废水(BOD)排放量，单位工业增加值的有机废水(BOD)排放量，PM 10平均浓度	废物填埋处理率	工业和能源过程NO排放比例，制造业和建筑业的CO_2排放比例
地域变量			化学工业污水排放比例，黏土和玻璃工业污水排放比例，食品工业污水排放比例，金属工业污水排放比例，制纸和纸浆工业污水排放比例，纺织工业污水排放比例，木材工业污水排放比例，其他工业污水排放比例

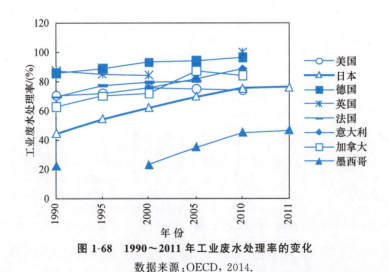

图1-68 1990～2011年工业废水处理率的变化

数据来源：OECD，2014.

(2) 生态环境变化的特点

首先，大气环境污染。温室气体排放在增加，部分国家已经下降；PM 10和PM 2.5平均浓度呈现先上升后下降的趋势（图1-70～1-72）。这个现象符合环境库兹涅茨曲线。

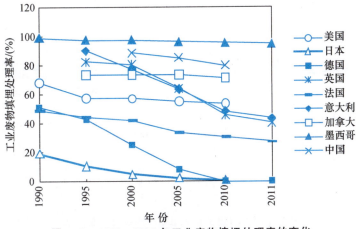

图1-69　1990～2011年工业废物填埋处理率的变化

数据来源：OECD，2014.

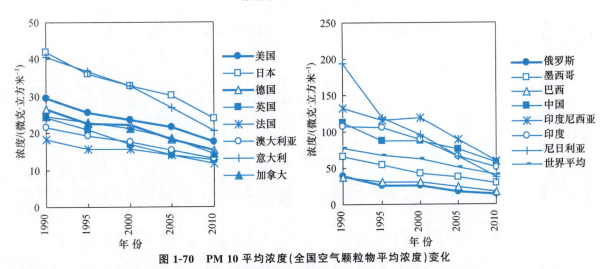

图1-70　PM 10平均浓度（全国空气颗粒物平均浓度）变化

数据来源：World Bank，2014.

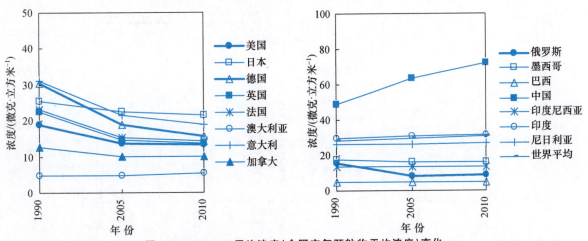

图1-71　PM 2.5平均浓度（全国空气颗粒物平均浓度）变化

数据来源：World Bank，2015.

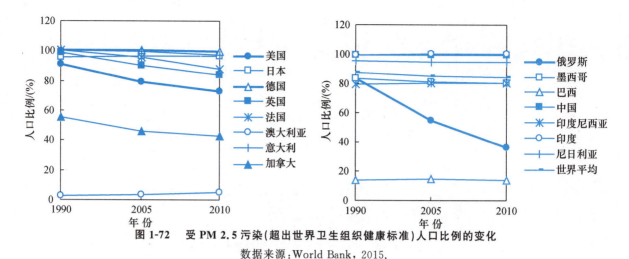

图 1-72 受 PM 2.5 污染(超出世界卫生组织健康标准)人口比例的变化

数据来源：World Bank，2015.

其次，水环境污染。世界各国工人人均工业有机废水（BOD）排放、单位工业增加值的有机废水（BOD）排放量的变化先上升后下降（图 1-73，图 1-74），同时废水处理率呈上升趋势。

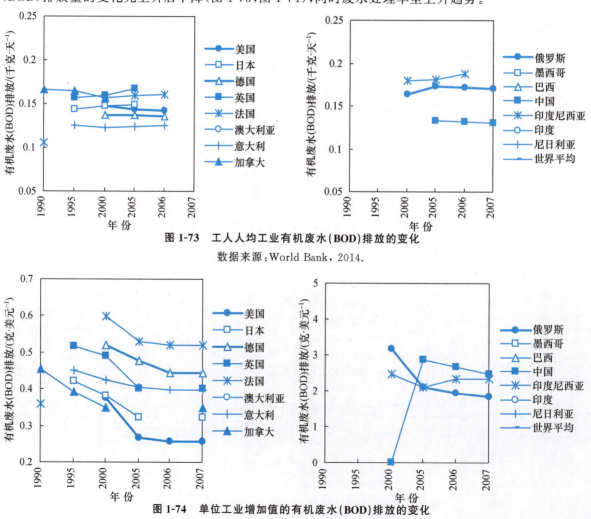

图 1-73 工人人均工业有机废水（BOD）排放的变化

数据来源：World Bank，2014.

图 1-74 单位工业增加值的有机废水（BOD）排放的变化

数据来源：World Bank，2014.

在制造业内部，化学工业污水排放比例、黏土和玻璃工业污水排放比例、食品工业污水排放比例、金属工业污水排放比例、制纸和纸浆工业污水排放比例、纺织工业污水排放比例、木材工业污水排放比例、其他工业污水排放比例的变化国别差异较大。

其三，固体废弃物污染。人均工业固体废物和工人人均固体废物排放的变化为上升；废物填埋处理率的变化先上升后下降，固体回收利用率在不断提高（图1-69）。

其四，典型国家生态环境概况。1990~2010年期间，美、德、英、法、日五国PM10平均浓度的变化为下降；废水处理率呈现明显的上升趋势；单位工业增加值的固体排放和人均固体废弃物排放的变化存在国别差异（表1-61）。

表1-61 1990~2010年典型国家生态环境的变化趋势

项目	国家	1990	1995	2000	2005	2010
PM 10 平均浓度 /（微克·立方米$^{-1}$）	美国	29.6	25.8	23.8	21.7	17.8
	德国	26.8	22.8	22.4	18.5	15.6
	英国	24.2	21.1	17.2	14.3	12.8
	法国	18.3	15.8	15.9	14.1	11.9
	日本	42.0	36.1	32.8	30.1	24.1
		1990	1995	2000	2005	2010
废水处理率 /（%）	美国	—	—	75.4	—	—
	德国	—	88.6	—	—	96.4
	英国	87.0	85.0	—	—	99.6
	法国	69.0	77.0	—	—	—
	日本	44.0	54.0	62.0	69.3	75.1
		2002	2004	2006	2008	2010
单位工业增加值的固体废物排放 /（千克·美元$^{-1}$）	美国	—	—	—	—	—
	德国	—	0.43	0.40	0.33	0.35
	英国	—	0.59	0.50	0.45	0.41
	法国	—	0.63	0.62	0.57	0.69
	日本	—	—	—	—	—
		2002	2004	2006	2008	2010
人均固体废弃物排放 /千克	美国	—	—	—	—	—
	德国	—	3733	3789	3964	3771
	英国	—	4569	4292	4015	2882
	法国	—	3916	4088	4507	4590
	日本	—	—	—	—	—

2. 社会环境的时序分析

社会环境涉及人口、经济、城市、基础设施等。我们选择24个社会环境指标为代表；其中，14个指标为水平变量，4个交叉变量，6个指标为特征变量。

(1) 社会环境的变化趋势

社会环境指标的变化趋势是：16个指标属于上升变量，1个指标属于下降变量，3个指标属于转折变量，4个指标属于波动变量（表1-62）。其中，人均GDP（图1-75）的变化可以反映水平变量的特点，大城市人口比例（图1-76）的变化可以反映交叉变量的特点。

表 1-62 社会环境的分析变量和变化趋势

变化趋势	水平变量	交叉变量	特征变量
上升变量	人均GDP、中学入学率、大学入学率、城市人口比例、人均能源消费、电话普及率、平均预期寿命、医疗服务、安全饮水普及率、卫生设施普及率、电力普及率、移动通信普及率、互联网普及率	大城市人口比例	人口、劳动力
下降变量		小城市人口比例	
转折变量	汽车普及率	人均淡水消费、人均铁路里程	
波动变量			人均GDP增长率、失业率、人口年增长率、城市人口增长率

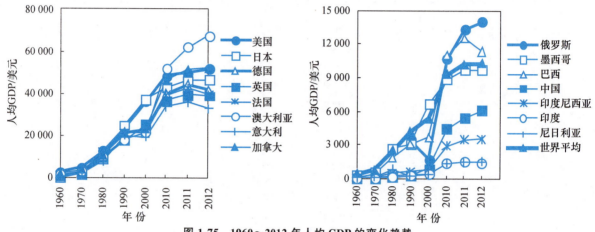

图 1-75 1960～2012年人均GDP的变化趋势

数据来源：WDI，2014.

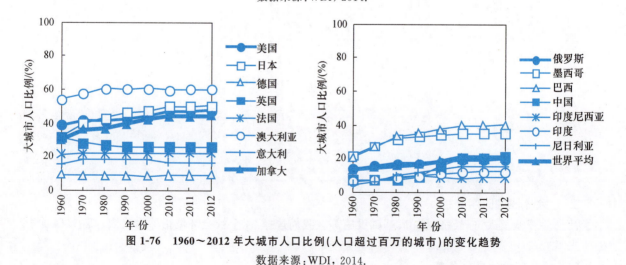

图 1-76 1960～2012年大城市人口比例（人口超过百万的城市）的变化趋势

数据来源：WDI，2014.

(2) 社会环境变化的特点

首先，人口与健康领域。18世纪以来人均预期寿命在延长，人口自然增长率从上升到下降，城市人口比例在不断上升。19世纪以来公共卫生在持续改善。

其次，学习与工作领域。19世纪以来普及初等教育，20世纪以来普及中等教育和高等教育；19世纪以来失业率在不断波动。

其三,休闲与福利领域。18世纪以来交通运输在不断发展;19世纪以来通信技术在不断发展;20世纪以来电脑和互联网普及率在提高。

其四,典型国家社会环境概况。1990～2010年期间,美国、德国、英国、法国、日本五国城市人口比例不断上升;互联网普及率普遍提高;汽车普及率存在明显的国别差异(表1-63)。

表1-63 1990～2010年典型国家社会环境的变化趋势

项目	国家	1960	1970	1980	1990	2000	2010
城市人口比例/(%)	美国	70	74	74	75	79	82
	德国	71	72	73	73	73	74
	英国	78	77	78	78	79	80
	法国	62	71	73	74	77	85
	日本	63	72	76	77	79	91
		1980	1990	1995	2000	2005	2010
互联网普及率/每百人	美国	—	1	9	43	68	74
	德国	—	0	2	30	69	82
	英国	—	0	2	27	70	85
	法国	—	0	2	14	43	80
	日本	—	0	2	30	67	78
		2000	2002	2004	2006	2008	2010
汽车普及率/(辆·千人$^{-1}$)	美国	474	473	466	454	451	423
	德国	515	541	487	498	503	517
	英国	414	435	451	456	459	456
	法国	461	472	477	478	479	481
	日本	404	420	433	447	451	454

四、世界工业要素的时序分析

在工业现代化过程中,在某种意义上,工业生产现代化是微观基础,工业经济现代化是宏观表现形式,工业要素现代化则同时作用于工业生产和工业经济的现代化。工业现代化涉及许多要素。这里,我们简要讨论五个方面的工业共性要素的变化趋势和特点,它们分别是工业劳动力、工业企业、工业技术、工业制度和工业观念(表1-64)。

表1-64 1700～2010年工业要素的变迁

方面	工业变量				长期趋势和特点
	18世纪	19世纪	1900～1970年	1970～2010年	
工业劳动力			接受过中学教育的劳动力比例,工业劳动力月平均工资,制造业劳动力平均工资,采矿业劳动力的平均工资,公共事业劳动力平均工资,建筑业劳动力平均工资		上升
			接受过高等教育的劳动力比例		上升,国别差异
			制造业每周工时,工伤率		先升后降,国别差异
			职业教育和职业培训占高中学生的比例		国别差异
	企业家精神,社会保障				定性分析,国别和时代差异

(续表)

方面	工业变量				长期趋势和特点
	18世纪	19世纪	1900~1970年	1970~2010年	
工业企业				上市公司数目,新注册企业比例,ISO认证企业比例	上升,国别差异
				提供员工培训企业比例	先升后降,国别差异
工业技术				企业申请专利占比,企业科研投入比例,企业科技人员比例,开展科技开发活动的企业比例,全要素生产率,人均知识产权转让收入,人均知识产权转让支出,机器人使用比例	上升,国别差异
			专利拥有比例		上升,国家差异
				人均信息和通信技术出口,人均信息和通信技术进口	国家差异
				出口通关所需时间、企业注册所需时间	下降,国别差异
工业制度	营商环境指数,企业监管环境,环境可持续性政策和制度,公共部门透明度,问责性和腐败				定性分析,国别和时代差异
工业观念	经济全球化,经济信息化				定性分析,国别和时代差异

1. 工业劳动力的时序分析

工业劳动力是工业生产的执行者,是工业现代化的行为主体。这里重点讨论工业劳动力素质、收入和福利,选择12个指标为代表;其中,4个指标为水平变量,8个指标为交叉变量。

(1) 工业劳动力的变化趋势

工业劳动力指标的变化趋势是:7个指标属于上升变量,2个指标属于转折变量,3个指标属于地域变量(表1-65)。

表1-65 工业劳动力的分析变量和变化趋势

变化趋势	水平变量	交叉变量	特征变量
上升变量	接受过中学教育的劳动力比例,接受过高等教育的劳动力比例	工业劳动力月平均工资,制造业劳动力平均工资,采矿业劳动力的平均工资,公共事业劳动力平均工资,建筑业劳动力平均工资	
转折变量	制造业每周工时,工伤率		
地域变量		职业教育和职业培训占高中学生的比例,企业家精神,社会保障	

(2) 工业劳动力变化的特点

首先,工业劳动力素质的提高。主要表现是接受过中学教育的劳动力比例(图1-79)、接受过高等教育的劳动力比例的普遍提高(图1-80)。

其次,工业劳动力收入的提高。随着工业劳动力生产率提高,工业劳动力收入提高是必然的(图1-79)。

其三,工业劳动力福利的提高。主要表现是工作时间的缩短(图1-80)、工伤率的下降和社会保障的提高。

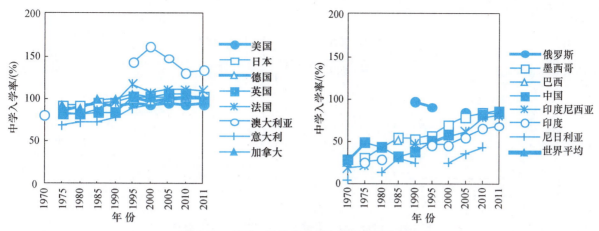

图 1-77　1970～2011 年中学入学率的变化趋势

数据来源：ILO，2014．

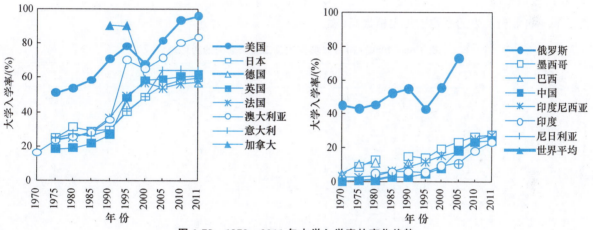

图 1-78　1970～2011 年大学入学率的变化趋势

数据来源：ILO，2014．

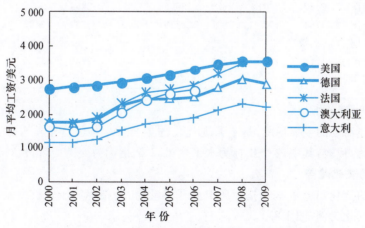

图 1-79　2000～2009 年工业劳动力月平均工资的变化

数据来源：OECD，2014．

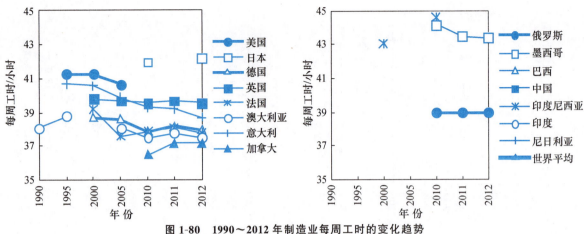

图 1-80 1990~2012 年制造业每周工时的变化趋势

数据来源：ILO, 2014.

其四，典型国家工业劳动力概况。2000~2010 年期间，美国等五国工伤率呈明显的下降趋势，制造业和建筑业劳动力的平均工资大幅提高（表 1-66）。

表 1-66 2000~2010 年典型国家工业劳动力的变化趋势

项目	国家	2000	2001	2002	2003	2004	2005	2006	2007	2008	2009
工伤率 /每千劳动力	美国	—	—	—	13.5	13.4	12.9	12.1	11.1	10.3	—
	德国	52.3	48.0	43.3	40.2	37.3	36.4	36.2	35.1	34.6	—
	英国	9.1	8.6	8.4	7.8	7.3	6.8	6.3	—	—	—
	法国	59.6	—	—	—	—	41.9	41.1	41.3	—	—
	日本	3.6	3.6	3.4	3.4	3.3	3.3	3.2	3.2	3.1	—
制造业劳动力 月平均工资 /美元	美国	3310	3314	3407	3546	3699	3808	3976	4114	4193	4211
	德国	2234	2218	2371	2910	3270	3309	3423	3846	4213	3860
	英国	—	—	—	—	—	—	—	—	—	—
	法国	1855	1835	1999	2445	2822	2916	3020	3405	3768	—
	日本	—	—	—	—	—	—	—	—	—	—
建筑业劳动力 月平均工资 /美元	美国	2482	2601	2659	2695	2691	2854	3014	3174	3314	3266
	德国	1764	1725	1837	2219	2437	2391	2415	2701	2945	2896
	英国	—	—	—	—	—	—	—	—	—	—
	法国	1712	1687	1833	2294	2651	2729	2850	3181	3470	—
	日本	—	—	—	—	—	—	—	—	—	—

2. 工业企业的时序分析

工业企业是工业活动的主要场所，是工业现代化的主要发生地。这里重点讨论工业企业结构和管理，选择 4 个指标为代表；其中，2 个指标为水平变量，1 个指标为交叉变量，1 个指标为特征变量。

（1）工业企业的变化趋势

工业企业指标的变化趋势是：3 个指标属于上升变量，1 个指标属于转折变量（表 1-67）。这里以新注册企业比例的变化为例（图 1-81）。

表 1-67　工业企业的分析变量和变化趋势

变化趋势	水平变量	交叉变量	特征变量
上升变量	新注册企业比例,ISO认证企业比例		上市公司数目
转折变量		提供员工培训企业比例	

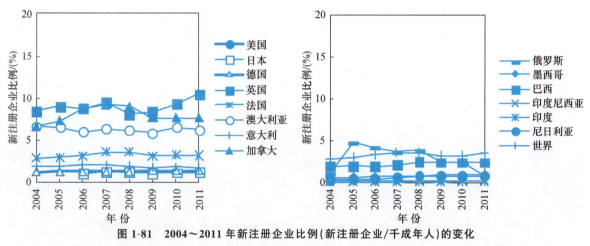

图 1-81　2004~2011 年新注册企业比例(新注册企业/千成年人)的变化

数据来源:World Bank, 2014.

(2) 工业企业变化的特点

首先,企业管理水平的变化。企业管理包括了企业运行过程的全部工作内容。这里我们以 ISO 认证企业比例这一指标为例,世界银行统计数据表明:自 2002 年以来,世界各国 ISO 认证企业的比例趋于上升。中国在 2003~2010 年期间,ISO 认证企业比例从 35.9% 上升为 53.4%。

其次,企业员工培训的变化。2001~2013 年期间,世界各国提供员工培训企业比例的变化整体呈现先上升后下降的趋势,但是国别差异很大。

其三,企业结构的变化。以新注册企业比例为例,目前,世界平均为 3.42%,高收入国家为 6.15%,中等收入国家为 2.20%,低收入国家为 0.32%。

3. 工业技术的时序分析

工业技术涉及工业的技术水平、技术开发以及技术贸易等。工业技术是一门综合性应用科学,与物理学、化学、生物学、技术科学、工程科学、生态学和环境科学等多个学科领域关系密切。这里选择 11 个指标为代表;其中,8 个指标为水平变量,3 个指标为交叉变量。

(1) 工业技术的变化趋势

工业技术指标的变化趋势是:9 个指标属于上升变量,2 个指标属于地域变量(表 1-68)。其中,专利拥有比例(图 1-82)的变化可以反映为水平变量的特点,企业申请专利比例(图 1-83)可以反映交叉变量的特点。

表 1-68　工业技术的分析变量和变化趋势

变化趋势	水平变量	交叉变量	特征变量
上升变量	企业科研投入比例,企业科技人员比例,开展科技开发活动的企业比例,全要素生产率,人均国际技术许可收入,人均国际技术许可支出,机器人使用比例,专利拥有比例	企业申请专利占比	
地域变量		人均信息和通信技术出口,人均信息和通信技术进口	

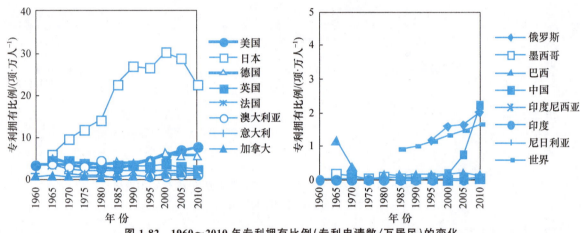

图 1-82　1960～2010 年专利拥有比例(专利申请数/万居民)的变化

数据来源:World Bank,2014.

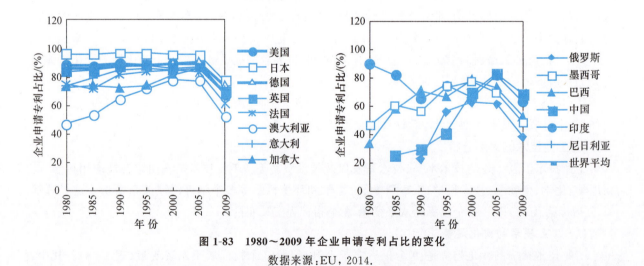

图 1-83　1980～2009 年企业申请专利占比的变化

数据来源:EU,2014.

(2) 工业技术的变化特点

关于工业技术发展的阶段划分,目前没有统一认识。大体而言,可以参考世界现代化的阶段划分,工业技术发展可以分为三个阶段:传统工业技术(18 世纪以前)、现代工业技术(18 至 20 世纪 70 年代)和智慧工业技术(20 世纪 70 年代以来),它们分别对应于农业经济时代、工业经济时代和知识经济时代(表 1-69)。全面分析工业科技的历史变迁需要很大篇幅,下面简要讨论它的特点。

表 1-69　工业技术发展的主要阶段(举例说明)

项目	原始经济时代	农业经济时代	工业经济时代	知识经济时代
大致时间	人类诞生至公元前 4000 年	公元前 4000 年至公元 1763 年	公元 1763 年至 1970 年	1970 年至 2100 年
采矿冶金	火法	火法、湿法	电解法	生物法等
制造技术	制陶技术等	传统手工艺和技术	现代工业技术	智能化和绿色化技术等
建筑技术	巢居、干阑建筑	土木建筑等	砖建筑、混凝土建筑等	绿色建筑等
工程技术	无	水利工程等	化学工程、军事工程等	基因工程、信息工程等
生产方式	手工业	手工业,家庭作坊	机械化、电气化、自动化,现代工厂,大型企业	信息化、智能化、绿色化,工业园区,网络化,国际化
企业管理	部落管理	家庭、权威式管理	科学管理、效率管理	全面质量管理、柔性管理
主要特点	原始手工艺 原始知识	传统手工艺 经验知识	机械化、电气化、自动化,现代工业技术	知识化、信息化、绿色化,后现代工业技术

首先,传统工业技术。农业经济时代大约有 5000 多年历史。在这漫长的岁月里,随着传统工业的发展,传统工业技术的范围和内容在不断演化。在很大程度上,传统工业技术是传统工业经验知识的集合。例如,在采矿冶金方面,通过冶铜、炼铁发展而来的火法冶金技术和湿法冶金技术不断走向成熟并得到深入推广,15 世纪末至 16 世纪初欧洲出版的《火法技艺》和《论冶金》对后世影响深远。在中国,17 世纪初刊印的《天工开物》一书,系统地总结了中国古代农业和工业的各项技术,初步形成了一个完整的科学技术体系,被外国学者称为"中国 17 世纪的工艺百科全书"。

其次,现代工业技术。工业经济时代是一个知识进步的时代,现代科技全面发展,现代工业技术的发展同样全面开花。18 世纪法国出版了《百科全书》,其中自然科学部分详细介绍工业技术和各种机器工具。19 世纪物理学、化学、生物学等的发展和应用,奠定了现代工业技术的基础。20 世纪现代工业技术以"工业设计"为导向,涉及众多的学科和领域。

其三,后现代工业技术。20 世纪 70 年代以来,后现代主义兴起,环境运动和信息革命的爆发,引发了科技发展模式和工业技术的转型,有些学者称其为后现代技术转型。这种后现代工业技术把数字化、高质量和环境友好作为主导方向,追求工业发展与环境保护的双赢、智能化和绿色化的协同,涉及多学科的交叉和互动,例如,物理科学、生命科学、信息科学、环境科学等。

其四,当前典型国家的工业技术特点。这里我们从科技活动水平、技术装备和能源利用的技术体系三个方面进行工业技术实力的对比。1980~2010 年期间,美国、德国、英国、法国、日本五国企业申请专利比例呈下降趋势,而开展科技活动企业的比例呈上升态势(表 1-70)。

技术装备方面,机器人的使用不断推广。国际机器人联合会数据统计显示:2011 年,韩国的机器人使用比例位列榜首,达 347 台/万制造业劳动力;2008~2011 年期间,中国的机器人使用增长率全球最高,达 210%(表 1-71)。

在清洁能源使用方面,除了核电和水电的广泛应用和推广。近年来,各国对太阳能、风能、地热能、生物质能以及潮汐能的关注度不断提高。据英国石油公司的统计数据表明,1970~2012 年,可再生能源(太阳能、风能、地热能、生物质能等)的消费持续上升(图 1-84);目前,世界人均可再生能源消费为 34.6 千克标准油,14 个样本国家中,德国位居榜首,人均消费 336.7 千克标准油/年,中国人均消费 25.0 千克标准油/年。

表 1-70　1980～2010 年典型国家工业技术的变化趋势

项目	国家	1980	1985	1990	1995	2000	2005	2009
企业申请专利比例/(%)	美国	88.6	88.3	89.9	89.0	89.6	89.7	67.9
	德国	86.6	86.1	88.6	88.4	89.6	90.8	74.3
	英国	84.3	84.9	87.3	88.6	86.6	87.2	69.7
	法国	74.6	72.4	82.2	84.2	84.9	83.9	61.5
	日本	96.5	96.4	97.2	97.0	96.1	95.7	77.4
开展科技活动企业比例/(%)	美国	—	—	—	—	—	—	—
	德国	—	60.9	—	65.1	62.6	79.9	79.3
	英国	—	35.8	—	43.0	38.1	45.6	44.3
	法国	—	40.8	—	32.6	—	50.2	53.5
	日本	—	—	—	—	—	—	—

表 1-71　2000～2011 年典型国家机器人使用的变化趋势　　　单位：台/万制造业劳动力

年度	巴西	中国	德国	日本	韩国	美国
2000	<1	<1	146	337	107	52
2008	5	10	236	334	221	96
2011	7	21	261	339	347	135
2008～2011	40%	210%	11%	−1%	57%	41%

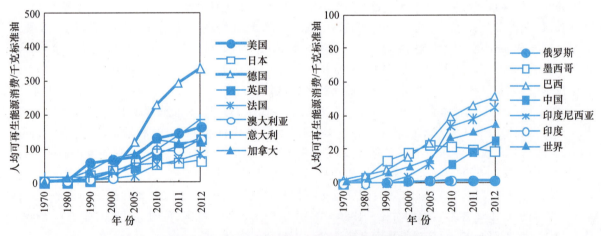

图 1-84　1970～2012 年人均可再生能源消费的变化

数据来源：BP, 2014.

4. 工业制度的时序分析

根据制度经济学家的观点(诺思,1992),制度是规范人类行为的规章、程序、伦理道德和习俗的集合。工业制度有两种理解,其一是狭义工业制度,指工业部门建立的制度,包括工业生产、工业经济和工业技术等的有关制度;其二是广义工业制度,指与工业相关的制度,涉及狭义工业制度,以及工业贸易、工业企业和工业劳动力教育等制度。

一般而言,工业制度的变迁是复杂的和有序的,存在很大的国别差异和时代差异(表 1-72)。全面分析工业制度的历史变迁需要很大篇幅,下面简要讨论它的一些特点。

表 1-72　人类历史上的工业制度（举例）

项目	原始经济时代	农业经济时代	工业经济时代	知识经济时代
大致时间	人类诞生至公元前 4000 年	公元前 4000 年至公元 1763 年	公元 1763 年至 1970 年	1970 年至 2100 年
土地制度	公有制	私有制、皇室和教会所有	私有制、国有制、集体所有	私有制、国有制、集体所有
生产制度	集体劳动	家庭作坊等	工业企业、大规模生产	弹性工作、知识化生产
流通制度	实物交换	地区性贸易、高关税	全国性市场、GATT、高关税	市场全球化、WTO、低关税
分配制度	平均分配	按权力和地权分配	按资本或劳动分配	按贡献分配、按需要调节
消费制度	实时消费	自行消费	赋税消费、高消费	绿色消费、合理消费
税收制度	无	土地税、人头税	增值税、所得税	所得税、关税
科教制度	无	无	职业教育	工业科技服务、多元教育
环境制度	无	水利制度、森林保护等	保护区、国家公园等	环境保护法、生态安全法等

首先，农业时代的工业制度。土地制度：私有制，皇室和教会控制大量土地。生产制度：家庭作坊等。贸易制度：地区性贸易、高关税等。分配制度：按权力和地权分配等。消费制度：自行消费。税收制度：土地税、人头税、各种工业品交易税等。环境制度：水利制度、森林保护制度等。

其次，工业时代的工业制度。土地制度：私有制、国有制、集体所有等。生产制度：工业企业制度等。贸易制度：全国性贸易，高关税，联合国关贸总协定关于工业贸易的协议等。分配制度：按资本或按劳动分配。消费制度：消费税、高消费等。税收制度：增值税、所得税等。科技和教育制度：工业技术推广体系、工业劳动力的职业教育等。环境制度：国家保护区、国家公园等。

其三，知识时代的工业制度。知识时代的工业制度还在形成过程中，这里讨论它目前的一些特点。土地制度：私有制、国有制、集体所有等。生产制度：弹性工作、知识化生产等。贸易制度：全球性工业贸易，低关税，世界贸易组织（WTO）的工业贸易协议等。分配制度：按贡献分配，按需要调节等。消费制度：绿色消费、合理消费等。税收制度：所得税、关税等。工业科技和教育制度：工业科技服务、多元教育等。环境制度：绿色工业、环境保护法、生态安全法等。

5. 工业观念的时序分析

工业观念有两种理解，其一是狭义工业观念，指工业部门内部的观念，涉及工业生产和工业经济等的观念；其二是广义工业观念，指全社会关于工业的观念，涉及狭义工业观念和与工业有关的观念。工业观念的变化体现在三个层面，其一是学术思想层面——工业思想的变迁，其二是工业规范层面——工业伦理的变化，其三是工业政策层面——工业制度的变化。上面讨论了工业制度，工业伦理需要专门研究，这里主要讨论工业思想观念的演变。

一般而言，工业观念的变迁是复杂的和不同步的，存在很大的国别差异和时代差异（表 1-73）。全面分析工业观念的历史变迁需要很大篇幅，下面简要讨论它的一些特点。

表 1-73　工业思想观念的时序变迁（特征举例）

项目	原始经济时代	农业经济时代	工业经济时代	知识经济时代
大致时间	人类诞生至公元前4000年	公元前4000年至公元1763年	公元1763年至1970年	1970年至2100年
资源观念	公有的	私有的、皇室的、公有的	私有的、国有的	私有的、国有的
生产观念	工具制造	手工生产、家庭作坊	工厂化、标准化、规模化	信息化、智能化、绿色化
流通观念	实物交易	地区性交易	全国性贸易，高关税	全球性贸易，低关税
分配观念	—	雇佣制	按资本或劳动分配	按贡献分配、按需要调节
消费观念	—	基本消费	按需消费、高消费	绿色消费、合理消费
税收观念	—	土地税、人头税	增值税、所得税等	所得税、关税
企业观念	—	家庭企业	现代企业，垂直结构	网络化、扁平化、柔性
管理观念	—	传统管理	科学管理、效率管理	人性化管理、战略管理等
科教观念	—	传统技术、学徒制	现代技术、职业教育	后现代技术、终生学习
环境观念	自然崇拜	气候论、自然论	征服自然、改造自然	工业生态学、环境保护

首先，农业时代的工业观念。资源观念：私有的、皇室的、教会的、公有的等。生产观念：手工生产、家庭作坊等。贸易观念：剩余产品的地区性贸易等。分配观念：雇佣制等。消费观念：基本消费。税收观念：土地税、人头税等。企业观念：家庭企业等。管理观念：传统管理。工业科技和教育观念：传统技术、学徒制等。环境观念：气候论、自然论、"天人合一"等。

其次，工业时代的工业观念。资源观念：私有的、国有的等。生产观念：工厂化、标准化、规模化等。贸易观念：全国性贸易、高关税等。分配观念：按资本或按劳动分配等。消费观念：按需消费、高消费等。税收观念：增值税、所得税等。企业观念：现代企业、垂直结构等。管理观念：科学管理、效率管理。工业科技和教育观念：现代工业技术、工业职业教育和工业知识普及。环境观念：改造自然、国家保护区等。

其三，知识时代的工业观念。知识时代的工业观念还会继续演化，新思想还会不断出现。这里讨论它当前的一些特点。资源观念：私有的、国有的等。生产观念：信息化、智能化、绿色化等。贸易观念：全球性贸易、低关税等。分配观念：按贡献分配、按需要调节等。消费观念：绿色消费、合理消费等。税收观念：所得税、关税等。企业观念：网络化、扁平化、柔性。管理观念：人性化管理、战略管理等。工业科技和教育观念：后现代技术、终生学习等。环境观念：工业生态学、环境保护等。目前，在发达国家，工业日益成为一个政治和环境议题；在发展中国家，工业更多是一个经济和社会议题。

第三节　工业现代化的截面分析

工业现代化的截面分析，是对工业现代化的历史过程的关键时期的截面数据和资料进行分析，试图去发现和归纳工业现代化的客观事实和基本规律。截面分析的结果需要谨慎对待，并与时序分析结果进行交叉检验和对照，以确认结果的真实性。在本报告里，我们选择人口超过100万和统计数据相对完整的131个国家作为分析样本，分析变量涉及工业生产、工业经济、工业环境和工业要素四个方面，分析内容包括基本特征、世界前沿、国际差距或国别差异等，时间跨度约为300年（1700～2010年），分析对象包括6个历史截面（1700、1820、1900、1970、2000和2010年），并以2010年截面为重点。需要特别注意的是，具有18～19世纪的工业数据的国家非常少，而且数据是不系统的和不完整的，这对分析结果的客观性有一定影响。

一般而言，工业变量与国家经济水平的截面特征关系，可以大致分为三种类型：正相关、负相关和没有显著关系；工业变量与国家经济水平的相关程度可以大致分为四个等级：相关性没有达到显著程度（没有显著关系）、相关（正或负相关）、显著相关（正或负相关）和非常显著相关（正或负相关）；截面分析的结果和时序分析的结果相比，可能出现三种情况：完全一致、不一致和相互矛盾（表 1-74）。如果截面分析与时序分析的结果完全一致，表示该指标的变化有很强规律性。如果截面分析与时序分析的结果不一致，表示该指标的变化具有多样性。如果截面分析与时序分析的结果相互矛盾，表示该指标的变化，需要个案分析。由于报告篇幅有限，我们选择少数指标为代表，用"图形"显示它们与国家经济水平的特征关系。

表 1-74 工业变量的截面特征及其与时序特征的关系

类型	工业变量与国家经济水平的截面关系			工业变量截面特征与时序特征的关系		
	正相关	负相关	没有显著关系	完全一致	不完全一致	相互矛盾
特点	工业指标的数值越大，国家经济水平越高	工业指标的数值越大，国家经济水平越低	工业指标的数值变化，与国家经济水平的变化无显著关系	截面分析和时序分析的结果是一致的	截面分析和时序分析的结果不完全一致	截面分析和时序分析的结果是相互矛盾的
举例	工业劳动生产率越高，国家经济水平越高	工业产品简单平均关税越高，国家经济水平越低	工业增加值年增长率是波动的，与国家经济水平没有显著关系	工业劳动生产率：时序特征是上升变量，截面特征是正相关变量	工业增加值年增长率：时序特征是波动变量，截面特征是负相关变量	某个指标：时序特征是上升变量，截面特征是负相关变量

注：没有显著关系的工业变量，可以分为两类：① 部分相关，但相关性没有达到统计分析的显著水平；② 完全没有关系。它们需要个案分析，区别对待。时序特征与截面特征的关系：① 完全一致：时序分析的上升变量（下降变量）——截面分析的正相关（负相关）、时序分析的其他变量——截面分析的不相关；② 不完全一致：时序分析的上升变量（下降变量）——截面分析的不相关、时序分析的其他变量——截面分析的正相关（负相关）；③ 相互矛盾：时序分析的上升变量（下降变量）——截面分析的负相关（正相关）。

一、世界工业生产的截面分析

工业生产的截面分析选择 6 个截面为对象，重点是 2010 年截面。

1. 工业生产的 2010 年截面分析

(1) 2010 年工业生产的截面特征

工业生产涉及工业资源、工业投入、工业生产的效率和结构等方面。我们选择 76 个变量进行比较。很显然，不同变量的"变化过程"以及与国家经济水平的特征关系是不同的（表 1-75，表 1-76），许多指标的变化是波动的，而不是平滑的。

表 1-75 2010 年工业生产 76 个变量与国家经济水平的特征关系

国家经济水平	经济欠发达			初等发达		中等发达		经济发达		相关系数	显著性
国家分组	1	2	3	4	5	6	7	8	9		
人均国民收入	361	683	1324	3448	7044	13 205	24 107	39 208	55 739		
(1) 工业资源											
人均铁矿储量	—	—	155	336	142	154	—	417		0.713	
人均铜矿储量	—	—	1513	74	1500	3213	—	1324		0.059	
人均铝矿储量	680 395	—	12 452	370 486	22 054	9947	53 062	—	122 396	−0.304	
人均煤炭储量	—	38	31	216	524	263	94	159	1474	0.707	**
人均石油储量	22 395	18 283	12 599	22 797	80 100	736 293	—	1 618 907	199 070	0.526	

(续表)

国家经济水平	经济欠发达			初等发达		中等发达		经济发达		相关系数	显著性
国家分组	1	2	3	4	5	6	7	8	9		
人均国民收入	361	683	1324	3448	7044	13 205	24 107	39 208	55 739		
(1) 工业资源											
人均天然气资源	60 441	—	21 584	276 535	79 611	1 440 935	—	150 561	124 238	−0.055	
人均淡水资源	10 650	3113	14 085	7399	12 011	12 734	4307	9580	25 166	0.574	*
人均森林面积	1.063	0.414	1.111	0.798	1.044	1.126	0.360	0.612	2.483	0.531	
人均国土面积	3.645	2.510	4.164	4.422	6.309	3.403	0.864	1.424	9.119	0.301	
铝循环利用率	—	—	—	—	35	54	42	75	82	0.903	
(2) 工业投入											
工业劳动力增长率	—	4.20	−6.27	3.48	−2.40	−3.37	−3.83	−1.37	−3.83	−0.331	
制造业劳动力增长率	2.86	—	1.40	3.09	4.44	−2.28	−2.78	−1.25	−2.96	−0.742	**
工业劳动力比例	7.13	9.49	15.28	22.05	22.09	27.05	24.00	23.42	19.52	0.427	
采矿业劳动力比例	0.74	0.15	0.65	1.36	0.73	0.97	0.29	0.19	0.69	−0.264	
制造业劳动力比例	8.10	10.30	10.90	12.40	11.00	17.10	16.20	14.90	11.10	0.334	
建筑业劳动力比例	4.27	3.70	4.30	7.00	7.89	7.99	7.86	7.43	6.72	0.464	
公共事业劳动力比例	0.28	0.23	0.81	1.27	3.03	1.23	0.49	0.70	0.66	−0.155	
女性工业劳动力比例	9.50	8.70	12.10	15.00	14.20	14.50	13.30	11.70	8.50	−0.279	
制造业童工比例	1.85	1.84	5.58	9.18	8.30	9.68	—	—	—	0.774	
固定资产形成比例	22.30	21.90	20.90	24.80	24.30	20.20	21.90	19.30	19.00	−0.688	**
工业用水比例	5.90	6.00	13.40	15.90	20.30	41.30	27.40	45.10	50.20	0.884	***
工业用电比例	—	—	—	—	55.40	41.40	37.60	37.60	34.80	−0.777	
工业能耗比例	—	—	—	—	31.40	32.50	34.40	33.70	31.70	0.070	
矿产资源消耗比例	2.47	1.91	5.84	1.17	1.12	1.04	0.04	0.05	0.63	−0.556	*
自然资源消耗比例	4.91	4.62	10.68	8.84	7.92	5.33	0.15	2.71	2.61	−0.642	**
森林资源净损耗比例	1.90	0.94	0.30	0.09	0.02	0.16	0.03	0.00	0.00	−0.497	
能源资源消耗比例	0.54	1.77	4.54	8.47	6.82	4.12	0.07	2.66	1.98	−0.323	
固定资产折旧比例	6.90	8.20	9.00	10.40	11.10	14.10	16.20	14.50	14.40	0.758	**
工人人均资本	1549	2723	5303	14 118	30 689	33 644	97 419	132 889	140 372	0.970	***
工人人均用水	—	355	825	878	1265	1878	1361	1937	3258	0.913	***
工人人均电力消耗	—	291	3889	5217	10 798	10 981	23 754	28 906	41 834	0.987	***
工人人均能源消耗	—	690	1455	2409	4595	5004	8313	10 205	13 015	0.977	***
(3) 工业产出											
工业生产指数	160	172	169	167	178	143	123	112	110	−0.917	***
工业增加值增长率	5.12	5.80	6.46	5.10	6.19	5.26	2.91	6.59	4.30	−0.307	
制造业生产指数	134	151	172	178	150	158	129	119	108	−0.807	***
制造业增加值增长率	−0.84	6.62	5.56	5.00	7.09	7.69	6.59	9.63	5.96	0.418	
工业增加值比例	19.30	22.30	31.20	36.20	35.50	33.70	29.90	28.60	27.90	0.016	
采矿业增加值比例	—	—	—	7.81	0.81	0.31	0.25	5.23		−0.099	
制造业增加值比例	—	—	—	17.70	18.30	17.70	17.30	14.60		−0.867	
建筑业增加值比例	—	—	—	4.44	7.74	8.03	6.34	5.27	5.47	−0.323	
公共事业增加值比例	—	—	—	1.19	4.62	2.53	2.69	2.24		−0.091	

(续表)

国家经济水平	经济欠发达			初等发达		中等发达		经济发达		相关系数	显著性
国家分组	1	2	3	4	5	6	7	8	9		
人均国民收入	361	683	1324	3448	7044	13 205	24 107	39 208	55 739		
(4) 工业效率											
工业劳动生产率	1349	2787	4003	9418	18 114	28 128	53 975	79 337	110 091	0.999	***
制造业劳动力生产率	7744	6387	28 696	14 287	23 920	25 260	29 565	73 054	91 083	0.954	***
人均工业增加值	47	99	246	804	1559	2960	5584	8919	11 440	0.998	***
人均制造业增加值	20	49	108	380	721	1571	3857	5555	5688	0.971	***
采矿业劳动生产率	—	—	—	—	—	33 063	74 047	135 089	1.1E+6	0.862	
建筑业劳动生产率	—	—	—	—	17 299	20 823	45 570	73 071	75 529	0.958	
公共事业劳动生产率	—	—	—	—	—	92 733	217 353	322 993	442 524	0.994	
工业劳动报酬比例	—	—	—	—	—	38.0	44.6	47.8	40.9	0.282	
资本生产率	—	0.3	0.8	0.5	0.5	0.6	0.2	0.4	0.5	−0.230	
单位工业增加值的电耗	—	—	—	—	0.33	0.38	0.39	0.33	0.26	−0.711	
单位工业增加值的能耗	—	—	—	—	0.10	0.15	0.14	0.12	0.09	−0.463	
单位工业增加值的水耗	68.36	110.04	245.41	96.92	78.58	83.39	31.92	26.84	34.69	−0.602	*
(5) 工业结构											
工、农劳动力之比	0.11	0.18	0.42	1.26	2.56	4.16	3.15	10.31	7.38	0.885	***
工、农增加值之比	0.61	0.89	1.72	3.72	6.31	8.78	10.80	96.35	16.19	0.575	*
工、服劳动力之比	0.37	0.33	0.43	0.47	0.39	0.44	0.37	0.32	0.26	−0.713	**
工、服增加值之比	0.43	0.43	0.66	0.83	0.70	0.58	0.46	0.37	0.39	−0.553	*
工业增加值占全球工业增加值的百分比	—	0.2	0.6	1.3	0.5	0.7	1.3	2.4	2.9	0.932	***
制造业增加值占全球制造业增加值的百分比	0.01	0.03	0.21	0.91	0.28	0.51	1.38	3.09	3.08	0.951	***
采矿业劳动力份额	10.20	1.01	4.09	6.00	3.54	3.63	1.19	0.88	3.54	−0.399	
制造业劳动力份额	55.8	71.6	66.0	55.3	47.9	62.1	64.1	63.8	58.2	0.010	
建筑业劳动力份额	31.8	26.0	25.3	34.0	36.9	29.7	32.7	32.5	35.3	0.449	
公共事业劳动力份额	2.20	1.37	4.53	5.72	13.00	4.58	2.00	3.07	3.37	−0.192	
采矿业增加值份额	—	—	—	—	23.12	2.58	1.24	0.94	15.58	−0.098	
制造业增加值份额	—	—	—	—	52.4	61.2	61.3	65.7	56.0	0.217	
建筑业增加值份额	—	—	—	—	21.0	22.0	27.6	23.1	19.7	−0.217	
公共事业增加值份额	—	—	—	—	3.54	14.25	9.86	10.24	8.69	0.128	
食品、饮料和烟草比例	43.3	35.7	35.8	30.1	25.5	20.1	14.9	13.0	15.0	−0.824	***
纺织品与服装行业比例	12.6	23.5	12.7	15.1	6.2	6.6	7.3	2.9	1.9	−0.758	**
化工产品比例	12.4	6.4	10.4	7.9	9.5	7.6	8.8	13.3	15.0	0.691	**
机械和运输设备比例	0.8	1.4	5.4	9.8	12.7	17.3	21.7	27.2	20.8	0.821	***
其他制造业比例	32.8	33.2	37.0	39.2	47.4	49.4	47.3	44.6	47.2	0.609	**
高技术制造业比例	—	—	—	—	8.4	8.4	5.7	14.3	15.8	0.999	
中高技术制造业比例	20.64	14.23	16.62	20.11	23.86	29.15	32.91	44.55	42.20	0.939	***
中低技术制造业比例	—	—	—	—	20.2	25.8	27.8	24.8	21.1	0.972	
低技术制造业比例	—	—	—	—	43.1	32.5	34.5	32.2	34.7	−0.483	

注：指标单位见附表1-1。* 表示相关，** 表现显著相关，*** 表示非常显著相关，其他为不相关。— 表示没有数据。后同。

表 1-76 2010 年工业生产变量与国家经济水平的特征关系的分类

方面	正相关变量	负相关变量	相关性不显著变量	其他变量	合计/个
工业资源 (图 1-85)	人均煤炭储量,人均淡水资源		人均铝矿储量,人均石油储量,人均天然气储量,人均森林面积,人均国土面积	人均铁矿储量,人均铜矿储量,铝循环利用率	10
工业投入 (图 1-86)	工业用水比例,固定资产折旧比例,工人人均资本,工人人均用水,工人人均电力消耗,工人人均能源消耗	制造业劳动力增长率,固定资产形成比例,矿产资源消耗比例,自然资源消耗比例	工业劳动力增长率,工业劳动力比例,采矿业劳动力比例,制造业劳动力比例,建筑业劳动力比例,公共事业劳动力比例,女性工业劳动力比例,制造业童工比例,森林资源净损耗比例,能源资源消耗比例	工业能耗比例,工业用电比例	22
工业产出 (图 1-87)		工业生产指数,制造业生产指数	工业增加值增长率,制造业增加值增长率,工业增加值比例,建筑业增加值比例	采矿业增加值比例,制造业增加值比例,公共事业增加值比例	9
工业效率 (图 1-88)	工业劳动生产率,制造业劳动生产率,人均工业增加值,人均制造业增加值	单位工业增加值的水耗	资本生产率	采矿业劳动生产率,建筑业劳动生产率,公共事业劳动生产率,工业劳动报酬比例,单位工业增加值的电耗,单位工业增加值的能耗	12
工业结构 (图 1-89)	工、农劳动力之比,工农增加值之比,工业增加值占全球工业增加值的百分比,制造业增加值占全球制造业增加值的百分比,化工产品比例,机械和运输设备比例,其他制造业比例,中高技术制造业比例	工、服劳动力之比,工、服增加值之比,食品饮料和烟草比例,纺织业与服装业比例	采矿业劳动力比例,制造业劳动力比例,建筑业劳动力比例,公共事业劳动力比例	采矿业增加值比例,制造业增加值比例,建筑业增加值比例,公共事业增加值比例,高技术制造业比例,中低技术制造业比例,低技术制造业比例	23
合计/个	20	11	24	21	76

注:其他变量:国家样本数太少的指标,暂时不能判断它们与国家经济水平的相关程度。后同。

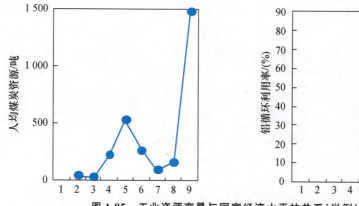

图 1-85 工业资源变量与国家经济水平的关系(举例)

横坐标 1~9 为经济水平分组。后同。

第一章 世界工业现代化的基本事实 77

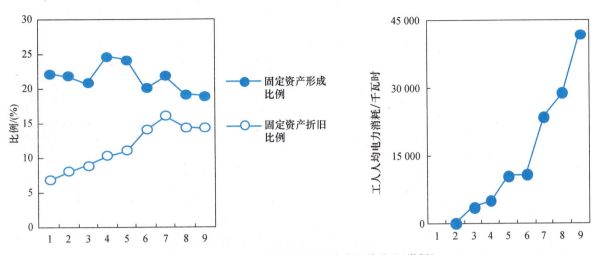

图 1-86 工业投入变量与国家经济水平的关系（举例）

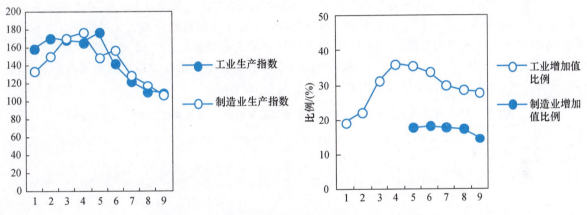

图 1-87 工业产出变量与国家经济水平的关系（举例）

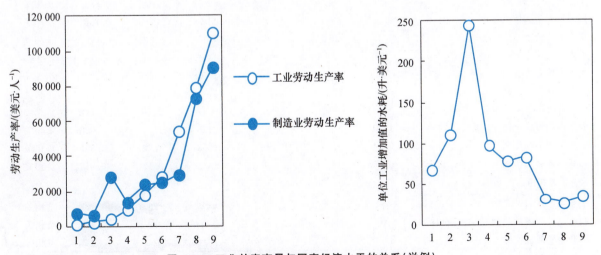

图 1-88 工业效率变量与国家经济水平的关系（举例）

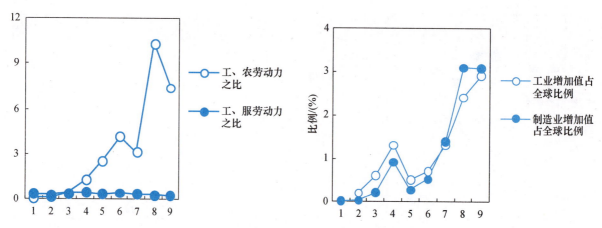

图 1-89 工业结构变量与国家经济水平的关系(举例)

(2) 2010年截面工业生产的世界前沿和国际差距

工业变量的世界前沿和国际差距的判断和分析非常复杂,因工业变量而异。如果工业变量与国家经济水平显著相关,那么,可以根据截面分析9组国家工业变量的特征值大致分辨世界前沿和国际差距;当然这只是一种简化处理。一般而言,第9组国家的工业变量的水平代表了前沿水平,国际差距可进行统计学分析;从统计角度看,正相关指标的最大值或负相关指标的最小值代表前沿水平,正相关指标的最小值或负相关变量的最大值代表末尾水平(表1-77)。

表1-77 2010年截面工业生产变量的世界前沿和国际差距(9组国家特征值之间的比较)

变量	最大值	最小值	绝对差距	相对差(倍)	平均值	标准差	相关系数	相关性
(1) 工业资源								
人均煤炭资源	1474	31	1443	47	349	450	0.707	正相关
人均淡水资源	25 166	3113	22 053	8	11 005	6113	0.574	正相关
(2) 工业投入								
工业用水比例	50.2	5.9	44.3	8	25	16	0.884	正相关
固定资产折旧比例	16.2	6.9	9.3	2	12	3	0.758	正相关
工人人均资本	140 372	1549	138 823	90	50 967	53 526	0.970	正相关
工人人均用水	3258	355	2903	9	1469	840	0.913	正相关
工人人均电力消耗	41 834	291	41 543	144	15 708	13 487	0.987	正相关
工人人均能源消耗	13 015	690	12 325	19	5710	4127	0.977	正相关
制造业劳动力增长率	4.44	−2.96	7	2	0.32	2.78	−0.742	负相关
固定资产形成比例	24.8	19.0	5.8	1	21.6	1.91	−0.688	负相关
矿产资源消耗比例	5.84	0.04	5.8	146	1.58	1.72	−0.556	负相关
自然资源消耗比例	10.68	0.15	10.53	71	5.31	3.15	−0.642	负相关
(3) 工业产出								
工业生产指数	178	110	68	2	148	25	−0.917	负相关
制造业生产指数	178	108	70	2	144	22	−0.807	负相关
制造业增加值比例	18.3	14.6	3.7	1	17.1	1.3	−0.867	负相关

(续表)

变量	最大值	最小值	绝对差距	相对差(倍)	平均值	标准差	相关系数	相关性
(4) 工业效率								
工业劳动生产率	110 091	1349	108 742	82	34 133	36 629	0.999	正相关
制造业劳动生产率	91 083	6387	84 696	14	33 333	27 580	0.954	正相关
人均工业增加值	11 440	47	11 393	243	3518	3974	0.998	正相关
人均制造业增加值	5688	20	5668	284	1994	2247	0.971	正相关
建筑业劳动生产率	75 529	17 299	58 230	4	46 458	24 744	0.958	正相关
单位工业增加值的水耗	245.41	26.84	218.57	9	92.68	62.84	−0.602	负相关
(5) 工业结构								
工、农劳动力之比	10.31	0.11	10.20	94	3	3.32	0.885	正相关
工、农增加值之比	96.35	0.61	95.74	158	16.15	28.77	0.575	正相关
工业增加值比例	2.9	0.2	2.7	15	1.2	0.897	0.932	正相关
制造业增加值比例	3.09	0.01	3.08	309	1.06	1.16	0.951	正相关
化工产品比例	15.0	6.4	8.6	2	0.7	2.7	0.691	正相关
机械和运输设备比例	27.2	0.8	26.4	34	13.0	8.9	0.821	正相关
其他制造业比例	49.4	32.8	16.6	1	42.0	6.2	0.609	正相关
中高技术制造业比例	44.55	14.23	30.32	3	27.14	10.26	0.939	正相关
工、服劳动力之比	0.47	0.26	0.21	2	0.38	0.06	−0.713	负相关
工、服增加值之比	0.83	0.37	0.46	2	0.54	0.90	−0.553	负相关
食品、饮料和烟草比例	43.3	13.0	30.3	3	25.9	10.3	−0.824	负相关
纺织品与服装行业比例	23.5	1.9	21.6	12	9.9	6.4	−0.758	负相关

注：变量的单位见附表1-1。绝对差距＝最大值−最小值，相对差距＝最大值÷最小值。有些指标的变化比较复杂，在9组国家的特征值中，第9组国家的特征值不等于它们的最大值(正相关变量)或最小值(负相关变量)，第1组国家的特征值不等于它们的最小值(正相关变量)或最大值(负相关变量)。后同。

(3) 工业生产变量的截面特征和时序特征的比较

2010年截面的76个工业生产变量中，有34个工业变量的截面特征与时序特征完全一致，有18个工业变量的截面特征与时序特征不完全一致，21个指标数据不全，3个工业变量的截面特征与时序特征相互矛盾(表1-78)。这说明工业生产指标的变化是非常复杂的。

表1-78　2010年工业生产变量的截面特征与时序特征的关系

方面	完全一致/个	不完全一致/个	相互矛盾/个	合计/个
工业资源	4	2(人均煤炭储量，人均国土面积)	1	7
工业投入	12	8(工业用水比例，固定资产折旧比例，工人人均电力消耗，工人人均能源消耗，制造业劳动力增长率，固定资产形成比例，矿产资源消耗比例，自然资源消耗比例)	0	20
工业产出	4	0	2	6
工业效率	5	1(单位工业增加值的水耗)	0	6
工业结构	9	7(工业增加值比例，制造业增加值比例，其他制造业比例，中高端制造业比例，工、服劳动力之比，食品、饮料和烟草比例，纺织业与服装业比例)	0	16
合计/个	34	18	3	55

2. 工业生产的其他截面

(1) 2000年工业生产的截面特征

2000年工业截面分析，国家分组按2000年国家经济水平（人均国民收入）分组，分析变量仍然为74个变量。其中，18个指标与国家经济水平正相关，8个指标负相关，24个指标相关性不显著，19个指标数据不全（表1-79）；31个工业变量的截面特征与时序特征完全一致，18个工业变量的截面特征与时序特征不完全一致，1个工业变量的截面特征与时序特征相矛盾（表1-80）。

表1-79　2000年截面工业生产变量与国家经济水平的特征关系的分类

方面	正相关变量/个	负相关变量/个	相关性不显著变量/个	其他变量/个	合计/个
工业资源	1	0	6	1	8
工业投入	7	1	12	2	22
工业产出	0	0	3	4	7
工业效率	4	1	0	6	11
工业结构	6	6	3	6	21
合计/个	18	8	24	19	69

表1-80　2000年工业生产变量的截面特征与时序特征的关系

方面	完全一致/个	不完全一致/个	相互矛盾/个	合计/个
工业资源	4	2	1	7
工业投入	14	6	0	20
工业产出	3	0	0	3
工业效率	4	1	0	5
工业结构	6	9	0	15
合计/个	31	18	1	50

(2) 1970年工业生产的截面特征

1970年工业截面分析，国家分组按1970年国家经济水平（人均国民收入）分组，分析变量为29个变量。其中，8个指标与国家经济水平正相关，1个指标负相关，19个指标相关性不显著，1个工业变量数据不全（表1-81）；21个工业变量的截面特征与时序特征完全一致，7个工业变量的截面特征与时序特征不完全一致（表1-82）。

表1-81　1970年截面工业生产变量与国家经济水平的特征关系的分类

方面	正相关变量/个	负相关变量/个	相关性不显著变量/个	其他变量/个	合计/个
工业资源	0	0	2	0	2
工业投入	3	0	5	1	9
工业产出	1	1	5	0	7
工业效率	2	0	2	0	4
工业结构	2	0	5	0	7
合计/个	8	1	19	1	29

表 1-82　1970 年工业生产变量的截面特征与时序特征的关系

方面	完全一致/个	不完全一致/个	相互矛盾/个	合计/个
工业资源	0	2	0	2
工业投入	6	2	0	8
工业产出	6	1	0	7
工业效率	4	0	0	4
工业结构	5	2	0	7
合计/个	21	7	0	28

(3) 1900 年工业生产的截面特征

1900 年数据非常少。其中,工业劳动力和增加值比例与国家经济水平正相关(表 1-83)。

表 1-83　1900 年截面工业生产变量与国家经济水平的特征关系的分类

方面	正相关变量	负相关变量	相关性不显著变量	合计/个
工业资源	—	—	—	—
工业投入	工业劳动力比例	—	—	1
工业产出	工业增加值比例	—	—	1
工业效率	—	—	—	—
工业结构	—	—	—	—
合计/个	2	—	—	2

20 世纪以来,工业生产的变化是巨大的,而且变化是复杂的和有逻辑的。在正常情况下,大约 51% 的工业生产指标的变化,是相对连续的和可以预期的(表 1-84)。

表 1-84　工业生产变量与国家经济水平的关系分类

项目	2010 年	2000 年	1970 年	1900 年	合计/个	比例/(%)
正相关的变量/个	20	18	8	2	48	36
负相关的变量/个	11	8	1	0	20	15
没有显著关系的变量/个	24	24	19	0	67	49
合计/个	55	50	28	2	135	100

(4) 1820 年工业生产的截面特征

1820 年数据非常少。其中,工业劳动力和增加值比例与国家经济水平正相关(表 1-85)。

表 1-85　1820 年截面工业生产变量与国家经济水平的特征关系的分类

方面	正相关变量	负相关变量	相关性不显著变量	合计/个
工业资源	—	—	—	—
工业投入	工业劳动力比例	—	—	1
工业产出	工业增加值比例	—	—	1
工业效率	—	—	—	—
工业结构	—	—	—	—
合计/个	2	—	—	2

(5) 1700 年工业生产的截面特征

1700 年截面数据非常少。其中,工业劳动力比例与国家经济水平如表 1-86 所示。

表 1-86　1700 年截面工业生产变量与国家经济水平的特征关系

国家经济水平	经济欠发达			初等发达		中等发达		经济发达		相关系数	显著性
国家分组	1	2	3	4	5	6	7	8	9		
人均 GDP	—	—	400	531	565	774	929	1341	1680		
工业劳动力比例	—	—	—	—	—	—	—	56	40	—	

注：劳动力结构数据，第 9 组国家数据为荷兰的数据，第 8 组国家数据为英国的数据。

二、世界工业经济的截面分析

工业经济的截面分析选择 5 个截面为对象，重点是 2010 年截面。

1. 工业经济的 2010 年截面分析

(1) 2010 年工业经济的截面特征

一般而言，工业经济涉及工业供给、工业流通、工业消费、工业竞争力等方面。关于定量指标，我们选择 48 个变量进行比较。关于定性指标，我们进行定性讨论。很显然，不同变量的"变化过程"以及与国家经济水平的特征关系是不同的(表 1-87，表 1-88)，许多指标的变化是波动的，而不是平滑的。

表 1-87　2010 年工业经济 48 个定量指标与国家经济水平的特征关系

国家经济水平	经济欠发达			初等发达		中等发达		经济发达		相关系数	显著性
国家分组	1	2	3	4	5	6	7	8	9		
人均国民收入	361	683	1324	3448	7044	13 205	24 107	39 208	55 739		
(1) 工业供给											
人均钢铁产量	0.6	7.8	19.9	221.4	179.5	305.4	465.8	250.0	344.3	0.670	**
人均铝产量	—	—	30.9	18.3	244.1	55.6	—	11.2	65.4	−0.192	
人均铜产量	—	0.56	8.67	1.06	7.84	32.25	8.90	11.81	14.15	0.300	
人均汽车产量	—	—	24.8	14.7	48.8	42.3	19.3	19.8	33.3	−0.060	
人均电话产量	—	—	0.004	0.063	0.009	0.057	0.023	0.115	0.026	0.301	
人均计算机产量	—	—	—	—	—	—	—	—	—		
人均原糖产量	—	18.7	121.4	31.5	37.6	46.3	—	27.3	107.0	0.277	
人均啤酒产量	—	7.7	35.9	17.8	62.0	65.9	106.2	56.2	72.2	0.567	*
人均化肥产量	—	3.2	30.4	3.7	32.4	69.0	26.3	116.0	0.05	0.231	
人均水泥产量	38	120	231	373	475	414	580	398	288	0.334	
人均电力产量	149	758	2472	2375	3476	5339	9622	6857	8726	0.841	***
人均原油产量	17	131	220	919	1341	2243	10	4467	3844	0.817	***
人均煤炭产量	6.72	76.04	184.99	1414.42	1971.91	1577.42	2070.85	745.85	5986.85	0.777	***
人均天然气产量	126.11	17.26	909.35	2748.33	1197.18	1040.04	—	756.86	5226.54	0.684	**
(2) 工业流通											
制造业进口比例	60.3	60.5	61.0	64.7	71.2	69.6	63.6	64.3	71.6	0.519	
制造业出口比例	17.7	40.8	25.1	43.8	44.4	50.8	74.0	68.8	57.3	0.708	**
食品进口比例	19.4	16.3	15.1	13.7	10.3	9.6	9.8	8.5	8.4	−0.755	**
食品出口比例	36.6	30.3	28.3	18.1	18.8	13.7	11.2	9.3	9.8	−0.771	***
矿石和金属进口比例	0.8	1.5	2.8	2.9	2.5	2.9	4.8	4.1	3.1	0.582	*

(续表)

国家经济水平	经济欠发达			初等发达		中等发达		经济发达		相关系数	显著性
国家分组	1	2	3	4	5	6	7	8	9		
人均国民收入	361	683	1324	3448	7044	13 205	24 107	39 208	55 739		
(2) 工业流通											
矿石和金属出口比例	27.1	11.3	18.9	9.4	11.2	7.9	4.5	2.9	7.4	−0.612	*
高技术产品出口比例	6.6	4.7	5.0	7.5	11.1	8.4	11.0	16.1	17.5	0.939	***
人均制造业出口	8	61	81	440	1065	3315	5776	12 299	11 317	0.965	***
人均高技术出口	0.07	0.35	4.07	47.83	197.38	389.62	699.25	3141.31	2126.31	0.888	***
人均中高技术出口	—	18	46	276	692	1703	2419	5364	4340	0.935	***
人均低技术出口	—	359	183	293	570	1085	1108	2757	2653	0.957	***
工业产品简单平均关税	12.55	11.39	10.09	7.99	8.10	4.57	2.95	2.01	1.88	−0.873	***
人均铁路货运量	11	44	289	850	1927	2449	439	864	2669	0.545	
人均公路货运量	16	864	621	919	1628	4034	3584	3608	4255	0.828	***
人均航空货运量	1.8	1.6	1.5	5.8	10.6	12.7	65.5	205.8	108.7	0.835	***
(3) 工业消费											
人均钢铁消费	—	—	53	221	157	262	685	366	308	0.456	
人均铝消费	—	0.1	0.6	1.3	4.4	5.9	21.1	15.0	20.0	0.877	***
人均铜消费	—	0.8	0.5	0.8	2.5	3.1	9.4	11.83	6.95	0.798	***
人均汽车消费	0.17	1.12	6.86	5.40	9.78	15.15	35.11	20.11	33.91	0.850	***
人均手机消费	29.5	52.0	65.0	91.9	105.4	124.6	109.1	125.4	106.5	0.615	*
人均计算机消费比例	2.2	4.7	9.5	20.9	28.5	55.1	66.8	79.8	84.9	0.925	***
人均原糖消费	5.2	11.2	18.3	28.2	33.9	39.1	38.4	40.4	37.6	0.679	**
人均啤酒消费	—	—	—	—	—	—	—	—	—		
人均化肥消费	1.7	3.4	9.7	14.7	27.1	37.6	23.9	31.5	52.5	0.841	***
人均水泥消费	—	—	297	614	512	716	921	374	230	−0.337	
人均电力消费	161	415	643	1463	2562	4296	6442	9109	11 960	0.993	***
人均原油消费	—	—	102	364	633	1050	1374	1834	1976	0.951	***
人均煤炭消费	—	—	328	746	919	1685	999	1231	2057	0.770	**
人均天然气消费	—	—	576	573	921	1211	711	1594	1872	0.887	***
(4) 工业竞争力											
工业竞争力指数	0.126	0.107	0.128	0.149	0.188	0.241	0.304	0.408	0.364	0.932	***
制造业出口比例	0.01	0.02	0.23	0.76	0.29	0.43	1.29	2.87	1.99	0.882	***
高技术产品出口比例	—	0.01	0.17	1.75	0.42	0.25	1.53	3.34	2.03	0.733	**
人均制造业出口比例	0.01	0.04	0.07	0.30	0.70	2.19	3.82	8.15	7.48	0.965	***
人均高技术出口比例	—	0.01	0.04	0.24	0.86	1.52	2.71	12.16	8.23	0.880	***

注：指标单位见附表1-1。* 表示相关，** 表现显著相关，*** 表示非常显著相关，其他为不相关。—表示没有数据。

表1-88 2010年工业经济变量与国家经济水平的特征关系的分类

方面	正相关变量	负相关变量	相关性不显著变量	其他变量	合计/个
工业供给（图1-90）	人均钢铁产量,人均啤酒产量,人均电力产量,人均原油产量,人均煤炭产量,人均天然气产量		人均铝产量,人均铜产量,人均汽车产量,人均原糖产量,人均电话产量,人均化肥产量,人均水泥产量	人均计算机产量	14
工业流通（图1-91）	制造业出口比例,矿石和金属进口比例,高技术产品出口比例,人均制造业出口,人均高技术出口,人均中高技术出口,人均低技术出口,人均公路货运量,人均航空货运量	食品进口比例,食品出口比例,矿石和金属出口比例,工业产品简单平均关税	制造业进口比例,人均铁路货运量		15
工业消费（图1-92）	人均铝消费,人均铜消费,人均汽车消费,人均手机消费,人均计算机消费比例,人均原糖消费,人均化肥消费,人均电力消费,人均原油消费,人均煤炭消费,人均天然气消费		人均钢铁消费,人均水泥消费	人均啤酒消费	14
工业竞争力（图1-93）	工业竞争力指数,制造业出口比例与全球比例之比,高技术出口比例与全球比例之比,人均制造业出口与全球人均之比,人均高技术出口与全球人均之比				5
合计/个	31	4	11	2	48

注：产品价格指数没有单个国家的数据。

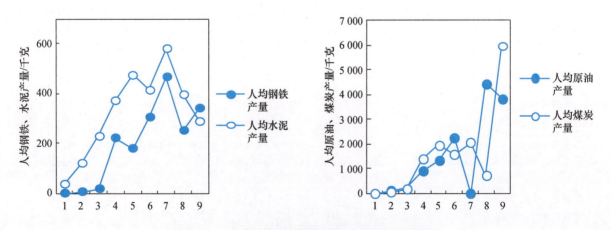

图1-90 工业供给变量与国家经济水平的关系（举例）

注：横坐标为国家经济水平的9个分组,各变量单位参见附表1-1。后同。

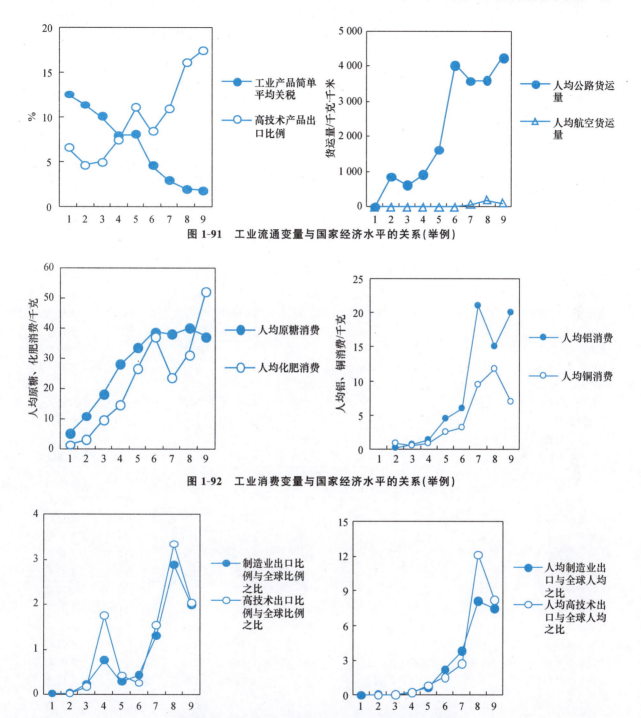

图 1-91 工业流通变量与国家经济水平的关系（举例）

图 1-92 工业消费变量与国家经济水平的关系（举例）

图 1-93 工业竞争力变量与国家经济水平的关系（举例）

(2) 2010 年工业经济的世界前沿和国际差距

关于工业变量的世界前沿和国际差距的分析方法，在工业生产的世界前沿和国际差距分析时已有介绍。这里，介绍 2010 年工业经济的世界前沿和国际差距（表 1-89）。

表 1-89　2010 年截面工业经济变量的世界前沿和国际差距（9 组国家特征值之间的比较）

变量	最大值	最小值	绝对差距	相对差（倍）	平均值	标准差	相关系数	相关性
（1）工业供给								
人均钢铁产量	465.8	0.6	465.2	776	199	154.6	0.670	正相关
人均啤酒产量	106.2	7.7	98.5	14	53.0	29.7	0.567	正相关
人均电力产量	9622	149	9473	64	4419	3213	0.841	正相关
人均原油产量	4467	10	4457	447	1466	1603	0.817	正相关
人均煤炭产量	5986	7	5979	855	1559	1739	0.777	正相关
人均天然气产量	5226	17	5209	307	1503	1609	0.684	正相关
（2）工业流通								
制造业出口比例	74.0	17.7	56.3	4	47.0	17.4	0.708	正相关
矿石和金属进口比例	4.8	0.8	4.0	6	2.8	1.1	0.582	正相关
高技术产品出口比例	16.1	4.7	11.4	4	9.8	4.3	0.939	正相关
人均制造业出口	12 299	8	12 291	1537	3818	4641	0.965	正相关
人均高技术出口	3141.31	0.07	3141.24	44 876	734.02	1065.73	0.888	正相关
人均中高技术出口	5364	18	5346	298	1857	1914	0.935	正相关
人均低技术出口	2757	183	2574	15	1126	966	0.957	正相关
人均公路货运量	4255	16	4239	266	2170	1581	0.828	正相关
人均航空货运量	205.8	1.5	204.3	137	46	66.4	0.835	正相关
食品进口比例	19.4	8.4	11	2	12.3	3.7	−0.755	负相关
食品出口比例	36.6	9.8	26.8	4	19.6	9.4	−0.771	负相关
矿石和金属出口比例	27.1	2.9	24.2	9	11.2	7.1	−0.612	负相关
工业产品简单平均关税	12.55	1.88	10.67	6	6.84	3.87	−0.873	负相关
（3）工业消费								
人均铝消费	21.1	0.1	21	211	8.6	8.2	0.877	正相关
人均铜消费	11.8	0.5	11.3	23	4.5	4.1	0.798	正相关
人均汽车消费	35.1	0.2	34.9	176	14.2	12.4	0.850	正相关
人均手机消费	125.4	29.5	95.9	4	89.9	31.7	0.615	正相关
人均计算机消费	79.8	2.2	77.6	36	39.2	31.0	0.925	正相关
人均原糖消费	40.4	5.2	35.2	8	28.0	12.5	0.679	正相关
人均化肥消费	52.5	1.7	50.8	31	22.4	15.8	0.841	正相关
人均电力消费	11960	161	11799	74	4117	3982	0.993	正相关
人均原油消费	1976	102	1874	19	1048	668	0.951	正相关
人均煤炭消费	2057	328	1729	6	1138	538	0.770	正相关
人均天然气消费	1872	573	1299	3	1065	475	0.887	正相关
（4）工业竞争力								
工业竞争力指数	0.408	0.107	0.301	4	0.224	0.105	0.932	正相关
制造业出口比例	2.87	0.01	2.86	287	0.88	0.934	0.882	正相关
高技术产品出口比例	3.34	0.01	3.33	334	1.19	1.10	0.733	正相关
人均制造业出口比例	8.85	0.01	8.84	885	2.53	3.07	0.965	正相关
人均高技术出口比例	12.16	0.01	12.15	1216	3.22	4.23	0.880	正相关

注：变量的单位见附表 1-1。一般而言，正相关变量：最大值为世界前沿；负相关变量：最小值为世界前沿。

(3) 工业经济变量的截面特征和时序特征的比较

2010年截面的48个工业经济变量中,有27个工业变量的截面特征与时序特征完全一致,有19个工业变量的截面特征与时序特征不完全一致,没有工业变量的截面特征与时序特征相互矛盾(表1-90)。这说明工业经济指标的变化同样是复杂的。

表1-90 2010年工业经济变量的截面特征与时序特征的关系

方面	完全一致/个	不完全一致/个	相互矛盾/个	合计/个
工业供给	8	5(人均钢铁产量,人均啤酒产量,人均原油产量,人均煤炭产量,人均原糖产量)	0	13
工业流通	11	4(制造业出口比例,矿石和金属进口比例,高技术产品出口比例,矿石和金属出口比例)	0	15
工业消费	8	5(人均汽车消费,人均化肥消费,人均电力消费,人均原油消费,人均煤炭消费)	0	13
工业竞争力	0	5(工业竞争力指数,制造业出口比例,高技术产品出口比例,人均制造业出口比例,人均高技术出口比例)	0	5
合计/个	27	19	0	46

注:产品价格指数没有数据。

2. 2000年工业经济的截面特征

2000年工业截面分析,国家分组按2000年国家经济水平(人均国民收入)分组,分析变量仍然为48个变量。其中,31个指标与国家经济水平正相关,4个指标负相关,1个指标相关不显著(表1-91),12个指标没有数据;13个指标的截面特征与时序特征完全一致,23个指标的截面特征与时序特征不完全一致,没有指标的截面特征与时序特征相互矛盾(表1-92)。

表1-91 2000年截面工业经济变量与国家经济水平的特征关系的分类

方面	正相关变量/个	负相关变量/个	相关性不显著变量/个	合计/个
工业供给	6	0	0	6
工业流通	11	4	0	15
工业消费	9	0	1	10
工业竞争力	5	0	0	5
合计/个	31	4	1	36

表1-92 2000年工业经济变量的截面特征与时序特征的关系

方面	完全一致/个	不完全一致/个	相互矛盾/个	合计/个
工业供给	1	5	0	6
工业流通	8	7	0	15
工业消费	4	6	0	10
工业竞争力	0	5	0	5
合计/个	13	23	0	36

3. 1970年工业经济的截面特征

1970年工业截面分析,国家分组按1970年国家经济水平(人均国民收入)分组,分析变量为22个变量。其中,15个指标与国家经济水平正相关,1个指标负相关,5个指标相关不显著,1个指标数据不完整(表 1-93);10 个指标的截面特征与时序特征完全一致,11 个指标的截面特征与时序特征不完全一致,没有指标的截面特征与时序特征相互矛盾(表 1-94)。

表 1-93 1970 年截面工业经济变量与国家经济水平的特征关系的分类

方面	正相关变量/个	负相关变量/个	相关性不显著变量/个	其他变量/个	合计/个
工业供给	4	0	2	1	7
工业流通	4	1	3	0	8
工业消费	5	0	0	0	5
工业竞争力	2	0	0	0	2
合计/个	15	1	5	1	22

表 1-94 1970 年工业经济变量的截面特征与时序特征的关系

方面	完全一致/个	不完全一致/个	相互矛盾/个	合计/个
工业供给	2	4	0	6
工业流通	5	3	0	8
工业消费	3	2	0	5
工业竞争力	0	2	0	2
合计/个	10	11	0	21

4. 1900 年工业经济的截面特征

1900 年数据非常少。其中,人均钢铁产量与国家经济水平正相关(表 1-95)。

表 1-95 1900 年截面工业经济变量与国家经济水平的特征关系的分类

方面	正相关变量	负相关变量	相关性不显著变量	合计/个
工业供给	人均钢铁产量	—	人均原糖产量,人均啤酒产量,人均电力产量	4
工业流通	—	—	—	—
工业消费	—	—	人均汽车消费	1
工业竞争力	—	—	—	—
合计/个	1	—	4	5

20 世纪以来,工业经济的变化是巨大的,而且变化是复杂的和有逻辑的。在正常情况下,大约 80% 的工业经济指标的变化,是相对连续的和可以预期的(表 1-96)。

表 1-96 工业经济变量与国家经济水平的关系分类

项目	2010 年	2000 年	1970 年	1900 年	合计/个	比例/(%)
正相关的变量/个	31	31	15	1	78	72.2
负相关的变量/个	4	4	1	—	9	8.3
没有显著关系的变量/个	11	1	5	4	21	19.4
合计/个	46	36	21	5	108	100

1820 年工业经济的截面特征见表 1-97。

表 1-97　1820 年截面工业经济变量与国家经济水平的特征关系的分类

方面	正相关变量	负相关变量	相关性不显著变量	合计/个
工业供给	—	—	人均钢铁产量，人均啤酒产量	2
工业流通	—	—	—	—
工业消费	—	—	—	—
工业竞争力	—	—	—	—
合计/个	0	0	2	2

三、世界工业环境的截面分析

工业环境的截面分析选择 5 个截面为对象，重点是 2010 年截面。

1. 工业环境的 2010 年截面分析

(1) 2010 年工业环境的截面特征

一般而言，工业环境涉及生态环境和社会环境，我们选择 38 个变量进行比较（表 1-98，表 1-99）。

表 1-98　2010 年工业环境 38 个变量与国家经济水平的特征关系

国家经济水平	经济欠发达			初等发达		中等发达		经济发达		相关系数	显著性
国家分组	1	2	3	4	5	6	7	8	9		
人均国民收入	361	683	1324	3448	7044	13 205	24 107	39 208	55 739		
（1）生态环境											
制造业、建筑业 CO_2 排放	21.0	17.9	18.9	15.8	16.7	18.3	14.7	18.1	14.9	−0.518	
人均 CO_2 排放量	14	83	201	413	802	1160	1085	1915	1602	0.888	***
工业 NO 排放比例	7.2	2.3	6.0	12.6	9.7	17.8	20.3	27.2	19.8	0.807	***
人均工业 NO 排放量	—	—	7.6	63.9	42.8	73.0	28.2	80.9	91.1	0.662	*
工人人均废水排放量	0.241	0.264	0.222	0.188	0.196	0.157	0.152	0.153	0.162	−0.705	**
单位工业增加值废水排量	21.63	4.98	6.08	3.28	1.48	1.30	0.61	0.44	0.29	−0.505	
单位工业增加值废物排放	—	—	—	—	8.26	1.18	0.69	0.59	0.42	−0.647	
工人人均工业固体废弃物	—	—	—	—	1.1E+5	33 036	32 847	52 023	48 964	−0.374	
PM 10 平均浓度	42.5	47.4	42.3	44.8	31.1	31.3	25.0	24.6	16.6	−0.909	***
化学工业污水排放比例	9.1	7.7	7.2	9.7	12.1	9.8	9.7	12.0	12.3	0.717	**
黏土和玻璃工业污水排放比例	5.3	7.5	7.1	6.7	5.8	5.9	5.4	3.7	4.0	−0.842	***
食品工业污水排放比例	38.1	31.1	32.6	22.6	23.7	17.8	14.6	14.3	14.7	−0.777	***
金属工业污水排放比例	0.6	8.1	1.4	3.7	7.7	4.1	3.2	3.0	3.5	−0.127	
制纸和纸浆工业污水排放比例	3.3	4.8	3.4	4.6	5.3	6.0	7.3	8.9	10.9	0.980	***
纺织工业污水排放比例	30.7	27.8	44.8	29.2	13.0	12.1	11.8	5.6	2.9	−0.800	***
木材工业污水排放比例	2.9	1.1	3.4	3.8	2.8	7.1	4.2	3.3	4.7	0.343	
其他工业污水排放比例	10.8	11.2	11.5	23.4	31.8	37.1	43.7	49.3	47.2	0.857	***
工业废水处理率	—	—	—	44.8	73.6	81.5	89.3	90.8	0.827		
工业废物填埋率	—	—	—	—	95.8	78.3	59.1	36.7	24.4	−0.979	

(续表)

国家经济水平	经济欠发达			初等发达		中等发达		经济发达		相关系数	显著性
国家分组	1	2	3	4	5	6	7	8	9		
人均国民收入	361	683	1324	3448	7044	13 205	24 107	39 208	55 739		
(2) 社会环境											
人口自然增长率	2.79	2.32	1.93	1.27	1.10	0.325	0.303	1.066	0.862	−0.548	
平均预期寿命	54	61	62	71	71	75	80	80	81	0.799	***
中学入学率	28.2	41.5	52.9	78.9	85.9	92.5	108.0	105.7	110.7	0.781	***
大学入学率	4.2	10.3	13.5	29.6	38.1	57.7	84.7	62.4	71.2	0.789	***
医疗服务(医生/千人)	0.05	0.35	0.62	1.55	2.07	3.83	3.71	3.10	3.31	0.710	**
人均 GDP 增长率	1.11	2.94	4.34	3.69	4.55	3.39	0.59	2.22	1.36	−0.506	
失业率	3.40	4.81	7.44	9.62	10.13	10.79	10.86	6.39	7.27	0.091	
汽车普及率	5	18	22	65	161	286	435	458	459	0.903	***
人均能源消费	326	391	605	1114	1770	2896	3203	4946	5243	0.960	***
人均淡水消费	123	319	419	639	562	522	663	458	667	0.509	
城市人口比例	26	30	41	56	68	74	66	85	80	0.772	***
城市人口增长率	4.03	3.74	3.17	2.06	1.67	0.40	0.64	1.31	1.19	−0.609	*
大城市人口比例	9.8	13.3	17.1	22.3	26.7	28.4	35.6	37.5	29.9	0.731	**
安全饮水普及率	59.1	69.7	75.5	88.9	93.4	97.8	99.2	99.9	99.8	0.693	**
卫生设施普及率	24.6	37.4	45.7	80.1	82.3	91.8	99.7	100	99.8	0.724	**
电力普及率	19	31	58	85	86	99	100	100	100	0.656	
移动通信普及率	23.5	52.8	65.1	95.4	105.3	122.9	108.8	128.2	107.0	0.611	*
互联网普及率	1	8	12	23	34	55	63	75	83	0.920	***
人均铁路里程	0.017	0.013	0.052	0.134	0.267	0.447	0.299	0.338	0.688	0.866	***

注：有些指标 2010 年没有数据，但临近年有数据。指标单位见附表 1-1。* 表示相关，** 表现显著相关，*** 表示非常显著相关，其他为不相关。— 表示没有数据。后同。

表 1-99　2010 年工业环境指标与国家经济水平的特征关系的分类

方面	正相关变量	负相关变量	相关性不显著变量	其他变量	合计/个
生态环境 (图 1-94)	人均 CO_2 排放量，工业 NO 排放比例，人均工业 NO 排放量，化学工业污水排放比例，制纸和纸浆工业污水排放比例，其他工业污水排放比例	工人人均废水排放量，PM10 平均浓度，黏土和玻璃工业污水排放比例，食品工业污水排放比例，纺织工业污水排放比例	制造业和建筑业 CO_2 排放，单位工业增加值废水排放量，金属工业污水排放比例，木材工业污水排放比例	单位工业增加值废物排放，工人人均工业固体废弃物，工业废水处理率，工业废物填埋率	19
社会环境 (图 1-95)	平均预期寿命，中学入学率，大学入学率，医疗服务，汽车普及率，人均能源消费，城市人口比例，大城市人口比例，安全饮水普及率，卫生设施普及率，电力普及率，移动通信普及率，互联网普及率，人均铁路里程	城市人口增长率	人口自然增长率，人均 GDP 增长率，失业率，人均淡水消费		19
合计/个	20	6	8	4	38

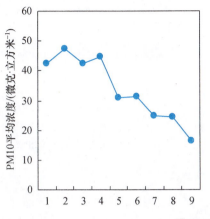
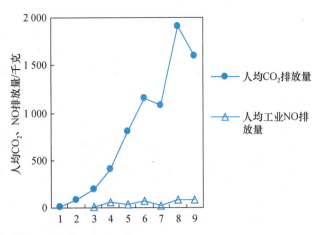

图 1-94 生态环境变量与国家经济水平的关系

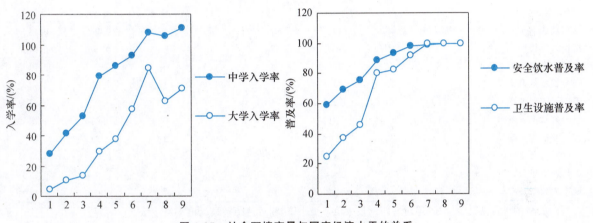

图 1-95 社会环境变量与国家经济水平的关系

(2) 2010 年截面工业环境定量指标的世界前沿和国际差距

关于工业变量的世界前沿和国际差距的分析方法,在工业生产的世界前沿和国际差距分析时已有介绍。这里,介绍 2010 年工业环境定量指标的世界前沿和国际差距(表 1-100)。

表 1-100 2010 年截面工业环境定量指标的世界前沿和国际差距(9 组国家特征值之间的比较)

变量	最大值	最小值	绝对差距	相对差(倍)	平均值	标准差	相关系数	相关性
(1) 生态环境								
人均 CO_2 排放	1915	14	1901	137	808	644	0.888	正相关
工业 NO 排放比例	27.2	2.3	24.9	12	13.6	7.7	0.807	正相关
人均工业 NO 排放量	91.1	7.6	83.5	12	55.4	28.0	0.662	正相关
化学工业污水排放比例	12.3	7.2	5.1	2	10.0	1.8	0.717	正相关
制纸和纸浆工业污水排放	10.9	3.3	7.6	3	6.1	2.4	0.980	正相关
其他工业污水排放比例	49.3	10.8	38.5	5	29.6	15.0	0.857	正相关
工业废水处理率	90.8	44.8	46	2	76	16.8	0.872	正相关
工人人均废水排放量	0.264	0.162	0.102	2	0.193	0.039	−0.705	负相关

(续表)

变量	最大值	最小值	绝对差距	相对差(倍)	平均值	标准差	相关系数	相关性
(1) 生态环境								
单位工业增加值废物排放	8.26	0.42	7.84	20	2.23	3.03	−0.647	负相关
PM 10 平均浓度	47.4	16.6	30.8	3	34.0	10.1	−0.909	负相关
黏土和玻璃工业污水排放	7.5	3.7	3.8	2	5.7	1.2	−0.842	负相关
食品工业污水排放比例	38.1	14.3	23.8	3	23.3	8.3	−0.777	负相关
纺织工业污水排放比例	30.7	2.9	27.8	10	19.8	13.1	−0.800	负相关
工业废物填埋率	95.8	24.4	71.4	4	58.96	26.2	−0.979	负相关
(2) 社会环境								
平均预期寿命	81	54	27	2	71	9	0.799	正相关
中学入学率	110.7	28.2	82.5	4	78.2	28.8	0.781	正相关
大学入学率	71.2	4.2	67	17	41.3	27.4	0.789	正相关
医疗服务	3.83	0.05	3.78	77	2.06	1.41	0.710	正相关
汽车普及率	459	5	454	92	212	188	0.903	正相关
人均能源消费	5243	326	4917	16	2277	1793	0.960	正相关
城市人口比例	85	26	59	3	58	20	0.772	正相关
大城市人口比例	37.5	9.8	27.7	4	24.5	9.1	0.731	正相关
安全饮水普及率	99.9	59.1	40.8	2	87.0	14.3	0.693	正相关
卫生设施普及率	100	24.6	75.4	4	73.5	27.9	0.724	正相关
电力普及率	100	19	81	5	75	30	0.656	正相关
移动通信普及率	128.2	23.5	104.7	5	89.9	33.1	0.611	正相关
互联网普及率	83	1	82	83	39	29	0.920	正相关
人均铁路里程	0.866	0.017	0.849	51	0.250	0.212	0.866	正相关
城市人口增长率	4.03	0.4	3.63	10	2.02	1.25	−0.609	负相关

注:变量的单位见附表 1-1。绝对差距=最大值−最小值,相对差距=最大值÷最小值。

(3) 工业环境定量指标的截面特征和时序特征的比较

2010 年截面的 38 个工业环境定量指标中,有 20 个工业变量的截面特征与时序特征完全一致,有 14 个工业变量的截面特征与时序特征不完全一致,4 个指标数据不全,没有工业变量的截面特征与时序特征相互矛盾(表 1-101)。这说明工业环境指标的变化同样是复杂的。

表 1-101 2010 年工业环境定量指标的截面特征与时序特征的关系

方面	完全一致/个	不完全一致/个	相互矛盾/个	合计/个
生态环境	4	11(人均 CO_2 排放量,工业 NO 排放比例,人均工业 NO 排放量,化学工业污水排放比例,制纸和纸浆工业污水排放比例,其他工业污水排放比例,工人人均废水排放量,PM 10 平均浓度,黏土和玻璃工业污水排放比例,食品工业污水排放比例,纺织工业污水排放比例)	0	15
社会环境	16	3(汽车普及率、人均铁路里程、城市人口增长率)	0	19
合计/个	20	14	0	34

2. 工业环境的 2000 年截面

2000 年工业环境截面分析,国家分组按 2000 年国家经济水平(人均国民收入)分组,分析变量为 37 个。其中,17 个指标与国家经济水平正相关,9 个指标负相关,9 个指标相关不显著,2 个指标数据不全(表1-102);19个指标的截面特征与时序特征完全一致,16个指标的截面特征与时序特征不完全一致,没有指标的截面特征与时序特征相互矛盾(表1-103)。

表1-102 2000年截面工业环境定量指标与国家经济水平的特征关系的分类

方面	正相关变量/个	负相关变量/个	相关性不显著变量/个	其他变量/个	合计/个
生态环境	5	6	6	2	19
社会环境	12	3	3	0	18
合计/个	17	9	9	2	37

表1-103 2000年工业环境定量指标的截面特征与时序特征的关系

方面	完全一致/个	不完全一致/个	相互矛盾/个	合计/个
生态环境	5	12	0	17
社会环境	14	4	0	18
合计/个	19	16	0	35

3. 工业环境的1970年截面

1970年工业环境截面分析,国家分组按1970年国家经济水平(人均国民收入)分组,分析变量为11个。其中,7个指标与国家经济水平正相关,2个指标负相关,2个指标相关不显著,(表1-104);8个指标的截面特征与时序特征完全一致,3个指标的截面特征与时序特征不完全一致,没有指标的截面特征与时序特征相互矛盾(表1-105)。

表1-104 1970年截面工业环境定量指标与国家经济水平的特征关系的分类

方面	正相关变量/个	负相关变量/个	相关性不显著变量/个	其他变量/个	合计/个
生态环境	1	0	1	0	2
社会环境	6	2	1	0	9
合计/个	7	2	2	0	11

表1-105 1970年工业环境定量指标的截面特征与时序特征的关系

方面	完全一致/个	不完全一致/个	相互矛盾/个	合计/个
生态环境	1	1	0	2
社会环境	7	2	0	9
合计/个	8	3	0	11

4. 工业环境的1900年和1820年截面

1900年数据非常少。其中,中学入学率、大学入学率和电话普及率等指标与国家经济水平正相关(表1-106)。

表1-106 1900年截面工业环境定量指标与国家经济水平的特征关系的分类

方面	正相关变量/个	负相关变量/个	相关性不显著变量/个	合计/个
社会环境	中学入学率、大学入学率、电话普及率	0	0	3
合计/个	3	0	0	3

20世纪以来,工业环境定量指标的变化是巨大的,而且变化是复杂的和有逻辑的。在正常情况下,大约77%的工业环境定量指标的变化,是相对连续的和可以预期的(表1-107)。

表 1-107　工业环境定量指标与国家经济水平的关系分类

项目	2010 年	2000 年	1970 年	1900 年	合计/个	比例/(%)
正相关的变量/个	20	17	7	3	47	57
负相关的变量/个	6	9	2	0	17	20
没有显著关系的变量/个	8	9	2	0	19	23
合计/个	34	35	11	3	83	100

1820 年数据非常少。中学入学率和大学入学率与国家经济水的相关性不显著(表 1-108)。

表 1-108　1820 年截面工业环境定量指标与国家经济水平的特征关系的分类

方面	正相关变量/个	负相关变量/个	相关性不显著变量/个	合计/个
社会环境	—	—	中学入学率、大学入学率	2
合计/个	0	0	2	2

四、世界工业要素的截面分析

工业要素的截面分析选择 3 个截面为对象,重点是 2010 年截面。

1. 工业要素的 2010 年截面分析

(1) 2010 年工业要素的截面特征

一般而言,工业要素涉及定量指标和定性指标,定量指标涉及工业劳动力、工业企业和工业技术、工业制度和工业观念等,定性指标涉及工业制度和观念等。关于定量指标,我们选择 33 个变量进行比较(表 1-109,表 1-110)。关于定性指标,我们进行定性讨论。

表 1-109　2010 年工业要素 33 个定量指标与国家经济水平的特征关系

国家经济水平	经济欠发达			初等发达		中等发达		经济发达		相关系数	显著性
国家分组	1	2	3	4	5	6	7	8	9		
人均国民收入	361	683	1324	3448	7044	13 205	24 107	39 208	55 739		
(1) 工业劳动力											
接受过中学教育的劳动力比例	14.9	27.7	36.8	32.3	45.8	51.7	37.2	46.4	43.5	0.509	
接受过高等教育的劳动力比例	3.4	5.0	15.5	17.0	20.5	25.6	26.8	29.5	34.9	0.850	***
接受过职业教育和技能培训比例	—	10.3	8	—	14.6	45.6	33.9	53.8	51.6	0.854	***
工业劳动力的平均工资	—	—	—	—	—	1005	1813	3012	4079	0.999	
制造业劳动力的平均工资	—	—	—	—	—	947	1939	3734	4508	0.984	
采矿业劳动力的平均工资	—	—	—	—	—	1128	3520	4111	7740	0.968	
公共事业劳动力平均工资	—	—	—	—	—	1731	4539	8215	9574	0.974	
建筑业劳动力的平均工资	—	—	—	—	—	742	1224	2948	4063	0.990	
制造业每周工作时数	43.1	50.0	40.0	45.0	42.9	41.0	41.9	39.1	37.4	−0.693	**
劳动安全性(工伤率)	—	0.2	1.0	0.9	6.1	11.7	35.1	22.3	7.3	0.459	
社会保障评级	3.0	3.1	3.2	3.4	4.0					0.994	
(2) 工业企业											
新注册企业比例	0.09	0.45	0.69	0.99	3.35	3.61	2.54	4.64	4.82	0.843	***
ISO 认证企业比例	13.6	14.5	12.3	18.4	20.8	23.3	19.9	—	17.2	0.263	
提供员工培训企业比例	27.4	33.2	26.9	35.5	42.4	44.0	42.8	35.4	62.1	0.773	***
拥有女性高管的企业比例											

(续表)

国家经济水平	经济欠发达			初等发达		中等发达		经济发达		相关系数	显著性
国家分组	1	2	3	4	5	6	7	8	9		
人均国民收入	361	683	1324	3448	7044	13 205	24 107	39 208	55 739		
(3) 工业技术											
全要素生产率	0.138	0.173	0.193	0.320	0.465	0.476	0.637	0.746	0.842	0.938	***
企业科研投入比例	—	—	—	1.62	0.31	0.74	2.14	2.95	2.30	0.727	*
企业科技人员比例					0.60	2.14	5.20	8.06	7.33	0.908	
开展科技开发的企业比例	—	—	—	28.97	41.69	45.77	58.13	54.82		0.877	
专利拥有比例	0.02	0.06	0.08	0.22	0.39	0.54	6.14	4.43	2.56	0.675	**
人均知识产权转让收入	0.14	0.61	0.69	1.00	3.11	13.57	22.29	179.80	306.38	0.945	***
人均知识产权转让支出	0.12	0.26	1.27	6.74	14.37	38.24	103.41	392.90	1346.73	0.896	***
人均信息和通信技术出口	—	1.95	15.95	63.69	223.59	507.32	524.48	2550.95	1074.47	0.753	**
人均信息和通信技术进口	4.55	9.61	22.83	96.76	259.36	567.88	546.64	2109.52	1541.21	0.907	***
机器人使用比例				21		7	347	300	135	0.448	
(4) 工业制度											
营商环境指数	161	139	129	102	73	66	40	30	14	−0.876	***
出口通关所需时间	10.4	8.6	7.8	7.7	6.5	6.2	4.8	4.7	2.6	−0.908	***
企业注册所需时间	26	22	19	34	50	49	56			0.864	***
企业监管环境评级	2.7	3.3	3.3	3.4	4.0					0.893	
环境可持续性政策和制度	2.9	3.1	3.2	3	3					−0.172	
公共部门服务评级	2.5	2.7	2.8	2.9	2.5					−0.202	
(5) 工业观念											
国际有关协议签署数	4.7	5.2	4.5	4.9	4.8	5.8	5.6	5.3	5.3	0.492	
电子商务的比例			48.0	5.4	23.0	21.4	12.6	31.7	49.1	0.428	

注：有些指标 2010 年没有数据，但临近年有数据。指标单位见附表 1-1。* 表示相关，** 表现显著相关，*** 表示非常显著相关，其他为不相关。—表示没有数据。后同。

表 1-110 2010 年工业要素定量指标与国家经济水平的特征关系的分类

方面	正相关变量	负相关变量	相关性不显著变量	其他变量	合计/个
工业劳动力 (图 1-96)	接受过高等教育的劳动力比例，接受职业教育和技能培训比例	制造业每周工作时数	接受过中学教育的劳动力，劳动安全性	工业劳动力的平均工资，制造业劳动力的平均工资，采矿业劳动力的平均工资，公共事业劳动力的平均工资，建筑业劳动力的平均工资，社会保障评级	11
工业企业 (图 1-97)	新注册企业比例，提供员工培训企业比例		ISO 认证企业比例	拥有女性高管的企业比例*	4
工业技术 (图 1-98)	全要素生产率，企业科研投入比例，专利拥有比例，人均知识产权转让收入，人均知识产权转让支出，人均信息和通信技术出口，人均信息和通信技术进口			企业科技人员比例，开展科技开发的企业比例，机器人使用比例	10
工业制度 (图 1-99)	企业注册所需时间	营商环境指数，出口通关所需时间		企业监管环境评级，环境可持续性政策和制度，公共部门服务评级	6
工业观念 (图 1-100)			国际有关协议签署数，电子商务比例		2
合计/个	12	3	5	13	33

注：* 为没有数据的指标。

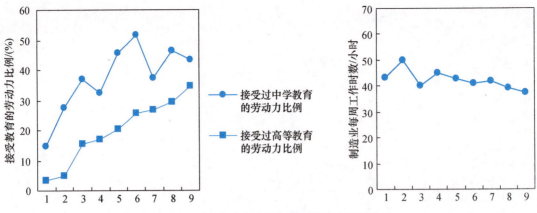

图 1-96　工业劳动力变量与国家经济水平的关系

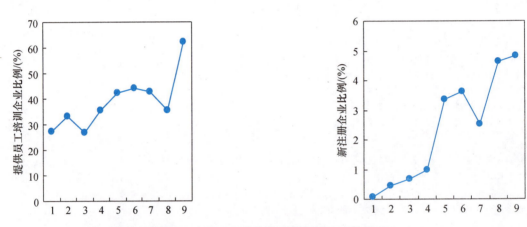

图 1-97　工业企业变量与国家经济水平的关系

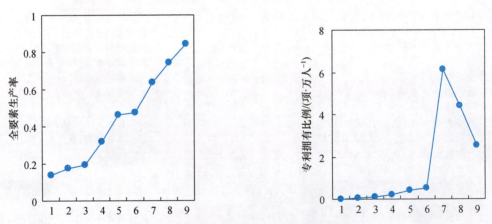

图 1-98　工业技术变量与国家经济水平的关系

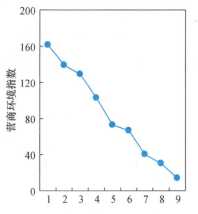 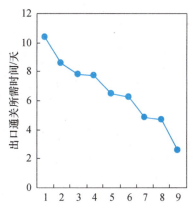

图 1-99　工业制度变量与国家经济水平的关系

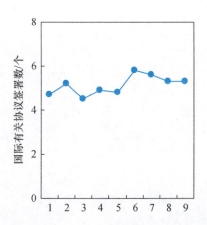 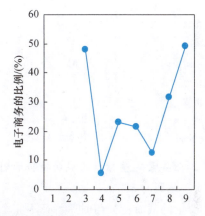

图 1-100　工业观念变量与国家经济水平的关系

(2) 2010 年截面工业要素定量指标的世界前沿和国际差距

关于工业变量的世界前沿和国际差距的分析方法,在工业生产的世界前沿和国际差距分析时已有介绍。这里,介绍 2010 年工业要素定量指标的世界前沿和国际差距(表 1-111)。

表 1-111　2010 年截面工业要素定量指标的世界前沿和国际差距(9 组国家特征值之间的比较)

变量	最大值	最小值	绝对差距	相对差(倍)	平均值	标准差	相关系数	相关性
(1) 工业劳动力								
接受过高等教育的劳动力比例	34.9	3.4	31.5	10	19.8	10.1	0.850	正相关
接受职业教育和技能培训比例	53.8	8	45.8	6	31.1	18.5	0.854	正相关
工业劳动力的平均工资	4079	1005	3074	4	2477	1168	0.999	正相关
制造业劳动力的平均工资	4508	947	3561	5	2782	1444	0.984	正相关
采矿业劳动力的平均工资	7740	1128	6612	7	4125	2367	0.968	正相关
公共事业劳动力平均工资	9574	1731	7843	5	6014	3084	0.974	正相关
建筑业劳动力的平均工资	4063	742	3321	5	2244	1332	0.990	正相关
社会保障评级	4	3	1	1	3.3	0.4	0.994	正相关
制造业每周工作时数	50	37.4	12.6	2	42.3	3.48	−0.693	负相关

(续表)

变量	最大值	最小值	绝对差距	相对差(倍)	平均值	标准差	相关系数	相关性
（2）工业企业								
新注册企业比例	4.82	0.09	4.73	54	2.35	1.74	0.843	正相关
提供员工培训企业比例	62.1	27.4	34.7	2	38.8	10.1	0.773	正相关
（3）工业技术								
全要素生产率	0.842	0.138	0.704	6	0.443	0.244	0.938	正相关
企业科研投入比例	2.95	1.62	1.33	2	1.68	0.91	0.727	正相关
企业科技人员比例	7.33	0.60	6.73	12	4.67	2.89	0.908	正相关
开展科技开发的企业比例	58.13	28.97	29.16	2	45.88	10.33	0.877	正相关
专利拥有比例	6.14	0.02	6.12	307	1.60	2.14	0.675	正相关
人均国际技术许可收入	306.38	0.14	306.24	2188	58.62	103.26	0.945	正相关
人均国际技术许可支出	1346.73	0.12	1346.61	11222	211.56	418.68	0.896	正相关
人均信息和通信技术出口	2550.95	1.95	2549	1308	620.30	803.93	0.753	正相关
人均信息和通信技术进口	2109.52	4.55	2104.97	464	573.15	712.39	0.907	正相关
（4）工业制度								
企业注册所需时间	56	19	37	3	36	14	0.864	正相关
企业监管环境评级	4	2.7	1.3	2	3.4	0.4	0.893	正相关
营商环境指数	161	14	147	12	84	49	−0.876	负相关
出口通关所需时间	10.4	2.6	7.8	4	6.6	2.2	−0.908	负相关

注：变量的单位见附表1-1。绝对差距＝最大值－最小值，相对差＝最大值÷最小值。

（3）工业要素定量指标的截面特征和时序特征的比较

2010年截面的33个工业要素定量指标中，有11个工业变量的截面特征与时序特征完全一致，有8个工业变量的截面特征与时序特征不完全一致，10个指标数据不全，1个指标的截面特征与时序特征相互矛盾（表1-112）。这说明工业经济指标的变化同样是复杂的。

表1-112 2010年工业要素定量指标的截面特征与时序特征的关系

方面	完全一致/个	不完全一致/个	相互矛盾/个	合计/个
工业劳动力	2	3（接受职业教育和技能培训比例，制造业每周工作时数，接受过中学教育的劳动力）	0	5
工业企业	1	2（提供培训企业比例，ISO认证企业比例）	0	3
工业技术	5	2（人均信息和通信技术出口，人均信息和通信技术进口）	0	7
工业制度	1	1（营商环境指数）	1	3
工业观念	2	0	0	2
合计/个	11	8	1	20

（4）工业要素定性指标的截面特征

工业要素的定性指标包括工业技术、工业制度和工业观念。关于它们2010年的截面特点，需要大量篇幅进行讨论；可以参考本章第二节时序分析的知识经济时代的工业技术（表1-69）、工业制度（表1-72）和工业观念（表1-73）。这里不再重复。

2. 工业要素的2000年截面

2000年工业要素截面分析，国家分组按2000年国家经济水平（人均国民收入）分组，分析变量为23个。其中，12个指标与国家经济水平正相关，2个指标负相关，4个指标相关不显著，5个指标数据不全(表 1-113);11 个指标的截面特征与时序特征完全一致,6 个指标的截面特征与时序特征不完全一致,没有指标的截面特征与时序特征相互矛盾(表 1-114)。

表 1-113 2000 年截面工业要素定量指标与国家经济水平的特征关系的分类

方面	正相关变量/个	负相关变量/个	相关性不显著变量/个	其他变量/个	合计/个
工业劳动力	1	1	2	5	9
工业企业	3	1	0	0	4
工业技术	8	0	0	0	8
工业制度	0	0	2	0	2
合计/个	12	2	4	5	23

表 1-114 2000 年工业要素定量指标的截面特征与时序特征的关系

方面	完全一致/个	不完全一致/个	相互矛盾/个	合计/个
工业劳动力	2	2	0	4
工业企业	3	1	0	4
工业技术	6	2	0	8
工业制度	0	1	0	1
合计/个	11	6	0	17

工业要素的定性指标的 2000 年截面特点,可以参考本章第二节时序分析的知识经济时代的工业技术(表 1-69)、工业制度(表 1-72)和工业观念(表 1-73)。

3. 工业要素的 1970 年截面

1970 年工业要素截面分析,国家分组按 1970 年国家经济水平(人均国民收入)分组,分析变量为 2 个。全要素生产率和专利拥有率两个指标与国家经济水平正相关(表 1-115);并且这两个指标的截面特征与时序特征完全一致(表 1-116)。

表 1-115 1970 年截面工业要素定量指标与国家经济水平的特征关系的分类

方面	正相关变量/个	负相关变量/个	相关性不显著变量/个	其他变量/个	合计/个
工业技术	2	0	0	0	2
合计/个	2	0	0	0	2

表 1-116 1970 年工业要素定量指标的截面特征与时序特征的关系

方面	完全一致/个	不完全一致/个	相互矛盾/个	合计/个
工业技术	2	0	0	2
合计/个	2	0	0	2

20 世纪以来,工业要素定量指标的变化是巨大的,而且变化是复杂的和有逻辑的。在正常情况下,大约 77% 的工业要素定量指标的变化,是相对连续的和可以预期的(表 1-117)。

表 1-117　工业要素定量指标与国家经济水平的关系分类

项目	2010 年	2000 年	1970 年	合计/个	比例/(%)
正相关的变量/个	12	12	2	26	65
负相关的变量/个	3	2	0	5	12
没有显著关系的变量/个	5	4	0	9	23
合计/个	20	18	2	40	100

工业要素的定性指标1970年的截面特点,可以参考本章第二节时序分析的工业经济时代的工业技术(表1-69)、工业制度(表1-72)和工业观念(表1-73)。

第四节　工业现代化的过程分析

世界工业现代化的过程分析,时间跨度约为400年(1700~2100年),分析内容可以根据需要有所选择(图1-5)。由于篇幅有限,我们简要讨论世界工业现代化的历史进程(1700~2000年)、客观现实(2010年)和未来前景(2010~2100年)。

根据系统论的观点,整体不等于局部之和。前面关于工业现代化的时序分析和截面分析,揭示了世界工业四大方面现代化的大量事实。但是,它们尚不能构成工业现代化的完整概念。全面和系统地认识工业现代化,不仅要有工业四大方面的现代化研究,还要有工业现代化的整体研究,包括世界整体的工业现代化、国家和地区的工业现代化研究(图1-101)等。

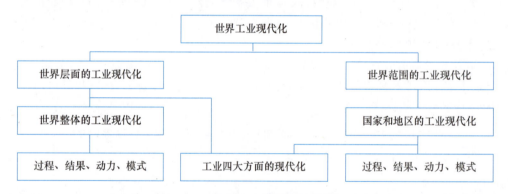

图 1-101　世界工业现代化的过程分析

注:工业四大方面指工业生产(工业资源、工业投入、工业生产效率和工业结构)、工业经济(工业供给、工业流通、工业需求和消费、工业竞争力)、工业环境(生态环境和社会环境)和工业要素(工业劳动力、工业企业、工业技术、工业制度和工业观念),包括15个小方面。世界、国家和地区的工业现代化,都涉及工业四大方面的现代化。关于世界工业四大方面的现代化,前面两节已有专门分析(时序分析和截面分析)。

一、世界工业现代化的历史进程

世界工业现代化的历史进程,指从它的起步到目前的历史过程。世界工业现代化的进程研究,时间跨度约为400年;分析内容包括世界整体的工业现代化、世界工业四大方面的现代化、世界范围的国家和地区工业现代化等。关于世界工业四大方面现代化,前面已有专门分析。关于国家和地区工业现代化,需要专题研究。这里重点讨论世界整体的工业现代化。

世界整体的工业现代化是一个多维度的历史过程,需要从多个角度进行分析,分析内容可以根据需要进行选择。下面简要讨论它的阶段、内容、特点、结果、动力和模式。

1. 世界工业现代化的主要阶段

世界工业现代化的阶段划分,应该与世界和经济现代化的阶段划分相协调,因为工业现代化是世界和经济现代化的组成部分。当然,它们并非完全同步,而且存在国家差异。

首先,关于世界现代化的阶段划分没有统一认识(图 1-102,专栏 1-2)。一般而言,阶段划分可以依据它的前沿轨迹和特征进行。事实上,人类文明的历史阶段和社会阶段的划分,都是依据人类文明进程的前沿轨迹和特征进行的。当然研究角度不同,认识会有所差别。

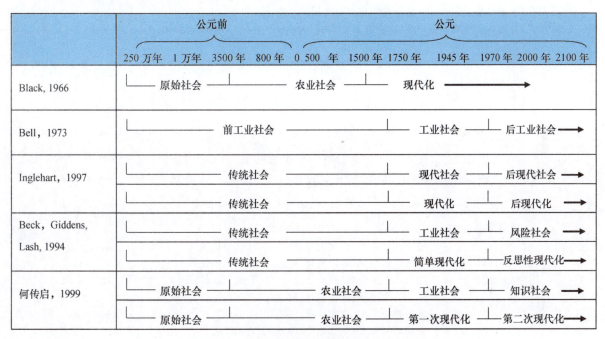

图 1-102 世界现代化和人类文明的主要阶段

资料来源:中国现代化报告,2012.

专栏 1-2 世界现代化的起点和阶段

关于世界现代化的起点大致有三种主要观点:① 16~17 世纪的科学革命是世界现代化的起点;② 17~18 世纪的启蒙运动是世界现代化的起点;③ 18 世纪的英国工业革命和法国大革命是世界现代化的起点。其中,第三种观点得到较多支持。《中国现代化报告》认为,18 世纪的工业革命可以作为世界现代化的起点。

关于世界现代化的阶段划分大致有七种观点。根据现代化进程的前沿特征和水平划分,在 18~21 世纪期间,现代化进程可以分为第一次现代化和第二次现代化两大阶段,两个阶段的分界点大约是 1970 年前后(知识和信息革命);每个大阶段又分为起步、发展、成熟和过渡四个小阶段(表 1-118)。

表 1-118　世界现代化进程的阶段划分

阶段划分	内容	备注
三次浪潮	第一次浪潮(1780~1860年)、第二次浪潮(19世纪下半叶至20世纪初)和第三次浪潮(20世纪下半叶)(罗荣渠,1993)	经典现代化的内部阶段
四个阶段	现代性的挑战、现代化领导集团的巩固、社会和经济转型、社会整合(Black,1966)	
五个阶段	经济成长的五个阶段:传统社会、为起飞创造前提条件阶段、起飞阶段、向成熟推进阶段和大众消费阶段(Rostow,1960);后来增加了第六个阶段:生活质量阶段	
四个时期	准备时期、转变时期、高级现代化时期和国际一体化时期(Black,1976)	
两大阶段	经典现代化和后现代化(现代社会和后现代社会)(Crook, Pakulski, Waters, 1992; Inglehart, 1997) 简单现代化和反思性现代化(工业社会和风险社会)(Beck, 1986; Beck, Giddens, Lash, 1994) 第一次现代化和第二次现代化(工业社会和知识社会)(何传启, 1998a, b, 1999, 2003)	两次现代化

第二次现代化理论认为,在18~21世纪期间,根据它的前沿内涵和特征,世界现代化过程可以分为两大阶段和六次浪潮(表1-119);其中,第五次和第六次浪潮是一种预测。

表 1-119　世界现代化的两大阶段和六次浪潮

浪潮	大致时间	六次浪潮的内容	两大阶段
第一次	1763~1870	第一次工业革命、机械化、城市化、社会分化流动	第一次现代化
第二次	1870~1945	第二次工业革命、电气化、电器化、普及义务教育	工业化、城市化、民主化
第三次	1946~1970	第三次产业革命、自动化、福利化、普及中等教育	理性化、福利化、流动化
第四次	1970~2020	知识和信息革命、信息化、网络化、普及高等教育	第二次现代化
第五次	2020~2050	新生物学革命、生物经济、仿生化、生物经济社会	知识化、信息化、生态化
第六次	2050~2100	新物理学革命、文化经济、体验化、文化经济社会	全球化、个性化、多元化

注:依据现代化前沿轨迹的内涵和特征进行划分。第五和第六次浪潮是一种预测。不同国家的现代化进程是不同步的,不同国家的现代化阶段划分可以有所差别。对于先行国家,六次浪潮是先后发生的。对于后发国家,可以两次或多次浪潮的内容同时发生,可以把几次浪潮的内容压缩在同一个时期进行。

资料来源:中国现代化报告,2012.

其次,世界经济现代化的主要阶段。《中国现代化报告 2005》提出经济现代化的两大阶段和六次浪潮(表1-120)。虽然工业现代化与经济现代化并非完全同步,而且存在国家差异,但是,经济现代化的两大阶段和六次浪潮,可以为工业现代化研究提供一个分析框架。

表 1-120　世界经济现代化的两大阶段和六次浪潮

浪潮	大致时间	核心内容	主要特点	两大阶段
第一次	1763~1870	第一次产业革命	机械化、蒸汽机、殖民效应	第一次经济现代化
第二次	1870~1945	第二次产业革命	电气化、内燃机、贸易效应	(工业化、非工业化)
第三次	1946~1970	第三次产业革命	自动化、计算机、冷战效应	(全国性市场)
第四次	1970~2020	第四次产业革命	信息化、智能化、绿色化、知识效应	第二次经济现代化
第五次	2020~2050	新生物学革命	生命工程、生物经济、新生效应	(知识化、非工业化)
第六次	2050~2100	新物理学革命	超级运输、体验经济、新物效应	(市场全球化)

注:第二次浪潮的时间包括1914~1945年期间的经济危机和调整,知识效应包括高技术革命等。新生效应,指新生物学革命的效果。新物效应,指新物理学革命的效果。

资料来源:中国现代化报告 2005.

其三，世界工业现代化的主要阶段。参照经济现代化的阶段划分，在 18～21 世纪期间，世界工业现代化的前沿过程大致包括两大阶段和六次浪潮，它们有不同特点（表 1-121）。

表 1-121　世界工业现代化的两大阶段和六次浪潮

浪潮	大致时间	六次浪潮的内容	两大阶段
第一次	1763～1870	机械化、工厂化、规模化	第一次工业现代化
第二次	1870～1945	电气化、专业化、标准化	机械化、电气化、规模化
第三次	1946～1970	自动化、国际化	标准化、工业比例上升
第四次	1970～2020	信息化、绿色化、高技术	第二次工业现代化
第五次	2020～2050	智能化、个性化、多样化	信息化、绿色化、知识化
第六次	2050～2100	艺术化、定制化	智能化、工业比例下降

注：六次浪潮的划分和内容是相对的，有些内容在几次浪潮中都出现，但重点可能有所不同。第五次和第六次浪潮是一种预测，将决定于未来科技和人口的发展。

2. 世界工业现代化的主要内容

世界工业现代化的内容非常丰富，可以和需要从不同角度进行分析。这里按照历史时间，按工业现代化的两大阶段和六次浪潮的顺序，简要介绍它的主要内容。

(1) 世界第一次工业现代化的三次浪潮

其一，工业现代化的第一次浪潮（约 1763～1870 年）。主要指第一次产业革命，蒸汽机和机械化是它的标志。内容包括工业生产科学化、工业产品商品化、工业经济市场化、工业技术机械化、工业劳动力专业化、现代工厂制度的出现和股份公司的发展、工业资本主义的确立、工业劳动力和工业增加值比例的增加等。

其二，工业现代化的第二次浪潮（约 1870～1945 年）。主要指第二次产业革命和两次世界大战期间世界工业的前沿变化，内容包括工业技术的电气化、工业经济的市场化、企业"科学管理"方法的产生、金融资本主义的确立、垄断资本主义的出现。同时，化学肥料和农药的大规模生产和应用极大地推动了农业生产率的提高。

其三，工业现代化的第三次浪潮（约 1946～1970 年）。它包括第三次产业革命对世界工业的影响、工业国家的现代化、工业国家的独立及其从农业文明向工业文明的转移等。从技术进步的角度看，自动化是第三次浪潮的典型特征。世界工业的前沿变化包括工业生产的规模化和标准化、工业技术的自动化、工业经济的国际化、工业经济制度的完善（国际货币基金组织和世界银行的成立、关税及贸易总协定的制定等）。同时，经济结构的变化十分明显，工业比例继续下降，工业比例经过上升后开始回落，服务业则快速上升。

(2) 世界第二次工业现代化的三次浪潮

其一，工业现代化的第四次浪潮（约 1970～2020 年）。受高技术、信息革命和生态革命的影响，世界工业前沿发生深刻变化。首先，信息革命引发工业的信息化浪潮。其次，生态革命引发生态工业、绿色工业、低碳工业等的兴起。其三，高技术包括信息技术、生物技术、材料技术、能源技术、航天技术、环境技术、国家安全技术、先进制造等高技术的发展，扩展了工业的发展前景。其四，知识经济和知识社会的兴起，带动工业经济的知识和生态转型，知识型工业快速发展。知识型工业目前的特点包括知识化、信息化、生态化、自然化、多样化、智能化等。

其二，工业现代化的第五次浪潮预计发生在 2020～2050 年期间。它以新生物学革命为基础，包括生物工程、纳米工程、信息工程和新能源技术等在工业部门的应用和变化等。

其三，工业现代化的第六次浪潮预计发生在 2050～2100 年期间。它以新物理学革命为基础，包括太空技术、生物工程、新型能源、超级制造和超级运输在工业部门的应用和变化等。知识型工业高度发达,自然化和定制化工业等成为基本特征。

(3) 世界工业现代化过程中的产业革命

其一,第一次产业革命(约 1763～1870 年)。机械化是第一次产业革命的基本特征。第一次产业革命使西欧和北美最早实现了由传统农业经济向工业经济的转变。其中纺织工业、机械制造业、煤炭采掘业、冶金业是影响第一次产业革命的主要工业部门。

其二,第二次产业革命(约 1870～1913 年)。电气化是第二次产业革命的基本特征。有别于第一次产业革命,科学对工业进程的影响更加显著,规模化生产迅速发展,新型工业部门快速崛起,包括电力工业、石油化学工业、电信业等。

其三,第三次产业革命(约 1945～2020 年)。学术界对此阶段的划分尚不统一,有些学者按照康德拉季耶夫经济长波周期进行划分。我们认为自动化、信息化、智能化和绿色化是第三次产业革命的基本特征。其中工业自动化是第三次产业革命的上半段(1945～1970 年),工业信息化、智能化和绿色化是第三次产业革命的下半段(1970～2020 年)。目前,全球正在经历信息革命和生态革命所引发的第三次产业革命的后半段。德国学者把第三次产业革命的后半段理解为"第四次产业革命",简称"工业 4.0"(专栏 1-3)。

专栏 1-3 德国工业 4.0 战略计划

在德国学术界和产业界的联合建议和推动下,德国政府于 2013 年 4 月发布"德国工业 4.0 战略计划"。作为德国"高科技战略 2020 行动(High-Tech Strategy 2020 Action Plan)"的重要组成部分,"工业 4.0"战略计划旨在提高德国工业的竞争力,使其能在新一轮工业革命中占领先机。

"工业 4.0"是通过信息物理系统(Cyber-Physical System,CPS),将资源、信息、物品和人进行互联,形成物联网和服务网(the Internet of Things and Services),使制造业领域的所有要素和资源形成全新的社会——技术互动,从而实现制造业的智能化转型。

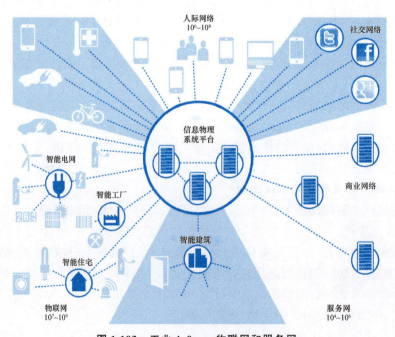

图 1-103 工业 4.0——物联网和服务网

资料来源:德国工业 4.0 战略计划实施建议(中文)

其四,第六次科技革命和第四次产业革命(约 2020~2050 年)。第六次科技革命将是一次新生物学和再生革命,它有可能以生命科学为基础,融合信息科技和纳米科技,提供解决和满足人类精神生活需要和提高生活质量的最新科技。第六次科技革命将包括第四次产业革命,它是一个先声机遇。第四次产业革命将以信息转换技术、人格信息包技术、仿生技术、创生技术、再生技术为基础,包括生物技术产业、再生医学、信息转换产业、人工智能和仿人机器人等主导产业。

(4) 世界工业现代化过程中的产业结构变迁

其一,宏观经济结构。18 世纪以来工业与农业劳动力之比、工业与农业增加值之比持续上升。20 世纪以来工业与服务业劳动力之比、工业与服务业增加值之比先上升后下降。目前,世界工业与农业增加值之比平均值为 7.9,工业与服务业增加值之比平均值为 0.4。

其二,工业经济结构。根据 OECD 资料,1970~2009 年期间,制造业占工业增加值比例下降;采矿业占工业增加值比例、建筑业占工业增加值比例和公共事业占工业增加值比例的变化,国别差异较大。在就业方面,1980~2012 年期间,世界制造业占工业劳动力比例下降;采矿业、建筑业、公共事业这三个行业占工业劳动力比例的变化,国别差异比较大。

其三,制造业技术结构。据联合国工业发展组织数据:随着各国人均 GDP 的增长,每一产业类型的份额也发生了相应的变化。在资源从农业向工业转移的过程中,低技术产业占制造业增加值比例下降,中技术产业占制造业增加值比例先上升后下降,具有相对的稳定性和长期性;高技术产业占制造业增加值比例不断上升(图 1-104)。

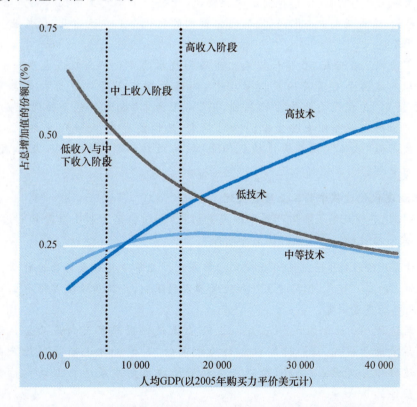

图 1-104　1963~2007 年间按收入阶段和技术组别分类的制造业增加值份额的变化情况
数据来源:联合国《工业发展报告 2013》。

其四，制造业出口结构。20世纪以来，国际工业贸易发展加快，包括人均制造业出口、人均高技术出口、人均中高技术出口、人均中低技术出口、人均低技术出口等，都有大幅上升，但是国际贸易的国别差异很大。例如，2010年世界人均制造业出口为1513美元，高收入国家为5810美元，中等收入国家为596美元，低收入国家约为30美元。

(5) 世界工业现代化过程中的企业组织变迁

产业革命是世界工业现代化的主要内容，而产业组织变迁是产业革命的基本组成部分。李赖志认为：产业革命推动产业组织形式由低级向高级发展和演化，产业组织形式的创新又为产业革命的深化提供了制度上的动力源泉。产业革命与企业组织的变迁不存在完全对应的关系。有些学者对企业组织变迁进行了简单总结：

- 经验管理阶段：18世纪末~19世纪末。第一次工业革命将分散的家庭作坊、手工工场转向纵向一体化的工厂模式，单一所有制或者小规模合伙制（个人所有制或合伙制企业）是这一时期经济组织的一种典型方式。这一阶段管理职能同体力劳动相分离，但是所有权与管理权合一，这些"全能生意人"依靠传统经验进行管理、应对运营风险。主要行业涉及棉花制造业、制铁业等。

- 科学管理阶段：19世纪末~1945年。1895年，泰勒提出管理的科学化与标准化，通过科学的管理来提高生产效率。"企业的功能不再只是在单个的运营单元里进行生产要素的组合，而且要协调单元之间货物、信息和指示的流动，以使每一个单元里由投入到产出的转化进行得更有效率"。这种新式中央化、职能部门化结构的现代企业在运输业、通信业、金融业等行业迅速拓展开来。

- 系统管理阶段：20世纪50年代以来。市场和技术的变化不断促进大型企业的持续增长，职业经理人成为企业运营的直接管理者，高层管理变成集体行为并日益集中于长期投资。"制度化"是现代企业管理的基础，而"以人为本"成为现代企业管理的核心，在麦肯锡公司提出的企业组织七要素中，战略、制度、结构被看做"硬件"，风格、员工、技能、共同价值观被看做"软件"，以共同价值观为中心，有效协调软、硬件的相互作用，进而实现现代企业的管理。

(6) 世界工业现代化过程中的工业质量变迁

世界工业现代化进程既是工业生产效率提高的过程，同时也是工业质量提升的过程。有些学者认为，18世纪以来质量管理发展大致经历五个阶段：

- 传统质量管理阶段：18世纪~19世纪末。第一次工业革命将分散的家庭作坊、手工工场转向纵向一体化的工厂模式，但是受生产和经营模式的限制，产品质量主要依靠工人的经验，感官评估与简单的度量测定。

- 质量检验阶段：19世纪末~20世纪初。企业生产规模的扩大和产品复杂程度的提高要求创新质量监管模式，这一时期以泰勒为代表的"科学管理运动"，促使产品的质量检验从生产过程中分离出来；同时，检测工具和检验技术的发展为企业质量检测部门的独立创造了条件。

- 统计质量控制阶段：20世纪初~20世纪40年代。数理统计科学的发展及其在工业生产过程中的应用，将传统的"事后检验"转变为"事前预防"，从而有效地控制了产品质量。统计质量控制在第二次世界大战得到了推广，并逐步形成了一个数理统计方法标准体系，包括：数理统计方法术语与数据标准、数据的统计处理和解释、控制国标准、以数据统计方法为基础的抽样检查方法标准、测量方法和结果的精度分析标准、可靠性统计方法标准。
- 全面质量管理阶段：20世纪50~80年代。从统计质量控制到全面质量管理的过渡是技术与社会进步的必然。变革的初衷来自于：消费者对产品质量的更高期待（包括耐用性、美观性、可靠性、安全性、经济性等）、"保护消费者权益"运动的兴起、系统论在质量管理中的应用、"以人为本"的管理科学理论的诞生以及国际市场竞争的加剧等。1961年，费根堡姆在《全面质量管理》中指出："全面质量管理是为了能够在最经济的水平上并考虑到充分满足用户要求的条件下进行市场研究、设计、生产和服务，把企业各部门的研制质量、维持质量和提高质量的活动构成为一体的有效体系"。此后，这一概念得到世界各国的普遍认可，许多企业开始了全面质量管理的实践。
- 国际质量认证阶段：20世纪80年代以来。1987年国际标准化组织（ISO）在总结各国全面质量管理经验的基础上，制定了ISO9000《质量管理和质量保证》系列标准。质量管理进入一个新阶段。

(7) 世界工业现代化过程中的环境变迁

世界工业现代化过程中的环境变迁包括生态环境的变迁和社会环境的变迁两个方面的内容，涉及人口、资源、城市、环境等诸多领域。这里我们主要探讨世界工业现代化过程中自然环境的变迁。纵观世界工业现代化的历程，以美国、英国、日本、德国为首的工业发达国家总体上都走了先污染后治理的发展道路。

首先，18世纪~20世纪60年代的环境污染与生态恶化。在技术方面，产业革命以来现代大工业生产带来大规模的环境污染和生态破坏；在环境观念方面，长期以来人们无视工业发展与环境问题的关系。因此，在工业现代化的早期，大气污染、水污染等事件频发，比较典型的工业污染事件有：英国伦敦的煤烟污染、美国洛杉矶的光化学烟雾事件、日本水俣湾有机汞污染事件等。

其次，20世纪60年代以来的环境运动和环境改革。日益严峻的环境污染和公害疾病的流行引起了社会强烈的反应，环境污染已经演化成一种威胁人类生存与发展的全球性危机。1962年美国学者卡逊《寂静的春天》出版，之后美国学者殷格哈特的《无声的革命》、罗马俱乐部的《增长的极限》等一系列环境问题著作相继问世，推动了全世界公众对环境污染问题的深切关注。这一时期，在欧洲和北美的学术界相继诞生了"生态现代化"和"工业生态学"理论。随后的十多年里，联合国有关机构、OECD、欧盟和许多国家的政府和非政府组织，推动了环境改革，"可持续发展"成为全球的共识。

(8) 世界工业现代化过程中的其他因素

18世纪以来，经济周期长期存在，对工业化和工业现代化有持续影响。

18世纪以来，工会持续存在，罢工运动持续存在，但影响有下降趋势。

3. 世界工业现代化的主要特点

关于世界工业现代化的特点，可以和需要从不同角度进行分析。

首先，工业现代化是相对可以预期的。在一般情况下，20世纪世界工业变化是相对连续的和有规律可循的，大约68%的工业指标与国家经济水平显著相关（表1-122）。例如，工业效率上升，工业劳动力平均工资增加，工业产品简单平均适用税率的下降等。

表 1-122　20世纪工业指标与国家经济水平的相关性

项目	2010年	2000年	1970年	1900年	合计/个	比例/(%)
正相关变量/个	83	78	32	6	199	54
负相关变量/个	24	23	4	0	51	14
没有显著关系变量/个	48	41	26	4	119	32
合计/个	155	142	62	10	369	100

其次，工业现代化是一个长期的、复杂的过程。在过去的300年里，工业现代化包括从家庭作坊向工厂化工业、从工厂化工业向知识型工业的转变；其中，第二个转变尚没有完成。工业现代化不仅包括工业效率的提高，也包括工业结构、工业制度和工业观念的变化。其中，工业生产模式、工业结构、工业制度和工业形态的转变和更替，是工业现代化的关键。

其三，工业现代化是一个动态的、不平衡的过程，大致经历工业化和后工业化（非工业化）两大阶段。工业现代化不仅内涵是变化的，而且不同国家的表现也是变化的。在过去300年里，工业现代化是不同步的，表现为工业效率增长的不同步、工业结构变化的不同步、工业制度和观念变化的不同步和工业形态转变的不同步等；工业现代化成就的空间分布不均衡。工业现代化是一场国际竞争，既然是竞争就会有输赢。输家和赢家不是一成不变的，而是有一定的转移概率。所以，世界工业中心是可变的，世界工业前沿是变化的，国际工业差距是变化的，国家工业地位是可变的。

其四，工业现代化是一个可逆的过程，可以出现停滞、中断或倒退现象等。整个世界的工业现代化进程是连续的和不可逆的，但是，某个国家和地区的工业现代化进程可有多种表现形式，它可以是连续的，也可以是不连续的；可以出现停滞或中断，也可以出现暂时的倒退，甚至长期的倒退。在过去300年，有些国家出现一个时期的负增长，工业结构、制度和观念出现倒退；在未来100年，有些国家同样可能出现一个时期的负增长、停滞或倒退。

其五，工业现代化是一个进步的过程。过去300年的工业现代化过程，既是工业劳动生产率提高的过程，也是资源使用效率提高的过程，同时是工业劳动力福利和工业公平增加的过程。在未来100年里，没有理由怀疑这种趋势会中断或逆转。所以，工业现代化是进步的，尽管在进步的过程中会发生种种问题，甚至是灾难性的问题。

其六，工业现代化是一个充满风险的过程。工业现代化不是免费的，需要付出成本和代价。在工业现代化过程中，随着产业转型和技术更替，老的技术和旧的产业将失去其原有的工业价值和地位，有些行业和人群将受到损失。在另一个方面，科学和技术是一柄双刃剑，技术风险始终存在，而且有扩大的可能。工业现代化过程要求风险控制和危机管理。

其七，企业是工业现代化的行为主体，政府在工业现代化过程中有重要作用。科技和教育在工业现代化过程中发挥着重要作用。如果没有政府对工业的支持，工业现代化是难以实现的。工业科技进步和工业科技知识普及，是工业现代化的两个重要基础。

其八，工业现代化是一个创新的过程。集中体现在技术创新和管理创新两个方面。技术创新是引发产业革命的必要条件；而企业管理革新对新技术的推广、产业革命的深化提供制度上的动力源泉。

其九，工业现代化是一个工业质量提升的过程。从工业现代化初期的传统经验性的质量管理发展到当前的全面质量管理阶段。企业通过不断的开展研制质量、维持质量和提高质量的活动在最经济的水平上做到充分满足用户的要求，进而提高自身的竞争力。

其十，工业现代化需要关注环境问题和可持续发展。可持续发展是人类对工业现代化进程，特别是对发达国家先污染后治理的发展模式进行深刻反思的结果。"低能耗、低污染、低排放"已经成为当前工业发展的主题。

4. 世界工业现代化的主要结果

世界工业现代化的结果，包括一般结果和分段结果，需要截面比较（图1-6）。

(1) 世界工业现代化的一般结果

世界工业现代化的一般结果包括工业生产、工业经济、工业环境、工业要素、工业形态和国际工业体系的变化，包括世界工业前沿、国际工业体系结构和国家工业状态的变化等。世界工业前沿的特征可以简称为工业现代性，工业的多样性和副作用也是世界工业现代化的重要结果。

(2) 世界工业现代化的分段结果

首先，1760~1970年世界工业现代化的主要结果。如果把世界工业1760年和1970年截面进行比较，可以发现它们的差别，显示了世界工业现代化210年的主要结果（表1-123）。结果包括：世界工业分化程度提高，工业效率的国际差距扩大，国际工业体系复杂化；现代工业占主导地位，工业生产率和工业劳动力生活水平提高等。现代工业的特征包括市场化、商品化、规模化、科学化和电气化等。

表1-123　1760~1970年世界工业现代化的结果分析（举例说明）

1760年截面	1970年截面	1760~1970年工业现代化的结果
世界工业是传统工业，包括手工生产和家庭作坊工业。世界工业分化程度不高，工业效率国际差距比较小，国际工业体系比较简单；农业经济仍然是世界经济的基本形态和主体部分等	世界工业是混合工业。世界工业分化程度很高，工业效率国际差距明显，国际工业体系比较复杂；现代工业占主导地位；工业经济是世界经济的主体，部分地区仍然处于农业经济状态	世界工业分化程度提高，工业效率国际差距扩大，国际工业体系复杂化；现代工业占主导地位，工业生产率和工业劳动力生活水平提高等。现代工业的主要特征包括市场化、规模化、机械化、电气化等

其次，1970~2010年工业现代化的主要结果。如果把世界工业1970年和2010年截面进行比较，可以发现它们的主要差别，这个差别显示了世界工业现代化40年的主要结果（表1-124）。主要结果包括：世界工业分化程度提高，工业效率国际差距扩大、国际工业体系变化；现代工业占主导地位，但工业的智能化、信息化、绿色化加快推进，知识型工业的特征已经呈现，世界工业生产率和工业劳动力生活质量提高等。知识型工业的主要特征包括知识密集、信息密集、国际化、智能化、生态化、多样化和定制化等。

表1-124　1970~2010年世界整体现代化的结果分析（举例说明）

1970年截面	2010年截面	1970~2010年工业现代化的结果
世界工业是混合工业。世界工业分化程度很高，工业效率国际差距很大，国际工业体系比较复杂；现代工业占主导地位，现代工业国家是多数，部分地区仍然是传统工业或者传统工业国家；工业比例明显下降，工业生产率和工业劳动力生活水平明显高于1760年，工业环境污染和生态破坏比较严重等	世界工业是混合工业。世界工业分化程度很高，工业效率国际差距很大，国际工业体系更加复杂；现代工业仍占主导地位，但工业的智能化、信息化、绿色化加快推进，传统手工业和现代工业仍然存在；工业比例继续下降，世界工业生产率和工业劳动力生活质量高于1970年，环境污染和气候变化引起关注等	世界工业分化程度提高，工业效率国际差距扩大，国际工业体系变化；世界工业三元并存：传统工业、现代工业和知识型工业；工业比例继续下降，世界工业生产率、工业劳动力生活质量及其素质的提高等。知识型工业的主要特征包括知识化、信息化、国际化、生态化、智能化、多样化和定制化等

其三，2005~2100年世界工业现代化的主要结果。需要等到2100年才能进行研究。

(3) 世界工业现代化的国际体系变化

首先,世界工业现代化的国际体系的水平结构(表1-125)。在1970~2010年期间,工业发达国家的比例为14%~17%,工业发展中国家的比例为83%~86%。

表1-125 1970~2010年世界工业现代化的国际体系的结构(根据现代化指数分组)

	国家个数					占总数的比例/(%)				
	1970	1980	1990	2000	2010	1970	1980	1990	2000	2010
发达国家	18	20	20	21	22	13.7	15.3	15.3	16.0	16.8
发展中国家	113	111	111	110	109	86.3	84.7	84.7	84.0	83.2
统计数据齐全的发展中国家	68	71	78	96	79	51.9	54.2	59.5	73.3	60.3
统计数据不全的国家	45	40	33	14	30	34.4	30.5	25.2	10.7	22.9
参予统计的国家总数	131	131	131	131	131	100	100	100	100	100

注:1970~2000年以第一次工业现代化指数分组,2010年以第二次工业现代化指数分组。统计数据不全的国家,都算作发展中国家。这么做,有一定的误差。

其次,世界工业现代化的国际体系的地理结构(表1-126)。在1970~2010年期间,工业现代化水平从高到低的排序大致是:欧洲、美洲、亚洲和非洲;大洋洲国家较少。

表1-126 1970~2010年世界工业现代化的地理结构(国家个数)

地区	工业现代化水平分组	1970	1980	1990	2000	2010
非洲	发达国家	—	—	—	—	—
	中等发达国家	—	3	4	6	—
	初等发达国家	2	5	6	1	5
	欠发达国家	27	24	22	26	33
美洲	发达国家	2	2	2	4	2
	中等发达国家	6	11	12	13	4
	初等发达国家	8	7	5	3	11
	欠发达国家	4	1	2	—	5
亚洲	发达国家	2	4	5	6	4
	中等发达国家	2	4	5	7	5
	初等发达国家	5	4	4	6	9
	欠发达国家	8	7	4	4	9
欧洲	发达国家	12	16	15	19	16
	中等发达国家	5	1	6	11	15
	初等发达国家	—	—	3	8	7
	欠发达国家					3
大洋洲	发达国家	2	2	2	2	1
	中等发达国家	—	—	—	—	1
	初等发达国家	—	—	—	—	1
	欠发达国家	1	—	1	1	—
	国家样本数	86	91	98	117	131

其三,世界工业现代化的国际体系的水平变化。在1970~2010年期间,完成第一次工业现代化

的国家数量和国家比例在增长(图 1-105)。完成第一次工业现代化的国家数量从 5 个上升到 34 个，完成第一次工业现代化的国家比例从 6% 上升到 26%。在 1970~2010 年期间，进入第二次工业现代化的国家从 1 个上升到 29 个。

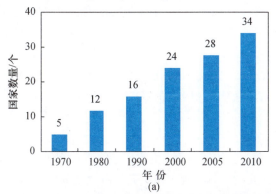
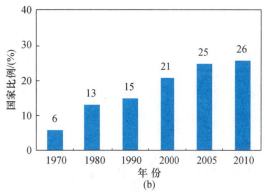

图 1-105　1970~2010 年完成第一次工业现代化的国家数量(a)和国家比例(b)

(4) 世界工业现代化的国家地位变化

在 1970~2010 年期间，工业现代化的国际结构相对稳定，国家地位可以变迁(表 1-127)。

表 1-127　工业现代化水平的国家地位的转移概率(马尔可夫链分析)

分组	国家数	发达国家	发展中国家	国家数	发达国家	发展中国家
	1970	1970~2010 年转移概率/(%)		1980	1980~2010 年转移概率/(%)	
发达国家	18	94	6	19	95	5
发展中国家	59	8	92	62	5	95
	1990	1990~2010 年转移概率/(%)		2000	2000~2010 年转移概率/(%)	
发达国家	20	95	5	21	100	0
发展中国家	65	3	97	76	1	99

注：1970~2000 年以第一次工业现代化指数进行国家分组；1970 年：发达国家>80，中等发达 35~80，初等发达 20~35，欠发达<20；1980 年：发达国家>90，中等发达 45~90，初等发达 25~45，欠发达<25；1990 年：发达国家>95，中等发达 55~95，初等发达 30~55，欠发达<30；2000 年：发达国家>98，中等发达 65~98，初等发达 35~65，欠发达<35。2010 年根据第二次工业现代化指数分组：发达国家>80，中等发达 50~80，初等发达 30~50，欠发达<30。受样本量数量的影响，统计结果具有一定的系统误差。

- 1970~2010 年：8% 的工业发展中国家升级为发达国家，6% 的工业发达国家降级为发展中国家。
- 1980~2010 年：5% 的工业发展中国家升级为发达国家，5% 的工业发达国家降级为发展中国家。
- 1990~2010 年：3% 的工业发展中国家升级为发达国家，5% 的工业发达国家降级为发展中国家。
- 2000~2010 年：1% 的工业发展中国家升级为发达国家，没有工业发达国家降级为发展中国家。

5. 世界工业现代化的主要动力

世界工业现代化的动力分析，需要专题进行。一般而言，工业技术创新和制度创新是工业现代化的根本源泉，创新扩散(学习)、市场竞争、国际竞争和工业投资都对世界工业现代化有重大影响。关于工业现代化的动力原理，将在第二章的理论分析中深入讨论。

一般而言,在发达国家,政治和环境因素对工业影响比较大;在发展中国家,经济和社会因素对工业影响比较大。在一些发达国家,工业日益成为一个政治议题。

6. 世界工业现代化的路径和模式

世界工业现代化的模式和路径需要专题研究。一般而言,在 1760~1970 年期间,世界工业现代化的基本路径是第一次工业现代化路径,包括工业化、市场化和标准化的联合推进等。在 1970~2100 年期间,世界工业现代化的基本路径是多样的,包括发达国家的第二次工业现代化路径(包括知识化、信息化和绿色化的联合推进)、发展中国家的第一次工业现代化、第二次工业现代化和综合工业现代化路径等。工业现代化的模式,与国家的工业资源禀赋和政策选择紧密相关。我们将在第二章进行深入讨论。

二、世界工业现代化的客观现实

关于世界工业现代化的客观现实,不可能有标准答案。在本报告里,世界工业现代化的现实分析以 2010 年截面为分析对象,分析内容包括世界工业现代化的整体水平、世界工业四大方面的水平、国家和地区水平。关于 2010 年截面世界工业四大方面的水平,请参考本章第三节的分析。这里讨论世界工业现代化的整体水平和国家水平。

1. 世界工业现代化的整体水平

世界工业现代化的整体水平是以"世界为核算单位"的工业现代化水平。世界工业现代化的整体水平分析,分析内容包括它的阶段、水平和结构等,分析指标包括世界的平均水平、前沿水平和末尾水平等;世界前沿水平可以用高收入国家平均值代表,世界末尾水平可以用低收入国家平均值代表。

(1) 2010 年世界工业现代化的整体阶段

世界工业现代化的整体进程包括两次现代化和六次浪潮(表 1-119)。2010 年世界工业现代化的前沿已经进入第二次工业现代化,世界整体工业现代化大约处于第一次工业现代化,世界末尾处于传统农业社会;世界工业现代化处于两次工业现代化并存的阶段(表 1-128)。

表 1-128 2010 年世界整体的工业现代化的阶段分析

世界平均、世界前沿和世界末尾		阶段	备注
世界平均	(世界平均)	第一次工业现代化	
世界前沿	(高收入国家的平均)	第二次工业现代化	两次工业现代化并存
世界末尾	(低收入国家的平均)	传统农业社会	

注:工业现代化的阶段判断方法,沿用国家现代化的阶段判断方法,详见技术注释。

(2) 2010 年世界工业现代化的整体水平和速度

世界工业现代化的整体水平和速度可以采用 2 个指数来显示:第一次工业现代化指数和第二次工业现代化指数(表 1-129)。世界工业整体水平约为世界工业先进水平的 1/3。

表 1-129 2000~2010 年世界工业现代化的整体水平和速度分析

指标	2000~2010 年		2010 年				2000 年			
	变化	年增长率	平均	前沿	末尾	差距	平均	前沿	末尾	差距
第一次工业现代化指数	21	3.18%	77	100	6	94	56	100	5	95
第二次工业现代化指数	14	3.09%	54	114	6	108	40	100	6	94

注:第一次工业现代化指数,以 1970 年高收入国家平均值为标准值(100)计算,指数达到 100 即为完成第一次工业现代化。第二次工业现代化指数,以 2010 年高收入国家平均值为基准值(100)计算。前沿用高收入国家平均值代表。末尾用低收入国家平均值代表。平均为世界平均值。差距=前沿-末尾。变化=2010 年的世界平均值-2000 年的世界平均值。年增长率为 2000~2010 年期间的年均增长率。

2010年世界平均水平大约为:第一次工业现代化指数约为77,比2000年提高约21(注意四舍五入的影响);第二次工业现代化指数约为54,比2000年提高14。

在2000~2010年期间,世界第一次工业现代化指数年增长率约为3.2%,第二次工业现代化指数年增长率约为3.1%。

(3) 2010年世界工业现代化的宏观结构

首先,2010年世界工业现代化的地理结构。欧洲水平是比较高的;其次是美洲和亚洲;非洲水平仍然是比较低的;大洋洲只有3个国家参与评价(表1-130)。

表1-130 2010年世界工业现代化的地理结构

工业现代化的阶段和水平		国家个数					国家比例/(%)				
		非洲	美洲	亚洲	欧洲	大洋洲	非洲	美洲	亚洲	欧洲	大洋洲
阶段	第二次现代化	0	2	3	22	2	0	9	11	54	67
	第一次现代化	28	20	24	19	1	74	91	89	46	33
	传统农业社会	10	0	0	0	0	26	0	0	0	0
	合计/个	38	22	27	41	3	100	100	100	100	100

注:发展中国家的数据不全,不能准确计算发达国家和发展中国家的比例。

- 非洲的水平。非洲有38个国家参与评价。其中,28个国家处于第一次工业现代化,10个国家属于传统农业社会。
- 美洲的水平。美洲有22个国家参加评价。其中,2个国家进入第二次工业现代化,20个国家处于第一次工业现代化。
- 亚洲的水平。亚洲有27个国家参与评价。其中,3个国家进入第二次工业现代化,有24个国家处于第一次现代化。
- 欧洲的水平。欧洲有41个国家参与评价。其中,22个国家进入第二次工业现代化,19个国家处于第一次工业现代化。
- 大洋洲的水平。大洋洲有3个国家参与评价。其中,2个国家进入第二次工业现代化,1个国家处于第一次工业现代化。

其次,2010年世界工业现代化的国际结构(国际体系)。在131个参加评价国家中有101个有效样本,其中29个国家进入第二次工业现代化,62个国家处于第一次工业现代化,10个国家属于传统农业社会;22个国家是工业发达国家,22个国家是工业中等发达国家,21个国家是工业初等发达国家,36个国家是工业欠发达国家(表1-131)。2010年的国际体系与2000年的相比,完成第一次工业现代化的国家的数量和比例略有增加,进入第二次工业现代化的国家的数量和比例有所增加,工业欠发达国家的比例有所下降。

表1-131 2000~2010年世界工业现代化的国际体系

工业现代化的阶段和水平		2010年		2000年		备注
		国家个数	国家比例/(%)	国家个数	国家比例/(%)	
阶段	第二次工业现代化	29	29	19	16	—
	第一次工业现代化	62	61	83	71	—
	传统农业社会	10	10	15	13	—
	合计/个	101	100	117	100	

(续表)

工业现代化的阶段和水平		2010 年		2000 年		备注
		国家个数	国家比例/(%)	国家个数	国家比例/(%)	
水平	发达国家	22	—	21	—	工业发达国家
	中等发达国家	22	—	19	—	
	初等发达国家	21	—	30	—	工业发展中国家
	欠发达国家	36	—	47	—	
	合计/个	101		117		—

根据第二次工业现代化指数的国家分组,2010 年的工业发达国家包括荷兰、爱尔兰、瑞士、英国、丹麦、以色列、新加坡、法国、日本、挪威、美国、瑞典、比利时、德国、奥地利、芬兰、加拿大、澳大利亚、西班牙、韩国、匈牙利、意大利、立陶宛。一般而言,根据工业现代化指数的国家分组,工业发达国家是工业现代化国家,工业中等发达国家、初等发达国家和欠发达国家是非工业现代化国家,也是工业发展中国家。

如果某个国家要成为工业现代化国家,或者要保持工业现代化国家的国际地位,那么,它的工业现代化指数的世界排名需要进入并保持在世界前 20 名内(表 1-132);要成为工业中等发达国家,它的工业现代化指数的世界排名要进入并保持在世界前 50 名内。如果考虑到工业中等发达国家的地位变迁概率比较大,某个国家要保持中等发达国家的国际地位,那么,它的工业现代化指数的世界排名需要进入世界前 40 名,否则降级可能性比较大。

表 1-132　1970～2010 年工业现代化指数排前 20 名的国家

排名	1970 年	1980 年	1990 年	2000 年	2005 年	2010 年
1	瑞典	瑞典	瑞典	瑞典	瑞典	荷兰
2	德国	德国	美国	美国	美国	爱尔兰
3	加拿大	美国	挪威	挪威	挪威	瑞士
4	美国	挪威	丹麦	丹麦	丹麦	英国
5	瑞士	丹麦	英国	英国	英国	丹麦
6	荷兰	比利时	法国	法国	法国	以色列
7	芬兰	英国	荷兰	荷兰	荷兰	新加坡
8	比利时	日本	瑞士	瑞士	瑞士	法国
9	奥地利	法国	澳大利亚	澳大利亚	澳大利亚	日本
10	挪威	科威特	比利时	日本	日本	挪威
11	丹麦	荷兰	日本	新加坡	新加坡	美国
12	以色列	加拿大	加拿大	以色列	以色列	瑞典
13	英国	瑞士	新加坡	西班牙	西班牙	比利时
14	澳大利亚	新加坡	奥地利	德国	德国	德国
15	法国	澳大利亚	意大利	意大利	比利时	奥地利
16	新西兰	西班牙	以色列	奥地利	芬兰	芬兰
17	日本	意大利	芬兰	加拿大	捷克	加拿大
18	意大利	以色列	西班牙	比利时	加拿大	澳大利亚
19	科威特	新西兰	爱尔兰	芬兰	意大利	西班牙
20	新加坡	芬兰	新西兰	爱尔兰	奥地利	韩国

注:1970～2000 年为第一次工业现代化指数的排名,2010 年为第二次工业现代化指数的排名。

2. 世界工业现代化的国家水平

世界工业现代化的国家水平是以"国家为核算单位"的工业现代化水平。世界范围的国家工业现代化水平分析的对象包括国家工业现代化的阶段、水平和三大方面水平等。关于国家工业三大方面的水平,请参考本章第三节的2010年截面分析。

(1) 2010年世界范围的国家工业现代化的阶段

首先,在国家层面,2010年国家工业现代化的阶段具有差异性。有些国家已经进入第二次工业现代化,有些国家处于第一次工业现代化,有些国家处于传统农业社会。

其次,在国际体系层面,2010年国家现代化的阶段具有多样性。美国等29国已经进入第二次工业现代化,中国等62国处于第一次现代化,马达加斯加等10国处于传统农业社会。

(2) 2010年世界范围的国家工业现代化的水平和速度

首先,在国家层面,2010年国家工业现代化的水平具有差异性,不同国家水平不同。在参加评价的131个国家中,大约34个国家全面完成第一次工业现代化,大约29个国家已经进入第二次工业现代化;2个国家没有完成第一次工业现代化就进入了第二次工业现代化。

其次,在国际体系层面,2010年国家工业现代化的水平具有多样性。根据国家的第二次工业现代化指数分组,美国等22个国家是工业发达国家,俄罗斯等22个国家是工业中等发达国家,中国等21个国家是工业初等发达国家,印度等36个国家是工业欠发达国家。工业中等发达、初等发达和欠发达国家都属于工业发展中国家。

其三,2010年国家工业现代化的前沿水平。能够反映前沿水平的有3组国家:处于第二次现代化发展期的29个国家、第二次工业现代化指数和综合工业现代化指数排世界前10名(见第四章)。

其四,2010年国家工业现代化的末尾水平。能够反映末尾水平的有3组国家:处于传统农业社会的10个国家、第一次工业现代化指数和综合工业现代化指数排世界后10名的国家。

其五,1990~2010年国家工业现代化的速度。不同时期和不同国家工业现代化的速度有很大差别,在1990~2010年期间有些国家工业现代化指数的年均增长率为负数(表1-133)。

表1-133 1990~2010年世界和15个国家工业现代化的速度

区域	第一次工业现代化指数			第二次工业现代化指数		
	1990年	2010年	年均增长率/(%)	1990年	2010年	年均增长率/(%)
美国	100	100	0.00	74	102	1.62
日本	100	100	0.00	74	104	1.72
德国	—	100	—	52	100	3.32
英国	100	100	0.00	60	111	3.12
法国	100	100	0.00	58	106	3.06
澳大利亚	100	100	0.00	64	92	1.83
意大利	99	100	0.05	41	81	3.46
加拿大	100	100	0.00	63	95	2.07
俄罗斯	61	84	1.61	—	51	—
墨西哥	56	84	2.05	52	60	0.72
巴西	62	80	1.28	—	47	—
中国	22	65	5.57	15	39	4.89
印度尼西亚	27	48	2.92	27	38	1.72
印度	9	29	6.02	25	24	−0.20
尼日利亚	15	19	1.19	—	30	—

注:第二次工业现代化指数是以2010年高收入国家平均值为基准值的评价结果。

其六,2010年国家工业现代化的国际差距比较大。从第一次工业现代化指数(表1-134)和第二次工业现代化指数(表1-135)看,国家工业现代化的国际差距仍然比较大。

表1-134 1970~2010年世界范围的国家工业现代化的水平分析(第一次工业现代化指数)

项目	1970	1980	1990	2000	2005	2010
最大值	100	100	100	100	100	100
最小值	2	3	3	5	5	6
平均值	37	44	46	50	56	56
绝对差距	98	97	97	95	95	94
相对差距	50	33	33	20	20	12
国家样本数	86	91	98	117	114	129

注:绝对差距=最大值-最小值,相对差距=最大值÷最小值。后同。

表1-135 1990~2010年世界范围的国家工业现代化的水平分析(第二次工业现代化指数)

项目	1970	1980	1990	2000	2005	2010
最大值	—	—	96	100	108	114
最小值	—	—	15	6	6	6
平均值	—	—	55	45	44	47
绝对差距	—	—	81	94	102	108
相对差距	—	—	6	17	18	19
国家样本数	—	—	31	69	89	101

其七,世界范围的国家工业现代化的国际追赶。

- 在1970~2010年期间,第一次工业现代化指数的绝对差距和相对差距都在缩小(表1-134)。
- 在1990~2010年期间,第二次工业现代化指数的绝对差距和相对差距都在扩大(表1-135)。
- 在1970~2010年期间,24个国家的工业现代化水平分组发生了变化。地位上升的国家有17个:新加坡、西班牙、爱尔兰、匈牙利、韩国、墨西哥、哥斯达黎加、哥伦比亚、马来西亚、土耳其、萨尔瓦多、中国、危地马拉、摩洛哥、泰国、印度尼西亚、尼日利亚;地位下降的国家有7个。

其八,世界范围的国家工业现代化的国际地位变化。在1970~2010年期间,世界范围内的工业现代化产生了很大的进步:55%的中等发达国家升级为发达国家,59%的初等发达国家升级为中等发达国家,35%的欠发达国家升级为初等发达国家。

如果说,发达国家是相对现代化的国家,那么,其他国家(中等发达、初等发达和欠发达国家)就是相对非现代化的国家。在过去40年里,相对现代化国家降级为非现代化的国家的概率约为0,相对非现代化的国家升级为现代化国家的概率为4%~14%,升级的概率比降级的概率要大(表1-127)。

三、世界工业现代化的前景分析

关于世界工业现代化的前景分析,带有科学猜想的性质。在本报告里,世界工业现代化的前景分析,时间跨度为2010~2100年(约90年),分析对象包括世界工业现代化的整体前景、世界工业四大方面的前景和国家前景等,分析方法包括路径分析、情景分析和外推分析等。这种前景分析,只是讨论一种可能性,而不是精确预见,有一定参考意义。

1. 世界工业现代化的整体前景

世界工业现代化的整体前景分析需要专题研究。这里主要讨论三个问题:21世纪世界工业现代化的路径、水平和宏观结构。显然这种讨论是非常初步的。

(1) 21世纪世界工业现代化的路径分析

21世纪世界工业现代化的路径选择,主要的决定因素包括:人类文明发展的历史逻辑和工业需求、工业技术的重大突破和国际互动的战略需要等。根据过去300年的历史经验,结合21世纪工业科技发展的趋势和前景,可以对21世纪世界工业现代化的路径进行展望。

根据第二次现代化理论(何传启,1999),从人类诞生到21世纪末,人类文明发生了四次意义深远的革命,相应产生了四个时代,每一个时代的文明挑战和成就是不同的,文明发展具有内在逻辑(表1-136)。从农业文明向工业文明转变是第一次现代化,从工业文明向知识文明转变是第二次现代化。2010年世界现代化的状况是两次现代化并存,世界前沿已经进入第二次现代化的发展期,世界平均处于第一次现代化。在21世纪里,如果人类文明的历史逻辑没有本质改变,那么,人类文明将继续推进知识文明,世界现代化将继续是两次现代化并存,世界前沿将逐步达到第二次现代化的光辉彼岸。

表1-136 人类文明发展的历史逻辑的举例说明

项目	原始文化时代	农业文明时代	工业文明时代	知识文明时代
大致时间	250万年前至公元前3500年	公元前3500年至1763年	1763年至1970年	1970年至2100年
竞争和挑战	人与自然的竞争 采集食物的困难	生存的竞争 生产食物的困难	财富的竞争 物质生活的需要	发展的竞争 精神生活的需要
主要的成就	发明工具和文化 人类的社会化	发明工业和国家 基本解决食物问题	现代工业和国际体系 基本满足物质生活需要	信息、生物和空间技术 主要满足精神生活需要
存在的问题	食物的自然依赖	土地资源的有限	环境破坏、资源不足	新知识不足、健康长寿
文明的迁移	人类发源于非洲	农业文明主要发源于亚洲	工业文明发源于欧洲	知识文明主要发源于北美

注:本表是举例说明。关于四个时代的竞争特点有不同观点。例如,原始文化是人与动物竞争,农业文明是人与自然环境竞争(食物竞争或土地竞争),工业文明是人与机器竞争(市场竞争或资源竞争),知识文明是人与人竞争(信息竞争或知识竞争);原始文化是人与动物的生存竞争,工业文明是人与人的生存竞争等。

如果没有发生世界性的重大危机,21世纪世界现代化的路径将是20世纪的延续。

21世纪世界现代化路径将是混合路径,或者说是几种路径的集合。主要路径包括:发达国家的第二次现代化路径、发展中国家的第一次现代化路径、第二次现代化路径和综合现代化路径等。在第二章我们还将专门讨论现代化路径。

21世纪世界工业现代化的路径将是世界现代化路径在工业领域的体现,将是几种路径的集合。主要路径包括:工业发达国家的第二次工业现代化路径、工业发展中国家的第一次工业现代化路径、第二次工业现代化路径和综合工业现代化路径等。

(2) 21世纪世界工业现代化的整体水平

21世纪世界工业现代化的整体水平,主要的决定因素包括:工业技术的重大突破、重大创新的扩散速度、世界文化的趋向、国际竞争的合理程度等。如果21世纪工业科技突破的频率、创新扩散的速率、世界文化和国际竞争的合理程度不低于20世纪后50年,如果21世纪不发生改变人类命运的重大危机(如核危机、能源和宇宙危机等),那么,可以根据20世纪后期世界工业现代化水平和速度,外推21世纪世界工业现代化水平。当然,21世纪有很多不确定因素,外推分析只能提供一种可能性,而不是必然性。

首先,世界工业现代化的先进水平的情景分析(表1-137)。如果参照2000~2010年年均增长率,2050年第二次工业现代化指数的世界先进水平会比2010年提高1倍,2100年会比2050年提高约2倍多。

表1-137 21世纪世界工业现代化的先进水平的情景分析

第二次工业现代化指数年均增长率/(%)	2010	2020	2030	2040	2050	2080	2100
0.50	100	105	110	116	122	142	156
2.00	100	122	148	181	220	399	593

注:第二次工业现代化指数年均增长率分别参考2005~2010年和2000~2010年的年均增长率。

其次,世界工业现代化的平均水平的情景分析(表1-138)。如果参照1970~2010年和1990~2010年的年均增长率,第一次工业现代化指数的世界平均值将在2030~2040年达到100,世界平均完成第一次工业现代化(当然还有很多国家没有完成第一次工业现代化)的时间比工业发达国家大约晚80年。如果参照2005~2010年和2010~2010年的年均增长率,第二次工业现代化指数的世界平均值将在2050年达到69~119,大体相当于2005年的工业发达国家水平;在2100年将达到92~321,大体相当于2050年的工业发达国家水平。按第二次工业现代化指数估算,世界工业现代化的平均水平大致比世界先进水平落后约50年。

表1-138 21世纪世界工业现代化的平均水平的情景分析

指数	增长率/(%)	2010	2020	2030	2040	2050	2080	2100
第一次工业现代化指数	1.57	77	90	100	—	—	—	—
	1.18	77	86	97	100	—	—	—
第二次工业现代化指数	0.60	54	57	61	65	69	82	92
	2.00	54	66	80	98	119	216	321

注:第一次工业现代化指数,FIM的最大值为100,增长率分别为1970~2010年和1990~2010年的年均增长率。第二次工业现代化指数,增长率参考和2005~2010年和2000~2010年的年均增长率。

(3) 21世纪世界工业现代化的宏观结构

首先,世界工业现代化的地理结构。世界工业现代化的地理结构的突出特征包括进程不平衡和分布不均衡。世界工业现代化从欧洲起步,然后扩散到美洲和亚洲,最后波及非洲。2010年,欧洲工业现代化水平相对较高,美洲和亚洲水平次之,非洲现代化相对较低。

根据过去40年经验,工业发达国家和发展中国家的国际地位相对稳定,地位转变的概率一般低于10%。如果这种情况继续,那么,21世纪世界工业现代化的地理结构很难发生根本性的改变。在21世纪,欧洲、美洲和亚洲的工业现代化水平,预计仍然会高于非洲。

其次,世界工业现代化的国际体系。在过去50年,世界工业现代化的国际体系的水平结构相对稳定。但国家水平的国际地位会发生改变。如果没有发生重大改变和重大危机,21世纪国际体系将大致维持这种比例结构。

21世纪进入第二次工业现代化的国家会增加,处于第一次工业现代化的国家会减少,处于传统农业社会的国家将趋向于零。国际体系中,处于第二次工业现代化阶段的国家和比例会提高,处于第一次工业现代化阶段的国家和比例会下降。

2. 世界工业现代化的前景分析

世界工业四大方面现代化的前景分析需要专题研究。这里仅采用举例分析。

(1) 世界工业生产现代化的前景分析

世界工业生产现代化的前景分析,选择7个指标,分析世界前沿和世界平均水平。

首先,工业生产的世界前沿水平(用高收入国家平均值代表)。人均固定资产形成、工业劳动生产率、制造业劳动生产率、人均工业增加值和人均制造业增加值提高,工业劳动力和农业劳动力之比上升,工业增加值和服务业增加值之比下降(表1-139)。

表1-139 21世纪世界工业生产的世界前沿水平的情景分析

项目	增长率/(%)		2010	2020	2030	2040	2050
参考1980～2010年增长率估算	实际值	预测值					
人均固定资产形成	1.50	1.50	5879	6824	7921	9194	10 673
工业劳动生产率	2.75	2.75	24 511	32 163	42 205	55 382	72 673
制造业劳动生产率	2.73	2.73	92 394	120 993	158 444	207 488	271 712
人均工业增加值	0.91	0.91	7069	7735	8464	9262	10 136
人均制造业增加值	2.75	2.75	2219	2911	3820	5013	6579
工农业劳动力之比	2.23	0.57	6.25	6.62	7.01	7.42	7.86
工、服增加值之比	-1.17	-1.17	0.35	0.31	0.27	0.24	0.21
参考1990～2010年增长率估算	实际值	预测值					
人均固定资产形成	0.75	0.75	5879	6337	6831	7364	7939
工业劳动生产率	2.10	2.10	24 511	30 160	37 113	45 668	56 194
制造业劳动生产率	3.45	3.45	92 394	129 710	182 099	255 647	358 901
人均工业增加值	0.55	0.55	7069	7465	7884	8326	8793
人均制造业增加值	2.09	2.09	2219	2730	3358	4132	5083
工农业劳动力之比	2.59	0.78	6.25	6.75	7.30	7.89	8.52
工、服增加值之比	-1.14	-1.14	0.35	0.31	0.27	0.24	0.22

注:各项目单位见附表1-10,后同。

其次,工业生产的世界平均水平。世界平均水平与世界先进水平相比,人均固定资产形成和工业劳动生产率指标水平大约落后100年,制造业劳动生产率、工农劳动力之比、工业增加值与服务业增加值之比大约落后50年(表1-140)。

表1-140 21世纪世界工业生产的世界平均水平的情景分析

项目	增长率/(%)		2010	2020	2030	2040	2050
参考1980～2010年增长率估算	实际值	预测值					
人均固定资产形成	1.41	1.41	1648	1895	2179	2506	2882
工业劳动生产率	0.40	0.40	17 725	18 445	19 194	19 974	20 785
制造业劳动生产率	2.11	2.11	36 184	44 592	54 955	67 726	83 464
人均工业增加值	0.84	0.84	1980	2152	2340	2544	2766
人均制造业增加值	3.60	3.60	1222	1739	2476	3525	5019
工农业劳动力之比	1.20	2.50	0.79	1.01	1.30	1.66	2.12
工、服增加值之比	-0.76	-0.76	0.42	0.39	0.36	0.33	0.30
参考1990～2010年增长率估算	实际值	预测值					
人均固定资产形成	1.29	1.29	1648	1873	2130	2421	2753
工业劳动生产率	—	0.37	17 725	18 392	19 084	19 802	20 547
制造业劳动生产率	1.85	1.85	36 184	43 456	52 190	62 680	75 278
人均工业增加值	0.89	0.89	1980	2163	2363	2581	2820
人均制造业增加值	1.35	1.35	1222	1397	1598	1828	2091
工农业劳动力之比	3.32	3.32	0.79	1.09	1.51	2.10	2.91
工、服增加值之比	-0.67	-0.67	0.42	0.39	0.36	0.34	0.32

(2) 世界工业经济现代化的前景分析

世界工业经济现代化的前景分析,选择 5 个指标,分析世界前沿和世界平均水平。

首先,工业经济的世界前沿水平(用高收入国家平均值代表)。人均电力产量增加,人均高技术出口增加,人均制造业出口增加,人均电力消费提高、工业产品简单平均税率下降(表 1-141)。

表 1-141 21 世纪世界工业经济的世界前沿水平的情景分析

项目	增长率/(%)		2010	2020	2030	2040	2050
参考 1980~2010 年增长率估算	实际值	预测值					
人均电力产量	1.44	1.44	9524	10 989	12 679	14 630	16 881
人均高技术出口	—	1.23	899	1016	1148	1297	1466
人均制造业出口值	5.82	5.82	5810	1023	18 023	31 744	55 911
人均电力消费	1.45	1.45	9010	10 407	12 021	13 885	16 038
工业产品简单平均税率	—	−0.15	2.58	2.22	1.91	1.64	1.41
参考 1990~2010 年增长率估算	实际值	预测值					
人均电力产量	1.02	1.02	9524	10 546	11 678	12 932	14 320
人均高技术出口	1.19	1.19	899	1011	1138	1280	1440
人均制造业出口值	5.53	5.53	5810	9953	17 053	29 216	50 054
人均电力消费	1.11	1.11	9010	10 060	11 234	12 544	14 008
工业产品简单平均税率	−5.30	−5.30	2.58	1.49	0.86	0.50	0.29

其次,工业经济的世界平均水平。世界平均水平与世界先进水平相比,人均电力产量、人均电力消费、工业产品简单平均税率等指标水平大约落后 50 年(表 1-142)。

表 1-142 21 世纪世界工业经济的世界平均水平的情景分析

项目	增长率/(%)		2010	2020	2030	2040	2050
参考 1980~2010 年增长率估算	实际值	预测值					
人均电力产量	1.74	1.74	3118	3706	4405	5236	6223
人均高技术出口	—	3.40	258	360	504	703	983
人均制造业出口值	5.78	5.78	1513	2653	4654	8163	14 317
人均电力消费	2.10	2.10	2981	3671	4521	5567	6856
工业产品简单平均税率	—	−1.00	6.06	5.48	4.96	4.48	4.05
参考 1990~2010 年增长率估算	实际值	预测值					
人均电力产量	1.66	1.66	3118	3675	4332	5106	6019
人均高技术出口	3.11	3.11	258	350	475	645	877
人均制造业出口值	6.01	6.01	1513	2711	4858	8705	15 599
人均电力消费	1.72	1.72	2981	3534	4189	4966	5888
工业产品简单平均税率	−4.74	−4.74	6.06	3.72	2.29	1.41	0.86

(3) 世界工业环境现代化的前景分析

世界工业环境现代化的前景分析,选择 5 个指标,分析世界前沿和世界平均水平。

首先,工业经济的世界前沿水平(用高收入国家平均值代表)。平均预期寿命增加,人均 GDP 增加,人均能源消费增加,城市化率提高、安全饮水普及率提高(表 1-143)。

表 1-143　21 世纪世界工业环境的世界前沿水平的情景分析

项目	增长率/(%)		2010	2020	2030	2040	2050
参考 1980~2010 年增长率估算	实际值	预测值					
平均预期寿命	0.31	0.31	79	81	83	86	89
人均 GDP	4.80	4.80	35 365	56 511	90 303	144 300	230 585
人均能源消费	0.36	0.36	4969	5152	5342	5539	5744
城市化率	0.35	0.35	80	82	85	88	91
安全饮水普及率	—	0.10	99.1	100	100	100	100
参考 1990~2010 年增长率估算	实际值	预测值					
平均预期寿命	0.26	0.26	79	81	83	85	87
人均 GDP	3.81	3.81	35 365	51 414	74 747	108 670	157 988
人均能源消费	0.20	0.20	4969	5068	5169	5273	5378
城市化率	0.39	0.39	80	83	86	89	93
安全饮水普及率	0.05	0.05	99.1	99	100	100	100

其次,工业环境的世界平均水平。世界平均水平与世界先进水平相比,人均能源消费、城市化率和安全饮水普及率等指标水平大约落后 100 年,人均预期寿命、人均 GDP 等指标水平大约落后 50 年(表 1-144)。

表 1-144　21 世纪世界工业环境的世界平均水平的情景分析

项目	增长率/(%)		2010	2020	2030	2040	2050
参考 1980~2010 年增长率估算	实际值	预测值					
平均预期寿命	0.35	0.35	70	72	75	77	80
人均 GDP	4.42	4.42	9307	14 348	22 119	34 101	52 572
人均能源消费	0.85	0.85	1881	2047	2229	2427	2642
城市化率	1.02	0.58	53	56	59	63	67
安全饮水普及率	—	0.05	88.5	88.9	89.4	89.8	90.3
参考 1990~2010 年增长率估算	实际值	预测值					
平均预期寿命	0.29	0.29	70	72	74	76	78
人均 GDP	4.04	4.04	9307	13 834	20 565	30 569	45 441
人均能源消费	0.61	0.61	1881	1999	2125	2258	2400
城市化率	1.05	1.05	53	58	65	72	80
安全饮水普及率	0.76	0.76	88.5	95.4	100	100	100

(4) 世界工业要素现代化的前景分析

世界工业要素现代化的前景分析,包括定量指标和定性指标的分析。这里,简要讨论三个定量指标的世界前沿和世界平均水平。

首先,工业要素定量指标的世界前沿水平(用高收入国家平均值代表)。接受过高等教育的劳动力比例提高、专利拥有比例提高、新注册企业比例增加(表 1-145)。

其次,工业要素定量指标的世界平均水平。世界平均水平与世界先进水平相比,新注册企业比例大约落后 100 年,接受过高等教育的劳动力比例大约落后 80 年,专利拥有比例大约落后 50 年(表 1-146)。

表 1-145　21 世纪世界工业要素的世界前沿水平的情景分析

项目	增长率/(%)		2010	2020	2030	2040	2050
参考 1980~2010 年增长率估算	实际值	预测值					
接受过高等教育的劳动力比例	—	0.50	32.9	34.58	36.35	38.21	
专利拥有比例	2.36	2.36	6.33	7.99	10.09	12.75	16.10
新注册企业比例	—	2.00	5.84	7.12	8.68	10.58	12.89
参考 1990~2010 年增长率估算	实际值	预测值					
接受过高等教育的劳动力比例	1.55	1.55	32.9	38.3	44.7	52.2	60.9
专利拥有比例	1.63	1.63	6.33	7.44	8.74	10.28	12.09
新注册企业比例	1.10	1.10	6.51	7.26	8.10	9.04	12.56

表 1-146　21 世纪世界工业要素的世界平均水平的情景分析

项目	增长率/(%)		2010	2020	2030	2040	2050
参考 1980~2010 年增长率估算	实际值	预测值					
接受过高等教育的劳动力比例	—	0.50	22.9	24.07	25.30	26.60	27.96
专利拥有比例	—	3.50	1.67	2.36	3.32	4.69	6.61
新注册企业比例	—	2.00	3.13	3.82	4.65	5.67	6.91
参考 1990~2010 年增长率估算	实际值	预测值					
接受过高等教育的劳动力比例	0.68	0.68	22.9	24.5	26.2	28.0	30.0
专利拥有比例	2.45	2.45	1.67	2.12	2.70	3.44	4.39
新注册企业比例	0.78	0.78	3.13	3.38	3.65	3.95	4.27

3. 世界范围的国家工业现代化的前景分析

世界范围的国家工业现代化的前景分析,可以在国家层面和国际体系层面进行。它的分析对象包括国家工业现代化的路径和水平等。

(1) 21 世纪世界范围的国家工业现代化的路径分析

国家工业现代化具有路径依赖性,路径选择受历史传统、起点水平和国际环境的影响。

一般而言,国家工业现代化的路径选择与国家工业现代化的阶段紧密相关。已经完成第一次工业现代化和已经进入第二次工业现代化的国家,会选择第二次工业现代化路径。没有完成第一次工业现代化的国家,可以有三种选择:追赶工业现代化路径、综合工业现代化路径和第二次工业现代化路径。没有完成第一次工业现代化的国家,一般不宜采用第二次工业现代化路径。传统农业社会的国家,一般会选择追赶工业现代化路径。

(2) 21 世纪世界范围的国家工业现代化的时间和水平分析

首先,21 世纪国家工业现代化的时间进度。2010 年大约有 34 个国家完成第一次工业现代化,有 29 个国家进入第二次工业现代化。如果参照 1990~2010 年和 2000~2010 年的年均增长率估算,2050 年进入第二次工业现代化的国家 60 个左右;2100 年进入第二次工业现代化的国家将达 90 个左右(表 1-147)。

表 1-147　世界范围的国家工业现代化进程的一种估计

项目	2010	2020	2030	2040	2050	2080	2100
进入第二次工业现代化							
按 1990~2010 年年均增长率估算	29	39	42	43	45	49	53
按 2000~2010 年年均增长率估算	29	47	59	66	75	93	94

（续表）

项目	2010	2020	2030	2040	2050	2080	2100
完成第一次工业现代化							
按1970～2010年年均增长率估算	34	48	57	63	72	81	87
按1990～2010年年均增长率估算	34	51	62	69	74	91	94
按2000～2010年年均增长率估算	34	49	68	79	90	102	108

注：分析的国家样本为131个。第二次工业现代化指数达到或超过60，表示进入第二次工业现代化。第一次工业现代化指数达到90，表示完成第一次工业现代化。没有增长率数据的国家，按0.5%的增长率估算。增长率为负数的国家，按0.1%的增长率估算。根据历史推测未来，是预测方法的一种。未来有很大的不确定性，本表数据只有参考意义。

如果参照1970～2010年、1990～2010年和2000～2010年的年均增长率估算，2050年完成第一次工业现代化的国家将达到70多个，2100年完成第一次现代化的国家将达到100个左右（表1-147）。

其次，21世纪国家工业现代化的国际地位的变化。

在过去40年（1970～2010年）里，工业发达国家降级为工业发展中国家的概率为5%～6%，工业发展中国家升级为工业发达国家的概率为3%～8%（表1-127）。

如果参照历史经验，21世纪大约有2个左右工业发达国家有可能降级为工业发展中国家，大约有3～8个工业发展中国家有可能晋级工业发达国家。当然，21世纪具有很大不确定性，依据历史预测未来是不可能准确的；借鉴历史经验分析未来，只是一种预测方法。

本章小结

工业现代化是一个系统过程。本章关于工业现代化的时序分析、截面分析和过程分析，加深了对工业现代化的历史进程和未来前景的认识，从中可以发现和归纳出工业现代化的长期趋势和基本事实，它们是分析工业现代化规律的历史基础。关于工业现代化的前景分析，可以为制定工业现代化政策提供国际背景。

1. 工业生产的事实和前景

首先，工业资源。工业资源储量与技术进步密切相关，勘探、开采以及冶炼技术的进步拓展了资源储量。工业资源总量变化较慢，但人均资源变化较快。人均资源与资源总量成正比，与人口成反比。20世纪，世界人均工业资源总体下降，有些国家人均资源上升，工业资源的国别差异非常大。21世纪，人均工业资源继续下降，工业资源压力持续增加。

其次，工业投入。18世纪以来，工业劳动力比例和制造业劳动力比例先上升后下降，2010年高收入国家工业劳动力比例在22%左右。20世纪以来，固定资产形成占GDP比例、工业能耗占总能耗比例、工业用电占全部用电比例、工人人均电力消耗和工人人均能源消耗先上升后下降；工人人均资本和人均固定资产形成持续上升。21世纪，工业劳动力比例会继续下降，工业资本投入继续增加。

其三，工业产出与效率。18世纪以来，工业增加值占GDP比例、制造业增加值占GDP比例、单位工业增加值的能源消耗、电力消耗和淡水消耗先上升后下降；工业生产效率不断提高，其中工业劳动生产率、制造业劳动生产率、人均工业增加值和人均制造业增加值持续上升。目前工业劳动生产率的国际绝对差距近30万美元，相对差距有300多倍。

20世纪，工业劳动力比例与工业劳动生产率和制造业劳动生产率不相关；工人人均资本、工人人均能源消耗和工人人均电力消耗与工业劳动生产率和制造业劳动生产率正相关；自然资源消耗占GNI比例与工业劳动生产率和制造业劳动生产率不相关。

21世纪人均工业增加值会继续上升,工业增加值比例和单位工业增加值的能源消耗会继续下降;工业效率继续提高,工业效率的国际差距继续扩大。

其四,工业结构。在国民经济(GDP)和总就业劳动力中,采矿业增加值比例和劳动力比例先升后降(国别差异比较大),制造业增加值比例和劳动力比例先升后降,建筑业增加值比例和劳动力比例先升后降,公共事业增加值比例先升后降,公共事业劳动力比例变迁具有国别差异。在制造业增加值和就业劳动力中,高技术产业增加值比例上升,中技术产业增加值比例先升后降,低技术产业增加值比例下降;高技术产业劳动力比例上升但有国别差异,中技术产业劳动力比例先升后降,低技术产业劳动力比例下降。

20世纪后期,世界各国纺织品与服装行业比例下降,化工产品比例、机械和运输设备比例均上升;食品、饮料和烟草比例以及其他制造业比例的变化国别差异较大。

20世纪,大约51%的工业生产指标的变化,是相对连续的和可以预期的。

2. 工业经济的事实和前景

首先,工业供给。18世纪以来,人均原糖供应不断提高,但国别差异明显;人均钢铁产量、人均煤炭产量、人均啤酒产量先上升后下降。19世纪以来,人均水泥产量、人均铜产量、人均化肥产量先上升后下降。20世纪以来,人均电力产量和天然气产量不断上升。2010年人均电力供应,发达国家平均9524千瓦时,世界平均3118千瓦时。

21世纪人均电力供应、天然气供应会继续提高,国别差异较大。

其次,工业流通。20世纪以来,人均公路货运量、人均航空运输持续上升;国际工业贸易发展加快,国际贸易存在很大国别差异;工业产品简单平均适用税率下降,目前世界平均低于10%;人均制造业出口和人均高技术出口在不断上升,2010年世界人均高技术出口的最大值超过2万美元,最小值低于1美元。

20世纪,高技术出口占制造业出口比例上升,中高技术出口占制造业出口比例先升后降,中低技术出口占制造业出口比例先升后降,低技术出口占制造业出口比例下降,高技术和中技术出口比例变迁的国别差异较大。

21世纪,国际贸易会继续增长,国别差异会扩大,工业产品贸易关税可能会继续下降。

其三,工业需求和消费。20世纪以来,人均消费水平提高,但人均消费需求有极限。目前发达国家,人均钢铁消费、人均水泥消费、人均原油消费、人均原糖消费、人均化肥消费等几个指标的变化都呈下降趋势。

2010年,人均原油消费最大值约为5130千克,最小值约64千克,相对差距约为80倍;人均化肥消费最大值约为150千克/年,最小值约0.1千克/年,相对差距超过1500倍。

其四,工业竞争力。2009年,全球98个国家的工业竞争力指数排名,位列前三的是:新加坡、美国、日本。2010年,高收入国家制造业出口占全球的72.1%,中等收入国家占27.5%,低收入国家占0.4%;高收入国家高技术出口占全球的65%,中等收入和低收入国家占35%;人均制造业出口和人均高技术出口,高收入国家分别是世界平均值的3.8倍和3.5倍,中等收入国家分别是世界平均值的39%和50%。

20世纪以来,大约78%的工业经济指标的变化,是相对连续的和可以预期的。

3. 工业环境的事实和前景

首先,生态环境。20世纪以来,温室气体排放在增加,部分国家已经下降;PM 10平均浓度呈现先上升后下降的趋势。这个现象符合环境库兹涅茨曲线。

20世纪以来,主要国家工人人均工业有机废水(BOD)排放、单位工业增加值的有机废水(BOD)

排放量的变化先上升后下降,同时废水处理率呈上升趋势;人均工业固体废物上升,固体回收利用率在不断提高。

其次,社会环境。19世纪以来,平均预期寿命在延长,人口自然增长率从上升到下降,城市人口比例在不断上升;公共卫生在持续改善,初等教育逐步普及。20世纪以来,普及中等教育和高等教育,电脑和互联网普及率在提高。

21世纪,平均预期寿命会继续增加,城市化率会继续提高,通信技术继续发展等。

20世纪以来,大约77%的工业环境定量指标的变化,是相对连续的和可以预期的。

4. 工业要素的事实和前景

关于工业要素,既要关注定量因素,也要关心定性因素。

首先,工业劳动力。20世纪以来,工业劳动力素质提高。主要表现是工业劳动力受教育年数的增长;工业劳动力收入不断提高,这是工业劳动生产率不断提高的必然结果;工业劳动力福利不断提高,主要表现是工作时间的缩短、工伤率的下降和社会保障的提高。

21世纪,工业劳动力素质和收入会继续提高,发达国家工业劳动力将普及高等教育。

其次,工业企业。20世纪以来,企业管理水平不断提高,世界各国ISO认证企业的比例趋于上升。企业组织形式不断演化,管理水平不断提高。

其三,工业技术。工业技术发展可以大致分为三个阶段:传统工业技术(18世纪以前)、现代工业技术(18至20世纪70年代)和智慧工业技术(20世纪70年代以来),它们分别对应于农业经济时代、工业经济时代和知识经济时代。18世纪以来大致发生了三次技术革命:蒸汽机和机械革命、电力和运输革命、电子和信息革命。其中,电子和信息革命可以分为上半部(电子和自动化革命)和下半部(信息和智能化革命),目前处于第三次技术革命的下半部,德国学者认为是"工业4.0"。第四次技术革命的来临已经进入倒计时。

其四,工业制度。工业制度的演变可以大致分为三大阶段:农业经济时代、工业经济时代和知识经济时代的工业制度。本报告主要讨论了土地制度、生产制度、贸易制度、分配制度、消费制度、税收制度、工业科技和教育制度、工业环境制度等。

其五,工业观念。工业观念的演变可以大致分为三大阶段:农业经济时代、工业经济时代和知识经济时代的工业观念。本报告主要讨论了资源观念、生产观念、流通观念、分配观念、消费观念、税收观念、企业观念、管理观念、科教观念、环境观念等。

20世纪以来,大约77%的工业要素定量指标的变化,是相对连续的和可以预期的。

5. 世界工业现代化的历史进程

在18~21世纪期间,世界工业现代化的前沿过程大致包括两大阶段和六次浪潮。

第一次工业现代化是从传统工业向现代工业的转型,大致时间是1763~1970年,主要特点包括机械化、电气化、规模化、标准化、自动化和工业比例上升等。

第二次工业现代化是从现代工业向智慧工业的转型,大致时间是1970~2100年,主要特点包括信息化、绿色化、高技术、智能化、国际化和工业比例下降等。

第一次工业现代化包括三次产业革命和浪潮:机械化、电气化和自动化。

第二次工业革命预计包括三次产业革命和浪潮:信息化、仿生和再生、新能源和新运输。

在工业现代化过程中,工业技术、结构、质量、企业组织和管理在不断演变。

在1970~2010年期间,完成第一次工业现代化的国家数量从5个上升到34个,进入第二次工业现代化的国家从1个上升到29个;工业发达国家的比例为14%~17%,工业发展中国家的比例为83%~86%;1%~8%的工业发展中国家升级为发达国家,5%~6%的工业发达国家降级为发展中国家。

6. 世界工业现代化的客观现实

2010年,世界工业现代化的前沿已经进入第二次工业现代化,平均大约处于第一次工业现代化的后期,末尾处于传统农业社会。世界工业现代化处于两次工业现代化并存的阶段,世界工业平均水平约为世界工业先进水平的1/3。

2010年,34个国家完成第一次工业现代化,29个国家进入第二次工业现代化;83个国家处于第一次工业现代化,10个国家属于传统工业国家。工业现代化水平从高到低的排序大致是:欧洲、美洲、亚洲和非洲。

7. 世界工业现代化的历史经验

首先,工业现代化是相对可以预期的。其次,工业现代化是一个长期的、复杂的过程。其三,工业现代化是一个动态的、不平衡的过程,大致经历工业化和后工业化(非工业化)两大阶段。其四,工业现代化是一个可逆的过程,可以出现停滞、中断或倒退现象等。其五,工业现代化是一个进步的过程。其六,工业现代化是一个充满风险的过程。其七,企业是工业现代化的行为主体,政府在工业现代化过程也有重要作用。其八,工业现代化是一个创新的过程。其九,工业现代化是一个工业质量提升的过程。其十,工业现代化需要关注环境问题和可持续发展。

8. 世界工业现代化的前景分析

世界前沿水平:如果参照2000～2010年年均增长率,2050年第二次工业现代化指数的世界先进水平会比2010年提高1倍,2100年会比2050年提高约2倍多。

世界平均水平:如果参照1970～2010年和1990～2010年的年均增长率,第一次工业现代化指数的世界平均值将在2030～2040年达到100,世界平均完成第一次工业现代化(当然还有很多国家没有完成第一次工业现代化)。如果参照2005～2010年和2000～2010年的年均增长率,第二次工业现代化指数的世界平均值将在2050年达到94左右,大体相当于2005年的工业发达国家水平;在2100年将达到206左右,大体相当于2050年的工业发达国家水平。世界工业现代化的平均水平大致比世界先进水平落后约50年。

根据过去40年经验,工业发达国家和发展中国家的国际地位相对稳定,地位转变的概率一般低于10%。21世纪世界工业现代化的地理结构很难发生根本性的改变。在21世纪,欧洲、美洲和亚洲的工业现代化水平,预计仍然会高于非洲。

如果参照1990～2010年和2000～2010年的年均增长率估算,2050年进入第二次工业现代化的国家60个左右;2100年进入第二次工业现代化的国家将达90个左右。

如果参照1970～2010年、1990～2010年和2000～2010年的年均增长率估算,2050年完成第一次工业现代化的国家将达到70多个,2100年完成第一次现代化的国家将达100个左右。

如果参照历史经验,21世纪大约有2个左右工业发达国家有可能降级为工业发展中国家,大约有5个左右工业发展中国家有可能晋级工业发达国家。

第二章 世界工业现代化的基本原理

现代化是18世纪以来人类文明的一种前沿变化和国际竞争,发生在人类文明的所有部门。工业部门是人类文明和国民经济一个基础部门。工业现代化属于一种部门现代化,是经济现代化和国家现代化的一个重要组成部分。工业现代化研究既是现代化科学的一个组成部分(图2-1),也与工业化、工业革命研究和工业经济学等有很多交叉。现代化科学的基本原理可以适用于工业现代化,同时工业现代化具有一些特有的规律和性质。

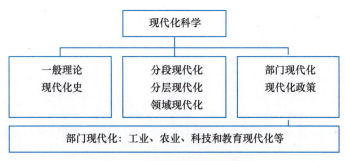

图 2-1　工业现代化的学科定位

第一节　工业现代化的相关研究

工业现代化的相关研究,主要涉及工业化、工业革命、工业经济学和发展经济学等。

一、工业化与工业革命

工业化和工业革命是工业现代化的核心内容。关于工业化和工业革命的学术文献非常丰富。

1. 工业化

关于工业化的讨论可以追溯到第一次工业革命时期,然而,引发广泛讨论并形成工业化理论是在第二次世界大战之后。目前,关于工业化的研究成果非常丰硕(表2-1)。

表 2-1　工业化研究的文献检索

检索方法	论文/篇			图书/种	
数据库名称	WOS	CAJD(核心期刊)	维普(核心期刊)	美国国会图书馆	中国国家图书馆
篇名、书名检索	4585	4471	4900	1554	1375
关键词、主题词检索	11 207	29 645	11 895	—	—

注:WOS为"web of sciences"网络数据库。它包括:Science Citation Index Expanded(科学引文索引,SCI-E),收录1899年以来的数据;Social Science Citation Index(社会科学引文索引,SSCI),收录1900年以来的数据;Arts & Humanities Citation Index(艺术与人文索引,A&HCI),收录1975年以来的数据;Conference Proceedings Citation Index—Science(自然科学类会议文献索引,CPCI-S),收录1990年以来的数据;Conference Proceedings Citation Index—Social Science & Humanities(社会与人文类会议文献索引,CPCI-SSH),收录1990年以来的数据。CAJD为CNKI的中国学术期刊网络出版总库,收录1915年以来的数据。维普为维普中文科技期刊数据库,收录1989年以来的数据。英文检索词为industrialization,中文检索词为工业化。检索没有时间期限。

检索时间:2015-01-29.

《中国现代化报告2005》曾专题讨论的工业化的概念和过程,这里简要介绍。

(1) 工业化的内涵

迄今为止,工业化没有统一的定义(表2-2)。一般而言,工业化有狭义和广义之分。狭义的工业化指工业在国民收入和就业结构中所占比重的连续上升过程;广义的工业化指国民经济的全面工业化,包括在国民收入和就业结构中工业比重的连续上升、农业比重的连续下降、工业生产方式和观念渗透到全部经济领域的过程。

表2-2 工业化的内涵

序号	定义	作者/来源
1	工业化指国民经济中一系列战略性生产函数连续发生变化的过程	张培刚
2	工业化指脱离农业的结构转变,即农业在国民收入和就业中的份额下降,制造业和服务业的份额上升	撒克
3	工业化指工业在国民收入和劳动人口中的份额连续上升的过程	流行观点
4	工业化就是指制造业产值份额的增加过程。工业化程度一般可以由国内生产总值中制造业份额增加来衡量	钱纳里
5	工业化是指一国或地区的经济结构由农业占统治地位,向工业占统治地位转变的经济发展过程	陈佳贵
6	工业化是一个长期的、经济结构的变化过程。在这个过程中,工业部门持续扩张,特别是制造业增长迅速,导致农业部门净产值和劳动力比重的持续下降,而工业部门尤其是制造业部门比重持续上升,服务业部门的比重大体保持不变,结果是工业部门在国民经济中渐占优势。在这种情况下,一国经济就实现了工业化	谭崇台,郭熙保

资料来源:谭崇台,主编. 2001. 发展经济学. 太原:山西经济出版社, 235—237.

工业化的定义有许多版本。一方面,从纵向工业化进程来看,工业化研究随着工业化和现代化进程的不断推进,对工业化的理解也不断更新,不同阶段有不同内涵。另一方面,不同领域的学者,从不同的角度阐述对工业化的理解。

《新帕尔格雷夫经济学大辞典》(1996)对工业化这样描述:工业化是一种过程。首先,一般来说,国民收入或地区收入中制造业活动和第二产业所占比例提高了,或许因经济周期造成的中断除外。其次,在制造业和第二产业就业的劳动人口的比例一般也有增加的趋势,在这两种比率增加的同时,除了暂时的中断之外,整个人口的人均收入也增加了。

张培刚教授(2009)认为,工业化指国民经济中一系列战略性生产函数连续发生变化的过程。这种变化可能最先发生于某一个生产单位的生产函数,然后再以一种支配的形式形成一种社会的生产函数而遍及整个社会。

(2) 工业化的过程

关于工业化过程的研究文献非常丰富,这里介绍两种观点。

其一,工业化的发展阶段。关于工业化过程的阶段划分,迄今没有统一认识。

德国学者霍夫曼根据20多个国家的资料,对制造业中消费资料工业与生产资料工业的比例进行了研究,在1931年出版《工业化阶段和类型》,提出工业化阶段的霍夫曼系数。霍夫曼系数反映了18世纪至20世纪上半叶的工业化过程和产业结构变化的阶段。

霍夫曼系数=消费资料工业净产值÷资本资料工业净产值

第一阶段:消费资料工业占绝对优势地位,霍夫曼系数约为5 ± 1;

第二阶段:生产资料工业提升,但消费资料工业仍占主导,霍夫曼系数约为2.5 ± 1;

第三阶段：生产资料工业与消费资料工业大致相当，霍夫曼系数约为 1 ± 10.5；

第四阶段：生产资料工业领先增长，进入重工业化阶段，霍夫曼系数小于 1。

谭崇台（2001）认为："工业化不仅是一个国家从农业部门向非农业部门的转变过程，而且也是工业部门内部结构的变化过程。一般认为，工业化发展过程正常要经历三个阶段。"在第一阶段，初级消费品工业占主导地位；在第二阶段，资本品工业迅速上升，消费品工业优势下降；在第三阶段，资本品和消费品工业达到平衡，资本品工业逐渐占优势。

美国学者钱纳里等（1995）出版《工业化和经济增长的比较研究》，根据 9 个准工业化国家（地区）1960～1980 间的历史资料，建立了多国模型，提出了工业化的阶段划分模型：根据人均国内生产总值，将不发达经济到成熟工业经济整个变化过程划分为三个阶段六个时期。

第一阶段：初级产业生产

① 人均收入：140～280 美元。农业为主，制造业占 GDP 比例约为 15%；

第二阶段：工业化

② 人均收入：280～560 美元。工业化初期：轻工业为主；

③ 人均收入：560～1120 美元。工业化中期：向重工业转变；制造业占 GDP 比例约为 24%；

④ 人均收入：1120～2100 美元。工业化后期：服务业发展，制造业占 GDP 比例达到 36%；

⑤ 人均收入：2100～3360 美元。后工业社会：服务业发展，制造业比例下降；

第三阶段：发达经济

⑥ 人均收入：3360～5040 美元。发达经济，服务业发展。

人均收入的单位：按 1970 年不变价格计算的美元。

钱纳里等（1995）认为：工业化的一般特征是国内需求的变动、工业产品中间使用量的增加、国际贸易中比较优势的变化、资本和劳动的再分配。钱纳里把工业部门分为早期工业部门、中期工业部门和晚期工业部门三类。早期工业包括食品和轻纺工业等，中期工业包括非金属、橡胶和化学工业等，晚期工业包括重工业等，重工业包括耐用消费品和耐用资本品。

中国学者何传启（2001）根据 131 个国家 19 世纪至 20 世纪末的历史经验，在《中国现代化报告 2001》中提出，用农业增加值比例和农业劳动力比例、农业与工业增加值之比、农业与工业劳动力之比 4 个指标的平均值来判断第一次现代化的发展阶段。何传启建议，工业化阶段可用工业与农业增加值之比、工业与农业劳动力之比 2 个指标的平均值来衡量；后工业化阶段可以利用物质产业（工农业总和）的增加值比例和劳动力比例 2 个指标平均值来衡量。

- 工业化起步期：工业与农业增加值之比大于 0.2，工业与农业劳动力之比大于 0.2；
- 工业化发展期：工业与农业增加值之比大于 0.5，工业与农业劳动力之比大于 0.5；
- 工业化成熟期：工业与农业增加值之比大于 1.2，工业与农业劳动力之比大于 1.2；
- 工业化过渡期：工业与农业增加值之比大于 5，工业与农业劳动力之比大于 5。

其二，工业化的"代际理论"。韩国学者金泳镐（1993）提出了四代工业化的概念。

第一代工业化，18 世纪末至 19 世纪初在英国实现，特点是市民革命先行，然后是工业革命。

第二代工业化，发生在 19 世纪中叶的法国、德国等欧洲国家和美国，开始同样是市民革命先行，但法、德两国的情况不同，然后是工业化。

第三代工业化，发生在 19 世纪末至 20 世纪初的意大利、俄国和日本等，先是工业化，然后是市民革命。

第四代工业化，发生在 20 世纪下半叶，主要是新兴工业化国家、地区和拉美国家等，工业化是依靠国家和外资的结合来实现的,然后是不彻底的市民革命。

四代工业化在时间上分别与康德拉季耶夫经济周期的第一景气周期(1790年到1844～1851年)、第二景气周期(1844～1851年到1890～1896年)、第三景气周期(1890～1896年到1948年)和第四景气周期(1948年到20世纪后半期)相吻合。

(3) 工业化的结果

主要是工业部门占主导地位,农业部门比重降到30%以下,工业生产方式和观念扩散到全部经济部门,劳动生产率稳定增长和工业经济成熟。

(4) 工业化的动力

工业化的动力与经济增长的动力有紧密关系,库兹涅茨(1989)和钱纳里(1995)等分析了工业化过程中经济增长的原因。刘易斯(1990)提出"两部门模型"。

刘易斯假设:发展中国家经济由两个部门组成,一个是农村人数众多的、仅能维持基本生存的传统农业部门,它的边际劳动生产率为零;第二是城市中的现代工业部门,劳动生产率很高,能够吸收农村剩余劳动力。农业和工业部门之间存在工资差别,经济机制能够将农业劳动力吸收到工业部门。由于农村劳动力-土地比率的下降,农村劳动力边际生产率将上升,工资提高。随着经济活动从传统农业向现代工业的转移将达到某种均衡,经济结构转变完成。

(5) 工业化的模式

关于工业化的模式研究有大量文献。例如,格尔申克隆(冈纳森,1985)分析了欧洲后发国家工业化的经验,提出所谓的工业化"追赶模式"。他把工业化分为8个对比类型:本地型-引进型、被迫型-自主型、生产资料中心型-消费资料中心型、通货膨胀型-通货稳定型、数量变化型-质量变化型、连续型-断续型、农业发展型-农业停滞型、经济动机型-政治目的型。

2. 工业革命

工业革命是人类历史上的重大事件,也是工业现代化启动的标志性事件。关于工业革命的研究,受到国内外学者的普遍和持续关注。截止2013年10月,关于工业革命的英文著作约有723部,中文著作约有33部,WOS(Web of Science)收录论文1793篇,中国学术期刊网(CNKI)收录中文论文794篇(表2-3)。

表2-3 关于工业革命的学术文献

检索方法	论文/篇		图书/种	
数据库名称	WOS	CAJD(核心期刊)	美国国会图书馆	中国国家图书馆
篇名、书名检索	1793	794	723	33

注:英文检索词为"industrial revolution",中文检索词为工业革命。检索没有时间期限。
检索时间:2013-10-08.

关于工业革命(亦称产业革命),目前没有统一定义。在英文文献和中文文献中,关于产业革命的定义有所不同(表2-4)。有些文献没有明确区分产业革命、工业革命、技术革命和科技革命的差别,容易引发概念的混淆。

我们认为,要给工业革命一个普遍接受的定义是很困难的。一般而言,工业革命指由技术革命推动的、新产业模式取代旧产业模式的活动和过程,它不仅带来生产效率的极大提高,引起生产方式和经济结构的巨大变化,还使人类的生活方式和消费方式会发生重大变化。

从历史上看,工业革命一般应具有以下特点:① 要有科学技术的革命性突破为基础和先导,要有新技术群的产生,而不只是某一项技术进步;② 要有紧迫和现实的重大需求;③ 对经济社会发展带来重大变化,包括引发生产方式、产业结构和组织、人们生活方式等方面的变革。任何一项单一的技术都不足以引发新一轮产业革命。

表2-4 不同学者对工业革命(产业革命)的解释

序号	定义	作者/来源
1	广义的产业革命是一次包括政治、经济一切在内的社会-文化上的全面巨大变革。这是推动历史前进的力量	奇波拉,1988
2	所有现有的发达国家在过去某个时期都经历过经济加速增长阶段,其中,每年的纯投资率从5%以下上升到12%以上的那个阶段就是我们所说的产业革命时期	刘易斯,1996
3	工业革命的核心就是连续性的技术变化。工业革命时期的技术出现了三个方面变化:机械设备替代人的劳动;无机能源取代人力和畜力;原材料的获取和加工技术得到改进	David,2003
4	产业革命指人类社会为满足其自身需要而进行的利用自然、改造自然活动的方式、方法的质的飞跃过程。它并不单指工业革命	赵儒煜,2003
5	工业革命是一种新的工业模式(工业的技术基础、结构、运行方式和规模等)取代旧的工业模式的活动和过程,它带来生产效率的大幅提高,引起生产方式和经济结构的巨大变化	钱时惕,2007

资料来源:郭濂,栾黎巍,何传启,叶青,2014.

从世界经济角度看,现代工业革命可以追溯到18世纪。关于18世纪以来的工业革命,目前大致有三种观点,即三次工业革命、四次工业革命和五次工业革命(表2-5),其中,三次工业革命说受到普遍支持。

表2-5 18世纪以来的工业革命

产业革命	三次工业革命说	四次工业革命说	五次工业革命说
第一次产业革命	18~19世纪,机械化,包括蒸汽机、纺织机和工作母机应用等	18~19世纪,蒸汽机和机械应用,涉及采矿、机械、冶金、运输等,机械化	1780~1848(第一次康德拉季耶夫长波),纺织工业,棉花、铁和水力时代
第二次产业革命	19~20世纪,电气化,包括电力技术、内燃机和电讯技术应用等	19~20世纪,电力技术和电讯技术应用,电气化	1848~1895(第二次康德拉季耶夫长波),钢铁工业,铁路、蒸汽机和机械化时代
第三次产业革命	20世纪40年代以来,自动化和信息化,包括电子技术、信息技术和高技术的应用等	20世纪40~90年代,自动化、电子、核电、航天工业等	1895~1940(第三次康德拉季耶夫长波),电力工业、钢铁、重化工和电气化时代
第四次产业革命	—	20世纪90年代以来,互联网、电子商务等	1941~1992(第四次康德拉季耶夫长波),汽车工业,石油、自动化和大规模生产时代
第五次产业革命	—	—	1992~(第五次康德拉季耶夫长波),信息产业,互联网、通信和信息化时代

资料来源:钱时惕,2007;何传启,2012;弗里曼,卢桑,2007.

一般而言,工业革命有狭义和广义两种理解。狭义工业革命指18世纪后期首先发生在英国,随后扩散至美、欧、日等国家的工业革命,是机器生产代替手工劳动,以手工技术为基础的手工业过渡到采用机器生产工业的过程。这次工业革命不仅仅是技术革命(始于棉纺织工业的一系列技术变革),也包含了广泛的社会变革(如生产组织方式的变化,以及后来的经济总体发展和经济结构的变革),因而工业革命的展开也是工业化的开始。广义工业革命则有多种说法,与技术革命关系密切。迄今为止,有些学者认为,世界范围内已经进行了三次工业革命:

- 第一次产业革命(即工业革命)开始于18世纪60年代,首先发生于英国,并以英国为核心扩散,以蒸汽机的发明和推广为标志;
- 第二次产业革命开始于19世纪70年代,以电力和工业电气化为标志,美国和德国在第二次产业革命中居领先地位;
- 第三次产业革命开始于第二次世界大战,以美国计算机发明以及自动化技术的推广为标志。20世纪70年代以来,信息化、智能化、绿色化技术成为新的趋势,有人称之为第四次工业革命,也有人认为它是第三次工业革命的后半阶段。

2013年9月,德国联邦教育研究部发表一个研究报告:《把握德国制造业的未来:实施"工业4.0"战略的建议》。这个报告把18世纪以来的德国工业革命分为四个阶段(图2-2)。

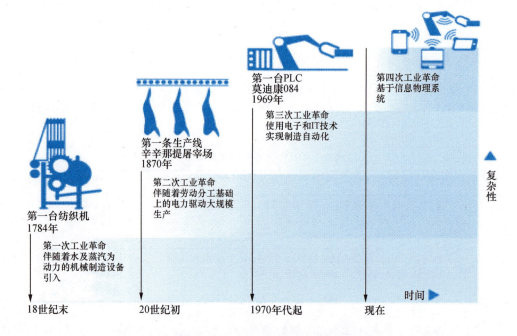

图2-2 德国提出工业革命的四个阶段(工业4.0)

资料来源:德国联邦教育研究部,2013.

我们认为,18世纪以来世界科技大致发生了三次技术革命,世界经济大致发生了三次工业革命,第三次工业革命包括自动化和信息化两个阶段,目前第二个阶段尚没有结束。未来10年,第三次产业革命将进入最后的高潮,第四次产业革命处于孕育期。未来10年是从第三次产业革命向第四次产业革命转移的战略机遇期。

3. 工业化、工业革命与工业现代化

工业革命和工业化之间既紧密关联又有区别,二者都与工业现代化关系密切。

首先,第一次工业革命可以视为工业化的起点,没有第一次工业革命就没有现代工业生产组织方式,也就不可能有工业现代化。几次工业革命中的领先国家,也是较早实现工业化和工业现代化的国家。但是,工业革命的完成不能等同于工业化的实现及工业现代化的达成。

其次，工业革命与工业化是实现工业现代化的必由路径。工业现代化不仅包括工业化和工业革命，而且包括"后工业化"和国际工业分化，包括工业经济的世界前沿和国际差距的变化。何传启认为，第一次工业现代化的完成关键性标志就是工业化的完成和劳动生产率达到世界先进水平，而第二次工业现代化则部分对应的是非工业化的过程。

其三，工业化研究可以从历史维度进行研究，工业现代化研究既需要历史维度研究，更需要国际比较角度的研究。前者是纵向研究，后者是纵向和横向相结合。

二、工业经济学

工业经济学是经济学的一个分支。工业经济学没有统一定义，相关文献比较多（表 2-6）。

表 2-6 工业经济学的文献检索

检索方法	论文/篇			图书/种	
数据库名称	WOS	CAJD（核心期刊）	维普（核心期刊）	美国国会图书馆	中国国家图书馆
篇名、书名检索	1187	11	70	134	38
关键词、主题词检索	10 534	36	94	—	—

注：英文检索词为"industrial economics"或"industrial economy"，中文检索词为工业经济学。检索没有时间期限。检索时间：2015-01-29.

1. 工业经济学的起源和演变

西方经济学家对工业经济问题的研究可以追溯至 19 世纪末 20 世纪初。当时的研究可以分为两派：英国数学学派和德国经验学派。前者采用数学方法进行演绎推导，代表人物有英国经济学家杰文斯，法国经济学家、数理经济学派古诺以及英国新古典经济学派的创始人马歇尔。经验学派强调在实际调查基础上，对经济事实和经济运行方式加以研究，认为不同的经济环境制约着数学学派经济分析的有效性，他们多采用归纳法，重视客观环境对企业行为的影响。

20 世纪 30 年代，美国哈佛大学张伯伦与英国剑桥大学罗宾逊分别出版了《垄断竞争理论》和《不完全竞争经济学》，提出了垄断竞争学说和不完全竞争学说，共同构成了"垄断竞争论"。尤其是张伯伦依据经验学派指出的实际情况设定假设，建立垄断竞争的数学模型，将数学学派与经验学派相结合，工业经济学作为一门学科开始渐渐形成。

二次大战之后，工业经济研究受到西方各国政府和学界的重视，有了很大发展。50 年代初，《工业经济学》杂志开始出版，工业经济学的框架逐步建立。例如，美国哈佛大学贝恩关注企业的市场结构、市场行为和市场绩效之间的因果联系，重视产品差别化、技术进步、纵向联合、市场研究等研究内容，形成了早期的一种研究思路。

20 世纪六七十年代，工业经济学家们通过调查和研究产业内企业间的影响力及"进入壁垒"等问题，继续矫正由于垄断竞争理论兴起所带来的对于产业经济活动描绘的缺乏。

工业经济学作为描述工业部门运行的经济学应包括两方面的内容：一是关于个别企业自身决策、管理的经济学，二是产业或整个工业运行的经济学。

2. 工业经济学与工业现代化

工业经济学与工业现代化的关系，大致有三个方面。

首先，工业经济现代化是工业现代化的重要组成部分。

其次，工业经济和经济现代化是相互促进的。

其三，工业经济学和工业现代化研究是互相交叠的，它们可以相互借鉴。

三、发展经济学

20世纪60年代以来,发展研究和发展经济学受到重视,学术文献非常多(表2-7)。例如,以"发展经济学"为书名的图书,美国国会图书馆收录了700多种,中国国家图书馆收录了260多种。发展经济学有两种解释:发展中国家的经济发展研究、世界经济的发展研究。前者是狭义发展经济学,后者是广义的发展经济学。

表2-7 发展经济学的文献检索

检索方法	论文/篇			图书/种	
数据库名称	WOS	CAJD(核心期刊)	维普(核心期刊)	美国国会图书馆	中国国家图书馆
篇名、书名检索	4173	404	454	719	266
关键词、主题词检索	38 782	1693	984	—	—

注:英文检索词为"development economics"或"development economy",中文检索词为发展经济学。检索没有时间期限。
检索时间:2015-01-29.

1. 发展经济学的基本概念

广义的发展经济学:研究经济发展。"在一定程度上说,古典主流经济学的核心就是发展经济学"(杨小凯,张永生,1999)。亚当·斯密在1776年发表的《国富论》,研究国民财富增长问题,可说是最早涉及发展经济学的著作了。通常所说的发展经济学,是狭义的发展经济学,它的主要任务就是研究发展中国家如何实现经济发展和追赶前沿的过程。

不管是广义还是狭义,工业化都曾是发展经济学的核心议题。

张培刚(1989)认为:广义的发展经济学是在没有任何先例的条件下,研究农业国家如何成为工业化的国家,或经济落后的国家如何成为经济发达的国家。而狭义的发展经济学则不同,它是在世界上已经有了一批为数虽较少,但经济实力却很强大的发达的工业化了的资本主义国家的条件下,研究那些大多数的农业国家或经济落后的国家如何实现工业化和现代化,或如何实现经济起飞和经济发展的问题。

有学者认为(Meier,1994):发展经济学于20世纪40年代问世,以1943年罗森斯坦-罗丹发表的论文"东南欧工业化问题"和1947年K.曼德尔鲍姆的著作《落后地区的工业化》为标志性文献。20世纪40年代初至60年代是发展经济学的第一发展阶段。这一时期占主导地位的是结构主义路径,强调资本积累、工业化、计划化等的重要性。随着宏观政策上对工业化、计划化战略的推进,发展中国家经济发展的同时也出现了一系列的问题,到20世纪60年代以后,工业化的现实与目标差距越来越大。70年代发展经济学家开始反思之前的理论,重新定义农业、农村发展的重要性,重新强调市场机制的作用,推进了新古典发展理论的发展,为第三阶段发展经济学的发展打下基础。20世纪80年代钱纳里等人的《工业化和经济增长的比较研究》将工业化与经济增长联系起来,深化了发展经济学的研究。同时,发展经济学继续对工业化进程中的新问题进行研究。

2. 发展经济学与工业现代化

首先,发展经济学主要关注发展中地区的发展问题,与工业现代化研究有大量交叉。

其次,发展经济学与工业现代化的研究又有差异,发展经济学是发展中地区追赶前沿的过程,工业现代化研究更多地关注工业部门发展的世界前沿。

其三,发展经济学对于工业现代化研究有一定借鉴意义。

第二节 工业现代化的专题研究

工业现代化的专题研究,是把工业现代化作为一个研究课题进行的学术研究。这种研究从何时开始,没有统一认识。目前的研究,大致分为三大类:工业现代化的概念研究(阐释性研究)、实证研究和应用研究。这些研究的主要目的可以分为两类:学术目的——探索工业现代化的特征、本质和原理;应用目的——寻求促进和实现工业现代化的政策工具。当然,上述分类是相对的,有些研究是综合性的,有些研究有所侧重但兼顾其他。

目前,相对于工业化研究的大量文献(表 2-1),工业现代化研究的文献比较少(表 2-8)。但如果把工业化研究纳入工业现代化研究的范畴,那么,工业现代化研究的文献更加丰富。

表 2-8 工业现代化研究的文献检索

检索方法	论文/篇			图书/种	
数据库名称	WOS	CAJD(核心期刊)	维普(核心期刊)	美国国会图书馆	中国国家图书馆
篇名、书名检索	155	48	72	10	18
关键词、主题词检索	1324	515	190	—	—

注:英文检索词包括四个(industrial modernization, industrial modernisation, modernization of industry, modernisation of industry),检索结果为四次检索的总和,扣除重复。中文检索词为工业现代化。检索没有时间期限。
检索时间:2015-01-29。

一、工业现代化的概念研究

关于工业现代化的概念研究,大致有三种思路。其一,根据现代化过程工业变迁的事实,抽象出工业现代化的概念。其二,根据学术文献的有关内容,归纳或推导出工业现代化的概念。其三,根据社会理想或个人理想,阐释工业现代化的概念。当然,有些时候是综合研究。

关于工业现代化的理论解释,目前并没有统一认识。这里举一些例子。

胥和平和张世贤(2001)认为:工业现代化是经济社会现代化过程中,工业的生产方式和生产关系所表现出来的结构性变动和发展过程。

方甲(2002)认为:工业现代化就是要通过发展科学技术,采用先进的技术手段和科学管理方法,把一国或地区的工业建立在当今世界先进科学技术基础上,使其主要技术经济指标达到当代世界先进水平的发展过程,具体体现为工业劳动资料现代化、工业部门结构现代化、工业管理现代化、工业技术现代化、工业职工素质现代化和人们生活水平极大提高等方面。

陈佳贵和黄群慧(2003)认为:工业现代化是指在一国或地区的经济现代化过程中,工业质量和效率不断提高、逐步达到世界先进水平的发展过程。工业现代化一般表现为在现代科学技术进步的推动下新兴工业部门不断产生和增长、原有工业部门持续变革和发展,并由此而导致工业结构变化和整体工业生产力水平的提高,最终达到当今世界的先进水平。

美国先进制造国家联盟(1990)发表了《工业现代化:美国视角》白皮书。

何传启认为:可以将"第二次现代化理论"用于工业现代化领域,将已有的工业现代化分为经典工业现代化和第二次工业现代化。经典工业现代化(第一次工业现代化)与工业化有密切关系,同时又有很大差别。工业现代化包括工业化和非工业化两个阶段。在本章第三节,何传启还将系统阐述他提出的"广义工业现代化理论"。

二、工业现代化的实证研究

工业现代化的实证研究,是对工业现代化过程或现象进行直接研究。这种研究以学术目的为主,旨在探索工业现代化的基本原理和客观规律,或者检验工业现代化理论的真实性。如果这种研究基于应用目的的,那么,它就属于工业现代化的应用研究。

从广义角度看,工业现代化的实证研究,可以大致分为五个流派。

首先,技术创新学派。主要观点:技术创新和工业革命是工业现代化的推动力。1912年出版的奥地利经济学家熊彼特所著的《经济发展理论》,提出"创新理论"。他认为,企业创新是引入一种新生产函数,就是生产要素的一种新组合。他提出了企业创新的五种形式:新产品、新工艺、新原料来源、新市场和新企业组织形式。20世纪50年代以来,技术创新受到全球关注。联合国工业发展组织在《工业发展报告2013》中介绍了18世纪以来的六次创新浪潮(图2-3)。

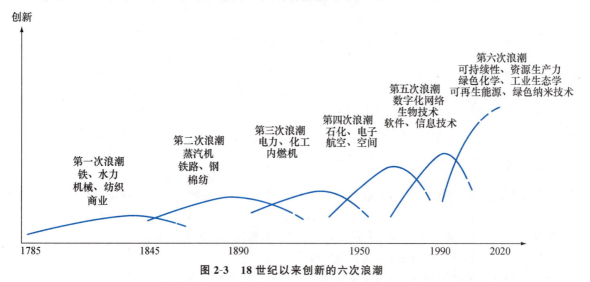

图2-3　18世纪以来创新的六次浪潮

资料来源:UNIDO,2013;Hargroves, Smith, 2005.

其次,制度创新学派。主要观点:制度创新是工业现代化的动力。制度创新学派是熊彼特"创新理论"在制度领域的延伸。制度经济学对制度创新有系统阐述。

其三,企业结构学派。主要观点:企业组织结构变迁是工业现代化的表现形态。Abbott(2002,2003)系统梳理了工业现代化与企业产生和成长的文献,系统梳理了工业现代化与发展理论的研究进展,涵盖了工业现代化的社会结构,文化与行为的方面,个体企业的发展,技术生产体系的进步,市场与消费、存储、投资等广阔领域的研究。美国学者钱德勒的《战略与结构:美国工商企业成长的若干篇章》,揭示了企业成长的主要特点。

其四,产业结构学派。主要观点:工业化是工业现代化的主要形式。关于工业化的宏观结构研究,都可以归入这个学派。钱纳里等人在《工业化和经济增长的比较研究》一书中运用投入产出分析方法、一般均衡分析方法和经济计量模型,考察了二次大战后发展中国家的工业化进程,分析了工业化的结构转变和特点,描述了经典工业现代化的过程,他把工业部门分为早期工业部门、中期工业部门和晚期工业部门三类。早期工业包括食品和轻纺工业等,中期工业包括非金属、橡胶和化学工业等,晚期工业包括重工业等,重工业包括耐用消费品和耐用资本品。

一般认为,工业化过程大致经历三个阶段。在第一阶段,初级消费品工业占主导地位;在第二阶段,资本品工业迅速上升,消费品工业优势下降;在第三阶段,资本品和消费品工业达到平衡,资本品工业逐渐占优势。

德国学者霍夫曼提出用消费品和资本品工业的产值比作为衡量工业化水平的定量指标。

其五,历史学派。主要观点:工业现代化是一个历史过程,工业现代化与经济社会是相互作用的,世界各国的工业现代化具有不同特点。Tzeng(1999)揭示了工业现代化与社会结构、文化发展等方面的关系。Istoriya(2012)分析了伏尔加河下游地区自19世纪到20世纪30年代的工业现代化进程。不同国家学者对不同产业的产业现代化做了大量研究。

陈佳贵(2004)、陈佳贵和黄群慧(2009)对中国工业化和工业现代化进行了全面研究。韩毅(2007)和杨朝辉(2011)对美国工业现代化进行了系统分析等。

三、工业现代化的应用研究

工业现代化的应用研究,是把工业现代化作为一种客观事实,把工业现代化理论作为一种理论框架,并运用这种理论去研究或指导工业实践。它可以大致分为三个方面。其一,工业现代化的定量研究,包括工业现代化评价、工业发展评价和工业竞争力评价等。其二,工业现代化的政策研究,包括工业指标、工业化、工业发展、工业政策分析和工业政策制定等。其三,工业现代化的跨领域应用,如把它作为其他领域研究的分析背景等。

其一,工业现代化的定量研究,包括工业现代化评价、工业竞争力评价等。

Shapira 和 Roessner(1996)归纳了工业现代化评价的主要议题。Outrata(2000)探讨了世界经济的竞争力和融合的过程。Wang(2009)探讨比较了工业竞争力的不同评价方法。

工业现代化的定量评价研究受到中国学者的高度重视。目前中国学术期刊网络出版总库收录的"工业现代化评价"论文有16篇。陈佳贵和黄群慧(2003)提出以工业增长效率、工业结构和工业环境三个方面作为工业现代化的标志;进而基于这三方面标志,构造了一套评价工业现代化水平的指标体系,并依据这套指标体系对中国工业的现代化水平进行了初步评价。

其二,工业现代化的政策研究,包括工业现代化评估、现代工业、工业发展、工业政策分析和工业政策制定等。国外这方面的文献也不少,这里举具有代表性的几例。

Shapira 等人(1996)探讨了对当前美国工业现代化规划的评价方法。Best 和 Forrant(2000),以曼彻斯特的两个实例来探究区域工业现代化的规划问题。Torvatn(1999)以三个实例研究,使用程序理论模型评估工业现代化规划。

中国工业现代化的政策研究非常活跃。这种政策研究大致有两种模式。其一,研究中国工业现代化的发展战略,如陈佳贵等人的工业现代化研究。其二,研究国外工业现代化的发展途径,为中国提供借鉴,如杨朝辉通过对美国工业现代化进程的独特性研究探索其对中国的启示。

关于工业发展的政策研究,受到广泛关注(表2-9),它们与工业现代化紧密相关。

表2-9 工业发展的政策研究

联合国工业发展组织《工业发展报告(IDR)》	发达国家	中国
IDR2002/2003:通过创新和学习参与竞争	美国先进制造业伙伴计划	中国工业发展报告,1993
IDR2004:工业化、环境和亚撒哈拉非洲千年发展目标	美国制造业政策框架	中国工业发展报告,1996
IDR2005:赶超的能力建设:历史、经验和政策维度	美国"质量振兴法案"	中国工业发展报告,1997—2014
IDR2009:进入和上升:低收入和中收入国家的新工业挑战	美国"第三次工业革命"	中国工业化进程报告,2007,2008
IDR2011:为可持续财富创造的工业能源效率	德国高技术战略2020	中国工业化报告,2009
IDR2013:可持续的就业增长:制造业和结构变迁的角色	德国工业4.0	中国制造强国战略研究

第三节 工业现代化的基本原理

工业现代化是经济现代化的重要内涵。关于工业现代化的理论解释,目前并没有统一认识。本章第二节介绍了经典工业现代化理论的一些研究成果和观点,例如,有些学者强调技术进步,有些学者强调制度进步,有些学者强调企业变迁,有些学者强调结构变化,有些学者认为是多因素的联合作用。显然,不同观点各有合理性。何传启认为,可以把《现代化科学:国家发达的科学原理》推广到工业现代化领域(表2-10),他提出了"广义工业现代化的一般理论"(表2-11),涵盖工业现代化的内涵、过程、结果、动力和模式五方面内容。

表2-10 工业现代化理论的结构

分类	理论	主要内容
一般理论	元理论	工业现代化的内涵、过程、结果、动力和模式等
分支理论	分阶段研究	第一次工业现代化、第二次工业现代化、综合工业现代化
	分层次研究	世界、国家、地区等的工业现代化
	分领域研究	工业生产、工业经济、工业环境、工业要素的现代化
	分部门研究	采矿业、制造业、建造业、公共事业的现代化
相关理论	其他现代化理论	第二次现代化理论、经济现代化理论、生态现代化理论等
	其他相关理论	经济学、发展经济学、工业经济学、工业化理论、工业生态学等

注:工业生产涉及工业资源、工业投入、工业结构和工业效率等。工业经济涉及工业供给、工业流通、工业需求(消费)、工业竞争力等。工业环境包括工业生态环境和社会环境等。工业要素包括工人(工业劳动力)、工业企业、工业技术、工业制度和工业观念等。

表2-11 广义工业现代化的一般理论

方面	基本内容
内涵	工业现代化是工业部门的现代化,是18世纪工业革命以来的一种工业变迁和国际竞争,是现代工业的形成、发展、转型和国际互动的前沿过程,是工业要素的创新、选择、传播和退出交替进行的复合过程,是追赶、达到和保持世界工业先进水平的国际竞争和国际分化等
过程	工业现代化是一个复杂过程,包括工业发展、工业转型、国际工业竞争和国际工业分化,包括工业行为、工业结构、工业制度和观念的变化,包括工业企业组织和企业管理的变化,包括工业发展的世界前沿和达到世界前沿的过程等。在18~21世纪期间,工业现代化过程的前沿轨迹可以分为两大阶段,其中,第一次工业现代化是从传统工业向现代工业、从个体手工业向机械化大工业的转型过程和深刻变化,它的主要特点包括工业化、机械化、电气化、自动化、标准化、规模化和工厂化等;第二次工业现代化包括从现代工业(Modern Industry)向智慧工业(Smart Industry)、从机械化工业向信息化工业的转型,目前特点包括知识化、信息化、绿色化、智能化、国际化和非工业化等;两次工业现代化的协调发展是综合工业现代化。22世纪工业现代化还会有新变化
结果	工业现代性、特色性、多样性和副作用的形成,包括工业效率和工人收入的提高、工业质量与工业竞争力的改善、工业技术和工业制度的发展、工业行为和工业结构的合理化以及国家工业水平、国际工业地位和国际工业体系的变化等。第一次工业现代化的结果是第一工业现代性、特色性和多样性的形成,副作用包括环境污染、资源损耗和劳动风险等;完成第一次工业现代化的主要标志是完成工业的机械化、电气化和自动化,工业效率、工业结构和工人收入达到现代工业的世界先进水平(20世纪60年代的世界先进水平)。第二次工业现代化的结果是第二工业现代性、特色性和多样性的形成,副作用包括技术风险、国际风险等;完成第二次工业现代化的主要标志是完成信息化、智能化和绿色化,工业效益和工业质量达到智慧工业的世界先进水平(未来某个时间的)等
动力	工业现代化的动力因素包括技术创新、制度创新、企业创新、工业竞争、国家利益和市场需求,包括经济增长、税收、城市化、信息化、全球化和合理预期,包括资本积累、技术进步、制度进步、工业结构变化、工业环境变化、工业政策变化和国际工业体系变化等。动力模型包括:创新驱动、双轮驱动、联合作用、创新扩散、创新溢出、竞争驱动、工业生产率函数、工业要素优化、工业结构优化、工业企业进化等。不同国家和不同阶段工业现代化的动力有所不同
模式	工业现代化的路径和模式是多样的,具有路径依赖性,受工业资源禀赋、历史传统和国际环境的影响;在21世纪有三种基本路径:第一次工业现代化路径、第二次工业现代化路径和综合工业现代化路径;工业现代化的模式具有多样性和客观条件依赖性,不同客观条件的国家和地区可以创造或选择不同模式,不同发展阶段可以有不同模式

一、工业现代化的内涵

工业现代化是工业部门的现代化,是经济现代化的组成部分,是现代化的一种表现形式。本书第一章第一节和第二章第二节介绍了工业现代化的基本概念。一般而言,关于工业现代化的内涵,可关注五个方面:操作性定义、判断标准、主要类型、基本要求和基本性质。

1. 工业现代化的操作性定义

工业现代化没有统一定义。一般而言,工业现代化既是一种状态,是现代工业的世界先进水平;又是一个过程,是达到和保持世界工业先进水平的过程。工业现代化大致有四层涵义(2-12),四层涵义进行组合,可以产生多种操作性定义(表 2-13);它们之间有交叉。

表 2-12 工业现代化的四层涵义

	工业现代化的基本涵义
一种变迁	工业现代化是现代化过程的一种工业变迁,是 18 世纪以来的一种现代工业变迁,它包括工业行为、工业结构、工业经济、工业技术、工业制度、工业观念、企业组织和企业管理的合理变化等
一个过程	工业现代化是一个系统过程,在 18~21 世纪期间,工业现代化可以分为两大阶段,即第一次工业现代化(工业化)和第二次工业现代化(非工业化);22 世纪还有新变化
一种转型	工业现代化是一种工业转型,包括从传统工业向现代工业、从现代工业向智慧工业的转型
一种竞争	工业现代化是一种国际竞争,包括 18 世纪以来追赶、达到和保持世界工业先进水平的国际竞争和国际分化。工业现代化既发生在现代化的先行国家,也发生在后进国家,国际工业互动发生在不同国家之间

表 2-13 工业现代化的多种操作性定义

序号	工业现代化的多种定义	特点
1	工业现代化是 18 世纪以来的一种现代工业变迁;它包括工业的机械化、电气化、自动化、规模化、标准化、信息化、智能化和绿色化等,它发生在现代化的先行国家和后进国家里	强调变化
2	工业现代化是一个长期的和全球的过程,它包括工业化和非工业化两个阶段,包括工业行为、工业结构、工业制度和工业观念等的两次转变、工业生产率和工人生活质量的提高以及追赶、达到和保持世界工业先进水平的国际互动	强调过程
3	工业现代化是现代化的一种工业转型,它包括从传统工业向现代工业、从现代工业向智慧工业的转向以及工业生产、工业经济、工业环境和工业要素的深刻变化	强调转型
4	工业现代化是现代工业的世界先进水平以及追赶、达到和保持世界工业先进水平的行为和过程	政策分析
5	工业现代化是现代工业的形成、发展、转型和国际互动的前沿过程,是工业要素的创新、选择、传播和退出交互进行的复合过程,是追赶、达到和保持世界工业先进水平的国际竞争和国际分化	理论分析

- 工业现代化是 18 世纪以来世界工业的一种前沿变化和国际竞争,是现代工业的形成、发展、转型和国际互动的前沿过程,是工业要素的创新、选择、传播和退出交替进行的复合过程,是追赶、达到和保持世界工业先进水平的国际竞争和国际分化等;达到和保持世界工业先进水平的国家是工业发达国家,其他国家是工业发展中国家,两类国家之间可以转换。
- 工业现代化是现代工业的世界前沿以及达到和保持世界前沿的行为和过程。
- 工业现代化是工业发展、工业转型、工业国际互动的交集(图 2-4)。工业发展包括工业增长和工业进步(表 2-14)。

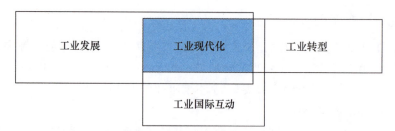

图 2-4　工业现代化是工业发展、工业转型与工业国际互动的交集

表 2-14　工业现代化的概念模型

项目	内容
假设一	工业增长指工业产量、工业产值和工人收入的增长
假设二	工业进步指工业效率和质量的提高、工业技术和制度进步、工人福利和生活质量的改善
假设三	工业转型指新、旧工业形态的变化和交替（包括两次工业转型）
假设四	国际工业地位变化指工业经济水平和工业竞争力的国际地位变化
推论一	工业发展＝工业增长＋工业进步
推论二	工业现代化＝工业发展×工业转型×国际工业竞争和国际工业地位变化

概括地说，工业现代化是工业部门的现代化，它包括从传统工业（个体手工业）向现代工业（机械化工业）、从现代工业向智慧工业（智能化工业）的两次转变、工业效率和工人收入的大幅提高、工人福利和生活质量的不断改善、工业结构变化和工业技术进步、工业企业组织和管理的合理化、国家工业地位和国际工业体系的变化等；在 18～21 世纪期间，工业现代化的前沿过程可以分为第一次和第二次工业现代化，两次工业现代化的协调发展是综合工业现代化，综合工业现代化主要适合于工业发展中国家。22 世纪工业还会有新变化。

2. 工业现代化的判断标准

工业现代化涉及工业和现代化两个单词。这里，工业特指第二产业，与第一产业（农业）、第三产业（服务业）并列，属于国民经济的主要部门。工业现代化是工业变迁的一个组成部分，是现代化与工业变迁的一个交集（图 2-5）。那么，如何识别这个交集，判断哪些工业变迁属于工业现代化呢？这就需要建立工业现代化的判断依据和判断标准。

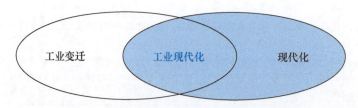

图 2-5　工业现代化是工业变迁与现代化的交集

一般而言，工业变迁没有时间和性质限制，现代化有时间和性质限制，显然，时间和性质可以作为判断依据的主要指标。时间是一个判断依据，18 世纪是分界线。性质是一个判断依据，可以参考现代化的三个标准，同时保持工业特色。现代化的三个标准是：有利于生产力的解放和提高、有利于社会的公平和进步、有利于人类的自由解放和全面发展。

工业现代化的四个标准是：有利于工业生产力和质量的提高、有利于工人收入和生活质量的提高、有利于工业技术水平和竞争力的提高、有利于工业的环境友好和绿色发展（表 2-15）。

表 2-15　工业现代化的两个判据和四个标准

	属于工业现代化的工业变迁	不属于工业现代化的工业变迁
时间判据	18世纪以来的工业变迁,同时满足性质判据的标准	18世纪以前的工业变迁
性质判据	属于工业进步和正向适应的工业变迁,满足下列标准	属于工业倒退和反向适应的工业变迁,满足下列标准
判断标准	标准一:有利于工业生产力和工业质量的提高 标准二:有利于工人收入和生活质量的提高 标准三:有利于工业技术水平和工业竞争力的提高 标准四:有利于工业的环境友好和绿色发展	标准一:不利于工业生产力和工业质量的提高 标准二:不利于工人收入和生活质量的提高 标准三:不利于工业技术水平和工业竞争力的提高 标准四:不利于工业的环境友好和绿色发展

注:第四个标准仅适合于1970年以来的工业现代化,不适合于1970年前的工业现代化。

3. 工业现代化的主要类型

工业现代化有不同类型(表 2-16)。不同类型的工业现代化具有不同特点。

表 2-16　工业现代化的基本类型

	分类依据	工业现代化的类型
1	分阶段	第一次工业现代化、第二次工业现代化、综合工业现代化等
2	分产业	采矿业、制造业、建筑业、公共事业的现代化等 钢铁工业、化学工业、纺织工业、机械工业的现代化等
3	分领域	工业生产、工业经济、工业环境、工业要素的现代化等
4	分内容	工业行为、工业结构、工业技术、工业制度、工业观念的现代化等
5	分层次	世界、国家、地区的工业现代化等
6	启动先后	先发型工业现代化、跟进型工业现代化、后发型工业现代化
7	水平高低	领先型:发达国家的工业现代化;追赶型:发展中国家的工业现代化
8	工业政策	出口导向型工业现代化、进口替代型工业现代化等

4. 工业现代化的基本要求

不同类型的工业现代化,不仅有不同特点,而且有不同要求。例如,第一次工业现代化和第二次工业现代化的要求是不同的。概括地说,第一次工业现代化的基本要求是:工业机械化、电气化、自动化、提高工业效率和工人收入等;第二次工业现代化的基本要求是:工业信息化、智能化、绿色化、提高工业质量和工业竞争力等(表 2-17)。

表 2-17　工业现代化的基本要求

第一次工业现代化的要求	第二次工业现代化的要求
工业机械化:工业的机械化和工厂化	工业信息化:工业的信息化和知识化
工业电气化:工业的电气化和规模化	工业绿色化:工业的绿色化和生态化
工业自动化:工业的自动化和标准化	工业智能化:工业的智能化和国际化
提高工业效率:有利于工业生产力和收入的提高	提高工业质量:有利于工业质量和竞争力的提高

5. 工业现代化的基本性质

一般而言,工业现代化具有二重性。

其一,从工业变迁和工业转型角度看,每一个国家的工业现代化都会进步和有可能成功,但国家工业进步有快慢,工业水平有高低,成功时间有先后。国家工业现代化是不同步的。

其二,从世界前沿和国际竞争角度看,只有部分国家的工业能够达到和保持世界先进水平,不同国家成功的概率有差异。在过去50年里,工业发达国家的比例不到20%,工业发展中国家的比例超过80%;工业发展中国家升级为发达国家的概率为5%左右,工业发达国家降级为工业发展中国家的概率约为5%。

工业现代化既是一种工业变迁,也是一种工业竞争;既需要国内视角,也需要国际视角;既有工业进步,也有副作用;既有共性,也有多样性;既有国际工业趋同,也有国际工业分化;工业现代化不是一劳永逸的,而是不进则退。

6. 工业化、后工业化与工业现代化

18世纪以来,世界工业发展大致经历了两大阶段:工业化和后工业化(或称非工业化)。目前,关于工业化和后工业化,没有统一认识和定义。关于工业化的起止时间和后工业化的起步时间,不同国家有较大差别。《中国现代化报告2005》曾系统讨论了工业化理论。工业化和后工业化,都属于工业现代化的组成部分和表现形式。工业化和后工业化主要反映经济结构和观念变化,工业现代化不仅反映经济结构和观念变化,而且更多反映经济质量和国际地位变化。

- 工业化指国民经济中,工业经济比例和工业劳动力比例上升的过程,同时工业主义向全社会渗透。属于第一次工业现代化的主要内容。在发达国家,工业化大致发生在1700～1970年期间。
- 后工业化(亦称非工业化)指国民经济中,工业经济比例和工业劳动力比例下降的过程,同时工业观念从追求效率向环境友好转型。属于第二次工业现代化的主要内容。在发达国家,后工业化大约发生在1970年之后。
- 新工业化指发展中国家的一种工业发展战略,是工业化、信息化和绿色化的高度融合。它采用第二次现代化的理念来推进工业化,是综合工业现代化的一种表现形式。
- 再工业化指发达国家的一种工业振兴战略,包括现有工业的现代化改造和高新技术产业的发展。属于第二次工业现代化的一种发展模式,是一种经济刺激政策。

二、工业现代化的过程

工业现代化是一个历史过程。关于它的起点和终点,目前没有统一认识。许多经济学家认为,18世纪英国工业革命是工业现代化的起点。关于工业现代化的过程分析,可关注七个方面:类型、阶段、结构、特点、原理、动力和模式。这里,讨论前五个方面。

1. 工业现代化过程的类型

在18～21世纪期间,工业现代化过程可以分为两种类型:工业现代化的前沿过程(路径11和路径12)和追赶过程(路径13和路径14);两类过程既有联系又有区别,而且相互影响(图2-6)。发达国家可以掉下来(路径12),发展中国家可以赶上去(路径13),两类国家是动态变化的。

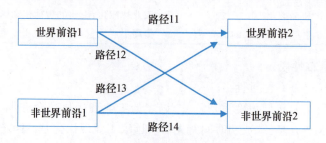

图2-6 工业现代化的两条路径

- 工业现代化的前沿过程,是发达国家的工业现代化,是领先型工业现代化。发达国家并非每一个方面都是领先的,有时候需要向其他发达国家和发展中国家学习。
- 工业现代化的追赶过程,是发展中国家的工业现代化,是追赶型工业现代化。发展中国家可以创造新模式和新经验,供其他发展中国家甚至发达国家借鉴。

2. 工业现代化过程的阶段

在18~21世纪期间,工业现代化过程大致分为两大阶段,不同阶段有不同特点,不同国家的阶段划分有所不同。工业现代化是现代化的一种表现形式。第二次现代化理论(何传启,1999,2013)提出了人类文明进程的周期表、坐标系和路线图。参照第二次现代化理论,可以建立工业变迁和工业现代化的周期表(表2-18)、坐标系(图2-7)和路线图(图H)。

表2-18 工业变迁和工业现代化的周期表——工业形态的变化

文明时间(起始年)	文明进程	工业变迁和工业形态(要点举例)	工业发展和工业现代化
工具时代(起步~公元前3500)	原始文化(原始社会)	原始社会的工业(原始工业)	
起步期(250万年前)	旧石器早期	原始手工业、打制石器	工具制造革命、原始手工业
发展期(20万年前)	旧石器中期	原始手工业、木器、骨器、食物加工	
成熟期(4万年前)	旧石器晚期	原始手工业、缝制衣服、搭盖棚屋	
过渡期(1万年前)	新石器时代	磨制石器、制陶、纺织、铜器	原始农业革命、刀耕火种
农业时代(公元前3500~1763)	农业文明(农业社会)	农业社会的工业(传统工业)	
起步期(公元前3500年)	古代文明	传统手工业、建筑业、造船业	古代农业革命、传统手工业
发展期(公元前500年)	古典文明	传统手工业、采矿冶金、铁器	
成熟期(公元500年)	东方文明、欧洲中世纪	传统手工业、印刷业、商业革命	
过渡期(1500年)	欧洲文艺复兴	传统手工业、行会、资本主义兴起	
工业时代(1763~1970)	工业文明(工业社会)	工业社会的工业(现代工业)	
起步期(1763年)	第一次产业革命	机械化、工厂化、轻工业、工会	第一次工业现代化
发展期(1870年)	第二次产业革命	电气化、规模化、重工业	工业革命、现代工业
成熟期(1914年)	家庭机械电器化	专业化、标准化、生产线	机械化、电气化、自动化
过渡期(1946年)	第三次产业革命	自动化、污染治理	工业化:工业比例上升
知识时代(1970~2100)	知识文明(知识社会)	知识社会的工业(智慧工业)	
起步期(1970年)	第一次信息革命	高技术、信息化、全球化	第二次工业现代化
发展期(1992年)	第二次信息革命	智能化、绿色化、工业园、网络	信息革命、智慧工业
成熟期(2020年)	新生物学革命	生物技术、仿生工业、再生工业	信息化、绿色化、智能化
过渡期(2050年)	新物理学革命	新能源、新运输、超级工业	非工业化:工业比例下降

注:文明时间、文明进程、工业变迁和工业形态,都是基于人类文明前沿的时间轨迹的描述。人类文明进程是不同步的,文明前沿与文明末尾的差距在扩大。不同阶段的特点是相对的,有许多交叉。

一般而言,工业现代化是一个长期的历史过程,而且不同国家的工业现代化是不同步的。在18~21世纪期间,世界工业现代化的前沿轨迹可以分为第一次和第二次工业现代化两大阶段;第一次和第二次工业现代化两大阶段都分别包括起步、发展、成熟和过渡四个小阶段(表2-18和图2-7)。根据技术特点,第一次工业现代化过程包括三次浪潮,第二次工业现代化将包括三次浪潮。工业现代化过程包括两大阶段和六次浪潮(表1-89)。

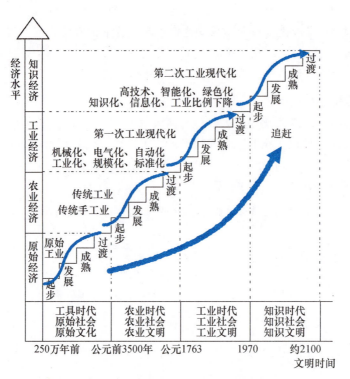

图 2-7 工业变迁和工业现代化的坐标

表 2-19 经济和工业现代化的六次浪潮

浪潮	大致时间	经济现代化	工业现代化	备注
第一次	1763～1870	第一次产业革命	工业化、机械化、工厂化	第一次工业现代化
第二次	1870～1945	第二次产业革命	电气化、规模化	工业化、机械化、电气化、
第三次	1945～1970	第三次产业革命	自动化、标准化	自动化、工业比例上升
第四次	1970～2020	知识和信息革命	信息化、绿色化、智能化	第二次工业现代化
第五次	2020～2050	仿生和再生革命	仿生再生、生物工程	知识化、信息化、绿色化、
第六次	2050～2100	能源和运输革命	新能源、新运输	智能化、工业比例下降

注：依据世界现代化的前沿轨迹划分，不同国家的现代化进程是不同步的。有些学者认为，第三次产业革命可以分为两个阶段：电子革命和自动化、信息革命和信息化。第五次和第六次浪潮是一种预测。第六次科技革命预计为新生物学和再生革命，它将带来一次新产业革命：仿生和再生革命。第七次科技革命预计为新物理学和时空革命，它将带来一次新产业革命：能源和运输革命。

第一次工业现代化是从传统工业向现代工业、从手工业向机械化工业的转型，它包括从家庭作坊向现代企业、分散小生产向规模大生产、手工生产向机械化、电气化和自动化生产、手工产品向标准化产品、传统工艺向现代技术的转型等。它包括工业劳动生产率、工业资本生产率和工人收入水平的提高，工业劳动力比例和工业增加值比例上升等。

第二次工业现代化是从现代工业向智慧工业、从机械化工业向智能化工业的转型，它包括从效率工业向生态工业、机械化工业向信息化工业、标准化产品向艺术化产品、现代技术向环境友好技术、垂直型企业向网络型企业的转型等。它包括工业效益、工业质量、国际竞争力和工人生活质量提高，工业劳动力比例和工业增加值比例继续下降等。

如果说，第一次工业现代化是初级工业现代化，是从传统工业向现代工业的转变；那么，第二次工业现代化是高级工业现代化，是从现代工业向智慧工业的转变；两次工业现代化的协调发展是综合工业现代化。22世纪工业现代化还会有新变化。

3. 工业现代化过程的结构

工业现代化过程的内涵很丰富,可以分三个层次进行讨论(图 2-8)。

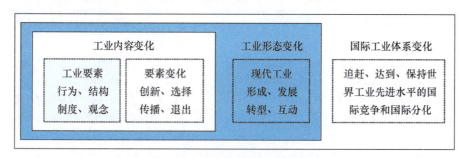

图 2-8 工业现代化过程的结构(三个层次)

首先,工业内容的变化。它既是工业现代化的重要基础,也是工业现代化的微观表现形式。工业内容包括工业行为、工业结构、工业制度和工业观念,包括工人、企业、技术和市场等。工业内容的变化方式包括创新、选择、传播和退出等。

其次,工业形态的变化。它既是工业现代化的一种宏观表现形式,也是工业要素变化的集中和宏观体现。工业形态的变化包括现代工业的形成、发展、转型和国际互动等。

其三,国际工业体系的变化。它是工业现代化的一种表现形式,是工业国际竞争和国际分化的结果,工业国际竞争是追赶、达到和保持世界工业先进水平的国际竞争。

4. 工业现代化过程的特点

工业现代化过程的特点,可以从不同角度和不同层次来讨论。

首先,工业现代化过程的一般特点。工业现代化过程的一般特点大致有 15 个(表 2-20)。它们是:部分可预期、不均衡的、不同步的、有阶段的、多样性、系统性、复杂性、长期性、进步性、全球性、风险性、政府作用、工业效率分化、工业比例趋同和具有副作用等。

表 2-20 工业现代化过程的一般特点

编号	特点	现象举例或说明
1	部分可预期	世界工业前沿的变迁是有规律的,是可以部分预期的
2	不均衡的	工业现代化的空间分布、时间分布等是不均衡的
2	不同步的	不同国家和不同领域的工业现代化是不同步的
4	阶段性	工业现代化是有阶段的过程,工业现代化包括工业化和非工业化两个阶段
5	多样性	工业现代化的路径、模式和政策具有多样性,发达国家和发展中国家差别大
6	系统性	工业现代化是一个系统过程,包括工业生产、工业经济和工业要素变化
7	复杂性	工业现代化是一个复杂过程,包括工业行为、结构、制度和观念变化
8	长期性	工业现代化是一个长期过程,至少持续 400 年
9	进步性	工业现代化是一个进步过程,工业生产率和工人收入不断提高
10	全球性	工业现代化是一个全球过程,工业生产的国际分工是可以变化的
11	风险性	工业现代化是有风险的,包括劳动风险、经济风险等
12	政府作用	政府在工业现代化过程中发挥了积极作用,特别是国防工业的发展
13	工业效率分化	工业效率的国际差距扩大,国际贫富分化
14	工业比例趋同	工业比例的国际趋同,工业比例先升后降
15	副作用	不同阶段的副作用有所差别,如环境污染、资源消耗、技术风险等

注:本表是许多学者的理论研究和实证研究的观点和结果的一种汇编。

其次,工业现代化过程的分阶段特点。在 18～21 世纪的 400 年里,工业现代化过程可以分为第一次工业现代化和第二次工业现代化两大阶段。两个阶段的特点有所不同(表 2-21)。

表 2-21　工业现代化过程的分阶段特点

项目	第一次工业现代化的特点	第二次工业现代化的特点
时间	约 1763～1970 年	约 1970～2100 年
内容	从传统工业向现代工业转变 工业化,工业比例上升	从现代工业向智慧工业转变 非工业化,工业比例下降
职工	提高识字率、普及初等教育、职业培训	提高竞争力、普及高等教育、终生学习
企业	现代企业、科学和效率管理	网络型企业、学习型企业、创新和战略管理
技术	机械化、电气化、自动化等	知识化、信息化、智能化、绿色化、生物技术等
生产	专业化、标准化、规模化生产、城市化	绿色化、国际化、订单化生产、郊区化、工业园
制度	现代企业制度、劳动和福利制度、工会等	环境保护制度、自由贸易和低关税、知识产权等
观念	效率、产量、收入、技术等	效益、质量、创新、环境意识等
动力	技术、资本、制度、竞争等	知识、信息、创新、国际竞争等
目标	提高工业效率和职工收入等	提高工业质量和国际竞争力等
副作用	环境污染、资源破坏、劳动安全性差等	技术风险、国际风险等

5. 工业现代化过程的原理

关于工业现代化过程的原理,可能会见仁见智。工业现代化是 18 世纪工业革命以来工业部门的一种前沿变化和国际竞争,包括工业内容、工业形态和工业国际体系的变化等。工业现代化过程的基本原理不仅包括工业内容、工业形态和工业国际体系变化的主要机理和基本原则,还包括它们的动力和模式等;它遵循现代化一般原理。关于动力和模式将在后面讨论。

(1) 现代化原理在工业部门的应用

工业现代化是现代化在工业部门的反映,它必然遵循现代化的基本原理。第二次现代化理论和《现代化科学》认为,现代化遵循 10 个基本原理(表 2-22),分别涉及现代化的行为、路径、进程、分布、结构、结果、需求、效用、状态和中轴。它们同样适用于工业现代化,当然,不同原理的适应性可能有所差别。

表 2-22　第二次现代化理论的 10 个基本原理

原理	内容或解释	备注
进程不同步	现代化的进程是不同步的,不同国家、领域和要素的现代化进程都是不同步的	
分布不均衡	现代化的分布是不均衡的,现代化的空间、领域和要素的横向和纵向分布都不均衡	
结构稳定性	现代化的分布结构是相对稳定的,发达国家比例小于 20%,发展中国家比例大于 80%	国际体系
地位可变迁	现代化的国际地位是可以变化的,发达国家降级概率约 10%,发展中国家升级概率约 5%	
行为可预期	现代化的行为是可以部分预期的,行为决策具有有限的理性(有限理性原理)	
路径可选择	现代化的路径是可选择的,路径选择受自身历史和条件的制约(路径依赖性)	文明内容
需求递进	现代化的社会需求是递进的,需求Ⅰ—满足—需求Ⅱ(马斯洛的需求层次理论)	
效用递减	现代化的政策效用是递减的,创新Ⅰ—效用变化—创新Ⅱ,效用周期、效用固化	
状态不重复	现代化的状态是变化的,变化是不重复的,状态Ⅰ—变迁—状态Ⅱ	文明形态
中轴转变	现代化的中轴是变化的,不同领域有不同中轴(贝尔的中轴原理)	

资料来源:何传启,2010.

(2) 工业内容现代化的主要机理

工业内容包括各种工业要素,如工业的行为、技术、工人、企业、组织、制度和观念等。一般而言,工业内容现代化是工业要素的创新、选择、传播和退出交互进行的复合过程,它包括工业要素的创新、选择、传播的双向循环和工业要素的可逆退出过程,这些过程共同组成一个超循环(图2-9)。这些过程的突出特征是多样性,同时有两重性。同时,工人素质和技能、工人收入和生活质量的提高,也是工业内容现代化的重要组成部分。

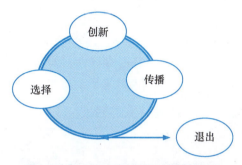

图 2-9 工业要素现代化的超循环模型

首先,工业要素创新具有多样性(图2-10)。工业要素创新是工业要素现代化的一种形式和一种路径,是工业现代化的一种形式和一种路径,具有形式和路径的多样性。例如,工业行为创新、工业技术创新、工业企业创新、工业组织创新、工业管理创新、工业制度创新、工业观念创新和工业要素的组合创新等。每一种要素创新都是多路径的。

图 2-10 工业要素创新的主要路径

注:工业技术创新指工业技术发明的首次成功商业应用,工业制度创新是创立一种新工业制度。

其次,工业要素选择具有多样性(图2-11)。工业要素选择是工业要素现代化的一个重要环节,是工业现代化的重要内容,具有路径和标准的多样性。例如,① 社会选择,重视工业的国家利益和食品安全;② 市场选择,重视市场需求和商业利益;③ 个体选择,重视个人需求等。

图 2-11 工业要素选择的多样性

其三,工业要素传播具有多样性(图2-12)。工业要素传播是工业要素现代化的一种形式和一种路径,是工业现代化的一种形式和一条路径,具有形式和路径的多样性。例如,① 工业科普和工业技术推广，② 工业交流和工业合作，③ 工业贸易（技术贸易）和工业竞争等。

图 2-12　工业要素传播的多样性

其四，工业要素退出具有多样性（图 2-13）。工业要素退出是工业要素现代化的一种形式和一种路径，是工业现代化的一条路径，具有形式和路径的多样性。例如，① 工业要素的遗失和放弃，② 工业要素遗产化，③ 工业要素的合理保护和有限传递（有限的退出）等。

图 2-13　工业要素退出的多样性

其五，工业现代化的二重性：既要维护国家安全利益，又要提高工业生产力和国际竞争力（图 2-14）。工业现代化过程有两个导向：国家利益和市场需求。它们体现在工业要素的创新、选择、传播和退出的每一个决策过程中。

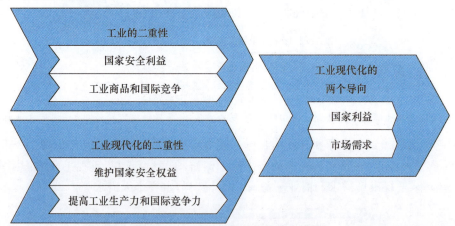

图 2-14　工业和工业现代化的二重性

（3）工业形态现代化的主要机理

一般而言，工业形态现代化是现代工业的形成、发展、转型和国际互动的前沿过程，每个方面都具有路径、内容或形式的多样性。

首先，现代工业形成有三条路径（图 2-15）。现代工业形成是工业形态现代化的重要内容。现代工业的形成与传统工业、工业要素创新、工业要素扩散和工业交流紧密相关。

图 2-15 现代工业的三个来源

其次,现代工业发展有四个标准(表 2-15)。现代工业发展是一种现代工业变迁,是工业现代化的一个重要组成部分。在 21 世纪,满足工业现代化的四个标准的工业变迁,才属于工业现代化,才属于现代工业发展。

其三,工业转型具有多样性(图 2-16)。工业转型是工业形态现代化过程的重要内容。工业转型是一个长期和渐进的过程。在这个过程中,不同工业形态所占的比例会发生变化;当新工业形态超过旧工业形态的时候,工业转型就基本完成。

图 2-16 工业转型的主要路径

其四,工业国际互动具有多样性(图 2-17)。工业国际互动是工业形态现代化过程的重要内容。如果国际互动是平等的,那么,国家之间可以相互促进。如果国际互动是不平等的,那么,从短期看,有些国家获利,有些国家受损;从长期看,国家之间可能相互抑制。

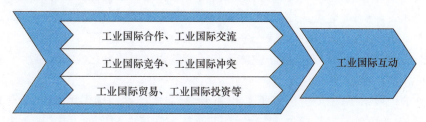

图 2-17 工业国际互动的主要路径

(4) 工业国际体系变化的主要机理

工业国际体系变化是一个世界工业的国际分化、国家分层、国家流动和结构变迁的多元复合过程,发生在结构单元和国际体系两个层次上,前者是后者的基础。工业国际体系变化一般遵循四个基本原理,它们分别是:进程不同步、分布不均衡、结构稳定性和地位可变迁等。

首先,工业国际分化一般指工业效率的国际差距和国际差别扩大、国际地位和国际分工的变化。工业国家分层主要指国家工业水平的分层,达到和保持世界工业先进水平的国家是工业发达国家,其他国家是工业发展中国家;工业发展中国家包括工业中等发达、初等发达和欠发达国家。工业国家流动主要指国家工业水平的国际地位变化,包括世界排名和国家分组的变化。

其次,结构单元层次的变化主要包括国家工业水平和国际工业地位的变化等。

- 国家工业水平变化:国家工业现代化水平是时间的函数,随时间而变化。

- 国家工业的世界排名变化:每年都有发生,变化比较大。
- 国家工业的国家分组变化:国家分组的变化是随机的,只能在几种状态之间变动,可以进行马尔科夫链分析(图2-18)。国家分组的变化具有一定概率,与时间跨度有关。在大约50年里,工业发达国家降级为发展中国家的概率约为5%,工业发展中国家升级为发展中国家的概率约为5%等。

图2-18 国家工业水平的国际地位的几种状态(马尔科夫链)

注:随机过程一:国家工业水平的国际地位的状态有两种(工业发达国家和工业发展中国家),某一国家某一时间只能处于其中的一种状态,国家可以随机地从一种状态进入另一种状态。随机过程二:国家工业水平的国际地位的状态有四种(工业发达国家、中等发达国家、初等发达国家和欠发达国家),某一国家某一时间只能处于其中的一种状态,国家可以随机地从一种状态进入另一种状态。

其三,国际体系层次的变化主要包括体系水平和体系结构变化等。

国际体系水平变化:国际体系水平与它的结构单元的现代化水平和阶段正相关。

国际体系结构变化:国际体系结构具有相对稳定性。一般而言,工业发达国家的比例不到20%,工业发展中国家的比例超过80%;在50年里,工业发达国家仍然为发达国家的概率约为95%,工业发展中国家仍然为发展中国家的概率约为95%。

上述工业现代化过程的主要原理,一般适用于前沿过程,基本适用于追赶过程;在不同领域和不同阶段的适用性可能有所差别,在不同层次的适用性可能有较大差别,需要专题研究。

三、工业现代化的结果

工业现代化过程的结果,是时间的函数,随时间而变化。工业现代化结果不仅与工业现代化过程的时间跨度紧密相关,与它的起点截面、终点截面(分析的终点)和地理范围紧密相关,还与工业现代化目标紧密相关。关于工业现代化的结果分析,可以重点关注三个方面:一般结果、三种变化和国家目标;三种变化包括世界工业前沿、国际工业体系和国家工业状态的变化。

1. 工业现代化的一般结果

工业现代化的一般结果,主要包括工业现代性、特色性、多样性和副作用的形成,包括工业效率和工人收入的提高、工业质量与工业竞争力的改善、工业技术和工业制度的发展、工业企业和工业管理的进步、工业行为和工业结构的合理化以及国家工业水平、国际工业地位和国际工业体系的变化等(表2-11)。不同国家工业现代化的结果既有共性又有差异;两次工业现代化的结果是不同的。

- 第一次工业现代化的一般结果,主要包括第一工业现代性、特色性和多样性的形成,副作用包括环境污染、资源损耗和劳动风险等;完成第一次工业现代化的主要标志是完成工业的机械化、电气化和自动化,工业效率、工业结构和工人收入达到现代工业的世界先进水平(20世纪60年代的世界先进水平)。
- 第二次工业现代化的一般结果,主要包括第二工业现代性、特色性和多样性的形成,副作用包括技术风险、国际风险等;完成第二次工业现代化的主要标志是完成信息化、智能化和绿色化,工业效益和工业质量达到智慧工业的世界先进水平(未来某个时间的)等。

2. 工业现代化的三种变化

(1) 世界工业的前沿变化

一般而言,世界工业的前沿变化主要是工业发达国家前沿变化的一个集合。通过比较工业发达国家的工业现代化过程的起点截面和终点截面(分析截面)的前沿差别,可以认识世界前沿的变化。这种变化主要表现在六个方面。一是两次工业转型的完成,二是工业效率和工人收入的提高,三是工人福利和生活质量的改善,四是工业比例的变化,五是工业技术和工业制度的发展,六是国际工业体系和国家工业地位的变化。

世界工业前沿就是工业现代化的前沿,它与工业现代性紧密相关。关于工业现代性没有统一定义。1970年以前,工业现代性(第一工业现代性)是完成第一次工业现代化的国家(工业化国家)的工业结构和特征的一种理论概括,可以简称为现代工业;1970年以来,第二工业现代性是对世界工业前沿的结构和特征的一般理论概括,可以简称为智慧工业(表2-23)。工业现代性的研究方法大致有两种方法:思辨方法、实证方法。

表2-23 世界工业的前沿变化

方面	第一工业现代性 完成第一次工业现代化的国家 1970年现代工业的特点	第二工业现代性 进入第二次工业现代化的国家 2010年智慧工业的特点
一般特点	机械化的、电气化的、自动化的、专业化的、规模化的、标准化的和工厂化的等;工业劳动力比例和工业增加值比例为40%左右	知识化的、信息化的、智能化的、绿色化的、生态化的、订单化的和国际化的等;工业劳动力比例和工业增加值比例下降,为20%左右
生产	大规模和标准化生产、自动化、计划性、集中型、生产者与用户相分离	宏大生产和小批量生产并存、网络化、及时性、分散性、用户参与设计和生产、工业生态学
产品	知识含量低、标准化、系列化、批量化、功能导向	知识附加值高、知识化、智能化、个性化、艺术化、多样化、文化内涵
技术	专业化、流水线、机械化、电气化、自动化、节时节能、环境污染、机器至上	知识密集、智能化、数字化、可视化、柔性制造、敏捷制造、微加工、环境友好、人机友好
市场	地区性、全国性、周期长、变化慢、有中介	全球化、网络化、周期短、变化快、中介退出、电子商务
管理	科学管理、成本管理、全面质量管理、战术管理、效率管理、"机械性""教条化""刚性"	柔性管理、知识管理、文化管理、创新管理、战略管理、效益管理、信息化、人性化、灵活性
组织	所有者与管理者分离、金字塔形结构、等级森严、老板和雇员关系、命令式工作方式、"刚性"、生产型、效率型	专家之间网络关系、合作伙伴关系、网络化、虚拟化、扁平化、并行结构、跨部门工作小组、对话式工作方式、柔性、学习型、创新型
人力资源	体力劳动和脑力劳动相分离,蓝领工人比例高。分工、忠诚、竞争、物质奖励、员工培训	体力劳动和脑力劳动相统一,知识型劳动者比例高。参与、成功、合作、自我实现、终身学习
企业文化	效率、利润、成本中心、市场导向、用户满意、竞争、资本、自然资源、用户至上	学习、创新、价值网络、文化导向、供需双赢、战略联盟、知识、无形资产、知识劳动者

注:第二工业现代性是一幅没有完全展开的图画。两种现代性分别反映了两次现代化的部分内容和特点。
资料来源:何传启,2013.

(2) 国际工业体系的变化

通过比较工业现代化过程的起点截面和终点截面(分析截面)的国际工业体系的差别,可以认识国际体系的变化。国际工业体系变化包括体系组成、结构、水平和特征的变化等。

首先,在1763~1970年期间,在国际工业体系中,进入第一次工业现代化和完成第一次工业现代化的国家数量逐步增加;第一工业现代性的比例提高,传统工业的比例下降。

其次,1970年以来,在国际工业体系中,进入第二次工业现代化和完成第一次工业现代化的国家的数量和比例增加,处于传统工业的国家数量和比例减少;第二工业现代性的比例提高,第一工业现代性的先升后降,传统工业的比例很小。

其三,国际工业体系的水平结构相对稳定(图2-19)。例如,在1970~2010年期间,工业发达国家的比例为14%~17%,工业发展中国家的比例为83%~86%;两类国家之间的转移概率小于10%。

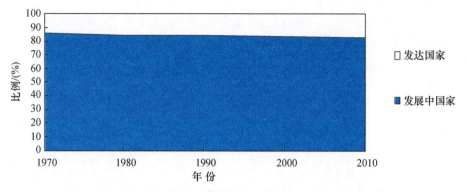

图2-19　1970~2010年工业现代化过程的国际工业体系的水平结构

其四,国际工业体系的水平差距因指标而异。在1700~2010年期间,有些工业指标的国际差距扩大,如工业效率的国际差距持续扩大;有些工业指标的国际差距从扩大到缩小,如工业劳动力和工业增加值比例等。

(3) 国家工业状态的变化

在工业现代化过程中,国家工业状态是国家工业现代化状态的简称,包括它的阶段、前沿、水平和国际地位等。国家工业状态的变化可以定性和定量分析。通过比较国家工业现代化过程的起点和终点截面(分析截面)的国家工业状态的差别,可以分析它的变化。

首先,从国家工业前沿变化角度分析,工业现代化过程的主要结果包括工业现代性、特色性和副作用的形成,同样反映在六个方面。一是两次工业转型的完成,二是工业效率和工人收入的提高,三是工人福利和生活质量的改善,四是工业比例的变化,五是工业技术和工业制度的发展,六是国家工业地位的变化。

其次,国家第一次工业现代化过程的主要结果是第一工业现代性和特色性的形成,可能还有副作用,不同国家的副作用可能有所差别。国家第二次工业现代化过程的主要结果是第二工业现代性和特色性的形成,可能还有副作用,不同国家的副作用可能有所差别。

其三,发展中国家的综合工业现代化的主要结果包括第一工业现代性、第二工业现代性和特色性的形成;第一工业现代性的比例先升后降,第二工业现代性的比例不断增加;不同国家的副作用可能有所差别。

其四,在工业现代化过程中,一部分国家达到和保持世界工业先进水平,成为工业发达国家,其他国家是工业发展中国家,两类国家之间可以转换。一般而言,工业发达国家大约占20%,工业发展中国家大约占80%;两类国家处于动态平衡中。

3. 工业现代化的国家目标

首先,工业现代化的理论目标。国家工业现代化的目标包括:完成第一次工业现代化,实现从传统工业向现代工业的转型;完成第二次工业现代化,实现从现代工业向智慧工业的转型;追赶、达到和保持世界工业的先进水平,成为工业发达国家或缩小国际工业差距。

其次,前两个目标的实现是一个"时间问题",所有国家都有可能先后完成;第三个目标的实现是一个"比例和概率问题",只有部分国家能够达到和保持世界先进水平。

其三,从政策角度看,国家工业现代化的主要目标有两个:提高工业生产力和竞争力,保持或达到世界工业先进水平;发达国家的政策目标是保持世界工业先进水平,发展中国家的政策目标是追赶和达到世界工业先进水平。

其四,工业现代化的实现标准。一般而言,实现工业现代化的基本标准包括工业效率、工人收入、工业结构、工业制度和工业观念达到当时世界先进水平等。

完成第一次工业现代化的标准:工业增加值与农业增加值之比、工业劳动力与农业劳动力之比大于5,人均制造业增加值和工业劳动生产率达到1970年世界先进水平(按1970年价格计算分别约500美元和5500美元);

进入第二次工业现代化的标准:工业增加值与服务业增加值之比、工业劳动力与服务业劳动力之比小于0.6,受过高等教育劳动力比例超过20%。

四、工业现代化的动力

工业现代化过程的动力分析,涉及动力因素和动力机制两个方面。第二次现代化理论分析了现代化的动力因素和动力模型(何传启,2010),它们可以应用于工业现代化领域。

1. 工业现代化的动力因素

工业现代化是一个复杂过程,影响因素很多,不同因素的作用不同。有些因素有促进作用,有些有抑制作用。促进作用比较大的影响因素,可以称为现代化过程的动力因素。

首先,微观层次的影响因素。一般而言,微观因素包括个人心理因素和社会因素等。例如,企业家精神、创业精神、创新精神、冒险精神、成就感、责任感等,社会的知识、制度、观念、结构、传统、资本、资源、市场、交流、合作和竞争等。它们影响工业现代化。

其次,宏观层次的影响因素。一般而言,宏观因素包括国内因素和国际因素等。例如,经济增长、税收、城市化、信息化、全球化和合理预期,包括自然资源禀赋、资本积累、技术进步、制度进步、工业结构、工业环境、工业政策和国际工业体系和工业贸易变化等。

其三,工业现代化的主要动力因素。主要包括技术创新、制度创新、企业创新、工业竞争、国家利益和市场需求等。技术创新是工业现代化的技术来源,制度创新是工业现代化的制度来源,企业创新是工业现代化的重要基础,工业竞争是工业现代化的激励机制,国家利益是工业国际竞争的主导因子,市场需求是工业产品创新的主导因素(图2-20)。在工业发达国家,技术创新和企业创新作用比较突出;在工业发展中国家,工业竞争和学习作用比较突出。

2. 工业现代化的动力模型

工业现代化是现代化的一种表现形式,工业现代化的动力模型可以借鉴现代化的动力模型。当然,工业现代化的动力模型会有一些新特点(表2-24)。

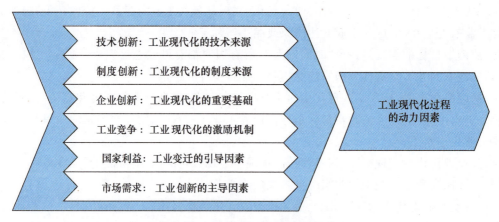

图 2-20　工业现代化过程的动力因素

表 2-24　工业现代化过程的动力模型

编号	动力模型	备注
1	创新驱动模型：创新产生新观念、新制度、新知识和新物品，推动工业现代化	
2	双轮驱动模型：市场需求和国家利益的共同作用，推动工业现代化	微观层次模型
3	联合作用模型：创新、竞争和学习的联合作用，推动工业现代化	
4	创新扩散模型：重大工业创新的国内扩散和国际扩散	
5	创新溢出模型：一个行业重大创新对其他行业的促进作用	宏观层次模型
6	竞争驱动模型：国际竞争、市场竞争和政治竞争的作用	
7	工业生产率函数：工业生产率与技术进步、人均技能和人均资本成正比	
8	工业要素优化模型：工业生产率与先进技术、优质资产和优质劳动比例成正比	定量模型
9	工业结构优化模型：工业生产率与高效产业比例成正比	
10	工业企业进化模型：工业生产率与优质企业比例成正比	

资料来源：何传启，2010.

(1) 微观层次的动力模型

主要包括创新驱动模型、三新驱动模型、双轮驱动模型和联合作用模型等。

首先，工业现代化的创新驱动模型（图2-21）。创新是工业现代化的根本来源。创新产生新观念、新制度、新知识和新物品，它们形成新工业生产和新工业经济，从而推动工业现代化；在每一个阶段都有信息反馈，形成从创新到工业现代化的正反馈循环驱动。

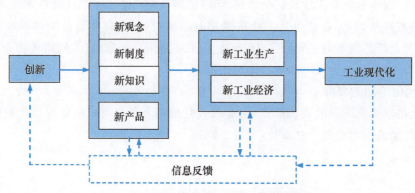

图 2-21　工业现代化过程的创新驱动模型

1912年奥地利经济学家熊彼特提出"创新理论",他认为企业包括五种形式:新产品、新工业、新原料来源、新市场和新企业组织。一般而言,新产品和新工艺属于技术创新,新企业组织属于一种制度创新。工业创新有很多类型,如技术创新、制度创新、管理创新、企业创新等。我们认为,技术创新、制度创新和企业创新,是工业创新的三个关键因素。

工业现代化的三新驱动模型(图 2-22)。技术创新、制度创新和企业创新联合作用导致新产品、新制度、新结构和新企业,它们联合作用促进工业现代化;在模型每一步都有信息反馈,形成从三种创新到工业现代化的正反馈循环驱动。

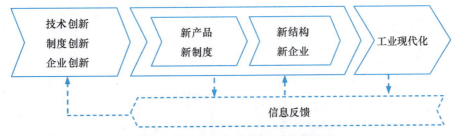

图 2-22　工业现代化过程的三新驱动模型

其二,工业现代化的双轮驱动模型(图 2-23)。工业现代化是市场需求和国家利益共同驱动的。市场需求推动了适应国内和国际市场需要的工业政策、技术和产品供应;国家利益推动了维护国家安全利益的工业政策、技术和产品供应,它们共同推动了工业现代化;在过程的每一个阶段都有信息反馈,形成一个正反馈循环驱动。

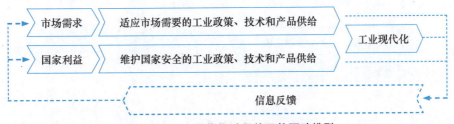

图 2-23　工业现代化过程的双轮驱动模型

其三,工业现代化的联合作用模型(图 2-24)。工业现代化是一个复合过程,是多种动力因素联合作用的结果,包括创新、竞争和学习等,它们的联合作用促进工业发展和工业转型,从而推动工业现代化,并在每一个过程都有信息反馈,形成一个正反馈循环驱动。

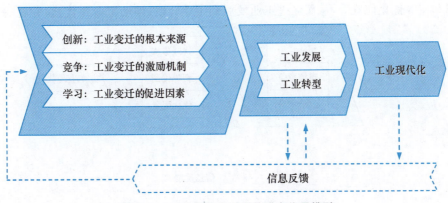

图 2-24　工业现代化过程的联合作用模型

(2) 宏观层次的动力模型

主要包括创新扩散模型、创新溢出模型和竞争驱动模型等。工业结构变化是工业现代化的一种推动力;优化工业资源配置和提高规模效益,可以提高工业效率和促进工业现代化。进出口关税和企业税收政策对工业现代化的影响也是非常大的。

首先,工业现代化的创新扩散模型(图2-25)。工业创新是大量创新的集合,所有创新不可能由一个国家完成;一个重大创新完成后,必然会在国内和国际扩散,从而促进工业发展和工业转型,推动工业现代化;并在每一个阶段都有信息反馈,形成从创新到工业现代化的正反馈循环。

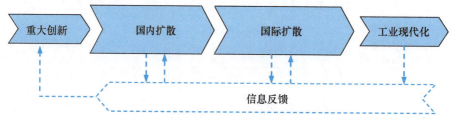

图2-25 工业现代化过程的创新扩散模型

其次,工业现代化的创新溢出模型(图2-26)。一个行业的重大创新,不仅推动该行业的现代化,而且可以产生溢出效应,影响或拉动其他行业的创新和现代化;从而促进工业发展和工业转型,推动工业现代化;并在每一个阶段都有信息反馈,形成从创新到工业现代化的正反馈循环。例如,信息行业的创新,不仅促进信息行业现代化,而且可以推动其他行业现代化。

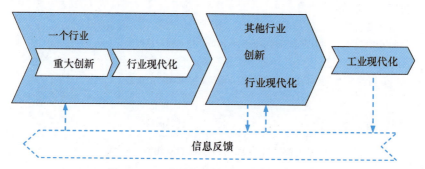

图2-26 工业现代化过程的创新溢出模型

其三,现代化过程的竞争驱动模型(图2-27)。工业现代化既是一种工业变迁,又是一种工业竞争。工业竞争包括国际竞争、市场竞争以及政治竞争(民主竞选)的政策影响等,它们导致了优胜劣汰、新陈代谢和资源优化配置等,从而促进工业发展和工业转型,推动工业现代化;并在每一个阶段都

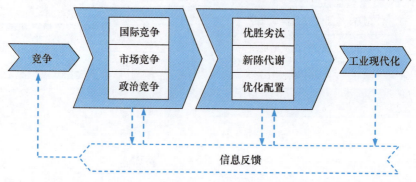

图2-27 工业现代化过程的竞争驱动模型

有信息反馈,形成从竞争到工业现代化的反馈循环。如果竞争是公平的,竞争到工业现代化的反馈循环可能是正循环;如果竞争是不公平的,竞争到工业现代化的反馈循环,对于有些国家是正循环,对于有些国家是负循环。

(3) 工业现代化动力的定量模型

首先,工业生产率函数。工业生产率是工业现代化的一个关键指标。

工业生产率函数:工业生产率与工业技术、工业劳动力的人均资本和人均技能成正比。

$$P_i = A \times C^a \times S^{1-a}$$

其中,P_i 为工业生产率(工业劳动力的人均产出),A 为技术进步乘数,C 为工业劳动力的人均资本,S 为工业劳动力的人均技能;a 为工业资本产出份额,$(1-a)$ 为工业劳动产出份额。技术进步乘数反映工业技术进步、工业资源优化配置和工业规模经济等的效果。

其次,工业要素优化模型。工业生产率与先进技术比例、优质资产比例和优质劳动力比例成正比。工业技术、工业资产和工业劳动力的选择,直接影响工业生产率。

$$P_i = F(T_a, C_a, L_a)$$

其中,P_i 为工业生产率,F 为函数,T_a 为工业先进技术的比例,C_a 为工业优质资产的比例,L_a 为工业优质劳动力比例。

当其他生产条件不变时,可以假设:

$$P_i = aX^b + c$$

其中,P_i 为工业生产率,X 为工业先进技术比例、优质资产比例或优质劳动力比例,a,b,c 为常数且大于零,分别与工业生产率的增长速度、增长形式和起点有关,通过回归分析计算。

例如,如果先进技术比例的数据难以获得,可以引入假设来进行估算。

假设,新产品全部为先进技术产品,原有产品为非先进技术产品,

$$\text{先进技术比例} \approx \frac{\text{新产品收入}}{\text{原有产品收入} + \text{新产品收入}} \times 100\%$$

上述估算有误差,因为原有产品可能是技术先进的,新产品可能是非先进的。其他类推。

其三,工业结构优化模型。如果根据劳动生产率的高低,把工业经济的全部产业分为两大类:高效产业(高附加值产业)和低效产业,那么,工业生产率与高效产业所占比例成正比,与低效产业所占比例成反比。工业经济的产业结构,将直接影响工业生产率和工业现代化。

$$P_i = a\left(\frac{X}{1-X}\right)^b + c$$

其中,P_i 为工业生产率,X 为高效产业收入的比例,$(1-X)$ 为低效企业收入的比例,a,b,c 为常数且大于零,分别与工业生产率的增长速度、增长形式和起点有关,通过回归分析计算。

其四,工业企业进化模型。如果根据劳动生产率的高低,把工业企业分为两大类:优秀企业和普通企业,那么,工业生产率与优秀企业所占比例成正比,与普通企业所占比例成反比。工业经济的企业质量和结构,将直接影响工业生产率和工业现代化。

$$P_i = a\left(\frac{X}{1-X}\right)^b + c$$

其中,P_i 为工业生产率,X 为优秀企业收入的比例,$(1-X)$ 为普通企业收入的比例,a,b,c 为常数且大于零,分别与工业生产率的增长速度、增长形式和起点有关,通过回归分析计算。

其五,创新价值模型。《现代化科学》提出了创新价值模型(何传启,2010)。

- 计算方法

$$P_\mathrm{i} = a\left(\frac{X}{1-X}\right)^b + c$$

其中,P_i 为工业生产率,X 为创新价值比例(或物化劳动比例),$(1-X)$ 为简单劳动价值比例(或普通劳动比例),a,b,c 为常数且大于零,分别与工业生产率的增长速度、增长形式和起点有关,通过回归分析计算。

- 假设(1):根据劳动性质和特点,人类劳动可以大致分为创造性劳动和简单性劳动,当然它们是相对的。创造性劳动是以知识和创新思维为基础的创造新知识、新观念和新物品的劳动,简单性劳动一般是以体力和技术技能为基础的重复性劳动。
- 假设(2):简单性劳动包含物化劳动和普通劳动。物化劳动指物化在资本和技术中的劳动,普通劳动指人类的简单性劳动。
- 假设(3):创新价值指创造性劳动创造的价值(创新的超额利润),简单劳动价值指简单性劳动创造的价值。
- 推论(1):工业生产率和劳动生产率与创新价值比例成正比,与简单劳动价值比例成反比。
- 推论(2):工业生产率和劳动生产率与物化劳动比例成正比,与普通劳动比例成反比。

3. 经济学和工业化的若干模型

发展经济学、工业经济学和工业化的许多模型,可以用来解释工业发展。例如,二元经济模型等。发展经济学认为,农业和工业是国民经济的两个重要部门;随着农业劳动生产率提高,农业用地有限,农业需要劳动力下降,出现农村富余劳动力,他们会进入工业和服务部门;与此同时,工业劳动生产率和收入比较高,会吸引农业劳动力向工业部门转移。

五、工业现代化的模式

工业现代化是一个历史过程,具有时间跨度和发展路径。不同国家的工业现代化,有自己的发展路径和阶段模式。发展路径指在工业现代化的起点与终点(目标)之间的道路,它具有方向性、阶段性和结构特征。工业现代化的模式是工业现代化的发展路径的一段历史截段,是工业现代化的关键要素的一种组合(配方),具有时效性和针对性。一般而言,工业现代化模式是工业现代化的实践经验的代名词。

1. 工业现代化的路径

一般而言,工业现代化是多路径的。根据路径的性质,可以把路径分为三类。21 世纪工业现代化大致有三条基本路径(图 2-28),不同国家和地区可以选择不同路径。一般而言,工业现代化没有最佳路径,只有合适路径。基本路径可以选择,细分路径可以选择。每一条细分路径的适用性不同,同一条细分路径对不同国家是不等价的。

- 第一类是基本路径,指工业现代化的主要路径,每条路径的方向和结构特征是独特的。
- 第二类是细分路径,指基本路径中方向一致但结构特点不同的一组路径,又称为亚路径。
- 第三类是分叉路径,指看似可以通向现代化目标,但实际上是不可能达到目标的路径。

21 世纪国家工业现代化有三种路径选择。

- 选择一,第二次工业现代化路径。适合于已经完成或基本完成第一次工业现代化的国家。
- 选择二,追赶工业现代化路径。先完成第一次工业现代化,后推进第二次工业现代化。适合于没有完成第一次工业现代化的国家,特别是工业现代化刚刚起步的国家。

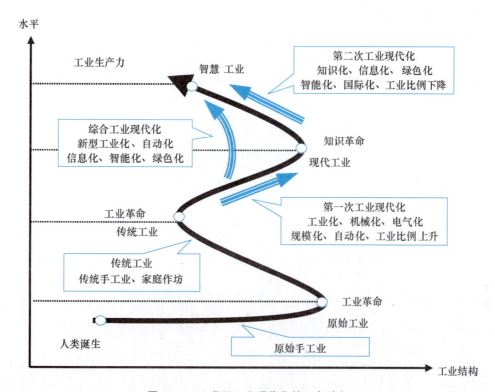

图 2-28　21 世纪工业现代化的三条路径

注：21 世纪第一次工业现代化路径将受到第二次工业现代化的影响，多少具有综合工业现代化的特点。综合工业现代化路径具有多样性，与起点和目标选择紧密相关。

- 选择三，综合工业现代化路径，两次工业现代化协调发展，并持续向第二次工业现代化转型。适合于没有完成第一次工业现代化的国家，特别是第一次工业现代化实现程度较高的国家。

2. 工业现代化的模式

工业现代化模式是国家工业现代化过程中某一个历史截段的典型特征的一种抽象表述，或者说是国家工业现代化路径的一个历史截段的"名称"。工业现代化包括许多基本要素，如工业生产、工业经济、工业结构、工业制度和工业观念等。工业现代化模式就是这些基本要素的某种组合。不同国家的不同历史时期具有不同的条件和环境，需要不同的要素组合。如果国家工业现代化的某一个阶段取得明显的成功或失败，人们就会把这个阶段的路径及其特征归结为"一种模式"。先行国家工业现代化过程的一些成功模式，往往成为后发国家的参照。

关于工业现代化的模式，不同学者的认识有所不同。例如，美国学者格尔申克隆分析了欧洲后发国家工业化的 8 种类型：本地型-引进型、被迫型-自主型、生产资料中心型-消费资料中心型、通货膨胀型-通货稳定型、数量变化型-质量变化型、连续型-断续型、农业发展型-农业停滞型、经济动机型-政治目的型。美国学者钱纳里等分析了国家发展的 4 种型式：初级产品生产专业化、平衡的生产和贸易、进口替代、工业专业化等。

首先，工业现代化具有模式多样性（表 2-25）。一般而言，不同国家和不同阶段可以选择不同模式，可以创造不同的模式。它们与资源禀赋、国际环境和政策选择紧密相关。第一次工业现代化大约有 30 种模式，第二次工业现代化大约有 30 种模式（其中 18 种模式为新模式），综合工业现代化大约有 30 种模式（其中 6 种模式为新模式）。

其次,工业现代化没有标准模式,没有最佳模式,只有合适模式。国家可以选择或创造模式。模式的创造和选择,受客观条件和国际环境的影响,需要专题研究。

其三,一般而言,第一次工业现代化的模式选择,更多受自身条件的影响。第二次工业现代化的模式选择,更多受科技水平和国际环境的影响。综合工业现代化的模式选择,更多受政策导向和国际竞争的影响。

表 2-25 工业现代化的组合模式(举例)

编号	第一次工业现代化的组合模式		第二次工业现代化的组合模式		综合工业现代化的组合模式	
	要素组合	模式	要素组合	模式	要素组合	模式
1	制造业与建筑业	制造业优先	大企业与小企业	大企业主导	制造业与建筑业	制造业优先
2		建筑业优先		小企业主导		建筑业优先
3		协调发展		协调发展		协调发展
4	制造业与采矿业	制造业优先	自由贸易与工业保护	自由贸易为主	制造业与采矿业	制造业优先
5		采矿业优先		工业保护为主		采矿业优先
6		协调发展		协调发展		协调发展
7	大企业与小企业	大企业主导	耐用品与非消费品	耐用品优先	大企业与小企业	大企业主导
8		小企业主导		非耐用品优先		小企业主导
9		协调发展		协调发展		协调发展
10	出口导向与进口替代	出口导向优先	产业均衡与不均衡	产业均衡	出口导向与进口替代	出口导向优先
11		进口替代优先		产业不均衡		进口替代优先
12		竞争发展		工业专业化		协调发展
13	自由贸易与工业保护	自由贸易为主	高技术与低技术	高技术优先	自由贸易与工业保护	自由贸易为主
14		工业保护为主		低技术优先		工业保护为主
15		协调发展		适用技术优先		协调发展
16	重工业与轻工业	重工业优先	智能化与就业	智能化优先	工业与农业	工业优先
17		轻工业优先		就业优先		农业优先
18		协调发展		协调发展		协调发展
19	耐用品与非耐用品	耐用品优先	全球化与就业	全球化优先	工业与城市化	工业优先
20		非耐用品优先		就业优先		城市化优先
21		协调发展		协调发展		协调发展
22	产业均衡与不均衡	产业均衡	知识化+信息化	知识化优先	高技术与低技术	高技术优先
23		产业不均衡		信息化优先		低技术优先
24		工业专业化		协调发展		适用技术优先
25	工业与农业	工业优先	知识化+绿色化	知识化优先	工业与信息化	工业优先
26		农业优先		绿色化优先		信息化优先
27		协调发展		协调发展		协调发展
28	工业与城市化	工业优先	信息化+绿色化	信息化优先	工业与绿色化	工业优先
29		城市化优先		绿色化优先		绿色化优先
30		协调发展		协调发展		协调发展

注:模式是相对的,相关模式之间没有明显疆界,不同模式可以交叉进行。几个模式可以组合成一种复合模式。

3. 综合工业现代化

综合工业现代化是21世纪工业现代化的一条基本路径,它包括两次工业转型(从传统手工业向机械化工业、从机械化工业向智能化工业的转型)的联动和持续向智慧工业转变,包括工业机械化、电气化、自动化、信息化、智能化、绿色化和国际化的协调发展,包括工业效率和工人收入的提高、工人福利与生活质量的改善、国际工业竞争力和国际工业地位的提高等。

综合工业现代化是两次工业现代化的协调发展并持续向第二工业现代化转型的历史过程，它包括生产模式、关键技术、工业结构、工业制度和观念的变化，包括追赶和达到世界工业先进水平的国际竞争。实现综合工业现代化的标志是工业效率、工业质量、工业竞争力、工人福利和生活质量、工业技术和工业制度等达到当时的世界先进水平。

从经济结构角度看，第一次工业现代化是一个工业化过程，工业比例不断上升；第二次工业现代化是一个非工业化过程，工业比例不断下降；综合工业现代化是一个新工业化过程，工业比例有可能长期在某一个范围内波动，但工业观念、工业结构和工业制度等持续向智慧工业转型，向第二次工业现代化转型。

第四节 工业现代化的政策研究

工业现代化的政策研究是工业现代化研究的一个重要领域，已经有大量学术文献，包括国际的和国内的。目前大致有两种研究方法。其一是历史分析，对过去300年的工业现代化进程进行研究，寻找它的成功经验和失败教训，从中归纳出一些工业政策。其二是理论分析。可以利用工业现代化理论和经济现代化理论，推导出一些工业政策。这里我们采用第二种思路。这种分析与工业化、工业发展的政策分析有所不同，前者更多是工业现代化理论导向的，后者更多是工业发展问题导向的；两者可以互补。从理论角度分析工业政策，大都属于政策观念，而不是具体政策。不同国家和地区工业现代化的具体政策，需要专题研究。

一、工业现代化的一般政策

工业现代化的政策分析，必须尊重工业现代化的客观规律，必须适合国家或地区的客观条件。很显然，不同国家和地区的工业现代化的客观条件和发展阶段是不同的，需要专门研究。这里简要讨论不同工业现代化路径的一般政策（表 2-26）。

表 2-26 工业现代化的主要路径

项目	1970 年以前	1970～2000 年	2000～2050 年
发达国家和地区	第一次工业现代化路径	第二次工业现代化路径	第二次工业现代化路径
发展中国家和地区	第一次工业现代化路径	第一次工业现代化路径 对第二次工业现代化的响应	追赶工业现代化路径 综合工业现代化路径

注：追赶工业现代化路径特点是：先完成第一次工业现代化，然后再推进第二次工业现代化。

1. 第一次工业现代化的一般政策

第一次工业现代化是从传统工业向现代工业的转型过程及其深刻变化，它包括工业劳动生产率、工业资本生产率和工人收入水平的提高，工业劳动力比例和工业增加值比例上升等。不同国家和地区，在不同时期，可以有不同政策。一般性政策如下。

- 工业生产：专业化、规模化、标准化和自动化等，提高生产效率和劳动安全性。
- 工业经济：市场化、工业化和专业化等，提高经济效益和工人收入。
- 工业企业：现代企业、市场导向和雇佣关系等，生产型企业，效率型企业。
- 企业管理：科学管理、成本管理、全面质量管理、效率管理等。
- 工业技术：机械化、电气化、自动化和生产线，提高先进技术比例，淘汰落后技术。

- 工业工人：提高识字率、普及初等教育、职业培训，提高人均技能。
- 工业投资：吸引优质投资和高效投资，降低无效投资，提高人均资本。
- 工业制度：现代企业制度、劳动和福利制度、税收制度、工会制度、贸易制度等。
- 工业观念：效率、利润、收入、分工和竞争，按劳分配，按资分配等。

2. 第二次工业现代化路径的一般政策

第二次工业现代化是从现代工业向智慧工业的转型过程及其深刻变化，它包括工业效益、工业质量、国际竞争力和工人生活质量提高，工业劳动力比例和工业增加值比例继续下降等。不同国家和地区，在不同时期，可以有不同政策。一般性政策如下。

- 工业生产：绿色化、智能化和国际化等，提高生产质量和优秀企业比例。
- 工业经济：信息化、全球化、电子商务和自由贸易，提高高效产业比例，提高创新价值比例和人均创新价值，提高物化劳动比例和人均资本。
- 工业企业：网络化、虚拟化和扁平化，人性化，灵活性，学习型企业，创新型企业。
- 企业管理：柔性管理、知识管理、文化管理、创新管理、战略管理和效益管理等。
- 工业技术：知识密集（高技术）、信息化、数字化、智能化、绿色化、可视化、柔性制造、敏捷制造、微加工、人机友好、生物技术等，提高先进技术比例。
- 人力资源：普及高等教育，终身学习，提高人力技能和优质劳动力比例。
- 工业投资：外国投资、技术投资和优质投资等，提高优质资产比例和人均优质资产。
- 工业制度：环境保护制度、自由贸易、低关税、利润共享、股票期权、知识产权等。
- 工业观念：效益、质量、创新、学习、环境意识、文化导向、按贡献分配等。
- 工业环境：工业生态学、环境友好、节能减排、工业园区、高技术园区、保税区等。

3. 综合工业现代化路径的一般政策

综合工业现代化的政策选择，包含第一次工业现代化和第二次工业现代化的政策选择和优势集成，形成组合优势和竞争优势。综合工业现代化是一个持续的转型过程。在它的早期，第一次工业现代化要素的比重会多一些，第二次工业现代化要素的比重会少一些。在中期，两次工业现代化要素的比例会动态平衡。在后期，第一次工业现代化要素的比重会少一些，第二次工业现代化的要素比重会多一些（图 2-29）。加强工业政策研究尤为重要。

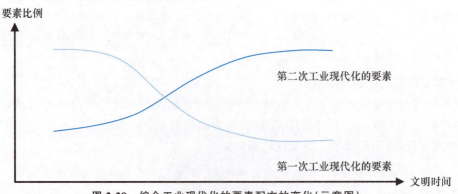

图 2-29　综合工业现代化的要素配方的变化（示意图）

4. 工业现代化理论的适应性

科学理论都是有边界条件的，在一定范围内成立，超过范围就不成立。

(1) 工业现代化理论在世界和国家范围的适应性

工业现代化理论是对世界工业现代化的一般理论分析,它以国家为基本单元。工业现代化理论,重点是分析工业变迁的世界前沿。工业现代化的先行国家和后进国家,或者发达国家和发展中国家,它们的做法会有所不同。工业现代化理论,很好地解释了先行国家和发达国家的特点,但对发展中国家的情况重视不够,后者更多需要工业现代化的政策研究。

(2) 工业现代化理论在省级地区的适应性

工业现代化理论,在省级地区的适应性,会因国家不同和地区不同而异。省级地区的现代化会与国家现代化有所差别。工业现代化理论,比较适用于发达国家的先进地区的情况,而对后进国家和发展中国家的后进地区的适应性,就会有很大差别,需要专门研究。

(3) 工业现代化理论在县级地区的适应性

工业现代化理论,在县级地区的适应性,会比在省级地区的适应性小一些。县级地区的工业具有更大的多样性。它可能在许多县级地区出现"水土不服",需要专门研究和校正。

在不同层次的地区工业现代化过程中,工业生产率和工人收入提高都是必需的,工业制度和工业观念变化是必然的,但是工业内容和工业结构的转变就有多样性。

二、工业现代化的战略分析

战略是实现目标的方法。工业现代化战略是实现工业现代化目标的方法。工业发达国家的目标是保持世界工业领先水平或世界工业先进水平,工业发展中国家的目标是追赶和达到世界工业先进水平,工业发达国家和发展中国家的工业现代化战略有很大差别。

一般而言,工业现代化战略是基于工业现代化理论的战略,工业发展战略是基于发展理论的战略。前者适合于所有国家,后者常见于发展中国家。工业现代化包括工业发展、工业转型、国际竞争和国际分化。工业现代化战略与工业发展战略既有联系又有区别(表 2-27)。

表 2-27 工业现代化战略与工业发展战略的比较

项目	工业现代化战略	工业发展战略
目标	客观目标:根据工业现代化水平设置目标 工业发达国家:世界工业最高水平、世界工业先进水平 工业发展中国家:世界工业先进水平、世界工业平均水平	主观目标:根据研究者预期设置目标 工业发达国家:根据国家需求设置目标 工业发展中国家:根据国家期望设置目标
路径	客观路径:工业现代化三条基本路径 工业发达国家:第二次工业现代化路径 工业发展中国家:追赶工业现代化或综合工业现代化路径	主观路径:研究者描述的路径 工业发达国家:没有统一认识 工业发展中国家:研究者提出的不同设想
重点	工业发达国家:规律导向、前沿创新、竞争分析 工业发展中国家:规律导向、模式创新、竞争分析	工业发达国家:问题导向、政策创新 工业发展中国家:问题导向、跟踪模仿、政策分析
特点	科学思维:规律—比较—对策 工业发达国家:工业现代化原理—保持发达水平—对策 工业发展中国家:工业现代化原理—现代化差距—对策	实用逻辑:趋势—现状—对策 工业发达国家:发展趋势—国家现状—对策 工业发展中国家:发展趋势—国家现状—对策
基础	工业现代化理论、战略学等	工业发展理论、战略学等

1. 工业现代化目标

工业现代化目标是未来一段时间工业现代化的目标。它有许多类型,例如,战略目标和规划目标、长期目标和近期目标、动态目标和固定目标、理论性目标和政策性目标、国家目标、地区目标和部门目标等。工业现代化目标的制定,需要遵循工业现代化规律,把握世界工业发展趋势,认清自身水平和客观条件。这里讨论 21 世纪的工业现代化目标。

(1) 目标分析

一般而言,工业现代化目标包含三类目标:共性目标、个性目标和减少副作用。共性目标包括完成两次工业现代化,追赶、达到或保持世界工业先进水平。个性目标包括形成、保持和扩展自己的特色,强化竞争优势等。不同国家和不同时期减少副作用的要求是不同的。

固定目标:完成第一次工业现代化,形成第一工业现代性,减少第一次工业现代化的副作用。工业发达国家在20世纪60年代完成第一次现代化,它们60年代的平均水平可以作为完成第一次工业现代化的参考标准。

动态目标:完成第二次工业现代化,追赶、达到和保持世界工业先进水平,减少副作用等。目前,没有国家完成了第二次工业现代化。预计21世纪后期,工业发达国家能够完成第二次工业现代化。那个时候,工业发达国家的第二次工业现代化水平,可以作为完成第二次工业现代化的参考标准。

(2) 目标制定

工业现代化目标有不同类型和特点,它们的制定方法有所不同(表2-28)。一般而言,固定目标的参考标准是已知的,可以采用标杆法、工业现代化水平评价和工业现代化阶段评价等来制定相关的政策目标;动态目标的参考标准是世界工业先进水平,可以采用标杆法和目标预测评价等来制定相关的战略目标和政策目标。

表2-28 工业现代化目标的制定方法

目标类型	内容和特点	制定方法
共性目标	第一工业现代性,第二工业现代性,追赶、达到或保持世界工业先进水平	标杆法、工业现代化水平评价、工业现代化阶段评价、实际进展评价、目标预测评价等
个性目标	形成、保持和扩展特色,强化竞争优势	国际比较分析、竞争优势分析等
避免副作用	减少两次工业现代化的副作用	个案分析
固定目标	完成第一次工业现代化	水平评价、阶段评价
动态目标	完成第二次工业现代化,追赶、达到或保持世界工业先进水平	标杆法、目标预测评价等
长期目标	战略目标,时间跨度可以10年以上	标杆法、目标预测评价、竞争优势分析等
近期目标	政策目标,时间跨度一般5年以内	标杆法、目标预测评价、竞争优势分析等

一般而言,战略目标的制定大致包括三个内容:战略定位、战略分析和综合目标。战略定位是对现代化的水平、阶段和国际地位的精确判断。战略分析包括国际环境、客观条件和竞争优势分析等。综合目标包括三类目标(共性目标、个性目标和减少副作用)的综合集成。

- 战略定位。包括现代化阶段和水平评价。确定现代化的阶段、水平和国际地位。
- 战略分析。包括世界趋势、世界前沿、国际环境、客观条件和竞争优势分析等。
- 选择共性目标。可以采用标杆法、实际进展评价和目标预测评价等方法。
- 选择个性目标。可以采用国际比较分析和竞争优势分析等方法。
- 减少副作用目标。需要个案分析。
- 提出综合政策目标。包括共性目标、个性目标和减少副作用等。

(3) 注意事项

制定工业现代化目标,一般需要注意如下问题。

- 尊重规律。政策目标应该符合工业现代化原理和世界工业发展趋势。
- 符合国情。政策目标不能脱离实际,必须考虑国情和国际环境的制约。

- 适度超前。战略目标的时间跨度可以长一些,政策目标的时间跨度不超过5年。
- 可行性。通过努力能够实现,不努力实现不了。社会可以接受,国力可以支撑。
- 特色性。不同地区的政策目标,可以相互借鉴,不宜相互攀比。
- 开放性。关注新潮流、新生长点、新科技等的影响,保持目标的弹性。

一般而言,工业现代化目标的不同类型目标,需要分别制定和分类管理。第一次工业现代化、第二次工业现代化、综合工业现代化的政策目标,工业发达国家和发展中国家的政策目标,工业发达地区和发展中地区的政策目标,工业不同行业的政策目标,都会有自己的特点和要求,需要区别对待。

2. 工业现代化规划

工业现代化规划是未来一段时期的工业现代化建设蓝图,是实现工业现代化目标的计划。它是一项系统工程,是工业现代化战略的具体化和操作化。工业现代化规划有多种类型,例如,战略规划和实施计划、国家规划、地区规划、行业规划和专项规划等。工业现代化规划的制定,需要遵循现代化规律,需要考虑客观条件和国际环境,需要量力而行。

(1) 规划制定

工业现代化规划包括许多基本内容,如战略目标、基本任务、分段目标和任务、路径选择、模式选择、重点选择、政策和措施选择等(表2-29)。一般而言,规划制定过程是一个目标导向的开放过程,目标分析、任务分析和各种选择是交互进行的。

表2-29 工业现代化规划的制定方法

规划内容	内容和特点	制定方法
战略目标	长期目标	标杆法、目标预测评价、竞争优势分析等
基本任务	实现长期目标所需要完成的任务	任务分析
分段目标和任务	分段目标、年度目标和任务	目标和任务的分解
共性目标的实现	提高现代化水平的途径和方法	根据国家发达的原理和方法,提出对策
个性目标的实现	强化特色和竞争优势的途径和方法	专题研究,提出强化特色和竞争优势的对策
避免副作用	减少现代化的副作用的途径和方法	专题研究,提出解决或抑制副作用的对策
路径选择	三条基本路径的选择、路径的细化	路径分析,路径创新,提出具体指标
模式选择	不同路径的模式选择、模式的细化	模式分析,模式创新,模式选择
重点选择	明确实现战略目标的关键点	比较分析,主成分分析法等
政策选择	根据理论和目标,进行政策创新和选择	政策分析,政策创新,政策和措施选择
成本效益分析	预算投入,估算产出,绩效分析	绩效评价方法

注:战略目标和分段目标都包括共性目标、个性目标和避免副作用三个部分。基本任务和分段任务分别指实现战略目标和分段目标所需要完成的任务。

- 目标分析。解析战略目标,明确基本任务,提出分段目标和年度目标等。
- 路径选择。选择基本路径,选择实现三个目标的细分路径。
- 模式选择。选择三个目标相关的合适的模式,或者进行模式创新。
- 重点选择。选择三个目标相关的重点,明确重中之重,相应配置资源。
- 政策选择。包括政策分析、政策创新、政策和措施选择等。
- 形成完整规划。包括目标、路径、模式、重点、政策和绩效评价等。

工业现代化战略规划,一般包括战略目标、任务、原则、布局、重点和措施等。

工业现代化实施计划,应该包括年度目标、任务、要求、重点和措施等。

(2) 注意事项

- 一个重点。共性目标的实现途径和方法,是现代化规划成败的关键环节。目标是提高现代化水平,追赶、达到或保持世界先进水平。发达和发展中国家有所差别。
- 四个选择。路径选择、模式选择、政策选择和重点选择要慎重。
- 分段规划。第一次、第二次和综合工业现代化的战略规划是不同的。
- 分类规划。发达与发展中国家、国家与地区、部门与行业的战略规划等有所不同。
- 国家规划。特别关注国家的工业区划、工业创新和工业国际竞争力等。
- 地区规划。特别关注地区工业现代化水平、特色和竞争优势等。

一般而言,工业现代化规划,发达国家可以比较多地关注工业创新、工业环境和工业国际竞争力等;发展中国家可以比较多地关注工业投资、工业园区和工业技术等。

三、工业现代化的政策选择

工业现代化政策措施的突出特点是针对性和时效性等。不同国家和地区可以根据自身条件,创新和选择合适的政策和措施。政策创新与措施选择,需要遵循现代化规律,需要适合基本国情和国际环境。两次工业现代化和综合工业现代化路径的政策和措施有所不同。工业现代化过程的政策创新和措施选择是工业现代化战略和规划的重要部分。

1. 工业政策和措施的来源

一般而言,政策和措施主要有三个来源:理论来源、国际借鉴和政策创新。

首先,理论来源。工业现代化理论和相关理论有多种,每一种理论都有政策含义。

其次,国际借鉴。过去300年的工业现代化实践,积累了丰富的成功经验。

其三,政策创新。政策创新是制度创新的一种表现形式。

2. 工业政策创新和选择的周期

工业现代化包括工业制度现代化。工业政策的创新、选择、传播和退出是工业制度现代化的重要途径。工业政策从创新到退出有一个周期(图2-30)。

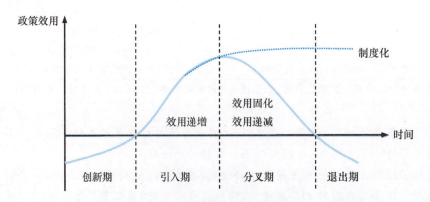

图 2-30 工业政策创新的生命周期

注:创新期,政策没有效用,负效用表示制度缺失的负面效果。引入期,政策效用递增。分叉期,政策效用已经饱和;有些政策转变为制度,长期发挥作用,效用被固化;有些政策出现效用递减。退出期,有些政策完成历史使命,失去效用,自动退出;有些政策如果不退出,可能产生负面作用。有些政策,出台时就发挥最大效用,然后效用递减;或者效用被固化。

一项工业政策的政策效用,从效用递增、效用饱和、效用固化(制度化)、效用递减、效用丧失到效用转负(负面效应),是一个自然的演变过程。

一般而言,在效用递减后期,需要考虑采取措施,让政策退出;避免出现负面效应。

3. 工业政策创新和政策选择的原则

工业政策创新和措施选择,一般遵循五个原则。

- 有利于工业生产力和工业质量的提高。
- 有利于企业创新能力和管理水平的提高。
- 有利于工人收入和生活质量的提高。
- 有利于工业技术水平和国际竞争力的提高。
- 有利于工业的环境友好和绿色发展等。

本 章 小 结

本章集中讨论了工业现代化的相关研究、专题研究、基本原理和政策选择等。工业现代化的相关研究涉及工业经济、工业化和工业发展研究等。工业现代化的专题研究包括概念研究、实证研究和应用研究等。何传启把《现代化科学》推广到工业现代化领域,提出了广义工业现代化的一般理论和政策选择。在现代化科学里,工业现代化没有统一定义,但有多种操作性定义;工业现代化遵循现代化的基本原则,又具有工业现代化的特有角色。

1. 工业现代化的内涵

工业现代化是工业部门的现代化,是经济现代化的组成部分,是现代化的一种表现形式。关于工业现代化的内涵,可重点关注它的操作性定义、判断标准和基本性质。从政策角度看,工业现代化指世界工业先进水平以及达到和保持世界先进水平的过程。

首先,工业现代化的三个操作性定义。

- 工业现代化是18世纪以来世界工业的一种前沿变化和国际竞争,是现代工业的形成、发展、转型和国际互动的前沿过程,是工业要素的创新、选择、传播和退出交替进行的复合过程,是追赶、达到和保持世界工业先进水平的国际竞争和国际分化等;达到和保持世界工业先进水平的国家是工业发达国家,其他国家是工业发展中国家,两类国家之间可以转换。
- 工业现代化是现代工业的世界前沿,以及达到和保持世界前沿的行为和过程。
- 工业现代化是工业发展、工业转型、工业国际互动的交集。

一般而言,工业现代化既是一种状态,现代工业的世界先进水平;又是一个过程,达到和保持世界工业先进水平的过程。它包括从传统工业(个体手工业)向现代工业(机械化工业)、从现代工业向智慧工业(智能化工业)的两次转变、工业效率和工人收入的大幅提高、工人福利和生活质量的不断改善、工业结构变化和工业技术进步、工业企业组织和管理的合理化、国家工业地位和国际工业体系的变化等。在18~21世纪期间,工业现代化的前沿过程可以分为第一次和第二次工业现代化,两次工业现代化的协调发展是综合工业现代化,综合工业现代化主要适合于工业发展中国家。22世纪工业还会有新变化。

其次,工业现代化的四个标准。有利于工业生产力和质量的提高、有利于工人收入和生活质量的提高、有利于工业技术水平和竞争力的提高、有利于工业的环境友好和绿色发展。

其三,工业现代化的基本性质。工业现代化既是一种工业变迁,也是一种工业竞争;既需要国内视角,也需要国际视角;既有工业进步,也有副作用;既有共性,也有多样性;既有国际工业趋同,也有国际工业分化;工业现代化不是一劳永逸的,而是不进则退。

从工业变迁和工业转型角度看,每一个国家的工业现代化都会进步和有可能成功,但国家工业进步有快慢,工业水平有高低,成功时间有先后。国家工业现代化是不同步的。

从世界前沿和国际竞争角度看,只有部分国家的工业能够达到和保持世界先进水平,不同国家成功的概率有差异。在过去50年里,工业发达国家的比例不到20%(14%~17%),工业发展中国家的比例超过80%(83%~86%);工业发展中国家升级为发达国家的概率为5%左右,工业发达国家降级为工业发展中国家的概率为5%左右。

其四,工业化与工业现代化的关系。18世纪以来,世界工业发展大致经历了两大阶段:工业化和后工业化。工业化指国民经济中,工业经济比例和工业劳动力比例上升的过程,同时工业主义向全社会渗透。后工业化指国民经济中,工业经济比例和工业劳动力比例下降的过程,同时工业观念从追求效率向环境友好转型。工业化和后工业化,都属于工业现代化的组成部分和表现形式。工业化和后工业化主要反映国民经济的结构和观念变化,工业现代化不仅反映国民经济的结构和观念变化,而且更多反映国民经济的质量和国际地位变化。

2. 工业现代化的过程

工业现代化是一个历史过程。关于它的起点和终点,目前没有统一认识。许多经济学家认为,18世纪英国工业革命是世界工业现代化的起点。关于工业现代化的过程分析,这里先重点关注它的主要类型、主要阶段、主要特点和基本原理。

首先,工业现代化过程大致分为两类:前沿过程和追赶过程。工业现代化的前沿过程,是发达国家的工业现代化,是领先型工业现代化。工业现代化的追赶过程,是发展中国家的工业现代化,是追赶型工业现代化。发达国家的工业现代化并非每一个方面都是领先的,有时候需要向其他发达国家和发展中国家学习。发展中国家的工业现代化也可以创造新模式和新经验,供其他发展中国家甚至发达国家借鉴。而且,发达国家可以掉下来,发展中国家可以赶上去,两类国家是动态变化的,可以相互转换。

其次,工业现代化过程包括两大阶段和六次浪潮。参照第二次现代化理论,可以建立工业现代化的周期表、坐标系和路线图。不同国家的阶段划分有所不同。

在1763~1970年期间,世界工业现代化的前沿过程是第一次工业现代化。

第一次工业现代化是从传统工业向现代工业、从手工业向机械化工业的转型,它包括从家庭作坊向现代企业、分散小生产向规模大生产、手工生产向机械化、电气化和自动化生产、手工产品向标准化产品、传统工艺向现代技术的转型等。它包括工业劳动生产率、工业资本生产率和工人收入水平的提高,工业劳动力比例和工业增加值比例上升等。

在1970~2100年期间,世界工业现代化的前沿过程是第二次工业现代化。

第二次工业现代化是从现代工业向智慧工业、从机械化工业向智能化工业的转型,它包括从效率工业向生态工业、机械化工业向信息化工业、标准化产品向艺术化产品、现代技术向环境友好技术、垂直型企业向网络型企业的转型等。它包括工业效益、工业质量、国际竞争力和工人生活质量提高,工业劳动力比例和工业增加值比例继续下降等。

如果说,第一次工业现代化是初级工业现代化,是从传统工业向现代工业的转变;那么,第二次工业现代化是高级工业现代化,是从现代工业向智慧工业的转变;两次工业现代化的协调发展是综合工业现代化,它比较适合于发展中国家。

综合工业现代化是21世纪工业现代化的一条基本路径,它包括两次工业转型(从传统手工业向机械化工业、再向智能化工业的转型)的联动和持续向智慧工业转变,包括工业机械化、电气化、自动化、信息化、智能化、绿色化和国际化的协调发展,包括工业效率和工人收入的提高、工人福利与生活质量的改善、国际工业竞争力和国际工业地位的提高等。

其三,工业现代化过程的主要特点。工业现代化过程的一般特点大致有15个。它们是:部分可预期、不均衡的、不同步的、有阶段的、多样性、系统性、复杂性、长期性、进步性、全球性、风险性、政府作用、工业效率分化、工业结构趋同和具有副作用等。第一次工业现代化和第二次工业现代化的特点是不同的,不同国家工业现代化的特点也有差别。

其四,工业现代化过程的基本原理。工业现代化包括工业内容、工业形态和工业国际体系的变化等。工业现代化过程的基本原理不仅包括工业内容、工业形态和工业国际体系变化的主要机理和基本原则,还包括它们的动力和模式等;它遵循现代化的一般原理。

现代化的一般原理包括:进程不同步、分布不均衡、结构稳定性、地位可变迁、行为可预期、路径可选择、需求递进、效用递减、状态不重复、中轴转变原则。

工业内容现代化是工业要素的创新、选择、传播和退出交互进行的复合过程,它包括工业要素的创新、选择、传播的双向循环和工业要素的可逆退出过程,这些过程共同组成一个超循环。这些过程的突出特征是多样性,同时有两重性。工业现代化具有二重性:既要维护国家安全利益,又要提高工业生产力和国际竞争力。

工业形态现代化是现代工业的形成、发展、转型和国际互动的前沿过程,每个方面都具有路径、内容或形式的多样性。

工业国际体系变化包括体系结构和体系水平的变化,遵循四个基本原理,它们分别是:进程不同步、分布不均衡、结构稳定性和地位可变迁等。

3. 工业现代化的结果

工业现代化的结果,是时间的函数,随时间而变化。工业现代化结果不仅与工业现代化过程的时间跨度紧密相关,还与工业现代化目标紧密相关。关于工业现代化的结果分析,可以重点关注三个方面:一般结果、三种变化和国家目标。

首先,工业现代化的一般结果。主要包括工业现代性、特色性、多样性和副作用的形成,包括工业效率和工人收入的提高、工业质量与工业竞争力的改善、工业技术和工业制度的发展、工业企业和工业管理的进步、工业行为和工业结构的合理化以及国家工业水平、国际工业地位和国际工业体系的变化等。不同国家工业现代化的结果既有共性又有差异;两次工业现代化的结果是不同的。

第一次工业现代化的一般结果,主要包括第一工业现代性、特色性和多样性的形成,副作用包括环境污染、资源损耗和劳动风险等;完成第一次工业现代化的主要标志是完成工业的机械化、电气化和自动化,工业效率、工业结构和工人收入达到现代工业的世界先进水平(20世纪60年代的世界先进水平)。

第二次工业现代化的一般结果,主要包括第二工业现代性、特色性和多样性的形成,副作用包括技术风险、国际风险等;完成第二次工业现代化的主要标志是完成信息化、智能化和绿色化,工业效益和工业质量达到智慧工业的世界先进水平(未来某个时间的)等。

其次,工业现代化的三种变化。包括世界工业的前沿变化、国际工业体系变化和国家工业状态的变化。世界工业前沿变化主要表现在六个方面:两次工业转型的完成,工业效率和工人收入的提高,工人福利和生活质量的改善,工业比例的变化,工业技术和工业制度的发展,国际工业体系和国家工业地位的变化。

其三,工业现代化的国家目标。国家工业现代化的目标包括:完成第一次工业现代化,实现从传统工业向现代工业的转型;完成第二次工业现代化,实现从现代工业向智慧工业的转型;追赶、达到和保持世界工业的先进水平,成为工业发达国家或缩小国际工业差距。前两个目标的实现是一个"时间问题",所有国家都有可能先后完成;第三个目标的实现是一个"比例和概率问题",只有部分国家能够达到和保持世界先进水平。

从政策角度看,国家工业现代化的主要目标有两个:提高工业生产力和竞争力,保持或达到世界工业先进水平;发达国家的政策目标是保持世界工业先进水平,发展中国家的政策目标是追赶和达到世界工业先进水平。

完成第一次工业现代化的标准:工业增加值与农业增加值之比、工业劳动力与农业劳动力之比大于5,人均制造业和工业劳动生产率达到1970年世界先进水平。

进入第二次工业现代化的标准:工业增加值与服务业增加值之比、工业劳动力与服务业劳动力之比小于0.6,受到高等教育劳动力比例超过20%。

4. 工业现代化的动力

工业现代化的动力分析,涉及动力因素和动力机制两个方面。第二次现代化理论分析了现代化的动力因素和动力模型,它们可以应用于工业现代化领域。

首先,工业现代化的动力因素。主要包括技术创新、制度创新、企业创新、工业竞争、国家利益和市场需求等。技术创新是工业现代化的技术来源,制度创新是工业现代化的制度来源,企业创新是工业现代化的重要基础,工业竞争是工业现代化的激励机制,国家利益是工业国际竞争的主导因子,市场需求是工业产品创新的主导因素。在工业发达国家,技术创新和企业创新作用比较突出;在工业发展中国家,工业竞争和学习作用比较突出。

其次,工业现代化的动力模型。微观动力模型包括:创新驱动模型、双轮驱动模型和联合作用模型等。宏观动力模型包括:创新扩散模型、创新溢出模型、竞争驱动模型等。定量动力模型包括:工业生产力函数、工业要素优化模型、工业结构优化模型、工业企业进化模型等。工业生产率,与工业技术、工业劳动力人均资本和人均技能成正比,与先进技术比例、优质资产比例和优质劳动力比例成正比,与高效产业比例和优质企业比例成正比。

其三,创新价值模型(何传启,2010)。假设:① 劳动可以大致分为创造性劳动和简单性劳动;创造性劳动是以知识和创新思维为基础的创造新知识、新观念和新物品的劳动,简单性劳动一般是以体力和技术技能为基础的重复性劳动;② 简单性劳动包含物化劳动和普通劳动,物化劳动指物化在资本和技术中的劳动,普通劳动指人类的简单性劳动;③ 创新价值指创造性劳动创造的价值(创新的超额利润),简单劳动价值指简单性劳动创造的价值。推论:① 工业生产率和劳动生产率,与创新价值比例成正比,与简单劳动价值比例成反比;② 工业生产率和劳动生产率,与物化劳动比例成正比,与普通劳动比例成反比。

5. 工业现代化的模式

工业现代化是一个长期过程,具有时间跨度和发展路径。不同国家的工业现代化,有自己的发展路径和阶段模式。发展路径指在工业现代化的起点与终点(目标)之间的道路,它具有方向性、阶段性和结构特征。工业现代化的模式是工业现代化的发展路径的一段历史截段,是工业现代化的关键要素的一种组合(配方),具有时效性和针对性。一般而言,工业现代化模式是工业现代化的实践经验的代名词。

首先,21世纪工业现代化大致有三条基本路径:第一次工业现代化路径、第二次工业现代化路径和综合工业现代化路径。不同国家可以选择不同路径。

其次,工业现代化没有标准模式,没有最佳模式,只有合适模式。第一次工业现代化大约有30种模式,第二次工业现代化大约有30种模式(其中18种模式为新模式),综合工业现代化大约有30种模式(其中6种模式为新模式)。

其三,一般而言,第一次工业现代化的模式选择,更多受自身条件的影响。第二次工业现代化的模式选择,更多受科技水平和国际环境的影响。综合工业现代化的模式选择,更多受政策导向和国际竞争的影响。

6. 工业现代化的政策选择

工业现代化的政策措施,突出特点是针对性和时效性等。不同国家和地区可以根据自身条件,创新和选择合适的政策和措施。政策创新与措施选择,需要遵循现代化规律,需要适合基本国情和国际环境。两次工业现代化和综合工业现代化路径的政策和措施有所不同。工业现代化过程的政策创新和措施选择是工业现代化战略和规划的重要部分。

工业现代化的战略分析包括目标分析、目标制定和规划制定等。

工业现代化战略是实现工业现代化目标的方法。工业发达国家的目标是保持世界工业领先水平或世界工业先进水平,工业发展中国家的目标是追赶和达到世界工业先进水平,工业发达国家和发展中国家的工业现代化战略有很大差别。

工业现代化战略是基于工业现代化理论的战略,工业发展战略是基于发展理论的战略。前者适合于所有国家,后者常见于发展中国家。工业现代化包括工业发展、工业转型、国际竞争和国际分化。工业现代化战略与工业发展战略既有联系又有区别。

在21世纪,工业发达国家可以采用第二次工业现代化路径;工业发展中国家可以有三种选择:追赶工业现代化路径、综合工业现代化路径和第二次工业现代化路径。三条路径有不同内涵和特点,可以和需要采取不同政策。

工业政策创新和措施选择,一般遵循五个原则:有利于工业生产力和工业质量的提高,有利于企业创新能力和管理水平的提高,有利于工人收入和生活质量的提高,有利于工业技术水平和国际竞争力的提高,有利于工业的环境友好和绿色发展等。

第三章　中国工业现代化的理性分析

工业是人类文明的重要推动力,工业文明史是人类文明史的一个重要组成部分。在18世纪以前,中国曾处于世界前沿地位约千年(约公元500年至1500年)。18世纪世界工业化进入起步阶段,中国工业化则是19世纪开始的,中国工业现代化任重道远。

1900年中国工业产值约占世界的7.4%,低于美国、英国、法国、德国,高于日本。2000年中国工业增加值约占世界的6.1%,排名世界第三位,低于美国和日本。2010年中国工业增加值约占世界的15.5%,排名世界第二位(表3-1)。在1800~2010年期间,中国制造业占世界比重经历了下降和上升(图3-1)。本章简要讨论中国工业现代化的客观事实和战略选择(图3-2)。关于中国工业的统计数据,分别来自世界银行、联合国有关机构、中国统计年鉴和中国人口普查等,同一个指标不同来源的数据有时会有一些差别;由此产生的不一致,敬请谅解。

表3-1　1900~2010年世界工业的地理分布　　　　单位:%

区域	1900	1960	2000	2010
中国	7.4	5.7	6.1	15.5
美国	23.8	40.9	24.6	15.9
英国	22.2	6.4	4.1	2.5
法国	13.9	5.1	3.2	2.6
德国	11.6	—	5.9	5.2
日本	2.1	4.2	16.1	8.4
印度	—	1.5	1.3	2.4
世界	100	100	100	100

注:1900年世界值为18个主要工业国家的加和,1960年世界值为估计值。1960~2010年数据来自世界银行,按当年价格计算。

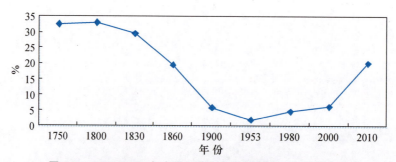

图3-1　1750~2010年中国制造业占世界制造业产值的比重

注:1750~1980年数据来源于:亨廷顿.文明冲突与世界秩序的重建.北京:新华出版社,1998、2000~2010年数据来自世界银行,按当年价格计算.

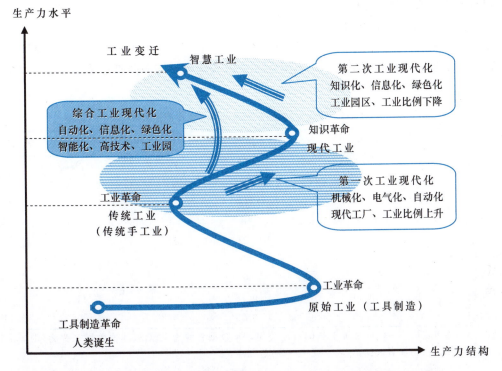

图 3-2　21 世纪中国工业现代化的路径选择——综合工业现代化的运河路径

注：关于中国工业现代化的路径选择，必然见仁见智。运河路径是一种理性选择。中国不同地区的现代化水平和工业现代化水平有所不同，他们可以选择适合自己的工业现代化路径。

第一节　中国工业现代化的时序分析

中国工业现代化的时序分析，是对中国工业现代化的全过程的时间序列数据和资料进行分析，试图去发现和归纳它的事实和特点。世界工业时序分析的国家样本为 15 个（表 1-10）。我们选择其中的 9 个国家、高收入国家、中等收入国家、低收入国家和世界平均值为参照，分析中国工业生产、工业经济、工业要素和工业环境的变迁，时间跨度约为 50 年，分析内容包括长期趋势和国际比较等。关于中国工业现代化的地区差异和地区多样性，需要专题研究。

表 3-2　2010 年中国工业指标的变化趋势

变化类型	工业生产指标/个	工业经济指标/个	工业要素指标/个	工业环境指标/个	合计/个	比例/(%)
上升变量	23	38	14	14	89	64.5
下降变量	11	3	8	2	24	17.4
转折变量	3	0	3	0	6	4.3
波动变量	13	4	2	0	19	13.8
合计/个	50	45	27	16	138	100

一、中国工业生产的时序分析

工业生产涉及许多方面。这里重点讨论工业资源、工业投入、工业效率和工业结构。

1. 中国工业资源的时序分析

(1) 中国工业资源的变化趋势

中国人均工业资源的变化趋势因指标而异;其中,1 个指标为上升变量,4 个为下降变量,2 个指标为波动变量(表 3-3)。根据探明储量,1995 年以来中国人均煤炭资源降至原来的 1/4,人均铁矿资源降至原来的 1/2,人均森林面积提高了 7%。

表 3-3 1980~2010 年中国人均工业资源的变化

项目	1980	1995	2000	2010	2010**	2011**	变化	类型
人均煤炭资源	—	833	794	208	—	86	0.25	下降
人均铁矿资源	—	39 542	36 144	16 556	17 194	17 111	0.42	下降
人均石油资源	1944*	1939*	1719*	1847*	—	—	1.24	波动
人均天然气资源	716*	1386*	1083*	2038*	—	2254	1.31	波动
人均铜矿资源	—	—	—	21	22	22	0.95	—
人均铝土矿资源	—	—	—	669	561	617	1.20	—
人均淡水资源	2789	2287	2197	2093	—	—	0.92	下降
人均森林面积	—	0.14	0.14	0.15	—	—	1.07	上升
人均国土面积	0.98	0.80	0.76	0.72	—	—	0.90	下降

注:数据为已探明储量。* 数据来源于英国石油公司,** 数据来源为 USGS,其他数据来源为《中国统计年鉴》。指标单位见附表 1-1。—为没有数据,后同。变化=终点/起点。

- 上升变量:人均森林面积。
- 下降变量:人均煤炭资源、人均铁矿资源、人均淡水资源、人均国土面积。
- 波动变量:人均石油资源、人均天然气资源。

(2) 中国工业资源的国际比较

首先,过程比较,以人均石油资源和天然气资源为例(表 3-4 和表 3-5)。1980 年以来,中国人均石油资源低于美国、英国和墨西哥。2010 年,中国人均石油资源为世界平均值的 5%。中国人均天然气资源,大致与巴西相当,比印度多,比美国、德国、英国和墨西哥少。2010 年,中国人均天然气资源大约为世界平均值的 8%。

表 3-4 1980~2010 年中国人均石油资源的国际比较   单位:千克/人

区域	1980	1990	2000	2010	2010/1980
中国	1944	2016	1719	1847	0.95
美国	22 968	19 366	15 386	16 160	0.70
英国	21 404	10 013	11 462	6386	0.30
墨西哥	95 892	85 136	27 762	14 168	0.15
巴西	1547	4308	6929	10 426	6.74
印度	563	915	725	691	1.23
世界平均	21 994	27 806	29 454	33 646	1.53
中国÷世界	0.09	0.07	0.06	0.05	0.62

注:时序分析样本包括 15 个国家(表 1-10)。按 1 吨石油约等于 7 桶油计算。数据来源:英国石油公司,2014。

表 3-5　1980～2010 年中国人均天然气资源的国际比较　　　　　　　　　　　单位：立方米/人

区域	1980	1990	2000	2010	2010/1980
中国	716	880	1083	2038	2.84
美国	24 802	19 210	17 806	27 886	1.12
德国	2843	2295	2697	841	0.30
英国	13 123	9520	20 325	4032	0.31
墨西哥	25 969	23 525	8039	3001	0.12
巴西	429	757	1247	2134	4.98
印度	491	806	729	953	1.94
世界平均	16 123	20 723	22 806	25 598	1.59
中国÷世界	0.04	0.04	0.05	0.08	1.79

注：时序分析样本包括 15 个国家(表 1-10)。这里选择其中的 8 个国家为中国国际比较的对照。后同。数据来源：英国石油公司(BP)官方网站。

其次，国际比较，以 2010 年为例（表 3-6）。中国人均油储量约为美国、英国人均平均储量的 11.4% 和 28.7%；人均天然气储量高于德国，低于美国和英国；人均铁矿储量和人均铜矿产量低于美国。

表 3-6　2010 年中国人均工业资源的国际比较

区域	人均油储量	人均天然气储量	人均煤炭储量	人均铁矿储量	人均铜矿储量
中国	1847	2038	208	17	22
美国	16 160	27 886	767	22	113
德国	—	841	498	—	—
英国	6386	4063	4	—	—
法国	—	—	—	—	—
日本	—	—	3	—	—
墨西哥	14 168	3001	10	6	322
巴西	10 426	2134	23	149	—
印度	691	953	50	6	—
世界平均	33 646	25 598	125	26	92
中国÷世界	0.05	0.08	1.26	0.65	0.24

注：指标单位见附表 1-1。后同。这里选择其中的 8 个国家作为中国国际比较的对照。后同。

2. 中国工业投入的时序分析

(1) 中国工业投入的变化趋势

中国工业投入的变化趋势因指标而异；其中，10 个指标为上升变量，2 个指标为下降变量，2 个指标为转折变量，5 个指标为波动变量（表 3-7）。1970 年以来，人均固定资产形成、矿产资源使用占 GNI 比例、能源资源使用占 GNI 比例等指标变化最大，其次工业劳动力和工人人均资本变化较大，制造业劳动力和建筑业劳动力比例变化不大。

表 3-7 1970~2010 年中国工业投入的变化

指标	1970	1980	1990	2000	2010	变化	趋势
工业劳动力	3518	7707	13 212	15 792	22 219	6.32	上升
工业劳动力增长率	0.079	0.084	0.027	0.009	0.051	0.65	波动
制造业劳动力	—	5899	8264	8872*	12 095*	1.32	转折
制造业劳动力增长率	—	0.02	0.015	—	—	2.35	波动
工业劳动力比例	10.2	18.2	21.4	22.5	28.70	2.81	上升
采矿业劳动力比例	—	1.65	1.96	1.04*	1.13*	0.98	下降
制造业劳动力比例	—	13.93	14.32	12.46*	16.85*	0.74	转折
公共事业劳动力比例	—	0.28	0.40	0.63*	0.69*	6.50	上升
建筑业劳动力比例	—	2.34	4.74	2.68*	5.48*	1.20	波动
工业用水占全部用水比例	—	10.3	10.0	17.6	23.2	2.25	上升
矿产资源消耗占 GNI 比例	0.15	0.35	0.35	0.16	1.75	11.4	上升
自然资源消耗占 GNI 比例	1.45	16.88	7.35	2.43	5.44	3.74	波动
森林资源消耗占 GNI 比例	0.97	1.88	0.77	0.08	—	0.08	下降
能源资源消耗占 GNI 比例	0.33	14.64	6.24	2.19	3.69	11.3	波动
固定资产形成占 GDP 比例	24.2	29.1	25.9	34.1	45.7	1.96	上升
固定资产折旧占 GNI 比例	5.5	10.5	9.7	10.1	10.8	1.89	上升
人均固定资本形成	30	55	112	397	1302	43.0	上升
工人人均资本	1450	2505	4397	9902	—	6.83	上升
工人人均用水	—	—	362	610	651	1.80	上升

注:指标单位见附表 1-1。变化=终点/起点。工业劳动力数据来源为《新中国 60 年统计资料汇编》,工业劳动力为第二产业;采矿业、制造业、公共事业、建筑业资料来源《中国统计年鉴 2011》,公共事业为电力、煤气和水的生产和供应行业。1980 制造业劳动力增长率为 1978 年到 1980 年的增长率,其他为每五年的增长率。* 为 2000 年和 2010 年人口普查数据,与中国统计年鉴数据不一致。

- 上升变量:工业劳动力、工业劳动力比例、公共事业劳动力比例、工业用水占全部用水比例、矿产资源使用占 GNI 比例、固定资产形成占 GDP 比例、固定资产折旧占 GNI 比例、人均固定资产形成、工人人均资本、工人人均用水等。
- 下降变量:采矿业劳动力比例、森林资源使用占 GNI 比例等。
- 转折变量:制造业劳动力、制造业劳动力比例等。
- 波动变量:工业劳动力增长率、制造业劳动力增长率、建筑业劳动力比例、自然资源使用占 GNI 比例、能源资源使用占 GNI 比例等。

(2) 中国工业投入变化的主要特点

首先,工业劳动投入的变化。1970 年以来,工业劳动力比例提高了 1.8 倍。

其次,工业资源投入的变化。1980 年以来,工业用水占全部用水比例提高了 1 倍多。1970 年到 2010 年之间,矿产资源使用占 GNI 比例上升了 10 倍,森林资源使用占 GNI 比例下降了约 8%,自然资源使用占 GNI 比例和能源资源使用占 GNI 比例在波动。

其三,工业固定资本形成的变化。1970 年以来,人均固定资本形成上升了 42 倍,固定资产形成占 GDP 比例提高了 96%。

其四,工人人均资本的变化。1970~2000 年期间,工人人均资本提高 5.8 倍。

(3) 中国工业投入的国际比较

首先,过程比较,以工业劳动力比例和人均固定资本形成为例。1990 年,中国工业劳动力比例已达到世界平均值,但低于美国、德国、英国、法国和日本等发达国家,2010 年中国工业劳动力比例高于以上发达国家,也高于世界平均水平(表 3-8);中国人均固定资本形成低于世界平均值(表 3-9),但占世界平均值比例不断上升。

表 3-8 1960～2010 年中国工业劳动力比例的国际比较　　单位:%

区域	1960	1970	1980	1990	2000	2010	2010/1960
中国	9	10	18	21	22.5	28.7	3.19
美国	36	34	31	26	23.2	16.7	0.46
德国	48	48	—	38	33.5	28.4	0.59
英国	48	45	37	32	25.1	19.1	0.40
法国	39	40	36	31	26.3	22.2	0.57
日本	30	34	35	34	31.2	25.3	0.84
墨西哥	20	23	21	28	26.8	25.5	1.28
巴西	15	18	—	23	—	21.4	1.43
印度	11	11	—	14	16.0	22.4	2.04
高收入国家	38	39	34	30	27.1	21.8	0.57
中等收入国家	15	—	19	22	20.2	24.9	1.66
低收入国家	9	—	—	13	—	—	—
世界平均	17	—	28	21	21.6	24.2	1.42
中国÷世界	0.53	—	0.64	1.00	1.04	1.19	2.24

表 3-9 1970～2010 年中国人均固定资本形成的国际比较　　单位:美元

区域	1970	1980	1990	2000	2010	2010/1970
中国	30	55	112	397	1302	43.0
美国	3803	4838	6197	9313	8135	2.14
德国	3882	4552	5432	6449	6269	1.61
英国	2602	2697	4085	5833	5665	2.18
法国	3648	4497	5346	6138	6388	1.75
日本	4485	5643	9293	8526	6979	1.56
墨西哥	936	1601	1161	1555	1736	1.85
巴西	557	1118	739	785	1157	2.08
印度	45	60	94	133	353	7.78
高收入国家	3055	3742	5059	6054	5879	1.92
中等收入国家	165	274	257	361	786	4.77
低收入国家	—	—	49	52	93	1.90*
世界平均	923	1079	1275	1458	1648	1.79
中国÷世界	0.03	0.05	0.09	0.27	0.79	24.1

注:* 数据为 2010/1990 年所得。

其次,特征比较,以 2010 年为例(表 3-10)。2010 年,中国工业劳动力比例、矿产资源消耗占 GNI 比例、能源资源消耗占 GNI 比例、固定资本形成占 GDP 比例、工业用水占全部用水比例分别约为世界平均值的 1.2、3.2、1.5、2.2 和 1.3 倍。

表 3-10 2010 年中国工业投入的国际比较

区域	工业劳动力比例	建筑业劳动力比例	制造业劳动力比例	矿产资源消耗占 GNI 比例	能源资源消耗占 GNI 比例	固定资本形成占 GDP 比例	工业用水占全部用水比例
中国	28.7	5.48	16.85	1.75	3.69	45.7	23.2
美国	16.7	6.53	10.1	0.09	0.81	18.0	46.1
德国	28.4	6.64	19.9	—	0.14	17.4	83.9
英国	19.1	7.65	9.9	—	1.34	14.9	33.0
法国	22.2	7.39	13.1	0.02	—	19.5	69.3
日本	25.3	7.96	17.2	—	0.01	20.0	17.6
墨西哥	25.5	—	—	0.50	5.43	21.2	9.3
巴西	21.4	—	—	1.65	1.60	19.5	17.5
印度	22.4	—	—	1.17	2.59	31.7	2.2
高收入国家	21.8	—	—	0.26	1.70	19.1	42.9
中等收入国家	24.9	—	—	1.29	4.70	29.6	10.1
低收入国家	—	—	—	1.39	1.31	23.3	2.4
世界平均	24.2	—	—	0.55	2.53	21.0	18.2
中国÷世界	1.19	—	—	3.18	1.46	2.18	1.27

注：指标单位见附表 1-1。后同。

其三，结构比较（图 3-3～图 3-8）。1970～2010 年期间，美国工业劳动力比例不断下降，中国工业劳动力比例不断增加，2010 年中美工业劳动力比例分别为 28.7％和 16.7％。1980～2000 年期间，美国制造业劳动力比例和公共事业劳动力比例持续下降，采矿业和建筑业劳动力比例处于波动状态。中国制造业劳动力比例和建筑业劳动力比例处于波动状态。1970～2000 年期间，中美工人人均资本均不断上升，但中国工人人均资本远低于美国工人人均资本。

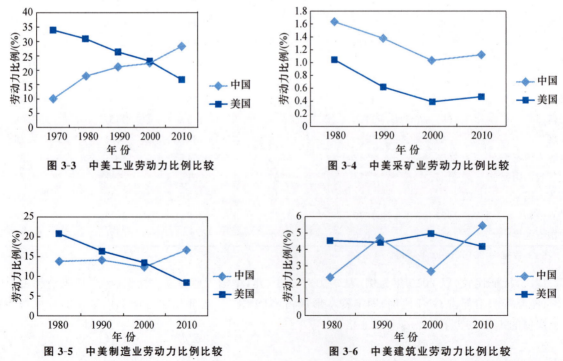

图 3-3 中美工业劳动力比例比较　　　　图 3-4 中美采矿业劳动力比例比较

图 3-5 中美制造业劳动力比例比较　　　　图 3-6 中美建筑业劳动力比例比较

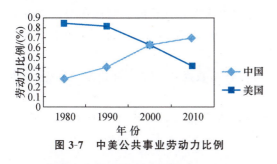

图 3-7 中美公共事业劳动力比例

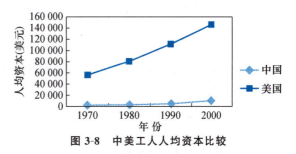

图 3-8 中美工人人均资本比较

3. 中国工业效率的时序分析

(1) 中国工业效率的变化趋势

中国工业效率的变化趋势因指标而异(表 3-11)。其中,7 个指标为上升变量,2 个指标为下降变量,3 个指标为波动变量,1 个指标为转折变量。1960 年以来,变化较大的指标包括工业生产指数、制造业生产指数、人均工业增加值、人均制造业增加值、单位工业增加值能源消耗,然后是工业劳动生产率、单位工业增加值水耗、制造业年均增长率等;工业增加值比例变化不大。

表 3-11　1960~2010 年中国工业效率的变化

指标	1960	1970	1980	1990	2000	2010	变化	趋势
工业增加值/亿美元	201	305	725	1797	6399	18 917	94.1	上升
工业生产指数	3*	5	11	28	100	296	94.1	上升
工业年均增长率	—	35	14	3	9	12	0.35	波动
制造业增加值/亿美元	—	218	549	1340	4477	12 434	57.0	上升
制造业生产指数	—	5	12	30	100	278	57.0	上升
制造业年均增长率	—	36	11	2	11	9	0.25	波动
工业增加值比例	45	40	48	41	46	47	1.04	波动
工业劳动生产率	335	866	940	1360	4052	12 457	37.2	上升
人均工业增加值	30	37	74	158	507	1414	47.0	上升
人均制造业增加值	—	27	56	118	355	929	34.9	上升
制造业增加值占工业增加值比例	—	71.6	75.8	74.6	70.0	65.7	0.92	转折
工业资本生产率(2000 年价美元)				0.3	0.4	0.35		
单位工业增加值能源消耗		2.72**	2.14	1.92	0.7	0.30	0.11	下降
单位工业增加值电力消耗		2.14**	2.11	2.33	1.25	0.85	0.40	下降

注:指标单位见附表 1-1。变化=终点/起点。* 选取 1961 年数据。** 选取 1971 年数据。

- 上升变量:工业增加值、工业生产指数、制造业生产指数、工业劳动生产率、人均工业增加值、制造业增加值、人均制造业增加值等。
- 下降变量:单位工业增加值能源消耗、单位工业增加值电力消耗等。
- 波动变量:工业年均增长率、制造业年均增长率、工业增加值比例等。
- 转折变量:制造业增加值占工业增加值比例。

(2) 中国工业效率变化的主要特点

首先,工业生产规模的变化。工业绝对规模扩大,相对规模变化不大。1960 年以来,中国工业增加值提高了约 93 倍,工业增加值比例保持在 45% 左右。

其次，工业生产结构的变化。制造业增加值占工业增加值比例先升后降。制造业增加值占工业增加值的比例由1970年的71.6%上升到1980年的75.8%，2010年制造业占工业增加值的比例下降到65.7%。

其三，工业生产效率的变化。工业劳动生产率和工业生产指数提高。1960年以来，工业劳动生产率提高了36倍多。

其四，能源电力消耗持续下降。1970年以来，单位工业增加值能源消耗下降为原来的11%，单位工业增加值电力消耗下降为原来的39%。

（3）中国工业效率的国际比较

首先，过程比较，以工业劳动生产率和人均制造业增加值为代表。2010年，中国工业劳动生产率约为世界平均值的70%，约为高收入国家平均值的17.5%，约为美国和日本的12.1%和15.0%（表3-12），中国工业劳动生产率国际差距明显；中国人均制造业增加值约为世界平均值的1.2倍，约为高收入国家平均值的32%，约为美国和德国的27%和21%（表3-13）。

表3-12 1960～2010年中国工业劳动生产率的国际比较　　　　　　　　　　单位：美元

区域	1960	1970	1980	1990	2000	2010	2010/1960
中国	335	866	940	1360	4052	12 457	37.19
美国	14 919	18 944	20 994	27 837	75 506	103 048	6.91
德国	—	14 185	—	23 055	57 950	64 575	4.55
英国	9319	12 533	15 809	22 942	67 493	78 020	8.37
法国	7833	11 253	15 123	18 881	57 804	64 068	8.18
日本	10 639	16 720	21 166	30 731	63 669	83 185	7.82
墨西哥	3708	7323	11 639	8388	26 077	25 034	6.75
巴西	3291	3650	—	4914	—	12 443	3.78
印度	309	547	—	763	2441	3272	10.59
高收入国家	9444	14 974	20 401	27 233	57 379	71 350	7.56
中等收入国家	1328	—	2701	2632	6485	8267	6.23
低收入国家	388	—	—	129	—	—	—
世界平均	3213	—	5428	7953	19 289	17 725	5.52
中国÷世界	0.10	—	0.17	0.17	0.21	0.70	6.74

注：工业劳动生产率为2005年价格美元。

表3-13 1960～2010年中国人均制造业增加值的国际比较　　　　　　　　　　单位：%

区域	1960	1970	1980	1990	2000	2010	2010/1960
中国	—	27	56	118	355	1439	53.3*
美国	—	—	—	—	5113	5241	1.03***
德国	—	—	5483	6374	6542	6804	1.24**
英国	—	—	—	—	—	4472	—
法国	—	—	3027	3270	3932	4034	1.33**
日本	—	—	4270	6453	6824	7816	1.83**
墨西哥	—	771	1065	1074	1364	1259	1.63*
巴西	—	—	—	691	680	774	1.12
印度	24	32	38	55	82	157	6.54

(续表)

区域	1960	1970	1980	1990	2000	2010	2010/1960
高收入国家	—	—	—	—	4185	4495	1.07***
中等收入国家	—	109	156	203	311	533	4.89*
低收入国家	—	—	29	33	33	45	1.55**
世界平均	—	—	—	—	1046	1222	1.17***
中国÷世界	—	—	—	—	0.34	1.18	2.24***

注：人均制造业增加值为2005年价格美元。* 为2010与1970年比值，** 为2010年与1980年比值，*** 为2010年与2000年比值。

其次，特征比较，以2010年为例（表3-14）。2010年，中国工业劳动生产率和人均工业增加值低于世界平均值。工业劳动生产率约为高收入国家的17.5%，人均工业增加值约为高收入国家的20%。单位工业增加值能源消耗高于美国、德国、英国、法国、日本，低于印度；单位工业增加值电力消耗高于美国、德国、英国、法国、日本等8个样本国家。

表3-14　2010年中国工业效率的国际比较

区域	工业劳动生产率	人均工业增加值	单位工业增加值能源消耗	单位工业增加值电力消耗
中国	12 457	1414	0.30	0.85
美国	103 048	7919	0.16	0.33
德国	64 575	8748	0.09	0.25
英国	78 020	7011	0.08	0.24
法国	64 068	6302	0.09	0.27
日本	83 185	10 420	0.09	0.22
墨西哥	25 034	2587	0.10	0.33
巴西	12 443	1324	0.19	0.39
印度	3272	274	0.45	0.05
高收入国家	71 350	7069	—	—
中等收入国家	8267	938	—	—
低收入国家	—	92	—	—
世界平均	17 725	1980	—	—
中国÷世界	0.70	0.71	—	—

注：指标单位见附表1-1。后同。单位工业增加值能源消耗和单位工业增加值电力消耗指标为逆指标。

其三，结构比较（图3-9，图3-10）。2004~2009年期间，美国制造业和建筑业劳动生产率呈上升趋势，中国制造业劳动生产率也在提高，2009年中美制造业劳动生产率分别为15 963美元/人和132 449美元/人，建筑业劳动生产率分别为6787美元/人和67 648美元/人。

图3-9　中美制造业劳动生产率比较　　　　图3-10　中美建筑业劳动生产率比较

4. 中国工业结构的时序分析

(1) 中国工业结构的变化趋势

中国工业结构的变化趋势因指标而异(表 3-15)。其中,6个指标为上升变量,6个指标为下降变量,4个指标为波动变量。1980年以来,变化较大的指标包括工业占全球工业增加值比例,工业与农业增加值之比,然后是公共事业占工业总就业比例、工业与农业劳动力之比、制造业占全球制造业增加值比例等;工业与服务业劳动力之比、采矿业占工业总就业比例等指标变化不大。

表 3-15 1980~2010 年中国工业结构的变化

指标	1980	1990	2000	2010	变化	趋势
工业与农业劳动力之比	0.26	0.36	0.45	0.78	2.95	上升
工业与农业增加值之比	0.85	1.16	2.84	5.55	6.53	上升
工业与服务业劳动力之比	1.39	1.16	0.82	0.83	0.60	下降
工业与服务业增加值之比	1.17	0.91	1.15	1.08	0.92	波动
工业占全球工业增加值比例*	1.1	2.1	5.9	13.9	13.1	上升
制造业占全球制造业增加值比例*	—	—	7.02	14.8	2.11	上升
采矿业占工业总就业比例	9.07	7.28	4.72	9.73	1.08	波动
制造业占工业总就业比例	76.5	71.1	64.5	63.0	0.82	下降
公共事业占工业总就业比例	1.53	1.58	2.28	5.37	3.51	上升
建筑业占工业总就业比例	12.9	20.04	28.5	21.9	1.70	波动
制造业占工业增加值比例	75.8	74.6	70.0	65.7	0.87	下降
食品、饮料和烟草比例**	—	14.5	14.4	12.1	0.84	下降
纺织服装业比例**	—	14.8	11.2	10.6	0.72	下降
化工产品比例**	—	13.1	12.0	11.0	0.84	下降
机械运输设备比例**	—	15.5	14.1	25.4	1.64	上升
其他制造业比例**	—	42.0	48.3	40.8	0.97	波动

注:指标单位见附表 1-1。变化=终点/起点。* 按 2005 年不变价格计算。** 食品、饮料和烟草比例、纺织服装业比例、化工产品比例、机械运输设备比例、其他制造业比例指它们占制造业增加值比例,2010 年值为 2009 年数据。

- 上升变量:工业与农业劳动力之比、工业与农业增加值之比、工业占全球工业增加值比例、制造业占全球增加值比例、公共事业占工业总就业比例、机械运输设备占制造业增加值比例。
- 下降变量:工业与服务业劳动力之比,制造业占工业总就业比例,制造业占工业增加值比例,食品、饮料和烟草产业占制造业增加值比例、纺织服装业占制造业增加值比例、化工产品占制造业增加值比例。
- 波动变量:工业与服务业增加值之比、采矿业占工业总就业比例、建筑业占工业总就业比例和其他制造业比例。

(2) 中国工业结构变化的主要特点

首先,劳动力结构的变化。1980年以来,工业劳动力与农业劳动力之比提升了近2倍。工业与服务业劳动力之比由 1980年的 1.4 下降到 2010年的 0.8。

其次,工业劳动力内部结构的变化。1980年以来,制造业占工业总就业比例下降了18%,公共事业占工业总就业比例上升了2.5倍,采矿业占工业总就业比例和建筑业占工业总就业比例处于波动状态。

其三,产业结构的变化。1980年以来,工业与农业增加值之比提升了5.5倍,工业与服务业增加值之比处于波动状态。

其四,工业内部结构的变化。1980年以来,制造业占工业增加值比例下降了13%。

其五，制造业内部结构的变化。1990年以来，食品、饮料和烟草产业占制造业增加值比例、纺织服装业占制造业增加值比例、化工产品占制造业增加值比例分别下降了16%、28%和16%，机械运输设备产业占制造业增加值比例提升了64%。

其六，工业与制造业占全球比例的变化。1980年以来，工业占全球工业增加值比例提升了12.1倍，制造业占全球制造业增加值比例上升了1.1倍。

(3) 中国工业结构的国际比较

首先，过程比较，以工业增加值与农业增加值比例和中国工业增加值占全球工业增加值比例为例（表3-16和表3-17）。1970年以来，中国工业增加值与农业增加值比例不断提高，但仍然低于世界平均值，2010年中国工业增加值与农业增加值比例达到世界平均值的70%；1970年中国工业增加值占全球工业增加值比例约为世界平均值的60%，2010年中国工业增加值占全球工业增加值比例已达到世界平均值13.9倍。

表 3-16　1970~2010 年中国工业与农业增加值之比的国际比较　　单位：%

区域	1970	1980	1990	2000	2010	2010/1970
中国	0.44	0.85	1.16	2.84	5.55	12.72
美国	25.59	28.39	24.23	20.72	17.07	0.67
德国	34.18	35.36	33.34	34.23	33.73	0.99
英国	—	—	—	—	—	—
法国	9.06	10.47	8.60	8.37	9.07	1.00
日本	9.15	13.73	18.34	19.79	23.84	2.61
墨西哥	5.91	8.01	8.48	10.31	10.04	1.70
巴西	5.00	8.00	6.42	5.56	4.97	0.99
印度	0.55	0.70	0.91	1.20	1.91	3.45
高收入国家	13.36	15.61	15.59	15.71	15.74	1.18
中等收入国家	2.04	2.66	2.56	3.17	4.22	2.06
低收入国家	—	—	0.65	0.67	0.88	1.36
世界平均	7.61	8.44	7.99	8.10	7.87	1.03
中国÷世界	0.06	0.10	0.14	0.35	0.70	12.29

表 3-17　1970~2010 年中国工业增加值占全球工业增加值比例的国际比较　　单位：%

区域	1970	1980	1990	2000	2010	2010/1970
中国	0.6	1.1	2.1	5.9	13.9	23.5
美国	25.6	21.5	20.8	22.8	18.0	0.7
德国	10.2	9.0	7.9	6.7	5.2	0.5
英国	6.1	4.9	4.9	4.4	3.2	0.5
法国	4.4	4.3	3.8	3.4	3.2	0.7
日本	11.5	12.8	14.8	11.8	9.7	0.8
墨西哥	1.6	2.4	2.2	2.6	2.2	1.4
巴西	1.2	2.3	1.9	1.8	1.9	1.6
印度	0.6	0.7	1.0	1.4	2.4	3.8
高收入国家	86.8	83.6	82.5	77.9	66.7	0.8
中等收入国家	12.7	16.1	17.2	21.7	33.0	2.6
低收入国家	—	—	0.4	0.4	0.5	1.6
世界平均	100	100	100	100	100	1.0
中国÷世界	0.6	1.1	2.1	5.9	13.9	23.5

注：按2005年不变价格计算。

其次,国际比较,以2010年为例(表3-18)。2010年,中国工业增加值与服务业增加值之比、工业劳动力与服务业劳动力之比高于世界平均值,工业增加值与农业增加值之比低于世界平均值,工业劳动力与农业劳动力之比与世界平均值相当。工业增加值占全球工业增加值之比、制造业增加值占全球增加值比例约为高收入国家的20.8%和21.5%。

表3-18　2010年中国工业结构的国际比较

区域	1	2	3	4	5	6	7	8
中国	0.78	5.55	0.83	1.08	13.9	14.78	63.0	21.9
美国	10.44	17.07	0.21	0.26	18.0	19.17	58.9	38.0
德国	17.75	33.73	0.41	0.38	5.2	6.61	71.9	24.0
英国	15.92	34.81	0.24	0.27	3.2	3.62	53.4	41.4
法国	7.66	9.07	0.30	0.27	3.2	2.96	61.2	34.5
日本	6.84	23.84	0.36	0.41	9.7	11.84	65.6	30.3
墨西哥	1.95	10.04	0.42	0.52	2.2	1.76	—	—
巴西	1.04	4.97	0.37	0.42	1.9	1.80	—	—
印度	0.44	1.91	0.84	0.50	2.4	2.25	—	—
高收入国家	6.25	15.74	0.29	0.35	66.7	68.77	—	—
中等收入国家	0.66	4.22	0.67	0.77	33.0	30.36	—	—
低收入国家	—	0.88	—	0.52	0.5	0.43	—	—
世界平均	0.79	7.87	0.54	0.42	100.0	100.00	—	—
中国÷世界	0.99	0.70	1.55	2.57	0.14	0.15	—	—

注:指标单位见附表1-1。后同。工业与服务业增加值之比、工业与服务业劳动力之比为逆指标。1指的是工业与农业劳动力之比;2指的是工业与农业增加值之比;3指的是工业与服务业劳动力之比;4指的是工业与服务业增加值之比;5指的是工业占全球工业增加值比例;6指的是制造业占全球增加值比例;7指的是制造业占工业总就业比例;8指的是建筑业占工业总就业比例。按2005年不变价格计算。

其三,结构变化(图3-11～图3-18)。1970～2010年期间,美国工业增加值与服务业增加值之比、美国工业劳动力与服务业劳动力之比持续下降,工业增加值与农业增加值之比、工业劳动力与农业劳动力处于波动状态;中国工业增加值与农业增加值之比持续上升,工业劳动力与农业劳动力之比保持平稳,中国工业增加值与服务业增加值之比、工业劳动力与农业劳动力先降后升。制造业内部产业结构,因指标而异。

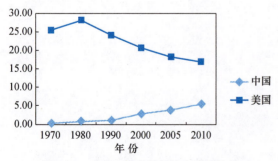

图3-11　中美工农业增加值之比的比较

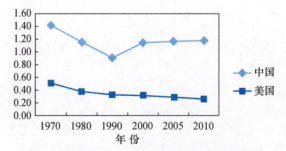

图3-12　中美工业与服务业增加值之比的比较

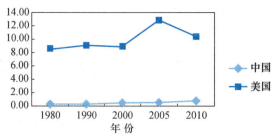
图 3-13 中美工农业劳动力之比的比较

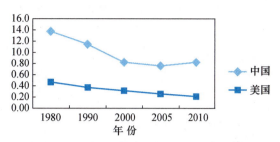
图 3-14 中美工业与服务业劳动力之比的比较

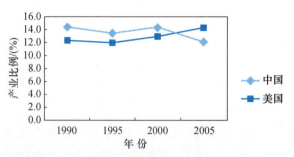
图 3-15 中美食品、饮料和烟草产业比例的比较

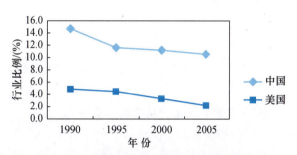
图 3-16 中美纺织品与服装行业比例的比较

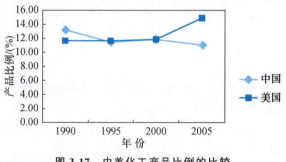
图 3-17 中美化工产品比例的比较

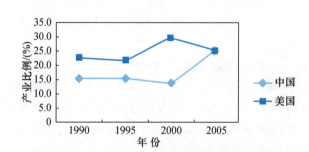
图 3-18 中美机械和运输设备产业比例的比较

二、中国工业经济的时序分析

工业经济涉及许多方面。这里重点讨论工业供给、工业流通、工业需求和消费。

1. 中国工业供给的时序分析

(1) 中国工业供给的变化趋势

中国工业供给的变化趋势的指标差异比较大(表 3-19),11 个指标均为上升变量。1960 年以来,变化较大的指标包括人均啤酒产量、千人均汽车产量、人均水泥产量和人均铝产量,然后是人均电力产量、人均原油产量、人均化肥产量和人均原糖产量。

- 上升变量:人均钢铁产量、人均铝产量、千人均汽车产量、人均原糖产量、人均啤酒产量、人均电力产量、人均水泥产量、人均化肥产量、人均原油产量、人均煤炭产量和人均天然气产量等。

表 3-19 1960～2010 年中国工业生产的变化

指标	1960	1970	1980	1990	2000	2010	变化	趋势
人均钢铁产量	68.7**	19.2	37.7	58.4	100.8	476.3*	6.9	上升
人均铝产量	0.12	0.2	0.5	0.5	1.7	11.8*	98.4	上升
千人均汽车产量	0.03	0.1	0.2	0.5	1.6	13.7	396	上升
人均原糖产量	0.7	2.6	3.8	6.5	6.2	8.4*	12.7	上升
人均啤酒产量	0.1*	1.5	7.0	61.0	17.7*	33.6	448	上升
人均化肥产量	—	3.0*	12.6*	16.6*	25.2*	47.4*	15.9	上升
人均电力产量	88	131	306	547	1074	3146	35.9	上升
人均水泥产量	12*	31*	81*	185*	473	1407	116	上升
人均原油产量	8	37	108	122	129*	152*	19.5	上升
人均煤炭产量	595	433	632	951	790*	2420*	4.1	上升
人均天然气产量	17	38	—	—	22*	76*	4.5	上升

注:指标单位见附表1-1。* 数据来源:《中国工业经济统计年鉴2011》计算所得,其他数据来源于:《Commodity Yearbook 1995—2000》,两者统计口径略有差异。** 1960年数据为1961年数据。变化=终点/起点。

(2) 中国工业生产变化的主要特点

首先,耐用品和非耐用品生产提高。1960年以来,耐用品供给提升幅度较大,千人均汽车产量和人均铝产量分别提高了395倍和97倍,人均钢铁产量在1960年"大跃进"时期表现突出。非耐用品也有所提高,人均化肥和人均原糖产量分别提高了15倍和12倍。

其次,中国电力产量提高。1960年以来,人均电力产量提高了近35倍。

其三,能源产量能力提高。1960年以来,人均原油、人均煤炭和人均天然气产量分别提高了18.5倍、3.1倍和3.5倍。

(3) 中国工业生产的国际比较

首先,过程比较,以人均电力生产和人均钢铁生产为例。1980年中国人均电力生产占世界平均值的20%,2010年,中国人均电力生产已达到世界平均值,仍低于高收入国家(表3-20);1980年、1990年和2000年中国人均钢铁产量分别约占世界平均值的20%、40%和70%,2005年和2010年中国人均钢铁产量高于世界平均值的1.5倍和2.3倍(表3-21)。

表 3-20 1960～2010 年中国人均电力生产的国际比较　　　单位:千瓦时/人

区域	1960	1970	1980	1990	2000	2010	2010/1960
中国	88	131	306	547	1074	3146	35.8
美国	4426	7919	10 682	12 831	14 268	14 077	3.2
德国	1621	3950	5957	6894	6961	7606	4.7
英国	2648	4456	5044	5551	6357	6080	2.3
法国	1609	2829	4659	7143	8801	8678	5.4
日本	1249	3400	4903	6763	8268	8699	7.0
墨西哥	280	542	952	1346	1966	2299	8.2
巴西	314	473	1145	1489	1999	2642	8.4
印度	45	110	171	333	538	796	17.7
高收入国家	2263	4304	6173	7767	8917	9524	4.2
中等收入国家	—	—	515	794	1065	1887	3.7*
低收入国家	—	—	197	244	207	248	1.3*
世界平均	—	—	1847	2244	2529	3118	1.7*
中国÷世界	—	—	0.2	0.2	0.4	1.0	6.1*

注:* 数据为2010/1980所得。

表 3-21　1960～2010 年中国人均钢铁产量的国际比较　　　　　　　　　单位:千克/人

区域	1960	1970	1980	1990	2000	2005	2010	2010/1960
中国	69	19	38	58	101	273	477	7.0
美国	843	582	446	356	361	321	260	0.3
德国	902	576	560	484	564	540	536	0.6
英国	777	508	200	313	257	219	155	0.2
法国	688	458	383	326	344	308	237	0.3
日本	366	894	954	893	839	880	860	2.3
墨西哥	59	73	100	101	151	146	143	2.4
巴西	56	56	125	138	160	170	169	3.0
印度	17	11	15	17	26	41	57	3.3
世界平均	—	—	161	146	139	177	208	1.3*
中国÷世界	—	—	0.2	0.4	0.7	1.5	2.3	9.8*

注:2005 年与 2010 年数据来源于世界钢铁协会。* 为 2010/1980。

其次,特征比较,以 2010 年为例(表 3-22)。2010 年,人均煤炭产量为世界平均值的 2.3 倍,人均电力产量与世界平均水平相当,人均天然气产量和人均原油产量为世界平均值的 15% 和 28%。

表 3-22　2010 年中国工业生产的国际比较

区域	人均水泥产量	人均化肥产量	人均啤酒产量	千人均汽车产量	人均电力产量	人均天然气产量	人均煤炭产量	人均原油产量
中国	1407	49.5*	33.6	13.7	3146	76	2420	152
美国	215	—	—	25.1	14 077	2081	3505	1131
德国	363	8.1	106.1	72.2	7606	158	2317	33
英国	260	—	83.4	22.2	6080	755	288	829
法国	—	—	—	34.3	8678	17	—	14
日本	—	—	22.3	75.6	8699	39	10	6
墨西哥	331	8.5	67.8	19.9	2299	539	132	1064
巴西	343	117.5	66.5	17.3	2642	122	28	534
印度	145	—	—	3.0	796	35	422	31
高收入国家	—	—	—	—	9524	—	—	—
中等收入国家	—	—	—	—	1887	—	—	—
低收入国家	—	—	—	—	248	—	—	—
世界平均	—	—	—	—	3118	505	1080	545
中国÷世界	—	—	—	—	1.01	0.15	2.33	0.28

注:指标单位见附表 1-1。* 根据国家统计局发布数据计算。

其三,供给比较(图 3-19～图 3-22)。1820～2000 年期间,美国人均钢铁产量先升后降,1960～1990 年期间,美国人均石油产量先升后降,1900～2000 年期间,美国人均原糖产量呈波动状态。2000 年,中美人均钢铁产量分别为 101 千克/人和 361 千克/人,人均原糖产量分别为 6.2 千克/人和 27.4 千克/人。1995 年以来,中国人均水泥产量高于美国,2010 年,中美人均水泥产量分别为 1407 千克/人和 215 千克/人。

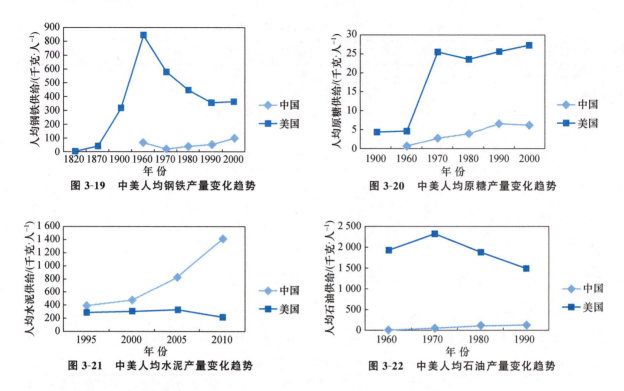

图 3-19 中美人均钢铁产量变化趋势

图 3-20 中美人均原糖产量变化趋势

图 3-21 中美人均水泥产量变化趋势

图 3-22 中美人均石油产量变化趋势

2. 中国工业流通的时序分析

工业流通涉及国内农产品流通和国际工业贸易等要素。这里重点讨论国际工业贸易。

(1) 中国工业流通的变化趋势

中国工业流通的变化趋势因指标而异(表3-23)。其中,12个指标为上升变量,3个指标为下降变量,3个指标为波动变量。1995年以来,中国制造业国际贸易量增加,制造业出口比例超过制造业进口比例(图3-23),中国制造业从净进口转变为净出口。

表 3-23 1985～2010年中国工业流通的变化

指标	1985	1990	1995	2000	2005	2010	变化	趋势
制造业进口比例	52.2	79.8	79.0	75.1	73.1	61.5	1.2	波动
制造业出口比例	26.4	71.6	84.1	88.2	91.9	93.6	3.5	上升
食品进口比例	4.1	8.7	7.0	4.1	3.6	4.6	1.1	波动
食品出口比例	12.6	12.7	8.2	5.4	3.2	2.8	0.2	下降
矿石和金属出口比例	1.5	2.1	2.1	1.9	1.9	1.4	0.9	波动
矿石和金属进口比例	3.9	2.6	4.3	5.7	8.6	14.3	3.7	上升
人均制造业出口值	7	39	104	174	537	1103	160	上升
人均铁路货运量	772	934	1069	1056	1484	1832	2.4	上升
人均航空运输	0.4	0.7	1.2	3.1	5.8	12.9	33.5	上升
低技术出口比例	—	61.2	—	42.7	30.0	26.6	0.4	下降
高技术出口比例	—	12.3	—	23.4	35.5	34.2	2.8	上升
中低技术出口比例	—	12.6	—	14.0	14.2	15.8	1.3	上升
中高技术出口比例	—	14.0	—	19.9	20.4	24.1	1.7	上升
人均高技术出口值		8		44	202	304	48.8	上升

(续表)

指标	1985	1990	1995	2000	2005	2010	变化	趋势
人均中低技术出口值	—	8	—	26	81	184	22.0	上升
人均中高技术出口值	—	9	—	37	116	280	30.2	上升
人均低技术出口值	—	41	—	81	171	309	7.6	上升
工业产品平均税率	—	—	—	16.2	9.3	7.69	0.5	下降

注：指标单位见附表1-1。变化＝终点/起点。

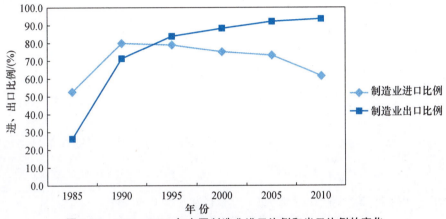

图 3-23 1985~2010年中国制造业进口比例和出口比例的变化

- 上升变量：制造业出口比例、矿石和金属进口比例、人均制造业出口值、人均铁路货运量、人均航空运输、高技术出口比例、中低技术出口比例、中高技术出口比例、人均高技术出口值、人均中低技术出口值、人均中高技术出口值和人均低技术出口值等。
- 下降变量：食品出口比例、低技术出口比例、工业产品平均关税等。
- 波动变量：制造业进口比例、食品进口比例、矿石和金属出口比例。

(2) 中国工业流通变化的主要特点

首先，中国工业国际贸易扩展比较快。1985年以来，中国人均制造业出口值和制造业出口比例分别提高了159倍和2.5倍。

其次，中国物流提升较快。1985年以来，中国人均航空运输和人均铁路货运量分别提高了32.5倍和1.4倍。

其三，中国制造业出口结构发生变化。1990年以来，中国低技术产品出口比例下降了40%，高技术产品出口比例提高了1.8倍，人均高技术出口值提升了近48倍。

其四，中国矿石和金属进口比例高于出口比例。1985年以来，中国矿石和金属进口比例一直高于出口比例，并且，矿石和金属进口比例提高了2.7倍，矿石和金属出口比例下降了10%。

其五，工业产品关税下降。2000年以来工业产品平均关税下降了约50%。

(3) 中国工业流通的国际比较

首先，过程比较，以人均制造业出口值为例。1990年，中国人均制造业出口值约为世界平均值的8%，约为高收入国家的2%；2000年，中国人均制造业出口值约为世界平均值的23%，约为高收入国家的5.4%；2010年，中国人均制造业出口值约为世界平均值的73%，约为高收入国家平均值的19%（表3-24）。

表 3-24　1965~2010 年中国人均制造业出口的国际比较　　　　　单位:美元

区域	1965	1970	1980	1990	2000	2010	2010/1965
中国	3.1*	2.7*	9.1*	39	174	1103	354
美国	88	141	651	1168	2293	2731	31
德国	204	380	2074	4717	5616	12 658	62
英国	206	280	1398	2558	3736	4681	23
法国	144	257	1539	2855	4352	6314	44
日本	77	171	1058	2233	3546	5376	69
墨西哥	4	9	31	206	1338	1924	467
巴西	1	4	62	109	184	383	262
印度	2	2	7	15	32	120	73
高收入国家	103	183	1045	1979	3214	5810	57
中等收入国家	—	—	—	76	196	596	7.8**
低收入国家	—	—	—	—	18	31	—
世界平均	31	51	276	471	772	1513	48
中国÷世界	—	—	—	0.08	0.23	0.73	9.1**

注:* 来源于《中国统计年鉴》工业制成品出口值。** 数据为 2010/1990 所得。

其次,特征比较,以 2010 年为例(表 3-25)。2010 年,中国工业产品平均关税、制造业出口比例、矿石和金属进口比例、高技术产品出口比例、人均高技术出口值和人均铁路货运量都高于世界平均值,制造业进口比例、矿石和金属出口比例、食品进口比例、食品出口比例、人均制造业出口值、人均航空货运量都低于世界平均值。

表 3-25　2010 年中国工业流通的国际比较(1)

区域	1	2	3	4	5	6	7	8
中国	7.69	61.5	93.6	1.4	14.3	27.5	34.2	26.6
美国	2.98	70.2	66.1	4.1	2.3	19.9	30.7	13.8
德国	1.85	67.8	82.2	3.1	4.8	15.3	19.6	14.9
英国	1.85	68.4	70.1	4.0	3.8	21.0	29.4	15.6
法国	1.85	73.3	78.4	2.5	2.8	24.9	27.5	19.5
日本	2.13	50.6	89.0	2.7	8.2	18.0	21.0	3.7
墨西哥	7.21	79.5	76.0	3.0	2.7	16.9	29.7	10.8
巴西	14	74.0	37.1	17.8	3.4	11.2	7.5	42.9
印度	15.9	50.6	63.8	7.0	5.3	7.2	7.7	37.3
高收入国家	2.58	68.5	68.9	4.4	3.7	17.3	—	—
中等收入国家	7.16	66.4	64.2	4.8	6.7	18.8	—	—
低收入国家	11.59	62.3	52.0	9.6	3.4	2.5	—	—
世界平均	6.06	68.0	67.7	4.6	4.4	17.7	—	—
中国÷世界	1.3	0.9	1.4	0.3	3.3	1.6	—	—

注:指标单位见附表 1-1。后同。1 指工业产品平均关税,2 指制造业进口比例,3 指制造业出口比例,4 指矿石和金属出口比例,5 指矿石和金属进口比例,6 指高技术产品出口比例,7 指高技术占制造业出口比例,8 指低技术出口比例。

表 3-25 2010 年中国工业流通的国际比较(2)

区域	食品进口比例	食品出口比例	人均制造业出口值	人均高技术出口值	人均铁路货运量	人均公路货运量	人均航空货运量	中高技术占制造业出口比例
中国	4.6	2.8	1103	304	1832	3244	12.9	24.1
美国	5.0	9.8	2731	470	7981	7032	127.2	39.1
德国	7.1	5.2	12 658	1938	1294	5307	91.6	48.8
英国	9.7	6.3	4681	960	367	2356	98.6	37.2
法国	8.5	12.0	6314	1534	351	4352	76.3	36.4
日本	9.2	0.6	5376	958	160	2626	60.5	54.3
墨西哥	6.5	6.1	1924	319	—	1869	2.9	46.3
巴西	4.7	31.1	383	42	1371	—	6.7	28.7
印度	4.0	8.3	120	8	498	—	1.5	19.2
高收入国家	7.6	7.4	5810	899	7	25	114.7	—
中等收入国家	7.2	10.0	596	130	1	—	7.1	—
低收入国家	13.6	22.8	31	—	—	—	1.3	—
世界平均	7.5	8.1	1513	258	1	—	26.5	—
中国÷世界	0.6	0.3	0.7	1.2	1832.4	—	0.5	—

注:指标单位见附表 1-1。后同。

其三,流通比较(图 3-24,图 3-25)。1990～2012 年期间,美国工业产品简单平均适用税率呈下降趋势,1970～2012 年期间,制造业出口比例先升后降;2000～2011 年期间,中国工业产品简单平均适用税率呈下降趋势,1990～2012 制造业出口比例持续上升。2011 年,中美工业产品简单平均适用税率分别为 7.9 和 2.9,2010 年中美制造业出口比例分别为 93.9％和 63.4％。

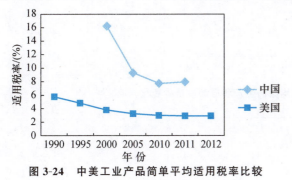

图 3-24 中美工业产品简单平均适用税率比较　　图 3-25 中美制造业出口比例比较

3. 中国工业需求(消费)的时序分析

(1) 中国工业需求(消费)的变化趋势

中国工业需求的变化趋势的指标差异比较大;11 个指标均为上升变量(表 3-26)。1970 年以来,人均铜消费、人均天然气消费、人均铝消费和人均电力消费也提高较大,分别提高了 25、25、23 和 18 倍(图 3-26,图 3-27)。1995 年以来,人均手机消费提高非常大,提高了 210 倍。1990 年以来,千人汽车拥有量提高了 61 倍。

表 3-26　1970～2010 年中国工业需求和消费的变化

指标	1970	1980	1990	2000	2010	变化	趋势
人均铝消费	0.3	0.6	0.8	2.9	7.2	24	上升
人均铜消费	0.22	0.38	0.45	1.49	5.8	26	上升
千人汽车拥有量	—	—	0.72	4.95	44.4	62	上升
百人手机拥有量	—	—	—	6.7	63.2	211	上升
百户家庭电脑拥有量	—	—	—	4.1	41.7	10	上升
人均糖消费	3.8	3.7	6.3	6.8	10.3	3	上升
人均化肥消费	5.4	15.6	24.1	26.3	45.6	8	上升
人均电力消费	156*	282	511	993	2944	19	上升
人均石油消费	37*	89*	92	162	293	8	上升
人均煤炭消费	406*	622*	893	1081	2241	6	上升
人均天然气消费	3*	14*	14	19	79	26	上升

注：指标单位见附表 1-1。变化＝终点/起点。* 根据《中国统计年鉴 1996》计算所得。铝消费量来源国家统计局公布数据。2010 年人均糖消费数据来源于"中国制糖行业研究报告"。百户家庭电脑拥有量来自《中国统计年鉴》和人口普查计算所得；千人汽车拥有量根据《中国统计年鉴》"私人汽车拥有量"计算所得。

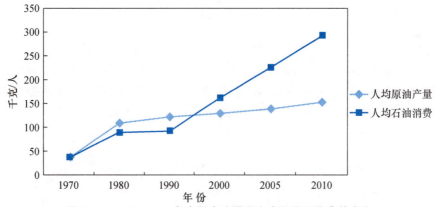

图 3-26　1970～2010 年中国人均原油生产和原油消费的变化

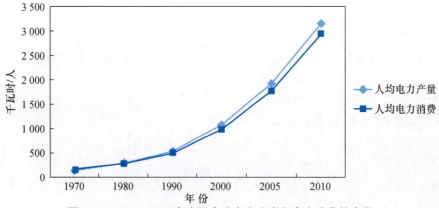

图 3-27　1970～2010 年中国人均电力生产和电力消费的变化

- 上升变量：人均铝消费、人均铜消费、千人汽车拥有量、百人手机拥有量、百户家庭电脑拥有量、人均糖消费、人均化肥消费、人均电力消费、人均石油消费、人均煤炭消费和人均天然气消费等。

(2) 中国工业需求(消费)变化的主要特点

首先,中国人均消费水平提高。1970年以来,中国耐用品和非耐用品人均消费水平明显提高。就耐用品而言,1990年以来,千人汽车拥有量提高了61倍。就非耐用品而言,1970年以来,人均糖消费和人均化肥消费分别提高了2倍和7倍。

其次,中国原油自给率不足。1970年中国原油供给与消费基本持平,2000年后,中国原油消费超过原油供给,2010年,原油消费与原油产量之比接近2倍。

其三,中国电力自给率较高。中国电力自给率,1970年为84.0%,2010年为109.9%。

其四,中国消费结构变化明显。在1970~2010年期间,人均天然气消费提高了25倍,人均煤炭消费提高了5倍。

(3) 中国工业需求(消费)的国际比较

首先,过程比较,以人均电力消费为例。1980年以来,中国人均电力消费与世界平均水平差距逐步缩小,2010年达到世界平均水平的99%,是高收入国家的32.7%(表3-27)。

表3-27　1960~2010年中国人均电力消费的国际比较　　　　　　　单位:千瓦时/人

区域	1960	1970	1980	1990	2000	2010	2010/1960
中国	—	37	282	511	993	2944	79.6*
美国	4050	7237	9862	11 713	13 671	13 395	3.3
德国	1587	3834	5797	6640	6635	7162	4.5
英国	2412	4167	4684	5357	6115	5745	2.4
法国	1462	2630	4417	5951	7238	7735	5.3
日本	1110	3222	4718	6486	7974	8378	7.5
墨西哥	—	—	854	1156	1700	1916	2.2**
巴西	—	—	1008	1454	1900	2381	2.4**
印度	—	—	140	270	391	641	4.6**
高收入国家	2274	4439	5821	7226	8405	9010	4.0
中等收入国家	—	—	381	708	921	1689	4.4**
低收入国家	—	—	135	222	171	227	1.7**
世界平均	—	—	1586	2121	2385	2981	1.9**
中国÷世界	—	—	0.18	0.24	0.42	0.99	5.6**

注:* 数据为2010/1970年所得,** 数据为2010/1980年所得。

其次,特征比较,以2010年为例(表3-28)。2010年,中国人均化肥消费、人均煤炭消费都已经超过世界平均水平,但人均原油消费和人均天然气消费仅为世界平均水平的52%和16%,中国人均电力消费与世界平均水平相当。

表3-28　2010年中国工业需求(消费)的国际比较

区域	人均钢铁消费	人均水泥消费	人均电力消费	人均原油消费	人均煤炭消费	人均天然气消费	人均化肥消费
中国	438	1383	2944	293	2241	79	45.6
美国	257	230	13 395	2475	3083	2175	62.3
德国	440	302	7162	1238	2849	1100	30.7
英国	142	—	5745	979	817	1588	24.2
法国	208	304	7735	1164	271	782	42.4

(续表)

区域	人均钢铁消费	人均水泥消费	人均电力消费	人均原油消费	人均煤炭消费	人均天然气消费	人均化肥消费
日本	502	328	8378	1477	1386	858	8.8
墨西哥	152	288	1916	744	156	549	13.2
巴西	134	307	2381	530	120	139	51.3
印度	53	183	641	126	535	53	23.3
高收入国家	—	—	9010	—	—	—	35.5
中等收入国家	—	—	1689	—	—	—	28.2
低收入国家	—	—	227	—	—	—	3.8
世界平均	—	—	2981	563	1002	479	26.9
中国÷世界	—	—	0.99	0.52	2.24	0.16	1.70

注：指标单位见附表1-1。后同。汽车消费指的是当年所有类型车辆的注册或销售数量，数据来源于世界汽车工业国际协会（OICA）。

其三，消费比较（图3-28～图3-31）。2006～2012年期间，美国人均钢铁消费和人均水泥消费先降后升，1970～2000年期间，美国人均原糖消费先下降后保持平稳，2002～2010年期间，人均化肥消费处于波动状态。2006～2012年期间，中国人均钢铁消费和人均水泥消费持续上升。2012年，中美人均水泥消费分别为1599千克/人和258千克/人。

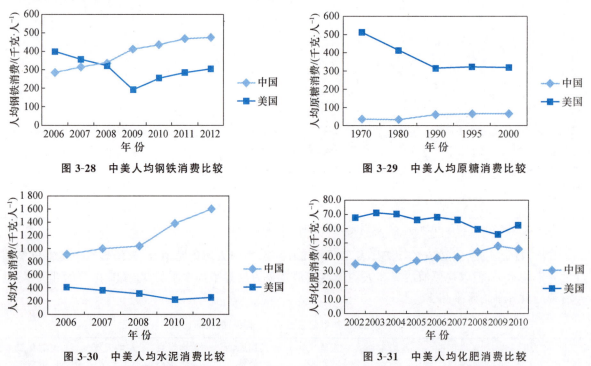

图3-28　中美人均钢铁消费比较　　　　图3-29　中美人均原糖消费比较

图3-30　中美人均水泥消费比较　　　　图3-31　中美人均化肥消费比较

4. 中国工业竞争力的时序分析

（1）中国工业竞争力的变化趋势

中国工业竞争力的变化趋势因指标而异，其中，4个指标均为上升变量，1个指标为波动变量（表3-29）。1985年以来，人均制造业出口占全球人均制造业出口比例提高了23倍之多，制造业出口占全球制造业出口比例提高了22倍，工业竞争力指数在波动。

表 3-29　1985～2010 年中国竞争力的变化

指标	1985	1990	1995	2000	2005	2010	变化	趋势
工业竞争力指数	—	0.341	0.385	0.415	0.139	0.128	0.38	波动
制造业出口占全球制造业出口比例	0.62	1.79	3.22	4.66	9.17	14.17	22.9	上升
高技术产品出口占全球高技术出口比例	—	—	—	4.70	13.59	22.84	4.86	上升
人均制造业出口占全球人均制造业出口比例	0.03	0.08	0.15	0.23	0.46	0.73	24.3	上升
人均高技术出口与全球人均高技术出口之比	—	—	—	0.17	0.68	1.18	6.94	上升

注：指标单位见附表 1-1。变化＝终点/起点。工业竞争力指数 1990 年取 1993 年数据，类似地，1995 年取 1998 年数据，2000 年取 2003 年数据，2010 年取 2009 年数据。

(2) 中国工业竞争力变化的主要特点

首先，中国工业竞争力的变化。1990 年以来，中国工业竞争力指数下降了约 62%。

其次，中国制造业出口的变化。1985 年以来，中国制造业出口占全球制造业出口比例提高了 22 倍，人均制造业出口占全球人均制造业出口比例提高了 23 倍。

其三，高技术产品出口占全球高技术出口比例持续提高。2000 年以来，中国高技术产品出口占全球高技术出口比例提高了 3.9 倍，人均高技术出口与全球人均高技术出口之比提高了 5.9 倍。

(3) 中国工业竞争力的国际比较

首先，过程比较，以中国人均制造业占全球人均制造业出口比例为例。1990 年，中国人均制造业占全球人均制造业出口比例约为世界平均值的 8%，是高收入国家的 1.9%；2010 年，中国人均制造业占全球人均制造业出口比例约为世界平均值的 73%，是高收入国家的 19%（表 3-30）。

表 3-30　1965～2010 年中国人均制造业出口占全球人均制造业出口比例的国际比较

区域	1965	1970	1980	1990	2000	2010	2010/1965
中国	—	—	—	0.08	0.23	0.73	8.78*
美国	2.79	2.77	2.36	2.48	2.97	1.81	0.65
德国	6.48	7.49	7.52	10.01	7.27	8.37	1.29
英国	6.53	5.51	5.07	5.43	4.84	3.09	0.47
法国	4.56	5.06	5.58	6.06	5.63	4.17	0.91
日本	2.46	3.38	3.84	4.74	4.59	3.55	1.45
墨西哥	0.13	0.17	0.11	0.44	1.73	1.27	9.73
巴西	0.05	0.07	0.22	0.23	0.24	0.25	5.45
印度	0.05	0.04	0.03	0.03	0.04	0.08	1.52
高收入国家	3.26	3.61	3.79	4.20	4.16	3.84	1.18
中等收入国家				0.16	0.25	0.39	2.45*
低收入国家					0.02	0.03	1.28**
世界	1.00	1.00	1.00	1.00	1.00	1.00	1.00
中国÷世界				0.08	0.23	0.73	3.23*

注：* 数据为 2010 年/1990 年所得，** 数据为 2010 年/2000 年所得。

其次，特征比较，以 2010 年为例（表 3-31）。2010 年，中国制造业占全球制造业出口比例、高技术产品出口占全球高技术出口比例和人均高技术出口占世界人均高技术出口比例等指标，都已经超过世界平均水平，但与高收入国家平均值的差距仍然比较大。人均制造业出口比例为世界平均水平的 73%。

表 3-31 2010 年中国工业竞争力的国际比较

区域	工业竞争力指数	制造业出口比例	高技术产品出口比例	人均制造业出口比例	人均高技术出口比例
中国	0.128	14.17	22.84	0.73	1.18
美国	0.634	8.11	8.18	1.81	1.82
德国	0.597	9.94	8.91	8.37	7.50
英国	0.356	2.80	3.36	3.09	3.72
法国	0.384	3.94	5.61	4.17	5.94
日本	0.628	6.58	6.86	3.55	3.71
墨西哥	0.286	2.18	2.12	1.27	1.24
巴西	0.202	0.72	0.46	0.25	0.16
印度	0.206	1.39	0.57	0.08	0.03
高收入国家	—	71.78	65.07	3.84	3.48
中等收入国家	—	27.41	34.92	0.39	0.50
低收入国家	—	0.30	—	0.03	

注:指标单位见附表 1-1。后同。工业竞争力指数为 2009 年数据。制造业出口比例指的是制造业占全球制造出口的百分比;高技术产品出口比例指的是高技术产品出口占全球高技术出口比例;人均制造业出口比例指的是人均制造业出口与世界人均制造业出口比例;人均高技术出口比例指的是人均高技术出口与世界人均高技术出口比例。

三、中国工业环境的时序分析

工业环境涉及许多方面。这里重点讨论生态环境和社会环境。

1. 中国工业生态环境的时序分析

(1) 中国工业生态环境的变化趋势

中国工业生态环境的变化趋势因指标而异(表 3-32)。其中,2 个指标为上升变量,7 个指标为下降变量,3 个指标为转折变量。工业 NO 排放比例和人均工业 NO 排放量都经历了先升后降的过程。

表 3-32 1990~2010 年中国工业生态环境的变化

指标	1990	1995	2000	2005	2007	2010	变化	趋势
NO 排放比例*	9.8	—	11.4	13.8	13.7	12.9	1.32	转折
人均工业 NO 排放量*	8.9	—	12.3	13.7	11.0	9.6	1.08	转折
PM 10 平均浓度	114	87.9	87.9	77.5	—	59	0.52	下降
工人人均有机废水排放量	—	—	—	0.13	0.13	—	0.98	下降
化学工业污水排放比例	—	—	13.9	13.2	13.0	—	0.94	下降
黏土和玻璃工业污水排放比例	—	—	7.95	6.8	6.3	—	0.79	下降
食品工业污水排放比例	—	—	7.89	7.4	7.4	—	0.94	下降
金属工业污水排放比例	—	—	7.69	7.4	7.2	—	0.94	下降
制纸和纸浆工业污水排放比例	—	—	4.84	4.3	3.9	—	0.81	下降
纺织工业污水排放比例	—	—	21.0	21.5	20.6	—	0.98	转折
木材工业污水排放比例	—	—	1.64	1.6	1.7	—	1.04	上升
其他工业污水排放比例	—	—	35.1	37.7	39.9	—	1.14	上升

注:* 2007 年取 2008 年数据。

- 上升变量:木材工业污水排放比例和其他工业污水排放比例。
- 下降变量:工人人均有机废水排放量、PM 10 平均浓度、化学工业污水排放比例、黏土和玻璃工业污水排放比例、食品工业污水排放比例、金属工业污水排放比例、制纸和纸浆工业污水排放比例。
- 转折变量:NO 排放比例、人均工业 NO 排放量、纺织工业污水排放比例等先升后降。

(2) 中国工业生态环境变化的主要特点

首先,工业废气排放变化。统计数据显示,1990年以来PM 10平均浓度下降了48%,工业NO排放比例和人均工业NO排放量先升后降。

其次,工人人均废水排放量变化。2005年以来,工人人均有机废水排放量下降了2%。

其三,工业废水排放结构变化。2000年以来,化学工业、黏土和玻璃工业、食品工业、金属工业分别下降了6%、21%、6%和6%,木材工业污水和其他工业污水排放比例提高了4%和14%。

(3) 中国工业生态环境的国际比较

首先,过程比较,以制造业和建筑业的CO_2排放比例为例。1980年以来制造业和建筑业的CO_2排放比例不断下降,2010年中国制造业和建筑业的CO_2排放比例下降到1980年的68%,但仍为世界平均水平的1.5倍(表3-33),是高收入国家的2倍多。1980年以来,中国人均制造业和建筑业的CO_2排放量不断增加,2010年中国人均制造业和建筑业的CO_2排放量是1980年的2.5倍,是世界平均值的1.9倍,与高收入国家人均制造业和建筑业的CO_2排放量相当(表3-34)。

表3-33 1960～2010年中国制造业和建筑业的CO_2排放比例的国际比较　　　　单位:%

区域	1960	1970	1980	1990	2000	2010	2010/1960
中国	—	—	47.1	41.7	34.3	32.0	0.68*
美国	27.4	23.1	20.4	14.4	11.7	11.2	0.41
德国	33.1	26.8	22.2	18.9	15.3	15.0	0.45
英国	25.9	27.4	18.2	15.2	13.4	10.6	0.41
法国	35.9	38.2	26.0	22.7	20.7	17.3	0.48
日本	42.8	36.8	29.1	26.8	22.7	21.5	0.50
墨西哥	—	—	28.2	24.0	17.1	13.2	0.47*
巴西	—	—	37.9	29.1	30.9	29.6	0.78*
印度	—	—	32.2	29.0	23.5	26.6	0.83*
高收入国家	29.5	26.8	23.0	17.5	15.8	15.4	0.52
中等收入国家	20.0	23.2	37.3	31.4	27.0	27.2	1.36
低收入国家	—	—	57.2	50.4	41.8	35.8	0.63*
世界平均	29.5	26.8	26.9	22.4	20.1	21.3	0.72
中国÷世界	—	—	1.8	1.9	1.7	1.5	0.86*

注:*数据为2010/1980年所得。

表3-34 1960～2010年人均制造业和建筑业的CO_2排放量的国际比较　　　　单位:千克/人

区域	1960	1970	1980	1990	2000	2010	2010/1960
中国	—	—	684	824	898	1735	2.54*
美国	4260	4772	4183	2816	2359	1970	0.46
德国	2403	3361	2987	2257	1536	1413	0.59
英国	2762	3059	1847	1459	1193	821	0.30
法国	2004	3070	2169	1371	1289	946	0.47
日本	1176	2581	2194	2307	2108	1921	1.63
墨西哥	—	—	849	741	577	467	0.55*
巴西	—	—	552	374	538	590	1.07*
印度	—	—	130	195	220	378	2.90*
高收入国家	2247	2965	2668	2069	1884	1756	0.78
中等收入国家	—	—	544	582	537	827	1.52*

(续表)

区域	1960	1970	1980	1990	2000	2010	2010/1960
低收入国家	—	—	294	258	125	109	0.37*
世界平均	—	—	1030	868	758	914	0.89*
中国÷世界	—	—	0.66	0.95	1.19	1.90	2.86*

注：* 数据为 2010/1980 年所得。

其次，特征比较，以 2010 年为例（表 3-35）。2010 年，中国制造业和建筑业的 CO_2 排放比例、人均制造业和建筑业的 CO_2 排放量、PM 10 平均浓度等，都高于世界平均值。工业和能源过程 NO 排放比例低于世界平均值。但人均制造业和建筑业的 CO_2 排放量与高收入国家相当，但工业和能源过程 NO 排放比例低于高收入国家近 50%。

表 3-35　2010 年中国工业生态环境的国际比较

区域	制造业和建筑业的 CO_2 排放比例	人均制造业和建筑业的 CO_2 排放量	工业和能源过程 NO 排放比例	人均工业 NO 排放量	PM 10 平均浓度	单位工业增加值的有机废水排放量*
中国	32.0	1735	12.9	9.6	58.9	2.47
美国	11.2	1970	28.9	79.6	17.8	0.26
德国	15.0	1413	21.6	43.8	15.6	0.44
英国	10.6	821	14.5	22.6	12.8	0.40
法国	17.3	946	13.9	28.1	11.9	0.52
日本	21.5	1921	37.8	20.7	24.1	0.32
墨西哥	13.2	467	10.1	5.3	29.8	—
巴西	29.6	590	4.5	9.7	18.3	—
印度	26.6	378	12.4	0.3	52.0	—
高收入国家	15.4	1756	24.9	—	22.1	—
中等收入国家	27.2	827	10.0	—	47.8	—
低收入国家	35.8	109	4.3	—	53.8	—
世界平均	21.3	914	13.8	—	40.9	—
中国÷世界	1.5	1.9	0.9	—	1.4	—

注：指标单位见附表 1-1。后同。* 选取的是 2007 年数据。

其三，PM 10 和 CO_2 排放量比较（图 3-32，图 3-33）。1990~2010 年期间，美国 PM 10 平均浓度不断下降，中国也呈现同样下降趋势。2010 年美国 PM 10 平均浓度为 17.8 微克/立方米，中国 PM 10 平均浓度为 58.9 微克/立方米。1975~2010 年期间，美国人均制造业和建筑业的 CO_2 排放量呈波动性下降，中国人均制造业和建筑业的 CO_2 排放量持续上升，2010 年中美人均制造业和建筑业的 CO_2 排放量分别为 1735 千克/人和 1970 千克/人。

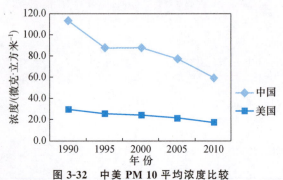

图 3-32　中美 PM 10 平均浓度比较

图 3-33　中美人均制造业和建筑业的 CO_2 排放量比较

2. 中国工业社会环境的时序分析

(1) 中国工业社会环境的变化趋势

中国工业社会环境的变化趋势因指标而异(表 3-36)。其中,12 个指标为上升变量,1 个指标为下降变量,2 个指标为波动变量。1960 年以来,中国城市化率提高了 2 倍多。

表 3-36 1960~2010 年中国工业社会环境的变化

指标	1960	1970	1980	1990	2000	2010	变化	趋势
人口年增长率	1.83	2.76	1.25	1.48	0.79	0.48	0.26	下降
平均预期寿命	43	63	67	69	72	75	1.72	上升
中学入学率	—	28.3	43.7	37.8	58.0	83	2.94	上升
大学入学率	—	0.1	1.1	3.1	7.8	23	177	上升
千人医生数	0.90*	0.86	1.18	1.55	1.64	1.46	1.69	上升
人均 GDP	92	112	193	314	949	4433	48.2	上升
人均 GDP 增长率	—	16.15	6.46	2.29	7.55	9.87	0.61	波动
人均能源消费	316*	250*	610	767	920	1881	5.95	上升
城市化率	16.2	17.4	19.4	26.4	35.9	49.2	3.04	上升
城市人口增长率	4.77	1.98	3.30	4.20	3.57	3.24	0.68	波动
大城市人口比例	7.9	7.7	7.9	9.4	15.3	20.6	2.61	上升
移动通信普及率	—	—	—	—	6.7	64	9.53	上升
人均铁路里程	0.05*	0.05*	0.05	0.05	0.05	0.07	1.40	上升
安全饮水普及率	—	—	—	66.7	80.1	91.5	1.37	上升
卫生设施普及率	—	—	—	23.7	44.6	64.8	2.73	上升

注:指标单位见附表 1-1。*数据来源于《中国统计年鉴》和《新中国 60 年统计资料汇编》。

- 上升变量:平均预期寿命、中学入学率、大学入学率、千人医生数、人均 GDP、人均能源消费、城市化率、大城市人口比例、移动通信普及率、人均铁路里程、安全饮水普及率、卫生设施普及率。
- 下降变量:人口年增长率。
- 波动变量:人均 GDP 增长率、城市人口增长率。

(2) 中国工业社会环境变化的主要特点

首先,人口预期寿命增加。1960 年到 2010 年之间,平均预期寿命提高了 72%。

其次,人口受教育素质提升。1970 年以来,中学入学率和大学入学率分别提高了近 2 倍和 176 倍。

其三,人均收入增加。1960 年以来,人均 GDP 上升了 47 倍。

其四,医疗服务提升。千人医生数由 1960 年的 0.9 人上升到 2010 年的 1.7 人,卫生设施普及率由 1990 年的 23.7% 上升到 2010 年的 64.8%。

其五,城市化率提升,大城市人口比例增加。1960 年以来,城市化率提高了 2 倍,大城市人口比例提高了 1.6 倍。

其六,基础设施环境变化。1960 年以来,人均铁路里程提高了 40%。移动通信普及率由 2000 年的 6.7% 上升到 2010 年的 64%。

(3) 中国工业社会环境的国际比较

首先,过程比较,以城市化率为例。1960 年以来中国城市化率不断上升,2010 年中国城市化率达到 49%,接近世界平均值(表 3-37)。

表 3-37　1960～2010 年中国城市化率的国际比较　　　　　　　　　　　　　　　　　　　单位:%

区域	1960	1970	1980	1990	2000	2010	2010/1960
中国	16	17	19	26	36	49	3.0
美国	70	74	74	75	79	82	1.2
德国	71	72	73	73	73	74	1.0
英国	78	77	78	78	79	80	1.0
法国	62	71	73	74	77	85	1.4
日本	63	72	76	77	79	91	1.4
墨西哥	51	59	66	71	75	78	1.5
巴西	46	56	65	74	81	84	1.8
印度	18	20	23	26	28	31	1.7
高收入国家	62	68	72	74	76	80	1.3
中等收入国家	23	27	31	36	42	48	2.1
低收入国家	11	15	19	21	24	27	2.5
世界平均	34	37	39	43	47	52	1.5
中国÷世界	0.48	0.48	0.49	0.62	0.77	0.95	2.0

其次,特征比较,以 2010 年为例(表 3-38)。2010 年,中国人均 GDP 增长率、人口平均预期寿命、中学入学率、千人拥有医生人数、安全饮水普及率、卫生设施普及率、互联网普及率等,都已经超过世界平均水平。人均 GDP、汽车普及率、人均淡水消费、大学入学率、移动通信普及率低于世界平均值。人均能源消费、城市化率与世界平均水平相当。

表 3-38　2010 年中国工业社会环境的国际比较(1)

区域	人均 GDP	平均预期寿命	中学入学率	大学入学率	千人拥有医生人数	失业率
中国	4433	75	83.1	23.3	1.46	4.20
美国	48 358	79	93.2	93.3	2.42	9.60
德国	40 145	80	101.6	56.5	3.69	7.10
英国	36 703	80	106.2	60.5	2.74	7.80
法国	39 186	82	110.0	56.1	3.45	9.30
日本	43 118	83	101.6	58.1	2.14	5.00
墨西哥	8885	77	83.7	26.7	1.96	5.20
巴西	10 978	73	51.2	10.8	1.76	6.70
印度	1419	66	65.1	18.2	0.65	3.50
高收入国家	35 365	79	100.0	73.0	2.81	8.26
中等收入国家	3792	70	70.8	24.9	1.13	5.98
低收入国家	514	61	42.3	8.7	0.18	—
世界平均	9307	70	70.4	29.6	1.38	6.08
中国÷世界	0.48	1.07	1.19	0.79	1.06	0.691

注:指标单位见附表 1-1。

表 3-38　2010 年中国工业社会环境的国际比较(2)

区域	城市化率	人均能源消费	人均淡水消费*	安全饮水普及率	卫生设施普及率	移动通信普及率	互联网普及率	汽车普及率
中国	49	1881	412	91.5	64.8	64.0	34	44
美国	82	7162	1535	98.7	99.6	91.9	74	423
德国	74	4033	395	100	100	127.0	82	517
英国	80	3241	207	100	100	130.8	85	456
法国	85	4016	484	100	100	92.0	80	481
日本	91	3916	704	100	100	97.4	78	454
墨西哥	78	1518	669	93.9	83.9	80.6	31	186
巴西	84	1362	295	96.9	80.3	101.0	41	179
印度	31	600	623	90.7	34.2	61.4	8	11
高收入国家	80	4969	779	99.1	96.1	117.2	70	440
中等收入国家	48	1237	558	89.5	59.7	73.7	23	48
低收入国家	27	357	224	66.4	36.8	33.3	5	7
世界平均	52	1881	559	88.5	63.3	77.1	30	123
中国÷世界	0.95	1.00	0.74	1.03	1.02	0.83	1.16	0.36

注:指标单位见附表 1-1。* 数据为 2011 年数值。

其三,社会环境比较(图 3-34～图 3-37)。1960～2010 年期间,美国城市人口比例不断提升,1990～2010 年期间,美国互联网普及率持续提高,1975～2010 年期间,美国人均能源消费水平呈波动状态,1990～2010 年期间,美国汽车普及率不断下降。1960～2010 年期间,中国城市人口比例不断提升,1975～2010 年期间,中国人均能源消费水平不断提高。2010 年,中美城市人口比例分别为 49% 和 82%,中美人均能源消费水平分别是 1881 千克标准油/人和 7162 千克标准油/人。

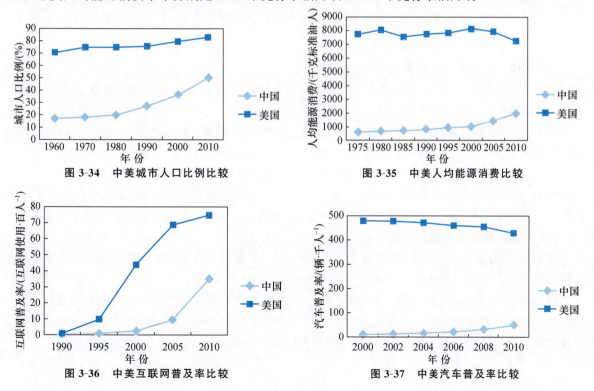

图 3-34　中美城市人口比例比较　　　　图 3-35　中美人均能源消费比较

图 3-36　中美互联网普及率比较　　　　图 3-37　中美汽车普及率比较

四、中国工业要素的时序分析

工业要素涉及许多方面。这里重点讨论工业技术、工业企业、劳动力和制度。关于中国的工业全球化的时序分析,需要专题研究。

1. 中国工业技术的时序分析

(1) 中国工业技术的变化趋势

中国工业技术的变化趋势因指标而异(表3-39),8个指标均为上升变量。1985年以来,中国工业专利拥有比例出现增长趋势。

表3-39　1985～2010年中国工业技术的变化

指标	1985	1990	1995	2000	2005	2009	2010	变化	趋势
企业申请专利占比	25.3	29.8	41.2	69.3	82.7	69.0	—	2.7	上升
专利拥有比例	0.04	0.05	0.08	0.20	0.72	1.72	2.19	54.8	上升
企业R&D经费占工业增加值比例	—	—	1.40*	0.65	1.12	1.57	1.62	1.2	上升
人均知识产权转让收入	—	—	—	—	0.1	0.3	0.6	6.0	上升
人均知识产权转让支出	—	—	—	—	4.1	8.3	9.7	2.4	上升
人均信息和通信技术出口	—	—	—	—	161	249	321	2.0	上升
人均信息和通信技术进口	—	—	—	—	109	145	188	1.7	上升
全要素生产率	0.16	0.16	0.22	0.23	0.50*	0.48*	0.47*	1.4	上升

注:指标单位见附表1-1。变化=终点/起点。*来源于《新中国60年统计资料汇编》。*数据根据王丽萍《我国全要素生产率的测算:1978—2010》估算.

- 上升变量:企业申请专利占比、专利拥有比例、企业R&D经费占工业增加值比例、人均知识产权转让收入、人均知识产权转让支出、人均信息和通信技术出口、人均信息和通信技术进口和全要素生产率。

(2) 中国工业技术变化的特点

首先,工业技术研发变化。1995年以来,企业R&D经费占工业增加值比例提高了20%。1985年到2009年间,企业申请专利占比提高了1.7倍。

其次,工业技术贸易变化。2005年以来,人均信息和通信技术出口提高了1.0倍,人均信息和通信技术进口提高了70%,人均信息和通信技术出口值一直高于人均信息和通信技术进口值。

其三,工业技术水平变化。1985年以来,全要素生产率提高了40%。

其四,人均知识产权转让为贸易逆差。2005年以来,人均知识产权转让收入提高了5.0倍,人均知识产权转让支出提高了1.4倍,但人均知识产权转让收入一直低于知识产权转让支出。

(3) 中国工业技术的国际比较

首先,过程比较,以万人专利申请数为例。1990年以来中国万人专利申请数不断上升,2005年为世界平均值的48%,但到2010年已为世界平均值的1.3倍(表3-40)。

其次,特征比较,以2010年为例(表3-41)。2010年,中国专利拥有比例和人均信息和通信技术出口高于世界平均值,低于高收入国家值。人均知识产权转让收入、人均知识产权转让支出和人均信息和通信技术进口值低于世界平均值,人均知识产权转让支出低于发达国家,也低于巴西。

表 3-40 1965～2010 年中国万人专利申请数的国际比较　　　　　　　　　单位:项/万人

区域	1965	1970	1980	1990	2000	2010	2010/1965
中国	—	—	—	0.05	0.20	2.19	42.6*
美国	3.72	3.53	2.73	3.63	5.84	7.82	2.10
德国	5.02	4.19	3.66	3.87	6.29	5.75	1.15
英国	4.47	4.53	3.48	3.37	3.74	2.49	0.56
法国	3.51	2.72	1.99	2.12	2.28	2.27	0.65
日本	6.15	9.63	14.19	26.95	30.28	22.76	3.70
墨西哥	0.19	0.15	0.10	0.08	0.04	0.08	0.43
巴西	1.19	0.40	0.18	0.16	0.18	0.14	0.12
印度	0.02	0.02	0.02	0.01	0.02	0.07	3.86
高收入国家	2.71	2.99	3.12	4.58	6.41	6.33	2.34
中等收入国家	—	—	—	0.05	0.11	0.68	12.9*
世界平均	—	—	—	1.03	1.35	1.67	1.63*
中国÷世界	—	—	—	0.05	0.15	1.31	26.2*

注:* 数据为 2010 年与 1990 年的比值。

表 3-41 2010 年中国工业技术的国际比较

区域	1	2	3	4	5	6	7	8
中国	1.6	2.4*	28.3	2.2	0.6	9.7	321.4	187.7
美国	3.2	8.1	—	7.8	347.6	105.2	439.1	892.8
德国	3.0	6.3	79.3	5.8	183.8	163.7	797.7	1202.1
英国	1.8	3.8	44.3	2.5	222.0	136.5	394.0	846.7
法国	2.5	7.8	53.5	2.3	211.0	151.8	350.1	653.1
日本	3.9	9.4	—	22.8	209.3	147.3	615.7	590.4
墨西哥	0.2	0.5	—	0.1	0.7	5.6	511.3	492.2
巴西	—	—	—	0.1	2.0	14.6	10.4	88.1
印度	—	—	—	0.1	0.1	2.0	3.8	17.0
高收入国家	—	—	—	6.3	164.8	149.1	786.4	972.1
中等收入国家	—	—	—	0.7	0.8	7.3	146.6	119.4
低收入国家	—	—	—	—	0.1	0.1	—	6.0
世界平均	—	—	—	1.7	31.4	33.0	241.3	263.4
中国÷世界	—	—	—	1.3	0.0	0.3	1.3	0.7

注:指标单位见附表1-1。* 为 2008 年数据。1 指的是企业研发经费占工业增加值比例,2 指的是企业科技人员占工业劳动力比例,3 指的是创新企业占比,4 指的是万人专利申请数,5 指的是人均知识产权转让收入,6 指的是人均知识产权转让支出,7 指的是人均信息和通信技术出口,8 指的是人均信息和通信技术进口。

其三,技术比较(图 3-38,图 3-39)。1980～2005 年期间,美国企业申请专利占比基本保持平稳,1985～2010 年期间,美国万人专利申请数不断提升。1980～2005 年期间,中国企业申请专利占比不断提升,1985～2010 年期间,中国万人专利申请数不断增加。

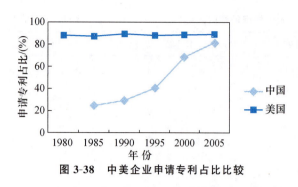

图 3-38　中美企业申请专利占比比较

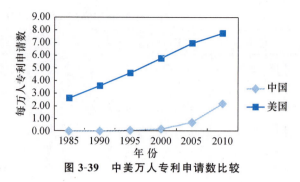

图 3-39　中美万人专利申请数比较

2. 中国工业企业、劳动力和制度的时序分析

(1) 中国工业企业、劳动力和制度的变化趋势

中国工业企业、劳动力和制度的变化趋势因指标而异(表 3-42)。其中，6 个指标为上升变量，2 个指标为下降变量。1995 年以来，中国工业企业上市数据不断增加。

表 3-42　1995～2010 年中国工业企业、劳动力和制度的变化

指标	1995	2000	2005	2010	变化	趋势
上市公司数目	323	1086	1387	2063	6.39	上升
ISO 认证企业比例	—	35.92*	—	53.4	1.49	上升
提供员工培训企业比例	—	84.78*	—	79.2	0.93	下降
接受过中学教育的劳动力比例	—	57.9	—	65.1	1.12	上升
接受过高等教育的劳动力比例	—	4.9	—	12	2.35	上升
制造业每周工作时数	—	—	51.1	49.0	0.96	下降
出口通关所需时间	—	6.64*	—	7.6	1.14	上升
取得营业执照时间	—	11.57*	—	27.5	2.38	上升

注：指标单位见附表 1-1。＊为 2003 年数据。劳动力受教育程度数据为 2000 年第五次人口普查和 2010 年第六次人口普查数据所得。

- 上升变量：上市公司数目、ISO 认证企业比例、接受过高等教育的劳动力比例、接受过中学教育的劳动力比例、出口通关所需时间、取得营业执照时间。
- 下降变量：提供员工培训企业比例、制造业每周工作时数。

(2) 中国工业企业、劳动力和制度变化的特点

首先，企业结构的变化。1995 年以来，中国上市公司数目提高了 5 倍。

其次，企业管理的变化。2000 年以来，国际质量标准认证(ISO)企业比例提高了 49%，提供员工培训企业比例下降了 7%。

其三，工人素质的变化。2000 年以来，接受过高等教育的劳动力比例提高了 1.4 倍，接受过中学教育的劳动力比例上升了 12%。

其四，工人福利的变化。2005 年以来，制造业工人每周工作时数下降了 4%。

其五，营商环境的变化。2000 年以来，出口通关所需时间和取得营业执照时间分别延长了 14% 和 1.4 倍。

(3) 中国工业企业、劳动力和制度的国际比较

首先，过程比较，以上市公司数目和接受过高等教育的劳动力比例为例(表 3-43 和表 3-44)。1995 年中国上市公司数目为世界平均值的 1%，2010 年中国上市公司数目为世界平均值的 4%。

1995年中国接受过高等教育的劳动力比例为高收入国家的20%,2010年接受过高等教育的劳动力比例为高收入国家的30%。

表3-43 1990~2010年中国上市公司数目的国际比较　　　单位:个

区域	1990	1995	2000	2005	2010	2010/1990
中国	—	323	1086	1387	2063	6.39
美国	6599	7671	7524	5143	4279	0.65
德国	413	678	1022	648	571	1.38
英国	1701	2078	1904	2759	2056	1.21
法国	578	450	808	885	901	1.56
日本	2071	2263	2561	3279	3553	1.72
墨西哥	199	185	179	151	130	0.65
巴西	581	543	459	381	373	0.64
印度	2435	5398	5937	4763	4987	2.05
高收入国家	18 083	23 553	26 174	31 071	30 257	1.67
中等收入国家	—	12 627	21 036	19 324	17 954	1.42
世界平均	25 424	36 566	47 751	50 936	48 785	1.92
中国÷世界	—	0.01	0.02	0.03	0.04	3.33

表3-44 1995~2010年中国接受过高等教育的劳动力比例的国际比较

区域	1995	2000	2005	2010	2010/1995
中国	—	4.9	—	11.5	2.4
美国	—	34.8	—	34.8	1.0
德国	22.5	23.5	24.5	26.5	1.2
英国	22.4	26.0	29.8	35.4	1.6
法国	20.4	24.0	27.9	31.7	1.6
日本	—	35.0	39.5	39.5	1.1
墨西哥	19.7	25.4	16.3	23.3	1.2
巴西	6.7	—	—	17.2	2.6
印度	—	6.1	8.1	9.8	1.6
高收入国家	—	28.2	32.9	32.9	1.2
中国÷高收入国家	—	0.2	—	0.3	2.1

其次,特征比较,以2010年为例(表3-45)。2010年,中国营商环境指数排名与世界平均值相当,落后于美国、德国、英国、法国、日本和墨西哥,优于印度和巴西。2010年中国接受过高等教育的劳动力比例约为高收入国家的35%。

表3-45 2010年中国工业企业、劳动力和制度的国际比较

区域	上市公司数目	新注册企业比例	接受过中学教育的劳动力比例	接受过高等教育的劳动力比例	制造业每周工时	营商环境指数排名
中国	2063	—	65.1	11.5	49.0	99
美国	4279	—	51.5	34.8	—	4
德国	571	1.35	58.5	26.5	37.9	19
英国	2056	9.24	44.4	35.4	39.6	11

(续表)

区域	上市公司数目	新注册企业比例	接受过中学教育的劳动力比例	接受过高等教育的劳动力比例	制造业每周工时	营商环境指数排名
法国	901	3.14	44.2	31.7	37.9	35
日本	3553	1.08	47.7	39.5	42.0	23
墨西哥	130	0.92	45.0	23.3	44.2	51
巴西	373	2.38	36.4	17.2	—	118
印度	4987	0.08	35.5	9.8	—	131
高收入国家	30 257	5.84	47.4	32.9	—	43
中等收入国家	17 954	1.82	—	—	—	105
低收入国家		0.35	—	—	—	151
世界平均	48 785	3.13	—	—	—	95
中国÷世界	0.04					1.04

注:指标单位见附表1-1。营商环境指数排名为2012年数据。

第二节 中国工业现代化的截面分析

中国工业现代化的截面分析,是对中国工业现代化的历史过程的关键时期的截面数据和资料进行分析,试图去发现和归纳中国工业现代化的事实和特征。分析变量涉及工业生产、工业经济、工业环境和工业要素四个方面,分析内容包括国际比较等,分析对象包括3个历史截面(表3-46),并以2010年为重点。1700年、1820年和1900年截面数据少,需专题研究。

表3-46 1970年、2000年和2010年截面中国工业指标的水平分布

项目		指标个数/个			指标比例/(%)		
		1970年	2000年	2010年	1970年	2000年	2010年
分析指标		62	127	152	—	—	—
水平相关指标		26	68	88	100	100	100
其中	发达水平	—	3	3	—	4.4	3.4
	中等发达水平	—	3	17	—	4.4	19.3
	初等发达水平	10	38	59	38.5	55.9	67.0
	欠发达水平	16	24	9	61.5	35.3	10.2
其他指标		36	59	64	—	—	—

一、中国工业生产的截面分析

1. 中国工业生产的2010年截面

2010年世界工业生产的截面分析包括74个变量;其中,约50个变量与国家经济水平相关。将中国的50个指标与世界水平进行比较,可大致判断中国工业生产的水平(表3-47)。

表 3-47　2010 年截面中国工业生产指标的相对水平　　　　　　　　　　　　　　　　　　　单位：个

指标	经济欠发达			经济初等发达		经济中等发达		经济发达		合计
	1组	2组	3组	4组	5组	6组	7组	8组	9组	
工业资源	—	—	—	—	—	—	—	—	—	—
工业投入	—	—	2	4	6	1	—	—	—	13
生产与效率	—	—	—	7	5	1	—	—	—	13
工业结构	—	—	—	3	1	—	—	—	—	4
合计	—	—	2	14	12	2	—	—	—	30

注：人均工业资源指标与国家经济水平没有显著关系。后同。

2010 年截面，中国工业生产约有 2 个指标达到经济中等发达国家组的水平，约有 26 个指标达到经济初等发达国家组的水平，2 个指标为经济欠发达水平（表 3-47，表 3-48）。

表 3-48　2010 年中国工业生产指标的国际比较

指标	中国数值	中国分组	国际对照（经济水平、国家分组、人均国民收入、指标特征值）								
			经济欠发达			经济初等发达		经济中等发达		经济发达	
			1	2	3	4	5	6	7	8	9
			361	683	1324	3448	7044	13 205	24 107	39 208	55 739
(1) 工业资源											
人均煤炭资源	7626	—	—	38	31	216	524	263	94	159	1474
人均淡水资源	2093	—	10 650	3113	14 085	7399	12 011	12 734	4307	9580	25 166
(2) 工业投入											
工业劳动力比例	28.7	5	7.13	9.49	15.28	22.05	22.09	27.05	24.00	23.42	19.52
采矿业劳动力比例	1.13*	4	0.74	0.15	0.65	1.36	0.73	0.97	0.29	0.19	0.69
制造业劳动力比例	16.85*	6	8.10	10.30	10.90	12.40	11.00	17.10	16.20	14.90	11.10
公共事业劳动力比例	0.69*	3	0.28	0.23	0.81	1.27	3.03	1.23	0.49	0.70	0.66
建筑业劳动力比例	5.48*	4	4.27	3.70	4.30	7.00	7.89	7.99	7.86	7.43	6.72
固定资产形成比例	45.7	—	22.30	21.90	20.90	24.80	24.30	20.20	21.90	19.30	19.00
工业用水比例	23.2	5	5.90	6.00	13.40	15.90	20.30	41.30	27.40	45.10	50.20
工业用电比例	60.0	5	—	—	—	—	55.40	41.40	37.60	37.60	34.80
矿产资源消耗比例	1.75	4	2.47	1.91	5.84	1.17	1.12	1.04	0.04	0.05	0.63
自然资源消耗比例	5.44	4	4.91	4.62	10.68	8.84	7.92	5.33	0.15	2.71	2.61
固定资产折旧比例	10.8	—	6.90	8.20	9.00	10.40	11.10	14.10	16.20	14.50	14.40
工人人均资本	9902	4	1549	2723	5303	14 118	30 689	33 644	97 419	132 889	140 372
工人人均用水	651	3	—	355	825	878	1265	1878	1361	1937	3258
工人人均电力消耗	10637	5	—	291	3889	5217	10 798	10 981	23 754	28 906	41 834
工人人均能源消耗	4021	5	—	690	1455	2409	4595	5004	8313	10 205	13 015
(3) 工业产出与效率											
工业劳动生产率	12 457	5	1349	2787	4003	9418	18 114	28 128	53 975	79 337	110 091
制造业劳动力生产率	15 963	5	7744	6387	28 696	14 287	23 920	25 260	29 565	73 054	91 083
采矿业劳动生产率	—	—	—	—	—	—	—	33 063	74 047	135 089	1 100 000
公共事业劳动力生产率	—	—	—	—	—	—	—	92 733	217 353	322 993	442 524
建筑业劳动生产率	6787	4	—	—	—	—	17 299	20 823	45 570	73 071	75 529
工业资本生产率	0.35	—	—	0.3	0.8	0.5	0.5	0.6	0.2	0.4	0.5

(续表)

指标	中国数值	中国分组	国际对照(经济水平、国家分组、人均国民收入、指标特征值)								
			经济欠发达			经济初等发达		经济中等发达		经济发达	
			1	2	3	4	5	6	7	8	9
			361	683	1324	3448	7044	13 205	24 107	39 208	55 739
工业增加值占GDP比例	46.7	5	19.30	22.30	31.20	36.20	35.50	33.70	29.90	28.60	27.90
采矿业增加值占GDP比例	5.22	4	—	—	—	—	7.81	0.81	0.31	0.25	5.23
制造业增加值占GDP比例	32.48	5	—	—	—	—	17.70	18.30	17.70	17.30	14.60
建筑业增加值占GDP比例	6.65	5	—	—	—	4.44	7.74	8.03	6.34	5.27	5.47
公共事业增加值占GDP比例	2.36	5	—	—	—	—	1.19	4.62	2.53	2.69	2.24
人均工业增加值	1414	5	47	99	246	804	1559	2960	5584	8919	11 440
人均制造业增加值	1439	6	20	49	108	380	721	1571	3857	5555	5688
单位工业增加值的电耗	0.85	4	—	—	—	—	0.33	0.38	0.39	0.33	0.26
单位工业增加值的能耗	0.30	4	—	—	—	—	0.10	0.15	0.14	0.12	0.09
单位工业增加值的水耗	61.64	4	68.36	110.04	245.41	96.92	78.58	83.39	31.92	26.84	34.69
(4) 工业结构											
工、农劳动力之比	0.78	4	0.11	0.18	0.42	1.26	2.56	4.16	3.15	10.31	7.38
工、农增加值之比	4.62	5	0.61	0.89	1.72	3.72	6.31	8.78	10.80	96.35	16.19
工、服劳动力之比	0.83	4	0.37	0.33	0.43	0.47	0.39	0.44	0.37	0.32	0.26
工、服增加值之比	1.08	4	0.43	0.43	0.66	0.83	0.70	0.58	0.46	0.37	0.39
采矿业增加值比例*	11.17	—	—	—	—	—	23.12	2.58	1.24	0.94	15.58
制造业增加值比例*	69.55	—	—	—	—	—	52.4	61.2	61.3	65.7	56.0
建筑业增加值比例*	14.23	—	—	—	—	—	21.0	22.0	27.6	23.1	19.7
公共事业增加值比例*	5.05	—	—	—	—	—	3.54	14.25	9.86	10.24	8.69
采矿业劳动力比例*	9.73	—	10.20	1.01	4.09	6.00	3.54	3.63	1.19	0.88	3.54
制造业劳动力比例*	63.0	—	55.8	71.6	66.0	55.3	47.9	62.1	64.1	63.8	58.2
建筑业劳动力比例*	21.9	—	31.8	26.0	25.3	34.0	36.9	29.7	32.7	32.5	35.3
公共事业劳动力比例*	5.37	—	2.20	1.37	4.53	5.72	13.00	4.58	2.00	3.07	3.37
食品、饮料和烟草比例	12.1	—	43.3	35.7	35.8	30.1	25.5	20.1	14.9	13.0	15.0
纺织品与服装行业比例	10.6	—	12.6	23.5	12.7	15.1	6.2	6.6	7.3	2.9	1.9
化工产品比例	11.0	—	12.4	6.4	10.4	7.9	9.5	7.6	8.8	13.3	15.0
机械和运输设备比例	25.4	—	0.8	1.4	5.4	9.8	12.7	17.3	21.7	27.2	20.8
其他制造业比例	40.8	—	32.8	33.2	37.0	39.2	47.4	49.4	47.3	44.6	47.2

注：指标单位见附表1-1。*采矿业增加值比例、制造业增加值比例、建筑业增加值比例和公共事业增加值比例分别指采矿业增加值占工业增加值比例、制造业增加值占工业增加值比例、建筑业增加值占工业增加值比例和公共事业增加值占工业增加值比例；采矿业劳动力比例、制造业劳动力比例、建筑业劳动力比例和公共事业劳动力比例分别指采矿业劳动力占工业劳动力比例、制造业劳动力占工业劳动力比例、建筑业劳动力占工业劳动力比例和公共事业劳动力占工业劳动力比例。

2. 中国工业生产的2000年截面

2000年世界工业生产的截面分析包括69个变量；其中，约55个变量与国家经济水平相关。将中国的55个指标与世界水平进行比较，可大致判断中国工业生产的水平(表3-49)。

表 3-49 2000 年截面中国工业生产指标的相对水平　　　　　　　　　　　　　　单位:个

指标	经济欠发达			经济初等发达		经济中等发达		经济发达		合计
	1组	2组	3组	4组	5组	6组	7组	8组	9组	
工业资源	—	—	—	—	—	—	—	—	—	—
工业投入	—	1	2	5	3	—	—	—	—	11
生产与效率	—	—	1	6	1	—	—	—	—	8
工业结构	—	—	1	3	—	—	—	—	—	4
合计	—	1	4	14	4	—	—	—	—	23

2000 年截面,中国工业生产大约有 18 个指标达到经济初等发达国家组的水平,约有 5 个指标为经济欠发达国家组的水平(表 3-49)。

3. 中国工业生产的 1970 年截面

1970 年世界工业生产的截面分析包括 30 个变量;其中,约 29 个变量与国家经济水平相关。将中国的 29 个指标与世界水平进行比较,可大致判断中国工业生产的水平(表 3-50)。

表 3-50 1970 年截面中国工业生产指标的相对水平　　　　　　　　　　　　　　单位:个

指标	经济欠发达			经济初等发达		经济中等发达		经济发达		合计
	1组	2组	3组	4组	5组	6组	7组	8组	9组	
工业资源	—	—	—	—	—	—	—	—	—	—
工业投入	—	1	—	—	—	—	—	—	—	1
生产与效率	1	1	—	—	1	—	—	—	—	3
工业结构	1	—	—	—	1	—	—	—	—	2
合计	2	2	—	—	2	—	—	—	—	6

1970 年截面,中国工业生产约有 1 个指标达到经济初等发达国家组的水平,约有 4 个指标为经济欠发达国家组的水平(表 3-50)。

二、中国工业经济的截面分析

1. 中国工业经济的 2010 年截面

2010 年世界工业经济的截面分析包括 48 个变量;其中,约 43 个变量与国家经济水平显著相关。将中国的 43 个指标与世界水平进行比较,可大致判断中国工业经济的水平(表 3-51)。

表 3-51 2010 年截面中国工业经济指标的相对水平　　　　　　　　　　　　　　单位:个

指标	经济欠发达			经济初等发达		经济中等发达		经济发达		合计
	1组	2组	3组	4组	5组	6组	7组	8组	9组	
工业供给	—	—	—	3	1	—	1	—	—	5
工业流通	—	—	—	3	1	1	2	1	1	9
工业消费	—	2	—	1	1	2	2	—	—	9
工业竞争力	—	—	—	1	—	—	—	—	—	1
合计	—	2	0	8	3	3	5	2	1	24

2010 年截面,中国工业经济大约 3 个指标具有经济发达国家组的特点,有 8 个指标达到经济中等发达国家组的水平,约有 11 个指标达到经济初等发达国家组的水平,约有 2 个指标为经济欠发达国家组的水平(表 3-51,表 3-52)。

表 3-52 2010 年截面中国工业经济指标的国际比较

指标	中国数值	中国分组	国际对照(经济水平、国家分组、人均国民收入、指标特征值)								
			经济欠发达			经济初等发达		经济中等发达		经济发达	
			1	2	3	4	5	6	7	8	9
			361	683	1324	3448	7044	13 205	24 107	39 208	55 739
(1)工业供给											
人均原糖产量	8.4	—	—	18.7	121.4	31.5	37.6	46.3	—	27.3	107.0
人均水泥产量	1407	7	38	120	231	373	475	414	580	398	288
人均化肥产量	47.4	—	—	3.2	30.4	3.7	32.4	69.0	26.3	116.0	0.05
人均钢铁产量	100.8	4	0.6	7.8	19.9	221.4	179.5	305.4	465.8	250.0	344.3
人均汽车产量	13.7	4	—	—	24.8	14.7	48.8	42.3	19.3	19.8	33.3
人均啤酒产量	33.6	4	—	7.7	35.9	17.8	62.0	65.9	106.2	56.2	72.2
人均电力产量	3146	5	149	758	2472	2375	3476	5339	9622	6857	8726
人均原油产量	151	—	17	131	220	919	1341	2243	10	4467	3844
人均煤炭产量	2517	—	76	185	1414	1972	1577	2071	746	5987	76
人均天然气产量	76	—	126	17	909	2748	1197	1040	—	757	5227
(2)工业流通											
制造业进口比例	61.5	—	60.3	60.5	61.0	64.7	71.2	69.6	63.6	64.3	71.6
制造业出口比例	93.6	8	17.7	40.8	25.1	43.8	44.4	50.8	74.0	68.8	57.3
高技术出口比例*	28		—	—	—	—	—	—	—	—	—
中高技术出口比例*	24.1		—	—	—	—	—	—	—	—	—
中低技术出口比例*	15.8		—	—	—	—	—	—	—	—	—
低技术出口比例*	26.6		—	—	—	—	—	—	—	—	—
食品进口比例	4.6	—	19.4	16.3	15.1	13.7	10.3	9.6	9.8	8.5	8.4
食品出口比例	2.8	—	36.6	30.3	28.3	18.1	18.8	13.7	11.2	9.3	9.8
矿石和金属进口比例	14.3	—	0.8	1.5	2.8	2.9	2.5	2.9	4.8	4.1	3.1
矿石和金属出口比例	1.4	—	27.1	11.3	18.9	9.4	11.2	7.9	4.5	2.9	7.4
高技术产品出口比例	27.5	9	6.6	4.7	5.0	7.5	11.1	8.4	11.0	16.1	17.5
人均制造业出口	1103	5	8	61	81	440	1065	3315	5776	12 299	11 317
人均高技术出口	304	6	0.1	0.4	4.1	48	197	390	699	3141	2126
人均中高技术出口	280	4	—	18	46	276	692	1703	2419	5364	4340
人均中低技术出口	184	—	—	—	—	—	—	—	—	—	—
人均低技术出口	309	4	—	359	183	293	570	1085	1108	2757	2653
工业产品平均关税	7.69	4	12.55	11.39	10.09	7.99	8.10	4.57	2.95	2.01	1.88
人均公路货运量	3244	7	16	864	621	919	1628	4034	3584	3608	4255
人均铁路货运量	1832	—	11	44	289	850	1927	2449	439	864	2669
人均航空货运量	12.9	7	1.8	1.6	1.5	5.8	10.6	12.7	65.5	205.8	108.7
(3)工业消费											
人均原糖消费	6.8	2	5.2	11.2	18.3	28.2	33.9	39.1	38.4	40.4	37.6
人均水泥消费	1383	7	—	—	297	614	512	716	921	374	230
人均化肥消费	45.6	8	1.7	3.4	9.7	14.7	27.1	37.6	23.9	31.5	52.5
人均钢铁消费	471	7	—	—	53	221	157	262	685	366	308
人均铝消费	2.9	5	—	0.1	0.6	1.3	4.4	5.9	21.1	15.0	20.0
千人均汽车消费	14	6	0.17	1.12	6.86	5.40	9.78	15.15	35.11	20.11	33.91
人均电力消费	2944	6	161	415	643	1463	2562	4296	6442	9109	11 960
人均原油消费	293	4	—	—	102	364	633	1050	1374	1834	1976
人均煤炭消费	2241	—	—	—	328	746	919	1685	999	1231	2057
人均天然气消费	79	2	—	—	576	573	921	1211	711	1594	1872

(续表)

指标	中国数值	中国分组	国际对照(经济水平、国家分组、人均国民收入、指标特征值)								
			经济欠发达			经济初等发达		经济中等发达		经济发达	
			1	2	3	4	5	6	7	8	9
			361	683	1324	3448	7044	13 205	24 107	39 208	55 739
(4)工业竞争力											
工业竞争力指数	0.128	4	0.126	0.107	0.128	0.149	0.188	0.241	0.304	0.408	0.364
人均制造业出口比例	0.73	—	0.01	0.04	0.07	0.30	0.70	2.19	3.82	8.15	7.48
人均高技术出口比例	1.18	—	—	0.01	0.04	0.24	0.86	1.52	2.71	12.16	8.23

注:指标单位见附表1-1。*高技术出口比例、中高技术出口比例、中低技术出口比例、低技术出口比例分别指高技术出口占制造业出口比例、中高技术出口占制造业出口比例、中低技术出口占制造业出口比例、低技术出口占制造业出口比例。

2. 中国工业经济的2000年截面

2000年世界工业经济的截面分析包括36个变量;其中,约35个变量与国家经济水平相关。将中国的35个指标与世界水平进行比较,可大致判断中国工业生产的水平(表3-53)。

表3-53　2000年截面中国工业经济指标的相对水平　　　　单位:个

指标	经济欠发达			经济初等发达		经济中等发达		经济发达		合计
	1组	2组	3组	4组	5组	6组	7组	8组	9组	
工业供给	—	1	—	2	—	1	—	—	—	4
工业流通	—	1	1	5	1	—	—	2	—	10
工业消费	—	1	2	1	3	—	—	—	—	7
工业竞争力	—	—	—	—	—	—	—	1	—	1
合计	—	3	3	8	4	1	—	3	—	22

2000年截面,中国工业经济大约有1个指标达到经济发达国家组的水平,约有12个指标达到经济初等发达国家组的水平,约有6个指标为经济欠发达国家组的水平(表3-53)。

3. 中国工业经济的1970年截面

1970年世界工业经济的截面分析包括22个变量;其中,约22个变量与国家经济水平相关。将中国的22个指标与世界水平进行比较,可大致判断中国工业生产的水平(表3-54)。

表3-54　1970年截面中国工业经济指标的相对水平　　　　单位:个

指标	经济欠发达			经济初等发达		经济中等发达		经济发达		合计
	1组	2组	3组	4组	5组	6组	7组	8组	9组	
工业供给	—	1	2	1	—	—	—	—	—	4
工业流通	1	—	—	1	—	—	—	—	—	2
工业消费	1	1	2	1	—	—	—	—	—	5
工业竞争力	—	—	—	—	—	—	—	—	—	0
合计	2	2	4	3	—	—	—	—	—	11

1970年截面,中国工业经济大约有3个指标达到经济初等发达国家组的水平(表3-54)。

三、中国工业环境的截面分析

1. 中国工业环境的 2010 年截面

2010 年世界工业环境的截面分析包括 38 个变量;其中,约 33 个变量与国家环境水平显著相关。将中国的 33 个指标与世界水平进行比较,可大致判断中国工业环境的水平(表 3-55)。

表 3-55　2010 年截面中国工业环境指标的相对水平　　　　　　　　　　　单位:个

指标	经济欠发达			经济初等发达		经济中等发达		经济发达		合计
	1组	2组	3组	4组	5组	6组	7组	8组	9组	
生态环境	—	—	1	3	1	—	1	—	—	6
社会环境	—	—	1	4	4	1	2	—	—	12
合计	—	—	2	7	5	1	3	—	—	18

2010 年截面,中国工业环境大约有 4 个指标达到经济中等发达国家组的水平,约有 12 个指标达到经济初等发达国家组的水平,约有 2 个指标为经济欠发达国家组的水平(表 3-55,表 3-56)。

表 3-56　2010 年截面中国工业环境指标的国际比较

指标	中国数值	中国分组	国际对照(经济水平、国家分组、人均国民收入、指标特征值)								
			经济欠发达			经济初等发达		经济中等发达		经济发达	
			1	2	3	4	5	6	7	8	9
			361	683	1324	3448	7044	13 205	24 107	39 208	55 739
(1) 生态环境											
人均 CO_2 排放量	1735	7	14	83	201	413	802	1160	1085	1915	1602
PM 10 平均浓度	58.9	4	42.5	47.4	42.3	44.8	31.1	31.3	25.0	24.6	16.6
人均工业 NO 排放量	9.6	3	—	—	7.6	63.9	42.8	73.0	28.2	80.9	91.1
工业 NO 排放比例	12.9	4	7.2	2.3	6.0	12.6	9.7	17.8	20.3	27.2	19.8
工业 CO_2 排放比例	32.0	—	21.0	17.9	18.9	15.8	16.7	18.3	14.7	18.1	14.9
工人人均废水排放量	0.13	—	0.241	0.264	0.222	0.188	0.196	0.157	0.152	0.153	0.162
单位工业增加值有机废水排放量	2.47	4	21.63	4.98	6.08	3.28	1.48	1.30	0.61	0.44	0.29
废水处理率	44	5	—	—	—	—	44.8	73.6	81.5	89.3	90.8
单位工业增加值固体废物	0.87	—	—	—	—	—	8.26	1.18	0.69	0.59	0.42
人均工业固体废物	—		—	—	—	—	—	—	—	—	—
工人人均固体废弃物	—		—	—	—	—	—	33 036	32 847	52 023	48 964
工业废物填埋处理率	—		—	—	—	—	95.8	78.3	59.1	36.7	24.4
化学工业污水排放比例	13.0		9.1	7.7	7.2	9.7	12.1	9.8	9.7	12.0	12.3
黏土和玻璃工业污水排放比例	6.3		5.3	7.5	7.1	6.7	5.8	5.9	5.4	3.7	4.0
食品工业污水排放比例	7.4	—	38.1	31.1	32.6	22.6	23.7	17.8	14.6	14.3	14.7
制纸和纸浆工业污水排放比例	3.9		3.3	4.8	3.4	4.6	5.3	6.0	7.3	8.9	10.9
纺织工业污水排放比例	20.6		30.7	27.8	44.8	29.2	13.0	12.1	11.8	5.6	2.9
木材工业污水排放比例	—		2.9	1.1	3.4	3.8	2.8	7.1	4.2	3.3	4.7
其他工业污水排放比例	39.9		10.8	11.2	11.5	23.4	31.8	37.1	43.7	49.3	47.2

(续表)

指标	中国数值	中国分组	国际对照(经济水平、国家分组、人均国民收入、指标特征值)								
			经济欠发达			经济初等发达		经济中等发达		经济发达	
			1	2	3	4	5	6	7	8	9
			361	683	1324	3448	7044	13 205	24 107	39 208	55 739
(2)社会环境											
人均GDP	4433	—	—	—	—	—	—	—	—	—	—
城市人口比例	49	4	26	30	41	56	68	74	66	85	80
大城市人口比例	20.6	—	9.8	13.3	17.1	22.3	26.7	28.4	35.6	37.5	29.9
医疗服务(医生/千人)	1.46	4	0.05	0.35	0.62	1.55	2.07	3.83	3.71	3.10	3.31
平均预期寿命	75	7	54	61	62	71	71	75	80	80	81
中学入学率	83.1	5	28.2	41.5	52.9	78.9	85.9	92.5	108.0	105.7	110.7
大学普及率	23.3	4	4.2	10.3	13.5	29.6	38.1	57.7	84.7	62.4	71.2
安全饮水普及率	91.5	5	59.1	69.7	75.5	88.9	93.4	97.8	99.2	99.9	99.8
卫生设施普及率	64.8	5	24.6	37.4	45.7	80.1	82.3	91.8	99.7	100	99.8
人均能源消费	1881	6	326	391	605	1114	1770	2896	3203	4946	5243
电力普及率	100	7	19	31	58	85	86	99	100	100	100
汽车普及率	44	4	5	18	22	65	161	286	435	458	459
移动通信普及率	64.0	3	23.5	52.8	65.1	95.4	105.7	123	109	128.2	107.0
互联网普及率	34	5	1	8	12	23	34	55	63	75	83

注:指标单位见附表1-1。人均CO_2排放量指的是人均制造业和建筑业的CO_2排放量,工业NO排放比例指的是工业和能源过程NO排放比例,工业CO_2排放比例指的是制造业和建筑业的CO_2排放比例。

2. 中国工业环境的2000年截面

2000年世界工业环境的截面分析包括37个变量;其中,约32个变量与国家环境水平显著相关。将中国的32个指标与世界水平进行比较,可大致判断中国工业环境的水平(表3-57)。

表3-57 2000年截面中国工业环境指标的相对水平　　　　单位:个

指标	经济欠发达			经济初等发达		经济中等发达		经济发达		合计
	1组	2组	3组	4组	5组	6组	7组	8组	9组	
生态环境	—	2	2	—	1	—	—	—	—	5
社会环境	1	1	5	2	1	—	1	—	—	11
合计	1	3	7	2	2	—	1	—	—	16

2000年截面,中国工业环境大约有1个指标达到经济中等发达国家组的水平,约有4个指标达到经济初等发达国家组的水平,约有11个指标为经济欠发达国家组的水平(表3-57)。

3. 中国工业环境的1970年截面

1970年世界工业环境的截面分析包括11个变量;其中,约11个变量与国家环境水平显著相关。将中国的11个指标与世界水平进行比较,可大致判断中国工业环境的水平。

1970年截面,中国工业环境大约有5个指标达到经济初等发达国家组的水平,约有2个指标为经济欠发达国家组的水平(表3-58)。

表 3-58 1970 年截面中国工业环境指标的相对水平　　　　　　　　　　　　　　　　单位:个

指标	经济欠发达			经济初等发达		经济中等发达		经济发达		合计
	1组	2组	3组	4组	5组	6组	7组	8组	9组	
生态环境	—	—	—	1	—	—	—	—	—	1
社会环境	1	—	1	1	3	—	—	—	—	6
合计	1	—	1	2	3	—	—	—	—	7

四、中国工业要素的截面分析

1. 中国工业要素的 2010 年截面

2010 年世界工业要素定量指标的截面分析包括 33 个变量;其中,约 26 个变量与国家经济水平显著相关。将中国的 26 个指标与世界水平进行比较,可大致判断中国工业要素的水平(表 3-59)。

表 3-59 2010 年截面中国工业要素定量指标的相对水平　　　　　　　　　　　　　　单位:个

指标	经济欠发达			经济初等发达		经济中等发达		经济发达		合计
	1组	2组	3组	4组	5组	6组	7组	8组	9组	
工业劳动力	—	1	1	—	—	1	—	—	—	3
工业企业	—	—	—	—	—	—	1	—	—	1
工业技术	—	1	—	4	4	—	1	—	—	10
工业制度	—	—	—	1	1	—	—	—	—	2
合计	—	2	1	5	5	1	2	0	0	16

2010 年截面,中国工业要素定量指标大约有 3 个指标达到经济中等发达国家组的水平,约有 10 个指标达到经济初等发达国家组的水平,约有 3 个指标为经济欠发达国家组的水平(表 3-59,表 3-60)。

表 3-60 2010 年中国工业要素定量指标的国际比较

指标	中国数值	中国分组	国际对照(经济水平、国家分组、人均国民输入、指标特征值)								
			经济欠发达			经济初等发达		经济中等发达		经济发达	
			1	2	3	4	5	6	7	8	9
			361	683	1324	3448	7044	13 205	24 107	39 208	55 739
(1) 工业劳动力											
接受过高等教育的劳动力比例	12	3	3.4	5.0	15.5	17.0	20.5	25.6	26.8	29.5	34.9
接受过中学教育的劳动力比例	65.1	6	14.9	27.7	36.8	32.3	45.8	51.7	37.2	46.4	43.5
接受职业教育和技能培训比例	—	—	—	10.3	8	—	14.6	45.6	33.9	53.8	51.6
工业劳动力平均工资	—	—	—	—	—	—	—	1005	1813	3012	4079
制造业劳动力平均工资	—	—	—	—	—	—	—	947	1939	3734	4508
采矿业劳动力平均工资	—	—	—	—	—	—	—	1128	3520	4111	7740
公共事业劳动力平均工资	—	—	—	—	—	—	—	1731	4539	8215	9574
建筑业劳动力平均工资	—	—	—	—	—	—	—	742	1224	2948	4063
工伤率	—	—	—	0.2	1.0	0.9	6.1	11.7	35.1	22.3	7.3
制造业每周工作时数	49.0	2	43.1	50.0	40.0	45.0	42.9	41.0	41.9	39.1	37.4
(2) 工业企业											
新注册企业比例	—	—	0.09	0.45	0.69	0.99	3.35	3.61	2.54	4.64	4.82
ISO 认证企业比例	53.4	7	13.6	14.5	12.3	18.4	20.8	23.3	19.9	—	17.2
提供员工培训企业比例	79.2	—	27.4	33.2	26.9	35.5	42.4	44.0	42.8	35.4	62.1

(续表)

指标	中国数值	中国分组	国际对照(经济水平、国家分组、人均国民输入、指标特征值)								
			经济欠发达			经济初等发达		经济中等发达		经济发达	
			1	2	3	4	5	6	7	8	9
			361	683	1324	3448	7044	13 205	24 107	39 208	55 739
(3) 工业技术											
全要素生产率	0.23	4	0.138	0.173	0.193	0.320	0.465	0.476	0.637	0.746	0.842
企业科研投入比例	1.62	4	—	—	—	1.62	0.31	0.74	2.14	2.95	2.30
企业科技人员比例	0.6	5	—	—	—	—	0.60	2.14	5.20	8.06	7.33
开展科技研发企业比例	12	4	—	—	—	—	29.0	41.7	45.8	58.1	54.8
专利拥有比例	2.19	7	0.02	0.06	0.08	0.22	0.39	0.54	6.14	4.43	2.56
机器人使用比例	21	4	—	—	—	21	—	7	347	300	135
人均知识产权转让收入	0.6	2	0.14	0.61	0.69	1.00	3.1	13.6	22.3	180	306
人均知识产权转让支出	9.7	5	0.12	0.26	1.27	6.74	14.4	38.2	103	393	1347
人均信息和通信技术出口	321	5	—	1.95	15.95	64	224	507	525	2551	1074
人均信息和通信技术进口	188	5	4.55	9.61	22.8	97	259	569	547	2110	1541
(4) 工业制度											
营商环境指数	99	4	161	139	129	102	73	66	40	30	14
出口通关所需时间	7.6	5	10.4	8.6	7.8	7.7	6.5	6.2	4.8	4.7	2.6
企业注册所需时间	27.5	—	26	22	19	34	50	49	56	—	—

注:指标单位见附表1-1。

2. 中国工业要素的2000年截面

2000年世界工业要素定量指标的截面分析包括23个变量;其中,约19个变量与国家经济水平显著相关。将中国的19个指标与世界水平进行比较,可大致判断中国工业要素的水平(表3-61)。

表3-61 2000年截面中国工业要素定量指标的相对水平　　　　　　　　　单位:个

指标	经济欠发达			经济初等发达		经济中等发达		经济发达		合计
	1组	2组	3组	4组	5组	6组	7组	8组	9组	
工业劳动力	—	1	—	—	—	—	—	—	—	1
工业企业	—	—	—	—	—	1	—	—	—	1
工业技术	1	—	—	4	—	—	—	—	—	5
工业制度	—	—	—	—	—	—	—	—	—	—
合计	1	1	—	4	—	1	—	—	—	7

2000年截面,中国工业要素定量指标大约有2个指标为经济欠发达国家组的水平,约有4个指标达到经济初等发达国家组的水平,约有1个指标达到经济中等发达国家组的水平(表3-61)。

3. 中国工业要素的1970年截面

1970年世界工业要素定量指标的截面分析包括2个变量;其中,约2个变量与国家经济水平显著相关。将中国的2个指标与世界水平进行比较,可大致判断中国工业要素的水平(表3-62)。

表 3-62　1970 年截面中国工业要素定量指标的相对水平　　　　　　　　单位:个

指标	经济欠发达			经济初等发达		经济中等发达		经济发达		合计
	1组	2组	3组	4组	5组	6组	7组	8组	9组	
工业劳动力	—	—	—	—	—	—	—	—	—	0
工业企业	—	—	—	—	—	—	—	—	—	0
工业技术	1	—	1	—	—	—	—	—	—	2
工业制度	—	—	—	—	—	—	—	—	—	0
合计	1	—	1	—	—	—	—	—	—	2

1970 年截面，中国工业要素定量指标大约有 2 个指标为经济欠发达国家组的水平(表 3-62)。

第三节　中国工业现代化的过程分析

一般而言，中国工业现代化包括中国整体的工业现代化、中国工业四大方面的现代化、中国各地区的工业现代化(图 3-40)等。中国工业现代化的过程分析的分析对象可以分为三类：历史进程(1840~2005 年)、客观现实(2010 年)和未来前景(2010~2100 年)。

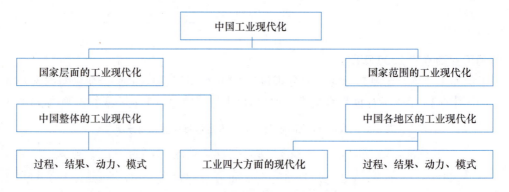

图 3-40　中国工业现代化的过程分析

注：工业四大方面指工业生产(工业资源、工业投入、工业产出与效率、工业结构)、工业经济(工业供给、工业流通、工业需求和消费、工业竞争力)、工业环境(生态环境和社会环境)和工业要素(工业劳动力、工业企业、工业技术、工业制度和工业观念)。国家层面的工业现代化和地区的工业现代化，都涉及工业四大方面的现代化。地区工业现代化需要专题研究。

一、中国工业现代化的历史进程

中国工业现代化的历史进程，指从它的起步到目前的历史过程。中国工业现代化的进程研究，时间跨度约为 150 年；分析内容包括中国整体的工业现代化、中国工业四大方面的现代化、中国各地区的工业现代化等。关于中国工业四大方面现代化，前面已有专门分析。关于中国的地区工业现代化，需要专题研究。这里重点讨论中国整体的工业现代化。

中国整体的工业现代化是一个多维度的历史过程，需要从多个角度进行分析，分析内容可以根据需要进行选择。下面简要讨论它的阶段、内容、特点、结果、动力和模式。

1. 中国工业现代化的主要阶段

中国工业现代化是中国经济现代化的组成部分。中国工业现代化的阶段划分，应该与中国经济现代化的阶段划分相协调。当然，它们并非完全同步。

(1) 中国经济现代化的发展阶段

中国经济现代化的阶段与中国现代化的阶段有紧密关系。目前，中国学术界比较普遍的看法是，中国现代化可以分为三个阶段，它们是 1840(60)～1911 年、1912～1949 年、1949 年至今。第一个阶段是"清朝末年"的现代化起步，第二个阶段是"民国时期"的局部现代化，第三个阶段是"新中国"的全面现代化。"新中国"指中华人民共和国。

《中国现代化报告 2005》认为，中国经济现代化的历史过程，同样分为三个阶段：清朝末年、民国时期和新中国时期；而且每一个阶段又可分为三个时期（表 3-63）。

表 3-63 中国经济现代化的发展阶段

阶段	时期	大致时间	历史阶段	经济发展的新特点	经济转型	经济地位
工业化起步（清朝末年）	准备	1840～1860	鸦片战争	外资造船业和银行	无	下降
	起步	1860～1894	洋务运动	外资和官办工业	起步	下降
	调整	1895～1911	维新新政	民办轻工业	比较慢	下降
局部工业化（民国时期）	探索	1912～1927	北洋政府时期	民办工业化	比较慢	下降
	探索	1928～1936	国民政府早期	官办工业化	比较快	下降
	调整	1937～1949	战争时期	战时工业化	慢	下降
全面工业化（新中国）	探索	1949～1977	计划时期	工业化和计划经济	比较慢	下降
	市场化	1978～2001	改革时期	工业化和市场化	比较快	相对上升
	全球化	2002～至今	追赶时期	新工业化和全球化	比较快	相对上升

参考资料：罗荣渠，1993；许纪霖、陈达凯，1995；周积明，1996；虞和平，2002；赵德馨，2003．
资料来源：中国现代化战略研究课题组等，2005．

(2) 中国工业现代化的起步

关于中国工业现代化的起点没有统一认识。如果把工业的机械化和技术化理解为工业现代化的基本内涵，那么，可以从这三个方面来考察中国工业现代化的发端。

有资料显示，中国工业机械化的起步可以追溯到 19 世纪 60 年代，工业技术化可以追溯到 19 世纪 80 年代，工业自动化可以追溯到 19 世纪末（表 3-64）。由此可见，中国工业现代化的发端，可以追溯到 19 世纪中后期，大致可以以 1860 年为起点。

表 3-64 中国工业现代化的起步

方面	典型事件	发生时间、地点或人物
工业机械化	第一个机械化企业——安庆军械所	1862，安庆，曾国藩
工业科技和教育	第一个工业技术学校——天津水师学堂	1880，天津，李鸿章
	第一种综合性科技期刊——《格致汇编》	1876，上海，徐寿和傅雅兰等
	第一个科技推广团体——同文馆	1862，北京，奕䜣等
工业企业	第一家现代工业企业——轮船招商局	1872，上海，盛宣怀
	第一家现代煤矿公司——开平煤矿	1877，开平，李鸿章
	第一家机器织布企业——上海机器织布局	1878，上海，李鸿章

资料来源：陈真，姚洛，中国近代工业史资料，1957；汪林茂，中国走向近代化的里程碑，1998．

(3) 中国工业现代化的发展阶段

参照中国经济现代化的阶段划分，19 世纪后期以来，中国工业现代化的前沿过程大致分为三个阶段:清朝后期的工业现代化起步、民国时期的局部工业现代化、新中国的全面工业现代化(表3-65)。

表 3-65　中国工业现代化的发展阶段

阶段	大致时间	历史阶段	工业现代化的主要内容和特点(举例)
工业现代化起步 (清朝末年)	1840~1860	鸦片战争	外资造船业
	1860~1894	洋务运动	外资和官办工业,设立兵工厂、官办棉纺织业和采矿业
	1895~1911	维新新政	民办轻工业,工业科技、工业教育、工业企业、工业管理等
局部工业现代化 (民国时期)	1912~1927	北洋政府时期	
	1928~1936	国民政府早期	工业的机械化、电气化等
	1937~1949	战争时期	
全面工业现代化 (新中国)	1949~1977	计划时期	工业的机械化、标准化、电气化等
	1978~2001	改革时期	工业的市场化、机械化、规模化、自动化等
	2002~至今	全球化时期	工业的国际化、信息化、生态化、自动化、市场化等

注:本表内容只是一个提纲,不是全面阐述。2001年中国成为WTO正式成员,参与经济全球化。

2. 中国工业现代化的主要内容

中国工业现代化的主要内容,与世界工业现代化的主要内容,是基本一致的。在不同阶段,中国工业现代化的内涵和特点有所不同。

(1) 清朝后期的工业现代化起步

根据中国学者的研究,清朝后期的工业现代化,可以从思想和实践两个方面来认识。

首先,工业现代化的思想启蒙和知识传播。在19世纪后期,一批中国有识之士关注工业振兴,提出了工业现代化的一些设想。其中,洋务运动开启了以学习西方先进科学技术,以发展军事工业为重点的工业历程。如,1865年李鸿章在《关于开办江南制造局奏折》中提到,"机器制造一事,为今日御侮之资,自强之本"。郭嵩焘支持民用工业,发展铁路;1871年,曾国藩在《拟选聪颖子弟出洋习艺疏》中,主张"宜博选聪颖子弟,赴泰西各国书院及军政、船政等院,分门学习,"注重工业人才培养。

其次,工业现代化的实践和推广。在19世纪中后期,外资工业对清朝末期的工业现代化推广起到了重要作用,如英国人柯拜在广州建立船舶修造厂,俄商在福州建立了砖茶制造厂,英商设立机器豆饼厂等。中国自办的最早的近代工业,是清政府办的近代军事工业,开始于19世纪60年代,如在上海创办了江南制造总局,在马尾创办了马尾船政局等。一些近代民用工业如采矿业、金属矿冶业、交通运输业、纺织业等4大部门20多个企业,在19世纪下半叶也发展起来。在20世纪初,一些现代工业企业成立,南通的大生纱厂、苏州的苏纶纱厂、无锡和上海的面粉工业,湖北大冶的湖北水泥厂、山东博山的博山玻璃公司、汉口的兴商制茶厂等,与此同时,工业技术、工业教育和工业技术推广有了较大进展。

(2) 民国时期的局部工业现代化

民国时期的工业现代化主要是工业化的探索和调整,大致分为三个时期。第一个时期是北洋政府的工业化探索(1912~1927年),北洋政府时期的民办工业化的推进。第二个时期是国民政府的工业化探索(1928~1936年),国民政府的官办工业化的推进。第三个时期是战争时期的工业化调整(1937~1949年),指战争时期的统制工业化的发展,简称为战时工业化。

首先,工业现代化的探索。在20世纪30年代,中国学术界和国民政府就中国现代化道路进行了思考和辩论。1933年上海《申报月刊》推出了"中国现代化问题号"特刊。顾毓琇(1935)以"工业化之途径——工业研究与试验"为题,发表自己的看法。孙中山的《实业计划》蕴含着丰富的工业化思想,主要包括工业建设思想、工业布局思想、工业管理体制思想以及工业化各要素思想。

其次,工业现代化的实践。民国时期的 38 年(1912~1949 年)是中国历史的一个非常时期,世界发生了两次世界大战,中国国内更是战争不断,给中国工业现代化增添了许多困难[①]。但是中国工业现代化在继续,而且在 1912~1936 年出现了工业生产的快速增长[②]。工业科技、工业教育和工业经济有所发展,工业比例上升等(表 3-66)。一些工业企业相继成立,如 1917 年上海第一家专业电镀厂——毛锦记电镀厂成立,1926 年兴华机器厂生产出第一台造纸机,1940 年大新无线电器厂成立。

表 3-66　1890~2010 年中国经济结构、就业结构和工业劳动生产率

项目		1890	1913	1936	1950	1960	1970	1980	1990	2000	2005	2010
增加值比例/(%)	农业	69	67	63	59	23	34	30	27	16	12	9
	工业	10	10	19	21	45	38	49	42	51	48	49
	服务业	22	23	18	20	32	28	21	31	33	40	42
劳动力比例/(%)	农业	—	90	—	84	82	80	69	54	50	45	37
	工业	—	3	—	7	9	10	18	19	23	24	29
	服务业	—	7	—	9	9	9	12	10	27	31	34
工业劳动生产率/2005 年美元		—	—	—	—	—	—	—	1360	4052	6180	8514

注:1913 年劳动力比例数据为 20 世纪初华北 18 个县的调查数据;1936 年数据为 1931~1936 年期间的估计值(罗兹曼,1995,第 198 页,第 413 页)。

(3) 新中国的全面工业现代化

1949 年新中国成立后,工业现代化受到高度重视。新中国工业现代化的发展可以分为三个小阶段(表 3-65)。随着世界工业现代化的演变,中国对工业现代化的认识不断深化,工业现代化的实践发生很大变化。1970 年以来,中国工业现代化水平有较大提高。在 1970~2010 年期间,中国第一次工业现代化指数提高了 48 个百分点(表 3-67)。

表 3-67　1970~2010 年中国工业现代化水平的变化

项目	1970	1980	1990	2000	2005	2010
第一次工业现代化指数	17	18	22	35	47	65
第一次工业现代化指数的排名	53	61	67	69	67	57
第一次工业现代化指数的水平分组	欠发达	欠发达	欠发达	初等发达	—	—
国家样本数	86	91	104	117	114	130
第二次工业现代化指数	—	—	15	20	27	38
第二次工业现代化指数的排名	—	—	31	54	51	52
第二次工业现代化指数的水平分组	—	—	欠发达	欠发达	初等发达	初等发达
国家样本数	—	—	31	69	89	101
综合工业现代化指数	—	—	13	30	32	34
综合工业现代化指数的排名	—	—	52	64	63	59
综合工业现代化指数的水平分组	—	—	欠发达	初等发达	初等发达	初等发达
国家样本数	—	—	57	102	93	91

---

① 中国现代化战略研究课题组.2005.中国现代化报告 2005:中国经济现代化研究.北京:北京大学出版社.143—144.

② 罗荣渠.1993.现代化新论.北京:北京大学出版社,317—330.

首先,计划时期的工业现代化。在20世纪50年代提出"工业现代化"思想;60年代提出"农业现代化、工业现代化、国防现代化和科技现代化"的奋斗目标,并计划用20多年时间实现"四个现代化",后提出在20世纪末实现"四个现代化"。

当时中国工业现代化的发展思路,可以归纳为"学习苏联,大干快上"。1953~1957年,第一个五年计划时期,集中精力完成了苏联援建中国的建设项目,初步奠定了中国工业化和现代化的基础。1958~1961年,进入"大炼钢铁"时期,工业比例远高于农业比例。

其次,改革时期的工业现代化。20世纪70年代末以来,中国实行改革开放政策,工业现代化的观念和重点也发生了改变。主要内容包括:工业生产现代化,包括机械化、电气化、高技术、自动化和信息化等;工业经济现代化,包括市场化、国际化和现代企业发展等。

其三,全球化时期的工业现代化。2001年中国成为世界贸易组织(WTO)正式成员,全面参与经济全球化进程。中国工业现代化进入全面推进时期。主要内容包括:工业生产现代化,包括信息化、智能化、工业园区化等;工业经济现代化,包括市场化、国际化等;工业环境现代化,包括工业绿色化、工业生态化、工业节能降耗等;工业要素现代化,包括工业劳动力素质和工人收入提高、工业政策环境、工业制度和工业观念的变化等。

3. 中国工业现代化的主要特点

关于中国工业现代化的特点,不同学者有不同认识,可以从不同角度进行分析。一般而言,世界工业现代化的主要特点在中国都有不同程度的反映,同时中国有自己的特色。

(1) 中国工业现代化是一种后发追赶型工业现代化

中国工业现代化起步比较晚。首先,中国工业现代化的起步比中国经济现代化的起步要晚约20年。中国工业现代化起步大约是18世纪60年代,中国经济现代化起步大约是19世纪40年代。其次,中国工业现代化比世界工业现代化的起步要晚100多年。英国工业现代化可以追溯到18世纪初;如果从18世纪中算起,中英相差100多年。

(2) 中国工业现代化是一种工业化与城市化分离型的工业现代化

1960~2000年期间,中国工业化与城市化不同步,中国工业现代化是一种工业化与城市化分离型的工业现代化。1960年中国工业化水平为44.9%,城市化水平仅为16.2%。2000年,中国工业化水平仍比城市化水平高10个百分点。

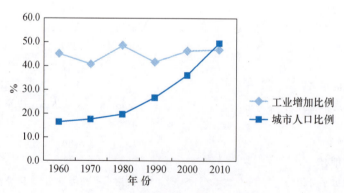

图3-41 中国工业化与城市化比较

(3) 中国工业现代化是一种"以农养工"的工业现代化

1960年以来,中国现代化实际上采取了"以农养工"的非平衡产业发展战略,抑制农业发展推进工业现代化,中国工农差距在扩大。例如,中国工业劳动生产率和农业劳动生产率的绝对差距,从1970

年的937美元扩大到2010年的10 314美元,相对差距仍然在6倍以上(表3-68)。

表3-68 1970~2010年中国工业和农业劳动生产率的差距

项目	1970	1980	1990	1995	2000	2005	2010	2010/1970
工业劳动生产率(现价美元)	1053	1185	1117	2271	3485	6180	12 457	12
农业劳动生产率(现价美元)	116	196	249	409	501	818	2143	18
工业-农业	937	989	868	1862	2984	5362	10 314	11
工业÷农业	9	6	4	6	7	8	6	0.67

(4) 中国工业现代化的工业转型的协调性逐步提高

工业现代化包括工业发展和工业转型。工业转型包括工业产业结构和就业结构转型,主要表现是,1913年以来,中国农业劳动力不断向工业流动,工业增加值比例和工业劳动力比例之比,先上升后下降。工业化的协调性先降后升(表3-69)。

表3-69 1913~2010年中国工业转型的协调性

项目	1913	1950	1960	1970	1980	1990	2000	2005	2010
工业增加值比例/(%)	10	21	45	38	49	42	51	48	49
工业劳动力比例/(%)	3	7	9	10	18	19	23	24	29
工业协调指数	3.33	3.00	5.00	3.80	2.72	2.21	2.22	2.00	1.69

(5) 中国工业现代化的政策发生多次重大转变

新中国成立以来,中国工业现代化的政策起伏比较大。在1949~1977年期间,中国政府开始学习和推行苏联的计划经济,属于计划经济和集体经济型的工业现代化。1978~2001年期间,中国实行改革开放政策,中国进入市场取向改革的社会主义现代化建设的时期,工业市场化程度提高。

(6) 中国工业现代化经历了由进口替代向出口导向的发展阶段

在中国实行改革开放之前,中国工业现代化的模式主要学习苏联的计划经济,实行一种进口替代的战略。1978年以后,中国逐步实行对外开放政策,出口导向战略逐步取代了进口替代战略(表3-70),出口导向战略成为这一时期促进中国工业现代化的主要动力。

表3-70 1985~2010年中国进口与出口比例

指标	1985	1990	1995	2000	2005	2010
制造业进口比例/(%)	52.2	79.8	79.0	75.1	73.1	61.5
制造业出口比例/(%)	26.4	71.6	84.1	88.2	91.9	93.6

(7) 中国工业现代化由封闭经济向经济全球化迈进

1978年之前,中国工业现代化主要在自我封闭状态下进行的。1978年改革开放之后,中国由计划经济向市场经济迈进,封闭经济逐步被打破。2002年以来,中国逐步采取世界贸易组织的工业贸易政策,中国逐步降低了工业产品关税水平,中国工业现代化进入经济全球化阶段。

(8) 中国工业投资从计划投资向资本市场迈进

改革开放之前,中国工业现代化主要由中央政府计划投资式推进,改革开放之后,中国经济逐步迈入市场经济,中国工业的投资方式开始从计划投资转向资本市场投资,主要包括各种基金、股票、证券、期货等投资方式。

(9) 中国工业现代化具有地区多样性和不平衡性

中国工业现代化的地区差异是非常明显的。首先,自然地理的差异,例如,北方与南方的地理差别、东部与西部的地理差别等。其次,工业区位的差异,例如,不同地区的工业区划和工业定位的差别。其三,工业发展水平的地区差异等。

4. 中国工业现代化的主要结果

(1) 中国工业现代化的一般结果

中国工业现代化是世界工业现代化的组成部分,中国工业现代化的一般结果与世界工业现代化的一般结果是基本一致的,包括工业现代性、多样性和副作用的形成,包括中国工业状态和国际地位的变化等。2010年,中国第一次工业现代化完成了65%,第二次工业现代化水平约为工业发达国家的38%,综合工业现代化水平约为工业发达国家的34%。

迄今为止,从理论角度看,中国工业现代化的结果包括第一次工业现代化的推进和第二次工业现代化要素的引入、工业效率和工人收入的提高、工人福利和生活质量的改善、工业增加值比例和工业劳动力比例的下降、工业科技和工业制度的发展等;从政策角度看,中国工业现代化的结果包括工业生产、工业经济、工业要素和工业形态的深刻变化,包括从传统工业向现代工业、从计划经济向市场经济、从机械化工业向信息化和智慧化工业的转变等。

中国工业现代化的副作用主要是资源消耗、工业"三废排放"和工业生态环境退化等。

(2) 中国工业现代化的国际地位变化

在1970~2010年期间,中国已经从工业欠发达国家升级为工业初等发达国家,2010年工业现代化指数世界排名为第55位左右(52~59位),中国国际地位有较大提高。

(3) 中国工业现代化的国际差距变化

首先,中国工业现代化水平的国际差距。1990年以来,中国第一次工业现代化指数的国际差距逐步缩小;2000年以来,中国综合工业现代化指数的国际差距逐步缩小(表3-71)。

表3-71 1970~2010年中国工业现代化水平的国际差距

项目	1970	1980	1990	2000	2005	2010
第一次工业现代化指数:中国值	17	18	22	35	47	65
第一次工业现代化指数:高收入国家平均值	100	100	100	100	100	100
第一次工业现代化指数:世界平均值	41	54	61	56	71	77
高收入国家平均值−中国值	83	82	78	65	53	35
世界平均值−中国值	24	36	39	21	24	12
第二次工业现代化指数:中国值	—	—	15	20	27	38
第二次工业现代化指数:高收入国家平均值	—	—	—	74	94	100
第二次工业现代化指数:世界平均值	—	—	—	40	48	54
高收入国家平均值−中国值	—	—	—	54	67	62
世界平均值−中国值	—	—	—	20	21	16
综合工业现代化指数:中国值	—	—	13	30	32	34
综合工业现代化指数:高收入国家平均值	—	—	—	100	100	100
综合工业现代化指数:世界平均值	—	—	—	46	47	48
高收入国家平均值−中国值	—	—	—	70	68	66
世界平均值−中国值	—	—	—	16	15	14

其次,中国工业现代化指标的国际差距(表3-72)。1970年以来,中国工业指标的国际差距的变化因指标而异。有些指标的国际差距扩大,如工业劳动生产率等;有些指标的国际差距缩小,如人均工业增加值等。

表 3-72　1970~2010 年中国工业指标的国际差距(举例)

项目	1970	1980	1990	2000	2005	2010
工业劳动生产率:中国值	365	406	740	4052	6180	12054
工业劳动生产率:高收入国家平均值	14 974	20 401	27 233	57 379	62 567	71 350
工业劳动生产率:世界平均值	—	5428	7953	19 289	19 898	17 725
高收入国家平均值－中国值	14 609	19 995	26 493	53 327	56 387	59 296
世界平均值－中国值	—	5022	7213	15 237	13 718	5671
人均工业增加值:中国值	37	74	158	507	820	1414
人均工业增加值:高收入国家平均值	4620	5380	6338	6986	7272	7069
人均工业增加值:世界平均值	1402	1537	1659	1779	1894	1980
高收入国家平均值－中国值	4583	5306	6180	6479	6452	5655
世界平均值－中国值	1365	1463	1500	1272	1074	566

注:工业劳动生产率单位:2005 年价格美元/人。

5. 中国工业现代化的主要动力

中国工业现代化的动力分析,可以参考工业现代化理论的动力分析。

一般而言,人口增长和工业产品需求拉动、工业科技进步(特别是新技术、新能源的应用)、现代工业要素的引入等,是中国工业现代化的内在动力因素。

6. 中国工业现代化的路径和模式

在 1880~1980 年期间,中国工业现代化的基本路径是第一次工业现代化路径,包括工业的机械化、电气化、标准化、自动化、规模化和工厂化等的联合推进,采用计划经济和工业化优先模式。20 世纪 80 年代以来,中国工业现代化的基本路径仍然是第一次工业现代化路径,但有两个明显转变。其一是从计划经济向市场经济、从国有经济向公私经济并重转变,促进工业的市场化和国际化。其二是从传统工业向现代工业、从现代工业向智慧工业转变,工业发展出现多种模式并存的局面,包括绿色工业、生态工业、信息工业、智能工业等,工业的可持续性和工业生态环境保护受到普遍重视。

二、中国工业现代化的客观现实

在本报告中,中国工业现代化的现实分析以 2010 年截面为分析对象,分析内容包括中国工业现代化的整体水平、工业四大方面的现代化水平、中国工业现代化的地区水平。这里重点讨论前两者。

1. 中国工业现代化的整体水平

(1) 2010 年中国工业现代化的整体阶段

2010 年中国工业现代化大致处于第一次工业现代化的后期,在部分地区第二次工业现代化的要素已经得到较好发展。中国处于一种综合工业现代化的状态。

(2) 2010 年中国工业现代化的整体水平

2010 年中国工业现代化水平属于工业初等发达水平。

大体而言,2010 年,中国第一次工业现代化完成了 65%,第二次工业现代化水平约为工业发达国家的 38%,综合工业现代化水平约为工业发达国家的 34%(表 3-73)。

表 3-73 2010 年中国工业现代化和国家现代化的国际比较

项目	第一次工业现代化	第二次工业现代化	综合工业现代化	第一次现代化	第二次现代化	综合现代化
中国指数	65	38	34	92	47	46
中国排名	57	52	59	64	59	70
高收入国家	100	100	100	100	100	100
中等收入国家	53	—	40	91	40	42
低收入国家	16	—	—	56	21	22
世界平均	77	54	48	96	51	55
国家样本数	130	101	91	131	131	131

注：第一次工业现代化标准为 1970 年发达国家平均值，第一次现代化标准为 1960 年发达国家平均值。

首先，2010 年，中国第一次工业现代化指数排名世界第 57 位，中国第一次现代化指数排名世界第 64 位，两者相差 7 位。

其次，2010 年，中国第二次工业现代化指数为 38，排名世界第 52 位；中国第二次现代化指数为 47，排名世界第 59 位；两者指数相差 9，排名相差 7 位。

其三，2010 年，中国综合工业现代化指数为 35，排名世界第 59 位；中国综合现代化指数为 46；两者指数相差 12，排名相差 12 位。

2010 年，中国工业现代化与中国现代化的比较特点：

- 中国工业现代化指数，低于中国现代化指数。说明中国工业现代化与发达国家相比的国际差距，大于中国现代化与发达国家相比的国际差距。
- 中国工业现代化指数的排名，高于中国现代化指数的排名。说明中国工业现代化水平在发展中国家中的地位，要高于中国现代化水平在发展中国家中的地位；也就是说，在发展中国家中，中国工业现代化水平是比较高的。

(3) 2000~2010 年中国工业现代化的发展速度

在 2000~2010 年期间，中国第一次工业现代化指数年增长率约为 6.39%，高于世界平均值；第二次工业现代化指数年增长率约为 6.85%，高于世界平均值（表 3-74）。

表 3-74 2000~2010 年中国工业现代化速度的国际比较

项目	第一次工业现代化指数			第二次工业现代化指数		
	2000 年	2010 年	年均增长率/(%)	2000 年	2010 年	年均增长率/(%)
中国	35	65	6.39	20	38	6.85
高收入国家	100	100	0.00	74	100	3.06
中等收入国家	34	53	4.54	—	—	—
低收入国家	12	16	2.92	—	—	—
世界平均	56	77	3.24	40	54	3.05

2. 中国工业四大方面的现代化水平

(1) 2010 年中国工业四大方面的指标水平

2010 年中国工业四大方面指标的现代化水平大致是：3.4% 的指标为发达水平，19.3% 的指标为中等发达水平，67.0% 的指标为初等发达水平，10.2% 指标为欠发达水平（表 3-75）。

表 3-75 2010 年中国工业四大方面的现代化水平

项目	工业生产指标	工业经济指标	工业环境指标	工业要素指标	合计	比例/(%)
发达水平	—	3	—	—	3	3.4
中等发达水平	2	8	4	3	17	19.3
初等发达水平	26	11	12	10	59	67.0
欠发达水平	2	2	2	3	9	10.2
合计	30	24	18	16	88	100

2010 年,中国高技术出口比例、制造业出口比例和人均化肥消费具有经济发达国家组的特点,达到中等发达水平的工业指标包括制造业劳动力比例、人均高技术出口、人均航空货运量、人均公路货运量、电力普及率和专利拥有比例等 17 个指标;达到初等发达水平的指标包括工业劳动力比例、人均工业增加值、人均制造业出口、人均信息和通信技术出口等 59 个指标;处于欠发达水平的指标包括接受过高等教育的劳动力比例等 9 个指标(表 3-76)。

表 3-76 2010 年中国工业指标的现代化水平

项目	表现较好的指标 (中等发达水平)	表现一般的指标 (初等发达水平)	表现不佳的指标 (欠发达水平)
指标个数	17	59	9
指标举例	制造业劳动力比例 人均制造业增加值 人均航空货运量 人均公路货运量 电力普及率 人均高技术出口 受过中等教育劳动力比例 专利拥有比例	工业劳动力比例 人均工业增加值 工业增加值比例 制造业增加值比例 人均制造业出口 人均电力消费 人均信息和通信技术出口 企业科技人员比例	制造业每周工作时数 受过高等教育劳动力比例 人均知识产权转让收入 人均原糖消费 人均天然气消费

2010 年,中国不同工业指标的世界排名有很大差别。例如,专利拥有比例排第 13 位,人均制造业增加值排名世界第 40 位,人均能源消费排 47 位,工业竞争力指数排第 68 位(表 3-77)。

表 3-77 2010 年中国工业指标的世界排名和国际差距(举例)

项目	人均制造业增加值	人均电力消费	人均能源消费	专利拥有比例	工业劳动生产率	工业竞争力指数	移动通信普及率	接受高等教育劳动比例
中国值	929	2944	1881	2.19	8514	0.128	64	11.5
中国排名	40	47	47	13	66	68	95	68
国家数	120	115	116	94	99	98	131	79
世界最大值	9945	24 891	10 893	26.68	206 148	0.642	189	50.4
中国值÷世界最大值	0.09	0.12	0.17	0.08	0.04	0.20	0.34	0.23

注:指标单位见附表 1-1。工业竞争力指数为 2009 年数据。

(2) 2010 年中国工业四大方面的国际差距

首先,工业生产指标的国际差距(表 3-78)。中国与高收入国家的相对差距超过 5 倍的指标有 2 个,超过 2 倍的指标有 4 个,超过 1 倍的指标有 1 个。

表 3-78　2010 年中国工业生产指标的国际差距

指标和单位	中国	高收入国家	绝对差	相对差	世界平均	绝对差	相对差
人均原油储量	90 522	—	—	—	1648647	1558125	18.21
人均煤炭储量	7626	—	—	—	125	−7501	0.02
工业劳动力比例	28.7	21.77	−6.93	0.76	24.2	−4.5	0.84
工业用水比例	23.2	42.9	19.7	1.85	18.2	−5	0.78
工人人均电力消耗	10 637	—	—	—	—	—	—
工人人均能源消耗	4021	—	—	—	—	—	—
能源资源使用占 GNI 比例	3.69	1.70	−1.99	0.46	2.53	−1.16	0.69
工业增加值占 GDP 比例	46.7	24.4	−22.3	0.52	26.8	−19.9	0.57
工业劳动生产率	8514	71350	62836	8.38	17725	9211	2.08
制造业劳动力生产率	13818	—	—	—	—	—	—
人均工业增加值	1414	7069	5655	5.00	1980	566	1.40
单位工业增加值电耗	0.85	—	—	—	—	—	—
人均制造业增加值	929	4495	3566	4.84	1222	293	1.32
工、农增加值之比	5.55	15.74	10.19	2.84	7.87	2.32	1.42
工、农劳动力之比	0.78	6.25	5.47	8.01	0.79	0.01	1.01
工、服劳动力之比	0.83	0.29	−0.54	0.35	0.54	−0.29	0.65
工、服增加值之比	1.18	0.35	−0.83	0.30	0.42	−0.76	0.36
工业占全球工业增加值比	13.9	66.7	52.8	4.80	100.0	86.1	7.19

注：指标单位见附表 1-1。绝对差 = 高收入国家值（世界平均值）− 中国值。相对差 = 高收入国家值（世界平均值）÷ 中国值。制造业劳动生产率指标为 2007 年数据。工业劳动生产率单位为 2005 年价格美元。

其次，工业经济指标的国际差距（表 3-79）。中国与高收入国家的相对差距超过 5 倍的指标有 1 个，超过 2 倍的指标有 4 个，超过 1 倍的指标有 2 个。

表 3-79　2010 年中国工业经济指标的国际差距

指标和单位	中国	高收入国家	绝对差	相对差	世界平均	绝对差	相对差
人均原油产量	152	—	—	—	545	393	3.59
人均煤炭产量	2420	—	—	—	1080	−1340	0.45
人均天然气产量	76	—	—	—	505	429	6.64
人均电力产量	3146	9524	6378	3.03	3118	−28	0.99
工业产品平均关税	7.69	2.58	−5.11	0.34	6.06	−1.63	0.79
制造业出口占商品出口比例	93.6	68.9	−24.7	0.74	67.7	−25.9	0.72
高技术产品占制成品出口的比例	34.2	17.3	−10.2	0.63	17.7	−9.8	0.64
人均制造业出口值	1103	5810	4707	5.27	1513	410	1.37
人均航空货运量	12.9	114.7	101.8	8.89	26.5	13.6	2.05
人均原油消费	293	—	—	—	563	270	1.92
人均电力消费	2944	—	—	—	2981	37	1.01
人均煤炭消费	2241	—	—	—	1002	−1239	0.45
人均天然气消费	79	—	—	—	479	400	6.06
制造业出口比例	14.17	71.78	57.61	5.07	100	85.83	7.06
高技术产品占全球高技术出口比例	22.84	65.07	42.23	2.85	100	77.16	4.38
人均制造业出口比例	0.73	3.84	3.11	5.26	100	99.27	136.99
人均高技术出口比例	1.18	3.48	2.3	2.95	100	98.82	84.75

注：指标单位见附表 1-1。绝对差 = 高收入国家值（世界平均值）− 中国值。相对差 = 高收入国家值（世界平均值）÷ 中国值。制造业出口比例指的是制造业占全球制造业出口的百分比；人均制造业出口比例指的是人均制造业出口与世界人均制造业出口比例；人均高技术出口比例指的是人均高技术出口与世界人均高技术出口比例。

其三，工业环境定量指标的国际差距（表 3-80）。中国与高收入国家的相对差距超过 5 倍的指标有 1 个，超过 2 倍的指标有 1 个，超过 1 倍的指标有 2 个。

表 3-80　2010 年中国工业环境定量指标的国际差距

指标和单位	中国	高收入国家	绝对差	相对差	世界平均	绝对差	相对差
CO_2 排放比例	32.0	15.4	−16.6	0.48	21.3	−10.7	0.67
人均 CO_2 排放量	1735	1756	21	1.01	914	−821	0.53
PM 10 平均浓度	58.9	22.1	−36.8	0.38	40.9	−18	0.69
NO 排放比例	12.9	24.9	12	1.93	13.8	0.9	1.07
城市化率	49	80	31	1.63	52	3	1.06
人均 GDP	4433	35 365	30 932	7.98	9307	4874	2.10
平均预期寿命	75	79	4	1.05	70	−5	0.93
大学入学率	23.3	73.0	49.7	3.13	29.6	6.3	1.27
人均能源消费	1881	4969	3088	2.64	1881	0	1.00
安全饮水普及率	91.5	99.1	7.6	1.08	88.5	−3	0.97
移动通信普及率	64.0	117.2	53.2	1.83	77.1	13.1	1.20
互联网普及率	34	70	36	2.06	30	−4	0.88

注：指标单位见附表 1-1。绝对差＝高收入国家值（世界平均值）−中国值。相对差＝高收入国家值（世界平均值）÷中国值。CO_2 排放比例指的是制造业和建筑业的 CO_2 排放比例，人均 CO_2 排放量指的是人均制造业和建筑业的 CO_2 排放量，NO 排放比例指的是工业和能源过程 NO 排放比例。

其四，工业要素定量指标的国际差距（表 3-81）。中国与高收入国家的相对差距超过 10 倍的指标有 3 个，超过 2 倍的指标有 1 个，超过 1 倍的指标有 3 个。

表 3-81　2010 年中国工业要素定量指标的国际差距

指标和单位	中国	高收入国家	绝对差	相对差	世界平均	绝对差	相对差
万人专利申请数	2.19	6.33	4.14	2.89	1.67	−0.52	0.76
人均知识产权转让收入	0.6	164.8	164.2	274.67	31.4	30.8	52.33
人均知识产权转让支出	9.7	149.1	139.4	15.37	33.0	23.3	3.40
人均信息和通信技术出口	321.4	786.4	465	2.45	241.3	−80.1	0.75
人均信息和通信技术进口	187.7	972.1	784.4	5.18	263.4	75.7	1.40
上市公司数目	2063	30 257	28 194	14.67	48 785	46 722	23.65
接受高等教育的劳动力比例	11.5	32.9	21.4	2.86	—	—	—
营商环境指数排名	99	43	−56	0.43	95	−4	0.96

注：指标单位见附表 1-1。绝对差＝高收入国家值（世界平均值）−中国值。相对差＝高收入国家值（世界平均值）÷中国值。

3. 中国工业现代化与典型国家的比较

(1) 中国工业生产指标的国别差异

我们选择工业劳动生产率、工业劳动力比例、人均石油资源、人均煤炭资源和工业增加值比例指标进行分析（表 3-82）。很显然，不同指标的国别差异是不同的。

表 3-82 2010 年中国工业生产指标的国别差异

国家	工业劳动生产率		工业劳动力比例		人均石油资源		人均煤炭资源		工业增加值比例	
	数值	指数	数值	指数	数值	指数	数值	指数	数值	指数
中国	12457	100	28.7	100	1847	100	7626	100	46.7	100
美国	103048	827	16.7	172	16160	875	6403	84	19	246
德国	64575	518	28.4	101	—	—	269	4	27.9	167
英国	78020	626	19.1	150	6386	346	22	0	21.3	219
法国	64068	514	22.2	129	—	—	—	—	20.8	225
日本	83185	668	25.3	113	—	—	42	1	27.5	170
澳大利亚	79801	641	21.3	135	24804	1343	1892	25	27	173
意大利	58100	466	28.8	100	3350	181	0.82	0	25.3	185
加拿大	94044	755	22	130	733495	39713	604	8	32.4	144
俄罗斯	11980	96	29.8	96	90037	4875	3381	44	34.7	135
墨西哥	25034	201	25.5	113	14168	767	10	0	34.8	134
巴西	12443	100	21.4	134	10426	564	1688	22	28.1	166
印尼	7995	64	19.3	149	2511	136	1503	20	47	99
印度	3272	26	22.4	128	691	37	1587	21	27.6	169
尼日利亚	—	—	—	—	33275	1802	1.16	0	46.1	101
世界平均	17725	142	24.2	119	33646	1822	125	2	26.8	174

注:指标单位见附表 1-1。工业劳动力和工业增加值是逆指标。

- 2010 年工业劳动生产率,美国和加拿大是中国的 7 倍多,德国、英国、法国、日本、澳大利亚是中国的 5 倍多,意大利是中国的 4 倍多。
- 2010 年工业劳动力比例,中国是美国和英国的 1.5 倍多,是法国、澳大利亚和加拿大的 1.3 倍多。
- 2010 年人均石油资源,加拿大是中国的近 400 倍,澳大利亚和俄罗斯是中国的 10 多倍,美国是中国的 8 倍多。
- 2010 年人均煤炭资源,美国、德国、英国、日本、澳大利亚、俄罗斯、加拿大均低于中国。
- 2010 年工业增加值比例,中国是美国、英国和法国的 2 倍多,是德国、日本、澳大利亚、意大利、加拿大、俄罗斯的 1.3 倍多。

(2) 中国工业经济指标的国别差异

我们选择人均电力供给、人均原油供给、人均水泥供给、人均制造业出口、人均钢铁消费指标进行分析(表 3-83)。

- 2010 年人均电力供给,美国和加拿大是中国的 4 倍多,德国、法国、日本、澳大利亚和俄罗斯是中国的 2 倍多,英国和意大利是中国的 1 倍多。
- 2010 年人均原油供给,加拿大和俄罗斯是中国的 10 多倍,美国、英国和澳大利亚是中国的 5 倍多,德国、法国、日本和意大利低于中国人均原油供给。
- 2010 年人均水泥供给,意大利接近中国的 50%,美国、德国、英国、澳大利亚、俄罗斯不足中国的 30%。
- 2010 年人均制造业出口,德国是中国的 10 多倍,法国、意大利和加拿大是中国的 5 倍多,美国、英国和日本是中国的 2 倍多。

- 2010年人均钢铁消费，日本是中国的1倍多，美国、英国、法国、澳大利亚、意大利、加拿大和俄罗斯均低于中国。

表 3-83 2010年中国工业经济指标的国别差异

国家	人均电力供给		人均原油供给		人均水泥供给		人均制造业出口		人均钢铁消费	
	数值	指数	数值	指数	数值	指数	数值	指数	数值	指数
中国	3146	100	152	100	1407	100	1103	100	438	100
美国	14 077	447	1131	744	215	15	2731	248	257	59
德国	7606	242	33	22	363	26	12 658	1148	440	100
英国	6080	193	829	545	260	18	4681	424	142	32
法国	8678	276	14	9	—	—	6314	572	208	47
日本	8699	277	6	4	—	—	5376	487	502	115
澳大利亚	11 425	363	941	619	404	29	1602	145	289	66
意大利	4940	157	87	57	650	46	6092	552	355	81
加拿大	17 637	561	1830	1204	438	31	5560	504	416	95
俄罗斯	7277	231	3560	2342	354	25	397	36	293	67
墨西哥	2299	73	1064	700	331	24	1924	174	152	35
巴西	2642	84	534	351	343	24	383	35	134	31
印尼	701	22	145	95	186	13	246	22	—	—
印度	796	25	31	20	145	10	120	11	53	12
尼日利亚	164	5	732	482	13	1	35	3	—	—
世界平均	3118	99	545	359	—	—	1513	137	—	—

注：指标单位见附表1-1。

(3) 中国工业水平的国别年代差

如果按工业劳动生产率、工业增加值比例和工业劳动力比例指标的年代差的平均值计算，2010年中国工业水平，比德国、荷兰、英国和法国大约落后100多年，比美国、丹麦、意大利大约落后80多年，比瑞典、挪威、奥地利、西班牙和日本落后约60多年（表3-84）。

表 3-84 2010年中国工业水平的年代差

国家	工业劳动力比例			工业增加值比例			工业劳动生产率			平均年差
	数值	年代	年差	数值	年代	年差	数值	年代	年差	
中国	28.7	2010		46.7	2010		8514	2010		
德国	35	1870	140	40	1900	110	8038	1820	190	147
荷兰	33	1700	310	46	1960	50	9476	1940	70	143
英国	33	1820	190	43	1900	110	8834	1920	90	130
法国	26	1870	140	41	1900	110	8170	1870	140	130
丹麦	26	1870	140	35	1970	40	8258	1910	100	93
美国	30	1900	110	38	1960	50	9171	1930	80	80
意大利	24	1900	110	41	1960	50	9073	1930	80	80
奥地利	24	1900	110	46	1960	50	9701	1940	70	77
瑞典	20	1900	110	40	1960	50	8736	1960	50	70
西班牙	25	1950	60	39	1970	40	8183	1900	110	70
挪威	28	1900	110	43	2005	5	8943	1920	90	68
日本	26	1950	60	45	1960	50	7120	1940	70	60
韩国	29	1980	30	42	1990	20	7138	1980	30	27
巴西	23	1990	20	44	1980	30	8125	2000	10	20

注：工业劳动生产率以2005年价格美元计算。1820~1950年期间的工业劳动生产率按1990~2010年年均增长率倒推测算。年差=2010－对比国年代。

三、中国工业现代化的前景分析

关于中国工业现代化的前景分析,属于一种预测研究。在本报告里,中国工业现代化的前景分析,时间跨度为2010~2100年(约90年),分析对象包括中国工业现代化的整体前景和工业四大方面的前景等。这种前景分析,只是提出一种可能性,而不是精确预见。

1. 中国工业现代化的整体前景

(1) 21世纪中国工业现代化的路径分析

《中国现代化报告2003》建议,21世纪中国现代化路径将是综合现代化路径,不同地区可以选择合适的路径:比较发达的地区选择第二次现代化路径,其他地区选择第一次现代化路径或综合现代化路径,全国将是两次现代化的协调发展,并持续向第二次现代化转型。《中国现代化报告2005》建议,21世纪中国经济现代化可以选择综合经济现代化路径。

21世纪中国工业现代化的路径,将是中国现代化路径和中国经济现代化路径在工业领域的体现,将是综合工业现代化路径;将是两次工业现代化的协调发展,并持续向第二次工业现代化转型。工业发达地区可以采用第二次工业现代化路径,其他工业地区可以分别采用第一次工业现代化路径或综合工业现代化路径等。

(2) 21世纪中国工业现代化的预期水平

假设:21世纪工业科技突破的频率、创新扩散的速率和国际竞争的合理程度不低于20世纪后50年,21世纪不发生改变人类命运的重大危机(如核危机,能源、粮食和宇宙危机等)。那么,可以根据20世纪后期世界和中国工业现代化水平和速度,外推21世纪世界和中国工业现代化水平。21世纪有很多不确定因素,基于外推分析的预测只是提供一种可能性。

首先,中国第一次工业现代化水平的情景分析。大体而言,中国有可能在2030年前后完成第一次工业现代化,达到20世纪70年代的工业发达国家的平均水平(表3-85)。

表3-85 21世纪中国第一次工业现代化指数的几种估算

项目	增长率/(%)	2010年	2010年	2020年	2030年	2040年	2050年	第一次工业现代化指数达到100所需的年数
按1970~2010年增长率	3.41	65	65	91	100	—	—	13
按1980~2010年增长率	4.37	65	65	100	—	—	—	10
按1990~2010年增长率	5.57	65	65	100	—	—	—	8

其次,中国第二次工业现代化水平的情景分析。大体而言,中国有可能在2040年前后超过世界平均水平,成为工业中等发达国家(表3-86)。按照两种测算,21世纪中国第二次工业现代化指数预计在2070年达到工业发达国家水平。如果按世界经验估算,在21世纪工业初等发达水平升级为发达水平的概率约为0.5%(表1-95)。

表3-86 21世纪中国第二次工业现代化指数的几种估算

项目	增长率/(%)	2010	2020	2030	2040	2050	2060	2070	2080	2090	2100
按1990~2010年增长率	4.84	39	63	100	161	258	414	665	1066	1711	2745
按2000~2010年增长率	6.91	39	76	148	289	564	1100	2144	4181	8153	15899
高收入国家	3.03	100	135	182	245	330	445	600	808	1089	1468
世界平均值	3.09	54	73	99	135	182	247	335	455	616	835

注:高收入国家和世界平均值都按2000~2010年年均增长率计算。

其三,中国综合工业现代化水平的情景分析。按1990~2010年综合工业现代化指数的年均增长率计算,21世纪中国综合工业现代化指数有可能达到发达水平;按2000~2010年综合工业现代化指数的年均增长率计算,21世纪中国综合工业现代化指数到2050年达到世界平均水平(表3-87)。

表3-87 21世纪中国综合工业现代化指数的两种估算

项目	增长率/(%)	2010	2020	2030	2040	2050	2060	2070	2080	2090	2100
按1990~2010年增长率	5.08	35	57	94	155	254	416	683	1121	1839	3017
按2000~2010年增长率	1.55	35	41	48	56	65	76	88	103	120	140
中等收入国家	2.10	40	49	61	75	92	113	139	171	211	260
世界平均值	0.51	48	51	53	56	59	62	65	69	72	76

注:中等收入国家和世界平均值按2000~2010年年均增长率计算。

(3) 中国工业现代化水平与典型国家的比较

如果采用第二次工业现代化指数进行比较,可以分析未来100年世界工业大国的走势。前面采用了1990~2010年和2000~2010年两种年均增长率估算。其中,以1990~2010年年均增长率估算,是一种保守估算。这里,以1990~2010年年均增长率估算为例,分析中国工业现代化与典型国家的比较(表3-88)。

表3-88 21世纪中国第二次工业现代化指数的一种国际比较

国家	增长率/(%)	2010	2020	2030	2040	2050	2060	2070	2080	2090	2100
中国	4.84	39	63	100	161	258	414	665	1066	1711	2745
美国	1.63	102	120	141	166	195	229	270	317	373	438
日本	1.73	104	123	147	174	207	246	292	346	411	488
德国	3.30	100	138	192	265	367	508	702	972	1345	1862
英国	3.12	111	151	205	279	379	515	699	950	1292	1755
法国	3.02	106	143	192	259	349	470	633	853	1149	1547
澳大利亚	1.84	92	110	132	159	191	229	274	329	395	474
意大利	3.43	81	114	159	223	312	438	614	860	1205	1688
加拿大	2.09	95	117	144	176	217	267	328	403	495	609
俄罗斯	2.2	51	63	79	98	122	151	188	234	291	362
墨西哥	0.73	60	65	69	75	80	86	93	100	107	115
巴西	3.6	47	67	95	136	193	275	392	559	796	1134
印度尼西亚	1.71	38	45	53	63	75	89	105	125	148	175
印度	2.8	24	32	42	55	72	95	126	166	219	288
尼日利亚	2.6	30	39	50	65	84	108	140	181	234	302

注:根据1990~2010年第二次工业现代化指数年均增长率计算。俄罗斯、巴西、印度、尼日利亚增长率为估计数。

如果这种估算成立,那么,在21世纪前50年内,有可能先后赶上德国、英国、法国、意大利和美国的水平。当然,这仅仅是按1990~2010年年均增长率的一种估算,是一种可能性。

2. 中国工业四大方面现代化的前景分析

中国工业四大方面的前景分析,主要选择与国家经济水平有显著相关性的指标进行分析,采用线性外推分析方法。分别参考1980~2010年和1990~2010年的年均增长率,预测未来的发展水平。未来水平的预测值,与所采用的年均增长率紧密相关。这种分析只供参考。

(1) 中国工业生产现代化的前景分析

中国工业生产现代化的前景分析,选择 10 个指标(表 3-89)。

表 3-89　21 世纪中国工业生产现代化的情景分析

项目	增长率/(%)		2010	2020	2030	2040	2050
参考 1980~2010 年增长率估算	实际值	预测值					
*工人人均资本	6.6	6.6	18 786	35 642	67 620	128 291	243 397
工业劳动生产率	8.2	6.0	12 457	22 309	39 951	71 547	128 129
工业能源生产率	6.8	4	3.34	5	7	11	16
工业资本生产率	—	—	0.35	—	—	—	—
人均工业增加值	10.3	5	1414	2303	3752	6111	9955
人均制造业增加值	9.8	4	929	1375	2036	3013	4460
单位工业增加值能源消耗	−6.3	−1.0	0.3	0.27	0.25	0.22	0.20
单位工业增加值电力消耗	−0.4	−0.4	1.85	1.77	1.70	1.62	1.55
工农业劳动力之比	3.7	2.0	0.78	0.95	1.16	1.41	1.72
工农业增加值之比	6.5	3.0	5.55	1.05	10.02	13.47	18.10
参考 1990~2010 年增长率估算	实际值	预测值					
工人人均资本*	7.1	7.1	19 687	39 142	77 821	154 722	307 617
工业劳动生产率	12.8	7.0	12 457	24 505	48 205	94 826	186 537
工业能源生产率	9.7	5	3.34	5	9	14	24
工业资本生产率	—	—	0.35	—	—	—	—
人均工业增加值	11.6	6	1414	2532	4535	8121	14 544
人均制造业增加值	10.9	5	929	1513	2465	4015	6540
单位工业增加值能源消耗	−8.9	−2.0	0.30	0.25	0.20	0.16	0.13
单位工业增加值电力消耗	−11.4	−6	1.85	1.648	1.469	1.309	1.166
工农业劳动力之比	3.9	2.0	0.78	0.951	1.159	1.413	1.722
工农业增加值之比	8.1	3.0	5.55	7.46	10.02	13.47	18.10

注:指标单位见附表 1-1。*工人人均资本/实际增长率是 1970~2000 年增长率。

(2) 中国工业经济现代化的前景分析

中国工业经济现代化的前景分析,选择 14 个指标(表 3-90)。

表 3-90　21 世纪中国工业经济现代化的情景分析

项目	增长率/(%)		2010	2020	2030	2040	2050
参考 1980~2010 年增长率估算	实际值	预测值					
人均钢铁产量	9.0	0.5	476	501	526	553	581
人均原糖产量	2.7	2.7	8.4	11	14	19	24
人均电力产量	8.1	8.1	3146	6841	14 875	32 344	70 330
人均水泥产量	10.0	1.0	1407	1554	1717	1896	2095
制造业出口比例	5.0	0.1	95	95	95	95	95

(续表)

项目	增长率/(%)		2010	2020	2030	2040	2050
人均制造业出口值	22	3.0	1103	1482	1992	2677	3598
工业产品平均税率	−7.0	−1.0	7.69	7	6	6	5
人均天然气消费	6.0	3.0	79	106	143	192	258
千人汽车拥有量	—	3.0	44.4	60	80	108	145
百户家庭电脑拥有量	—	—	41.7	56	75	101	136
参考1990~2010年增长率估算	实际值	预测值					
人均钢铁产量	11.0	1.0	476	640	581	642	709
人均原糖产量	1.3	1.3	8.4	10	11	12	14
人均电力产量	9.1	4.0	3146	4657	6893	10 204	15 104
人均水泥产量	11.0	0.5	1407	1479	1555	1634	1718
制造业出口比例	1.3	0.1	95	95	95	95	95
人均制造业出口值	18.0	2.0	1103	1345	1639	1998	2435
工业产品平均税率	−7.0	−1.0	7.69	7	6	6	5
人均天然气消费	9.0	4.0	79	117	173	256	379
千人汽车拥有量	23.0	5.0	44.4	72	118	192	313
百户家庭电脑拥有量	—	3.0	41.7	56	75	101	136

注：指标单位见附表1-1。工业产品平均税率用2000~2010年的平均速度计算。千人汽车拥有量的增速用1990~2010年平均速度计算。

(3) 中国工业环境现代化的前景分析

中国工业环境现代化的前景分析，简要讨论8个定量指标的前景（表3-91）。

表3-91　21世纪中国工业环境现代化的情景分析

项目	增长率/(%)		2010	2020	2030	2040	2050
参考1980~2010年增长率估算	实际值	预测值					
NO排放比例	—	−1.0	12.9	12	11	10	9
人均工业NO排放量	—	−1.0	9.6	9	8	7	6
PM10平均浓度	—	−2.0	58.9	48	39	32	26
平均预期寿命	0.37	0.37	75	78	81	84	87
人均GDP	11.0	6.0	4433	7939	14 217	25 461	45 597
人均能源消费	3.8	2.0	1881	2293	2795	3407	4153
城市化率	3.15	2.0	49.2	60	73	89	89
安全饮水普及率	—	0.5	91.5	96	100	100	100
参考1990~2010年增长率估算	实际值	预测值					
NO排放比例	1.4	−1.0	12.9	12	11	10	9
人均工业NO排放量	0.4	−1.5	9.6	8	7	6	5
PM10平均浓度	−3.0	−2.0	58.9	48	39	32	26
平均预期寿命	0.41	0.41	75	78	82	85	89
人均GDP	14.0	6.0	4433	7939	14 217	25 461	45 597
人均能源消费	4.6	2.5	1881	2408	3082	3946	5051
城市化率	3.16	2.0	49.2	60	73	89	89
安全饮水普及率	1.6	0.6	91.5	97	100	100	100

注：指标单位见附表1-1。*人口按每10年的年均增长率测算。

(4) 中国工业要素现代化的前景分析

中国工业要素现代化的前景分析，简要讨论 5 个定量指标的前景（表 3-92）。

表 3-92　21 世纪中国工业要素现代化的情景分析

项目	增长率/(%)		2010	2020	2030	2040	2050
参考 1985~2010 年增长率估算	实际值	预测值					
企业申请专利占比	4.1	1.0	69	76	84	93	93
专利拥有比例	17.4	10.0	2.19	6	15	38	—
企业 R&D 经费占工业增加值比例	—	2.0	1.62	2	2	3	4
接受过高等教育的劳动力比例	—	4.0	11.5	17	25	37	55
上市公司数目	—	5.0	2063	3360	5474	8916	14 523
参考 1990~2010 年增长率估算	实际值	预测值					
企业申请专利占比	4.3	1.5	69	80	93	93	93
专利拥有比例	20.8	10.0	2.19	6	15	38	—
企业 R&D 经费占工业增加值比例	—	2.0	1.62	2	3	4	5
接受过高等教育的劳动力比例	—	4.0	11.5	17	25	37	55
上市公司数目	—	5.0	2063	3360	5474	8916	14 523

3. 中国工业现代化的机遇和挑战

中国是世界上人口最多的工业国家，中国工业影响世界工业格局。

在 21 世纪前 50 年，中国工业现代化将面临什么样的机遇和挑战呢？我们认为，中国工业现代化的机遇和挑战，不仅来源于内部，也来源于世界工业现代化本身和国际环境。

首先，石油资源。2010 年，中国人均石油资源仅为世界平均值的 5.5%，人均石油产量也仅为世界平均值的 27.9%。随着人口增长、工业用油和汽车数量的增长，中国石油资源的供需矛盾有可能日益突出。

其次，工业劳动力转移。2010 年，中国工业劳动力比例约为 28.7%，高收入国家平均约为 21.8%（表 3-78）。如果中国在 2050 年工业劳动力比例下降到 21% 左右，需要把 7% 的工业劳动力转变为服务业劳动力；按 2010 年劳动力总数计算，大约接近 1 亿劳动力需要转移。

其三，提高人均工业增加值。2010 年，中国人均工业增加值为 1414 美元，仅为高收入国家的 20%，是世界平均值的 71.4%（表 3-78）。进一步提升工业增加值也是中国工业现代化的重点任务之一。

其四，提高工业生产率。2010 年，中国工业劳动生产率与世界高收入国家的相对差距达到 8.38 倍（表 3-78），提高工业劳动生产率，将成为中国工业现代化的根本任务和重中之重。

其五，降低工业产品平均关税。2010 年，中国工业产品平均关税为 7.69%，接近高收入国家的 3 倍，也高于工业产品关税的世界平均水平，降低工业产品平均关税有利于促进工业产品流通。

其六，降低煤炭消费，增加天然气消费。2010 年，中国煤炭消费为 2241 千克/人，是世界平均值的 2.2 倍，而天然气消费为 79 立方米/人，仅为世界平均值的 16.5%。需要进一步改变能源消费结构，降低化石能源和一次性能源消费比例。

其七，降低 PM 10 和 PM 2.5 排放量。2010 年，中国人均 CO_2 排放量为 1735 千克/人，低于高收入国家人均排放量。而 PM 10 排放量为 58.9 微克/立方米，是高收入国家的 2.7 倍。降低 PM 10 排放量是改善大气环境的重要任务。

其八，户籍改革。人口流动是工业现代化的动力因素，户籍制度制约工业现代化。户籍制度对中国社会稳定曾经发生了重要作用。随着经济市场化和全球化,改革户籍制度势在必行。《中国现代化报告 2006》建议建立"信用管理制度",以取代户籍管理制度。

其九,提高工业劳动力人口素质。2010 年,世界高收入国家的大学入学率达到 73.0%,是中国大学入学率 3.1 倍,继续提升中国大学入学率,提升工业劳动力的人口素质,是工业现代化的基础。

其十,提升基础设施水平。提高铁路、公路和航空等基础设施建设水平,是中国工业现代化的重要工程。

第四节 中国工业现代化的战略分析

工业是国民经济的支柱产业,工业现代化是国家现代化的战略基石。新中国成立以来,工业化和工业现代化就一直是中国经济建设的重中之重。20 世纪中国提出"农业、工业、国防和科技现代化"。21 世纪中国提出"新型工业化、信息化、城镇化和农业现代化"。在经济全球化的今天,中国工业现代化不仅影响中国现代化,而且影响世界现代化。关于中国工业现代化的战略分析,必然见仁见智。下面简介我们的初步认识,权当抛砖引玉。

一般而言,工业现代化既是国家现代化的组成部分,又是国家现代化的重要动力;工业现代化的发展战略需要与国家现代化的发展战略相协调。1987 年邓小平提出中国现代化"三步走"的发展战略和国家目标;中国工业现代化的目标需要与之相适应(专栏 3-1)。中国工业现代化既要充分发挥工业部门的作用,也需要群策群力。这里根据现代化科学和工业现代化规律,谈谈对中国工业现代化的目标、路径和重点的认识,供大家指正。

专栏 3-1 中国现代化和工业现代化的基本目标

中国现代化的基本目标
- 在 2050 年前后,达到世界中等发达水平,基本实现现代化;
- 在 21 世纪末,达到世界发达水平,全面实现现代化。

中国工业现代化的基本目标
- 在 2050 年前后,达到世界工业中等发达水平,基本实现工业现代化;
- 在 21 世纪末,达到世界工业发达水平,全面实现工业现代化。

一、中国工业现代化的目标分析

中国工业现代化的目标分析,可以从理论和政策两个角度展开。第二章第四节讨论了工业现代化的目标、规划以及制定方法(表 2-28 和表 2-29)。工业现代化目标的制定,需要遵循工业现代化的规律、重视工业现代化的多样性、符合中国的基本国情和国际环境。

1. 21 世纪中国工业现代化的理论目标

根据广义工业现代化理论,在 21 世纪,中国工业现代化的理论目标有 3 个。目前,第一个目标是固定目标,第二个和第三个目标是动态目标。

- 第一个目标:完成第一次工业现代化,实现从传统工业向现代工业的转型,工业现代化的主要指标达到 20 世纪 70 年代工业发达国家的平均水平。

- 第二个目标：完成第二次工业现代化，实现从现代工业向智慧工业的转型。2010年大约有29个国家进入第二次工业现代化，预计它们要到21世纪后期才能完成第二次工业现代化。
- 第三个目标：迎头赶上世界工业先进水平，成为工业发达国家和工业现代化国家，可用综合工业现代化指数衡量。

2010年，中国第一次工业现代化完成了65%；约有3个指标已经达标，9个指标没有达标（表3-93）；中国第二次工业现代化指数为38，与世界先进水平相差较大（表3-94）；中国综合工业现代化指数约为34，多数指标与世界先进水平有较大差距（表3-95）。

表3-93 2010年中国第一次工业现代化指标的国际差距

评价指标	评价指标和单位	标准值	中国值	达标程度	绝对差距
工业效率	工业劳动生产率	24 511	12 457	51	12 054
	工业资本生产率/(2000年价美元)	0.12	0.35	100	已经达标
	工业能源生产率/(美元·千克标准油$^{-1}$)	4.04	3.34	83	0.70
工业质量	工人人均资本/(2000年价美元)*	60 081	9902	16	50 179
	中学普及率/(%，工业劳动力素质)	80	83	100	已经达标
	人均制造业出口	812	1103	100	已经达标
工业转型	工业与农业劳动力之比	3.20	0.78	24	2.42
	工业与农业增加值之比	6.54	4.62	71	1.92
	人均制造业增加值	2219	1439	65	780
工业环境	城市人口比例	68	49	72	19
	人均电力消费	4439	2944	66	1495
	人均GDP/美元	11 095	4433	40	6662
第一次工业现代化指数		100		65	35

注：指标单位见附表1-1。标准值为20世纪60年代工业发达国家的平均值。绝对差距＝标准值－中国值。
*2000年数据。

表3-94 2010年中国第二次工业现代化指标的国际差距

评价指标	评价指标和单位	基准值*	中国值	中国指数	绝对差距	相对差距
工业效益	制造业劳动生产率	92 394	15 963	17	76 432	5.79
	制造业劳动力的平均工资/美元	4027	381	9	3646	10.57
	单位工业增加值的电力消耗	0.34	0.85	40	-0.51	0.40
工业质量	全要素生产率	0.76	0.23	31	0.53	3.29
	接受过高等教育劳动力比例	33	12	35	21	2.85
	人均高技术出口	899	304	34	596	2.96
工业转型	工业与服务业劳动力之比	0.29	0.83	35	-0.54	0.35
	工业与服务业增加值之比	0.39	1.08	36	-0.69	0.36
	高技术出口占制造业出口比例	17	28	120	已经达标	已经达标
工业环境	互联网普及率	70	34	49	35	2.03
	工业产品简单平均适用税率/(%)	2.6	7.7	34	-5.11	0.34
	废水处理率	87	44	51	43	1.98
第二次工业现代化指数		100		38	62	2.64

注：指标单位见附表1-1。*为2010年高收入国家平均值。绝对差距＝基准值－中国值。相对差距＝基准值÷中国值。

表 3-95　2010 年中国综合工业现代化指标的国际差距

评价指标	评价指标和单位	参考值*	中国值	中国指数	绝对差距	相对差距
工业效益	制造业劳动生产率	92 394	15 963	17	76 432	5.79
	工业劳动力的平均工资	3595	461	13	3133	7.79
	单位工业增加值的能源消耗	0.13	0.30	43	−0.17	0.45
工业质量	开展科技活动的企业比例/(%)	57	12	20	45	4.91
	大学普及率/(%)	73	23	32	49	3.12
	人均高技术出口	899	304	34	596	2.96
工业转型	工业与农业劳动力之比	6.25	0.78	13	5.47	8.01
	工业与服务业劳动力之比	0.29	0.83	35	−0.54	0.35
	高技术出口占制造业出口比例	17	28	100	已经达标	已经达标
工业环境	城市人口比例	80	49	62	30	1.62
	单位工业增加值废水排量	0.39	2.47	16	−2.08	0.16
	PM 10 平均浓度	22	59	38	−37	0.38
综合工业现代化指数		100		34	66	2.95

注:指标单位见附表 1-1。*为 2010 年高收入国家平均值。绝对差距=参考值-中国值。相对差距=参考值÷中国值。

2. 21 世纪中国工业现代化的政策目标

一般而言,工业现代化的政策目标包含三类目标:共性目标、个性目标和减少副作用。共性目标可以作为工业现代化的评价指标,个性目标和减少副作用作为监测指标;有些指标很重要但缺少系统统计数据,可以作为观察指标。

- 共性目标:完成两次工业现代化,追赶、达到或保持世界工业先进水平;同时工业产品质量、工业经济质量和人民物质生活质量追赶、达到或保持世界先进水平。
- 个性目标:形成、保持和扩展自己的特色,强化竞争优势等。
- 减少副作用:不同国家和不同时期的副作用有所差别,相应的目标可以不同。

21 世纪中国工业现代化的政策目标,可以分为两大阶段目标(表 3-96):

- 第一阶段目标:在 2050 年左右达到工业现代化的世界中等发达水平,第二次工业现代化超过世界平均水平。
- 第二阶段目标:在 2100 年前达到工业现代化的世界先进水平,完成第二次工业现代化。

表 3-96　21 世纪中国工业现代化的政策目标的时间分解(一种可选的方案)

两大阶段	时间分期	共性目标	个性目标	减少副作用
第一大阶段 2010~2050	2010~2030 2030~2040 2040~2050	完成第一次工业现代化。第二次工业现代化指数超过当年世界平均值,达到 2010 年世界工业先进水平	制造业质量超过 2050 年世界平均水平,达到 2010 年发达国家水平等	降低单位工业增加值的资源和能源消费、三废排放,提高劳动安全性等
第二大阶段 2050~2100	2050~2060 2060~2080 2080~2100	完成第二次工业现代化,第二次现代化指数和综合工业现代化指数达到当年世界工业先进水平	工业国际竞争力达到世界先进水平,制造业质量达到世界领先水平	减少工业技术风险、国际贸易风险等

3. 21 世纪前 50 年中国工业现代化的政策目标

(1) 21 世纪前 50 年中国工业现代化的共性目标

21 世纪前 50 年是中国工业现代化的共性目标,涉及第一次工业现代化、第二次工业现代化和综合工业现代化等方面,它们的评价指标共有36个,需要分别讨论。

首先,在2030年前后完成第一次工业现代化。第一次工业现代化的评价指标有12个,2010年已经有3个指标达到标准。如果要在2020年前后完成第一次工业现代化,还有9个指标需要达到标准,它们达标的时间可能有先后之分(表3-97)。

表3-97 21世纪中国第一次工业现代化的共性目标

评价指标和单位	标准值	2010	2020	2030	年均增长率/(%)
工业劳动生产率/美元	24 511	12 457	24 504	48 204	7.00
工业能源生产率/(美元·千克标准油$^{-1}$)	4.04	3.34	4.07	4.96	2.00
工人人均资本/(2000年价格美元)	60 081	19 479	38 319	75 378	7.00
工业与农业劳动力之比	3.20	0.78	1.54	3.03	7.00
工业与农业增加值之比	6.54	4.62	6.84	10.13	4.00
人均制造业增加值	2219	1439	1934	2599	3.00
城市人口比例	68	49	60	73	2.00
人均电力消费	4439	2944	3588	4374	2.00
人均GDP/美元	11 095	4433	8721	17 156	7.00
第一次工业现代化指数	100	65	96	142	4.00

注:指标单位见附表1-1。年均增长率为达标所需要的增长率,参考2000~2010年期间的年均增长率。

其次,在2050年前后达到世界工业中等发达水平。它要求2050年中国第二次工业现代化指数和综合工业现代化指数都超过当年的世界平均水平,达到世界中等发达水平,大约相当于2010年世界工业的发达水平。第二次工业现代化评价和综合工业现代化评价涉及24个指标,不同指标达到中等发达水平的难度大小因指标而异(表3-98,表3-99)。

表3-98 2050年中国第二次工业现代化的共性目标

评价指标和单位	目标值	2010	2020	2030	2040	2050	年均增长率/(%)
制造业劳动生产率	92 394	15 963	26 001	42 353	68 989	112 376	5.00
制造业劳动力的平均工资	4027	381	682	1222	2188	3919	6.00
单位工业增加值的电力消耗	0.34	0.85	0.63	0.46	0.34	0.25	-3.00
全要素生产率	0.76	0.23	0.31	0.42	0.56	0.75	3.00
接受过高等教育劳动力比例	33	12	16	22	29	39	3.00
人均高技术出口	899	304	409	549	738	992	3.00
工业与服务业劳动力之比	0.29	0.83	0.61	0.45	0.33	0.25	-3.00
工业与服务业增加值之比	0.39	1.08	0.80	0.59	0.43	0.32	-3.00
高技术产品出口比例	17	28	28	28	28	28	0.00
互联网普及率	70	34	50	74	100	100	4.00
工业产品简单平均适用税率/(%)	2.6	7.7	5.7	4.2	3.1	2.3	-3.00
废水处理率/(%)	87	44	59	79	107	144	3.00
第二次工业现代化指数	100	39	53	71	95	128	3.00

注:指标单位见附表1-1。*为估计值。年均增长率为达标所需要的增长率,参考2000~2010年期间的年均增长率。

表 3-99 2050 年中国综合工业现代化的共性目标

评价指标和单位	目标值	2010	2020	2030	2040	2050	年均增长率/(%)
制造业劳动生产率	92 394	15 963	26 001	42 353	68 989	112 376	5.00
工业劳动力的平均工资	3595	461	826	1478	2648	4742	6.00
单位工业增加值的能源消耗	0.13	0.3	0.25	0.20	0.16	0.13	−2.00
开展科技活动的企业比例	57	12	18	26	39	58	4.00
大学普及率	73	23	31	42	56	75	3.00
人均高技术出口	899	304	409	549	738	992	3.00
工业与农业劳动力之比	6.25	0.78	1.40	2.50	4.48	8.02	6.00
工业与服务业劳动力之比	0.29	0.83	0.61	0.45	0.33	0.25	−3.00
高技术出口占制造业出口比例	17	28	28	28	28	28	0.00
城市人口比例	80	49	60	73	89	108	2.00
单位工业增加值的废水排量	0.39	2.47	1.48	0.89	0.53	0.32	−5.00
PM 10 平均浓度	22	59	44	32	24	17	−3.00
综合工业现代化指数	100	35	47	63	85	114	3.00

注：指标单位见附表 1-1。* 为估计值。年均增长率为达标所需要的增长率,参考 2000～2010 年期间的年均增长率。

(2) 21 世纪前 50 年中国工业现代化的个性目标

中国工业现代化的个性目标与中国国情紧密相关,不同人可以有不同认识。

中国工程院"制造强国战略研究"重大咨询课题和中国工业和信息化部"中国制造 2025 规划"提出,在 2025 年建设"制造强国"(专栏 3-2)。我们赞成他们的观点。

专栏 3-2 制造强国战略

实现由制造大国向制造强国的转变,是新时期我国经济发展面临的重大课题。为此,中国工程院 2013 年 1 月启动并开展了《制造强国战略研究》重大咨询项目。经过 50 多位院士和 100 多位专家一年多的调研,咨询项目取得初步研究成果,提出了在 2025 年进入制造强国行列的指导方针和战略对策。

——中国工程院院长 周济

打造制造业强国是一个系统工程,也是一场艰苦的攻坚战。要打赢这场硬仗,需要我们加快构建制造业转型升级新机制,以创新驱动发展,一步一个脚印地向工业现代化迈进。

——国家工业和信息化部部长 苗圩

中国工业现代化的个性目标,应该是成为一个制造业强国,达到和保持制造业的世界领先水平。目前,中国是一个制造业大国,中国制造业增加值、制造业出口和高技术出口占全球比例都比较大,但制造业水平距离世界先进水平差距较大(表 3-100)。

目前,发达国家已经进入第二次工业现代化,制造业总量、人均制造业和制造业占 GDP 比例的增长已经放缓,有些发达国家出现负增长,制造业发展的主要方向是提高质量而不是扩大规模,制造业质量提高是一个长期过程。这为中国迎头赶上提供了机遇。

参考发达国家(高收入国家中的 OECD 国家)2000～2010 年的年均增长率,估算 2050 年发达国家的制造业发展水平,作为中国制造业 2050 年的参考目标;参考中国 2000～2010 年的年均增长率设置预期年均增长率,估算2050年中国制造业的发展水平,保证中国制造业的关键指标在2050年达到当年世界先进水平,成为一个绿色制造强国(表3-101)。

表3-100　2010年中国制造业的国际比较

项目	中国	美国	德国	英国	法国	日本	发达国家	世界
制造业占全球比例/(%)	18.7	17.1	6.6	2.1	2.6	10.4	56.9	100
制造业出口占全球比例/(%)	14.2	8.1	9.9	2.7	3.9	6.6	59.8	100
高技术出口占全球比例/(%)	22.8	8.2	8.9	3.4	5.6	6.9	57.3	100
人均制造业增加值/美元	1439	5688	8253	3524	4127	8432	5635	1496
人均制造业出口/美元	1103	2732	12 658	4536	6318	5375	5983	1513
人均高技术出口/美元	304	470	1938	953	1,534	958	980	258
制造业劳动生产率/美元	15 963	124 958	87 122	77 584	79 668	99 690	107 580	—
高技术产业占制造业比例/(%)	13.4	19.1	12.8	17.1	14.0	16.2	—	—
高技术出口占制造业出口比例/(%)	28	20	15	21	25	18	17	18
人均知识产权贸易/美元	10	453	348	356	363	357	366	64
人均制造业出口与世界平均值之比	73	181	837	300	418	355	395	100
人均高技术出口与世界平均值之比	118	182	750	369	594	371	379	100

注:发达国家为高收入国家中的经济合作与发展组织国家。指标数据为2010年或最近年数据。

表3-101　2050年中国工业现代化的个性目标:绿色制造业强国

项目	预期年均增长率/(%)	2010年	2020年	2030年	2040年	2050年	2050年发达国家
制造业占全球比例/(%)	1.00	19	21	23	25	28	—
制造业出口占全球比例/(%)	1.50	14	16	19	22	26	—
高技术出口占全球比例/(%)	0.50	23	24	25	27	28	—
人均制造业增加值/美元	4.00	1439	2130	3153	4667	6909	6879
人均制造业出口/美元	6.00	1103	1976	3539	6337	11 349	8908
人均高技术出口/美元	5.00	304	494	805	1312	2137	1459
制造业劳动生产率/美元	7.00	15 963	31 401	61 770	121 511	239 030	237 540
高技术产业占制造业比例/(%)	1.00	13	15	18	20		
高技术出口占制造业出口比例/(%)	0.00	28	28	28	28	28	—
人均知识产权贸易/美元	15.00	10	42	170	687	2777	2578
人均制造业出口与世界平均值之比	3.00	73	98	132	177	238	265
人均高技术出口与世界平均值之比	2.00	118	143	175	213	259	254

注:高技术指按高技术、中高技术、中低技术和低技术分类的高技术。工业环境指标见表3-103。

(3) 21世纪前50年中国工业现代化的副作用

工业现代化的副作用,包括资源消耗、能源消耗、工业"三废"排放和环境污染等。减少资源消耗和工业污染,降低工业现代化的副作用,也是工业现代化主要目标(表3-102)。

表 3-102　2010 年中国工业生态环境指标的国际比较

项目	中国	美国	德国	英国	法国	日本	发达国家	世界平均
人均 CO_2 排放量/(千克·人$^{-1}$)	1735	1970	1413	821	946	1921	1756	914
PM 10 平均浓度/(微克·立方米$^{-1}$)	59	18	16	13	12	24	22	41
单位工业增加值的有机废水(BOD)排放/(克·美元$^{-1}$)*	2.47	0.26	0.44	0.40	0.52	0.32	—	—
工人人均有机废水(BOD)排放/(千克·人$^{-1}$)*	0.13	0.14	0.14	0.17	0.16	0.15	—	—
单位工业增加值废物排放/(千克·美元$^{-1}$)	0.87	—	0.35	0.41	0.69	—	—	—
工人人均工业固体废弃物/(千克·人$^{-1}$)	11 031	—	27 835	32 317	49 678	—	—	—
单位工业增加值的能耗/(千克标准油·美元$^{-1}$)	0.60	0.16	0.09	0.08	0.09	0.09	—	—
单位工业增加值的电耗/(千瓦时·美元$^{-1}$)	1.13	0.33	0.25	0.24	0.27	0.22	—	—
单位工业增加值的水耗/(升·2005 年价格美元$^{-1}$)**	62	88	34	9	53	12	45	53
自然资源消耗占 GNI 比例/(%)	5.44	0.91	0.14	1.34	0.02	0.01	1.85	3.04
矿产消耗占 GNI 比例/(%)	1.75	0.09	0.00	0.00	0.00	0.00	0.26	0.55
能源消耗占 GNI 比例/(%)	3.69	0.81	0.14	1.34	0.02	0.01	1.70	2.53

注：* 2007 年数据。** 2011 年数据。发达国家为高收入国家。

参考发达国家 2000～2010 年的年均增长率，估算 2050 年发达国家的工业生态环境指标发展水平，作为中国 2050 年的参考目标；参考中国 2000～2010 年的年均增长率设置预期年均增长率，估算 2050 年中国工业生态环境指标的发展水平，保证中国工业生态环境指标在 2050 年达到或接近当年世界先进水平，从而成为一个绿色工业国家（表 3-103）。

表 3-103　2050 年中国工业现代化的个性目标：减少副作用

项目	预期年均增长率	2010 年	2020 年	2030 年	2040 年	2050 年	2050 年发达国家**
人均 CO_2 排放量/(千克·人$^{-1}$)	−2.00	1735	1418	1158	946	773	783
PM 10 平均浓度/(微克·立方米$^{-1}$)	−4.00	58.9	39.1	26.0	17.3	11.5	9.9
单位工业增加值的有机废水(BOD)排放/(克·美元$^{-1}$)	−5.00	2.47	1.48	0.88	0.53	0.32	0.30
工人人均有机废水(BOD)排放/(千克·人$^{-1}$)	−0.50	0.13	0.12	0.12	0.11	0.11	0.11
单位工业增加值废物排放/(千克·美元$^{-1}$)	−3.00	0.87	0.64	0.47	0.35	0.26	0.23
工人人均工业固体废弃物/(千克·人$^{-1}$)	变化*	11 031	16 329	19 905	19 905	18 001	18 621
单位工业增加值的能耗/(千克标准油·美元$^{-1}$)	−5.00	0.60	0.36	0.21	0.13	0.08	0.06
单位工业增加值的电耗/(千瓦时·美元$^{-1}$)	−4.00	1.13	0.75	0.50	0.33	0.22	0.17
单位工业增加值的水耗/(升·2005 年价格美元$^{-1}$)	−3.00	61.6	45	34	25	18	20.14
自然资源消耗占 GNI 比例/(%)	−4.00	5.44	3.62	2.40	1.60	1.06	0.82
矿产消耗占 GNI 比例/(%)	−6.00	1.75	0.94	0.51	0.27	0.15	0.12
能源消耗占 GNI 比例/(%)	−3.00	3.69	2.72	2.01	1.48	1.09	1.14

注：* 2010～2050 年，每 10 年年均增长率分别依次为 4%、2%、0 和 −1%。** 发达国家缺少数据的指标，采用德国的数据。

二、中国工业现代化的路线图

中国工业现代化的路线图是中国工业现代化的战略目标和基本路径的一种系统集成。它的基本思路是:根据综合工业现代化原理,采纳两次工业现代化的精华,避免两次工业现代化的误区,坚持"质量优先、创新驱动和环境友好"的基本原则,加速从传统工业向现代工业和智慧工业的转型,迎头赶上发达国家第二次工业现代化的先进水平;在2050年前,工业产品和工业经济质量达到世界中等发达水平,成为一个绿色工业强国,基本实现工业现代化;在21世纪末,工业质量和生活质量达到世界先进水平,全面实现工业现代化。

中国工业现代化路线图包括八个部分内容:战略目标、基本任务、运河路径、监测指标、工业质量监测、工业结构监测、工业环境监测和战略要点。战略要点将在后面专题讨论。

1. 中国工业现代化路线图之一:战略目标

前面已经分析了中国工业现代化的理论目标和政策目标。政策目标包括共性目标、个性目标和减少副作用等。由于篇幅有限,下面讨论它的共性目标以及相关的基本任务。

21世纪中国工业现代化的战略目标是:提高工业产品、工业经济和工业环境质量,建设绿色工业强国,逐步达到世界工业领先水平,分步实现工业现代化(表3-104,表3-105)。

- 第一步,在2030年前后完成第一次工业现代化,建设工业质量强国;
- 第二步,在2050年前后基本实现工业现代化,建设工业创新强国;
- 第三步,在21世纪末全面实现工业现代化,建设世界领先工业强国。

表3-104 中国工业现代化路线图的战略目标

项目	2010	2030	2050	2080	2100
第二次工业现代化指数	38	88	203	715	1655
第二次工业现代化指数排名	54	40	32	21	17
工业现代化水平	世界工业初等发达水平,世界前60名	完成第一次工业现代化,接近中等发达水平,达到世界前40名左右	世界工业中等发达水平,达到世界前30名左右等	接近世界工业发达水平,达到世界前20名左右等	完成第二次工业现代化,达到世界工业发达水平,达到世界前10名左右等

注:根据101个国家2000~2010年第二次工业现代化指数的年均增长率进行估算和排名。

表3-105 中国工业现代化路线图的时间阶段

两大阶段	时间	阶段目标
2010~2050	2010~2020	中国工业现代化水平:世界初等发达水平,世界前50名左右
	2020~2030	中国工业现代化水平:世界初等发达水平,世界前40名左右
	2030~2050	中国工业现代化水平:世界中等发达水平,世界前30名左右
2050~2100	2050~2060	中国工业现代化水平:世界中等发达水平,世界前30名左右
	2060~2080	中国工业现代化水平:接近世界发达水平,世界前20名左右
	2080~2100	中国工业现代化水平:世界发达水平,世界前10名左右

注:根据101个国家2000~2010年第二次工业现代化指数的年均增长率进行估算和排名。

2. 中国工业现代化路线图之二:基本任务

(1) 中国工业现代化的两大基本任务

第一项基本任务:中国工业现代化要上三个台阶。第一个台阶:完成第一次工业现代化,达到1970年工业发达国家的平均水平。第二个台阶:从初等发达水平升级为中等发达水平。第三个台阶:从中等发达水平升级为发达水平。

第二项基本任务：中国工业现代化水平的世界排名提高 40 位左右，中国工业与主要发达国家的综合年代差要逐步缩小并最终消失。中国工业与主要发达国家的年代差，在 2030 年缩小到 60 年左右，在 2050 年缩小到 40 年左右，在 21 世纪末缩小到 10 年左右。

(2) 中国工业现代化基本任务的时间分解

中国工业现代化的基本任务与战略目标相对应，可以分解成两大阶段的任务。其中，21 世纪前 50 年的基本任务比较明确，21 世纪后 50 年需要专题研究（表 3-106）。中国工业现代化的基本任务可以分解到工业效率、工业质量、工业结构和工业环境四个方面。

表 3-106　中国工业现代化路线图的基本任务

项目	2010~2030	2030~2050	2050~2080	2080~2100
基本任务	完成第一次工业现代化，第二次工业现代化指数翻一番，世界排名约上升 10 位等	升级为中等发达水平，第二次工业现代化指数翻一番，世界排名约上升 10 位等	接近发达水平，第二次工业现代化指数翻一番，世界排名约上升 10 位等	升级到发达水平，第二次工业现代化指数翻一番，世界排名约上升 10 位等
工业效率	工业和制造业劳动生产率提高 1 倍，工业和制造业工资提高 2 倍	制造业劳动生产率提高 2 倍，工业和制造业工资提高 1 倍	待专题研究	待专题研究
工业质量	全要素生产率和开展科技活动企业比例提高 1 倍，受到高等教育劳动力比例提高 1 倍，人均制造业和人均高技术出口提高 1 倍	全要素生产率和开展科技活动企业比例提高 1 倍，受到高等教育劳动力比例提高 1 倍，人均高技术出口和人均知识产权贸易提高 2 倍	待专题研究	待专题研究
工业结构	工业与农业劳动力之比提高 1 倍，人均制造业提高 1 倍	工业与服务业劳动力之比下降一半，高技术制造业比例提高到 20%	待专题研究	待专题研究
工业环境	PM 10 和 PM 2.5 浓度下降一半，单位工业增加值的有机废水排放和固体废物下降一半，单位工业增加值的能耗和水耗下降一半，自然资源和矿产消耗比例下降一半	PM 10 和 PM 2.5 浓度下降一半，单位工业增加值的有机废水排放和固体废物下降一半，单位工业增加值的能耗和水耗下降一半，自然资源和矿产消耗比例下降一半	待专题研究	待专题研究

3. 中国工业现代化路线图之三：运河路径

根据广义工业现代化理论（表 2-11），21 世纪工业现代化有三条基本路径：第一次工业现代化路径、第二次工业现代化路径和综合工业现代化路径。2010 年中国工业实际上已经是两次工业现代化并存，工业水平地区差异比较大。从理论和实际角度考虑，综合工业现代化路径是中国的合理选择，这种路径可以简称为工业现代化的运河路径（图 3-1）。

中国工业现代化的运河路径是：瞄准世界工业的未来前沿，两次工业现代化协调发展，并持续向第二工业现代化转型；大力推进工业自动化、信息化、智能化、绿色化、服务化和国际化，推动工业结构向高端市场和核心技术的上行演化，大幅度提高工业质量和工业效益，降低工业能耗和"工业三废"排放，提高工业国际竞争力和工业国际地位，迎头赶上发达国家第二次工业现代化水平；在 2050 年达到工业现代化的世界中等发达水平，建成绿色制造业强国；在 21 世纪末达到工业现代化的世界先进水平，建成绿色工业强国，工业质量、工业结构、劳动安全、工业环境、工业制度、工业技术和工人福利等达到当时的世界先进水平，全面实现工业现代化（图 3-42）。

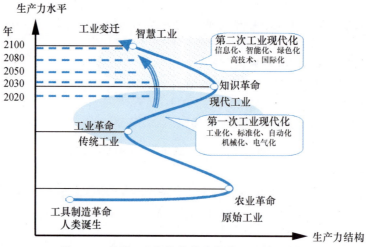

图 3-42 中国工业现代化的路线图——运河路径

4. 中国工业现代化路线图之四：监测指标

中国工业现代化的监测指标体系，可以以工业质量、工业结构和工业环境指标为基础，包括 21 个评价指标和 15 个监测指标（表 3-107）。

表 3-107 中国工业现代化路线图的监测指标体系

指标体系	指标分类	监测指标及解释	指标单位
工业质量监测指标	经济质量	工业劳动生产率：工业增加值/工业劳动力	美元
		工业能源生产率：工业增加值/工业能耗	美元/千克标准油
		工人平均工资：工业劳动力平均月工资	美元/月
		工人人均资本：工业劳动力人均工业资本	美元/人
		人均工业增加值*：工业增加值/人口	美元/人
		人均知识产权费用：知识产权进口和出口总值/人口	美元/人
	制造业质量	制造业劳动生产率：制造业增加值/制造业劳动力	美元/人
		人均制造业增加值：制造业增加值/人口	美元/人
		人均制造业出口：制造业出口/人口	美元/人
		人均高技术出口：高技术出口/人口	美元/人
		人均制造业出口与世界平均之比*	比值
		人均高技术出口与世界平均之比*	比值
工业结构监测指标	经济结构	制造业增加值比例*：制造业增加值/GDP	%
		制造业劳动力比例*：制造业劳动力/就业劳动力	%
		高技术占制造业比例：高技术产业增加值/制造业增加值	%
		高技术企业人员比例*：高技术企业人员/制造业劳动力	%
		工业与农业增加值之比	比值
		工业与服务业增加值之比	比值
	企业结构	开展创新活动企业比例：开展 R&D 活动企业比例	%
		企业新产品收入比例：企业新产品收入/主营业收入	%
		工人受高等教育比例：受过高等教育工业劳动力比例	%
		制造业机器人使用比例*：机器人数/万制造业劳动力	台/万人
		企业 R&D 经费投入比例*：企业 R&D 经费/工业增加值	%
		企业 R&D 人员投入比例*：企业 R&D 人员/工业劳动力	%

(续表)

指标体系	指标分类	监测指标及解释	指标单位
工业环境监测指标	生态环境	人均工业 CO_2 排放量*：制造业和建造业 CO_2/人口	千克
		单位工业增加值的有机废水排放：有机废水(BOD)	千克/美元
		单位工业增加值的固体废物：固体废物产生	千克/美元
		自然资源消耗占 GNI 比例*	%
		矿产消耗占 GNI 比例*	%
		能源消耗占 GNI 比例*	%
	环境管理	PM 2.5 平均浓度*：全国平均	微克/立方米
		全国废水处理率：全国按人口计算的废水处理率	%
		单位工业增加值的能耗：工业能耗/工业增加值	千克标准油/美元
		单位工业增加值的电耗：工业电耗/工业增加值	千瓦时/美元
		单位工业增加值的水耗*：工业水耗/工业增加值	升/美元
		工业产品简单平均适用税率	%

注：* 为监测指标。经济质量、经济结构和工业环境指标是相互交叉的。

5. 中国工业现代化路线图之五：工业质量监测

工业质量监测可以分为两组：经济质量和制造业质量监测（表 3-108）。

表 3-108 中国工业现代化的工业质量监测

项目	增长率/(%)	2010	2020	2030	2040	2050	A	B	对照
经济质量									
工业劳动生产率	6.0	12 457	22 308	39 950	71 545	128 126	3.2	3.2	91 638
人均工业增加值	5.0	2069	3370	5490	8942	14 566	2.7	2.7	9167
工业能源生产率	4.0	3.34	4.94	7.32	10.84	16.04	2.2	2.2	6.31
工人平均工资	7.0	461	908	1786	3512	6909	3.9	3.9	3595
工人人均资本	6.0	17 733	31 758	56 873	101 852	182 401	3.2	3.2	162 796
人均知识产权费用	10.0	10	27	70	181	469	6.7	6.7	366
制造业质量									
制造业劳动生产率	7.00	15 963	31 401	61 770	121 511	239 030	3.9	3.9	107 580
人均制造业增加值	4.00	1439	2130	3153	4667	6909	2.2	2.2	5635
人均制造业出口	6.00	1103	1976	3539	6337	11 349	3.2	3.2	5983
人均高技术出口	5.00	304	494	805	1312	2137	2.7	2.7	980
人均制造业出口与世界平均之比	3.00	73	98	132	177	238	1.8	1.8	395
人均高技术出口与世界平均之比	2.00	118	143	175	213	259	1.5	1.5	379

注：指标单位见表 3-107。A＝2030 年值/2010 年值。B＝2050 年值/2030 年值。对照为发达国家 2010 年值。关于降低工业能耗和废物排放，将在工业环境部分讨论。

未来 40 年中国经济质量现代化，包括如下目标和任务：

- 人均知识产权费用和工人平均工资分别提高 44 倍和 14 倍，工业劳动生产率和工人人均资本分别提高 9 倍，人均工业增加值和工业能源生产率分别提高 6 倍和 4 倍。
- 人均知识产权费用和工人平均工资的年均增长率分别为 10% 和 7%，工业劳动生产率和工人人均资本的年均增长率都达到 6%，人均工业增加值和工业能源生产率的年均增长率为 5% 和 4%。

未来40年中国制造业质量现代化,包括如下目标和任务:

- 制造业劳动生产率和人均制造业增加值分别提高14倍和9倍,人均制造业出口和人均高技术出口分别提高6倍和4倍,人均制造业出口与世界平均之比、人均高技术出口与世界平均之比分别提高2倍和1倍。
- 制造业劳动生产率和人均制造业增加值的年均增长率分别为7%和4%,人均制造业出口和人均高技术出口的年均增长率分别为6%和5%,人均制造业出口与世界平均之比、人均高技术出口与世界平均之比的年均增长率分别为3%和2%。

6. 中国工业现代化路线图之六:工业结构监测

工业结构监测可以分为两组:工业生产结构和工业经济结构(表3-109)。

表3-109 中国工业现代化的工业结构监测

项目	增长率/(%)	2010	2020	2030	2040	2050	A	B	对照
经济结构									
制造业增加值比例	*	32.5	34.1	26.5	24.0	20.0	0.8	0.8	15.0
制造业劳动力比例	*	16.9	20.5	20.2	17.9	15.6	1.2	0.8	13.2
高技术占制造业比例	2.0	10.7	13.1	15.9	19.4	23.6	1.5	1.5	19.1
高技术企业人员比例	1.5	9.1	10.5	12.2	14.2	16.4	1.3	1.3	14.3
工业与农业增加值之比	*	4.63	6.85	8.93	14.05	20.38	1.9	2.3	17.01
工业与服务业增加值之比	*	1.08	0.79	0.50	0.45	0.37	0.5	0.7	0.33
企业结构									
开展创新活动企业比例	4.0	11.5	17.0	25.2	37.3	55.2	2.2	2.2	55.6
企业新产品收入比例	1.0	16.8	18.6	20.5	22.6	25.0	1.2	1.2	—
工人受高等教育比例	3.5	12.1	17.1	24.2	34.1	48.1	2.0	2.0	32.9
制造业机器人使用比例	10.0	21	85	141	366	950	6.7	6.7	347
企业R&D经费投入比例	1.0	2.1	2.4	2.6	2.9	3.2	1.2	1.2	2.7
企业R&D人员投入比例	7.0	0.63	1.2	2.4	4.8	9.4	3.9	3.9	7.1

注:指标单位见表3-107。A=2030年值/2010年值。B=2050年值/2030年值。对照为发达国家2010年值。
*根据农业、制造业和服务业增长率分段计算。

未来40年中国经济结构现代化,包括如下目标和任务:

- 制造业劳动力比例和增加值比例先升后降,高技术增加值比例和劳动力比例分别提高80%,工业与农业增加值之比提高3倍,工业与服务业增加值之比降至原来的1/3。
- 制造业劳动力比例和增加值比例先升后降,高技术增加值比例和劳动力比例的年均增长率分别为2%和1.5%,工业与农业增加值之比提高,工业与服务业增加值之比下降。

未来40年中国企业结构现代化,包括如下目标和任务:

- 开展创新活动企业比例和企业新产品收入比例分别提高1倍和50%,制造业机器人使用比例和工人受高等教育比例分别提高44倍和3倍,企业R&D经费投入比例和人员投入比例分别提高80%和20倍。
- 开展创新活动企业比例和企业新产品收入比例的年均增长率分别为4%和1%,制造业机器人使用比例和工人受高等教育比例的年均增长率分别为10%和3.5%,企业R&D经费投入比例和人员投入比例的年均增长率分别为1%和7%。

7. 中国工业现代化路线图之七:工业环境监测

工业环境监测可以分为两组:工业环境影响和工业环境管理(表3-110)。

表3-110 中国工业现代化的工业环境监测

项目	增长率/(%)	2010	2020	2030	2040	2050	A	B	对照
环境影响									
人均工业 CO_2 排放量	—	1735	2115	1917	1684	1420	1.1	0.7	1756
单位工业增加值的有机废水排放	−5.00	2.47	1.48	0.88	0.53	0.32	0.4	0.4	0.38
单位工业增加值的固体废物	−2.00	0.87	0.71	0.58	0.47	0.39	0.7	0.7	0.50
自然资源消耗占GNI比例	−4.00	5.44	3.62	2.40	1.60	1.06	0.4	0.4	1.85
矿产消耗占GNI比例	−6.00	1.75	0.94	0.51	0.27	0.15	0.3	0.3	0.26
能源消耗占GNI比例	−3.00	3.69	2.72	2.01	1.48	1.09	0.5	0.5	1.70
环境管理									
PM 2.5 平均浓度	−4.0	72.6	48.2	32.1	21.3	14.2	0.4	0.4	17.0
全国废水处理率*	2.2	38	47.7	59.4	73.8	91.7	1.5	1.5	86.7
单位工业增加值的能耗	−5.00	0.60	0.36	0.21	0.13	0.08	0.4	0.4	0.11
单位工业增加值的电耗	−4.00	1.13	0.75	0.50	0.33	0.22	0.4	0.4	0.31
单位工业增加值的水耗	−3.00	61.6	45.5	33.5	24.7	18.2	0.5	0.5	45.2
工业产品简单平均适用税率	−4.0	7.69	5.11	3.40	2.26	1.50	0.4	0.4	2.58

注:指标单位见表3-107。A=2030年值/2010年值。B=2050年值/2030年值。对照为发达国家2010年值。
*为估计值,全国废水处理率=城市化率×城市废水处理率。

未来40年中国环境影响现代化,包括如下目标和任务:

- 人均工业 CO_2 排放下降20%,单位工业增加值的有机废水排放和固体废物分别下降至原来的1/7和1/2,自然资源、矿产资源和能源资源消耗占GNI比例分别下降至原来的1/5、1/12和1/3。
- 单位工业增加值的有机废水排放和固体废物分别年均下降5%和2%,自然资源、矿产资源和能源资源消耗占GNI比例分别年均下降4%、6%和3%。人均工业 CO_2 排放先升后降。

未来40年中国环境管理现代化,包括如下目标和任务:

- PM 2.5 平均浓度下降至原来的1/5,全国废水处理率提高1倍多,单位工业增加值的能耗、电耗和水耗分别下降1/7、1/5和1/3,工业平均关税下降至原来的1/5。
- PM 2.5 平均浓度年均下降4%,全国废水处理率年均增长率超过2%,单位工业增加值的能耗、电耗和水耗分别年均下降5%、4%和3%,工业平均关税年均下降4%。

三、中国工业现代化的战略要点

在21世纪前50年,新型工业化和工业现代化仍将是中国现代化的一个重点领域。中国政府先后实施了一批重大战略和举措,例如,创新驱动发展战略、新型工业化战略、"新型工业化、信息化、城镇化和农业现代化"四化同步发展、可持续发展战略和生态文明建设、技术创新工程和自主创新示范区、《质量发展纲要(2011—2020年)》、"国务院关于加快发展生产性服务业促进产业结构调整升级的指导意见"和"国务院关于加快科技服务业发展的若干意见"等,工业政策体系已经成型,工业现代化取得巨大成就。

关于中国工业现代化的战略要点,专家学者见仁见智。我们认为:中国工业现代化是一种后发追赶型工业现代化,选择战略重点时,可充分利用如下五个原理:后发效应、木桶原理、竞争优势、创新驱动和错峰原理;未来30年,中国工业现代化既需要全面推进,也需要选择若干突破口进行重点攻坚;建议坚持"质量优先、创新驱动和环境友好"的三个原则,重点推进工业质量现代化、工业结构现代化和工业环境现代化(图3-43)。

- 后发效应原理:借鉴和利用先行国家的知识和经验可加快发展;
- 木桶原理:加高工业现代化的最短木板,可快速提高水平;
- 竞争优势原理:创造和发挥自己的竞争优势可赢得局部主动权;
- 创新驱动原理:抓住新科技革命和新产业革命机遇,推动工业和产业结构升级;
- 错峰原理:利用产业转移的相位差,引进和发展相对先进技术和产业。

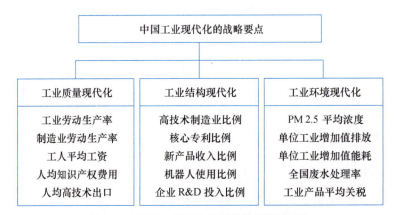

图3-43 中国工业现代化路线图的战略要点
注:工业质量、工业结构和工业环境是紧密相关的,它们有一定的交叉。

1. 实施"质量十年议程",推动工业质量现代化,建设工业质量强国

《中国现代化报告2005》提出了中国经济现代化路线图,建议在21世纪前50年,中国经济现代化战略完成两次转变:第一次是从规模增长型向质量进步型的转变,第二次是从质量进步型向创新福利型的转变;第一次转型时间大致是2005~2025年。2010年中国工业增加值占GDP比例约47%,工业发展模式需要从规模增长型向质量进步型转变。

工业质量不仅是工业现代化的标志性指标,而且是物质生活质量的决定性因素。2010年中国工业规模指标都已经位居世界前列,例如,工业增加值和制造业增加值分别位居世界第二位和第一位;但是,中国工业质量指标都位于世界中下游,例如,中国工业产品出口多数是低端产品,中国工业生产率和制造业生产率分别排世界第61位和第47位(国家数分别为83个和75个)。未来10年提高工业质量应该成为中国工业现代化的第一优先。

在管理学里,全面质量管理约有50年历史。在不同时期,人们对质量的理解和定义有所不同。目前国际标准化组织认为:质量是一组固有特性满足要求的程度,这个定义并没有明确质量的载体是什么。一般而言,质量可以分为微观质量和宏观质量(图3-44)。微观质量是某件物品、某项工程或服务的质量,如产品质量、工程质量和服务质量等。宏观质量是某个系统的质量,如国民经济质量、农业经济质量、工业经济质量和制造业质量等。

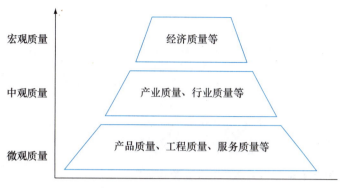

图 3-44 经济质量的层次模型

在本报告里,工业质量指广义的工业质量,包括微观工业质量(产品质量、生产质量、工程质量和服务质量)和宏观工业质量(工业经济质量、制造业质量和建筑业质量等),涉及工业产品和工业企业,涉及工业全过程和各方面(图 3-45)。工业过程的各个阶段和各个方面,都涉及质量问题。提高工业质量,既是企业责任,也是社会责任。

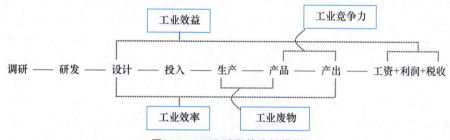

图 3-45 工业过程的分析模型

根据工业过程进行分解(图 3-45),工业质量还可以分为产前质量、生产质量、要素质量、经济质量和环境质量等,提高工业质量可以沿着这些路径来进行(表 3-111)。其中,工业产前质量、工业生产质量和工业要素质量属于微观质量,工业经济质量和各个产业质量属于宏观质量,工业生态环境质量同时具有微观和宏观两种属性。

表 3-111 提高工业质量的主要途径

编号	主要途径	主要内容	注
1	工业产前质量	市场调研、产品研发、工业设计的质量	微观质量
2	工业生产质量	工业投入、工业生产、工业产品的质量、劳动安全性	微观质量
3	工业要素质量	工业企业、工业劳动力、工业技术、工业管理的质量	微观质量
4	四大部门质量	采矿业、制造业、公共事业和建筑业的质量	中观质量
5	工业经济质量	工业劳动生产率、工业资本生产率、工业资源生产率、工业效益、工业竞争力	宏观质量
6	生态环境质量	工业资源消耗、工业环境影响、工业三废排放、工业三废治理	综观质量

注:关于工业的生态环境质量,将在工业环境部分讨论。

关于如何提高中国工业质量,需要群策群力。这里提出五条建议供讨论(表 3-112)。

表 3-112　提高中国工业质量的政策建议

编号	政策建议	主要内容	注
1	中国质量十年议程	坚持质量优先原则,实施"中国质量十年议程",建设工业质量强国	质量战略
2	编制工业质量法典	编制工业质量法典,完善和普及质量法规体系	法律基础
3	保障合法权益	提高质量法律执行力,保障生产者和消费者权益	社会基础
4	加强职业培训	重建职工技能体系,优化职业培训体系	劳动基础
5	加快技术更新	加快技术新陈代谢,淘汰落后技术	技术基础

(1) 实施"中国质量十年议程",建设"工业质量强国"

2012年国务院颁布了《质量发展纲要(2011年—2020年)》(专栏3-3)。借鉴国际经验(专栏3-4),建议全面落实《质量发展纲要》,制定和实施"中国质量十年议程"。

> **专栏 3-3　质量发展纲要**
>
> 2012年国务院颁布《质量发展纲要(2011年—2020年)》,提出了建设"质量强国"的战略目标:"到2020年,建设质量强国取得明显成效,质量基础进一步夯实,质量总体水平显著提升,质量发展成果惠及全体人民。形成一批拥有国际知名品牌和核心竞争力的优势企业,形成一批品牌形象突出、服务平台完备、质量水平一流的现代企业和产业集群,基本建成食品质量安全和重点产品质量检测体系,为全面建设小康社会和本世纪中叶基本实现社会主义现代化奠定坚实的质量基础。"

> **专栏 3-4　质量强国的经验**
>
> 20世纪"德国质量"享誉世界。但是在19世纪70年代,德国工业产品以"劣质低价"而闻名于世。在19世纪后期,德国提出"以质量去竞争",提升工业企业的管理质量和产品质量,逐步赶上并超越老牌工业强国——英国,创造了"德国制造"的世界奇迹。
>
> 20世纪90年代"日本制造"成为质量保证。但是在20世纪中叶,日本的"劣质产品"曾受到欧美国家的抵制。20世纪50年代日本设立了国家质量奖——"戴明奖",提出了"质量救国"口号,开展了"产业合理化运动",推进全面质量管理,创造了战后日本的经济奇迹。
>
> 20世纪80年代,美国制造业受到日本产品的极大挑战。美国政府认识到:经济上的成功取决于质量。美国在全国开展强化质量意识运动,通过了国家生产力与技术革命法案和质量振兴法案,设立国家质量奖。通过一系列质量政策和努力,再次确立了美国工业的全球领先地位。

建议一:在国务院领导下,国家发展与改革委员会联合有关部门,研究制定"中国质量十年议程"和配套法规政策(专栏3-5)。

建议二:有关主管部门研究制定中国采矿业、制造业和建筑业的质量十年议程。

专栏 3-5 "中国质量十年议程"建议书

从经济角度看,质量是立国之本,工业是强国之道。工业质量不仅是工业现代化的标志性指标,而且是物质生活质量的决定性因素。目前,中国工业规模已经位居世界前列,但是,中国工业质量位于世界中下游。借鉴世界工业强国的成功经验,加快中国经济发展方式的根本转变,实现从规模扩张型向质量进步型的战略转型,是一种历史必然。未来10年,提高工业质量,应该成为中国工业现代化的第一优先,应该摆在经济工作的首要位置。

新中国成立特别是改革开放以来,中国高度重视质量工作,制定实施了一系列质量法规和政策措施,形成了中国特色的质量管理体系。2012年国务院发布了《质量发展纲要(2010—2020)》,提出建设"质量强国"的战略目标。为全面落实《质量发展纲要》,提升中国工业的微观质量和宏观质量,特提出"中国质量十年议程"建议。

(一) 总体目标

力争用十年时间(2015—2025),中国工业微观质量达到2010年世界先进水平,中国工业宏观质量接近2010年发达国家平均水平,基本建成工业质量强国。

1. 微观质量目标

(1) 主要工业产品的产品质量达到或超过2010年发达国家平均水平,其中,高技术和中技术制造业的产品质量接近或达到2025年世界先进水平。

(2) 建设工程的工程质量达到2010年发达国家平均水平,其中,民用住宅质量达到2020年发达国家平均水平,国家重点工程质量接近或达到2025年世界先进水平。

(3) 服务质量达到2010年发达国家平均水平,其中,生产性服务质量达到2020年发达国家平均水平,骨干服务企业和重点服务项目的服务质量达到或接近2025年世界先进水平,生活性服务质量的服务标准达到2025年发达国家平均水平。

2. 宏观质量目标

(1) 工业劳动安全达到2010年发达国家平均水平,其中,采矿业和建筑业每万人工伤率和工亡率接近2010年发达国家平均值,制造业和公共事业每万人工伤率和工亡率接近2025年发达国家平均值。

(2) 制造业主要质量指标接近2010年发达国家平均水平,其中,制造业劳动生产率、人均制造业增加值、人均制造业出口和人均高技术出口达到2010年发达国家平均水平。

(3) 工业质量主要指标接近2010年发达国家平均水平,其中,工业劳动生产率、工业能源生产率、工人人均工资和人均资本接近2010年发达国家平均水平,企业高级技工比例达到30%左右。

(二) 主要措施

实施"中国质量十年议程",需要全社会的大力支持和广泛参与。全国各级政府和主管部门、工业企业、行业协会和质量组织可以发挥主体作用。

1. 宏观质量管理的措施

(1) 全国各级政府和主管部门把质量工作摆在经济工作的首要地位。全国各级政府和主管部门把质量目标纳入发展规划,制定考核目标和配套政策,建立质量目标责任制。

(2) 组织编制《中国工业质量法典》,完善质量法规体系。

(3) 提高质量法规执行力,强化质量安全监管和质量风险控制。

(4)完善质量体系建设,包括标准化体系、计量体系、认证体系和检测体系等。

(5)完善质量奖励制度,把"国家质量奖"的获奖产品纳入政府采购名单,实行连续五年增值税5%减免。

(6)优化质量发展环境,促进高质量的物联网建设,健全质量投诉处理机制等。

2. 微观质量管理的措施

(1)建立和明确企业法人质量责任制。企业法人代表对质量安全负首要责任,企业质量主管对质量安全负直接责任,企业依法承担质量损害赔偿责任。

(2)鼓励企业建立全面质量管理体系,参与国际和国内质量认证。

(3)鼓励企业建立产品"召回制度",国家建立相应的税收扣减制度。

(4)鼓励企业开发提出新的质量标准,开展质量培训和推广。

(5)鼓励企业推进信息化、智能化和绿色化的"三化升级"。

(6)鼓励企业建立职业培训学校,提高中级和高级技工比例等。

(三)重大行动

施行"中国质量十年议程",需要采取若干重大行动计划。

(1)举行"中国质量十年议程"启动仪式。建议由国务院组织和主持启动仪式,向世界发出"质量宣言",中国向质量进军。

(2)建立"中国质量管理中心",促进物联网和中国质量信用网络平台建设。

(3)重建中国企业职业技能体系,完善职业教育和培训体系。

(4)建立全国性的"国家质量巡回法院",设立"质量检察官"等。

(2)编制《中国工业质量法典》,完善质量法规体系,夯实工业质量的法律基础

完善质量安全和质量法规体系(专栏3-6),编制《中国工业质量法典》。在全社会树立质量法治理念,普及质量法规知识。

专栏 3-6 质量法律

中华人民共和国法律:产品质量法、农产品质量安全法、食品安全法、药品管理法、进出口商品检验法、建筑法、标准化法、计量法、广告法、消费者权益保护法、侵权责任法、安全生产法、行政许可法、劳动法、政府采购法。

中华人民共和国法典:产品质量法典、质量监督检验检疫法典、工商行政管理法典。

---

(3)提高法律执行力,保障生产者和消费者合法权益,提高工业质量的社会基础

加强执法队伍建设,提高执法人员综合素质和执法水平。完善质量法制监督机制,落实执法责任。建立并公布"企业质量失信黑名单",依法对质量失信进行惩戒。完善质量安全有奖举报制度,落实对举报人的奖励,保护举报人的合法权益。

(4)健全职工技能体系,优化职业培训体系,提高工业质量的技能基础

研究和重建中国职业技能体系,优化职业培训和质量教育体系,提高企业全员质量意识和质量技能。到2025年,中国企业高级技工比例力争接近30%。

(5)加快技术新陈代谢,定期淘汰落后技术,提高工业质量的技术基础

坚持创新驱动原则,提高企业信息化、智能化和绿色化水平;加大质量科技投入,促进质量科技成果转化;实施重大质量改进和技术改造项目,加快淘汰落后技术和产业。

2. 实施"工业创新议程",推动工业结构现代化,建设"工业创新强国"

工业结构调整是一个永恒话题。一方面,受技术进步、生产力提高和生活方式变化的影响,世界工业结构自身在不断演化。另一方面,受国际分工、区域分工和工业政策的影响,国家工业结构变化也是一个持续过程。工业结构涉及工业生产、工业企业、工业经济和工业贸易等方面的结构,包括投入结构、产出结构、市场结构、技术结构(专利结构)、分配结构、进口结构和出口结构等(表 3-113)。学者们关于结构调整有大量研究,见仁见智。

表 3-113 工业结构的主要指标

项目	投入结构	产出结构	市场结构	技术结构	分配结构
工业生产	资源结构 劳动力结构 投资结构	国民经济结构 工业部门结构 制造业结构	高端市场 中端市场 低端市场	高技术 中技术 低技术	工资 税收 利润 股权
工业企业	创新型企业比例 科技投入比例 机器人比例	新产品收入比例 企业集群 空间结构	国内市场 国际市场 国际品牌	核心专利 外围专利 过期专利*	
工业贸易	进口结构	出口结构			关税

注:* 过期专利指保护期已到期的专利,可以免费使用。使用别人的过期专利,带有"模仿"性质。关于工业环境结构,将在后面专题讨论。

21 世纪以来,中国政府高度关注经济转型和结构升级,出台了一批重大措施,例如,实施创新驱动发展战略(专栏 3-7)、新型工业化战略、战略性新兴产业和生产性服务业等。其中,创新驱动发展战略和战略性新兴产业更多是从发展动力和产业角度,新型工业化战略和生产性服务业更多是从发展模式和服务经济角度,促进经济转型和结构升级。

> **专栏 3-7 创新驱动发展战略**
>
> 2012 年中共十八大报告提出:"实施创新驱动发展战略。要坚持走中国特色自主创新道路,以全球视野谋划和推动创新,提高原始创新、集成创新和引进消化吸收再创新能力,更加注重协同创新。深化科技体制改革,推动科技和经济紧密结合,加快建设国家创新体系,着力构建以企业为主体、市场为导向、产学研相结合的技术创新体系。完善知识创新体系,强化基础研究、前沿技术研究、社会公益技术研究,提高科学研究水平和成果转化能力,抢占科技发展战略制高点。实施知识产权战略,加强知识产权保护。"
>
> 2006 年中央和国务院颁布《国家中长期科学技术发展规划纲要(2006—2020 年)》,提出自主创新和建设创新型国家。为落实《规划纲要》和促进自主创新,国家有关部门制定了一批配套政策。
>
> 1997 年中国科学院向中央和国务院呈报《迎接知识经济时代,建设国家创新体系》研究报告。
>
> 从国家创新体系、自主创新、创新型国家到创新驱动发展战略,我国创新政策走向成熟。

一般而言,工业结构调整有多种途径和措施(表 3-114),例如,增量调整、存量调整、政策调整(通过政策和法规来引导调整)、外部调整和内部调整等。中国工业结构调整,需要遵循世界经济结构的基本规律(表 3-115),也要适合中国基本国情(表 3-116)。

表 3-114　工业结构调整的途径和措施

编号	主要途径	主要内容	注
1	增量调整	通过创新和投资,提高新增产业的高端和中端产业比例	微观调整
2	存量调整	通过产业转移和技术更新,提高现有产业的中端和高端产业比例	微观调整
3	政策调整	通过调整工业经济的政策法规,引导经济结构变迁	宏观调整
4	外部调整	通过发展生产性服务业等,调整工业经济和工业就业的比例	宏观调整
5	内部调整	调整内部结构,如投入、产出、市场、技术、分配、贸易、企业、空间结构	综合调整
6	投入结构调整	降低资源密度、提高劳动素质、吸引外资、增加风险投资、增加对外投资等	增量和存量
7	就业结构调整	采矿业、制造业、公共事业和建筑业就业比例先升后降	增量和存量
8	产业结构调整	采矿业、制造业、公共事业和建筑业比例先升后降	增量和存量
9	制造业调整	重工业和轻工业比例、耐用消费品和非耐用消费品比例等	增量和存量
10	技术结构调整	高技术制造业比例、中技术制造业比例、低技术制造业比例	增量和存量
11	贸易结构调整	高技术出口比例、中技术出口比例、低技术出口比例	增量和存量
12	企业结构调整	创新型企业比例、国际性企业比例、企业科技投入比例	增量和存量
13	市场结构调整	高端市场比例、中端市场比例、低端市场比例	增量和存量
14	专利结构调整	核心专利比例、外围专利比例、过期专利比例	增量和存量
15	分配结构调整	工资比例、利润率、职工持股、利润共享、关税	增量和存量

表 3-115　1700～2010 年世界经济结构的变迁和特点

编号	产业结构(增加值占 GDP 比例)		就业结构(劳动力占就业劳动力比例)		特点
国民经济	农业比例*	下降	农业比例	下降	线性的
	工业比例*	先升后降	工业比例	先升后降	拐点
	服务业比例*	上升	服务业比例	上升	线性的
工业	采矿业比例	部分国家先升降	采矿业比例	部分国家先升后降	国别差异大
	制造业比例	先升后降	制造业比例	先升后降	拐点
	公共事业比例*	部分国家先升后降	公共事业比例	部分国家先升后降	国别差异大
	建筑业比例	先升后降	建筑业比例	先升后降	拐点
	产业结构(增加值占制造业比例)		就业结构(劳动力占制造业劳动力比例)		
制造业	高技术产业比例	上升**	高技术产业比例	上升(国别差异大)	国别差异大
	中技术产业比例	先升后降**	中技术产业比例	先升后降***	拐点
	低技术产业比例	下降**	低技术产业比例	下降	线性的
	出口结构(出口占制造业出口比例)				
制造业	高技术出口比例	国别差异大	国别差异大		
	中高技术出口比例	国别差异大	国别差异大		
	中低技术出口比例	国别差异大	国别差异大		
	低技术出口比例	下降	线性的		

注:* 农业是"第一产业"的简称,工业是"第二产业"的简称,服务业是"第三产业"的简称,公共事业为水、暖、燃气和电力的生产和供应。 ** 来源:UNIDO,2013。 *** 为估计值。

表 3-116　2010 年中国经济结构的国际比较　　　　　　　　　　　　　　　　单位：%

2010	中国	美国	德国	英国	法国	日本	韩国	巴西	印度
产业结构									
农业比例	10.1	1.2	0.8	0.7	1.8	1.2	2.5	5.3	18.2
工业比例	46.7	19.8	30.2	21.5	18.9	27.5	38.3	28.1	27.2
服务业比例	43.2	79.0	69.0	77.8	79.3	71.4	59.3	66.6	54.6
工业结构									
采矿业比例	5.2	1.7	0.2	2.6	—	0.1	0.2	—	—
制造业比例	32.5	12.6	22.0	10.2	11.3	19.7	30.7	16.2	14.8
公共事业比例	2.4	1.9	2.9	1.7	—	3.3	1.8	—	—
建筑业比例	6.6	3.8	4.3	6.1	6.7	6.1	6.9	—	—
制造业结构									
高技术产业比例	44.4	43.8	54.6	42.3	42.8	53.0	56.7	40.1	32.5
中技术产业比例	31.6	31.1	25.2	25.7	27.4	26.3	30.4	25.3	40.4
低技术产业比例	24.1	25.1	20.2	31.9	29.8	20.7	19.1	34.6	27.1
出口结构									
高技术出口比例	34.2	30.7	19.6	29.4	27.5	21.0	30.6	7.5	7.7
中高技术出口比例	24.1	39.1	48.8	37.2	36.4	54.3	35.4	28.7	19.2
中低技术出口比例	15.8	16.2	16.3	17.6	16.6	21.0	29.2	20.7	35.3
低技术出口比例	26.6	13.8	14.9	15.6	19.5	3.7	5.0	42.9	37.3
就业结构									
农业比例	36.7	1.6	1.6	1.2	2.9	3.7	6.6	15.3	51.1
工业比例	28.7	16.7	28.4	19.1	22.2	25.3	17.0	22.1	22.4
服务业比例	34.6	81.2	70.0	78.9	74.4	69.7	76.4	60.7	26.6
采矿业比例*	1.1	0.53	0.24	0.42	0.11	0.05	0.06	0.41	—
制造业比例*	16.9	10.1	19.9	9.9	13.1	17.2	16.9	12.6	—
公共事业比例*	0.7	0.84	0.90	0.61	0.84	1.04	0.33	0.37	—
建筑业比例*	5.5	6.53	6.64	7.65	7.39	7.96	7.36	8.36	—

注：* 中国为 2010 年人口普查数据，与中国统计年鉴数据有一些差别；其他国家为 2009 年数据。制造业产业结构数据来自联合国工业发展组织（UNIDO），美国数据为 2008 年值。UNIDO 把制造业分为高技术、中技术和低技术制造业。经济合作与发展组织（OECD）把制造业分为高技术、中高技术、中低技术和低技术制造业。UNIDO 的高技术产业大致相当于 OECD 的高技术产业和中高技术产业，UNIDO 的中技术产业大致相当于 OECD 的中低技术产业。贸易结构数据为 OECD 的数据。

根据联合国工业发展组织提供的数据，2010 年中国制造业的技术结构与美国、英国和法国大体相当。根据经济合作与发展组织的产业分类（专栏 3-8）和统计数据，2010 年中国出口商品技术结构与美国、德国、英国和法国比较接近。

> **专栏 3-8　制造业产业的技术分组（ISIC R. 4.0）**
>
> 　　制造业产业的技术分组是根据制造业产业的研究与发展（R&D）经费投入比例的分组。目前，国际标准行业分类普遍采用修订本第三版（ISIC Rev. 3）或修订本第四版（ISIC Rev. 4）。联合国工业发展组织（UNIDO）和经济合作与发展组织（OECD）的分组有所差别，两者可以大致对应（表3-117）。
>
> 表 3-117　制造业的技术分组
>
> | 分组 | 经济合作与发展组织（ISIC Rev. 4） | 分组 | 联合国工业发展组织（ISIC Rev. 3） |
> | --- | --- | --- | --- |
> | 高技术 | 药品、药用化学品及植物药材，计算机、电子和光学产品，飞机、航天器和相关机械 | 高技术 | 化学品和化学制品，办公、会计和计算机、未分类的机械设备，电力机械与装置，无线电、电视和通信设备，医疗、精密仪器和光学仪器，机动车、挂车、半挂车和其他交通设备 |
> | 中高技术 | 化学品及化学制品，电力设备，未另分类的机械和设备，汽车、挂车和半挂车，铁路机车及其拖曳车辆，军用战车，未另分类的运输设备 | | |
> | 中低技术 | 焦炭和精炼石油，橡胶和塑料制品，非金属矿物制品，基本金属，金属制品（机械和设备除外），船舶 | 中技术 | 焦炭与精炼石油、橡胶与塑料、非金属矿物制品、基本金属、金属制品 |
> | 低技术 | 食品、饮料和烟草制品，纺织品和服装，皮革和相关产品，木材、木材制品、软木制品（家具除外）和草编制品及编织材料物品，纸和纸制品，记录媒介物的印制及复制，家具，其他制造业 | 低技术 | 食品和饮料、烟草、纺织品、服装和皮革、木制品（不含家具）、纸和纸制品、印刷与出版、家具和未分类制造业 |

根据统计数据，2010 年中国经济结构与发达国家相比，具有如下特点：

- 农业增加值比例过高，服务业增加值比例过低，工业增加值比例是发达国家的 2 倍左右；
- 农业劳动力比例过高，服务业劳动力比例过低，工业劳动力比例与发达国家相当；
- 工业部门产业结构：采矿业增加值比例过高，公共事业和建筑业增加值比例与发达国家相当，制造业增加值比例高于发达国家；
- 制造业技术结构：高技术增加值比例、中技术增加值比例和低技术增加值比例与发达国家相当；
- 贸易结构：高技术出口比例与发达国家相当，中低技术出口比例与发达国家相当，中高技术出口比例低于发达国家，低技术出口比例高于发达国家；
- 工业部门就业结构：采矿业劳动力比例过高，制造业、公共事业和建筑业劳动力比例与发达国家相当。

根据统计数据和文献研究，2010 年中国制造业结构与发达国家相比，具有如下特点：

- 按技术统计的产业结构（高技术、中技术和低技术）：接近发达国家的特点；
- 按贸易统计的产业结构（高技术、中技术和低技术）：具有发达国家的部分特点；
- 按市场价值的产业结构（高端、中端和低端）：多数处于低端，中端较少，高端很少。例如，汽车工业、信息产业、医疗和精密仪器产业等；
- 按专利市值的产业结构（核心、外围和过期专利）：多数属于外围专利或过期专利，核心专利很少。例如，医药产业等。

未来 10 年，中国制造业结构调整，具有如下特点：

- 按技术统计和贸易统计的产业结构调整，已经接近饱和，调节空间有限；
- 按市场价值的产业结构调整，已经受到广泛关注，有很大发展空间；
- 按专利市值的产业结构调整，已经受到部分重视，属于未来发展的主要方向。

未来10年中国制造业的结构调整,需要从主要按统计口径的产业结构调整(从低技术、中技术向高技术演进),向主要按市场价值和专利市值的产业结构调整转型,推动中国工业结构的上行演化,提高劳动生产率和国际高端竞争力(图3-46和图3-47)。

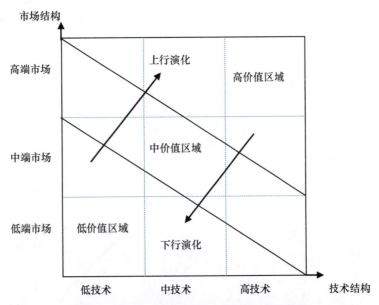

图3-46　工业技术结构和市场结构的演化模型

注:① 每个国家都有低技术、中技术和高技术产业,每种产业都有低端市场、中端市场和高端市场。② 统计口径的产业结构变迁:高技术比例上升,中技术比例先升后降,低技术比例下降(UNIDO,2013)。③ 发达国家的产业主要分布在高价值区域;发展中国家的产业主要分布在中价值和低价值区域。

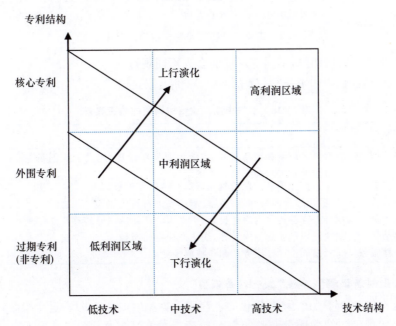

图3-47　工业技术结构和专利结构的演化模型

注:① 每个国家都有低技术、中技术和高技术产业,每种技术都有低端市场、中端市场和高端市场。② 统计口径的产业结构变迁:高技术比例上升,中技术比例先升后降,低技术比例下降(UNIDO,2013)。③ 发达国家的产业主要分布在高利润区域;发展中国家的产业主要分布在中利润和低利润区域。

根据上述分析,未来10年中国制造业的结构调整,主要有三个方向:

- 按技术统计和贸易统计的产业结构调整:适度减少低技术产业比例,增加高技术产业比例;
- 按市场价值的产业结构调整:增加高端市场比例,增加中端市场比例,减少低端市场比例;
- 按专利市值的产业结构调整:增加核心专利比例,保持一定外围专利比例,减少过期专利比例。

未来10年,中国制造业结构调整的主要方向是:从低端市场向中端和高端市场、从外围专利向核心专利的演变(图3-48)。

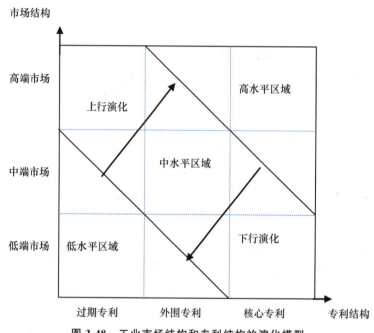

图3-48　工业市场结构和专利结构的演化模型

关于中国工业经济结构调整,不同专家可能会有不同观点。

根据上面的分析,我们提出五条建议(表3-118),供大家讨论。

表3-118　加快中国工业结构调整的政策建议

编号	政策建议	主要内容	注
1	工业创新议程	整合创新政策和创新资源,实施工业创新议程,建设工业创新强国、智慧工业强国和绿色制造强国	增量调整 提升质量
2	把握前沿机遇	把握新产业革命的前沿机遇,建设"生物经济强国"	增量调整
3	高端进口替代	坚持"出口导向"同时,启动高端产品进口替代工程	增量调整
4	扩大对外投资	把外汇存款转化为对外投资,扩大国内产业的国际转移	存量调整
5	优化存量结构	加快国内产业的国内转移,优化产业空间布局	存量调整
6	发展生产性服务	积极发展生产性服务业和科技服务业	宏观调整

(1)实施"工业创新议程",建设"工业创新强国"

《中国现代化报告2006》提出了"现代化的创新驱动模型"(专栏3-9)。这个模型认为:创新产生新产业和新经济,是实现经济结构增量调整的重要途径。在宏观层次,整合创新政策,创造有利于新产业和新经济发展的良好环境;在微观层次,鼓励企业整合创新资源,提高企业和产业创新能力。创新政策和创新资源的协同作用,提高中端和高端市场占有率,提高核心专利拥有率,建设工业创新强国和绿色制造强国,是提升经济结构的有效途径。

> **专栏3-9 现代化的创新驱动模型**
>
> 创新是现代化的原动力。其中,知识创新和制度创新相结合产生新科技,技术创新和新科技相结合导致新产业,新产业导致新经济,新经济导致新社会,进而推动新现代化;从创新到现代化的各个阶段都有信息反馈,形成从创新到现代化的正反馈循环驱动(图3-49)。
>
>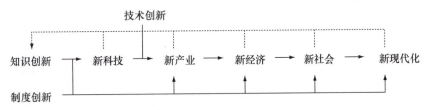
>
> **图3-49 现代化的创新驱动模型(简化模型)**
>
> 资料来源:中国现代化战略研究课题组,中国科学院中国现代化研究中心,2006.

建议研制和实施"工业创新议程",建设"工业创新强国"(专栏3-10)。

一般而言,工业强国大致有两类标准:规模标准和质量标准。其中,规模标准是关键规模指标的排名进入世界前10名,质量标准是关键质量指标的排名进入世界前20名。2010年满足四项标准的工业强国有5个,它们是:美国、日本、德国、韩国和英国。

- 规模指标:制造业增加值的世界排名:前10名;
  高技术出口值的世界排名:前10名。
- 质量指标:制造业劳动生产率的排名:前20名;
  工业有机废水排放的排名:前20名(逆指标排名)。

2010年中国工业的规模指标(按当年价计算)已经符合工业强国的标准,但中国工业的质量指标的国际差距仍然比较大(表3-119);其中,制造业劳动生产率和工业有机废水排放的世界排名分别为第47位和第55位(在有统计数据的国家中的排名)。由此可见,中国调整经济结构和建设工业强国的任务是非常艰巨的。

表3-119 2010年中国工业指标排名的国际比较

国家	制造业占全球比例	制造业出口占全球比例	高技术出口占全球比例	制造业劳动生产率	人均制造业增加值	人均制造业出口	人均高技术出口	有机废水排放/工业增加值*	固体废物/工业增加值**	能源消耗/工业增加值**
中国	1	1	1	47	40	44	30	55	20	30
美国	2	3	3	5	13	29	25	5	31	24
日本	3	4	5	11	5	21	17	7	33	7
德国	4	2	2	14	6	8	8	18	12	9
韩国	5	5	6	17	10	14	6	13	35	29
意大利	6	7	15	18	15	18	27	15	8	8
巴西	7	26	27	—	37	62	47	—	—	—
法国	8	6	7	15	19	17	13	21	19	10
印度	9	17	24	—	77	79	66	—	—	—
英国	10	10	8	16	22	24	18	16	14	5
国家数	114	116	113	75	114	116	113	75	28	30

注:* 为2007年数据,逆指标排名,数值从低到高排名。 ** 逆指标排名,数值从低到高排名。

专栏3-10 "工业创新议程"建议书

工业创新是工业现代化的原动力。工业创新可以产生新产业和新经济,可以导致新制度和新观念,可以驱动工业结构升级、工业质量提升、工业环境改善和工业经济增长。工业结构、工业质量和工业环境的现代化,是中国工业现代化的三大任务。目前,发达国家普遍采用创新驱动模式推动工业转型和结构升级,创新驱动模式也应该成为中国的政策首选。

21世纪以来,中国政府高度关注工业转型和结构升级,出台了一批重大措施,例如,实施创新驱动发展战略、新型工业化战略、战略性新兴产业和生产性服务业等。其中,创新驱动发展战略和战略性新兴产业更多是从发展动力和产业角度,新型工业化战略和生产性服务业更多是从发展模式和服务经济角度,促进经济转型和结构升级。

建议研制和实施"工业创新议程",建设工业创新强国和绿色制造强国。整合创新政策,创造有利于新产业和新经济发展的良好环境;整合创新资源,提高企业和产业创新能力。创新政策和创新资源协同作用,提高中端和高端市场占有率,提升核心专利拥有率。

(一) 总体目标

力争用30年时间(2015~2045),中国工业结构达到世界先进水平,中国工业质量接近发达国家平均水平,中国工业创新能力达到世界先进水平,建成工业创新强国、智慧工业强国和绿色制造强国。

1. 结构水平目标

(1) 制造业技术结构(高技术、中技术和低技术比例)达到世界先进水平。
(2) 制造业出口结构(高技术、中技术和低技术比例)达到世界先进水平。
(3) 制造业的中端和高端市场占有率、核心专利拥有率达到发达国家水平。
(4) 企业创新比例和新产品收入比例达到发达国家水平。

2. 质量水平目标

(1) 工业劳动生产率和制造业劳动生产率进入世界前20名。
(2) 人均制造业增加值和人均高技术出口进入世界前20名。
(3) 单位工业增加值的能源消耗和废物排放达到发达国家的平均值。
(4) 自然资源和矿产资源消耗占国民收入的比例达到发达国家的平均值。

3. 创新能力目标

(1) 企业科技投入比例达到发达国家水平。
(2) 人均知识产权费用进入世界前20名。
(3) 受过高等教育劳动力比例进入世界前20名。
(4) 全要素生产率(技术进步贡献率)达到发达国家水平。

(二) 主要措施

实施"工业创新议程",需要宏观和微观同步推进,需要政府和企业通力合作。

1. 宏观层次的措施

(1) 继续实施创新驱动发展战略,系统整合创新政策和创新举措,全面提升创新能力。
(2) 编制《中国工业创新政策指南》,加强知识产权保护,反对非法垄断。
(3) 实施积极的科技财政政策,增加科技投入比例,支持风险投资和创业。
(4) 完善政府创新采购制度,把高质量的创新产品优先纳入政府采购名单。

(5) 完善科技人员社会保障制度和创新产权制度,释放科技人员的创造力。
(6) 发展生产性服务业和科技服务业,推进物联网和工业创新服务网建设等。

2. 微观层次的措施

(1) 鼓励企业把握新科技和产业革命的前沿机遇,获取更多核心知识产权。
(2) 鼓励企业增加科技投入,整合创新资源,打造创新产业链和创新积聚区。
(3) 鼓励企业开展高端产品的进口替代,鼓励企业扩大对外投资。
(4) 鼓励企业参与智能制造、绿色制造和网络制造的国际竞争。
(5) 鼓励企业建立产业创新联盟,推进自主创新和协同创新。
(6) 鼓励企业扩展价值链,完善生产性服务,提高市场竞争力等。

(三) 重大行动

实施"工业创新议程",需要采取若干重大行动计划。
(1) 打造工业创新驱动的发动机,组建"国家先进技术研究院"。
(2) 组织实施"工业创新伙伴计划",成立一批先进制造和先进材料的产业创新联盟等。
(3) 组织实施"智慧机器人工程",全面提升工业机器人水平。
(4) 成立国家中小企业服务局,为创新型中小企业提供服务等。

(2) 把握新科技革命和产业革命机遇,建设生物经济强国

18世纪以来,科技革命和产业革命一直是工业发展的第一推动。一般而言,科学革命是技术革命的基础,技术革命是产业革命的先导,一次技术对应一次产业革命,技术革命与产业革命就像一枚硬币的正反面,但它们的发生有一定时差。16世纪以来发生了两次科学革命、三次技术革命(表3-120)和三次产业革命。有人认为,第三次产业革命可以分为两个阶段,分别是第三次产业革命和第四次产业革命(表3-121)。

表3-120　16世纪以来的科技革命

大致时间	科技革命	主要标志	主体部分(或代表性事物)
16~17世纪	第一次科学革命	近代物理学诞生	哥白尼、伽利略、牛顿力学
18世纪	第一次技术革命	蒸汽机和机械	纺织机、蒸汽机、工作母机
19世纪	第二次技术革命	电力和内燃机	发电机、内燃机、电讯技术
20世纪上半叶	第二次科学革命	相对论和量子论	相对论、量子论、射线和电子
20世纪下半叶	第三次技术革命(上)	电子和计算机	电子技术、计算机、控制技术
	第三次技术革命(下)	信息和互联网	微电脑、信息技术、数据库
21世纪上半叶	第六次科技革命	新生物学和再生革命	信息转换、仿生、创生、再生
21世纪下半叶	第七次科技革命	新物理学和时空革命	新时空、新能源、新运输

注:第六、七次科技革命属于预测性质。一般而言,科技革命是科学革命和技术革命的统称。科学革命是科学范式的转变,并引发人类思想观念的革命性变化的科学变迁。技术革命指技术范式的转变,并引发人类生活和生产方式革命性变化的技术变迁。

资料来源:何传启,2011。

表 3-121　18 世纪以来工业革命的阶段划分

项目	第一次产业革命	第二次产业革命	第三次产业革命(上) (第三次产业革命)	第三次产业革命(下) (第四次产业革命)
大致时间	1763~1870 年	1870~1913 年	1945~1970 年	1970~2020 年
主要特征	机械化	电气化	自动化	信息化、智能化、绿色化
关键技术	蒸汽机、纺织机、工作母机等	电力技术、内燃机、化工、电讯技术等	电子技术、自动控制、计算机技术等	信息技术、人工智能、高技术、绿色技术等
主要产业	蒸汽机、纺织工业、机械、煤炭、冶金、铁路等	电力、钢铁、石油、化工、汽车、航空、电讯等	电子工业、计算机、电视、核电、航天、自动化产品等	信息产业、电子商务、高技术产业、智能化制造、绿色产业等

注：许多历史学家认为，18 世纪以来的工业革命包括第一次和第二次产业革命(约 1763~1913 年)。关于 18 世纪以来产业革命的阶段划分(产业革命次数)，存在一些争议。有人认为，第三次产业革命可以分为两个阶段，上半部是工业自动化，下半部是工业信息化、智能化和绿色化等；有人认为，第三次产业革命上半部是第三次产业革命，下半部是第四次产业革命，如《德国工业 4.0》等。

资料来源：何传启，2013.

如果从 1945 年算起，第三次产业革命已经走过了 60 多年历程，未来 10 年是第三次产业革命的结尾期，同时是第四次产业革命的孕育期。虽然不同国家对第三次产业革命的认识有所不同，但关于第三次产业革命结尾期的关键技术和主导产业的预测已有很多共识，部分国家已经采取了积极的应对措施；关于第六次科技革命和第四次产业革命的预测，已有一些研究报告。新科技革命和新产业革命的来临已进入倒计时，机遇总是青睐有准备者。

首先，第三次产业革命的尾声机会，主要来自三个方面，① 新一代信息技术，包括新一代互联网、物联网、无线网、大数据、云计算、量子通信、量子计算和新计算技术等；② 信息技术在经济和社会领域(包括农业、制造业、交通和能源等)的渗透和应用，包括智能化和绿色化的先进制造(如 3D 打印等)、机器人、智慧城市、智能交通、智能电网、可再生能源和绿色技术等；③ 国际技术转移和产业调整等。

其次，第四次产业革命的先声机遇，包括技术机遇和产业机遇。第四次产业革命有可能是仿生、再生和生物经济的产业革命，生物产业与多种产业的交叉。① 关键技术。仿生、创生、再生的三生技术革命，生物技术与多种技术的交叉，涉及信息转换器技术、人格信息包技术、仿生技术、创生技术、再生技术、新网络技术、仿人机器人、再生医学、农业生物技术、超级制造和人工智能、超级运输和能源技术等。② 主导产业。生物技术产业，再生医学产业(医学材料和治疗)，信息转换产业，人格信息包产业、仿生产业、创生产业，再生产业，人工智能产业和仿人机器人产业等。

(3) 启动"高端产品进口替代工程"，带动产业和市场升级

在坚持"出口导向"的同时，总结"高铁经验"，研制和启动"高端产品进口替代工程"，提高中国高端制造业的国际竞争力。走出一条"引进、消化、吸收、创新、再出口"的高端产品发展道路。

(4) 适度增加对外投资，把部分外汇存款变为对外投资

继续扩大对外投资。把中国外汇储备的国外存款的 1/3，转化为对外投资。特别增加对资源密集型和环境依赖型产业的海外投资和产业转移。

(5) 加快产业结构的存量调整，优化产业的空间结构

根据地区经济落差，推进产业梯度转移，避免污染转移，优化产业空间布局。

(6) 大力发展生产性服务业和科技服务业，优化企业发展的经济环境

全面落实《国务院关于加快发展生产性服务业促进产业结构调整升级的指导意见》，"重点发展研发设计、第三方物流、融资租赁、信息技术服务、节能环保服务、检验检测认证、电子商务、商务咨询、服务外包、售后服务、人力资源服务和品牌建设。"

全面落实《国务院关于加快科技服务业发展的若干意见》,"重点发展研究开发、技术转移、检验检测认证、创业孵化、知识产权、科技咨询、科技金融、科学技术普及等专业科技服务和综合科技服务,提升科技服务业对科技创新和产业发展的支撑能力。"

3. 实施"绿色工业议程",推动工业环境现代化,实现工业与环境的双赢

工业是自然资源采掘、加工和再加工的产业,必然与资源和环境紧密相关(图3-50)。20世纪60年代以来,环境问题受到全世界的关注,联合国先后提出了可持续发展和《21世纪议程》等新理念和新计划。中国政府高度关注环境问题,提出生态文明建设(专栏3-11)。可持续发展观、工业生态学和生态现代化理论等,可以为生态文明建设提供理论支撑。

图3-50 工业产品的生命周期

专栏3-11 生态文明建设

2007年中共十七大报告明确提出:"建设生态文明。基本形成节约能源资源和保护生态环境的产业结构、增长方式、消费模式。循环经济形成较大规模,可再生能源比重显著上升。主要污染物排放得到有效控制,生态环境质量明显改善。"2012年中共十八大报告指出:"建设生态文明,是关系人民福祉、关乎民族未来的长远大计。"……"把生态文明建设放在突出地位,融入经济建设、政治建设、文化建设、社会建设各方面和全过程,努力建设美丽中国,实现中华民族永续发展。"

20世纪80年代以来,美国采用工业生态学和欧洲采用生态现代化理论,经济发展与环境退化绝对脱钩,环境质量大幅改善,自然生态系统进入良性循环。《中国现代化报告2007》系统介绍了生态现代化理论和工业生态学的有关原理,提出了中国生态现代化的路线图(专栏3-12)。根据发达国家的经验和中国国情,改善工业环境有多种路径(表3-122)。

专栏3-12 中国生态现代化路线图

依据综合生态现代化原理,协调推进绿色工业化、绿色城市化、知识化、轻量化、低碳化、绿色化和生态化,迎头赶上发达国家生态现代化水平;在2050年达到生态现代化的世界中等水平,实现经济增长与环境退化的绝对脱钩,生态现代化水平进入世界前40名;在21世纪后50年,实现经济与环境的互利耦合,达到生态现代化的世界先进水平,生态现代化水平进入世界前20名,实现全面生态现代化。

资料来源:中国现代化战略研究课题组,中国科学院中国现代化研究中心,2007.

表 3-122　改善工业环境的主要途径

编号	主要途径	主要内容	注
1	降低资源密度	降低自然资源、能源和矿产资源的利用强度	绿色发展
2	提高资源利用效率	提高资源生产率,提高资源利用效率	绿色发展
3	减少废物产生和排放	减少废物生产和排放,鼓励"零排放"	减少新增
4	提高废物处理率	提高工业和服务经济的废物处理率,有毒废物无害化	减少新增
5	提高循环利用率	发展循环经济,提高工业原料和产品的循环利用比例	绿色发展
6	提高可再生能源比例	发展绿色能源,减少化石能源的消耗	绿色发展
7	污染治理工程	实施污染治理和传统工业改造工程,清除遗留环境污染	清除污染
8	发展绿色技术	发展绿色技术、清洁生产技术、工业生态学	绿色发展
9	发展环保产业	发展环保产业,为绿色发展提供产业支持	绿色发展
10	鼓励绿色消费	提倡和鼓励绿色消费,降低服务经济的能耗和废物排放	绿色发展

根据生态现代化理论和国际经验,我们提出五条建议(表 3-123),供大家讨论。

表 3-123　改善工业环境的政策建议

编号	政策建议	主要内容	注
1	绿色工业议程	转变工业发展模式,走绿色发展道路,实现工业与环境双赢	减少新增污染
2	严把环境海关	严把海关进口检验关,坚决杜绝污染进口	减少新增污染
3	环境成本核算	继续推广企业和经济环境核算,绿色 GDP	减少新增污染
4	发展循环经济	继续发展绿色技术、环保产业和循环经济	减少新增污染
5	继续治理环境	实施污染治理和传统工业改造工程,清除遗留环境污染	清除已有污染

(1) 实施"绿色工业议程",走绿色发展道路,推动工业发展与环境退化的脱钩

坚持环境友好原则,走绿色发展道路,实现工业与环境的良性互动,是生态文明建设的必然要求。新型工业化是工业发展的一种新模式,它要求工业化与信息化融合、工业化与绿色化融合、工业化与农业现代化协调发展(专栏 3-13)。全面推广工业生态学和生态现代化原理,走绿色工业化道路,降低新建工业的环境压力,是新型工业化的重要内容。

> **专栏 3-13　新型工业化**
>
> 《中国现代化报告 2005》提出了中国经济现代化路线图,建议在 2030 年前后全面完成新工业化和信息化;实现工业化模式的战略转变。相对于传统工业化,中国新工业化具有六个新特点。
> - 工业化和农业现代化协调发展,走工农业协调发展的新工业化之路;
> - 工业化和生态环境保护协调发展,走绿色工业化之路;
> - 工业化和信息化协调发展,走智能化的工业化之路;
> - 高技术和适用技术协调发展,走高质量的工业化之路;
> - 工业化和全球化协调发展,走面向全球市场的工业化之路;
> - 工业化和工业转移协调发展,促进从工业化向知识化的转型。

绿色发展道路的原则是:高效低耗、高品低密、高标低排、无毒无害、清洁健康等,实现绿色工业化、绿色城市化和环境保护的互利耦合,达到发展和环保双赢的目的。

建议研制和实施"绿色工业议程",实现工业与环境的双赢(专栏 3-14)。

专栏 3-14　"绿色工业议程"建议书

人类从诞生开始,就生活在自然环境之中。自然环境为我们提供了生命支持、物质和文化服务。没有自然环境,就没有人类文明。但是,随着工业发展和人口增长,如果按照传统发展模式,人类需求将逐步逼近自然环境的承载极限,自然环境有可能发生不可逆退化,人类生存环境有可能持续恶化。20 世纪 80 年代以来,欧美国家普遍采用工业生态学和生态现代化原理,采用预防和创新原则,通过绿色技术创新、绿色制度创新和经济结构调整(结构生态化),推动经济增长与环境退化脱钩,实现经济与环境双赢和生态系统良性循环。

20 世纪 70 年代以来,中国政府非常关注环境问题,制定和实施了一批环境法规,例如,颁布《环境保护法》和《全国生态环境保护纲要》,提出了新型工业化战略等。2012 年中共十八大报告提出:"把生态文明建设放在突出地位,融入经济建设、政治建设、文化建设、社会建设各方面和全过程,努力建设美丽中国,实现中华民族永续发展。"

建议实施"绿色工业议程",实现工业与环境的双赢,工业环境质量达到发达国家水平。

(一) 总体目标

力争用 30 年时间(2015~2045),工业环境影响主要指标接近发达国家平均值,工业环境管理主要指标达到发达国家平均值,工业环境质量达到发达国家水平;自然生态系统恢复良性循环,工业生态文明达到世界先进水平。

1. 工业环境影响目标

(1) 人均工业 CO_2 排放达到发达国家平均值。

(2) 工业有机废水排放密度和工业固体废物密度接近发达国家平均值。

(3) 自然资源、矿产资源和能源消耗占国民收入比例接近发达国家平均值。

2. 工业环境管理目标

(1) 全国 PM 2.5 平均浓度达到发达国家平均值。

(2) 全国工业废水和废物处理率基本达到 100%。

(3) 单位工业增加值的能耗、电耗和水耗达到发达国家平均值。

(二) 主要措施

实施"绿色工业议程",需要全社会的大力支持,需要政府和企业的全面合作。

1. 宏观层次的措施

(1) 继续实施新型工业化战略,促进绿色技术创新,走绿色工业化道路,降低新增环境压力。

(2) 编制《中国资源和环境法典》,推进绿色制度创新,完善资源和环境法规。完善资源有偿使用制度、生态补偿制度、生态环境保护责任追究制度、环境损害赔偿制度;建立、健全低碳产品标识、能效标识、再生产品标识与低碳认证、节能产品认证等制度。建立关键资源的消费和占用的累进税制,完善清洁生产和循环经济的税收政策。

(3) 提高环境执法能力,全面加强环境监管。建立市场准入与退出机制,严格执行新建项目的环境评价制度,逐步淘汰高污染和高能耗的落后技术和产能。

(4) 促进传统工业流程再造,降低工业废物排放和工业污染。

(5) 继续推进循环经济,降低资源消耗,建设资源节约型经济。

(6) 继续实施污染治理工程,逐步清除重点地区和重点产业的污染遗留。

> 2. 微观层次的措施
> (1) 新建工业项目必须进行环境影响评价。
> (2) 新建工业项目的"三废"排放,必须达到国家环境管理标准。
> (3) 新建工业项目的园区环境,必须达到国家环境质量标准。
> (4) 新建工业项目的废物处理和有毒有害物品管理,必须符合国家规定。
> (5) 新建工业项目的原料采购、生产工艺和产品包装等,必须符合国家标准。
> (6) 环境风险较大的新建项目,必须建立环境质量监测和环境档案。
> (7) 鼓励新建工业项目,采用清洁能源、清洁生产、绿色工艺、面向环境的设计、生命周期评价、环境质量认证、环保产业认证和环保产业标志等。
> (8) 鼓励新建工业项目,采用轻量化、绿色化和生态化的发展战略。
> (9) 鼓励企业采用工业生态学原理,建立全面环境质量管理等。
>
> (三)重大行动
> 实施"绿色工业议程",需要采取若干重大行动计划。
> (1) 建立环境质量责任制和环境损失20年期内追究制。
> (2) 制定和实施污染总量控制计划、能耗总量控制计划。
> (3) 建设一批清洁生产示范项目和绿色工业园区。
> (4) 继续开展碳排放权、排污权、水权交易试点。
> (5) 建立环境信息和污染企业定期公布制度。
> (6) 研制国家资源安全和能源安全战略。

(2) 严把海关进口检验关,坚决杜绝污染进口

全国各级海关严把进口检验关,坚决制止和杜绝各种类型的污染物进口。

(3) 研究和实施环境成本核算,明确环境责任

继续推广企业和经济环境核算,建立和完善绿色GDP核算制度。

(4) 发展环保产业和循环经济

环保产业可以分为四个方面。第一,鼓励废物资源利用和可再生能源的发展。第二,鼓励环保技术开发、环保技术服务和商业服务的发展。第三,促进生产和提供环保产品和服务的企业的发展。第四,鼓励环保工业园的发展。所有环保产业,需要提高自身的资源生产率,降低能耗、物耗和废物排放。

循环经济产业的发展,可以分四个方面。第一,鼓励企业提高废物的再利用、再制造和再循环。第二,鼓励废物收集服务业的发展,鼓励建立废物分类回收站点和废物回收网。第三,鼓励废物综合利用企业的发展。第四,鼓励循环经济园和生态工业园的发展等。

(5) 继续实施污染治理和传统工业改造工程,清除历史遗留的环境污染。

继续实施重点地区和重点产业的环境污染综合防治工程。首先,在传统工业和污染工业集中的地区和流域,实施污染治理工程,清除历史遗留环境污染,并控制和减少新的污染。其次,传统工业,特别是资源密集、能源密集和污染密集的传统工业,需要进行工业流程的环保再造,以控制和降低工业污染。其三,继续实施污染总量控制和排放许可证制度。其四,建立有毒物和污染物排放的企业档案和企业排行榜,并定期向社会公布。

本章小结

中国工业现代化是一种后发追赶型工业现代化。本章关于中国工业现代化的时序分析、截面分析和过程分析,加深了对中国工业现代化的理性认识。关于中国工业现代化的战略分析,可以为制定中国工业现代化政策提供参考。

1. 中国工业生产的事实和前景

首先,工业资源。2010年,中国人均石油资源、人均天然气资源、人均铁矿资源、人均铜矿资源都低于世界平均值,其中,人均石油资源和人均天然气资源均为世界平均值的5%和8%。21世纪,中国人均工业资源继续下降,工业资源压力继续增加。

其次,工业投入。1970年以来,工业劳动力比例上升了约1.8倍。1970年到2010年期间,矿产资源消耗占GNI比例上升了10倍,森林资源消耗占GNI比例下降了约8%,自然资源消耗占GNI比例和能源资源消耗占GNI比例在波动。2010年,制造业劳动力比例达到经济中等发达国家水平。21世纪,中国工业劳动力总量和比例会下降,采矿业、制造业和建筑业劳动力比例可能下降等。

其三,工业效率。在1960～2010年期间,中国工业增加值提高了约93倍,工业劳动生产率提高了36倍多。在1970～2010年期间,单位工业增加值能源消耗下降为原来的11%,单位工业增加值电力消耗下降为原来的39%。2010年,人均制造业增加值接近经济中等发达国家水平;工业劳动生产率、制造业劳动生产率和人均工业增加值达到经济初等国家水平。中国工业劳动生产率约为世界平均值的70%,约为高收入国家平均值的17.5%;中国人均制造业增加值约为世界平均值的1.2倍,约为高收入国家平均值的32%。21世纪,工业劳动生产率的国际差距有可能先扩大后缩小等。

其四,工业结构。根据统计数据,2010年中国经济结构与发达国家相比,具有如下特点:① 农业增加值比例过高,服务业增加值比例过低,工业增加值比例是发达国家的2倍左右;② 农业劳动力比例过高,服务业劳动力比例过低,工业劳动力比例与发达国家相当;③ 工业部门产业结构:采矿业增加值比例过高,公共事业和建筑业增加值比例与发达国家相当,制造业增加值比例高于发达国家;④ 制造业的技术结构:高技术增加值比例、中技术增加值比例和低技术增加值比例与发达国家相当;⑤ 贸易结构:高技术出口比例和中低技术出口比例与发达国家相当,中高技术出口比例低于发达国家,低技术出口比例高于发达国家;⑥ 工业部门就业结构:采矿业劳动力比例过高,制造业、公共事业和建筑业劳动力比例与发达国家相当。21世纪工业比例将会下降,工业结构将会不断演变。

2. 中国工业经济的事实和前景

首先,工业供给。1960年以来,耐用品供给提升幅度较大,人均铝产量提高了97倍;非耐用品供给也有所提高,人均化肥和人均原糖产量分别提高了15倍和12倍;人均电力产量提高了近35倍;人均原油、人均煤炭和人均天然气产量分别提高了18.5倍、3.1倍和3.5倍。2010年人均水泥产量达到经济中等发达国家水平,人均电力产量、人均钢铁产量、人均汽车产量达到经济初等国家水平。人均电力产量与世界平均水平相当,人均天然气产量和人均原油产量为世界平均值的15%和28%。21世纪,人均汽车产量和人均电力产量将有较大增长。

其次,工业流通。1985年以来,人均制造业出口值和制造业出口比例分别提高了159倍和2.5倍;人均航空运输量和人均铁路货运量分别提高了32.5倍和1.4倍。中国技术产品出口结构发生变化,1990年以来,中国低技术产品出口比例下降了40%,高技术产品出口比例提高了1.8倍,人均高技术出口值提升了近48倍。2000年以来工业产品平均关税下降了约50%。2010年,高技术产品出口比例、制造业出口比例达到经济发达国家水平,人均公路货运量、人均航空货运量达到经济中等国家水平,人均制造业出口、人均高技术出口、人均中高技术出口、工业产品平均关税达到经济初等国家水平。

其三,工业需求和消费。1970年以来,耐用品和非耐用品人均消费水平明显提高。就耐用品而言,1990年以来,千人汽车拥有量提高了61倍。就非耐用品而言,1970年以来,人均糖消费和人均化肥消费分别提高了2倍和7倍。1970年中国原油供给与消费基本持平,2010年原油消费与原油产量之比接近2倍。在1970~2010年期间,人均天然气消费提高了25倍,人均煤炭消费提高了5倍。2010年,中国人均原油消费和人均天然气消费仅为世界平均水平的52%和16%,中国人均电力消费与世界平均水平相当。人均化肥消费达到经济发达水平,人均电力消费、人均水泥消费和人均钢铁消费达到经济中等发达水平,人均原糖消费和人均天然气消费仍停留在经济欠发达水平。21世纪,人均原糖消费和人均原油消费会进一步提升。

其四,工业竞争力。1985年以来,中国制造业出口占全球制造业出口比例提高了22倍,人均制造业出口与全球人均制造业出口之比提高了23倍。2000年以来,中国高技术产品出口占全球高技术出口比例提高了3.9倍,人均高技术出口与全球人均高技术出口之比提高了5.9倍。2010年工业竞争力指数处于经济初等发达水平。21世纪工业竞争力将会提高。

3. 中国工业环境的事实和前景

首先,工业生态环境。1990年以来,工业NO排放比例和人均工业NO排放量先升后降。2005年以来,工人人均有机废水排放量下降了2%。2010年,中国单位工业增加值有机废水排放量、废水处理率仍处于经济初等发达水平。21世纪,人均CO_2排放量、单位工业增加值固体废物将会经历先上升后下降的变化过程,废水处理率会不断提升。

其次,工业社会环境。1960年到2010年之间,平均预期寿命提高了72%。1970年以来,中学入学率和大学入学率分别提高了近2倍和176倍。1960年以来,人均GDP上升了47倍。1960年以来,城市化率提高了2倍,人均铁路里程提高了40%。移动通信普及率由2000年的6.7%上升到2010年的64%。2010年,中国平均预期寿命、人均能源消费、电力普及率达到经济中等国家水平,城市人口比例、中学入学率、大学普及率、安全饮水普及率、卫生设施普及率、互联网普及率仍为经济初等国家水平。21世纪,中国平均预期寿命、城市人口比例、中学入学率、大学普及率、互联网普及率等指标将会继续提升。

4. 中国工业要素的事实和前景

首先,工业技术。1985年以来,全要素生产率提高了40%。1995年以来,企业R&D经费占工业增加值比例提高了20%。1985年到2009年间,企业申请专利比例提高了1.7倍。2005年以来,人均信息和通信技术出口提高了1.0倍。1960年以来,人均知识产权转让收入提高了5.0倍,人均知识产权转让支出提高了1.4倍,但人均知识产权转让收入一直低于知识产权转让支出。2010年,中国专利拥有比例和人均信息和通信技术出口高于世界平均值,已达到经济中等国家水平。全要素生产率、企业科研投入比例、企业科技人员比例、人均知识产权转让支出、人均信息和通信技术出口仍停留在经济初等发达国家水平。21世纪,中国企业科研投入比例、企业科技人员比例、机器人使用比例会继续增长。

其次,工业企业、劳动力和制度。1995年以来,中国上市公司数目提高了5倍。2000年以来,国际质量标准认证(ISO)企业比例提高了49%,提供员工培训企业比例下降了7%,接受过高等教育的劳动力比例提高了1.4倍,接受过中学教育的劳动力比例上升了12%。2010年,中国ISO认证企业比例、接受过中等教育的劳动力比例已达到经济中等国家水平。出口通关所需时间、营商环境指数等指标仍为经济初等国家水平。21世纪,企业申请专利比例、接受过高等教育的劳动力比例将会提高,工业劳动力素质将会提升,工人人均工资将会增加,工业制度将会完善。

5. 中国工业现代化的基本事实

中国工业现代化的发端,可以追溯到19世纪中后期,大致可以以1860年为起点。19世纪后期以来,中国工业现代化大致分为三个阶段:清朝后期的工业现代化起步、民国时期的局部工业现代化、新中国的全面工业现代化。

2010年,中国属于工业初等发达国家。2010年中国第一次工业现代化指数为65,排名世界第57位;第二次工业现代化指数为38,排名世界第52位;中国综合工业现代化指数为34,排名世界第59位。

2010年,中国工业四大方面指标的水平大致是:3.4%的指标达到工业发达水平,19.3%的指标为中等发达水平,67.0%的指标为初等发达水平,10.2%指标为欠发达水平。

2010年,工业生产指标,中国与高收入国家的相对差距超过5倍的指标有2个,超过2倍的指标有4个,超过1倍的指标有1个;工业经济指标,中国与高收入国家的相对差距超过5倍的指标有1个,超过2倍的指标有4个,超过1倍的指标有2个;工业环境定量指标,中国与高收入国家的相对差距超过5倍的指标有1个,超过2倍的指标有1个,超过1倍的指标有2个;工业要素定量指标,中国与高收入国家的相对差距超过10倍的指标有3个,超过2倍的指标有1个,超过1倍的指标有3个。

2010年,工业劳动生产率,美国和加拿大是中国的7倍多,德国、英国、法国、日本、澳大利亚是中国的5倍多,意大利是中国的4倍多;人均电力供给,美国和加拿大是中国的4倍多,德国、法国、日本、澳大利亚和俄罗斯是中国的2倍多,英国和意大利是中国的1倍多;人均制造业出口,德国是中国的10多倍,法国、意大利和加拿大是中国的5倍多,美国、英国和日本是中国的2倍多;人均钢铁消费,日本是中国的1倍多,美国、英国、法国、澳大利亚、意大利、加拿大和俄罗斯均低于中国。

如果按工业劳动生产率、工业增加值比例和工业劳动力比例指标的年代差的平均值计算,2010年中国工业水平,比德国、荷兰、英国和法国大约落后100多年,比美国、丹麦、意大利大约落后80多年,比瑞典、挪威、奥地利、西班牙和日本落后约60多年。

6. 中国工业现代化的主要特点

其一,中国工业现代化是一种后发追赶型工业现代化。其二,中国工业现代化是一种工业化与城市化分离型的工业现代化。其三,中国工业现代化是一种"以农养工"的工业现代化。其四,中国工业现代化的工业转型的协调性逐步提高。其五,中国工业现代化的政策发生多次重大转变。其六,中国工业现代化经历了由进口替代向出口导向的发展阶段。其七,中国工业现代化由封闭经济向经济全球化迈进。其八,中国工业投资从计划投资向资本市场迈进。其九,中国工业现代化具有地区多样性和不平衡性。

7. 中国工业现代化的前景分析

21世纪中国工业现代化的路径,将是综合工业现代化路径,将是两次工业现代化的协调发展,并持续向第二次工业现代化转型。工业发达地区可以采用第二次工业现代化路径,其他工业地区可以分别采用第一次工业现代化路径或综合工业现代化路径等。

在2030年前后,中国有可能完成第一次工业现代化,达到20世纪70年代的工业发达国家的平均水平;在2050年前后,达到世界工业中等发达水平,基本实现工业现代化。

2010年中国工业为初等发达水平。根据世界经验估算,在未来40年里,工业初等发达水平升级为中等发达水平的概率约为30%;在未来80年里,工业初等发达水平升级为发达水平的概率约为6%。由此可见,简单借鉴发达国家的工业现代化经验,中国很难在21世纪达到世界工业的先进水平。这是一个巨大挑战。

8. 中国工业现代化的路线图

中国工业现代化的路线图是中国工业现代化的战略目标和基本路径的一种系统集成。

中国工业现代化路线图的基本思路是：依照综合工业现代化原理，采纳两次工业现代化的精华，避免两次工业现代化的误区；坚持"质量优先、创新驱动和环境友好"三个原则，实施三个行动议程，重点推进工业质量现代化、工业结构现代化和工业环境现代化；加速从传统工业向现代工业和智慧工业的转型，迎头赶上工业现代化的世界先进水平。

- 第一步，在2030年前后完成第一次工业现代化，建设工业质量强国。
- 第二步，在2050年前后基本实现工业现代化，建设工业创新强国。
- 第三步，在21世纪末全面实现工业现代化，建设世界领先工业强国。

中国工业现代化的基本路径是：瞄准世界工业的未来前沿，两次工业现代化协调发展，并持续向第二次工业现代化转型；大力推进工业自动化、信息化、智能化、绿色化、服务化和国际化，推动工业结构向高端市场和核心技术的上行演化，大幅度提高工业质量和工业效益，降低工业能耗和"工业三废"排放，提高工业国际竞争力和国际地位，迎头赶上工业现代化的世界先进水平；在2050年建成工业创新强国，在21世纪末建成世界领先工业强国，工业质量、工业结构、工业环境、工业制度和工业技术等达到当时的世界先进水平。

中国工业现代化需要全面推进，未来30年可以重点突破三个方面：

（1）坚持质量优先原则，推动工业质量现代化，建设工业质量强国

- 实施"中国质量十年议程"，建设"工业质量强国"；
- 编制《中国工业质量法典》，完善质量法规体系，夯实工业质量的法律基础；
- 提高法律执行力，保障生产者和消费者合法权益，提高工业质量的社会基础；
- 健全职工技能体系，优化职业培训体系，提高工业质量的技能基础；
- 加快技术新陈代谢，定期淘汰落后技术，提高工业质量的技术基础。

（2）坚持创新驱动原则，推动工业结构现代化，建设"工业创新强国"

- 实施"工业创新议程"，建设工业创新强国和绿色制造强国；
- 把握新科技和新产业革命的机遇，建设"生物经济强国"；
- 启动"高端产品进口替代工程"，带动产业和市场升级；
- 适度增加对外投资，把部分外汇存款变为对外投资；
- 加快产业结构的存量调整，优化产业的空间结构；
- 大力发展生产性服务业和科技服务业，优化企业发展的经济环境。

（3）坚持环境友好原则，推动工业环境现代化，实现工业与环境的双赢

- 实施"绿色工业议程"，走绿色发展道路，推动工业发展与环境退化的脱钩；
- 严把海关进口检验关，坚决杜绝污染进口；
- 研究和实施环境成本核算，明确环境责任；
- 继续大力发展环保产业和循环经济；
- 继续实施污染治理和传统工业改造工程，清除历史遗留的环境污染。

21世纪，中国工业现代化的机遇和挑战，来自国内和国际，都是空前的。

中国工业的世界声誉，要实现三次跨越：中国质量、中国标准、中国设计。

实现工业现代化，需要政府和企业的通力合作，需要全社会的共同努力。

下 篇

世界和中国现代化评价

"人不能两次踏入同一条河"。变化是永恒的存在。通过对世界现代化进程的客观评价,可以动态监测世界和中国现代化进程。在《中国现代化报告》中,我们提出了国家、地区、经济、社会、文化、生态和国际现代化的评价方法,建立了世界现代化指数(图Ⅰ)。

图Ⅰ 现代化评价的结构

注:现代化水平评价主要反映国家现代化的实际进展和国际相对水平,现代化监测评价主要反映国家现代化的政策目标的实际进展,现代化诊断评价反映国家现代化过程中的优劣和得失;第一次现代化指数主要反映工业化和城市化的实际水平,第二次现代化指数主要反映知识化和信息化的实际水平,综合现代化水平指数主要反映现代化水平的国际相对差距;各领域的现代化评价,反映该领域现代化的实际进展和国际相对水平;本报告不包含政治和国防等的现代化,这些内容需要专门研究。

世界现代化指数主要反映世界现代化在经济、社会、知识和环境等领域的综合成就和相对水平。事实上,现代化不仅包括经济、社会、知识和环境领域的变化,也包括政治等各个领域的变化。所以,世界现代化指数,只是反映了现代化的部分内容,而不是全部内容。此外,统计机构有时会对历史数据进行调整,有些指标的数据不全,这些对评价结果产生一些影响。

本报告采用何传启提出的第一次现代化评价模型、第二次现代化评价模型第一版和第二版、综合现代化评价模型第一版和第二版,对2010年、2011年和2012年的世界131个国家和中国34个地区进行评价。本报告主要反映2012年的评价结果,其他见附录。

第四章 工业现代化四十年

一般而言,工业现代化指18世纪以来工业部门发生的一种深刻变化,它包括从手工工业向机械化、电气化工业,从机械化、电气化工业向知识化、绿色化工业的两次转变,工业在国民经济中的比例经过先升后降的过程,工业生产方式和观念的变化,工业技术水平、工业劳动者素质和工业国际竞争力的提高,工业产业结构的变化以及国际社会地位的变化等;它既是一个历史过程,从18世纪到21世纪末的工业现代化包括第一次工业现代化和第二次工业现代化两大阶段;又是一场国际竞赛,包括追赶、达到和保持世界先进水平的国际竞赛,以及国内工业效率、工业结构、工业制度和工业观念的变化。

本报告第一章分析了过去300年工业现代化的特点,它是以单指标分析为基础的。诚然,工业现代化研究不能只见树木不见森林。人类工业是一个整体,工业现代化是一个有机整体。为了把握工业现代化的整体趋势和现实水平,需要对工业现代化进行评价。如果能对工业现代化全过程进行评价,就非常有意义。遗憾的是,工业现代化早期的数据非常有限和不完整,没有办法对过去300年的工业现代化进行评价。本章重点对过去40年(1970~2010年)的工业现代化进程进行评价。"工业现代化指数"可以作为世界现代化指数的一个分指数。

第一节 世界工业现代化四十年

世界工业现代化的水平评价,包括第一次工业现代化指数、第二次工业现代化指数和综合工业现代化指数(表4-1),分别反映第一次工业现代化的实现程度、第二次工业现代化的实际进展以及不同

表4-1 工业现代化水平的评价指标

项目	第一次工业现代化评价	第二次工业现代化评价	综合工业现代化评价
评价目的	第一次工业现代化进展	第二次工业现代化进展	与世界水平的相对差距
评价尺度	第一次工业现代化指数	第二次工业现代化指数	综合工业现代化指数
工业效率指标 (劳动效率、资本效率、资源效率)	(工业效率) 工业劳动生产率 工业资本生产率 工业能源生产率	(工业效益) 制造业的劳动生产率 制造业劳动力的平均工资 单位工业增加值的电力消耗	(工业效益) 制造业的劳动生产率 工业劳动力的平均工资 单位工业增加值的能源消耗
工业质量指标 (技术水平、工人素质、工业竞争力)	人均工业资本 中学普及率 人均制造业出口	全要素生产率 受过高等教育的劳动力比例 人均高技术出口	开展科技活动的企业比例 大学普及率 人均高技术出口
工业转型指标 (宏观经济结构转型、工业经济结构转型)	工业与农业劳动力之比 工业与农业增加值之比 人均制造业增加值	工业与服务业劳动力之比 工业与服务业增加值之比 高技术出口占制造业出口比例	工业与农业劳动力之比 工业与服务业劳动力之比 高技术出口占制造业出口比例
工业环境指标(社会环境、生态环境)	城市人口比例 人均电力消费 人均GDP	互联网普及率 工业产品简单平均关税 废水处理率	城市人口比例 单位工业增加值有机废物排放量 国家空气质量

注:工业效率包括劳动效率、资本效率和资源效率,工业质量包括工业技术水平、工人素质提高和工业竞争力增强,工业转型包括工业外部的宏观经济结构转型和工业内部经济结构转型,工业环境包括社会环境和工业对生态环境的影响。有些指标是非线性的,会影响评价结果的连续可比性,但政策含义明显,如工业能源生产率、单位工业增加值的电力消耗等;工业劳动生产率和工业劳动力的平均工资等指标的部分指标数据缺失会对评价结果产生一定影响。工业现代化指数等于工业效率、工业质量、工业转型和工业环境指数的几何平均值,具体评价方法见技术注释。

国家与世界先进水平的相对差距。世界工业现代化进程的信号指标,可以判断工业现代化的发展阶段(表4-2),发展水平与发展阶段之间不能简单对应。本节先介绍世界工业现代化的2010年评价结果,后讨论世界工业现代化的四十年进程。

表4-2 世界工业现代化进程的信号指标和判断标准

第一次工业现代化			第二次工业现代化		注
信号指标	起步	完成	信号指标	起步	
工业劳动生产率	—	5500*	受过高等教育的劳动力比例	>20%	第一次工业现代化完成后再判断第二次工业现代化的启动
人均制造业增加值	—	500**	废水处理率	>50%	
工业与农业劳动力之比	>0.2	>5	工业与服务业劳动力之比	<0.6	
工业与农业增加值之比	>0.2	>5	工业与服务业增加值之比	<0.6	
第一次工业现代化指数	>10	>90	第二次工业现代化指数	>60	

注:详细标准见技术注释。① 根据3个信号指标判断第一次工业现代化启动,根据5个信号指标判断第一次工业现代化的完成,根据5个信号指标判断第二次工业现代化启动。② 第二次工业现代化评价基准值为发达国家2010年平均值,代表2010年世界先进水平。③ 在先行国家的工业现代化过程中,第一次工业现代化的典型特征是工农业劳动力之比从0.2左右上升到5以上,工农业增加值之比从0.2左右上升到5以上等;第二次工业现代化的典型特征是工业与服务业增加值之比从0.6左右下降到0.3以下,工业与服务业劳动力之比从0.6左右下降到0.4以下,同时知识劳动者比例上升等。详细的第一次工业现代化分段标准见技术注释附表g。目前,后进国家受先行国家的影响,工农业劳动力之比在没有达到5的时候就出现了波动和下降,知识性职业比重上升。工业劳动力比重经历上升和下降的过程,知识性职业比重的统计数据不全,目前不能用作评价指标和评价标准。

* 根据美元通货膨胀率换算后,工业劳动生产率的数据1970年为5523美元,1980年10 759美元,1990年为16 188美元,2000年为19 832美元,2005年为22 278美元,2010年为24 511元。

** 根据美元通货膨胀率换算后,人均制造业增加值的数据1970年为500美元,1980年974美元,1990年为1466美元,2000年为1795美元,2005年为2017美元,2010年为2219元。

在1970~2010年期间,参加评价国家有131个。由于部分指标没有数据,每年实际评价的国家样本不断变化(表4-3)。例如,2010年第一次工业现代化评价的有效样本为130个,第二次工业现代化评价的有效样本为101个,综合工业现代化评价的有效样本为91个。

表4-3 1970~2010年世界工业现代化评价

项目	1970	1980	1990	2000	2005	2010
完成第一次工业现代化的国家	5	12	16	24	28	34
其中:进入第二次工业现代化的国家	1	5	12	19	23	29
没有完成第一次工业现代化的国家	81	79	88	93	86	96
其中:基本完成第一次工业现代化的国家	13	12	7	7	7	12
处于传统农业社会的国家	22	17	15	15	9	10
国家有效样本:第一次工业现代化评价	86	91	104	117	114	130
第二次工业现代化评价	—	—	31	69	89	101
综合工业现代化评价	—	—	57	102	93	91

一、2010年世界工业现代化指数

1. 2010年世界工业现代化指数

(1) 2010年世界工业现代化的总体水平

2010年,完成第一次工业现代化的国家有34个,约占国家样本的26%;其中,进入第二次工业现代化国家有29个,约占国家样本的22%;没有完成第一次工业现代化的国家有96个,约占国家样本的74%。2010年完成和基本完成第一次工业现代化（第一次工业现代化指数大于80）的国家有46个，约占国家样本数的35%（表4-4）。2010年大约有10个国家属于传统农业社会，约占国家样本的8%（表4-3）。

表4-4 2010年世界工业现代化指数

分组	国家	第一次工业现代化指数	第二次工业现代化指数	综合工业现代化指数	国家	第一次工业现代化指数	第二次工业现代化指数	综合工业现代化指数
工业发达国家（22个）	荷兰	100	114	93	瑞典	100	102	98
	爱尔兰	99	113	95	比利时	100	101	92
	瑞士	100	112	95	德国	100	100	91
	英国	100	111	94	奥地利	100	97	89
	丹麦	100	109	98	芬兰	100	97	91
	以色列	100	109	97	加拿大	100	95	93
	新加坡	100	107	88	澳大利亚	100	92	85
	法国	100	106	93	西班牙	100	88	79
	日本	100	104	95	韩国	98	87	84
	挪威	100	104	96	匈牙利	99	83	72
	美国	100	102	92	意大利	100	81	81
中等发达国家（22个）	立陶宛	94	80	62	克罗地亚	90	65	54
	希腊	93	78	66	斯洛伐克	98	63	65
	新西兰	95	77	68	格鲁吉亚	38	61	19
	捷克	100	75	72	墨西哥	84	60	60
	拉脱维亚	88	73	56	哥斯达黎加	72	56	
	爱沙尼亚	99	72	70	罗马尼亚	80	56	49
	马来西亚	88	70	72	智利	86	54	56
	斯洛文尼亚	98	67	63	土耳其	76	54	48
	葡萄牙	97	67	60	阿根廷	86	51	60
	波兰	95	66	51	俄罗斯	84	51	47
	保加利亚	84	65	53	哥伦比亚	61	50	50
初等发达国家（21个）	巴西	80	47	63	泰国	65	37	48
	乌拉圭	78	44	39	约旦	78	37	47
	巴拿马	66	44	26	埃及	46	36	21
	摩尔多瓦	29	43	32	菲律宾	45	35	46
	多米尼加	66	41		厄瓜多尔	54	35	39
	委内瑞拉	81	41	56	萨尔瓦多	51	34	33
	突尼斯	64	39	42	摩洛哥	43	33	27
	南非	84	39	52	叙利亚	46	32	26
	秘鲁	60	38	38	危地马拉	43	32	25
	中国	65	38	34	尼日利亚	19	30	
	印度尼西亚	48	38	35				

（续表）

分组	国家	第一次工业现代化指数	第二次工业现代化指数	综合工业现代化指数	国家	第一次工业现代化指数	第二次工业现代化指数	综合工业现代化指数
欠发达国家（36个）	巴拉圭	42	29	30	科特迪瓦	14	14	20
	尼加拉瓜	34	29		加纳	24	13	
	纳米比亚	56	27	13	马达加斯加	9	12	
	玻利维亚	44	27	33	喀麦隆	26	12	18
	斯里兰卡	35	26	12	刚果共和国	45	12	19
	印度	29	24	24	贝宁	13	11	
	伊朗	52	24		孟加拉国	18	11	
	阿尔及利亚	69	23	31	赞比亚	25	11	
	也门共和国	25	21		几内亚	24	10	
	塞内加尔	18	17	13	马里	24	10	
	尼泊尔	11	17		多哥	14	10	
	乌干达	9	16		马拉维	10	10	
	巴基斯坦	25	15	11	尼日尔	8	10	
	莫桑比克	11	15		布基纳法索	10	10	
	津巴布韦	27	15	16	中非	9	9	
	肯尼亚	13	14	14	布隆迪	7	9	
	吉尔吉斯	33	14	19	埃塞俄比亚	6	8	
	卢旺达	9	14		柬埔寨	19	6	
其他数据不全的国家（30个）	沙特阿拉伯	100		38	越南	32		29
	科威特	88			莱索托	28		
	哈萨克斯坦	74		50	塔吉克斯坦	26		25
	博茨瓦纳	72		16	缅甸	24		
	黎巴嫩	69		59	乌兹别克斯坦	23		
	白俄罗斯	68		49	毛里塔尼亚	19		
	马其顿	64		30	巴布亚新几内亚	18		
	阿塞拜疆	60		18	刚果民主共和国	18		
	乌克兰	53		42	老挝	18		
	牙买加	51		23	厄立特里亚	15		
	亚美尼亚	46		27	坦桑尼亚	14		8
	阿尔巴尼亚	42		23	乍得	9		
	蒙古	42			海地	7		
	洪都拉斯	39		28	塞拉利昂	7		
	安哥拉	33			土库曼斯坦			

注：① 表中主要反映的是发达国家和部分统计数据比较完整的发展中国家的排名情况。② 部分指标，比如单位工业增加值的能源消耗、电力消耗和工业转型指标等是非线性指标，以OECD成员国和观察员等41国数据进行评价，由于发展中国家尚未进行到工业转型阶段，不参与评价。③ 根据第二次工业现代化指数分组：工业发达国家，第二次工业现代化指数大于80；中等发达国家，指数大于50小于80；初等发达国家，指数小于50大于30；欠发达国家，指数小于30。

根据第二次工业现代化指数分组，荷兰、爱尔兰等22个国家属于工业发达国家，立陶宛、希腊等22个国家属于工业中等发达国家，巴西等21个国家属于工业初等发达国家，巴拉圭等36个国家属于工业欠发达国家。

(2) 2010年世界工业现代化的前沿水平

2010年第二次工业现代化指数世界排名前10位的国家:荷兰、爱尔兰、瑞士、英国、丹麦、以色列、新加坡、法国、日本、挪威。美国排第11位,瑞典排第12位,德国排第14位。工业发达的特点如表4-5。

表4-5 2010年世界工业现代化的前沿

	指标和单位	瑞士	英国	法国	瑞典	美国	德国	日本
工业效益	制造业劳动生产率	158 928	74 877	70 480	125 851	120 496	83 656	99 690
	制造业劳动力的平均工资	—	—	3768	3564	4211	3860	—
	单位工业增加值的电耗	0.14	0.24	0.27	0.50	0.33	0.25	0.22
工业质量	全要素生产率(美国为基准)	0.704	0.787	0.768	0.76	1	—	0.6
	受过高等教育的劳动力比例	32.9	35.4	31.7	32.3	34.8	26.5	39.5
	人均高技术出口	5472	960	1534	1725	470	1938	958
工业转型	工业与服务业劳动力之比	0.30	0.24	0.30	0.26	0.21	0.41	0.36
	工业与服务业增加值之比	0.36	0.28	0.24	0.38	—	0.44	0.38
	高技术出口占制造业出口比例	25	21	25	14	20	15	18
工业环境	互联网普及率	84	85	80	90	74	82	78
	工业产品简单平均关税/(%)	0.6	1.9	1.9	1.9	3.0	1.9	2.1
	废水处理率	97	100	80	87	74	96	75

注:指标单位见附表1-1。

2010年综合工业现代化指数世界前10名的国家:瑞典、丹麦、以色列、挪威、爱尔兰、瑞士、日本、英国、加拿大、法国。

(3) 2010年世界工业现代化的末尾水平

- 2010年第一次工业现代化指数排世界后10位的国家:马达加斯加、乌干达、中非、卢旺达、乍得、尼日尔、海地、塞拉利昂、布隆迪、埃塞俄比亚。
- 2010年第二次工业现代化指数世界排名后10位的国家:几内亚、马里、多哥、马拉维、尼日尔、布基纳法索、中非、布隆迪、埃塞俄比亚、柬埔寨。
- 2010年综合工业现代化指数世界后10名的国家:喀麦隆、阿塞拜疆、津巴布韦、博茨瓦纳、肯尼亚、塞内加尔、纳米比亚、斯里兰卡、巴基斯坦、坦桑尼亚。
- 2010年处于传统农业社会的国家:马达加斯加、乌干达、中非、卢旺达、乍得、海地、塞拉利昂、布隆迪、埃塞俄比亚、土库曼斯坦。

(4) 2010年世界工业现代化的国际差距

2010年世界工业现代化的国际差距体现在三个方面。首先是工业指标的水平差距,请参考第一章的工业截面分析。其次是工业现代化的阶段差距,2010年世界工业前沿已经进入第二次工业现代化,同时有10个国家仍然是传统农业社会。其三是工业现代化的水平差距,国家工业现代化水平相差12到19倍(表4-6)。

表 4-6 2010 年世界工业现代化水平的国家差距

	第一次工业现代化指数	第二次工业现代化指数	综合工业现代化指数
最大值	100	114	98
最小值	6	6	8
平均值	56	47	51
极差(最大值－最小值)	94	108	90
标准差	33	33	27
相对差(最大值÷最小值)	17	19	12
变异系数(标准差÷平均值)	0.59	0.68	0.54

注：由于第二次工业现代化和综合工业现代化评价主要反映的都是发达国家和部分统计数据比较完整的发展中国家的情况,故这第二次工业现代化指数和综合现代化指数的平均值仅供参考。

(5) 2010 年世界工业现代化的国际追赶

首先,根据综合工业现代化指数的变化,分析国际追赶。

在 2000～2010 年期间,根据综合工业现代化指数的变化,有 52 个国家相对水平提高。

2010 年与 2000 年相比,有 44 个国家综合工业现代化指数上升,表明 44 个国家与世界先进水平的差距缩小;有 22 个国家综合工业现代化指数下降,表明 22 个国家工业现代化相对水平下降,与世界先进水平的差距扩大;有 16 个国家综合工业现代化指数没有显著变化,表明 16 个国家的工业现代化的相对水平没有变化。

在 1990～2010 年期间,有 41 个国家相对水平提高。2010 年与 1990 年相比,有 39 个国家综合现代化指数上升,有 8 个国家综合工业现代化指数下降,有 5 个国家综合工业现代化指数没有显著变化。

其次,根据工业现代化水平分组的变化(表 4-7),分析国际追赶。

表 4-7 世界工业现代化的国家地位的转移概率(马尔可夫链分析)

分组	国家数	发达	中等	初等	欠发达	国家数	发达	中等	初等	欠发达
	1970	1970～2010 年转移概率/(%)				1980	1980～2010 年转移概率/(%)			
发达	18	94	6	0	0	19	95	5	0	0
中等	12	33	33	33	0	15	20	47	27	7
初等	15	7	20	53	20	17	0	18	59	24
欠发达	32	0	6	22	72	30	0	0	17	83
	1990	1990～2010 年转移概率/(%)				2000	2000～2010 年转移概率/(%)			
发达	20	95	5	0	0	21	100	0	0	0
中等	15	13	60	27	0	17	6	76	18	0
初等	18	0	22	56	22	25	0	32	52	16
欠发达	32	0	0	19	81	34	0	3	12	85

注：1970～2000 年以第一次工业现代化指数进行国家分组；1970 年：发达国家>80,中等发达 35～80,初等发达 20～35,欠发达<20；1980 年：发达国家>90,中等发达 45～90,初等发达 25～45,欠发达<25；1990 年：发达国家>95,中等发达 55～95,初等发达 30～55,欠发达<30；2000 年：发达国家>98,中等发达 65～98,初等发达 35～65,欠发达<35。2010 年根据第二次工业现代化指数分组：发达国家>80,中等发达 50～80,初等发达 30～50,欠发达<30。受样本数量的影响,统计结果具有一定的系统误差。

在1970~2010年期间，

- 工业欠发达国家升级概率：22%升级初等发达国家，6%升级中等发达国家；
- 工业初等发达国家升级概率：20%升级中等发达国家，7%升级发达国家；
- 工业中等发达国家升级概率：33%升级发达国家；
- 工业发达国家降级概率：6%降级中等发达国家。

在1980~2010年期间，

- 工业欠发达国家升级概率：17%升级初等发达国家；
- 工业初等发达国家升级概率：18%升级中等发达国家；
- 工业中等发达国家升级概率：20%升级发达国家；
- 工业发达国家降级概率：5%降级中等发达国家。

在1990~2010年期间，

- 工业欠发达国家升级概率：19%升级初等发达国家；
- 工业初等发达国家升级概率：22%升级中等发达国家；
- 工业中等发达国家升级概率：13%升级发达国家；
- 工业发达国家降级概率：5%降级中等发达国家。

在2000~2010年期间，

- 工业欠发达国家升级概率：12%升级初等发达国家，3%升级中等发达国家；
- 工业初等发达国家升级概率：32%升级中等发达国家；
- 工业中等发达国家升级概率：6%升级发达国家。

在过去40年里，世界范围内的工业现代化产生了很大的进步。在1970~2010年期间，55%的中等发达国家升级为发达国家，59%的初等发达国家升级为中等发达国家，35%的欠发达国家升级为初等发达国家。

如果说，发达国家是相对现代化的国家，那么，其他国家（中等发达、初等发达和欠发达国家）就是相对非现代化的国家。在过去40年里，相对现代化国家降级为非现代化的国家的概率约为0，相对非现代化的国家升级为现代化国家的概率为4%~14%，升级的概率比降级的概率要大。

(6) 2010年世界工业现代化的不平衡性

世界工业现代化的不平衡性非常显著，集中反映在五个方面。

- 工业指标发展的不平衡，各项指标之间的差别很明显。
- 工业现代化进程的不平衡，29个国家进入第二次工业现代化，96个国家没有完成第一次工业现代化，10个国家仍然是传统农业社会（表4-3）。
- 工业现代化水平不平衡，国家工业现代化水平的相对差距为19倍。
- 工业现代化速度不平衡，有些国家快速增长，有些国家负增长。
- 工业现代化的地理不平衡，非洲仍然是最落后的地区。这与世界现代化的不平衡性是一致的。

(7) 2010年世界工业现代化的评价结果具有内部一致性

2010年世界工业现代化评价中，第一次工业现代化指数、第二次工业现代化指数和综合工业现代化指数相互显著正相关（表4-8），评价结果具有内部一致性。国家第一次工业现代化指数从6到100，第二次工业现代化指数从6到114，综合工业现代化指数从8到98。21个第一次工业现代化指数为

100 的国家,它们的第二次工业现代化指数从 75 到 114,综合工业现代化指数从 47 到 98。10 个第一次工业现代化指数为 20~30 的国家,它们的第二次工业现代化指数为 10~43,综合工业现代化指数为 15~36。由此可见,三种工业现代化是相互关联的,三种工业现代化评价是相互补充和逻辑自洽的。

表 4-8 工业现代化评价三种指数的相关性

项目	第一次工业现代化指数与第二次工业现代化指数	第一次工业现代化指数与综合工业现代化指数	第二次工业现代化指数与综合工业现代化指数
相关系数	0.903	0.880	0.953
相关显著性	非常显著	非常显著	非常显著

2. 2010 年世界工业现代化水平评价结果

(1) 2010 年世界第一次工业现代化评价结果

首先,2010 年有 34 个国家已经完成第一次工业现代化。在参加评价的 131 个国家中,瑞典等 21 个国家第一次工业现代化指数达到 100,全面完成第一次工业现代化;爱尔兰等 12 个国家第一次工业现代化指数为 90~99,基本实现第一次工业现代化;柬埔寨等 28 个国家第一次工业现代化指数低于 20,距离第一次工业现代化目标相差甚远。

其次,2010 年世界第一次工业现代化非常不平衡。在 131 个国家中,已经进入第一次工业现代化阶段的国家有 87 个,完成第一次工业现代化的国家有 34 个;还有 10 个国家处于传统农业社会时期。

其三,不同国家预期完成第一次工业现代化的时间相差很大。在 1990~2010 年期间,2010 年没有完成第一次工业现代化的 96 个国家中,有 66 个国家第一次工业现代化指数正增长。如果保持 1990~2010 年的平均年增长率,66 个国家完成第一次工业现代化所需要的时间从 20 年到 100 年以上。

其四,部分国家第一次工业现代化的国际差距在扩大。在 1990~2010 年期间,2010 年没有完成第一次工业现代化的 96 个国家中,有 6 个国家的第一次工业现代化指数是负增长,它们距离第一次工业现代化目标的差距在扩大。

其五,2010 年不同国家表现相差很大。在没有完成第一次工业现代化的国家中,2010 年与 2000 年相比,海地等 37 个国家第一次工业现代化指数的世界排名下降,中国等 35 个国家世界排名上升,马来西亚等 10 个国家排名没有变化。

(2) 2010 年世界第二次工业现代化评价结果

首先,2010 年有 29 个国家已经进入第二次工业现代化。在参加评价的 131 个国家中,有 29 个国家处于第二次工业现代化阶段,其中,11 个国家达到 2010 年第二次工业现代化的发达水平。

其次,2010 年世界第二次工业现代化的国际差距非常大。荷兰等 14 个国家第二次工业现代化指数超过 100,尼泊尔等 27 个国家第二次工业现代化指数低于 20。

其三,世界第二次工业现代化的国际差距在扩大。在 2000~2010 年期间,有 2 个国家的第二次工业现代化指数是负增长,它们距离世界工业先进水平的差距在扩大。

其四,不同国家达到 2010 年世界工业先进水平所需要的时间相差很大。如果保持 1990~2010 年的平均年增长率,15 个国家第二次工业现代化指数达到 2010 年的 100 所需要的时间超过 20 年。如果保持 2000~2010 年的平均年增长率,51 个国家第二次工业现代化指数达到 2010 年的 100 所需要的时间超过 10 年;世界平均需要 30 年。

其五,2010年国家表现相差很大。2010年与2000年相比,印度等33个国家第二次工业现代化指数的世界排名下降,格鲁吉亚等21个国家排名上升,中国等13个国家没有变化。

(3) 2010年世界综合工业现代化评价结果

首先,2010年世界工业现代化水平的国际差距明显。2010年有15个国家综合工业现代化指数超过90,它们依次是瑞典、丹麦、以色列、挪威、爱尔兰、瑞士、日本、英国、加拿大、法国、荷兰、美国、比利时、德国、芬兰;肯尼亚等6个国家综合工业现代化指数低于20。

其次,2010年国家工业现代化指标的表现非常不平衡。2010年没有一个国家综合工业现代化指数达到100,表明没有一个国家全部12个指标都达到参考值(高收入国家平均值),工业指标的发展是不均衡的。

其三,2010年国家表现差别明显。2010年与2000年相比,俄罗斯等33个国家综合工业现代化指数的世界排名下降,日本等17个国家的排名没有变化,罗马尼亚等32个国家的排名上升。

二、1970~2010年世界工业现代化进程

20世纪后30年是世界工业现代化的"黄金时代"。在此期间,部分国家完成了第一次工业现代化并先后进入第二次工业现代化;部分国家没有完成第一次工业现代化,但已经引进了第二次工业现代化;同时有些国家工业现代化出现负增长和倒退,有些国家仍然是传统农业社会。我们对过去40年的工业现代化进行了评价。

1. 过去40年世界工业现代化的主要特点

(1) 过去40年世界工业现代化的方向发生重大转折

在第一章进行工业时序和截面分析时发现,20世纪后30年是世界工业现代化的转折时期,发达国家工业现代化,从工业劳动力比重上升到比重下降、从物质社会到非物质化社会(服务社会和信息社会)、从普及义务教育到普及高等教育、从环境污染到绿色环保等。过去40年工业现代化评价,同样证明了这一革命性变化。具体表现如下:

- 发达国家和部分中等发达国家的工业劳动力比重,先后发生连续下降。
- 发达国家和部分中等发达国家的工业增加值比重,先后发生连续下降。
- 发达国家和部分中等发达国家的制造业劳动力比重,先后发生连续下降。
- 发达国家信息化和知识化快速推进,互联网普及率超过80%,大学普及率超过70%。
- 发达国家绿色生产和绿色消费快速发展,能源效率2010年比1970年提高4~28倍。
- 过去40年世界工业现代化方向发生的改变还表现在:从要素驱动转变为创新驱动;企业发展模式发生重大变化,比如信息化、智能化对工业生产产生重大影响;企业管理模式由刚性、垂直的结构转变为柔性、网络化甚至虚拟结构;国际制造业的分工发生重大变化,中低端制造业逐渐转移到发展中国家等。

(2) 过去40年世界工业现代化取得巨大成就

在过去40年里,世界工业现代化取得巨大进展。全面完成第一次工业现代化的国家从5个上升到34个,进入第二次工业现代化的国家从1个上升到29个(图4-1)。

(3) 过去40年世界工业现代化具有阶段性和不平衡性

在过去40年里,不同国家的工业现代化进程都具有阶段性,比较落后的国家从传统农业社会到第一次工业现代化;比较发达的国家先后进入第二次工业现代化(表4-3)。

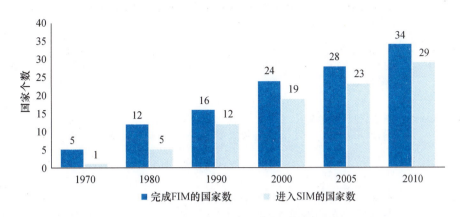

图 4-1　1970~2010 年世界工业现代化进程

从 1970 年到 2010 年,世界工业现代化的发展都是不平衡的。在 1970~1980 年,走在世界现代化前列的国家已经完成第一次现代化,最不发达国家仍然处于传统农业社会。在 1990~2010 年,走在世界现代化前列的国家已经达到 2010 年第二次工业现代化的发达水平,最不发达国家仍然处于传统农业社会。

(4) 过去 20 年世界工业现代化的国际差距在波动

在 1990~2010 年期间,乌拉圭等 10 个国家综合工业现代化指数下降,低收入国家和世界平均综合工业现代化指数下降,这些国家与世界先进水平的差距在扩大。在过去 20 年里,第二次工业现代化指数和综合工业现代化指数的国际差距在波动(表 4-9)。

表 4-9　1990~2010 年世界工业现代化的国际差距

项目	第二次工业现代化指数				综合工业现代化指数			
	1990	2000	2005	2010	1990	2000	2005	2010
最大值	96	100	108	114	98	100	95	98
最小值	15	6	6	6	5	2	4	8
平均值	55	45	44	47	51	44	47	51
极差	81	94	102	108	93	98	91	90
标准差	19	29	32	32	29	30	28	27
相对差	6.4	17	18	19	20	50	24	12
变异系数	0.35	0.64	0.72	0.70	0.57	0.69	0.59	0.54

(5) 过去 40 年不同国家工业现代化的表现差别非常大

在过去 40 年里,不同国家工业现代化的表现相差很大。这种差别既反映在每年的工业现代化指数的变化上,更体现在国家工业现代化水平的级别的变化上。有些国家从工业发达国家降级为中等发达国家,有些国家从工业欠发达国家升级为初等发达国家,有些国家从初等发达国家升级为中等发达国家,有些国家从中等发达国家升级为工业发达国家。

在 1970~2010 年期间,国家工业地位变化发生了 114 次,其中,升级 47 次,降级 16 次(表 4-10)。

表 4-10 1970～2010 年工业现代化分组升级和降级的国家

年	发达组	中等发达组	初等发达组	欠发达组
1970～1980	降级：无	升级：新加坡、西班牙、科威特 降级：无	升级：墨西哥、伊朗、韩国、约旦 降级：无	升级：马来西亚、刚果共和国、阿尔及利亚、萨尔瓦多、巴拉圭、洪都拉斯、津巴布韦、危地马拉、土耳其、摩洛哥、泰国
1980～1990	降级：科威特	升级：爱尔兰、希腊 降级：牙买加	升级：哥斯达黎加、土耳其 降级：刚果共和国、叙利亚、萨尔瓦多、多米尼加、尼加拉瓜、玻利维亚、洪都拉斯、津巴布韦、危地马拉	升级：巴西
1990～2000	降级：无	升级：韩国、葡萄牙 降级：俄罗斯、保加利亚、乌克兰	升级：秘鲁、牙买加、博茨瓦纳、巴拿马 降级：摩尔多瓦	升级：印度尼西亚、萨尔瓦多、叙利亚、玻利维亚、中国、危地马拉
2000～2010	降级：无	升级：捷克、斯洛伐克、匈牙利、爱沙尼亚、波兰、克罗地亚、立陶宛 降级：牙买加	升级：哥伦比亚、俄罗斯、哈萨克斯坦、泰国、突尼斯、保加利亚、纳米比亚、罗马尼亚、中国、阿尔及利亚 降级：无	升级：尼加拉瓜、阿塞拜疆、阿尔巴尼亚、格鲁吉亚、洪都拉斯、蒙古、安哥拉、斯里兰卡

注：根据第一次工业现代化指数分组。工业现代化指数，发达组大于 80；中等发达组小于 80，大于 50；初等发达组小于 50，大于 30；欠发达组小于 30。

在 1970～2010 年期间，工业现代化地位升级国家 17 个，降级国家 7 个（表 4-11）。

表 4-11 1970～2010 年工业现代化的世界地位发生升降的国家

升级的国家			降级的国家		
国家	1970 年分组	2010 年分组	国家	1970 年分组	2010 年分组
新加坡	中等发达	发达	新西兰	发达	中等发达
西班牙	中等发达	发达			
爱尔兰	中等发达	发达			
匈牙利	中等发达	发达			
韩国	初等发达	发达			
墨西哥	初等发达	中等发达	科威特	中等发达	初等发达
哥斯达黎加	初等发达	中等发达	委内瑞拉	中等发达	初等发达
哥伦比亚	初等发达	中等发达	乌拉圭	中等发达	初等发达
马来西亚	欠发达	中等发达		中等发达	初等发达
土耳其	欠发达	中等发达			
萨尔瓦多	欠发达	初等发达	伊朗	初等发达	欠发达
中国	欠发达	初等发达	尼加拉瓜	初等发达	欠发达
危地马拉	欠发达	初等发达	玻利维亚	初等发达	欠发达
摩洛哥	欠发达	初等发达			
泰国	欠发达	初等发达			
印度尼西亚	欠发达	初等发达			
尼日利亚	欠发达	初等发达			

注：1970 年以第一次工业现代化指数分组，2010 年以第二次工业现代化指数分组。

(6) 过去 40 年世界工业现代化的国际格局发生一定变化

在过去 40 年里,世界工业现代化的基本格局发生了一定变化(表 4-12)。

表 4-12 1970～2010 年世界工业现代化水平的结构

项目	1970	1980	1990	2000	2010	1970	1980	1990	2000	2010
第一种算法	国家个数					占总数的比例/(%)				
发达组	18	20	20	21	22	21	22	20	18	22
中等发达组	13	16	17	19	22	15	18	17	16	22
初等发达组	15	17	20	30	21	17	19	20	26	21
欠发达组	40	38	41	47	36	47	42	42	40	36
合计	86	91	98	117	101	100	100	100	100	100
第二种算法										
发达国家	18	20	20	21	22	13.7	15.3	15.3	16.0	16.8
发展中国家	113	111	111	110	109	86.3	84.7	84.7	84.0	83.2
统计数据齐全的发展中国家	68	71	78	96	79	51.9	54.2	59.5	73.3	60.3
统计数据不全的国家	45	40	33	14	30	34.4	30.5	25.2	10.7	22.9
合计	131	131	131	131	131	100	100	100	100	100

注:1970～2000 年以第一次工业现代化指数分组,2010 年以第二次工业现代化指数分组。欠发达国家、初等发达和中等发达国家的有效样本数量偏少。第二种算法,统计数据不全的国家,都算作发展中国家;由此可能带来一定的误差,统计结果仅供参考。

例如,1970 年的 18 个工业发达国家,到 2010 年有 17 个国家仍然是发达国家,只有 1 个国家下降(新西兰下降为中等发达国家);1970 年的 40 个工业欠发达国家,到 2010 年有 31 个仍然是欠发达国家,只有 9 个国家升级(萨尔多瓦、中国、危地马拉、摩洛哥、泰国、印度尼西亚、尼日利亚升级为初等发达国家,马来西亚、土耳其升级为中等发达国家)。

(7) 不同国家预期完成第一次工业现代化的时间差别很大

在过去 40 年里,不同国家工业现代化的增长率差别很大,发展中国家预期完成第一次工业现代化的时间相差很大。在 1990～2010 年期间,大约有 10 个发展中国家的第一次工业现代化指数是负增长,目前无法预测它们完成第一次工业现代化的时间。根据第一次工业现代化指数正增长国家的增长率,可以大致推算它们完成第一次工业现代化的时间(表 4-13)。

表 4-13 发展中国家第一次工业现代化的预期完成时间

国家	1970～2010 年指数年均增长率/(%)	所需年数	1980～2010 年指数年均增长率/(%)	所需年数	1990～2010 年指数年均增长率/(%)	所需年数
马里	3.67	80	4.18	65	7.26	41
印度	2.76	85	3.21	69	6.33	40
中国	3.42	53	4.46	40	5.61	28
巴拿马	1.60	66	1.95	52	3.80	31
萨尔瓦多	2.62	66	1.84	67	3.35	41
印度尼西亚	4.24	58	3.83	49	2.93	45
博茨瓦纳	6.21	46	4.06	38	2.89	32
中等收入国家	—	—	—	—	3.63	38
世界平均	3.17	28	1.82	35	1.16	43

(8) 过去40年世界工业现代化与现代化显著正相关

在过去40年里,世界第一次工业现代化指数与第一次现代化实现程度显著正相关,第二次工业现代化指数与第二次现代化指数显著正相关,综合工业现代化指数与综合现代化水平指数显著正相关(表4-14),显示世界工业现代化与世界现代化是显著正相关的。

表4-14 世界工业现代化与世界现代化的相关系数

	1970	1980	1990	2000	2010
第一次工业现代化指数与第一次现代化实现程度	0.9320	0.9212	0.9070	0.8668	0.8909
第二次工业现代化指数与第二次现代化指数	—	—	—	0.9204	0.9598
综合工业现代化指数与综合现代化水平指数	—	—	—	0.9463	0.9249

注:经 t 检验,除了1990年第二次工业现代化指数与第二次现代化指数,其他的相关性都非常显著。

当然,不同国家的情况有很大差别。以综合工业现代化指数和综合现代化水平指数为例,2010年有22个国家工业现代化指数分别比现代化指数高1~19,70个国家工业现代化指数分别比现代化指数低1~25;其中,40个国家现代化指数与工业现代化指数的差值在10以上。

2. 1970~2005年世界工业现代化的历史进程

(1) 1970年世界工业现代化水平

20世纪70年代是世界工业现代化进程的转折点。第二次工业现代化在已经完成第一次工业现代化的国家率先启动,北美和欧洲发生的信息和知识革命是它的源头,就像工业革命是第一次工业现代化的源头一样。由于世界工业的不平衡性,在发达国家进入第二次工业现代化的时候,发展中国家尚没有完成第一次工业现代化。

首先,世界工业现代化的总体水平(表4-3)。1970年90个国家参加评价,有效样本为86个;其中,德国等5个国家完成了第一次工业现代化,约占国家有效样本的6%;肯尼亚等22个国家处于传统农业社会,约占参加评价国家的24%。

其次,世界工业现代化的前沿水平。1970年,德国、美国、荷兰、比利时、挪威等5个国家全面完成第一次工业现代化,其中,美国进入第二次工业现代化;德国和美国第一次工业现代化指数排世界前两名;它们的工业现代化水平代表了当年世界先进水平。

其三,国家第一次工业现代化水平。1970年美国等15个国家第一次工业现代化指数超过90;第一次工业现代化指数最低的10个国家是:毛里塔尼亚、马拉维、莱索托、孟加拉国、乌干达、布基纳法索、尼日尔、尼泊尔、卢旺达、布隆迪。

其四,世界工业现代化的国际差距。国家第一次工业现代化指数的最大差距为97,相对差距为46倍。

其五,世界工业现代化的不平衡性。1970年,德国等5个国家完成第一次工业现代化,63个国家处于第一次工业现代化,22个国家是传统农业社会。

(2) 1980年世界工业现代化水平

20世纪80年代是高技术风起云涌的年代,信息技术和生物技术等高技术成为工业进步的新动力,工业的服务化和信息化快速发展,第二次工业现代化浪潮扑面而来。

首先,世界工业现代化的总体水平(表4-3)。1980年,93个国家参加评价,有效样本为91个;其中,瑞典等12个国家全面完成第一次工业现代化,约占国家样本总数的13%;卢旺达等17个国家处于传统农业社会,约占国家样本的18%。

其次,世界工业现代化的前沿水平。1980年,瑞典和美国等12个国家已经完成第一次工业现代化,其中,瑞典、美国、荷兰、新加坡、比利时进入第二次工业现代化,它们的工业现代化水平代表当年世界工业先进水平。

其三,国家第一次工业现代化水平。1980年,瑞典、美国、挪威、德国、英国、比利时、日本、丹麦、法国、科威特等10个国家第一次工业现代化指数都达到100;第一次工业现代化指数最低的10个国家是:马拉维、马里、尼日尔、卢旺达、莫桑比克、坦桑尼亚、布基纳法索、尼泊尔、布隆迪、乌干达。

其四,世界工业现代化的国际差距。国家第一次工业现代化指数的最大差距为98,相对差距为50倍。

其五,世界工业现代化的不平衡性。1980年,美国等12个国家已经完成第一次工业现代化,64个国家处于第一次工业现代化,17个国家仍然是传统农业社会。

(3) 1990年世界工业现代化水平

20世纪90年代是信息化和知识经济的年代,信息高速公路、电子商务、国家创新体系和高技术产业成为人类工业的新亮点,第二次工业现代化开始塑造世界工业的新格局。

首先,世界工业现代化的总体水平(表4-3)。1990年,在104个国家中,美国等12个国家进入第二次工业现代化,约占国家样本总数的12%;瑞典等16个国家全面完成第一次工业现代化,全面完成第一次工业现代化的国家约占国家样本总数的15%;卢旺达等15个国家处于传统农业社会,约占国家样本的14%。

其次,世界工业现代化的前沿水平。1990年,瑞典、美国等15个国家已经进入第二次工业现代化,它们的工业现代化水平代表当年世界工业先进水平。

其三,国家第一次工业现代化水平。1990年,瑞典等13个国家第一次工业现代化指数达到100;第一次工业现代化指数最低的10个国家是:卢旺达、布基纳法索、马拉维、尼日尔、肯尼亚、莫桑比克、马里、乌干达、布隆迪、尼泊尔。

其四,国家第二次工业现代化水平。1990年,第二次工业现代化指数排前10位的国家是:爱尔兰、新加坡、瑞士、美国、日本、瑞典、荷兰、丹麦、新西兰、澳大利亚。

其五,世界工业现代化的国际差距。国家第一次工业现代化指数的最大差距为98,相对差距为50倍;国家第二次工业现代化指数的最大差距为77,相对差距约为4倍。综合工业现代化指数的绝对差距为90,相对差距为12倍。

其六,世界工业现代化的不平衡性。1990年,16个国家已全面完成第一次工业现代化,其中,12个国家已经进入第二次工业现代化;73个国家还处于第一次工业现代化,15个国家仍然是传统农业社会。

(4) 2000年世界工业现代化水平

2000年的世界工业现代化水平,既是世界300年工业现代化的历史总结,又是未来100年的历史起点。第二次工业现代化已经获得全球影响力。

首先,世界工业现代化的总体水平(表4-3)。2000年,122个国家参加评价,有效样本为117个;其中,美国等19个国家进入第二次工业现代化,约占国家样本的16%;阿根廷等24个国家全面完成第一次工业现代化,约占国家样本的21%;乍得等15个国家处于传统农业社会,约占国家样本的13%。

其次,世界工业现代化的前沿水平。2000年,瑞典等19个国家已经进入第二次工业现代化时期,瑞士等7个国家的第二次工业现代化指数超过90分;它们的工业现代化水平代表当年世界工业先进水平。

其三,国家第一次工业现代化水平。2000年,瑞士等16个国家第一次工业现代化指数达到100

分,已经全面完成第一次工业现代化;加拿大等10个国家第一次工业现代化指数超过90分,已经基本实现第一次工业现代化;第一次工业现代化指数最低的10个国家是:布基纳法索、尼泊尔、莫桑比克、乍得、乌干达、中非、卢旺达、马达加斯加、尼日尔、埃塞俄比亚。

其四,国家第二次工业现代化水平。2000年,瑞士等19个国家已经进入第二次工业现代化时期。第二次工业现代化指数排前10位的国家是:以色列、瑞士、马来西亚、加拿大、日本、丹麦、美国、新加坡、英国、荷兰;第二次现代化指数最低的10个国家分别是:巴拉圭、乌干达、格鲁吉亚、摩尔多瓦、加纳、摩洛哥、尼泊尔、肯尼亚、孟加拉国、尼日利亚。

其五,世界工业现代化的国际差距。国家第一次工业现代化指数的最大差距为95,相对差距为20倍;国家第二次工业现代化指数的最大差距为91,相对差距约为16倍。综合工业现代化指数的最大差距为98,相对差距约为50倍。

其六,世界工业现代化的不平衡性。2000年,24个国家完成第一次工业现代化,其中,19个国家已经进入第二次工业现代化;83个国家处于第一次工业现代化,15个国家仍然是传统农业社会。

(5) 2005年世界工业现代化水平

2005年的世界工业现代化水平,与2000年相比有所提高。

首先,世界工业现代化的总体水平(表4-3)。2005年,在114个国家中,丹麦等23个国家进入第二次工业现代化,约占国家样本总数的20%;瑞典等28个国家全面完成第一次工业现代化,约占国家样本总数的25%;乍得等9个国家处于传统农业社会,约占国家样本的8%。

其次,世界工业现代化的前沿水平。2005年,丹麦等23个国家已经进入第二次工业现代化,新加坡等6个国家的第二次工业现代化指数超过100;它们的工业现代化水平代表当年世界先进水平。

其三,国家第一次工业现代化水平。2005年,丹麦等22个国家第一次工业现代化指数达到100;爱尔兰等8个国家第一次工业现代化指数超过90;第一次工业现代化指数最低的10个国家是:厄立特里亚、布基纳法索、卢旺达、塞拉利昂、也门共和国、尼日尔、乍得、布隆迪、埃塞俄比亚、中非。

其四,国家第二次工业现代化水平。2005年,第二次工业现代化指数排前10位的国家是:丹麦、瑞士、新加坡、英国、荷兰、爱尔兰、瑞典、日本、美国、芬兰;第二次现代化指数最低的10个国家分别是:喀麦隆、贝宁、孟加拉国、马里、多哥、布基纳法索、赞比亚、中非、卢旺达、布隆迪。

其五,世界工业现代化的国际差距。国家第一次工业现代化指数的最大差距为95,相对差距为20倍;国家第二次工业现代化指数的最大差距为102,相对差距约为18倍。综合工业现代化指数最大差距为91,相对差距约为24倍。

其六,世界工业现代化的不平衡性。2005年,28个国家完成第一次工业现代化,其中,23个国家已经进入第二次工业现代化;77个国家处于第一次工业现代化,9个国家仍然是传统农业社会。

关于2010年世界工业现代化水平,在前面已有分析,这里就不再赘述。

第二节 中国工业现代化四十年

目前,中国是一个发展中国家,尚没有完成第一次工业现代化,也没有进入第二次工业现代化。在过去四十年里,中国工业现代化水平持续提高,其中,中国第一次工业现代化指数从17提高到65,提高了48;第二次工业现代化指数从15提高到38,提高了23,综合工业现代化指数提高21(表4-15)。这些数字从一个角度说明,中国工业现代化建设以及取得了巨大成就;但目前与世界先进水平的差距仍然十分明显。

表 4-15　1970～2010 年中国工业现代化指数

年份	第一次工业现代化指数	排名	第二次工业现代化指数	排名	综合工业现代化指数	排名
2010	65	57	38	54	34	59
2000	35	69	20	54	30	64
1990	22	67	15	—	13	52
1980	18	61	—	—	—	—
1970	17	53	—	—	—	—

一、2010 年中国工业现代化水平

1. 2010 年中国工业现代化的总体水平

2010 年中国属于工业初等发达国家,工业现代化水平距离世界先进水平的差距比较大。

2010 年中国第一次工业现代化指数为 65,排世界 130 个国家的第 57 位;第二次工业现代化指数为 38,排世界 101 个国家的第 54 位;综合工业现代化指数为 34,排在世界 91 个国家的第 59 位(表 4-16)。2010 年中国尚没有完成第一次现代化,也没有进入第二次现代化,所以,中国的工业现代化属于综合工业现代化。

表 4-16　2010 年中国工业现代化水平

项目	第一次工业现代化指数	排名	第二次工业现代化指数	排名	综合工业现代化指数	排名
中国	65	57	38	54	34	59
印度	29	89	24	71	24	74
美国	100		102	11	92	12
日本	100		104	9	95	7
德国	100		100	14	91	14
高收入国家	100		100		100	
国家样本数	130		101		91	

2. 2010 年中国工业现代化的国际差距

2010 年中国工业现代化的整体水平和多数指标水平,都有明显的国际差距(表 4-17)。

(1) 工业现代化指数的国际差距

2010 年,中国第一次工业现代化指数与高收入国家平均值相比,绝对差距为 35,相对差距约为 0.5 倍;中国第二次工业现代化指数与高收入国家平均值相比,绝对差距为 62,相对差距约为 1.6 倍;中国综合工业现代化指数与高收入国家平均值相比,绝对差距为 66,相对差距约为 1.9 倍。

(2) 工业效率指标的国际差距

2010 年,中国与高收入国家相比,差距最大的是制造业劳动力的平均工资,差 9.6 倍;差距最小的是工业能源生产率差 2.1 倍,工业劳动生产率差 5.7 倍。

(3) 工业质量指标的国际差距

2010 年,中国与高收入国家相比,全要素生产率差 2.3 倍,受过高等教育的劳动力比例差 1.9 倍,人均高技术出口差 2 倍。

(4) 工业转型指标的国际差距

2010 年,中国与高收入国家相比,工农业劳动力之比差 7 倍,工农业增加值之比差 2.6 倍,人均制造业增加值差 2.4 倍。

(5) 工业环境指标的国际差距

2010 年,中国与高收入国家相比,互联网普及率差 1.1 倍,工业产品简单平均关税差 2 倍,废水处理率差 1 倍。

表 4-17 2010 年中国工业现代化水平的国际差距

	指标	单位	性质	高收入国家	中国	绝对差距	相对差距
综合工业现代化指数	工业现代化指数	分	正指标	100	34	66	2.9
	工业效率指数	分	正指标	—	27	—	—
	工业质量指数	分	正指标	100	29	71	3.4
	工业转型指数	分	正指标	100	49	51	2.0
	工业环境指数	分	正指标	100	38	62	2.6
工业效率	工业劳动生产率	美元	正指标	83 696	12 457	71 239	6.7
	制造业劳动力的平均工资	美元	正指标	4027	381	3646	10.6
	工业能源生产率	美元/千克标准油	正指标	10.4	3.34	7.06	3.1
工业质量	全要素生产率	以美国为基准	正指标	0.76	0.232	0.53	3.3
	受过高等教育的劳动力比例	%	正指标	32.9	11.5	21	2.9
	人均高技术出口	美元	正指标	899	304	596	3.0
工业转型	工业与农业劳动力之比		正指标	6.25	0.78	5.5	8.0
	工业与农业增加值之比		正指标	16	4.6	12.1	3.6
	人均制造业增加值	美元	正指标	4825	1439	3386	3.4
工业环境	互联网普及率	%	正指标	69.7	34	35	2.1
	工业产品简单平均关税	%	逆指标	2.58	7.69	5.1	3.0
	废水处理率	%	正指标	87	44	43	2.0

注:正指标:绝对差距=高收入国家值-中国值,相对差距=高收入国家值÷中国值。逆指标:绝对差距=中国值-高收入国家值,相对差距=中国值÷高收入国家值。

3. 2010 年中国工业现代化的国际追赶

2010 年中国工业现代化水平处于上升趋势。2010 年与 2000 年相比,中国综合工业现代化指数从 30 上升到 34,提高了 4,世界排名从第 63 名上升到第 59 名;中国第一次工业现代化指数从 30 上升到 65,提高了 35,世界排名从 69 名上升到 57 名,上升了 12 位。从 1990 年到 2010 年,中国综合工业现代化指数世界排名从 58 个国家里排名 52,到 91 个国家里排名 59,排名上也有一定的上升。

4. 中国有可能在 2030 年前后完成第一次工业现代化

如果按照 1970~2010 年、1980~2010 年和 1990~2010 年第一次工业现代化指数的年均增长率分别测算,中国第一次工业现代化指数达到 100 大约需要 28~53 年(表 4-18)。所以,中国工业现代化有可能在 2030 年前后,完成第一次工业现代化。

表 4-18 中国完成第一次工业现代化的预期时间(达到 1970 年发达工业化国家水平)

项目	第一次工业现代化指数					第一次工业现代化指数达到 100 所需要的年数					
	1970	1980	1990	2000	2010	1970~2010 年增长率/(%)	年数	1980~2010 年增长率/(%)	年数	1990~2010 年增长率/(%)	年数
中国	17	18	22	35	65	3.42	53	4.46	40	5.61	28

5. 中国工业现代化达到 2010 年的世界先进水平的预期时间

2010 年世界工业现代化的先进水平是第二次工业现代化指数超过 100,综合工业现代化指数为 100。如果达到这个水平,就意味着工业现代化达到 2010 年的世界先进水平。

(1) 中国第二次工业现代化的前景计算

如果按照 1990~2010 年第二次工业现代化指数的年均增长率分别测算,中国第二次工业现代化指数达到 100 大约需要 41 年(表 4-19)。中国工业现代化有可能在 2050 年前后,达到 2010 年的世界先进水平。

表 4-19 中国第二次工业现代化指数达到 2010 年的 100 的预期时间

项目	第二次工业现代化指数			第二次工业现代化指数达到100所需要的年数	
	1990	2000	2010	1990~2010年增长率/(%)	年数
中国	15	20	38	4.67	41
世界平均	—	40	54	—	—

(2) 中国综合工业现代化的前景计算

如果按照 1990~2010 年的年均增长率测算,中国综合工业现代化指数达到 100 大约需要 43 年(表 4-20)。

表 4-20 中国综合工业现代化指数达到 2010 年的 100 的预期时间

项目	综合工业现代化指数			综合工业现代化指数达到100所需要的年数	
	1990	2000	2010	1990~2010年增长率/(%)	年数
中国	13	30	34	4.93	43
中等收入国家	—	33	40	—	—

二、1970~2010 年中国工业现代化进程

1. 过去 40 年中国工业现代化的主要特点

(1) 过去 40 年中国工业现代化取得显著成绩

在 1970~2010 年期间,中国第一次工业现代化指数从 17 上升到 65,提高了 48(图 4-2)。世界排名从 2000 年的第 69 位上升到 2010 年的第 57 位,提高了 12 位(表 4-21)。目前中国的工业现代化,属于两次工业现代化的并存。

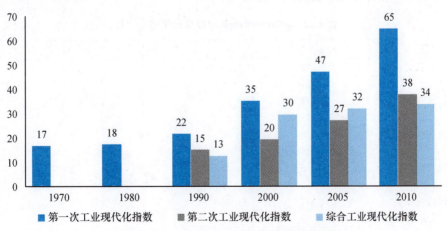

图 4-2 1950~2010 年中国工业现代化指数

表 4-21 1970～2010 年中国工业现代化进程

项目	1970	1980	1990	2000	2005	2010
第一次工业现代化						
中国指数	17	18	22	35	47	65
世界指数最大值	99	100	100	100	100	100
世界指数最小值	2	2	3	5	5	6
世界指数平均值	41	54	61	56	71	77
中国与最大值的绝对差距	82	82	78	65	53	35
中国与最大值的相对差距	5.8	5.6	4.6	2.8	2.1	1.5
中国与平均值的绝对差距	24	36	39	21	23	12
中国与平均值的相对差距	2.4	3.0	2.8	1.6	1.5	1.2
中国排名	53	61	67	69	67	57
国家样本数	86	91	98	117	114	129
第二次工业现代化						
中国指数	—	—	15	20	27	38
高收入国家指数	—	—	—	74	94	100
中国排名	—	—	—	54	51	54
国家样本数	—	—	31	69	89	101
综合工业现代化						
中国指数	—	—	13	30	31	34
高收入国家指数	—	—	—	100	100	100
中国排名	—	—	52	64	64	59
国家样本数	—	—	57	102	93	91

(2) 1990 年以来中国工业现代化水平与世界先进水平的相对差距在缩小

在 1970～2010 年期间，中国工业现代化与世界先进水平的绝对差距和相对差距都在缩小；中国工业现代化与世界平均水平的相对差距呈现波动变化，总的趋势是在缩小（表 4-21）。

(3) 1990 年以来中国工业现代化水平略低于国家现代化水平

在 1990～2010 年期间，中国工业现代化指数都略低于中国现代化指数；但中国工业现代化指数的世界排名，都高于中国现代化指数的世界排名（表 4-22）。

表 4-22 1970～2010 年中国现代化的协调性

项目	2010	2000	1990	1980	1970
第一次工业现代化指数	65	35	22	18	17
排名	57	69	67	61	53
第一次现代化指数	92	76	63	54	40
排名	62	80	67	69	72
第二次工业现代化指数	38	20	15		
排名	54	54	—		
第二次现代化指数	38	31	26	25	21
排名	62	78	73	66	60
综合工业现代化指数	34	30	13		
排名	59	64	52		
综合现代化指数	40	31	28	21	
排名	69	79	103	103	

注：第一次现代化指数的标准为1960年工业化国家平均值，第一次工业现代化指数的标准为1970年工业化国家的平均值（因为1960年数据不全）。

中国工业现代化与中国现代化的比较特点:

- 中国工业现代化指数低于中国现代化指数。说明中国工业现代化与发达国家相比的国际差距,大于中国现代化与发达国家相比的国际差距。
- 中国工业现代化指数的排名,高于中国现代化指数的排名。说明中国工业现代化水平在发展中国家中的地位,要高于中国现代化水平在发展中国家的地位。

(4) 过去40年中国工业现代化单项指标的表现有差异

工业效率指标。表现较好的指标是工业能源生产率等,表现较差的指标是制造业劳动力的平均工资和工业劳动生产率等(表4-23)。

工业质量指标。全要素生产率和受过高等教育的劳动力比例等指标,表现稍好;人均高技术出口等指标从1990到2010年增长较快(表4-23)。

工业转型指标。工农业增加值之比和人均制造业增加值等指标,表现比较好;工农业劳动力之比等指标,表现比较差(表4-23)。

工业环境指标。互联网普及率和废水处理率等指标,表现较好;工业产品简单平均关税等指标,表现较差(表4-23)。

表4-23　1970~2010年中国工业现代化评价指标的表现

	指标	单位	性质	参考值	1970	1980	1990	2000	2005	2010
工业效率	工业劳动生产率	美元/人	正指标	83 696	1053	1185	1117	3485	6180	12 457
	制造业劳动力的平均工资	美元	正指标	4027	—	—	—	88	160	381
	工业能源生产率	美元/千克标准油	正指标	10.4	0.37	0.48	0.47	0.52	1.43	3.3
工业质量	全要素生产率	美国为基准	正指标	0.76	0.14	0.14	0.16	0.23	—	—
	受高等教育的劳动力比例	%	正指标	32.9	—	—	3.81*	4.66	6.6	11.5
	人均高技术出口	美元	正指标	899	—	—	11	33	166	304
工业转型	工业与农业劳动力之比		正指标	6.25	0.13	0.25	0.4	0.49	0.53	0.78
	工业与农业增加值之比		正指标	16	1.1	1.6	1.5	3.0	3.9	4.6
	人均制造业增加值	美元	正指标	4825	38	78	103	305	563	1439
工业环境	互联网普及率	%	正指标	69.7	—	—	0.005*	1.78	8.52	34
	工业产品简单平均关税	%	逆指标	2.6	—	—	—	16.2	9.3	7.7
	废水处理率	%	正指标	87	—	—	15	19	37	44

注:参考值为高收入国家近年平均值。* 为最近年的数据。

2. 1970~2010年中国工业现代化的历史进程

(1) 1970年中国工业现代化水平

1970年,中国进入第一次工业现代化。1970年中国第一次工业现代化指数为17,在86个国家中排名第53位,属于工业欠发达国家,工业现代化水平很低(表4-21)。

(2) 1980年中国工业现代化水平

1980年,中国处于第一次工业现代化。1980中国第一次工业现代化指数为18,比1970年仅提升了1;在91个国家中排第61位,仍属于工业欠发达国家,工业现代化水平很低(表4-21)。

(3) 1990年中国工业现代化水平

1990年,中国仍处于第一次工业现代化时期,属于工业欠发达国家,工业现代化水平仍然很低。1990中国第一次工业现代化指数为22,略高于1980年,在98个国家中排名第67位。1990年中国第二次工业现代化指数为15,在世界31个国家中排名最后1位。1990年中国综合工业现代化数为13,在世界57个国家中排名第52位(表4-21)。

(4) 2000 年中国工业现代化水平

2000 年,中国仍处于第一次工业现代化时期,属于初等工业发达国家;工业现代化水平较低。2000 中国第一次工业现代化指数为 35,比 1990 年提高 13,在 117 个国家中排名第 69 位;2000 年中国第二次工业现代化指数为 20,在世界 69 个国家中排名第 54 位。2000 年中国综合工业现代化数为 30,在世界 102 个国家中排名第 64 位(表 4-21)。

(5) 2010 年中国工业现代化水平

2010 年,中国仍属于工业初等发达国家,工业现代化水平仍然较低。中国第一次工业现代化指数为 65,比 2000 年增加了 30;在 129 个国家中排名第 57 位,比 2000 年上升 12 位。第二次现代化指数为 38,在 101 个国家中排名第 54 位。综合现代化指数为 34,在世界 91 个国家中排名第 59 位(表 4-21)。

总而言之,过去 40 年是中国工业现代化建设取得巨大成就的 40 年,中国工业现代化的绝对水平在持续提高,相对水平也在提高。虽然成绩是明显的,但我们与世界先进水平的差距也是客观存在的。

第三节 中国地区工业现代化进程

世界工业现代化评价面临许多问题,其中的一个突出问题是工业指标的统计数据缺乏,特别是发展中国家的环境统计数据非常少,而且统计口径也存在国际差别。中国地区工业现代化评价,同样面临着这些问题。根据国家统计局、科技部和国家环保总局的有关统计资料,工业现代化评价的 30 个评价指标中,在 2000~2010 年期间约有 16~20 个指标具有统计数据(表 4-24)。显然,统计数据的不足,将影响评价结果。为了大致了解中国地区工业现代化水平,我们利用有限的评价指标,分别评价了 2000 年和 2010 年的地区工业现代化指数(表 4-25)。下面简要介绍评价结果。由于指标较少,评价结果仅供参考。

表 4-24 中国地区工业现代化的统计数据

	指标	单位	性质	2000	2010
工业效率指标	单位工业增加值的电力消耗	千瓦时/美元	逆指标	无	无
	单位工业增加值的能源消耗	千克标准油/美元	逆指标	无	有
	工业劳动力的平均工资	美元	正指标	有	有
	工业劳动生产率	美元	正指标	有	有
	工业能源生产率	美元/千克标准油	正指标	无	无
	工业资本生产率	美元/美元	正指标	无	无
	制造业的劳动生产率	美元	正指标	无	无
	制造业劳动力的平均工资	美元	正指标	有	有
工业质量指标	人均工业资本	美元	正指标	无	无
	全要素生产率	美国为基准	正指标	无	无
	开展科技活动的企业比例	%	正指标	有	有
	中学普及率	%	正指标	有	有
	大学普及率	%	正指标	无	无
	受过高等教育的劳动力比例	%	正指标	有	有
	人均制造业出口	美元	正指标	有	有
	人均高技术出口	美元	正指标	无	有

(续表)

	指标	单位	性质	2000	2010
工业转型指标	工业与农业劳动力之比		正指标	有	有
	工业与服务业劳动力之比		逆指标	有	有
	工业与农业增加值之比		正指标	有	有
	工业与服务业增加值之比		逆指标	有	有
	人均制造业增加值	美元	正指标	无	有
	高技术出口占制造业出口比例	%	正指标	无	无
工业环境指标	城市人口比例	%	正指标	有	有
	互联网普及率	%	正指标	无	有
	人均电力消费	千瓦时	正指标	有	有
	工业产品简单平均关税	%	逆指标	无	无
	单位工业增加值有机废水排放量	克/美元	逆指标	有	有
	废水处理率	%	正指标	有	有
	国家空气质量	微克/立方米	逆指标	无	无
	人均GDP	美元	正指标	有	有
有数据指标的合计/个				16	20

注:世界工业有机废水数据为生化需氧量(BOD),中国地区数据为工业废水化学需氧量(COD)。

表4-25 2000年和2010年中国内地地区工业现代化水平

地区	2000年地区工业现代化指数	2000年排名	2010年地区工业现代化指数	2010年排名
北京	44	2	54	3
天津	30	3	58	2
河北	10	15	20	17
山西	12	13	22	14
内蒙古	10	17	27	10
辽宁	17	6	28	8
吉林	10	16	22	15
黑龙江	15	8	21	16
上海	46	1	62	1
江苏	20	4	42	4
浙江	19	5	37	6
安徽	9	19	19	20
福建	15	9	32	7
江西	8	27	19	19
山东	13	10	28	9
河南	9	21	19	23
湖北	13	11	22	13
湖南	8	23	19	22
广东	17	7	42	5
广西	7	29	16	27
海南	8	26	16	28
重庆	8	24	23	11
四川	7	28	17	25
贵州	6	30	14	31
云南	9	20	15	30

(续表)

地区	2000年地区工业现代化指数	2000年排名	2010年地区工业现代化指数	2010年排名
西藏	5	31	15	29
陕西	8	22	23	12
甘肃	8	25	16	26
青海	11	14	18	24
宁夏	10	18	19	21
新疆	12	12	19	18
中国	12		29	
高收入国家	100		100	

注：因为中等收入国家、低收入国家和世界平均三项的数据缺项较多，无法进行评价，故不能和中国的地区工业现代化进行比较。

一、2010年中国地区工业现代化指数

1. 2010年中国内地地区工业现代化的总体水平

2010年，上海等10个地区工业现代化指数超过全国平均值，重庆等21个地区工业现代化指数低于全国平均水平。

2. 2010年中国内地地区工业现代化的前沿

2010年，中国内地工业现代化指数排前10名的地区分别是：上海、天津、北京、江苏、广东、浙江、福建、辽宁、山东和内蒙古；他们的工业现代化指数分别为：62、58、54、42、42、37、32、28、28和27。

3. 2010年中国内地地区工业现代化的差距

首先，中国地区工业现代化的国内差距（表4-26）。2010年中国内地31个地区的地区差距：工业现代化指数的最大差距为48，相对差距约为3.4倍。地区工业现代化指数的最大值为62，最小值为14，平均为29。

其次，中国地区工业现代化的国际差距（表4-26）。2010年中国内地31个地区与世界先进水平的差距：中国内地最大值与高收入国家工业现代化指数的差距为38，相对差距约为60%。2010年中国内地31个地区平均值与高收入国家的差距：工业现代化指数的差距为71，相对差距约为2.4倍。与2000年相比，中国内地工业现代化水平与高收入国家的相对差距在缩小。

表4-26 中国内地地区工业现代化的国内差距和国际差距

国内差距			国际差距		
项目	2000	2010	项目	2000	2010
内地地区最大值	46	62			
内地地区最小值	5	14	高收入国家	100	100
内地地区平均值	14	29			
绝对差距（最大值－最小值）	41	48	最大值与高收入国家的绝对差距	54	38
标准差	9	10	最大值与高收入国家的相对差距	2.2	1.6
相对差（最大值÷最小值）	9.2	4.4	平均值与高收入国家的绝对差距	86	71
变异系数（标准差÷平均值）	0.64	0.34	平均值与高收入国家的相对差距	7.1	3.4

4. 2010年中国内地地区工业现代化的追赶

工业现代化指数和排名的变化，反映了地区工业现代化水平的相对变化。从2000年到2010年，

工业现代化指数都呈现上升态势,工业现代化指数排名上升的地区有13个,这些地区的工业现代化水平相对提高(表4-27)。

表 4-27 中国大陆内地地区工业现代化的追赶

项目	工业现代化指数的变化	工业现代化指数的排名的变化
上升的地区/个	31	13
不变的地区/个	0	2
下降的地区/个	0	16

5. 2010年中国内地地区工业现代化的不平衡性

2010年,中国内地地区工业现代化的不平衡性非常明显,各个地区的工业现代化水平不同,工业现代化指数的最大差距达到48(表4-26)。如果按照"三大片八大区"划分,北方片的工业现代化指数都为29,南方片为30,西部片为17;东北地区、黄河中游、长江中游、西北地区和西南地区的工业现代化指数都低于全国平均值,华南沿海的工业现代化指数与全国平均水平持平,华东沿海和华北沿海的工业现代化指数高于全国平均水平(表4-28)。长江中游、西北地区和西南地区,是我国工业现代化需要重点关注的地区。

表 4-28 2010年中国内地地区工业现代化的不平衡性

三大片	工业现代化指数	八大区	工业现代化指数
北方片	29	东北地区(黑龙江、吉林、辽宁)	24
		华北沿海(北京、天津、河北、山东)	40
		黄河中游(河南、山西、陕西、内蒙古)	23
南方片	30	华东沿海(江苏、上海、浙江)	47
		华南沿海(福建、广东、广西、海南)	26
		长江中游(安徽、江西、湖北、湖南)	20
西部片	17	西南地区(重庆、四川、贵州、云南、西藏)	17
		西北地区(甘肃、宁夏、青海、新疆)	18

注:香港、澳门和台湾,属于华南沿海地区;由于工业数据有限,没有评价其工业现代化指数。

二、2000年中国地区工业现代化指数

1. 2000年中国内地地区工业现代化的总体水平

2000年,上海等9个地区工业现代化指数超过全国平均值,西藏等22个地区工业现代化指数低于全国平均水平。

2. 2000年中国内地地区工业现代化的前沿

2000年,中国内地地区工业现代化指数排前10名的地区分别是:上海、北京、天津、江苏、浙江、辽宁、广东、黑龙江、福建和山东,它们的工业现代化指数分别为:46、44、30、20、19、17、17、15、15和13。

3. 2000年中国内地地区工业现代化的差距

首先,中国地区工业现代化的国内差距(表4-26)。2000年中国内地31个地区的地区差距:工业现代化指数的最大差距为41,相对差距约为8.2倍。地区工业现代化指数的最大值为46,最小值为5,平均为14。

其次,中国地区工业现代化的国际差距(表4-26)。2000年中国大陆内地31个地区与世界先进水平的差距:大陆内地地区最大值与高收入国家的差距为54,相对差距约为1.2倍。2000年中国大陆

内地31个地区平均值与高收入国家的差距:工业现代化指数的差距为86,相对差距约为6.1倍。

4. 2000年中国内地地区工业现代化的不平衡性

2000年,中国内地地区工业现代化的不平衡性非常明显,各个地区的工业现代化水平不同,工业现代化指数的最大差距达到41。如果按照"三大片八大区"划分,北方片的工业现代化指数都为16,南方片为15,西部片为8;黄河中游、华南沿海、长江中游、西北地区和西南地区的工业现代化指数低于全国平均值,东北地区的工业现代化指数与全国平均水平持平,华东沿海和华北沿海的工业现代化指数高于全国平均水平(表4-29)。

表4-29 2000年中国内地地区工业现代化的不平衡性

三大片	工业现代化指数	八大区	工业现代化指数
北方片	16	东北地区(黑龙江、吉林、辽宁)	14
		华北沿海(北京、天津、河北、山东)	24
		黄河中游(河南、山西、陕西、内蒙古)	10
南方片	15	华东沿海(江苏、上海、浙江)	28
		华南沿海(福建、广东、广西、海南)	11
		长江中游(安徽、江西、湖北、湖南)	10
西部片	8	西南地区(重庆、四川、贵州、云南、西藏)	7
		西北地区(甘肃、宁夏、青海、新疆)	10

注:香港、澳门和台湾,属于华南沿海地区;由于工业指标数据有限,没有评价其工业现代化指数。

关于中国地区工业现代化的评价和分析,由于评价指标的数据不全,评价结果仅有参考意义。根据有限数据的评价结果看,中国有四大地区的工业现代化需要特别关注,它们是黄河中游地区、长江中游地区、西北地区和西南地区。

本 章 小 结

本章完成了1970～2010年世界131个国家和中国31个地区的工业现代化评价。

1. 1970～2010年世界工业现代化评价

2010年,进入第二次工业现代化国家有29个,完成第一次工业现代化的国家有34个,没有完成第一次工业现代化的国家有96个,大约有10个国家属于传统农业社会。

2010年第二次工业现代化指数世界排名前10位的国家:荷兰、爱尔兰、瑞士、英国、丹麦、以色列、新加坡、法国、日本、挪威。美国排第11位,德国排第14位。

2010年第二次工业现代化指数世界排名后10位的国家:几内亚、马里、多哥、马拉维、尼日尔、布基纳法索、中非、布隆迪、埃塞俄比亚、柬埔寨。

2010年处于传统农业社会的国家:马达加斯加、乌干达、中非、卢旺达、乍得、海地、塞拉利昂、布隆迪、埃塞俄比亚、土库曼斯坦。

在1970～2010年期间,世界范围内的工业现代化产生了很大的进步。全面完成第一次工业现代化的国家从5个上升到34个,进入第二次工业现代化的国家从1个上升到29个。工业现代化地位升级国家17个,降级国家7个。

2. 1970～2010年中国工业现代化评价

2010年中国第一次工业现代化指数为65,排世界130个国家的第57位;第二次工业现代化指数为38,排世界101个国家的第54位;综合工业现代化指数为34,排在世界91个国家的第59位。2010

年中国的工业现代化属于两次工业现代化并存。

2010年,中国第一次工业现代化指数与高收入国家平均值相比,绝对差距为35,相对差距约为0.5倍;中国第二次工业现代化指数与高收入国家平均值相比,绝对差距为62,相对差距约为1.6倍;中国综合工业现代化指数与高收入国家平均值相比,绝对差距为66,相对差距约为1.9倍。

如果按照第一次工业现代化指数的年均增长率分别测算,中国第一次工业现代化指数达到100大约需要28~53年,中国工业现代化有可能在2030年前后,完成第一次工业现代化。中国工业现代化达到2010年的世界先进水平则有可能在2050年左右。

3. 2000~2010年中国地区工业现代化评价

2010年,中国内地地区工业现代化指数排前10名的地区分别是:上海、天津、北京、江苏、广东、浙江、福建、辽宁、山东和内蒙古。中国内地31个地区工业现代化指数的最大差距为48,相对差距约为3.4倍。长江中游、西北地区和西南地区,是中国工业现代化需要重点关注的地区。

2000年,中国内地地区工业现代化指数排前10名的地区分别是:上海、北京、天津、江苏、浙江、辽宁、广东、黑龙江、福建和山东。工业现代化指数的最大差距为41,相对差距约为8.2倍。2000年,华东沿海和华北沿海的工业现代化指数高于全国平均水平,中国工业现代化需要重点关注的地区为黄河中游、长江中游、西北地区和西南地区。

第五章 2012年世界和中国现代化指数

2012年,美国等27个国家已经进入第二次现代化,中国等100个国家处于第一次现代化,乍得等4个国家仍然处于传统农业社会,有些原住民族仍然生活在原始社会(图5-1)。根据第二次现代化指数的国家分组,2012年美国等21个国家为发达国家,俄罗斯等20个国家为中等发达国家,中国等43个国家为初等发达国家,印度等47个国家为欠发达国家。

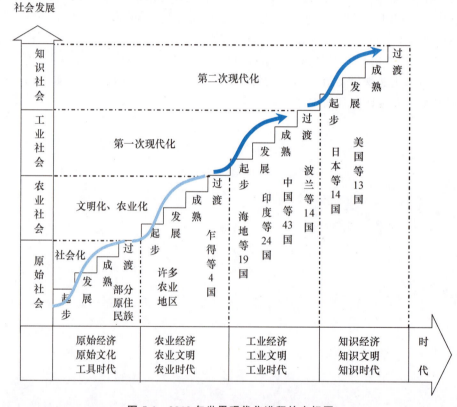

图5-1 2012年世界现代化进程的坐标图

2012年中国属于初等发达国家,处于发展中国家的中间水平,与发达国家的差距仍然较大。2012年中国第一次现代化指数达到96,排名世界131个国家的第58位;第二次现代化指数和综合现代化指数分别为42和44,分别排名第56位和第62位。

第一节 2012年世界现代化指数

世界现代化指数反映世界131个国家、不同组国家和世界平均的现代化水平,包括世界第一次现代化指数(实现程度)、第二次现代化指数和综合现代化指数(表5-1)。它体现世界现代化在经济、社会、知识和环境等领域的综合水平,它没有包括政治等领域的现代化水平。关于现代化指数的评价方法,请阅读技术注释。关于现代化指数的评价数据,请阅读附录二。

表 5-1 世界现代化指数的组成

项目	第一次现代化指数	第二次现代化指数	综合现代化指数
用途	反映不同国家和地区完成第一次现代化的进展（第一次现代化是以工业化、城市化和民主化为典型特征的经典现代化）	反映不同国家和地区第二次现代化的进展（第二次现代化是以知识化、信息化和绿色化为典型特征的新现代化）	反映不同国家和地区现代化水平与世界先进水平的相对差距（综合现代化是以两次现代化协调发展为主要特征的新型现代化）
特点	(1) 比较好地表征发展中国家的实际水平 (2) 不能完全反映发达国家的实际水平 (3) 随着越来越多国家完成第一次现代化，其适用对象减少 (4) 指标和标准值是固定的	(1) 比较好地表征发达国家的实际水平 (2) 不能完全反映发展中国家的实际水平 (3) 随着越来越多国家进入第二次现代化，其适用对象增多 (4) 指标和基准值是可变的	(1) 同时表征发达国家和发展中国家的相对水平 (2) 适用范围比较广 (3) 与前两者有一些重复 (4) 与前两者有所衔接 (5) 指标和参考值是可变的 (6) 可称为相对现代化指数
性质	主要反映"绝对水平"	主要反映"绝对水平"	主要反映"相对水平"

一、2012 年世界现代化的总体水平

2012 年参加评价的 131 个国家中（表 5-2），进入第二次现代化的国家有 27 个，约占国家样本数的 21%；第一次现代化指数达到 100 的国家有 47 个，第一次现代化指数大于 90 小于 100 的国家有 27 个，已经完成和基本实现第一次现代化的国家有 74 个，约占国家样本数的 56%。

表 5-2 2000～2012 年的世界现代化进程 单位：个

项目	2000	2005	2010	2011	2012
已经完成第一次现代化的国家	27	34	42	47	47
其中：进入第二次现代化的国家	24	28	27	28	27
没有完成第一次现代化的国家	104	97	89	84	84
其中：基本实现第一次现代化的国家	31	27	27	26	29
处于传统农业社会的国家	13	13	6	4	4

注：参加评价的国家为 2012 年人口超过 130 万的 131 个国家。第一次现代化指数达到 100，表示达到 1960 年工业化国家平均水平，完成第一次现代化。第一次现代化指数超过 90 但低于 100，表示基本实现第一次现代化。2010～2012 年的现代化评价，是根据评价模型第二版的评价结果，评价模型第二版见技术注释。后同。

2012 年根据第二次现代化指数分组，发达国家、中等发达国家、初等发达和欠发达国家分别占国家样本数的 16%、15%、33% 和 36%（表 5-3）。

表 5-3 2000～2012 年根据第二次现代化水平的国家分组

项目	2000	2005	2010	2011	2012
发达国家/个	17	20	20	21	21
中等发达国家/个	30	25	23	21	20
初等发达国家/个	33	39	34	34	43
欠发达国家/个	51	47	54	55	47
发达国家/(%)	13	15	15	16	16
中等发达国家/(%)	23	19	18	16	15
初等发达国家/(%)	25	30	26	26	33
欠发达国家/(%)	39	36	41	42	36

2012年，发达国家21个，其中20个国家进入第二次现代化（8个国家处于起步期，12个处于发展期），一个国家（斯洛文尼亚）处于第一次现代化；中等发达国家有7个进入第二次现代化，有13个处于第一次现代化；初等发达国家全部处于第一次现代化；欠发达国家有43个处于第一次现代化，有4个处于传统农业社会（表5-4）。

表 5-4 2012年国家现代化的水平与阶段的关系

国家现代化水平	国家现代化阶段							合计/个
	传统社会	F起步期	F发展期	F成熟期	F过渡期	S起步期	S发展期	
发达国家/个	—	—	—	—	1	8	12	21
中等发达国家/个	—	—	—	4	9	6	1	20
初等发达国家/个	—	1	8	30	4	—	—	43
欠发达国家/个	4	18	16	9	—	—	—	47
第一次现代化指数	40～44	39～73	51～92	69～100	93～100	99～100	100	
第二次现代化指数	12～18	14～28	13～39	17～69	39～80	60～102	77～106	
综合现代化指数	11～17	11～34	14～45	21～74	40～79	67～96	82～99	

注：国家现代化的阶段是根据产业结构和就业结构的划分。其中，传统社会指传统农业社会，F代表第一次现代化，S代表第二次现代化。国家水平分组方法：第二现代化指数：发达国家超过80，中等发达国家低于80但高于世界平均值，初等发达国家低于世界平均值但高于欠发达国家，欠发达国家低于30。

2012年处于相同现代化阶段的国家，它们的现代化水平有一定的变化幅度：

- 进入第二次现代化的国家，第一次现代化指数约为99～100，第二次现代化指数约为60～106，综合现代化指数为67～99。
- 处于第一次现代化的国家，第一次现代化指数约为39～100，第二次现代化指数约为14～80，综合现代化指数为11～77。
- 处于传统农业社会的国家，第一次现代化指数约为40～44，第二次现代化指数约为12～18，综合现代化指数为11～17。

根据国家的现代化阶段和现代化水平，可以构建世界现代化的国家定位图：横坐标为国家现代化的阶段，纵坐标为国家现代化的水平（现代化指数和国家分组）。

- 基于现代化阶段和第二次现代化水平的国家定位图（图5-2）。
- 基于现代化阶段和综合现代化水平的国家定位图（图5-3）。

1. 2012年发达国家水平

根据第二次现代化水平分组，2012年美国等21个发达国家的第二次现代化指数在80至106之间，其中，11个国家排名顺序与2011年不同；它们均已完成第一次现代化。2012年它们的综合现代化指数在79至99之间，其中12个国家排名顺序与2011年不同（表5-5）。

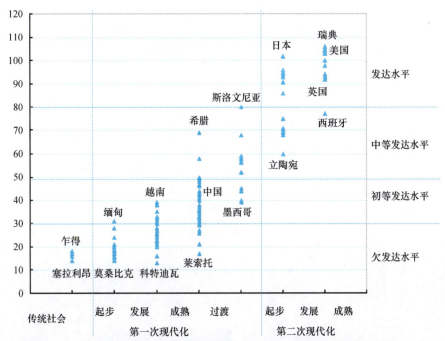

图 5-2　2012 年世界现代化的定位图（基于现代化阶段和第二次现代化水平）

注：图中 131 个点代表不同国家的定位，显示国家的现代化阶段、第二次现代化指数和国家分组。

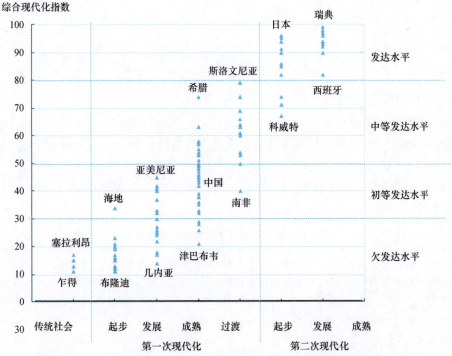

图 5-3　2012 年世界现代化的定位图（基于现代化阶段和综合现代化水平）

注：图中 131 个点代表不同国家的定位，显示国家的现代化阶段、综合现代化指数和国家分组。

表 5-5　21 个发达国家的现代化指数

国家	第一次现代化指数	2012年排名	2011年排名	第二次现代化指数	2012年排名	2011年排名	综合现代化指数	2012年排名	2011年排名
瑞典	100	1	1	106	1	1	99	2	2
美国	100	1	1	105	2	5	95	9	10
丹麦	100	1	1	104	3	3	99	1	1
芬兰	100	1	1	104	4	2	98	4	3
新加坡	100	1	1	103	5	4	94	11	9
日本	100	1	1	102	6	6	96	6	7
荷兰	100	1	1	100	7	7	98	3	4
比利时	100	1	1	98	8	8	97	5	5
德国	100	1	1	96	9	10	95	8	8
澳大利亚	100	1	1	96	10	12	94	12	14
韩国	100	1	1	95	11	11	85	20	20
法国	100	1	1	94	12	9	92	14	13
奥地利	100	1	1	94	13	17	94	10	11
瑞士	100	1	1	94	14	14	96	7	6
爱尔兰	100	1	1	93	15	16	93	13	12
挪威	100	1	1	93	16	13	91	17	18
加拿大	100	1	1	93	17	18	92	15	15
英国	100	1	1	92	18	15	90	18	17
以色列	100	1	1	91	19	19	91	16	16
新西兰	100	1	1	86	20	20	86	19	19
斯洛文尼亚	100	1	1	80	21	21	79	23	23

注：第一次现代化指数达到 100 时，排名都为 1，不分先后。后同。表 5-5～表 5-8 的排名都是 131 个国家的排名。2001～2008 年的《中国现代化报告》中的排名为 108 个国家的排名。

2. 2012 年中等发达国家水平

2012 年西班牙等 20 个中等发达国家的第二次现代化指数在 49 至 77 之间（第二次现代化指数世界平均值为 49），13 个国家 2012 年排名顺序与 2011 年不同；它们中有 17 个国家完成了第一次现代化，3 个国家基本实现了第一次现代化。2012 年它们的综合现代化指数在 53 至 82 之间，其中 12 个国家 2012 年排名顺序与 2011 年不同（表 5-6）。

表 5-6　20 个中等发达国家的现代化指数

国家	第一次现代化指数	2012年排名	2011年排名	第二次现代化指数	2012年排名	2011年排名	综合现代化指数	2012年排名	2011年排名
西班牙	100	1	1	77	22	22	82	21	22
意大利	100	1	1	75	23	23	82	22	21
葡萄牙	100	1	1	71	24	24	74	25	26
爱沙尼亚	100	1	1	70	25	26	74	27	27
希腊	100	1	1	69	26	25	74	26	24

(续表)

国家	第一次现代化指数	2012年排名	2011年排名	第二次现代化指数	2012年排名	2011年排名	综合现代化指数	2012年排名	2011年排名
匈牙利	100	1	1	69	27	27	71	28	28
科威特	99	48	48	68	28	28	67	31	31
捷克	100	1	1	68	29	29	74	24	25
立陶宛	100	1	1	60	30	30	71	29	29
俄罗斯	100	1	1	59	31	35	61	38	38
沙特阿拉伯	98	52	53	58	32	34	53	48	49
阿根廷	100	1	1	58	33	36	69	30	30
克罗地亚	100	1	1	58	34	32	65	33	32
黎巴嫩	100	1	1	58	35	46	57	41	40
波兰	100	1	1	58	36	31	63	35	36
拉脱维亚	100	1	1	57	37	33	64	34	33
斯洛伐克	100	1	1	56	38	37	63	36	35
智利	100	1	1	52	39	38	60	39	39
乌拉圭	100	1	1	50	40	39	63	37	37
白俄罗斯	98	51	52	49	41	40	54	45	44

3. 2012年初等发达国家水平

2012年中国等43个初等发达国家,第二次现代化指数在30至48之间,38个国家排名顺序与2011年不同;其中有9个国家完成了第一次现代化,有24个国家基本实现了第一次现代化。2012年它们的综合现代化指数在26至66之间,36个国家排名顺序与2011年不同(表5-7)。

表5-7 43个初等发达国家的现代化指数

国家	第一次现代化指数	2012年排名	2011年排名	第二次现代化指数	2012年排名	2011年排名	综合现代化指数	2012年排名	2011年排名
哥斯达黎加	100	1	1	48	42	44	54	44	46
马来西亚	100	1	1	48	43	42	53	49	47
多米尼加	96	56	54	48	44	43	57	42	42
叙利亚	94	65	63	48	45	41	47	57	58
土耳其	100	1	1	47	46	47	58	40	41
巴西	100	1	1	46	47	45	55	43	43
保加利亚	99	50	50	46	48	48	54	47	45
约旦	96	60	59	45	49	50	54	46	48
乌克兰	95	63	64	44	50	51	51	50	50
委内瑞拉	100	1	1	44	51	54	66	32	34
罗马尼亚	100	1	1	44	52	52	49	55	54
伊朗	97	54	49	44	53	49	46	59	51
哈萨克斯坦	100	1	1	44	54	53	49	54	55
巴拿马	100	1	1	43	55	55	50	51	52
中国	96	58	61	42	56	58	44	62	65

(续表)

国家	第一次现代化指数	2012年排名	2011年排名	第二次现代化指数	2012年排名	2011年排名	综合现代化指数	2012年排名	2011年排名
哥伦比亚	99	49	51	41	57	56	50	52	56
南非	93	66	66	40	58	60	40	72	71
马其顿	96	59	56	40	59	57	48	56	57
纳米比亚	83	85	85	40	60	86	33	81	85
突尼斯	95	61	60	40	61	59	43	64	63
墨西哥	100	1	1	39	62	61	49	53	53
越南	81	88	88	39	63	62	33	82	81
亚美尼亚	89	77	77	38	64	64	45	61	59
阿尔巴尼亚	90	75	73	38	65	63	42	67	66
秘鲁	97	53	58	38	66	66	46	58	60
牙买加	96	57	57	37	67	65	43	63	62
泰国	87	79	79	36	68	67	35	79	79
摩尔多瓦	91	72	68	35	69	68	43	66	68
斯里兰卡	82	87	87	35	70	69	32	88	87
厄瓜多尔	96	55	55	35	71	70	45	60	61
阿塞拜疆	92	67	70	34	72	71	39	73	74
尼加拉瓜	86	80	80	33	73	72	40	71	70
格鲁吉亚	90	76	76	33	74	73	41	69	69
埃及	92	71	69	33	75	74	42	68	67
蒙古	92	69	67	32	76	78	41	70	72
摩洛哥	86	81	81	32	77	76	36	78	77
萨尔瓦多	95	64	62	31	78	81	39	74	73
阿尔及利亚	95	62	65	31	79	77	38	75	75
刚果共和国	70	94	97	31	80	75	26	95	91
菲律宾	91	73	72	31	81	80	36	76	78
博茨瓦纳	83	86	86	31	82	79	33	84	83
也门共和国	70	95	92	30	83	107	29	90	89
哥伦比亚	99	49	51	41	57	56	50	52	56

4. 2012年欠发达国家水平

2012年印度等47个欠发达国家的第二次现代化指数在11至30之间,39个国家排名顺序与2011年不同;它们中有3个国家基本实现第一次现代化。2012年它们的综合现代化指数在11至43之间,41个国家排名顺序与2011年不同(表5-8)。

表 5-8　47 个欠发达国家的现代化指数

国家	第一次现代化指数	2012 年排名	2011 年排名	第二次现代化指数	2012 年排名	2011 年排名	综合现代化指数	2012 年排名	2011 年排名
巴拉圭	92	70	75	30	84	83	43	65	64
乌兹别克斯坦	79	89	89	30	85	84	30	89	88
玻利维亚	85	83	83	29	86	85	33	83	84
土库曼斯坦	88	78	78	29	87	89	36	77	76
安哥拉	69	99	100	29	88	87	28	91	94
吉尔吉斯斯坦	85	82	82	28	89	90	32	87	80
缅甸	73	92	95	28	90	88	25	99	119
老挝	64	107	105	27	91	91	18	114	111
印度尼西亚	83	84	84	27	92	92	28	92	93
危地马拉	92	68	71	27	93	93	32	86	86
洪都拉斯	90	74	74	26	94	94	33	85	82
塞内加尔	66	103	102	26	95	102	26	96	96
印度	75	91	91	25	96	96	25	100	98
厄立特里亚	65	105	104	25	97	99	25	101	99
加纳	68	100	99	25	98	95	26	98	95
贝宁	58	111	111	24	99	104	23	103	101
尼泊尔	68	101	101	24	100	101	19	112	114
喀麦隆	70	96	94	24	101	100	27	93	90
肯尼亚	55	115	115	24	102	97	23	104	103
巴布亚新几内亚	47	123	123	24	103	120	13	125	124
塔吉克斯坦	76	90	90	23	104	103	24	102	100
尼日利亚	65	104	106	22	105	105	26	97	97
毛里塔尼亚	59	110	109	21	106	109	17	117	115
津巴布韦	69	97	98	21	107	108	21	108	107
马里	46	125	125	21	108	113	20	109	106
马拉维	46	124	126	21	109	106	12	129	128
乌干达	55	114	116	20	110	114	17	119	117
孟加拉国	70	93	93	20	111	111	22	106	104
尼日尔	39	131	131	20	112	110	12	128	126
多哥	57	112	112	20	113	112	20	110	109
巴基斯坦	67	102	103	20	114	117	22	105	102
马达加斯加	55	116	117	20	115	116	19	111	110
几内亚	51	120	120	20	116	115	14	124	123
柬埔寨	64	106	107	19	117	98	17	115	116
刚果民主共和国	60	109	110	19	118	118	21	107	105
卢旺达	55	117	118	18	119	82	16	121	120
坦桑尼亚	54	118	119	18	120	121	16	120	118
乍得	40	130	130	18	121	119	11	130	129
海地	63	108	108	17	122	131	34	80	108
莱索托	69	98	96	17	123	122	26	94	92
中非	44	127	127	17	124	123	15	122	121
布基纳法索	42	129	128	16	125	124	13	126	125
赞比亚	57	113	113	16	126	125	18	113	113
埃塞俄比亚	46	126	124	16	127	126	12	127	127
布隆迪	49	122	121	15	128	127	11	131	131
莫桑比克	49	121	122	14	129	129	15	123	122
科特迪瓦	53	119	114	13	130	130	17	116	112

二、2012 年世界现代化的国际差距

1. 2012 年世界现代化的前沿水平

世界现代化的前沿水平可以从两个方面来反映,一是现代化阶段,一是现代化指数。

2012 年世界现代化前沿已经到达第二次现代化的发展期。2012 年处于第二次现代化发展期的国家大约有 13 个,它们的现代化水平是世界前沿水平的一种反映(表 5-9)。

表 5-9 2012 年处于第二次现代化发展期的国家

国家	知识创新指数	知识传播指数	生活质量指数	经济质量指数	第二次现代化指数	排名
瑞典	98	106	109	112	106	1
美国	111	96	102	111	105	2
芬兰	100	115	108	93	104	4
瑞士	76	92	102	106	94	14
丹麦	91	113	97	116	104	3
荷兰	79	114	106	102	100	7
加拿大	61	109	104	98	93	17
新加坡	86	106	115	104	103	5
英国	75	90	90	112	92	18
法国	78	92	98	108	94	12
比利时	77	105	107	105	98	8
爱尔兰	73	107	92	102	93	15
西班牙	37	87	88	94	77	22

2012 年,第二次现代化指数和综合现代化指数排世界前 10 名的国家水平,可以反映世界现代化的先进水平(表 5-10)。

表 5-10 2012 年世界现代化的前沿国家

项目	处于第二次现代化的发展期	第二次现代化指数的前 10 名	综合现代化指数的前 10 名
国家	瑞典、美国、丹麦 芬兰、新加坡、荷兰 比利时、法国、瑞士 爱尔兰、加拿大 英国、西班牙	瑞典、美国 丹麦、芬兰 新加坡、日本 荷兰、比利时 德国、澳大利亚	瑞典、丹麦 荷兰、芬兰 比利时、日本 瑞士、德国 美国、奥地利

2. 2012 年世界现代化的末尾水平

世界现代化的末尾水平可以从两个方面来反映,一是现代化阶段,一是现代化指数。

2012 年第一次现代化指数、第二次现代化指数和综合现代化指数排世界后 10 名的国家,它们的水平,反映了世界现代化的最低水平(表 5-11)。2012 年有 4 个国家仍然是传统农业社会,没有进入现代化行列。

表 5-11 2012 年世界现代化的后进国家

项目	传统农业社会	第一次现代化指数的后 10 名	第二次现代化指数的后 10 名	综合现代化指数的后 10 名
国家	乍得 中非共和国 布基纳法索 塞拉利昂	布隆迪、巴布亚新几内亚 马拉维、马里 埃塞俄比亚、中非共和国 塞拉利昂、布基纳法索 乍得、尼日尔	海地、莱索托 中非共和国、布基纳法索 赞比亚、埃塞俄比亚 布隆迪、莫桑比克 科特迪瓦、塞拉利昂	中非共和国、莫桑比克 几内亚、巴布亚新几内亚 布基纳法索、埃塞俄比亚 尼日尔、马拉维 乍得、布隆迪

3. 2012 年世界现代化的国际差距

2012 年国际差距与 2000 年相比，不同指标的表现有所差别（表 5-12）。

表 5-12 世界现代化水平的国际差距

项目	第一次现代化指数			第二次现代化指数			综合现代化指数		
	2012	2000	1990	2012	2000	1990	2012	2000	1990
最大值	100	100	100	106	109	98	99	98	98
最小值	39	31	32	12	9	16	11	14	20
平均值	84	77	72	45	42	42	47	44	48
绝对差距	61	69	68	94	100	82	88	84	78
标准差	19	22	23	27	26	23	26	23	22
相对差距	3	3	3	9	12	6	9	7	5
变异系数	0.23	0.29	0.32	0.59	0.62	0.55	0.55	0.53	0.46

- 第一次现代化指数，2012 年绝对差距比 2000 年有所减小，相对差距没有变化。
- 第二次现代化指数，2012 年绝对差距和相对差距比 2000 年有所减小。
- 综合现代化指数，2012 年绝对差距和相对差距比 2000 年有所增加。

4. 2012 年世界现代化的地理分布

2012 年世界现代化的地理分布不平衡，世界五大洲的平均现代化水平是不同的。
相对而言，欧洲和北美水平比较高，南美和亚洲相当，非洲比较落后。

三、2012 年世界现代化的国际追赶

1. 2012 年世界现代化的国际体系变化

在 2000～2012 年期间，根据第二次现代化指数分组，在 131 个参加评价的国家中，有 24 个国家的分组发生了变化，其中，组别上升国家有 13 个，组别下降国家有 11 个（表 5-13）。

在 1960～2012 年期间，有 27 个国家的分组发生了变化（5-14）。其中，地位上升的国家有 13 个，地位下降的国家有 14 个。

表 5-13 2000～2012 年世界现代化的国际地位发生变化的国家

升级的国家			降级的国家		
国家	2000年分组	2012年分组	国家	2000年分组	2012年分组
新加坡	2	1	哥伦比亚	2	3
爱尔兰	2	1	巴拿马	2	3
新西兰	2	1	牙买加	2	3
斯洛文尼亚	2	1	保加利亚	2	3
缅甸	4	3	格鲁吉亚	2	3
也门共和国	4	3	乌克兰	2	3
越南	4	3	巴拉圭	3	4
斯里兰卡	4	3	塔吉克斯坦	3	4
刚果共和国	4	3	乌兹别克斯坦	3	4
阿尔巴尼亚	4	3	土库曼斯坦	3	4
尼加拉瓜	4	3	吉尔吉斯	3	4
叙利亚	4	3			
纳米比亚	4	3			

注：1代表发达国家，2代表中等发达国家，3代表初等发达国家，4代表欠发达国家。

表 5-14 1960～2012 年世界现代化的国际地位发生变化的国家

升级的国家			降级的国家		
国家	1960年分组	2012年分组	国家	1960年分组	2012年分组
新加坡	2	1	俄罗斯	1	2
爱尔兰	2	1	巴拿马	2	3
芬兰	2	1	牙买加	2	3
日本	2	1	保加利亚	2	3
奥地利	2	1	墨西哥	2	3
韩国	3	1	南非	2	3
葡萄牙	3	2	蒙古	2	3
沙特阿拉伯	4	2	罗马尼亚	2	3
缅甸	4	3	委内瑞拉	2	3
也门共和国	4	3	巴拉圭	3	4
越南	4	3	津巴布韦	3	4
博茨瓦纳	4	3	赞比亚	3	4
中国	4	3	危地马拉	3	4
			玻利维亚	3	4

注：1代表发达国家，2代表中等发达国家，3代表初等发达国家，4代表欠发达国家。1960年根据第一次现代化指数分组，2009年根据第二次现代化指数分组。

2. 2012 年世界现代化的世界排名变化

根据综合现代化指数的排名变化，从2000年到2012年，在参加评价的131个国家中，综合现代化水平上升的国家有37个（指数排名上升在5以上的），下降的国家有38个（排名下降在5以上的），变化不大的国家约有56个（排名变化在正负5之内的）。

3. 2012 年世界现代化的国际转移概率

在1960～2012年期间，不同水平国家之间的转移概率如表5-15。

表 5-15 世界现代化的国家地位的转移概率（马尔科夫链分析）

分组	国家数	发达	中等	初等	欠发达	国家数	发达	中等	初等	欠发达
	1960	1960~2012 年转移概率/(%)				1970	1970~2012 年转移概率/(%)			
发达	15	93	7	0	0	15	80	20	0	0
中等	23	22	43	35	0	16	44	31	25	0
初等	29	3	3	76	17	26	4	15	65	15
欠发达	40	0	3	13	85	47	0	0	23	77
	1980	1980~2012 年转移概率/(%)				1990	1990~2012 年转移概率/(%)			
发达	17	88	6	6	0	16	94	6	0	0
中等	13	23	62	15	0	18	28	50	22	0
初等	41	5	10	66	20	37	0	5	70	24
欠发达	39	0	0	13	87	35	0	0	11	89

注：发达代表发达国家,中等代表中等发达国家,初等代表初等发达国家,欠发达代表欠发达国家。1960 年根据第一次现代化指数分组的分组标准：发达国家>90，中等发达 60~90，初等发达 40~60，欠发达<40。1970~2012 年根据第二次现代化指数分组的分组标准：发达国家的指数大于高收入平均值的 80%，中等发达国家的指数高于世界平均值但低于发达国家，初等发达的指数低于世界平均值但高于欠发达国家，欠发达国家的指数低于高收入国家平均值的 30%；高收入国家平均值为 100。数值差异是因为四舍五入的原因。

- 发达国家保持为发达国家的概率：80%~94%；降级发展中国家的概率：6%~20%。
- 发展中国家包括中等发达国家、初等发达国家和欠发达国家。
- 发展中国家保持为发展中国家的概率：91%~95%；升级发达国家的概率：5%~9%。其中，1960~2012 年期间升级概率约 6.5%，1970~2012 年期间升级概率约 9%，1980~2012 年期间升级概率约 5.4%，1990~2012 年期间升级概率约 5.6%。
- 中等发达国家升级为发达国家的概率：22%~44%，降级概率：15%~35%。
- 初等发达国家升级的概率：约 5%~19%，降级概率：约 15%~24%；
- 初等发达国家直接升级为发达国家的概率为 0~5%。
- 欠发达国家升级的概率：11%~23%；
- 欠发达国家直接升级为中等发达国家的概率：0~3%；
- 欠发达国家直接升级为发达国家的概率：0。

第二节　2012 年中国现代化指数

中国现代化指数包括中国第一次现代化指数、第二次现代化指数和综合现代化指数，反映中国现代化在经济、社会、文化和环境等领域的综合水平。关于中国政治等领域的现代化水平，需要专门研究。中国现代化指数的评价方法和评价数据来源，与世界现代化指数相同。

一、2012 年中国现代化的总体水平

2012 年中国属于初等发达国家，大约处于发展中国家的中间水平；中国现代化水平与世界中等发达国家的差距比较小，但与发达国家的差距比较大。

2012 年，中国第一次现代化指数约为 96，在世界 131 个国家中排第 58 位，比 2011 年提高 3 位；中国第二次现代化指数为 42，世界排名第 56 位，与 2011 年提高 2 位；综合现代化指数为 44，世界排名第 62 位，比 2011 年提高 3 位（表 5-16）。

表 5-16　1950～2012 年中国现代化指数

年份	第一次现代化指数	排名	第二次现代化指数	排名	综合现代化指数	排名
2012	96	58	42	56	44	62
2011	94	61	40	58	41	65
2010	92	62	38	62	40	69
2000	76	80	31	78	31	79
1990	63	67	26	73	28	103
1980	54	69	25	66	21	103
1970	40	72	21	60	—	
1960	37	72	—		—	
1950	26	—				

注：2010～2012 年现代化评价，根据评价模型第二版进行评价，评价模型见技术注释。

1. 2012 年中国第一次现代化指数

2012 年中国进入第一次现代化的成熟期，第一次现代化指数为 96，比 2011 年提高了 2。2012 年中国第一次现代化指数在 131 个国家中排名第 58 位。

2012 年中国第一次现代化 10 个指标发展不平衡。7 个指标已经达标，分别是城市人口比例、医生比例、平均预期寿命、婴儿死亡率、成人识字率、大学普及率和农业增加值比例。3 个指标没有达到标准，分别是人均国民收入、农业劳动力比例和服务业增加值比例（图 5-4）。

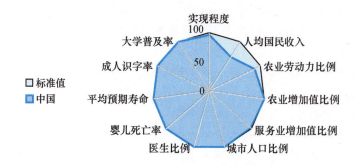

图 5-4　2012 年中国第一次现代化的特点

中国第一次现代化指数达到 100 所需要的时间，与第一次现代化指数的年均增长率正相关。如果按照 1960～2000 年速度估算，中国第一次现代化指数达到 100 约需 15 年（从 2000 年算起）。如果按 1990～2012 年速度估算，中国第一次现代化指数达到 100 约需 2 年（从 2012 年算起）。中国有可能在 2015 年前后完成第一次现代化，达到 1960 年的发达国家水平。

2. 2012 年中国第二次现代化指数

2012 年中国尚没有完成第一次现代化，也没有进入第二次现代化。由于中国参与全球化进程，第二次现代化的许多要素已经传入中国。如果按第二次现代化评价模型进行评价，可以大概了解中国第二次现代化的进展。这种评价，仅有参考意义。

2012 年中国第二次现代化指数为 42，在 131 个国家中排第 56 位。中国第二次现代化 4 类指标发展不平衡，生活质量指数和知识传播达到世界平均水平（图 5-5）。

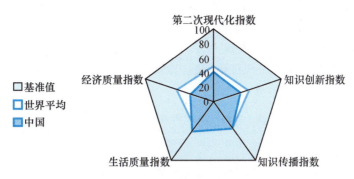

图 5-5　2012 年中国第二次现代化的特点

以 2012 年高收入国家平均值 100 为对照,2012 年中国知识创新指数为 40(世界平均 52),知识传播指数为 46(世界平均 45),生活质量指数为 50(世界平均 44),经济质量指数为 33(世界平均 54)。2012 年中国经济质量与发达国家的差距最大。中国经济建设仍然需要快马加鞭。

在 2000～2012 年期间,中国第二次现代化指数提高了 11,知识创新指数提高了 19,知识传播指数提高了 14,生活质量指数提高了 4,经济质量指数提高了 6(表 5-17)。

表 5-17　1970～2012 年中国第二次现代化指数

年份	知识创新指数	知识传播指数	生活质量指数	经济质量指数	第二次现代化指数
2012	40	46	50	33	42
2011	34	44	49	32	40
2010	31	41	47	31	38
2000	21	32	46	27	31
1990	11	24	42	27	26
1980	—	17	33	25	25
1970	—	13	24	26	21

注:2010～2012 年的现代化评价,是根据第二版评价模型的评价结果,评价模型见技术注释。

在 1990～2012 年期间,中国第二次现代化指数提高了 16,中国知识创新指数提高了 29,知识传播指数提高了 22,生活质量指数提高了 8,经济质量指数提高了 6(表 5-17)。

3. 2012 年中国综合现代化指数

综合现代化指数反映国家水平与世界先进水平的相对差距。2012 年中国综合现代化指数为 44,在 131 个国家中排第 62 位。中国综合现代化 3 类指标发展不平衡(图 5-6)。

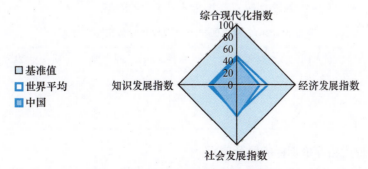

图 5-6　2012 年中国综合现代化的特点

以 2012 年高收入国家平均值 100 为对照,2012 年中国经济发展指数为 38(世界平均 51),社会发展指数为 50(世界平均 48),知识发展指数为 44(世界平均 48)。2012 年中国社会发展指数超过世界平均值,经济发展指数与发达国家的差距最大。

在 2000~2012 年期间,中国综合现代化指数提高了 13,排名提高了 17 位。在 1990~2012 年期间,中国综合现代化指数提高了 16,排名提高了 41 位(表 5-18)。

表 5-18　1980~2012 年中国综合现代化指数

项目	2012	2011	2010	2000	1990	1980
中国指数	44	42	40	31	28	21
中国排名	62	65	69	79	103	103
高收入国家－中国	56	58	60	69	72	79
世界平均－中国	5	6	8	19	25	30
高收入国家平均值	100	100	100	100	100	100
中收入国家平均值	36	35	34	42	44	52
低收入国家平均值	16	16	15	24	32	28
世界平均值	49	48	48	50	53	60

二、2012 年中国现代化的国际差距

2012 年中国现代化的国际差距(表 5-19),第一次现代化指数与完成第一次现代化的国家相差 4,与世界平均差 3;第二次现代化指数与高收入国家相差 58,与世界平均相差 7;综合现代化指数与高收入国家相差 56,与世界平均相差 5。

表 5-19　2012 年中国现代化指数的国际比较

项目	中国	高收入国家	中收入国家	低收入国家	世界	高收入国家－中国	世界平均－中国
第一次现代化指数	96	100	92	58	99	4	3
第二次现代化指数	42	100	33	21	49	58	7
综合现代化指数	44	100	36	16	49	56	5

1. 中国第一次现代化评价指标的国际差距

2012 年中国第一次现代化评价指标中,人均国民收入、农业劳动力比例和服务业增加值比例三个指标没有达标,人均国民收入和农业劳动力比例的差距比较大(表 5-20)。

表 5-20　2012 年中国第一次现代化评价指标的差距

指标	中国	标准值	世界	标准值－中国	世界－中国	注
人均国民收入/美元	5720	8312	10 252	2592	4532	正指标
农业劳动力比例/(%)	33.6	30.0	30.5	-3.6	-3.1	逆指标
服务业增加值比例/(%)	44.6	45.0	70.2	0.4	25.5	正指标

2. 中国第二次现代化评价指标的国际差距

2010 年的统计数据比较齐全。2010 年中国第二次现代化评价指标中,知识产权出口比例、人均知识产权进口、人均国民收入、人均购买力、R&D 研究人员比例、发明专利比例、大学普及率、婴儿死

亡率、单位 GDP 的能源消耗等指标,国际差距很大(表 5-21)。

表 5-21 2010 年中国第二次现代化评价指标的国际比较

指标	中国	美国	英国	德国	高收入国家	世界	高收入国家÷中国	世界÷中国
知识生产经费投入/(%)	1.8	2.7	1.8	2.8	2.5	2.1	1.4	1.2
知识生产人员投入*	8.9	38.4	41.3	39.5	38.6	12.8	4.3	1.4
知识生产专利产出*	2.2	7.8	2.5	5.8	7.5	1.7	3.4	0.8
知识产权出口比例/(%)	0.01	0.72	0.57	0.44	0.50	0.33	35.5	23.7
中学普及率/(%)	83	93	106	102	101	71	1.2	0.9
大学普及率/(%)	23.3	93.3	60.5	57.0	75.6	29.2	3.2	1.3
人均知识产权进口/美元	9.7	105.2	135.4	163.7	163.8	33.0	16.8	3.4
互联网普及率/(%)	34	72	85	82	74	29	2.1	0.9
人均购买力/国际美元 PPP	9000	49 040	36 320	40 390	38 959	12 702	4.3	1.4
平均预期寿命/岁	75	79	80	80	80	70	1.1	0.9
婴儿死亡率/(‰)	14	6	4	4	5	37	0.3	2.7
人均能源消费/千克石油	1881	7162	3216	4033	4899	1881	2.6	1.0
人均国民收入/美元	4240	49 110	40 470	44 780	41 395	9361	9.8	2.2
单位 GDP 的能源消耗*	0.42	0.15	0.08	0.10	0.12	0.20	0.3	0.5
物质产业增加值比例/(%)	57	22	21	31	25	30	0.4	0.5
物质产业劳动力比例/(%)	65	19	19	21	30	26	55	0.4	0.8

注:*知识生产人员投入:"研究与开发"研究人员/万人;知识生产专利产出:发明专利申请/万人;单位 GDP 的能源消耗:千克石油当量/美元。知识生产经费:R&D 经费占 GDP 比例。知识产权出口比例:知识产权出口收入占 GDP 比例。人均购买力指按购买力平价计算的人均国民收入。物质产业指农业和工业的加总。

3. 中国综合现代化评价指标的国际差距

2010 年中国综合现代化评价指标中,人均知识产权费用、人均国民收入、人均制造业增加值、能源使用效率、大学普及率、婴儿死亡率等指标,国际差距比较大(表 5-22)。

表 5-22 2010 年中国综合现代化评价指标的国际比较

指标	中国	美国	英国	德国	高收入国家	世界	高收入国家÷中国	世界÷中国
人均国民收入/美元	4240	49 110	40 470	44 780	41 395	9361	9.8	2.2
人均制造业增加值/美元	1439	5688	3524	8253	5635	1496	3.9	1.0
服务业增加值比例/(%)	43	78	79	69	75	70	1.7	1.6
服务业劳动力比例/(%)	35	81	79	70	74	45	2.1	1.3
城镇人口比例/(%)	49	81	81	74	80	52	1.6	1.0
医生比例/(人·每千人$^{-1}$)	1.8	2.4	2.7	3.7	2.9	1.5	1.6	0.8
婴儿死亡率/(‰)	14	6	4	4	5	37	0.3	2.7
能源使用效率*	2.4	6.8	11.9	10.3	8.3	5.0	3.5	2.1
知识生产经费投入/(%)	1.8	2.7	1.8	2.8	2.5	2.1	1.4	1.2
人均知识产权费用/美元	10	453	356	348	366	64	35.3	6.2
大学普及率/(%)	23	93	61	57	76	29	3.2	1.3
互联网普及率/(%)	34	72	85	82	74	29	2.1	0.9

注:*能源使用效率:美元/千克石油当量。人均知识产权费用指人均知识产权进口和出口总值。

4. 中国现代化进程的不平衡性

中国现代化的不平衡表现在多个方面,如地区不平衡和指标不平衡等。例如,2012 年中国第一次现代化有 7 个指标已经达到标准,表现最差的指标(人均国民收入)达标程度仅为 69%。第二次现代化的四大类指标和综合现代化的三类指标也不平衡。

三、2012年中国现代化的国际追赶

1. 中国现代化指数的国际追赶

在2000～2012年期间,中国现代化水平有较大提高(表5-16)。

2012年与2000年相比,中国现代化水平的变化如下:

- 第一次现代化指数:提高了20;世界排名提高22位;
- 第二次现代化指数:提高了11;世界排名提高22位;
- 综合现代化指数:提高了13;世界排名提高17位。

在1950～2012年期间,中国第一次现代化指数提高了70;在1970～2012年期间,中国第二次现代化指数提高了21,翻了一番;在1980～2012年期间,中国综合现代化指数提高了23,翻了一番多(图5-7)。

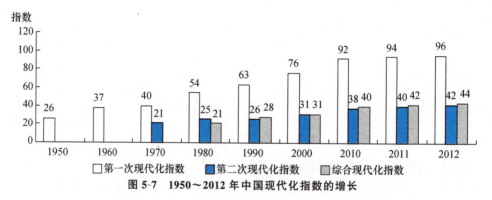

图5-7 1950～2012年中国现代化指数的增长

在1970～2012年期间,中国从第一次现代化的起步期、发展期到达成熟期,国家现代化水平从欠发达水平上升为初等发达水平,中国与中等发达水平的差距缩小(图5-8)。

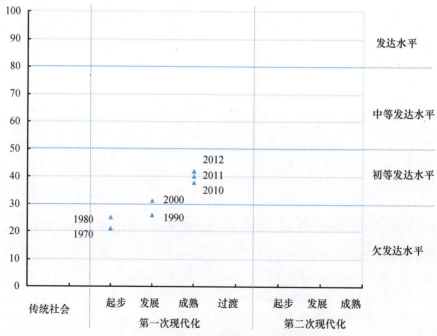

图5-8 1970～2012年中国现代化水平的提高

2. 中国第二次现代化指数的一种预测

2012年在131个国家中,中国第二次现代化指数排名第56位。

在未来90年里,如果能够按照1990~2012年第二次现代化指数的年均增长率估算现代化水平,那么,中国有可能在2030年前后成为中等发达国家,在2080年前后成为发达国家。

按1990~2012年年均增长率估计,中国第二次现代化指数的世界排名的变化如下:

- 2020年:进入131个国家的前50名;
- 2030年:进入131个国家的前40名左右;
- 2040年:进入131个国家的前30名左右;
- 2080年:进入131个国家的前20名左右;
- 2100年:进入131个国家的前10名左右。

3. 中国现代化水平的一种预测

2012年,中国为初等发达国家。根据1960~2012年的世界经验(表5-15),在50年里,初等发达国家升级的概率为5%~19%,中等发达国家升级的概率为22%~44%。

如果沿用世界历史经验,那么,2050年中国成为中等发达国家的概率为20%左右。

如果2050年中国成为中等发达国家,那么,2100年中国成为发达国家的概率为30%左右。

第三节 2012年中国地区现代化指数

中国地区现代化指数包括中国34个省级行政地区的第一次现代化指数、第二次现代化指数和综合现代化指数,反映34个省级地区现代化在经济、社会、文化和环境等领域的综合水平。

2012年,北京等5个地区进入第二次现代化,29个地区处于第一次现代化,局部地区属于传统农业社会,局部地区还有原始社会的痕迹,如"刀耕火种"和"母系社会"(图5-9)。根据第二次现代化指数分组,2012年北京等15个地区为发达地区或中等发达地区,宁夏等18个地区为初等发达地区,云南现代化水平比较低。2012年中国内地多数地区属于发展中地区。

一、2012年中国地区现代化的总体水平

2012年,中国属于发展中国家,处于发展中国家的中间位置。根据第二次现代化指数分组,2012年中国多数地区属于发展中地区;北京、上海、天津、香港、澳门和台湾等地区具有发达水平的部分特征,江苏、辽宁、浙江、广东、重庆、山东、福建、陕西和湖北等地区具有中等发达水平的部分特征,宁夏等18个地区具有初等发达水平的特征(表5-23)。

2012年,中国有9个地区完成第一次现代化,其中,5个地区进入第二次现代化;25个地区处于第一次现代化,其中,20个地区基本实现第一次现代化(表5-24)。

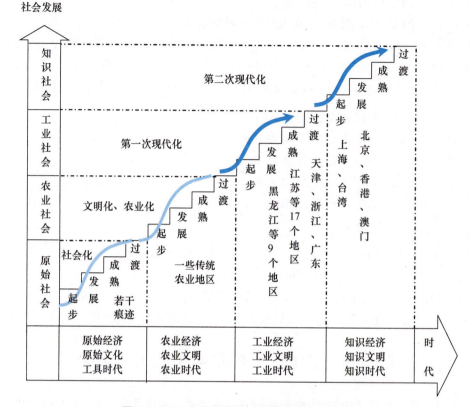

图 5-9　2012 年中国地区现代化进程的坐标图

注：2012 年中国地区现代化的就业结构指标为 2010 年数据，对评价结果有一定影响。

表 5-23　2012 年中国地区现代化指数

地区和分组	第一次现代化指数	2012年排名	2011年排名	第二次现代化指数	2012年排名	2011年排名	综合现代化指数	2012年排名	2011年排名
发达									
北京	100	1	1	86	1	1	80	1	1
上海	100	1	1	86	2	2	76	2	2
天津	100	1	1	81	3	3	73	3	3
中等发达									
江苏	100	1	6	71	4	4	61	4	5
辽宁	98	8	8	62	5	7	56	6	7
浙江	100	1	1	61	6	5	59	5	4
广东	100	1	1	59	7	6	56	7	6
重庆	95	11	12	54	8	10	50	9	13
山东	97	9	9	53	9	8	50	8	8
福建	99	7	7	51	10	10	49	10	9
陕西	92	18	18	49	11	11	44	14	14
湖北	96	10	10	49	12	12	47	11	11

(续表)

地区和分组	第一次现代化指数	2012年排名	2011年排名	第二次现代化指数	2012年排名	2011年排名	综合现代化指数	2012年排名	2011年排名
初等发达									
宁夏	94	13	13	48	13	17	39	21	21
黑龙江	92	16	16	48	14	13	46	13	10
内蒙古	94	12	11	47	15	15	43	15	16
吉林	93	14	14	46	16	14	46	12	12
山西	93	15	15	43	17	16	43	16	15
安徽	90	21	21	43	18	19	38	22	23
河北	92	17	17	42	19	18	40	18	18
四川	89	22	22	42	20	20	40	19	20
湖南	91	19	19	40	21	21	39	20	19
河南	88	25	25	40	22	23	37	23	24
青海	89	23	24	39	23	25	34	27	25
海南	88	24	23	39	24	22	40	17	17
新疆	88	26	26	39	25	24	36	24	22
广西	87	29	29	36	26	28	34	26	27
江西	91	20	20	36	27	27	35	25	26
甘肃	87	28	28	35	28	26	33	28	28
西藏	83	31	31	31	29	29	28	31	29
贵州	87	27	27	30	30	30	29	29	30
云南	86	30	30	30	31	31	29	30	31
港澳台									
香港	100			75			78		
澳门	100			76			78		
台湾	100			80			79		
对照									
中国	96			42			44		
高收入国家	100			100			100		
中等收入国家	92			33			36		
低收入国家	58			21			16		
世界平均	99			49			49		

注:2012年和2011年中国地区现代化评价的部分指标为2010年数据,对评价结果有一定影响。

表5-24　1990～2012年的中国现代化进程　　　　　　　　　　　　　　　单位:个

项目	1990	2000	2010	2011	2012
已经完成第一次现代化的地区	3	3	6	8	9
其中:进入第二次现代化的地区	1	2	4	4	5
没有完成第一次现代化的地区	31	31	28	26	25
其中:基本实现第一次现代化的地区	1	3	16	18	20

根据地区的现代化阶段和现代化水平,可以构建中国现代化的地区定位图;横坐标为地区现代化的阶段,纵坐标为地区现代化的水平(现代化指数和地区分组)。

- 基于现代化阶段和第二次现代化水平的地区定位图(图 5-10),
- 基于现代化阶段和综合现代化水平的地区定位图(图 5-11)。

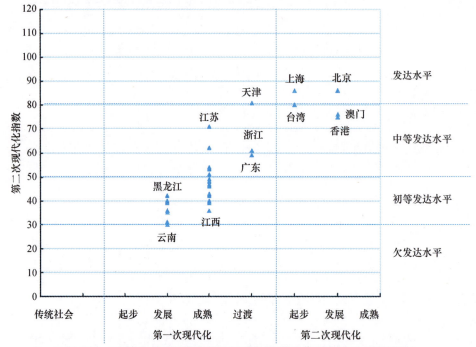

图 5-10　2012 年中国现代化的地区定位图(第二次现代化水平的定位)
注:图中 34 个点代表不同地区的定位,显示地区的现代化阶段、第二次现代化指数和地区分组。

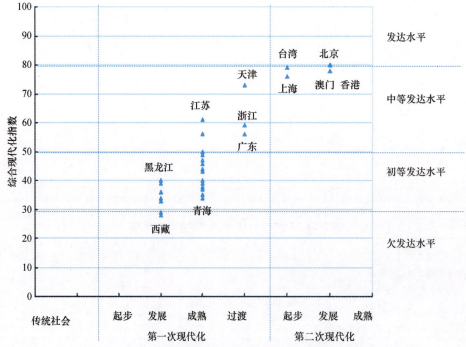

图 5-11　2012 年中国现代化的地区定位图(综合现代化水平的定位)
注:图中 34 个点代表不同地区的定位,显示地区的现代化阶段、综合现代化指数和地区分组。

1. 2012 年中国内地地区第一次现代化指数

2012 年中国内地 31 个地区中,6 个地区已经完成第一次现代化,它们是北京、上海、天津、江苏、浙江和广东;14 个地区基本实现第一次现代化,它们是福建、辽宁、山东、湖北、重庆、内蒙古、宁夏、吉林、山西、黑龙江、河北、陕西、湖南和江西(图 5-12)。

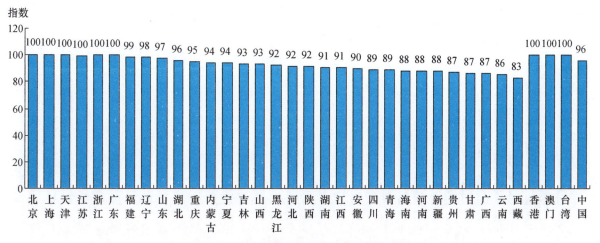

图 5-12　2012 年中国地区第一次现代化指数

如果按照 1990～2012 年年均增长率估算,全国多数地区有可能在 2020 年前完成第一次现代化(附表 3-2-4)。完成第一次现代化,表示大约达到 1960 年工业化国家的平均水平。

2. 2012 年中国内地地区第二次现代化指数

根据第二次现代化指数分组,2012 年,北京、上海和天津第二次现代化指数的数值已经达到发达国家组的水平,江苏、辽宁、浙江、广东、重庆、山东、福建、陕西和湖北 9 个地区已经达到中等发达国家组的水平,宁夏等 18 个地区达到初等发达国家组的水平(图 5-13)。

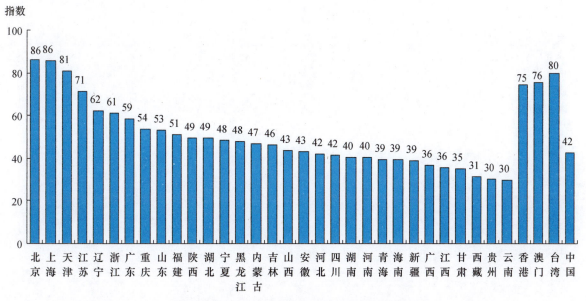

图 5-13　2012 年中国地区第二次现代化指数

3. 2012中国内地地区综合现代化指数

根据综合现代化指数分组,2012年,北京综合现代化指数的数值已经接近发达国家组的水平,上海、天津、江苏、浙江、辽宁、广东、山东、重庆和福建9个地区已经达到中等发达国家组的水平,湖北等18个地区达到初等发达国家组的水平(图5-14)。

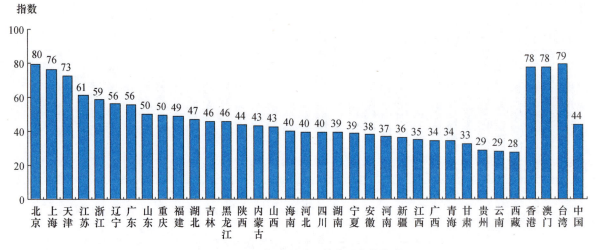

图5-14　2012年中国地区综合现代化指数

4. 中国内地不同区域的现代化水平

关于中国区域划分有多种方案。这里采用"三带、三片和八区"的划分(表5-25)。

表5-25　2012年中国不同区域的现代化水平的比较

地区	第一次现代化指数	第二次现代化指数	综合现代化指数	人均GDP
东部	97	61	56	9376
中部	92	44	42	5948
西部	89	40	36	4640
北方片	94	54	51	8246
南方片	95	52	49	7404
西部片	89	39	35	4556
东北地区	94	52	49	7172
华北沿海	97	66	61	10 658
黄河中游	92	45	42	6639
华东沿海	100	73	65	11 468
华南沿海	93	46	45	6624
长江中游	92	42	40	5136
西南地区	88	37	35	4227
西北地区	89	40	35	4966
中国	96	42	44	5720
高收入国家	100	100	100	43 723
中等收入国家	92	33	36	4425
低收入国家	58	21	16	620
世界平均	99	49	49	10 252

注:三大带、三大片和八大区的数值为该区有关地区数值的简单算术平均值。人均GDP单位为美元。

首先,2012年中国内地,东部现代化水平高于中部,中部现代化水平高于西部。

其次,2012年中国内地,北方片和南方片现代化水平大体相当,都高于西部片。2012年北方片第一次现代化指数平均值为94,南方片平均为95,西部片平均为89。如果把港澳台计算在南方片内,2012年南方片第一次现代化指数平均为96。

其三,2012年中国内地八大地区中,华东沿海和华北沿海是现代化水平较高的地区,东北地区、华南沿海、长江中游、黄河中游是现代化水平的第二集团,西北地区和西南地区是现代化水平较低的地区。华东和华北地区高于全国平均水平,其他地区低于全国平均水平。

其四,2012年中国华北地区现代化水平超过世界平均水平;华东地区第一次现代化指数低于世界平均,其他指数高于世界平均值;它们是中国内地现代化水平最高的地区。

5. 中国港澳台地区的现代化水平

中国香港、澳门和台湾地区的现代化水平处于中国地区水平的前列。

2012年中国香港、澳门和台湾都已经进入第二次现代化,其中,香港和澳门进入第二次现代化的发展期,台湾进入第二次现代化的起步期。2012年,香港、澳门和台湾的第二次现代化指数和综合现代化指数,都接近或达到80。

中国香港、澳门和台湾的第一次现代化指数都早已达到100。

二、2012年中国地区现代化的国际差距

1. 2012年中国内地地区现代化的前沿水平

2012年,中国内地地区现代化的前沿已经进入第二次现代化的发展期,地区现代化的前沿水平接近发达国家的底线,部分指标达到发达国家的底线。例如,2012年北京处于第二次现代化的发展期,北京和上海的部分指标接近或达到意大利和西班牙的水平(表5-26)。

表5-26 2012年中国内地地区现代化的前沿水平和国际比较

指标	北京	上海	天津	浙江	江苏	广东	西班牙	意大利	希腊	葡萄牙	俄罗斯
第一次现代化指数	100	100	100	100	100	100	100	100	100	100	100
第二次现代化指数	86	86	81	61	71	59	77	75	69	71	59
综合现代化指数	80	76	73	59	61	56	82	82	74	74	61
人均GDP或人均GNI	13 863	13 530	14 766	10 043	10 832	8573	29 340	34 810	23 670	20 620	12 740
人均GDP(PPP)	24 907	24 309	26 530	18 045	19 461	15 403	31 140	34 070	25 680	24 750	22 710
城市人口比例	86	89	82	63	63	67	79	69	77	62	74
大学普及率	69	56	74	32	37	20	85	62	—	69	76
互联网普及率	72	68	59	59	50	63	70	56	55	60	64

注:意大利等5个国家人均GDP(PPP)的数据为人均GNI(PPP)的数值。

2. 2012年中国内地地区现代化的地区差距

2012年中国内地31个省级地区之间,第一次现代化指数的绝对差距约为17,相对差距约为1.2;第二次现代化指数的绝对差距是56,相对差距是2.9;综合现代化指数的绝对差距是52,相对差距是2.9;第二次现代化指数的地区差距最大(表5-27)。

表 5-27　1990～2012 年中国内地地区现代化的地区差距

项目	第一次现代化指数			第二次现代化指数			综合现代化指数		
	2012	2000	1990	2012	2000	1990	2012	2000	1990
最大值	100	97	91	86	74	55	80	65	52
最小值	83	59	44	30	22	19	28	24	23
平均值	93	75	64	49	33	28	45	33	31
绝对差距	17	37	46	56	53	36	52	42	29
标准差	5	9	10	15	12	8	13	9	7
相对差距	1.2	1.6	2.0	2.9	3.4	2.9	2.9	2.8	2.3
变异系数	0.05	0.12	0.16	0.30	0.35	0.29	0.29	0.28	0.21

注:绝对差距＝最大值－最小值。相对差距＝最大值÷最小值。数值差异是因为四舍五入的原因。

在 2000～2012 年期间,中国内地地区现代化的地区差距有所扩大。其中,第二次现代化指数的绝对差距扩大,相对差距缩小;综合现代化指数的绝对差距扩大,相对差距扩大;但是,第一次现代化指数的地区差距缩小,因为完成第一次现代化的地区增加了(表 5-27)。

3. 2012 年中国内地地区现代化的国际差距

2012 年中国内地省级 31 个地区中,地区第一次现代化水平与已经完成第一次现代化的国家的最大差距约为 17,平均差距为 7;地区第二次现代化水平与世界先进水平的最大差距是 70,最小差距是 14,平均差距是 51;地区综合现代化水平与世界先进水平的最大差距是 73,最小差距 21,平均差距 55(表 5-28)。

表 5-28　1990～2012 年中国内地地区现代化的国际差距

项目		第一次现代化指数			第二次现代化指数			综合现代化指数		
		2012	2000	1990	2012	2000	1990	2012	2000	1990
与发达国家的差距	最小差距	0	6	10	14	26	34	21	35	48
	最大差距	17	41	56	70	78	70	73	76	77
	平均差距	7	24	40	51	69	63	55	68	72
与世界平均值的差距	最小差距	—	—	—						
	最大差距	11	30	37	20	24	28	26	26	30
	平均差距	1	23	21	1	15	21	8	18	25

在 2000～2012 年期间,中国内地地区现代化的国际差距有所缩小。其中,第一次现代化指数的平均差距从 24 减少到 7,减少 17;第二次现代化指数的平均差距从 69 减少到 51,减少 18;综合现代化指数的平均差距从 68 减少到 55,减少 13(表 5-28)。

4. 中国地区现代化的不平衡性

中国地区现代化的不平衡性是非常突出的,包括地区现代化进程的不同步(图 5-7)、地区现代化速度有快有慢、地区现代化水平差距比较大、地区现代化指标的表现差别比较大、地区现代化水平的地理分布不均衡等。

三、2012 年中国地区现代化的国际追赶

根据第二次现代化指数分组,2012 年与 2000 年相比,中国内地 26 个地区分组发生变化,5 个地区(山西、吉林、黑龙江、四川、云南)的分组没有变化。其中,3 个地区从中等发达水平上升为发达水

平,8个地区从初等发达水平上升为中等发达水平,14个地区从欠发达水平上升为初等发达水平,重庆从欠发达水平上升为中等发达水平(表5-29)。

表5-29 2000~2012年中国内地地区第二次现代化指数的地区分组变化

2000年分组	2012年分组	地区	地区个数
2	1	北京、上海、天津	3
3	2	辽宁、江苏、浙江、福建、山东、湖北、广东、陕西	8
4	3	河北、内蒙古、安徽、江西、河南、湖南、广西、海南、贵州、西藏、甘肃、青海、宁夏、新疆	14
4	2	重庆	1

注:1代表发达水平,2代表中等发达水平,3代表初等发达水平,4代表欠发达水平。

根据综合现代化指数分组,2012年与2000年相比,中国内地17个地区分组发生变化,14个地区的分组没有变化。其中,7个地区从初等发达水平上升为中等发达水平,10个地区从欠发达水平上升为初等发达水平(表5-30)。

表5-30 2000~2012年中国内地地区综合现代化指数的分组变化

2000年分组	2012年分组	地区	地区个数
3	2	天津、江苏、浙江、广东、辽宁、山东、重庆	7
4	3	河南、甘肃、安徽、广西、河北、宁夏、青海、江西、湖南、四川	10

注:1代表发达水平,2代表中等发达水平,3代表初等发达水平,4代表欠发达水平。

本 章 小 结

本报告采用何传启提出的第一次现代化评价模型、第二次现代化评价模型第一版和第二版、综合现代化评价模型第一版和第二版,对2010年、2011年和2012年的世界131个国家和中国34个地区进行评价。其中,第二次现代化评价模型第二版和综合现代化评价模型第二版是首次提出和应用,同时首次构建了世界现代化的国家定位图和中国现代化的地区定位图。

1. 2012年世界现代化水平

2012年,美国等27个国家已经进入第二次现代化,中国等100个国家处于第一次现代化,乍得等4个国家仍然处于传统农业社会,有些原住民族仍然生活在原始社会。

根据第二次现代化指数的国家分组,2012年美国等21个国家为发达国家,俄罗斯等20个国家为中等发达国家,中国等43个国家为初等发达国家,肯尼亚等47个国家为欠发达国家;发达国家、中等发达国家、初等发达和欠发达国家分别占国家样本数的16%、15%、33%和36%。

2012年第二次现代化指数排世界前10名的国家是:瑞典、美国、丹麦、芬兰、新加坡、日本、荷兰、比利时、德国、澳大利亚。

2012年参加评价的131个国家中,进入第二次现代化的国家有27个,约占国家样本数的21%;第一次现代化指数达到100的国家有47个,第一次现代化指数大于90小于100的国家有27个,已经完成和基本实现第一次现代化的国家有74个,约占国家样本数的56%。

在2000~2012年期间,根据第二次现代化水平分组,在131个参加评价的国家中,有24个国家的分组发生了变化,其中,组别上升国家有13个,组别下降国家有11个。

2. 2012年中国现代化水平

2012年中国属于初等发达国家,处于发展中国家的中间水平。中国与世界中等发达国家的差距比较小,但与世界发达国家的差距仍然较大。

2012年中国第一次现代化指数为96,排名世界131个国家的第58位;第二次现代化指数和综合现代化指数分别为42和44,排名第56位和第62位。2012年与2011年相比,中国第一次现代化指数、第二次现代化指数和综合现代化指数的排名分别提高了3位、2位和3位。

2012年中国第一次现代化评价的7个指标已经达标,3个指标(人均国民收入、农业劳动力比例和服务业增加值比例)没有达到标准。按2000~2012年年均增长率计算,中国有可能在2015年前后完成第一次现代化,达到1960年的发达国家平均水平。

2012年中国第二次现代化指数的发展不平衡。知识传播指数和生活质量指数超过世界平均水平,知识创新指数和经济质量指数低于世界平均水平;经济质量与发达国家的差距最大。

3. 2012年中国地区现代化水平

2012年,北京等5个地区进入第二次现代化,天津等29个地区处于第一次现代化,局部地区属于传统农业社会,局部地区还有原始社会的痕迹,如"刀耕火种"和"母系社会"。

根据第二次现代化指数分组,2012年中国多数地区属于发展中地区;北京、上海、天津、香港、澳门和台湾等地具有发达水平的部分特征,江苏、辽宁、浙江、广东、重庆、山东、福建、陕西和湖北等地具有中等发达水平的部分特征,宁夏等18个地区具有初等发达水平的特征。

如果北京、天津、上海、香港、澳门和台湾不参加排名,2012年中国地区现代化排名如下:

- 第二次现代化指数排名前10位的地区为:江苏、辽宁、浙江、广东、重庆、山东、福建、陕西、湖北、宁夏。
- 综合现代化指数排前10位的地区为:江苏、浙江、辽宁、广东、山东、重庆、福建、湖北、吉林、黑龙江。

技 术 注 释

《中国现代化报告 2014》采用国际机构、有关国家官方统计机构公布的数据,它包括世界 131 个国家和中国 34 个地区 2012 年的发展数据和评价数据等。由于世界不同国家的统计方法不完全相同,统计方法在不断发展,统计数据的可比性和一致性问题需要特别关注。

一、资料来源

世界现代化的 300 年的历史数据主要来自米切尔的《帕尔格雷夫世界历史统计》、麦迪森的《世界经济千年史》、库兹涅茨的《各国的经济增长》、世界银行的《世界发展指标》、联合国统计年鉴、联合国贸易与发展会议(UNCTAD)统计数据、世界贸易组织(WTO)、经济合作与发展组织(OECD)的数据等。

现代化进程评价所用数据,除少数年份的几个指标的中国数据(世界银行数据集中缺少的数据)来自《中国统计年鉴》外,其他全部采用世界银行《世界发展指标》2014 年 11 月网络版数据、联合国出版的《统计年鉴》、联合国粮农组织的网络数据库等。中国地区现代化评价所用数据,主要来自《中国统计年鉴 2013》。

二、数据一致性和可靠性

世界现代化进程评价,以世界银行出版的《世界发展指标》的系列数据为基本数据来源;部分年份的数据来自联合国贸易与发展会议的《世界投资报告》、世界贸易组织的《国际贸易统计》、联合国《统计年鉴》、联合国教科文组织《统计年鉴》、国际劳工组织《劳动力统计年鉴》、OECD 出版物;少数几个中国数据来自《中国统计年鉴》。

许多发展中国家的统计制度还很薄弱,统计方法在不断发展,统计指标的概念存在差异,统计方法在国与国之间差别较大,它们会影响数据的一致性和可靠性。许多国家的统计机构常常修改其历史统计数据。世界银行在历年《世界发展指标》中对数据来源、数据一致性和可靠性进行了说明。世界银行有时根据一些国家提供的新数据,对过去年份的数据进行调整。在不同年份出版的《世界发展指标》中,关于某年的数据不完全一致。如果出现这种情况,一般采用最近年份《世界发展指标》中公布的数据。2012 年世界现代化评价统一采用《世界发展指标》2014 年网络版数据。数据汇总方法在《世界发展指标》中有专门说明。

中国地区现代化进程评价,以 2013 年《中国统计年鉴》的系列数据为基本数据来源;《中国统计年鉴》中没有的数据,采用《中国科技统计年鉴》、《中国能源统计年鉴》和中国 31 个省级行政地区统计机构出版的地方《统计年鉴》的数据等。

在世界银行和联合国有关机构出版的统计资料中,中国数据的数值一般为中国内地 31 个省级行政地区统计数据的加总;在《中国统计年鉴》中,香港特区、澳门特区和台湾地区的统计数据单列,全国的加总数在数值上为内地 31 个省级行政地区统计数据的加和。

苏联和东欧国家（捷克斯洛伐克等），1990 年前后发生变化。1990 年前采用原国家数据。1990 年后，分别为俄罗斯、捷克和斯洛伐克的数据。1990 年前德国数据采用联邦德国的值。

三、国家分组

关于国家分组的方法有很多。《中国现代化报告 2003》对此进行了专门分析。例如，世界银行根据人均收入大小分组、联合国开发计划署根据人类发展指数分组、联合国工作分组、联合国地区分组、《中国现代化报告》根据第二次现代化指数分组等。一般而言，国家分组是相对的，更多是为了分析和操作的方便。本报告沿用《中国现代化报告 2003》国家分组方法。

《中国现代化报告 2003》采用四种国家分组方法，① 工业化国家和发展中国家，② 发达国家和发展中国家，③ 高收入国家、中等收入国家和低收入国家，④ 发达国家、中等发达国家、初等发达国家和欠发达国家。四种方法具有一定可比性（表 a）。

表 a 《中国现代化报告 2003》的国家分组

国家分组	类别	分组方法或标准
按地区分组	发达国家[a] OECD 国家 比较发达国家 比较不发达国家（发展中国家） 最不发达国家（发展中国家）	高收入国家（不含石油输出国） OECD 国家 按联合国统计署的划分 按联合国统计署的划分 按联合国统计署的划分
按人均国民收入分组 （2000 年）	高收入国家 中等收入国家（中高、中低收入国家） 低收入国家	人均 GNI 大于 9266 美元 人均 GNI 为 756~9265 美元 人均 GNI 小于 755 美元
按第一次现代化实现程度分组 （2000 年）	工业化国家 发展中国家	完成第一次现代化的国家 没有完成第一次现代化的国家
按第二次现代化指数分组 （2000 年）	发达国家[a]（高现代化水平） 中等发达国家（中等现代化水平） 初等发达国家（初等现代化水平） 欠发达国家（低现代化水平）	第二次现代化指数大于 80 第二次现代化指数 46~79.9 第二次现代化指数 30~45.9 第二次现代化指数小于 30

注：a. "发达国家"有两种划分方法：按第二次现代化指数划分的发达国家、按人均收入划分（习惯分法）的发达国家（一般指不包含石油输出国家的高收入国家），它们（划分的结果）是基本一致的。

四、第一次现代化指数的评价方法和评价指标

第一次现代化进展评价方法主要有三种：定性评价、定量评价和综合评价（定性和定量相结合）。本报告主要进行经济和社会第一次现代化的实现程度的定量评价。

1. 评价指标

20 世纪 80 年代，美国学者英克尔斯教授访问中国，并提出经典现代化的 11 个评价指标（孙立平，1988）。何传启选择其中的 10 个指标作为第一次现代化的评价指标（表 b）。

表 b 第一次现代化的评价指标和评价标准(1960年工业化国家指标平均值)

项目	指标、单位和指标编号	标准	备注[b]
经济指标	1. 人均国民收入(人均 GNI),美元	逐年计算[a]	正指标
	2. 农业劳动力比例(农业劳动力占总就业劳动力比例),%	30%以下	逆指标
	3. 农业增加值比例(农业增加值占 GDP 比例),%	15%以下	逆指标
	4. 服务业增加值比例(服务业增加值占 GDP 比例),%	45%以上	正指标
社会指标	5. 城市人口比例(城市人口占总人口比例),%	50%以上	正指标
	6. 医生比例(每千人口中的医生人数),‰	1‰以上	正指标
	7. 婴儿死亡率,‰	30‰以下	逆指标
	8. 平均预期寿命(出生时平均预期寿命),岁	70岁以上	
知识指标	9. 成人识字率,%	80%以上	正指标
	10. 大学普及率(在校大学生占20~24岁人口比例),%	15%以上	正指标

注:参考英克尔斯教授的评价指标(孙立平,1988)。a. 以1960年19个市场化工业国家人均国民收入平均值1280美元为基准值,以后逐年根据美元通货膨胀率(或 GDP 物价折算系数)计算标准值。例如,1960年标准值为1280美元,1970年为1702美元,1980年为3411美元,1990年为5147美元,2000年为6399美元,2009年为7870美元,2010年为8000美元,2011年为8165美元,2012年为8312美元。b. 正指标,评价对象数值等于或大于标准值时,表示它达到或超过经典现代化标准;逆指标,评价对象数值等于或小于标准值时,表示它达到或超过经典现代化标准。

2. 评价模型

2001年何传启设计"第一次现代化评价模型",包括10个经济、社会和知识指标,以及评价方法和发展阶段评价。评价标准参考1960年19个工业化国家发展指标的平均值。

$$\begin{cases} FMI = \sum S_i/n \quad (i=1,2,\cdots,n) \\ S_i = 100 \times i_{实际值}/i_{标准值} \quad (正指标, S_i \leq 100) \\ S_i = 100 \times i_{标准值}/i_{实际值} \quad (逆指标, S_i \leq 100) \end{cases}$$

其中,FMI 为第一次现代化指数,n 为参加评价的指标总个数,S_i 为第 i 项指标的达标程度($S_i \leq 100$);i 为评价指标的编号;$i_{实际值}$ 为 i 号指标的实际值,$i_{标准值}$ 为 i 号指标的标准值(具体数值见表 b)。

3. 评价方法

首先,检验评价指标的相关性。在地区现代化评价时,可以调整部分评价指标。

其次,计算人均 GNI 的标准值。

其三,采用"比值法"计算单个指标达标程度。单个指标达标程度最大值为100%(如果超过100%,取值100%),达到100%表明该指标已经达到第一次现代化水平。

其四,采用"简单算术平均值"法,计算第一次现代化指数。

其五,评价的有效性。如果参加评价国家,有效指标个数占指标总数的比例低于60%(即指标个数少于6个),则视为无效样本,不进行评价。

其六,计算方法。所有评价由计算机自动完成。计算机计算数据时,计算机内部保留小数点后12位小数;显示数据结果时,一般保留整数或1~2位小数。

其七,评价的精确性。在阅读和利用评价数据和结果时,需要特别注意小数"四舍五入"带来的影响。第二次现代化和综合现代化评价,也是如此。

其八,评价误差。有些国家样本,统计数据不全,对评价结果有比较大的影响。水平高的指标的数据缺失,可能拉低评价结果。水平低的指标的数据缺失,可能抬高评价结果。一般而言,指标缺少的越多,影响越大。

4. 第一次现代化的阶段评价

$$\begin{cases} P_{\text{FM}} = (P_{\text{农业增加值比例}} + P_{\text{农业/工业增加值}} + P_{\text{农业劳动力比例}} + P_{\text{农业/工业劳动力}})/4 \\ P_{\text{农业增加值比例}} = (4,3,2,1,0), \text{根据实际值与标准值的比较判断阶段并赋值} \\ P_{\text{农业/工业增加值}} = (4,3,2,1,0), \text{根据实际值与标准值的比较判断阶段并赋值} \\ P_{\text{农业劳动力比例}} = (4,3,2,1,0), \text{根据实际值与标准值的比较判断阶段并赋值} \\ P_{\text{农业/工业劳动力}} = (4,3,2,1,0), \text{根据实际值与标准值的比较判断阶段并赋值} \end{cases}$$

其中,P_{FM}代表第一次现代化的阶段,$P_{\text{农业增加值比例}}$代表根据农业增加值占GDP比例判断的阶段和赋值,$P_{\text{农业/工业增加值}}$代表根据农业增加值比例与工业增加值比例的比值判断的阶段和赋值,$P_{\text{农业劳动力比例}}$代表根据农业劳动力占全部就业劳动力比例判断的阶段和赋值,$P_{\text{农业/工业劳动力}}$代表根据农业劳动力比例与工业劳动力比例的比值判断的阶段和赋值。

首先,根据信号指标实际值与标准值的比较判断阶段并赋值。其次,计算赋值的平均值。其三,综合判断第一次现代化的阶段。第一次现代化阶段评价的4个信号指标的标准值和赋值见表c。第一次现代化阶段评价的信号指标的变化如图a所示。

表c 第一次现代化信号指标的划分标准和赋值

项目	农业增加值占GDP比例/(%)	农业增加值/工业增加值	赋值	说明
过渡期	<5	<0.2	4	农业增加值占GDP比例低于15%为完成第一次现代化的标准,结合工业化国家200年经济史制定
成熟期	5~15, <15	0.2~0.8, <0.8	3	
发展期	15~30, <30	0.8~2.0, <2.0	2	
起步期	30~50, <50	2.0~5.0, <5.0	1	
传统社会	≥50	≥5.0	0	
	农业劳动力占总劳动力比例/(%)	农业劳动力/工业劳动力	赋值	
过渡期	<10	<0.2	4	农业劳动力占总劳动力比例低于30%为完成第一次现代化的标准,结合工业化国家200年经济史制定
成熟期	10~30, <30	0.2~0.8, <0.8	3	
发展期	30~50, <50	0.8~2.0, <2.0	2	
起步期	50~80, <80	2.0~5.0, <5.0	1	
传统社会	≥80	≥5.0	0	

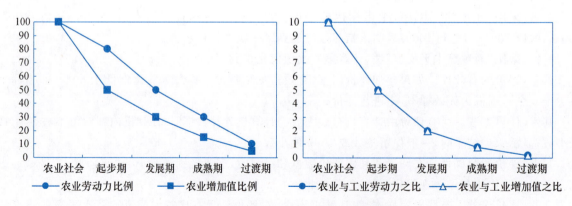

图a 第一次现代化阶段评价的信号指标变化

有些时候,可能是统计数据或者国家差异的原因,产业结构和就业结构的分析结果与现代化总体水平不协调,需要根据第一次现代化实现程度对发展阶段进行调整。

发达国家在20世纪60年代前后完成第一次现代化，在70年代前后进入第二次现代化。第一次现代化评价比较适合于发展中国家，第二次现代化评价比较适合于发达国家。

五、第二次现代化指数的评价方法和评价指标

第二次现代化进展评价同样有定性评价、定量评价和综合评价等三种方法。第二次现代化启动已经超过40多年。随着第二次现代化的发展，第二次现代化的评价指标和评价方法应该作相应的调整。何传启2001年提出第二次现代化评价模型第一版，2012年提出第二次现代化评价模型第二版，包括评价指标、评价方法和发展阶段评价等。

1. 评价指标

第二次现代化理论认为，知识的创新、传播和应用是第二次现代化的动力，知识创新、知识传播和知识应用的水平反映了第二次现代化的水平。

第二次现代化评价包括知识创新、知识传播、知识应用Ⅰ和Ⅱ（生活质量和经济质量）四大类指标和16个具体指标（表d）。其中，知识创新指在世界上首次发现、发明、创造或应用某种新知识，包括科学发现、技术发明、知识创造和新知识首次应用；知识应用Ⅰ为改进生活质量，知识应用Ⅱ为改进经济质量；物质产业包括农业和工业。

表d　第二次现代化评价指标

二级指标	第二次现代化评价模型第一版（2001年版）		第二次现代化评价模型第二版（2012年版）	
	三级指标和编号	指标解释和单位	三级指标和编号	指标解释和单位
知识创新	1. 知识创新经费投入	研究与发展经费占GDP的比例（R&D经费/GDP），%	1. 知识创新经费投入	研究与发展经费占GDP的比例（R&D经费/GDP），%
	2. 知识创新人员投入	从事研究与发展活动的研究人员比例，人/万人	2. 知识创新人员投入	从事研究与发展活动的研究人员比例，人/万人
	3. 知识创新专利产出	居民申请发明专利比例，项/万人	3. 知识创新专利产出	居民申请发明专利比例，项/万人
			4. 知识产权出口比例	知识产权出口收入占GDP比例，%
知识传播	4. 中学普及率	在校中学生人数占适龄人口（一般12～17岁）比例，%	5. 中学普及率	在校中学生人数占适龄人口（一般12～17岁）比例，%
	5. 大学普及率	在校大学生人数占适龄人口（一般20～24岁）比例，%	6. 大学普及率	在校大学生人数占适龄人口（一般20～24岁）比例，%
	6. 电视普及率	电视用户/百人，%	7. 人均知识产权进口	人均知识产权进口费用，美元
	7. 互联网普及率	互联网用户/百人，%	8. 互联网普及率	互联网用户/百人，%
生活质量	8. 城镇人口比例	城镇人口占总人口比例，%	9. 平均预期寿命	新生儿平均预期寿命，岁
	9. 医生比例	每千人中的医生数，‰	10. 人均购买力	按购买力平价PPP计算的人均国民收入，国际美元
	10. 婴儿死亡率	每千例活产婴儿在1岁内的死亡率，‰	11. 婴儿死亡率	每千例活产婴儿在1岁内的死亡率，‰
	11. 平均预期寿命	新生儿平均预期寿命，岁	12. 人均能源消费	人均商业能源消费，千克石油当量
	12. 人均能源消费	人均商业能源消费，千克石油当量		

(续表)

二级指标	第二次现代化评价模型第一版(2001年版)		第二次现代化评价模型第二版(2012年版)	
	三级指标和编号	指标解释和单位	三级指标和编号	指标解释和单位
经济质量	13. 人均国民收入	人均国民收入,美元	13. 人均国民收入	人均国民收入,美元
	14. 人均购买力	按购买力平价PPP计算的人均国民收入,国际美元	14. 单位GDP的能源消耗	单位GDP的能源消耗,千克石油当量/美元
	15. 物质产业增加值比例	农业和工业增加值占GDP的比例,%	15. 物质产业增加值比例	农业和工业增加值占GDP的比例,%
	16. 物质产业劳动力比例	农业和工业劳动力占总就业劳动力比例,%	16. 物质产业劳动力比例	农业和工业劳动力占总就业劳动力比例,%
基准值	高收入的国家和地区的平均值 2012年为75个高收入的国家和地区的平均值		高收入的OECD国家的平均值 2012年为32个高收入的OECD国家的平均值	

注:中国地区大学普及率为大学在校学生人数占18～21岁人口比例。

第二次现代化评价模型第二版与第一版相比,既有继承也有变化;主要特点是:增加知识产权和环境指标,减少重复性指标,关注知识创新和传播的质量,提高评价基准值。

(1) 不变部分(继承)

评价原理不变,二级指标不变,三级指标总数不变,13个三级指标保留不变等。

(2) 变化部分

增加3个指标,包括2个知识产权指标和1个环境指标;减少3个指标,包括2个重复性指标(在第一次现代化评价和综合现代化评价中已经采用的指标)和1个数据不可获指标(电视普及率已经饱和,世界银行的世界发展指标已经不包括这个指标);调整1个指标,人均购买力指标从经济质量部分调到生活质量部分;提高评价标准,评价基准值从高收入国家和地区平均值提高到高收入OECD国家的平均值。

2. 评价模型

第二次现代化评价包括第二次现代化指数、知识创新指数、知识传播指数、生活质量指数、经济质量数和16个指标的评价,指标评价采用"比值法",指数评价采用算术平均值法,指标和指数采用等权重法。

$$\begin{cases} SMI = (KII + KTI + LQI + EQI)/4 \\ KII = \sum D_i /4 \quad (i=1,2,3,4) \\ KTI = \sum D_i /4 \quad (i=5,6,7,8) \\ LQI = \sum D_i /4 \quad (i=9,10,11,12) \\ EQI = \sum D_i /4 \quad (i=13,14,15,16) \\ D_i = 100 \times i_{实际值}/i_{基准值} \quad (正指标, D_i \leqslant 120) \\ D_i = 100 \times I_{基准值}/i_{实际值} \quad (逆指标, D_i \leqslant 120) \\ (i=1,2,3,4,5,6,7,8,9,10,11,12,13,14,15,16) \end{cases}$$

其中,SMI是第二次现代化指数,KII是知识创新指数,KTI是知识传播指数,LQI是生活质量指数,EQI是经济质量指数,D_i是第i号评价指标的发展指数($D_i \leqslant 120$,避免单个指标数值过高影响总评价结果);i为16个评价指标的编号,从1到16;$i_{实际值}$为i号指标的实际值,$i_{基准值}$为i号指标的基准值。16个评价指标的基准值为最新年高收入OECD国家指标的平均值。

3. 评价方法

首先,检验评价指标的相关性。在地区现代化评价时,可以调整部分评价指标。

其次,确定评价的基准值,为最新年高收入OECD国家的平均值(发达国家平均值)。

其三,采用"比值法"计算单个指标的发展指数。单个指标的发展指数的最高值为120点(如果超过120点,取值120点),避免单个指标过高造成评价"失真"。

其四,采用"简单算术平均值"法,分别计算知识创新指数、知识传播指数、生活质量指数和经济质量指数。

其五,采用"简单算术平均值"法计算第二次现代化指数。

其六,评价的有效性。如果参加评估的有效指标个数占指标总数的比例低于60%,则视为无效样本,不进行评价。

其七,评价的可比性。由于评价基准值不同,《中国现代化报告2014》与前面的13份报告关于第二次现代化进程的评价结果,只具有相对可比性。

其八,评价误差。有些国家样本,统计数据不全,对评价结果有比较大的影响。

4. 第二次现代化的阶段评价

$$\begin{cases} P_{SM} = (P_{物质产业增加值比例} + P_{物质产业劳动力比例})/2 \\ P_{物质产业增加值比例} = (3,2,1),根据实际值与标准值的比较判断阶段并赋值 \\ P_{物质产业劳动力比例} = (3,2,1),根据实际值与标准值的比较判断阶段并赋值 \end{cases}$$

其中,P_{SM}代表第二次现代化的阶段,$P_{物质产业增加值比例}$代表根据物质产业增加值比例判断的阶段的赋值,$P_{物质产业劳动力比例}$代表根据物质产业劳动力比例判断的阶段的赋值。

首先,筛选出处于第一次现代化过渡期和第二次现代化指数超过60的国家。

其次,根据这些国家信号指标实际值与标准值的比较,判断这些国家的阶段并赋值。

其三,计算赋值的平均值,判断第二次现代化的阶段。

第二次现代化阶段的信号指标的标准值和赋值见表e。

表e 第二次现代化信号指标的标准和赋值

阶段	物质产业增加值比例/(%)	物质产业劳动力比例/(%)	赋值	备注(前提条件)
成熟期	<20	<20	3	
发展期	20~30,<30	20~30,<30	2	处于第一次现代化过渡期
起步期	30~40,<40	30~40,<40	1	第二次现代化指数高于60
准备阶段	40~50,<50	40~50,<50	0	

注:进入第一次现代化过渡期和第二次现代化指数高于60的国家,才进一步判断第二次现代化阶段。

有些时候,可能是统计数据或者国家差异的原因,产业结构和就业结构的分析结果与现代化总体水平不协调,需要根据第二次现代化指数对发展阶段进行调整。

六、综合现代化指数的评价方法和评价指标

综合现代化指数,主要反映被评价对象的现代化水平与世界先进水平的相对差距。世界第一次现代化是经典的,第二次现代化是新的。随着第二次现代化的发展,综合现代化水平的评价指标和评价方法应该做相应的调整。何传启2004年提出综合现代化评价模型第一版,2012年提出综合现代化评价模型第二版,包括评价指标和评价方法等。

1. 评价指标

综合现代化是两次现代化的协调发展。综合现代化评价,选择第一次现代化和第二次现代化的共性指标,同时适用于发达国家和发展中国家,可以反映发达国家和发展中国家的相对水平。综合现代化水平评价包括经济、社会和知识三大类指标和12个具体指标(表f)。

表 f 综合现代化评价指标

二级指标	综合现代化评价模型第一版(2004年版)		综合现代化评价模型第二版(2012年版)	
	三级指标和编号	指标解释和单位	三级指标和编号	指标解释和单位
经济发展	1. 人均国民收入	人均国民收入,美元	1. 人均国民收入	人均国民收入,美元
	2. 人均购买力	按购买力平价PPP计算的人均国民收入,国际美元	2. 人均制造业增加值	人均制造业增加值,美元
	3. 服务业增加值比例	服务业增加值占GDP比例,%	3. 服务业增加值比例	服务业增加值占GDP比例,%
	4. 服务业劳动力比例	服务业劳动力占总就业劳动力比例,%	4. 服务业劳动力比例	服务业劳动力占总就业劳动力比例,%
社会发展	5. 城镇人口比例	城镇人口占总人口比例,%	5. 城镇人口比例	城镇人口占总人口比例,%
	6. 医生比例	每千人口中的医生数,‰	6. 医生比例	每千人口中的医生数,‰
	7. 平均预期寿命	新生儿平均预期寿命,岁	7. 婴儿死亡率	每千例活产婴儿在1岁内的死亡率,‰
	8. 生态效益(能源使用效率)	人均GDP/人均能源消费,美元/千克标准油	8. 能源使用效率	人均GDP/人均能源消费,美元/千克标准油
知识发展	9. 知识创新经费投入	研究与发展经费占GDP的比例(R&D经费/GDP),%	9. 知识创新经费投入	研究与发展经费占GDP的比例(R&D经费/GDP),%
	10. 知识创新专利产出	居民申请发明专利数/万人,项/万人	10. 人均知识产权费用	人均知识产权贸易(人均知识产权进口和出口总值),美元
	11. 大学普及率	在校大学生人数占适龄人口(一般为20～24岁)比例,%	11. 大学普及率	在校大学生人数占适龄人口(一般为20～24岁)比例,%
	12. 互联网普及率	互联网用户/百人,%	12. 互联网普及率	互联网用户/百人,%
参考值	高收入的国家和地区的平均值 2012年为75个高收入的国家和地区的平均值		高收入的OECD国家的平均值 2012年为32个高收入的OECD国家的平均值	

注:中国地区大学普及率为大学在校学生人数占18～21岁人口比例。

综合现代化评价模型第二版与第一版相比,既有变化,也有不变;主要特点是:增加知识产权和制造业指标,减少重复性指标,关注社会和知识发展的质量,提高评价的参考值。

(1) 不变部分(继承)

评价原理不变,二级指标不变,三级指标总数不变,9个三级指标保留不变等。

(2) 变化部分

增加3个指标,包括1个知识产权指标、1个社会指标和1个环境指标;减少3个重复性指标(在第一次现代化评价或第二次现代化评价中已经采用的指标);提高评价标准,评价参考值从高收入国家和地区平均值提高到高收入OECD国家的平均值。

2. 评价模型

综合现代化指数评价,要选择两次现代化的典型特征指标和两次现代化都适用的指标作为评价指标。综合现代化评价包括经济、社会和知识等三大类指标和12个具体指标。

$$\begin{cases} IMI = (EI + SI + KI)/3 \\ EI = \sum D_i/4 \quad (i = 1,2,3,4) \\ SI = \sum D_i/4 \quad (i = 5,6,7,8) \\ KI = \sum D_i/4 \quad (i = 9,10,11,12) \\ D_i = 100 \times i_{实际值}/i_{参考值} \quad (正指标, D_i \leqslant 100) \\ D_i = 100 \times i_{参考值}/i_{实际值} \quad (逆指标, D_i \leqslant 100) \\ (i = 1,2,3,4,5,6,7,8,9,10,11,12) \end{cases}$$

其中，IMI 是综合现代化指数，EI 是经济发展指数，SI 是社会发展指数，KI 是知识发展指数，D_i 是第 i 号评价指标的相对发展水平（$D_i \leq 100$）；i 为 12 个评价指标的编号，从 1 到 12；$i_{实际值}$ 为 i 号指标的实际值，$i_{参考值}$ 为 i 号指标的参考值。12 个评价指标的参考值为当年高收入 OECD 国家（发达国家）指标的平均值。

3. 评价方法

首先，检验评价指标的相关性。在地区现代化评价时，可以调整部分评价指标。

其次，确定评价的参考值，为当年高收入 OECD 国家（发达国家）的平均值。

其三，采用"比值法"计算单个指标的发展水平。单个指标的发展水平的最高值为 100 点（如果超过 100 点，取值 100 点），达到 100 点表明该指标已经达到世界前沿水平。

其四，采用"简单算术平均值"法，分别计算经济发展、社会发展和知识发展指数。

其五，采用"简单算术平均值"法计算综合现代化水平。

其六，评价的有效性。如果参加评估国家，有效指标个数占指标总数的比例低于 60%，则视为无效样本，不进行评价。有效指标的多少，对评价结果有比较大影响。

七、工业现代化指数的评价方法和评价指标

工业现代化水平评价的原理是：根据广义工业现代化理论，选择代表工业现代化典型特征的关键指标，建立第一次工业现代化、第二次工业现代化和综合工业现代化的评价模型。

工业现代化水平评价的结构模型为：

$$\text{IML（工业现代化水平）} = \begin{cases} \text{FIMI} & \text{第一次工业现代化指数} \\ \text{SIMI} & \text{第二次工业现代化指数} \\ \text{CIMI} & \text{综合工业现代化指数} \end{cases}$$

工业现代化水平评价的基本模型为：工业现代化水平等于工业效率、工业质量、工业转型和工业环境的相对水平的几何平均值；工业现代化指数等于工业效率指数、工业质量指数、工业转型指数和工业环境指数的几何平均值；它的数学模型如下：

$$\begin{cases} \text{IMLI} = (\text{II}_E \times \text{II}_Q \times \text{II}_T \times \text{II}_H)^{1/4} \\ \text{II}_E = (\sum E_i)/N_E \quad (i = 1, 2, \cdots, N_E) \\ \text{II}_Q = (\sum Q_k)/N_Q \quad (k = 1, 2, \cdots, N_Q) \\ \text{II}_T = (\sum T_j)/N_T \quad (j = 1, 2, \cdots, N_T) \\ \text{II}_H = (\sum H_l)/N_H \quad (l = 1, 2, \cdots, N_H) \end{cases}$$

其中，IMLI 为广义工业现代化指数；II_E 为工业效率指数，II_Q 为工业质量指数，II_T 为工业转型指数，II_H 为工业环境指数；E_i 为工业效率第 i 项指标的指数，i 为工业效率评价指标的编号，N_E 为工业效率评价指标的总个数；Q_k 为工业质量第 k 项指标的指数，k 为工业质量评价指标的编号，N_Q 为工业质量评价指标的总个数；T_j 为工业转型第 j 项指标的指数，j 为工业转型评价指标的编号，N_T 为工业转型评价指标的总个数；H_l 为工业环境第 l 项指标的指数，l 为工业环境评价指标的编号，N_H 为工业环境评价指标的总个数。

工业现代化水平评价包括工业效率、工业质量、工业转型和工业环境评价（图 b）。

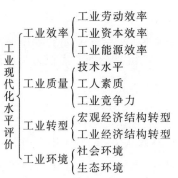

图 b 工业现代化水平评价的内容

1. 第一次工业现代化水平评价的模型

根据前面分析的工业现代化的评价模型,可以推导出第一次工业现代化的评价模型。

$$\begin{cases} \text{FIMI} = (\text{II}_E \times \text{II}_Q \times \text{II}_T \times \text{II}_H)^{1/4} \\ \text{II}_E = (\sum E_i)/N_E \quad (i=1,2,\cdots,N_E) \\ \text{II}_Q = (\sum Q_k)/N_Q \quad (k=1,2,\cdots,N_Q) \\ \text{II}_T = (\sum T_j)/N_T \quad (j=1,2,\cdots,N_T) \\ \text{II}_H = (\sum H_l)/N_H \quad (l=1,2,\cdots,N_H) \\ E_i = 100 \times i_{\text{实际值}} \div i_{\text{标准值}} \quad (\text{正指标}, E_i \leqslant 100) \\ E_i = 100 \times i_{\text{标准值}} \div i_{\text{实际值}} \quad (\text{逆指标}, E_i \leqslant 100) \\ Q_k = 100 \times k_{\text{实际值}} \div k_{\text{标准值}} \quad (\text{正指标}, Q_k \leqslant 100) \\ Q_k = 100 \times k_{\text{标准值}} \div k_{\text{实际值}} \quad (\text{逆指标}, Q_k \leqslant 100) \\ T_j = 100 \times j_{\text{实际值}} \div j_{\text{标准值}} \quad (\text{正指标}, T_j \leqslant 100) \\ T_j = 100 \times j_{\text{标准值}} \div j_{\text{实际值}} \quad (\text{逆指标}, T_j \leqslant 100) \\ H_l = 100 \times l_{\text{实际值}} \div l_{\text{标准值}} \quad (\text{正指标}, H_l \leqslant 100) \\ H_l = 100 \times l_{\text{标准值}} \div l_{\text{实际值}} \quad (\text{逆指标}, H_l \leqslant 100) \end{cases}$$

其中,FIMI 为第一次工业现代化指数;II_E 为工业效率指数,II_Q 为工业质量指数,II_T 为工业转型指数,II_H 为工业环境指数。各项指数的取值小于或等于100,各个指标实际值为它的实际值,标准值为1970年工业化国家该项指标的平均值。

第一次工业现代化的阶段评价。第一次工业现代化过程是工业机械化、电气化和自动化过程,可用工业劳动生产率、人均制造业增加值、工业与农业劳动力之比、工业与农业增加值之比和第一工业现代化指数作为第一次工业现代化的信号指标。

第一次工业现代化发展阶段的评价模型和信号指标的分段标准(表 g)。

$$\begin{cases} P_{\text{fim}} = \sum (P_{\text{劳动生产率}}, P_{\text{人均制造业增加值}}, P_{\text{工农业劳动力之比}}, P_{\text{工农业增加值之比}}, \text{FIMI}) \\ P_{\text{劳动生产率}} = (1,0),\text{根据实际值与标准值的比较判断发展阶段并赋值} \\ P_{\text{人均制造业增加值}} = (1,0),\text{根据实际值与标准值的比较判断发展阶段并赋值} \\ P_{\text{工农业劳动力之比}} = (4,3,2,1,0),\text{根据实际值与标准值的比较判断发展阶段并赋值} \\ P_{\text{工农业增加值之比}} = (4,3,2,1,0),\text{根据实际值与标准值的比较判断发展阶段并赋值} \\ \text{FIMI} = (2,1,0),\text{根据实际值与标准值的比较判断发展阶段并赋值} \end{cases}$$

其中，P_{fim}代表第一次工业现代化发展阶段，$P_{劳动生产率}$代表根据劳动生产率判断的发展阶段，$P_{人均制造业增加值}$代表根据人均制造业增加值判断的发展阶段，$P_{工农业劳动力之比}$代表根据工农业劳动力之比判断的发展阶段，$P_{工农业增加值之比}$代表根据工农业增加值之比判断的发展阶段。

表 g 第一次工业现代化的信号指标的分段标准和赋值

信号指标	起步期	发展期	成熟期	过渡期	说明
工业劳动生产率	—	—	—	5500*	工农业劳动力之比大于5，工农业增加值之比大于5为完成第一次工业现代化的标准，结合工业化国家200年经济史制定
人均制造业增加值	—	—	—	500**	
工业与农业劳动力之比	>0.2	>0.5	>1.2	>5	
工业与农业增加值之比	>0.2	>0.5	>1.2	>5	
第一次工业现代化指数	10	—	—	90	
赋值	1	2	3	4	

注：报告正文采用简化版的阶段划分，只判断第一次工业现代化的起步期和完成(过渡期)。

* 根据美元通货膨胀率换算后，工业劳动生产率的数据1970年为5523美元，1980年10 759美元，1990年为16 188美元，2000年为19 832美元，2005年为22 278美元，2010年为24 511元。

** 根据美元通货膨胀率换算后，人均制造业增加值的数据1970年为500美元，1980年为974美元，1990年为1466美元，2000年为1795美元，2005年为2017美元，2010年为2219元。

2. 第二次工业现代化的水平评价

第二次工业现代化水平评价，以当年世界先进水平(发达国家平均水平)为基准值。

(1) 第二次工业现代化水平评价的模型

根据前面分析的工业现代化评价模型，可以推导出第二次工业现代化的评价模型。

$$\begin{cases} \text{SIMI} = (\text{II}_E \times \text{II}_Q \times \text{II}_T \times \text{II}_H)^{1/4} \\ \text{II}_E = (\sum E_i)/N_E \quad (i=1,2,\cdots,N_E) \\ \text{II}_Q = (\sum Q_k)/N_Q \quad (k=1,2,\cdots,N_Q) \\ \text{II}_T = (\sum T_j)/N_T \quad (j=1,2,\cdots,N_T) \\ \text{II}_H = (\sum H_l)/N_H \quad (l=1,2,\cdots,N_H) \\ E_i = 100 \times i_{实际值} \div i_{基准值} \quad (正指标, E_i \leqslant 120) \\ E_i = 100 \times i_{基准值} \div i_{实际值} \quad (逆指标, E_i \leqslant 120) \\ Q_k = 100 \times k_{实际值} \div k_{基准值} \quad (正指标, Q_k \leqslant 120) \\ Q_k = 100 \times k_{基准值} \div k_{实际值} \quad (逆指标, Q_k \leqslant 120) \\ T_j = 100 \times j_{实际值} \div j_{基准值} \quad (正指标, T_j \leqslant 120) \\ T_j = 100 \times j_{基准值} \div j_{实际值} \quad (逆指标, T_j \leqslant 120) \\ H_l = 100 \times l_{实际值} \div l_{基准值} \quad (正指标, H_l \leqslant 120) \\ H_l = 100 \times l_{基准值} \div l_{实际值} \quad (逆指标, H_l \leqslant 120) \end{cases}$$

其中，SIMI为第二次工业现代化指数；II_E为工业效率指数，II_Q为工业质量指数，II_T为工业转型指数，II_H为工业环境指数。各项指数的取值小于或等于120，各个指标实际值为它的实际值，基准值为发达国家该项指标最新年的平均值。

第二次工业现代化发展阶段的评价模型：

$$\begin{cases} P_{sim} = \sum(P_{受过高等教育劳动力比例}, P_{废水处理率}, P_{工业与服务业劳动力之比}, P_{工业与服务业增加值之比}, SIMI) \\ P_{受过高等教育劳动力比例} = (1,0), 根据实际值与标准值的比较判断发展阶段并赋值 \\ P_{废水处理率} = (1,0), 根据实际值与标准值的比较判断发展阶段并赋值 \\ P_{工业与服务业劳动力之比} = (1,0), 根据实际值与标准值的比较判断发展阶段并赋值 \\ P_{工业与服务业增加值之比} = (1,0), 根据实际值与标准值的比较判断发展阶段并赋值 \\ SIMI = (1,0), 根据实际值与标准值的比较判断发展阶段并赋值 \end{cases}$$

其中,P_{sim}代表第二次工业现代化发展阶段,$P_{受过高等教育劳动力比例}$代表根据受过高等教育劳动力比例判断的发展阶段,$P_{废水处理率}$代表根据废水处理率判断的发展阶段,$P_{工业与服务业劳动力之比}$代表根据工业与服务业劳动力之比判断的发展阶段,$P_{工业与服务业增加值之比}$代表根据工业与服务业增加值之比判断的发展阶段。

3. 综合工业现代化水平评价的模型

根据前面分析的工业现代化的评价模型,可以推导出综合工业现代化的评价模型。

$$\begin{cases} CIMI = (II_E \times II_Q \times II_T \times II_H)^{1/4} \\ II_E = (\sum E_i)/N_E \quad (i=1,2,\cdots,N_E) \\ II_Q = (\sum Q_k)/N_Q \quad (k=1,2,\cdots,N_Q) \\ II_T = (\sum T_j)/N_T \quad (j=1,2,\cdots,N_T) \\ II_H = (\sum H_l)/N_H \quad (l=1,2,\cdots,N_H) \\ E_i = 100 \times i_{实际值} \div i_{参考值} \quad (正指标, E_i \leqslant 100) \\ E_i = 100 \times i_{参考值} \div i_{实际值} \quad (逆指标, E_i \leqslant 100) \\ Q_k = 100 \times k_{实际值} \div k_{参考值} \quad (正指标, Q_k \leqslant 100) \\ Q_k = 100 \times k_{参考值} \div k_{实际值} \quad (逆指标, Q_k \leqslant 100) \\ T_j = 100 \times j_{实际值} \div j_{参考值} \quad (正指标, T_j \leqslant 100) \\ T_j = 100 \times j_{参考值} \div j_{实际值} \quad (逆指标, T_j \leqslant 100) \\ H_l = 100 \times l_{实际值} \div l_{参考值} \quad (正指标, H_l \leqslant 100) \\ H_l = 100 \times l_{参考值} \div l_{实际值} \quad (逆指标, H_l \leqslant 100) \end{cases}$$

其中,CIMI 为综合工业现代化指数;II_E 为工业效率指数,II_Q 为工业质量指数,II_T 为工业转型指数,II_H 为工业环境指数。各项指数的取值小于或等于100,各个指标实际值为它的实际值,参考值为发达国家该项指标当年的平均值(高收入国家该项指标的平均值)。

4. 工业现代化水平评价的标准

第一次工业现代化评价以1970年工业化国家指标平均值为标准值;由于物价的变化,每一年的标准值要根据物价指数进行调整(表h)。第二次工业现代化评价以世界先进工业水平为基准值(发达国家2010年指标平均值)(表i)。综合工业现代化评价以世界先进水平为参考值(发达国家当年指标平均值)(表j)。

表 h　第一次工业现代化水平评价指标的标准值(1970~2010)

项目	评价指标	1970	1980	1990	2000	2005	2010
工业效率	工业劳动生产率/美元	5523	10 759	16 188	19 835	22 278	24 511
	工业资本生产率/(美元·美元$^{-1}$)	0.12	0.12	0.12	0.12	0.12	0.12
	工业能源生产率/(美元·千克标准油$^{-1}$)	0.91	1.77	2.67	3.27	3.67	4.04
工业质量	人均工业资本/美元	60 081	117 038	176 103	215 739	242 348	266 637
	中学普及率/(%)	79.9	79.9	79.9	79.9	79.9	79.9
	人均制造业出口/美元	183	356	536	657	738	812
工业转型	工业与农业劳动力之比	3.2	3.2	3.2	3.2	3.2	3.2
	工业与农业增加值之比	6.5	6.5	6.5	6.5	6.5	6.5
	人均制造业增加值/美元	500	974	1466	1795	2017	2219
工业环境	城市人口比例/(%)	68	68	68	68	68	68
	人均电力消费/千瓦时	4439	4439	4439	4439	4439	4439
	人均GDP/美元	2500	4870	7328	8977	10 084	11 095

注：数值为1970年高收入国家或前20个工业发达国家的平均值,人均GDP是逐年计算的。

表 i　第二次工业现代化水平评价指标的基准值

项目	指标	基准值	项目	指标	基准值
工业效益	制造业的劳动生产率/美元	92 394	工业转型	工业与服务业劳动力之比	0.29
	制造业劳动力的平均工资/美元	4027		工业与服务业增加值之比	0.39
	单位工业增加值的电力消耗/(千瓦时·美元$^{-1}$)	0.34		高技术出口占制造业出口比例/(%)	17.3
工业质量	全要素生产率/美国为基准	0.76	工业环境	互联网普及率/(%)	69.7
	受过高等教育的劳动力比例/(%)	32.9		工业产品简单平均关税/(%)	2.58
	人均高技术出口/美元	899		废水处理率/(%)	87.1

注：数值为2010年高收入国家平均值。

表 j　综合工业现代化水平评价指标的参考值(1990~2010)

项目	评价指标	1990	2000	2005	2010
工业效率	制造业的劳动生产率/美元	27 821	46 514	76 743	92 394
	工业劳动力的平均工资/美元	—	1855	2600	3595
	单位工业增加值的能源消耗/(千克标准油·美元$^{-1}$)	0.21	0.22	0.22	0.13
工业质量	开展科技活动的企业比例/(%)	—	44.6	45.2	56.5
	大学普及率/(%)	43	56	66	72.8
	人均高技术出口/美元	403	800	954	899
工业转型	工业与农业劳动力之比	4.24	4.5	5.38	6.25
	工业与服务业劳动力之比	0.47	0.41	0.36	0.29
	高技术出口占制造业出口比例/(%)	18.8	25.4	20.8	17.3
工业环境	城市人口比例/(%)	74	76	78	79.7
	单位工业增加值有机废水排放量/(克·美元$^{-1}$)	0.55	0.47	0.41	0.39
	国家空气质量/(微克·立方米$^{-1}$)	39.1	30.8	26.5	22.1

注：数值为各年高收入国家平均值。

5. 中国地区工业现代化评价结构模型

由于中国地区工业统计数据有限,中国地区工业现代化评价采用简化模型(表k)。

表 k 中国地区工业现代化的评价结构

	指标	单位	标准	性质
工业效率指标	工业劳动生产率	美元	83 696	正指标
	制造业劳动力的平均工资	美元	4027	正指标
	单位工业增加值的能源消耗	千克标准油/美元	0.13	逆指标
工业质量指标	开展科技活动的企业比例	%	56.5	正指标
	受过高等教育的劳动力比例	%	32.9	正指标
	人均高技术出口	美元	899	正指标
工业转型指标	工业与农业劳动力之比	比值	6.25	正指标
	工业与农业增加值之比	比值	16.8	正指标
	人均制造业增加值	美元	4825	正指标
工业环境指标	互联网普及率	%	69.7	正指标
	单位工业增加值有机废水排放量	克/美元	0.39	逆指标
	废水处理率	%	87	正指标

参 考 文 献

巴比. 2002 [1999]. 社会研究方法基础. 8版. 邱泽奇,译. 北京:华夏出版社.
贝尔. 1997 [1973]. 后工业社会的来临——对社会预测的一项探索. 高铦,王宏周,魏章玲,译. 北京:新华出版社.
贝克,吉登斯,拉什. 2001 [1994]. 自反性现代化:现代社会秩序中的政治、传统与美学. 赵书文,译. 北京:商务印书馆.
布莱克. 1989 [1966]. 现代化的动力:一个比较史的研究. 景跃进,张静,译. 杭州:浙江人民出版社.
布莱克编. 1996 [1976]. 比较现代化. 杨豫,陈祖洲,译. 上海:上海译文出版社.
蔡日放,王德文,王美艳. 2003. 工业竞争力与比较优势——WTO框架下提高我国工业竞争力的方向. 管理世界,2:58—70.
查普夫. 2000. 现代化与社会转型. 2版. 陈黎,陆成宏,译. 北京:社会科学文献出版社.
陈佳贵,黄群慧. 2003. 工业现代化的标志、衡量指标及对中国工业的初步评价. 中国社会科学,3:18—28.
陈佳贵,黄群慧. 2009. 中国工业化与工业现代化问题研究. 北京:经济管理出版社.
陈佳贵. 2004. 中国工业现代化问题研究. 北京:中国社会科学出版社.
陈佳贵等. 2007. 中国工业化进程报告2007. 北京:社会科学文献出版社.
陈佳贵等. 2008. 中国工业化进程报告2008. 北京:社会科学文献出版社.
陈佳贵等. 2009. 中国工业化报告2009. 北京:社会科学文献出版社.
陈真,姚洛. 1957. 中国近代工业史资料. 北京:生活·读书·新知三联书店.
德国联邦教育研究部. 2013. 德国工业4.0战略计划实施建议(中文). 机械工程导报,7月—9月:23—33.
邓小平. 1993. 邓小平文选(第三卷). 北京:人民出版社.
邱文. 1984. 德国工业革命发展迅速的原因及其特征. 历史教学,10:34—38.
方甲. 2002. 现代工业经济管理学. 2版. 北京:中国人民大学出版社.
费维恺. 1990[1970]. 中国早期工业化. 虞和平,译. 北京:中国社会科学出版社.
弗里曼,卢桑. 2007. 光阴似箭:从工业革命到信息革命. 北京:中国人民大学出版社.
高杰,李文. 2006. 加拿大油砂资源开发现状及前景. 中外能源,11:9—14.
郭濂,栾黎巍,何传启,叶青. 2014. 创新驱动需要抓住新产业革命的战略机遇. 理论与现代化,4:5—14.
韩毅,张琢石. 1992. 现代化新论. 辽宁:辽宁教育出版社.
韩毅. 2007. 论工业现代化的世界历史进程. 中国社会科学院研究生院学报,157:97—103.
韩毅. 2007. 美国工业现代化的历史进程. 北京:经济科学出版社.
何传启. 1992. 效益管理. 北京:中国科技出版社.
何传启. 1999. 第二次现代化——人类文明进程的启示. 北京:高等教育出版社.
何传启. 2003. 东方复兴:现代化的三条道路. 北京:商务印书馆.
何传启. 2010. 现代化科学:国家发达的科学原理. 北京:科学出版社.
何传启. 2013. 第二次现代化理论:人类发展的世界前沿和科学逻辑. 北京:科学出版社.
何传启主编. 2010. 中国现代化报告概要:2001—2010. 北京:北京大学出版社.
何传启主编. 2011. 中国现代化报告2011:现代化科学概论. 北京:北京大学出版社.
何传启主编. 2012. 第六次科技革命的战略机遇. 2版. 北京:科学出版社.
何传启主编. 2012. 中国现代化报告2012:农业现代化研究. 北京:北京大学出版社.
何传启主编. 2013. 中国现代化报告2013:城市现代化研究. 北京:北京大学出版社.
黄群慧. 2014. 中国工业发展报告2014. 北京:经济管理出版社.

金碚. 2005. 新编工业经济学. 北京:经济管理出版社.
金培. 2010. 中国工业发展报告2010. 北京:经济管理出版社.
金泳镐. 1993. 论第四代工业化——对格尔申克隆与希施曼模式的反思. 亨廷顿,等. 现代化——理论与历史经验的再探讨. 上海:上海译文出版社. 286—305.
库恩. 2004 [1962]. 科学革命的结构. 金吾伦,胡新,译. 北京:北京大学出版社.
库兹涅茨. 1989. 现代经济增长. 北京:北京经济学院出版社.
拉尔夫,等. 1998/1999. 世界文明史. 赵丰,译,北京:商务印书馆.
李燕. 2014. 中国制造由大变强的转型之道. (2014-05-12)http://www.mei.net.cn/jxgy/201405/557508.html
李赖志. 2004. 产业革命与产业组织形式创新. 光明日报,2004-06-29.
李贤沛,戴伯勋,吕政主编. 1994. 工业经济学. 北京:经济管理出版社.
李想姣. 2003. 科技进步对矿产资源发展观的影响. 软科学,17(6):81—86.
里夫金. 2012. 第三次工业革命:新经济模式如何改变. 北京:中信出版社.
利奥塔尔. 1997 [1979]. 后现代状态:关于知识的报告. 车槿山,译. 北京:生活·读书·新知三联书店.
联合国工业发展组织(UNIDO). 2013. 2013年工业发展报告——保持就业增长:制造业与结构变革的角色概述. http://www.unido.org.
廖春发,李芙蓉. 1978. 空间时代——第三次工业革命展望. 国外空间科技动态,12:8—12.
刘易斯. 1990 [1955]. 经济增长理论. 梁小民,译. 上海:生活·读书·新知三联书店.
吕政. 2003. 中国工业发展报告2003. 北京:经济管理出版社.
罗荣渠. 1993. 现代化新论. 北京:北京大学出版社.
罗斯托. 2001 [1960]. 经济增长的阶段:非共产党宣言. 郭熙保,王松茂,译. 北京:中国社会科学出版社.
马颖. 2014. 发展经济学前沿理论研究. 北京:人民出版社.
马克思. 1975 [1867]. 资本论(第一卷). 北京:人民出版社.
马赛厄斯,波拉德. 2004[1977].剑桥欧洲经济史. 第7卷. 工业经济:资本、劳动力和企业. 徐强,李军,马宏生,译. 北京:经济科学出版社.
马赛厄斯,波拉德. 2004[1989]. 剑桥欧洲经济史. 第8卷. 工业经济:经济政策和社会政策的发展. 王春法,等,译. 北京:经济科学出版社.
马赛厄斯等. 2004 [1977]. 剑桥欧洲经济史(第七卷). 徐强,李军,马宏生,译. 北京:经济科学出版社.
迈耶,西尔斯. 1995 [1984]. 发展经济学的先驱. 谭崇台,译. 北京:经济科学出版社.
麦迪森. 2003 [2001]. 世界经济千年史. 伍晓鹰,许宪春,叶燕斐,施发启,译. 北京:北京大学出版社.
米切尔. 2002. 帕尔格雷夫世界历史统计. 贺力平,译. 北京:经济科学出版社.
苗圩. 2014. 在全面深化改革中打造制造业强国. http://www.mei.net.cn/jxgy/201403/550036.html
诺思. 1992 [1981]. 经济史上的结构和变革. 厉以平,译. 北京:商务印书馆.
佩鲁. 1987[1979]. 新发展观. 张宁,丰子义,译. 北京:华夏出版社.
佩蕾丝. 2007. 技术革命与金融资本[M]. 北京:中国人民大学出版社.
奇波拉. 1988. 欧洲经济史. 第一卷[M]. 北京:商务印书馆.
钱德勒. 2002 [1962]. 战略与结构——美国工商企业成长的若干篇章. 孟昕,译. 昆明:云南人民出版社.
钱纳里. 1995[1986]. 工业化与经济增长的比较研究. 吴奇,等,译. 上海:上海人民出版社.
钱时惕. 2007.科技革命的历史、现状与未来[M]. 北京:广东教育出版社.
日本经济新闻社. 2000.第三次工业革命:21世纪知识经济时代的技术与产业. 日本牧村图书公司.
三联书店. 1979. 国外工业现代化概况. 北京:生活·读书·新知三联书店.
世界银行. 2003. 全球化、增长与贫困:建设一个包容性的世界经济. 北京:中国财政经济出版社.
斯塔夫里阿诺斯. 1992. 全球通史:1500年以后的世界. 吴象婴,梁赤民,译. 上海:上海社会科学院出版社.
谭崇台. 2001.怎样认识发展经济学.经济学动态,11:57—63.
谭崇台. 2001. 发展经济学. 太原:山西经济出版社.

汤因比. 1997 [1934～1961]. 历史研究. 曹未风, 等, 译. 上海: 上海人民出版社.
汪林茂. 1998. 中国走向近代化的里程碑. 北京: 机械工业出版社.
王传宝. 2008. 发展经济学之父张培刚及其发展经济学思想述评. 社会科学战线, 7: 229—236.
王丽萍. 2012. 我国全要素生产率的测算: 1978—2010. 中国物价, 5: 6—9.
韦 伯. 1987 [1904]. 新教伦理与资本主义精神. 于晓, 等, 译. 北京: 生活·读书·新知三联书店.
伍文侠. 1980. 日本工业现代化概况. 北京: 生活·读书·新知三联书店.
熊彼特. 1990 [1912]. 经济发展理论: 对于利润、资本、信贷、利息和经济周期的考察. 何畏, 等, 译. 北京: 商务印书馆.
胥和平, 张世贤. 2001. 消费需求变动对跨世纪中国工业发展的影响. 北京: 人民出版社.
许纪霖, 陈达凯. 1995. 中国现代化史. 上海: 生活·读书·新知三联书店.
杨朝辉. 2011. 美国工业现代化进程的独特性研究. 兰州学刊, 4: 156—163.
杨小凯, 张永生. 1999. 新兴古典发展经济学导论. 经济研究, 7: 67—77.
伊特韦尔. 1996. 新帕尔格雷夫经济学大辞典. 北京: 经济科学出版社.
尤建新. 2008. 质量管理学. 北京: 科学出版社.
虞和平. 2002. 中国现代化历程. 南京: 江苏人民出版社.
张培刚, 2009. 农业与工业化. 武汉: 华中科技大学出版社.
张培刚. 1989. 发展经济学往何处去——建立新型发展经济学刍议. 经济研究, 6: 14—27.
张培刚. 1989. 关于建立新型发展经济学的几个问题. 经济学家, 6: 34—37.
张培刚. 1992. 论工业化与现代化的涵义及其相互关系. 经济学家, 4: 53—61.
张培刚. 2001. 发展经济学教程. 北京: 经济科学出版社.
张泽一. 2012. 工业现代化中的企业自主创新研究. 北京: 知识产权出版社.
章开沅, 罗福惠. 1993. 比较中的审视: 中国早期现代化研究. 北京: 人民出版社.
赵德馨. 2003. 中国近现代经济史. 郑州: 河南人民出版社.
赵龙跃. 1993. 中国工业发展报告. 北京: 中国金融出版社.
赵儒煜. 2003. 产业革命论[M]. 北京: 科学出版社.
中国科学院. 2009. 科技革命与中国的现代化[M]. 北京: 科学出版社.
中国社会科学院工业经济研究所. 1997. 中国工业发展报告. 北京: 经济管理出版社.
中国现代化报告课题组. 2001. 中国现代化报告2001. 北京: 北京大学出版社.
中国现代化战略研究课题组. 2002. 中国现代化报告2002. 北京: 北京大学出版社.
中国现代化战略研究课题组等. 2003—2010. 中国现代化报告2003—2010. 北京: 北京大学出版社.
周积明. 1996. 最初的纪元: 中国早期现代化研究. 北京: 高等教育出版社.
朱庆芳, 吴寒光. 2001. 社会指标体系. 北京: 中国社会科学出版社.
宗蕴璋. 2008. 质量管理. 北京: 高等教育出版社.
Abbott L F. 2002. Theories of Industrial Modernization and Enterprise Development: A Review of the Social Science Literature. Industrial Systems Research Publisher.
Abbott L F. 2003. Theories of Industrial Modernization & Development: A Review. 2nd. Industrial Systems Research Publisher.
Abbott L F. 1983. Theories of Industrial Modernization and Enterprise Development: Review of Social Science Literature Paperback. Industrial Systems Research.
Abbott L F. 2011. Theories of Industrial Modernization & Development: A Review. 3rd. Manchester, England: Industrial Systems Research.
Acemoglu D, et al. 2009. Reevaluating the modernization hypothesis. Journal of Monetary Economics, 56: 1043—1058.

Adelman I. 2000. Fifty Years of Economic Development: What Have we Learned? World Bank Working Paper Number 28737. Washington D. C. : World Bank.

Anand S, Sen A, 2000. Human Development and Economic Sustainability. World Development, 28 (12): 2029—2049.

Anderberg S. 1998. Industrial metabolism and the linkages between economics, ethics and the environment. Ecological Economics, 24(2—3): 311—320.

Antonelli C, Petit P, Tahar G. 1992. The Economics of Industrial Modernization. London: Academic Press.

Antonelli C. 1997. The economics of path-dependence in industrial organization. International Journal of Industrial Organization, 15(6): 643—675.

Attir M O, Holzner B, Suda Z. 1981. Directions of Change: Modernization Theory, Research, and Realities. Boulder, Colo. : Westview Press.

Baum R. 1980. China's Four Modernizations: The New Technological Revolution. Boulder, Colo. : Westview Press.

BEA. 2011. National Economic Accounts (2014-11-12). http://www.bea.gov/national/index.htm#gdp.

Beck N, Katz J N. 1995. What to Do (and Not to Do) With Time-Series Cross-Section Data. American Political Science Review, 89 (9): 634—647.

Beck U, Giddens A, Lash S. 1994. Reflexive Modernization: Politics, Tradition and Aesthetics in the Modern Social Order. Stanford, California: Stanford University Press.

Beck U. 1992 [1986]. Risk Society: Toward a New Modernity. London: Sage.

Bell D. 1973. The Coming of Postindustrial Society. New York: Penguin.

Benjaminsen T A, Svarstad H. 2008. Understanding tranditionalist opposition to modernization: narrative production in a Norwegian mountain conflict. Geogr. Ann. B, 90 (1): 49—62.

Best M H, Forrant R. 2000. Regional industrial modernization programmes: two cases from Massachusetts. (Forrant R). European Planning Studies, 8(2):211—223.

Black C E. 1976. Comparative Modernization: A Reader. New York: The Free Press.

Black C E. 1966. The Dynamics of Modernization: A Study in Comparative History. New York, Evanston, and London: Harper & Row, Publishers.

Boris Z R. 1989. Soviet Steel: The Challenge of Industrial Modernization in the USSR (Studies in Soviet History and Society). New York: Cornell Univ Press.

Buck G. 1969. A Quantitative Analysis of Modernization. El Paso: Texas University at El Paso.

Chenery H, Syrquin M. 1975. Patterns of Development, 1950—1970. Oxford: Oxford University Press.

Cohen S S, Zysman J. 1987. Manufacturing Matters: the Myth of The Post-industrial Economy. New York: Basic Books.

Coughenour C M, Stephenson J B. 1972. Measures of Individual Modernity: Review and Commentary. International Journal of Comparative Sociology, 13(2): 81—98.

Crook S, Pakulski J, Waters M. 1992. Post-Modernization: Change in Advanced Society. London: Sage.

Cutright P. 1963. National Political Development: Measurement and Analysis. American Sociological Review, 28(2): 253—264.

David S L. 2003. The Unbound Prometheus: Technological Change and Industrial Development in Western Europe from 1750 to Present. New York: Cambridge University Press.

Engerman D C, Gilman N, Haefele M H. 2003. Staging Growth: Modernization, Development, and the Global Cold War. Amherst and Boston: University of Massachusetts Press.

Freeman C. 1987. Technology Policy and Economic Performance: Lessons From Japan. London: Pinter Publishers.

Harbison F H, Maruhnic J, Resnick J R. 1970. Quantitative Analyses of Modernization and Development. Princeton, NJ: Princeton University.

Hargroves K, Smith M. 2005. The Natural Advantage of Nations: Business Opportunities, Innovation and Governance in the 21st Century. The Natural Edge Project. London: Earthscan.

Harrison D. 1988. The Sociology of Modernization and Development. London: Unwin Hyman.

He C. 2012. Modernization Science: the Principles and Methods of National Advance. New York: Springer.

He C. 2010. China Modernization Report Outlook: 2001—2010. Beijing: Peking University Press.

Hoerning K H. 1970. Secondary Modernization: Societal Changes of Newly Developing Nations, a Theoretical Essay in Comparative Sociology. Denver: University of Denver.

Huber J. 2000. Towards industrial ecology: Sustainable development as a concept of ecological modernization. Journal of Environmental Policy & Planning, 2, 269—285.

Inglehart R, Welzel C. 2005. Modernization, Cultural Change, and Democracy: The Human Development Sequence. New York: Cambridge University Press.

Inglehart R. 1997. Modernization and Postmodernization: Cultural, Economic and Political Change in 43 Societies. Princeton: Princeton University Press.

Inkeles A, Smith D H. 1974. Becoming Modern: Individual Change in Six Developing Countries. Cambridge: Harvard University Press.

Istoriya R. 2012. Industrial modernization in the Lower Volga region from the late 19th century to the 1930s. May—Jun, Issue 3, 20—32.

Kahl L A. 1968. The Measurement of Modernism: A Study of Values in Brazil and Mexico. Austin: University of Texas Press.

Kuznets S. 1955. Economic Growth and Income Inequality. American Economic Review, 45(1): 1—28.

Kuznets S. 1971. Economic Growth of Nations. Combridge, MA: Harvard University Press.

Leighton D S R. 1970. Internationalization of American Business—Third Industrial Revolution. Journal of Marketing, 34(3): 3—6.

Lerner D. 1958. The Passing of Traditional Society: Modernizing the Middle East. New York: Free Press.

Lewis W A. 1955. The Theory of Economic Growth. Homewood, N.J.: Richard D. Irvin.

Lyotard Jean-Francois. 1984 [1979]. The Postmodern Condition: A Report on Knowledge. Minneapolis: University of Minnesota.

Maddison A. 2001: The World Economy: A Millennial Perspective. OECD Development Centre Studies. Paris: OECD.

Mansell R, When U. 1998. Knowledge Societies: Information Technology for Sustainable Development. New York: United States, Oxford University Press.

Martinelli A. 2005. Global Modernization: Rethinking the Project of Modernity. London, Thousand Oaks, New Delhi: Sage Publications.

Marx K. 1954 [1867]. Capital, Volume I. London: Lawrence and Wishart.

Mccormick D. 1999. African Enterprise Clusters and Industrialization: Theory and Reality. World Development, 27(9):1531—1551.

Meadows D H, et al. 1972. The Limits to Growth. New York: New American Library.

Meier G M. 1994. From Classical Economics to Development Economics. New York: St. Martin's Press.

MIMP. 1990. Proceedings of the "Managing the Industrial Modernization Process" Conference Paperback. University of Michigan Library.

Mol A P J, Sonnenfeld D A, Spaargaren G. 2009. The Ecological Modernisation Reader: Environmental Reform in Theory and Practice. London: Routledge.

Mol A P J, Sonnenfeld D A. 2000. Ecological Modernization Around the World: Perspectives and Critical Debates. London: Frank Cass.

Mol A P J. 2001. Globalization and Environmental Reform: the Ecological Modernization of the Global Economy. Cambridge: MIT Press.

Murphy M, Shleifer A, Vishny R. 1988. Industrialization and the Big Push, NBER Working Paper Series #2708.

NACFAM (National Coalition for Advanced Manufacturing). 1990. Industrial Modernization: An American Imperative. A NACFAM White Paper.

North D C. 1981. Structure and Change in Economic History. New York: W. W. Norton.

OECD. 2014. Industry and services /Structural Analysis (STAN) Database/ STAN Archives/STAN Bilateral Trade Database by Industry and End-use ed. 2012 ISIC3. http://stats.oecd.org/

Outrata R. 2000. Competitiveness and convergency processes in world economy. EKONOMICKY CASOPIS, 48(6): 705—727.

Porat M U. 1977. The Information Economy. Washington, D. C. : DOC. GPO.

Porter M E. 1990. Competitive Advantage of Nations. New York: The Free Press.

Przeworski A, Limongi F. 1997. Modernization: Theory and Facts. World Politics, 49: 155—183.

Ralph P L. 1991. World Civilizations: Their History and Their Culture. New York: W. W. Norton & Company Inc.

Rifkin J. The Third Industrial Revolution: How Lateral Power is Transforming Energy, the Economy, and the World [M]. New York, Palgrave Macmillan, 2011.

Roberts J T, Hite A. 2000. From Modernization to Globalization. Malden, Mass. : Blackwell Publishers.

Roberts J T, Hite A. (Ed) 2007. The Globalization and Development Reader: Perspectives on Development and Global Change. Malden, Mass. : Blackwell Pub.

Rostow WW. 1960. The Stages of Economic Growth: A Non-Communist Manifesto. Cambridge: Cambridge University Press.

Shapira P, Roessner J D. 1996. Evaluating Industrial Modernization: Introduction to the Theme Issue. Research Policy, 25(2):181—183.

Shapira P, Youtie J, Roessner J D. 1996. Current practices in the evaluation of US industrial modernization programs. Research Policy, 25(2):185—214.

So A Y. 1990. Social Change and Development. Newbury Park: Sage Publications.

Stavrianos L S. 1982. The World Since 1500: A Global History. Englewood Cliffs, N. J. : Prentice-Hall.

Stearns P N. 2007. The Industrial Revolution in World History. Boulder, Colo. : Westview Press.

Stine G H. 1975. The Third Industrial Revolution. New York, Putnam.

Taylor J G. 1979. From Modernization to Modes of Production: A Critique of the Sociologies of Development and Underdevelopment. Atlantic Highlands, NJ: Humanities Press.

Tiryakian E. 1991. Modernization: Exhumetur in Pace (Rethinking Macrosociology in the 1990s'). International Sociology, 6(2): 165—80.

Toffler A. 1980. The Third Wave. New York, NY: Bantam Books.

Torvatn H. 1999. Using program theory models in evaluation of industrial modernization programs: three case studies. Evaluation and Program Planning, 22(1):73—82.

Tzeng O C S. 1999. Henderson, Michelle M. Objective and subjective cultural relationships related to industrial modernization and social progress. International Journal of Intercultural Relations, May, 23(3): 411—445.

UN (United Nations). 2009. World Population Prospects: The 2008 Revision. New York: United Nations.

UN (United Nations). 2008. World Urbanization Prospects, The 2007 Revision. New York: United Nations.

UNDP (United Nations Development Programme). (various years). Human Development Report. New York: Oxford University Press.

UNESCO. 2005. Towards Knowledge Societies. Paris: UNESCO.

UNIDO. 2002. Industrial development report 2002/2003: Competing Through Innovation and Learning. Vienna: United Nation, Industry Development Organization.

UNIDO. 2004. Industrial Development Report 2004: Industrialization, Environment and the Millennium Development Goals in Sub-Saharan Africa. Vienna: United Nation, Industry Development Organization.

UNIDO. 2005. Industrial Development Report 2005: Capacity Building for Catching-up: Historical, Empirical and Policy Dimensions. Vienna: United Nation, Industry Development Organization.

UNIDO. 2009. Industrial Development Report 2009: Breaking In and Moving Up: New Industrial Challenges for the Bottom Billion and the Middle-Income Countries. Vienna: United Nation, Industry Development Organization.

UNIDO. 2011. Industrial Development Report 2011: Industrial Energy Efficiency for Sustainable Wealth Creation: Capturing Environmental, Economic and Social Dividends. Vienna: United Nation, Industry Development Organization.

UNIDO. 2013. Industrial Development Report 2013: Sustaining Employment Growth: The Role of Manufacturing and Structural Change. Vienna: United Nation, Industry Development Organization.

UNIDO. 2014. Manufacturing Value Added Database 2014. http://www.unido.org/en/resources/statistics/statistical-databases.html.

United States. Business and Defense Services Administration. 1964. Proceedings of the Tri-State Regional Conference on Industrial Modernization [and other conferences on industrial modernization] Pittsburgh, Pennsylvania [and other cities]. Washington D.C.

USCB (U.S. Census Bureau). 2000—2014. Statistics Abstract. http://www.census.gov

Virginia Department of Planning and Budget. 1993. Industrial modernization in Virginia. Virginia.

Wang N. 2009. Evaluation Methods for Industrial Competitiveness. Comprehensive Evaluation of Economy and Society with Statistical Science. 540—546.

WCED (World Commission on Environment and Development). 1987. Our Common Future: The World Commission on Environment and Development. Oxford: Oxford University Press.

Woo J. 2003. Social polarization, industrialization, and fiscal instability: theory and evidence. Journal of Development Economics, 72: 223—252.

World Bank. (various years). World Development Report. (1978—2014). Washington D.C.: World Bank. New York: Oxford University Press.

World Bank. 2002—2014. World Development Indicators. CD-ROM. (2002—2011). Washington D C: World Bank.

World Bank. 2014. World Development Indicators 2014. http://databank.worldbank.org/data/home.aspx.

Young S. 2000. The Emergence of Ecological Modernization: Integrating the Environment and the Economy? New York: Routledge.

Zapf W. 1991. Die Modernisierung Moderner Gesellschaften. Verhandlungen des 25. Deutschen Soziologentages, Frankfurt, New York: Campus.

数据资料来源

本报告的统计数据和资料主要来自世界组织、有关国家和地区的官方统计出版物。如果没有相关世界组织、国家和地区的统计专家和工作人员通过长期的、艰苦的、系统的努力而积累的高质量的统计数据，本报告是无法完成的。特此向他们表示最诚挚的感谢！

本报告的数据资料来源主要包括：

1. 国家统计局，国家科技部. 中国科技统计年鉴，1991～2013. 北京：中国统计出版社.
2. 国家统计局. 中国能源统计年鉴，1991～2013. 北京：中国统计出版社.
3. 国家统计局. 中国统计年鉴，1982～2014. 北京：中国统计出版社.
4. 李晓超. 新中国六十年统计资料汇编，2010. 北京：中国统计出版社.
5. International Labor Office. Yearbook of Labor Statistics, 1945～2009. http://www.ilo.org/.
6. UNIDO. 2014. Manufacturing Value Added Database 2014. http://www.unido.org/en/resources/statistics/statistical-databases.html.
7. OECD. 2000. OECD Historical Statistics 1970—1999. Paris：OECD.
8. OECD. 2014. Industry and services /Structural Analysis (STAN) Database/ STAN Archives/STAN Bilateral Trade Database by Industry and End-use ed. 2012 ISIC3. http://stats.oecd.org/.
9. UNCTAD. World Investment Report, 1997～2012. New York and Geneva：United Nations.
10. UNDP. Human Development Report, 1990—2014. http://www.undp.org/.
11. United Nations. Statistics Yearbook, 1951～2010. New York：United Nations.
12. World Bank. World Development Indicators, 1997～2014. Washington D.C.：World Bank.
13. World Bank. World Development Indicators 2014. http://databank.worldbank.org/data/home.aspx.
14. World Bank. World Development Report, 1978～2014. Washington D.C.：World Bank.
15. World Resources Institute et al. World Resources 1986—2005. http://www.wri.org/.
16. World Trade Organization. International Trade Statistics, 2003～2005. Geneva：WTO.

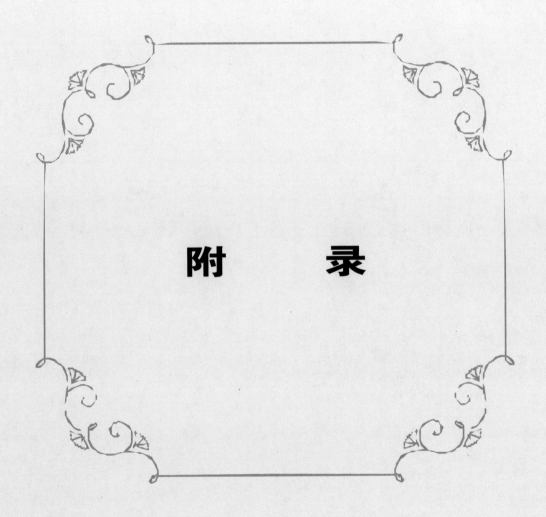

附 录

附录一 工业现代化评价的数据集

附表 1-1	工业现代化的分析指标	352
附表 1-1-1	2010 年世界工业现代化指数	358
附表 1-1-2	2010 年根据第二次工业现代化指数的国家分组	360
附表 1-2-1	2010 年世界第一次工业现代化指数	361
附表 1-2-2	2010 年世界第一次工业现代化指标指数	363
附表 1-2-3	2010 年世界第一次工业现代化指标数值	365
附表 1-2-4	世界第一次工业现代化指数的增长率和预期完成时间	367
附表 1-2-5	1970～2010 年世界第一次工业现代化指数	369
附表 1-2-6	1970～2010 年世界第一次工业现代化指数的排名	371
附表 1-3-1	2010 年世界第二次工业现代化指数	373
附表 1-3-2	2010 年世界第二次工业现代化指标指数	375
附表 1-3-3	2010 年世界第二次工业现代化指标数值	377
附表 1-3-4	1990～2010 年世界第二次工业现代化指数和排名	379
附表 1-4-1	2010 年世界综合工业现代化指数	381
附表 1-4-2	2010 年世界综合工业现代化指标指数	383
附表 1-4-3	2010 年世界综合工业现代化指标数值	385
附表 1-4-4	1990～2010 年世界综合工业现代化指数和排名	387
附表 1-5-1	2000～2010 年中国地区工业现代化指数	389
附表 1-5-2	2010 年中国地区工业现代化指标指数	390
附表 1-5-3	2010 年中国地区工业现代化指标数值	391
附表 1-5-4	2000 年中国地区工业现代化指标指数	392
附表 1-5-5	2000 年中国地区工业现代化指标数值	393

附表 1-1　工业现代化的分析指标

指标和变量	解释和单位	来源
（1）工业资源	14 个指标	
人均铁矿资源	吨	USGS
人均铜矿资源	吨	USGS
人均铝矿资源	吨	USGS
人均煤炭资源	吨	WEC
人均石油资源	吨	BP
人均天然气资源	立方米	WEC
人均淡水资源	立方米	WDI
人均森林面积	公顷	WDI
人均国土面积	公顷	WDI
煤炭开采年限	年	WEC
石油开采年限	年	WEC
天然气开采年限	年	WEC
铝循环利用率	%	OECD
废纸循环利用率	%	OECD
（2）工业投入	25 个指标	
工业劳动力	万人	WDI
工业劳动力增长率	%	WDI
制造业劳动力	万人	ILO
制造业劳动力增长率	%	ILO
工业劳动力比例	占就业劳动力的比例，%	WDI
采矿业劳动力比例	占就业劳动力的比例，%	ILO
制造业劳动力比例	占就业劳动力的比例，%	ILO
公共事业劳动力比例	占就业劳动力的比例，%	ILO
建筑业劳动力比例	占就业劳动力的比例，%	ILO
女性工业劳动力比例	占就业劳动力的比例，%	WDI
制造业童工比例	占全部童工的比例，%	WDI
固定资产形成比例	占 GDP 比例，%	WDI
工业用水比例	占全部用水比例，%	WDI
工业用电比例	占全部用电比例，%	IEA
工业能耗比例	占总能耗比例，%	IEA
矿产资源消耗	占 GNI 比例，%	WDI
自然资源消耗	占 GNI 比例，%	WDI
森林资源净损耗	占 GNI 比例，%	WDI
能源资源消耗	占 GNI 比例，%	WDI
固定资产折旧比例	占 GNI 比例，%	WDI
人均固定资产形成	美元	WDI
工人人均资本	美元	UNIDO
工人人均用水	立方米	WDI
工人人均电力消耗	千瓦时	OECD
工人人均能源消耗	千克标准油	OECD

(续表)

指标和变量	解释和单位	来源
(3) 工业产出	11 个指标	
工业生产指数	以 2000 年为 100	WDI
工业增加值	百万美元	WDI
工业增加值增长率	%	WDI
制造业生产指数	以 2000 年为 100	WDI
制造业增加值	百万美元	WDI
制造业增加值增长率	%	WDI
工业增加值比例	占 GDP 比例,%	WDI
采矿业增加值比例	占 GDP 比例,%	BEA
制造业增加值比例	占 GDP 比例,%	BEA
建筑业增加值比例	占 GDP 比例,%	BEA
公共事业增加值比例	占 GDP 比例,%	BEA
(4) 工业效率	13 个指标	
工业劳动生产率	工业劳动力人均工业增加值,美元/人	WDI
制造业劳动生产率	制造业工人人均增加值,美元/人	WDI
人均工业增加值	全国人均,美元	WDI
人均制造业增加值	全国人均,美元	WDI
工业增加值比率	工业增加值/工业总产值	UNIDO
采矿业劳动生产率	采矿业工人人均增加值,美元/人	OECD
建筑业劳动生产率	建筑业工人人均增加值,美元/人	OECD
公共事业劳动生产率	公共事业工人人均增加值,美元/人	OECD
工业劳动报酬比例	占工业增加值比例,%	ILO
资本生产率	美元	UNIDO
单位工业增加值的电耗	千瓦时/美元	OECD
单位工业增加值的能耗	千克标准油/美元	OECD
单位工业增加值的水耗	升/美元	WDI
(5) 工业结构	25 个指标	
工、农劳动力之比	比值	WDI
工、农增加值之比	比值	WDI
工、服劳动力之比	比值	WDI
工、服增加值之比	比值	WDI
工业增加值比重	占全球工业增加值的比例,%	WDI
制造业增加值比重	占全球制造业增加值比例,%	WDI
采矿业劳动力份额	占工业劳动力比例,%	ILO
制造业劳动力份额	占工业劳动力比例,%	ILO
建筑业劳动力份额	占工业劳动力比例,%	ILO
公共事业劳动力份额	占工业劳动力比例,%	ILO
采矿业增加值份额	占工业增加值比例,%	OECD
制造业增加值份额	占工业增加值比例,%	OECD
建筑业增加值份额	占工业增加值比例,%	OECD
公共事业增加值份额	占工业增加值比例,%	OECD
食品、饮料和烟草比例	占制造业增加值比例,%	WDI
纺织品与服装行业比例	占制造业增加值比例,%	WDI

(续表)

指标和变量	解释和单位	来源
（5）工业结构	25个指标	
化工产品比例	占制造业增加值比例，%	WDI
机械和运输设备比例	占制造业增加值比例，%	WDI
其他制造业比例	占制造业增加值比例，%	WDI
耐用商品份额	占制造业增加值比例，%	BEA
非耐用商品份额	占制造业增加值比例，%	BEA
高技术制造业比例	占制造业增加值比例，%	OECD
中高技术制造业比例	占制造业增加值比例，%	OECD
中低技术制造业比例	占制造业增加值比例，%	OECD
低技术制造业比例	占制造业增加值比例，%	OECD
（6）工业供给	13个指标	
人均钢铁产量	千克	CYB
人均铝产量	千克	CYB
人均铜产量	千克	CYB
人均汽车产量	辆	UNYB
人均电话产量	部	UNSD
人均原糖产量	千克	CYB
人均啤酒产量	千克	CYB
人均化肥产量	千克	UNYB
人均水泥产量	千克	CYB
人均电力产量	千瓦时	WDI
人均原油产量	千克	WEC
人均煤炭产量	千克	WEC
人均天然气产量	立方米	WEC
（7）工业流通	24个指标	
食品价格指数	2000年为100	WDI
化肥价格指数	2000年为100	WDI
金属和矿产品价格指数	2000年为100	WDI
钢产品价格指数	2000年为100	WDI
石油价格指数	2000年为100	WDI
制造业进口比例	占商品进口的百分比，%	WDI
制造业出口比例	占商品出口的百分比，%	WDI
食品进口比例	占商品进口的百分比，%	WDI
食品出口比例	占商品出口的百分比，%	WDI
矿石和金属进口比例	占商品进口的百分比，%	WDI
矿石和金属出口比例	占商品出口的百分比，%	WDI
高技术产品出口比例	占制成品出口的百分比，%	WDI
高技术出口比例	占制造业出口的百分比，%	OECD
中高技术出口比例	占制造业出口的百分比，%	OECD
中低技术出口比例	占制造业出口的百分比，%	OECD
低技术出口比例	占制造业出口的百分比，%	OECD
人均制造业出口	美元	WDI
人均高技术出口	美元	WDI

（续表）

指标和变量	解释和单位	来源
（7）工业流通	24个指标	
人均中技术出口	美元	OECD
人均低技术出口	美元	OECD
工业产品简单平均关税	%	WDI
人均铁路货运量	千克·千米	WDI
人均公路货运量	千克·千米	WDI
人均航空货运量	千克·千米	WDI
（8）工业消费	14个指标	
人均钢铁消费	千克	CYB
人均铝消费	千克	CYB
人均铜消费	千克	CYB
人均汽车消费	辆	OICA
人均手机消费	部	ITU
人均计算机消费比例	家庭拥有率，%	ITU
人均原糖消费	千克	CYB
人均啤酒消费	千克	CYB
人均化肥消费	千克	WDI
人均水泥消费	千克	CYB
人均电力消费	千瓦时	WDI
人均原油消费	千克	WEC
人均煤炭消费	千克	WEC
人均天然气消费	立方米	WEC
（9）工业竞争力	6个指标	
工业竞争力指数	指数	UNIDO
制造业出口份额	占全球制造业出口，%	WDI
高技术产品出口份额	占全球高技术出口，%	WDI
人均制造业出口之比	与世界人均制造业出口之比	WDI
人均高技术出口之比	与世界人均高技术出口之比	WDI
定性指标	产业集群、产业集中度、工业园区	—
（10）生态环境	20个指标	
制造业、建筑业 CO_2 排放	占总燃料燃烧的百分比，%	WDI
人均 CO_2 排放量	仅包括制造业和建筑业，千克	WDI
工业 NO 排放比例	%	WDI
人均工业 NO 排放量	千克	WDI
工人人均废水排放量	有机废水（BOD），%	WDI
单位工业增加值废水排量	有机废水（BOD），千克/美元	WDI
单位工业增加值废物排放	固体废物，千克/美元	OECD
工人人均工业固体废弃物	千克	OECD
PM 10 平均浓度	全国空气颗粒物平均浓度，微克/立方米	WDI
PM 2.5 平均浓度	全国空气颗粒物平均浓度，微克/立方米	WDI
化学工业污水排放比例	占有机污水排放总量比例，%	WDI
黏土和玻璃工业污水排放	占有机污水排放总量比例，%	WDI
食品工业污水排放比例	占有机污水排放总量比例，%	WDI

(续表)

指标和变量	解释和单位	来源
(10) 生态环境	20个指标	
金属工业污水排放比例	占有机污水排放总量比例,%	WDI
制纸和纸浆工业污水排放	占有机污水排放总量比例,%	WDI
纺织工业污水排放比例	占有机污水排放总量比例,%	WDI
木材工业污水排放比例	占有机污水排放总量比例,%	WDI
其他工业污水排放比例	占有机污水排放总量比例,%	WDI
工业废水处理率	%	OECD
工业废物处理率	%	OECD
(11) 社会环境	22个指标	
人口	百万	WDI
人口自然增长率	‰	WDI
平均预期寿命	岁	WDI
中学入学率	%	WDI
大学入学率	%	WDI
医疗服务(医生/千人)	人/千人	WDI
人均国民收入	美元	WDI
人均GDP增长率	%	WDI
劳动力	百万人	WDI
失业率	%	WDI
汽车普及率	辆/千人	WDI
人均能源消费	千克标准油	WDI
人均淡水消费	千克	WDI
城市人口比例	%	WDI
城市人口增长率	‰	WDI
大城市人口比例	人口超百万的城市,%	WDI
安全饮水普及率	%	WDI
卫生设施普及率	%	WDI
电力普及率	%	WDI
移动通信普及率	%	WDI
互联网普及率	每百人	WDI
人均铁路里程	千米	WDI
(12) 工业劳动力	12个指标	
接受过中学教育的劳动力比例	占劳动力总数的比例,%	WDI
接受过高等教育的劳动力比例	占劳动力总数的比例,%	WDI
接受职业教育和技能培训比例	占高中学生的比例,%	OECD
工业劳动力的平均工资	美元/月	OECD
制造业劳动力的平均工资	美元/月	OECD
采矿业劳动力的平均工资	美元/月	OECD
公共事业劳动力的平均工资	美元/月	OECD
建筑业劳动力的平均工资	美元/月	OECD
制造业每周工作时数	小时	OECD
劳动安全性	工伤人数/千劳动力,‰	OECD
社会保障评级	国家政策和制度评估(CPIA)	WDI
定性指标	企业家精神	—

(续表)

指标和变量	解释和单位	来源
(13) 工业企业	4个指标	
上市公司数目	个	WDI
新注册企业比例	新注册企业/千成年人	WDI
ISO认证企业比例	%	WDI
提供员工培训企业比例	%	WDI
(14) 工业技术	12个指标	
全要素生产率		UNIDO
企业科研投入比例	企业R&D经费/工业增加值,%	OECD
企业科技人员比例	企业科技人员/工业劳动力,人/万人	WDI
开展科技活动的企业比例	%	OECD
专利拥有比例	专利申请数/万居民,项/万人	WDI
人均知识产权转让收入	国际收支平衡,现价美元	WDI
人均知识产权转让支出	国际收支平衡,现价美元	WDI
人均信息和通信技术出口	美元	WDI
人均信息和通信技术进口	美元	WDI
机器人使用比例	机器人数量/制造业劳动力,台/万人	IFR
人均可再生能源消费	千克标准油/年	BP
(15) 工业制度	7个指标	
营商环境指数	排名	WDI
出口通关所需时间	天	WDI
企业注册所需时间	天	WDI
企业监管环境评级	国家政策和制度评估（CPIA）	WDI
环境可持续性政策和制度	国家政策和制度评估（CPIA）	WDI
公共部门服务评级	国家政策和制度评估（CPIA）	WDI
定性指标	企业制度、税收制度、福利制度、产业政策、环境制度、反垄断	—
(16) 工业观念	3个指标	
定量指标	经济全球化（国际有关协议签署数） 经济信息化（电子商务的比例）	
定性指标	规模化、标准化、信息化、智能化、绿色化	

注：WDI为世界银行数据库统计数据；USGS为美国地质调查局数据库统计数据；BP为英国石油公司数据库数据；OECD为经济合作与发展组织数据库统计数据；WEC为世界能源委员会数据库统计数据；ILO为联合国劳工组织数据库统计数据；IEA为国际能源局数据库统计数据；CYB为联合国商品统计年鉴；UNIDO联合国工业发展组织统计数据；ITU为国际电信联盟统计数据；BEA为美国经济分析局统计数据；UNYB为联合国统计年鉴数据；ISO为国际标准化组织数据库统计数据；IFR为国际机器人联合会；OICA国际汽车制造商协会。有些指标在某年没有数据,用其最近年的数据（或估计值）代替。

附表 1-1-1　2010 年世界工业现代化指数

国家	编号	第一次工业现代化指数	排名[a]	第二次工业现代化指数	排名	综合工业现代化指数	排名
瑞典	1	100	1	102	12	98	1
美国	2	100	1	102	11	92	12
芬兰	3	100	1	97	16	91	15
澳大利亚	4	100	1	92	18	85	18
瑞士	5	100	1	112	3	95	6
挪威	6	100	1	104	10	96	4
日本	7	100	1	104	9	95	7
丹麦	8	100	1	109	5	98	2
德国	9	100	1	100	14	91	14
荷兰	10	100	1	114	1	93	11
加拿大	11	100	1	95	17	93	9
新加坡	12	100	1	107	7	88	17
英国	13	100	1	111	4	94	8
法国	14	100	1	106	8	93	10
比利时	15	100	1	101	13	92	13
奥地利	16	100	20	97	15	89	16
新西兰	17	95	29	77	25	68	26
韩国	18	98	26	87	20	84	19
以色列	19	100	1	109	6	97	3
意大利	20	100	1	81	22	81	20
爱尔兰	21	99	22	113	2	95	5
西班牙	22	100	1	88	19	79	21
爱沙尼亚	23	99	23	72	28	70	25
斯洛文尼亚	24	98	27	67	30	63	30
乌拉圭	25	78	47	44	46	39	54
俄罗斯	26	84	42	51	43	47	49
斯洛伐克	27	98	25	63	35	65	28
希腊	28	93	32	78	24	66	27
匈牙利	29	99	24	83	21	72	24
捷克	30	100	1	75	26	72	23
葡萄牙	31	97	28	67	31	60	32
白俄罗斯	32	68	54	—	—	49	46
拉脱维亚	33	88	36	73	27	56	36
立陶宛	34	94	31	80	23	62	31
格鲁吉亚	35	38	83	61	36	19	79
乌克兰	36	53	66	—	—	42	52
保加利亚	37	84	41	65	33	53	40
黎巴嫩	38	69	53	—	—	59	35
哈萨克斯坦	39	74	49	—	—	50	43
波兰	40	95	30	66	32	51	42
阿根廷	41	86	38	51	42	60	34
巴拿马	42	66	55	44	47	26	70
克罗地亚	43	90	33	65	34	54	39
沙特阿拉伯	44	100	21	—	—	38	56
哥伦比亚	45	61	61	50	44	50	44
科威特	46	88	34	—	—	—	—
智利	47	86	37	54	40	56	37
马其顿	48	64	59	—	—	30	64
阿塞拜疆	49	60	63	—	—	18	83
摩尔多瓦	50	29	90	43	48	32	62
罗马尼亚	51	80	44	56	39	49	45
委内瑞拉	52	81	43	41	50	56	38
乌兹别克斯坦	53	23	102	—	—	—	—
多米尼加	54	66	56	41	49	—	—
亚美尼亚	55	46	72	—	—	27	68
巴拉圭	56	42	79	29	66	30	65
哥斯达黎加	57	72	50	56	38	—	—
巴西	58	80	45	47	45	63	29
墨西哥	59	84	39	60	37	60	33
博茨瓦纳	60	72	51	—	—	16	85
秘鲁	61	60	62	38	53	38	57
牙买加	62	51	68	—	—	23	75
约旦	63	78	46	37	57	47	50
南非	64	84	40	39	52	52	41
土耳其	65	76	48	54	41	48	48
厄瓜多尔	66	54	65	35	60	39	55
伊朗	67	52	67	24	72	—	—
蒙古	68	42	81	—	—	—	—
摩洛哥	69	43	77	33	62	27	69
马来西亚	70	88	35	70	29	72	22

附表 1-1-1 2010 年世界工业现代化指数

国家	编号	第一次工业现代化指数	排名[a]	第二次工业现代化指数	排名	综合工业现代化指数	排名
萨尔瓦多	71	51	69	34	61	33	60
埃及	72	46	73	36	58	21	77
中国	73	65	57	38	54	34	59
阿尔及利亚	74	69	52	23	73	31	63
土库曼斯坦	75	—	—	—	—	—	—
突尼斯	76	64	60	39	51	42	53
阿尔巴尼亚	77	42	80	—	—	23	76
吉尔吉斯斯坦	78	33	87	14	82	19	80
塔吉克斯坦	79	26	93	—	—	25	72
玻利维亚	80	44	76	27	69	33	61
缅甸	81	24	99	—	—	—	—
菲律宾	82	45	75	35	59	46	51
泰国	83	65	58	37	56	48	47
纳米比亚	84	56	64	27	68	13	88
津巴布韦	85	27	92	15	80	16	84
洪都拉斯	86	39	82	—	—	28	67
尼加拉瓜	87	34	85	29	67	—	—
越南	88	32	88	—	—	29	66
肯尼亚	89	13	116	14	81	14	86
斯里兰卡	90	35	84	26	70	12	89
刚果共和国	91	45	74	12	88	19	81
印度尼西亚	92	48	70	38	55	35	58
赞比亚	93	25	96	11	91	—	—
危地马拉	94	43	78	32	64	25	73
毛里塔尼亚	95	19	103	—	—	—	—
科特迪瓦	96	14	112	14	84	20	78
印度	97	29	89	24	71	24	74
巴基斯坦	98	25	95	15	78	11	90
莱索托	99	28	91	—	—	—	—
柬埔寨	100	19	104	6	101	—	—
喀麦隆	101	26	94	12	87	18	82
厄立特里亚	102	15	111	—	—	—	—
叙利亚	103	46	71	32	63	26	71
加纳	104	24	98	13	85	—	—
乍得	105	9	125	—	—	—	—
莫桑比克	106	11	117	15	79	—	—
几内亚	107	24	101	10	92	—	—
也门共和国	108	25	97	21	74	—	—
巴布亚新几内亚	109	18	107	—	—	—	—
海地	110	7	127	—	—	—	—
尼泊尔	111	11	118	17	76	—	—
塞内加尔	112	18	106	17	75	13	87
塞拉利昂	113	7	128	—	—	—	—
刚果民主共和国	114	18	109	—	—	—	—
老挝	115	18	110	—	—	—	—
马拉维	116	10	119	10	95	—	—
多哥	117	14	113	10	94	—	—
马达加斯加	118	9	121	12	86	—	—
马里	119	24	100	10	93	—	—
尼日利亚	120	19	105	30	65	—	—
孟加拉国	121	18	108	11	90	—	—
坦桑尼亚	122	14	114	—	—	8	91
贝宁	123	13	115	11	89	—	—
尼日尔	124	8	126	10	96	—	—
安哥拉	125	33	86	—	—	—	—
乌干达	126	9	122	16	77	—	—
中非	127	9	123	9	98	—	—
布基纳法索	128	10	120	10	97	—	—
埃塞俄比亚	129	6	130	8	100	—	—
布隆迪	130	7	129	9	99	—	—
卢旺达	131	9	124	14	83	—	—
高收入国家		100	—	100	—	100	—
中等收入国家		53	—	—	—	40	—
低收入国家		16	—	—	—	—	—
世界平均		77	—	54	—	48	—

注：a 第一次现代化指数达到 100 时，排名不分先后。— 表示没有数据，后同．

附表 1-1-2　2010 年根据第二次工业现代化指数的国家分组

分组	国家	编号	2010	2005	2000	1990	国家	编号	2010	2005	2000	1990
发达国家22个	荷兰	10	114	102	87	69	瑞典	1	102	96	86	69
	爱尔兰	21	113	102	84	96	比利时	15	101	89	77	56
	瑞士	5	112	105	97	75	德国	9	100	93	80	52
	英国	13	111	104	88	60	奥地利	16	97	88	74	37
	丹麦	8	109	108	91	68	芬兰	3	97	94	79	57
	以色列	19	109	92	100	63	加拿大	11	95	91	94	63
	新加坡	12	107	105	88	90	澳大利亚	4	92	76	63	64
	法国	14	106	92	78	58	西班牙	22	88	70	59	37
	日本	7	104	100	94	74	韩国	18	87	94	64	37
	挪威	6	104	86	76	62	匈牙利	29	83	68	50	—
	美国	2	102	94	90	74	意大利	20	81	72	64	41
中等发达国家22个	立陶宛	34	80	66	62	—	克罗地亚	43	65	54	—	—
	希腊	28	78	63	62	37	斯洛伐克	27	63	46	31	—
	新西兰	17	77	75	59	67	格鲁吉亚	35	61	—	14	—
	捷克	30	75	55	35	—	墨西哥	59	60	51	40	52
	拉脱维亚	33	73	51	42	—	哥斯达黎加	57	56	44	41	—
	爱沙尼亚	23	72	59	52	—	罗马尼亚	51	56	33	—	—
	马来西亚	70	70	69	95	—	智利	47	54	—	35	40
	斯洛文尼亚	24	67	52	41	—	土耳其	65	54	45	36	32
	葡萄牙	31	67	61	51	37	阿根廷	41	51	37	23	—
	波兰	40	66	44	33	—	俄罗斯	26	51	29	—	—
	保加利亚	37	65	54	24	—	哥伦比亚	45	50	34	28	57
初等发达国家21个	巴西	58	47	37	—	—	泰国	83	37	30	19	—
	乌拉圭	25	44	25	37	—	约旦	63	37	28	16	—
	巴拿马	42	44	34	25	—	埃及	72	36	25	31	—
	摩尔多瓦	50	43	—	11	—	菲律宾	82	35	32	27	—
	多米尼加	54	41	31	—	—	厄瓜多尔	66	35	24	—	—
	委内瑞拉	52	41	19	18	—	萨尔瓦多	71	34	26	23	—
	突尼斯	76	39	24	—	—	摩洛哥	69	33	20	10	—
	南非	64	39	33	32	—	叙利亚	103	32	—	—	—
	秘鲁	61	38	26	23	—	危地马拉	94	32	26	23	—
	中国	73	38	27	20	15	尼日利亚	120	30	—	6	—
	印度尼西亚	92	38	30	29	27						
欠发达国家36个	巴拉圭	56	29	22	15	—	科特迪瓦	96	14	13	—	—
	尼加拉瓜	87	29	16	23	—	加纳	104	13	—	11	—
	纳米比亚	84	27	26	—	—	马达加斯加	118	12	11	—	—
	玻利维亚	80	27	23	21	—	喀麦隆	101	12	11	—	—
	斯里兰卡	90	26	20	20	—	刚果共和国	91	12	—	—	—
	印度	97	24	21	30	25	贝宁	123	11	10	—	—
	伊朗	67	24	—	—	—	孟加拉国	121	11	10	8	—
	阿尔及利亚	74	23	18	—	—	赞比亚	93	11	9	—	—
	也门共和国	108	21	—	—	—	几内亚	107	10	13	—	—
	塞内加尔	112	17	13	—	—	马里	119	10	10	—	—
	尼泊尔	111	17	—	10	—	多哥	117	10	9	—	—
	乌干达	126	16	12	14	—	马拉维	116	10	—	—	—
	巴基斯坦	98	15	15	—	—	尼日尔	124	10	9	—	—
	莫桑比克	106	15	11	—	—	布基纳法索	128	10	9	—	—
	津巴布韦	85	15	—	—	—	中非	127	9	8	—	—
	肯尼亚	89	14	11	8	—	布隆迪	130	9	6	—	—
	吉尔吉斯斯坦	78	14	—	—	—	埃塞俄比亚	129	8	—	—	—
	卢旺达	131	14	8	—	—	柬埔寨	100	6	—	—	—
其他数据不全的国家30个	白俄罗斯	32	—	—	—	—	塔吉克斯坦	79	—	—	—	—
	乌克兰	36	—	—	—	—	缅甸	81	—	—	—	—
	黎巴嫩	38	—	—	—	—	洪都拉斯	86	—	19	16	—
	哈萨克斯坦	39	—	—	—	—	越南	88	—	—	—	—
	沙特阿拉伯	44	—	—	—	—	毛里塔尼亚	95	—	—	—	—
	科威特	46	—	—	—	—	莱索托	99	—	—	—	—
	马其顿	48	—	—	—	—	厄立特里亚	102	—	—	—	—
	阿塞拜疆	49	—	—	—	—	乍得	105	—	—	—	—
	乌兹别克斯坦	53	—	—	—	—	巴布亚新几内亚	109	—	—	—	—
	亚美尼亚	55	—	—	—	—	海地	110	—	—	—	—
	博茨瓦纳	60	—	26	—	—	塞拉利昂	113	—	—	—	—
	牙买加	62	—	15	16	—	刚果民主共和国	114	—	—	—	—
	蒙古	68	—	—	—	—	老挝	115	—	—	—	—
	土库曼斯坦	75	—	—	—	—	坦桑尼亚	122	—	—	—	—
	阿尔巴尼亚	77	—	—	—	—	安哥拉	125	—	—	—	—
	高收入国家		100	94	74	—						
	中等收入国家		—	—	—	—						
	低收入国家		—	—	—	—						
	世界平均		54	48	40	—						

附表 1-2-1　2010 年第一次工业现代化指数

国家	编号	工业效率指数	工业质量指数	工业转型指数	工业环境指数	第一次工业现代化指数	排名
瑞典	1	100	100	100	100	100	1
美国	2	100	100	100	100	100	1
芬兰	3	100	100	100	100	100	1
澳大利亚	4	100	100	100	100	100	1
瑞士	5	100	100	100	100	100	1
挪威	6	100	100	100	100	100	1
日本	7	100	100	100	100	100	1
丹麦	8	100	100	100	100	100	1
德国	9	100	100	100	100	100	1
荷兰	10	100	100	100	100	100	1
加拿大	11	100	100	100	100	100	1
新加坡	12	100	100	100	100	100	1
英国	13	100	100	100	100	100	1
法国	14	100	100	100	100	100	1
比利时	15	100	100	100	100	100	1
奥地利	16	100	100	100	100	100	20
新西兰	17	100	100	83	100	95	29
韩国	18	100	100	93	100	98	26
以色列	19	—	100	—	100	100	1
意大利	20	100	100	100	100	100	1
爱尔兰	21	100	100	100	97	99	22
西班牙	22	100	100	100	100	100	1
爱沙尼亚	23	100	100	96	100	99	23
斯洛文尼亚	24	100	100	100	91	98	27
乌拉圭	25	100	71	58	88	78	47
俄罗斯	26	79	74	84	99	84	42
斯洛伐克	27	100	100	100	94	98	25
希腊	28	100	100	77	97	93	32
匈牙利	29	100	100	100	96	99	24
捷克	30	100	100	100	100	100	1
葡萄牙	31	100	100	93	96	97	28
白俄罗斯	32	62	—	66	78	68	54
拉脱维亚	33	93	100	73	88	88	36
立陶宛	34	100	100	86	91	94	31
格鲁吉亚	35	—	61	20	47	38	83
乌克兰	36	30	95	39	69	53	66
保加利亚	37	74	100	77	86	84	41
黎巴嫩	38	—	92	41	85	69	53
哈萨克斯坦	39	78	78	57	87	74	49
波兰	40	100	100	88	92	95	30
阿根廷	41	100	84	80	83	86	38
巴拿马	42	92	65	47	68	66	55
克罗地亚	43	100	100	74	90	90	33
沙特阿拉伯	44	100	100	99	100	100	21
哥伦比亚	45	99	50	48	59	61	61
科威特	46	—	78	—	100	88	34
智利	47	100	80	77	91	86	37
马其顿	48		100	38	69	64	59
阿塞拜疆	49	100	54	41	56	60	63
摩尔多瓦	50	19	56	15	41	29	90
罗马尼亚	51	96	100	65	67	80	44
委内瑞拉	52	100	55	86	91	81	43
乌兹别克斯坦	53	—	—	16	34	23	102
多米尼加	54	100	61	56	55	66	56
亚美尼亚	55	80	55	19	53	46	72
巴拉圭	56	81	39	21	48	42	79
哥斯达黎加	57	96	80	51	69	72	50
巴西	58	100	—	61	84	80	45
墨西哥	59	100	90	76	74	84	39
博茨瓦纳	60	100	82	51	63	72	51
秘鲁	61	93	53	45	58	60	62
牙买加	62	86	52	31	49	51	68
约旦	63	100	77	78	63	78	46
南非	64	94	76	81	85	84	40
土耳其	65	100	82	49	83	76	48
厄瓜多尔	66	93	49	34	55	54	65
伊朗	67	—	42	47	70	52	67
蒙古	68	55	55	19	52	42	81
摩洛哥	69	81	49	22	42	43	77
马来西亚	70	100	89	74	91	88	35

附表 1-2-1　2010 年第一次工业现代化指数

国家	编号	工业效率指数	工业质量指数	工业转型指数	工业环境指数	第一次工业现代化指数	排名
萨尔瓦多	71	80	54	31	48	51	69
埃及	72	84	41	29	42	46	73
中国	73	78	72	53	60	65	57
阿尔及利亚	74	98	49	90	54	69	52
土库曼斯坦	75	—	—	—	55	—	—
突尼斯	76	75	80	50	55	64	60
阿尔巴尼亚	77	63	68	14	50	42	80
吉尔吉斯斯坦	78	47	58	15	30	33	87
塔吉克斯坦	79	—	51	12	29	26	93
玻利维亚	80	93	38	23	43	44	76
缅甸	81	—	35	—	17	24	99
菲律宾	82	83	54	25	35	45	75
泰国	83	84	85	50	48	65	58
纳米比亚	84	100	73	30	45	56	64
津巴布韦	85	42	27	18	26	27	92
洪都拉斯	86	65	42	22	37	39	82
尼加拉瓜	87	74	34	15	36	34	85
越南	88	—	60	21	27	32	88
肯尼亚	89	—	23	6	15	13	116
斯里兰卡	90	65	50	26	18	35	84
刚果共和国	91	—	53	41	41	45	74
印度尼西亚	92	89	50	32	38	48	70
赞比亚	93	100	12	12	27	25	96
危地马拉	94	79	42	27	37	43	78
毛里塔尼亚	95	—	10	21	35	19	103
科特迪瓦	96	—	9	11	30	14	112
印度	97	57	35	15	24	29	89
巴基斯坦	98	70	21	11	24	25	95
莱索托	99	—	31	27	25	28	91
柬埔寨	100	38	32	8	13	19	104
喀麦隆	101	—	22	—	30	26	94
厄立特里亚	102	—	18	—	12	15	111
叙利亚	103	—	43	—	49	46	71
加纳	104	48	28	8	31	24	98
乍得	105	—	16	2	20	9	125
莫桑比克	106	—	11	7	20	11	117
几内亚	107	—	29	16	28	24	101
也门共和国	108	—	28	—	22	25	97
巴布亚新几内亚	109	—	22	—	15	18	107
海地	110	—	2	—	28	7	127
尼泊尔	111	—	29	4	11	11	118
塞内加尔	112	—	19	13	25	18	106
塞拉利昂	113	—	8	1	31	7	128
刚果民主共和国	114	—	17	—	18	18	109
老挝	115	—	28	7	29	18	110
马拉维	116	—	15	6	13	10	119
多哥	117	—	28	5	21	14	113
马达加斯加	118	—	17	2	25	9	121
马里	119	—	20	—	28	24	100
尼日利亚	120	—	21	10	29	19	105
孟加拉国	121	—	25	13	18	18	108
坦桑尼亚	122	—	21	8	15	14	114
贝宁	123	—	22	4	24	13	115
尼日尔	124	—	7	4	15	8	126
安哥拉	125	—	16	53	43	33	86
乌干达	126	—	9	7	13	9	122
中非	127	—	9	3	31	9	123
布基纳法索	128	—	11	4	22	10	120
埃塞俄比亚	129	—	11	2	10	6	130
布隆迪	130	—	10	4	9	7	129
卢旺达	131	—	13	3	16	9	124
高收入国家		—	100	100	100	100	
中等收入国家		—	82	38	48	53	
低收入国家		—	28	8	17	16	
世界平均		—	94	64	76	77	

附表 1-2-2　2010年世界第一次工业现代化指标指数

国家	编号	工业劳动生产率	工业资本生产率	工业能源生产率	人均工业资本	中学普及率	人均制造业出口	工业与农业劳动力之比	工业与农业增加值之比	人均制造业增加值	城市人口比例	人均电力消费	人均GDP
瑞典	1	100	100	100	100	100	100	100	100	100	100	100	100
美国	2	100	100	100	100	100	100	100	100	100	100	100	100
芬兰	3	100	100	100	100	100	100	100	100	100	100	100	100
澳大利亚	4	100	100	100	100	100	100	100	100	100	100	100	100
瑞士	5	100	100	—	100	100	100	100	100	100	100	100	100
挪威	6	100	100	100	100	100	100	100	100	100	100	100	100
日本	7	100	100	100	100	100	100	100	100	100	100	100	100
丹麦	8	100	100	100	100	100	100	100	100	100	100	100	100
德国	9	100	—	100	—	100	100	100	100	100	100	100	100
荷兰	10	100	100	100	100	100	100	100	100	100	100	100	100
加拿大	11	100	100	100	100	100	100	100	100	100	100	100	100
新加坡	12	100	100	—	100	—	100	100	100	100	100	100	100
英国	13	100	100	100	100	100	100	100	100	100	100	100	100
法国	14	100	100	100	100	100	100	100	100	100	100	100	100
比利时	15	100	100	100	100	100	100	100	100	100	99	100	100
奥地利	16	100	—	100	—	100	100	100	100	100	99	100	100
新西兰	17	100	100	100	100	100	100	97	51	100	100	100	100
韩国	18	100	100	100	100	100	100	80	100	100	100	100	100
以色列	19	—	—	—	100	100	100	—	—	100	100	100	100
意大利	20	100	100	100	100	100	100	100	100	100	100	100	100
爱尔兰	21	100	100	100	100	100	100	100	100	100	91	100	100
西班牙	22	100	100	100	100	100	100	100	100	100	100	100	100
爱沙尼亚	23	100	—	100	—	100	100	100	100	89	100	100	100
斯洛文尼亚	24	100	—	—	—	100	100	100	100	100	73	100	100
乌拉圭	25	100	100	100	50	100	64	56	50	68	100	63	100
俄罗斯	26	97	—	61	—	100	49	91	100	62	100	100	97
斯洛伐克	27	100	—	100	—	100	100	100	100	100	81	100	100
希腊	28	100	—	100	100	100	100	49	81	100	90	100	100
匈牙利	29	100	—	100	—	100	100	100	100	100	100	87	100
捷克	30	100	—	100	—	100	100	100	100	100	100	100	100
葡萄牙	31	100	100	100	100	100	100	79	100	100	89	100	100
白俄罗斯	32	57	—	67	—	100	100	56	72	70	100	80	52
拉脱维亚	33	86	—	100	—	100	100	85	81	53	100	68	97
立陶宛	34	100	—	100	—	100	100	85	100	74	99	74	100
格鲁吉亚	35	—	—	—	—	100	23	5	41	12	78	39	24
乌克兰	36	30	—	30	—	100	89	39	58	21	100	80	27
保加利亚	37	47	—	100	—	100	100	100	92	40	100	100	57
黎巴嫩	38	—	—	100	—	93	91	—	54	29	100	78	77
哈萨克斯坦	39	100	—	55	—	100	55	21	100	51	79	100	82
波兰	40	100	—	100	—	100	100	74	100	90	90	85	100
阿根廷	41	100	100	100	84	100	69	100	58	81	100	65	82
巴拿马	42	75	100	100	57	88	49	34	86	21	100	39	65
克罗地亚	43	100	—	100	—	100	100	57	84	82	85	86	100
沙特阿拉伯	44	100	—	100	—	100	100	100	100	96	100	100	100
哥伦比亚	45	98	100	100	25	100	24	33	76	36	100	23	56
科威特	46	—	—	—	—	100	56	100	—	—	100	100	100
智利	47	100	100	100	75	100	65	68	100	62	100	74	100
马其顿	48	51	—	—	—	100	100	52	37	25	87	79	40
阿塞拜疆	49	100	—	100	—	100	9	11	100	13	79	36	53
摩尔多瓦	50	15	—	24	—	100	12	21	17	8	69	39	15
罗马尼亚	51	93	—	100	—	100	100	30	100	—	78	54	69
委内瑞拉	52	100	100	100	53	100	12	79	100	79	100	74	100
乌兹别克斯坦	53	—	—	34	—	100	—	14	26	7	53	37	12
多米尼加	54	100	100	100	31	94	56	39	79	51	100	19	47
亚美尼亚	55	60	—	100	—	100	10	14	30	14	94	38	28
巴拉圭	56	42	100	100	24	85	9	22	21	—	90	26	28
哥斯达黎加	57	89	100	100	39	100	100	41	56	56	94	42	70
巴西	58	100	—	100	—	—	47	33	81	69	100	54	99
墨西哥	59	100	100	100	70	100	100	61	100	67	100	43	80
博茨瓦纳	60	100	—	100	50	96	100	33	100	19	90	36	63
秘鲁	61	80	100	100	38	100	21	22	82	33	100	25	49
牙买加	62	57	100	100	30	100	24	25	51	17	76	28	44
约旦	63	100	100	100	32	100	100	100	100	33	100	50	39
南非	64	100	100	81	36	100	93	100	100	43	91	100	65
土耳其	65	100	100	100	45	100	100	35	43	71	100	56	91
厄瓜多尔	66	79	100	100	32	100	14	21	55	26	98	25	41
伊朗	67	47	—	—	57	—	100	26	38	100	2	100	59	51
蒙古	68	45	—	65	—	100	11	15	36	7	99	35	21
摩洛哥	69	43	100	100	22	78	46	17	30	18	83	18	25
马来西亚	70	100	100	100	84	84	100	65	61	97	100	93	79

附表 1-2-2 2010 年世界第一次工业现代化指标指数

国家	编号	工业劳动生产率	工业资本生产率	工业能源生产率	人均工业资本	中学普及率	人均制造业出口	工业与农业劳动力之比	工业与农业增加值之比	人均制造业增加值	城市人口比例	人均电力消费	人均GDP
萨尔瓦多	71	41	100	100	15	81	65	32	33	29	95	19	31
埃及	72	53	100	100	11	95	18	28	41	19	64	38	25
中国	73	51	100	83	16	100	100	24	71	65	72	66	40
阿尔及利亚	74	96	—	100	44	100	3	88	92	—	100	22	39
土库曼斯坦	75	—	—	100	—	—	5	—	51	—	71	54	40
突尼斯	76	49	—	100	39	100	100	58	60	32	97	30	38
阿尔巴尼亚	77	25	—	100	—	99	37	16	11	17	77	41	34
吉尔吉斯斯坦	78	—	—	47	—	100	15	14	23	7	52	30	8
塔吉克斯坦	79	—	—	65	—	100	2	—	20	4	39	41	7
玻利维亚	80	—	100	87	13	97	5	—	45	10	98	13	17
缅甸	81	—	—	—	—	63	6	—	—	—	47	3	0
菲律宾	82	49	100	100	23	100	39	14	41	21	72	14	19
泰国	83	73	100	78	56	100	100	17	55	77	50	53	43
纳米比亚	84	—	100	100	40	80	100	12	49	29	56	33	46
津巴布韦	85	20	—	63	—	53	11	—	33	4	56	16	5
洪都拉斯	86	30	—	100	15	92	20	17	34	15	76	15	19
尼加拉瓜	87	21	100	100	14	86	3	16	19	9	84	13	13
越南	88	—	—	54	—	54	66	—	31	11	45	23	12
肯尼亚	89	—	—	97	4	60	5	3	11	4	35	3	7
斯里兰卡	90	30	—	100	16	100	34	23	35	19	22	10	22
刚果共和国	91	—	—	100	7	67	85	18	100	5	93	3	26
印度尼西亚	92	66	100	100	21	98	30	16	47	33	73	14	27
赞比亚	93	—	100	—	—	26	4	3	27	5	57	14	11
危地马拉	94	38	—	100	15	81	31	20	38	24	73	13	26
毛里塔尼亚	95	—	—	—	4	25	0	—	40	1	61	—	9
科特迪瓦	96	—	—	—	6	—	12	—	15	7	74	5	11
印度	97	17	100	55	10	81	15	14	23	9	45	14	13
巴基斯坦	98	—	100	41	10	43	11	15	13	6	53	10	9
莱索托	99	—	—	—	16	63	14	—	49	6	39	—	10
柬埔寨	100	8	—	68	—	21	42	9	10	—	29	3	7
喀麦隆	101	—	—	—	6	59	2	7	—	—	76	6	10
厄立特里亚	102	—	—	100	—	36	0	—	—	1	31	1	3
叙利亚	103	—	100	—	21	91	18	71	—	—	82	41	25
加纳	104	16	—	81	3	71	8	12	10	4	75	7	12
乍得	105	—	—	—	3	29	—	—	4	0	32	—	8
莫桑比克	106	—	—	31	1	32	0	—	11	2	46	10	3
几内亚	107	—	—	—	11	48	9	—	31	1	51	—	4
也门共和国	108	—	—	100	—	55	1	24	—	—	47	6	13
巴布亚新几内亚	109	—	100	—	14	50	1	—	—	—	18	—	12
海地	110	—	—	—	3	—	1	4	—	—	76	1	6
尼泊尔	111	—	—	100	8	76	3	—	7	2	24	2	5
塞内加尔	112	—	—	100	4	46	8	—	20	5	62	4	9
塞拉利昂	113	—	—	—	2	20	3	—	2	0	57	—	4
刚果民主共和国	114	—	—	14	1	51	0	—	—	—	50	2	2
老挝	115	—	—	—	—	56	9	—	15	4	49	—	10
马拉维	116	—	—	—	2	41	1	—	10	2	23	—	3
多哥	117	—	—	100	4	69	12	—	8	2	55	3	5
马达加斯加	118	—	—	—	1	46	3	2	—	2	47	—	4
马里	119	—	—	—	3	53	4	—	8	—	50	—	6
尼日利亚	120	—	—	100	4	55	4	—	14	7	72	3	13
孟加拉国	121	—	100	100	5	62	7	9	24	5	41	6	6
坦桑尼亚	122	—	—	—	—	40	3	—	13	2	39	2	5
贝宁	123	—	—	100	3	60	2	—	6	2	65	1	6
尼日尔	124	—	—	—	2	17	1	6	6	1	26	—	3
安哥拉	125	—	—	100	5	39	4	—	94	12	86	6	38
乌干达	126	—	—	—	1	24	2	—	16	2	22	—	5
中非	127	—	—	—	3	23	0	—	4	1	57	—	4
布基纳法索	128	—	—	—	4	27	1	1	10	2	38	—	5
埃塞俄比亚	129	—	—	100	1	31	0	3	4	1	25	1	3
布隆迪	130	—	—	—	—	29	0	—	6	—	16	—	2
卢旺达	131	—	—	—	1	38	0	2	6	1	28	—	5
高收入国家		100	—	—	—	100	100	100	100	100	100	100	100
中等收入国家		51	—	—	—	90	73	21	57	36	71	38	34
低收入国家		—	—	—	—	53	4	—	13	3	40	5	5
世界平均		93	—	—	—	89	100	25	100	66	76	67	84

附表 1-2-3 2010 年世界第一次工业现代化指标数值

国家	编号	工业劳动生产率	工业资本生产率	工业能源生产率	人均工业资本	中学普及率	人均制造业出口	工业与农业劳动力之比	工业与农业增加值之比	人均制造业增加值	城市人口比例	人均电力消费	人均GDP
瑞典	1	120 288	0.51	7.7	115 832	98	12 665	9.5	15.7	7311	85	14 934	49 360
美国	2	113 145	0.45	6.3	145 688	93	2731	10.4	16.8	5485	82	13 395	48 358
芬兰	3	101 116	0.45	4.7	127 203	107	9927	5.3	9.8	6683	84	16 483	43 846
澳大利亚	4	122 240	0.35	10.5	149 879	131	1602	5.9	11.4	4150	89	10 724	51 746
瑞士	5	150 280	0.38	30.7	166 067	96	22 154	6.4	32.9	12 339	74	8175	70 370
挪威	6	296 941	0.70	17.6	176 917	113	4863	7.9	23.5	6060	79	24 891	86 156
日本	7	94 081	0.50	11.8	145 955	102	5376	6.8	23.3	8432	91	8378	43 118
丹麦	8	110 135	0.40	22.3	131 699	120	10 604	8.2	15.2	5480	87	6327	56 486
德国	9	80 782	—	11.3	—	102	12 658	17.7	37.9	7924	74	7162	40 145
荷兰	10	95 247	0.29	5.8	134 430	122	19 669	5.7	13.3	5092	83	7010	46 468
加拿大	11	122 108	0.48	5.9	137 303	102	5560	8.2	18.2	4749	81	16 154	46 212
新加坡	12	157 327	0.44	2.9	174 196	—	50 686	19.7	710	9396	100	8438	42 784
英国	13	78 906	0.51	12.8	98 436	106	4681	15.9	31.6	3428	80	5745	36 703
法国	14	72 495	0.30	10.6	141 771	110	6314	7.7	10.3	3651	85	7735	39 186
比利时	15	90 299	0.34	5.2	155 465	105	28 115	16.7	29.1	5316	97	8388	42 960
奥地利	16	94 990	—	10.5	—	99	14 600	4.8	19.0	7450	67	8321	44 723
新西兰	17	70 291	0.29	5.4	101 604	119	1493	3.1	3.3	3699	86	9565	32 796
韩国	18	92 788	0.35	4.3	91 321	97	8398	2.6	15.5	6158	83	9744	20 540
以色列	19	—	—	—	102 970	102	7151	10.7	—	—	92	6950	30 389
意大利	20	69 775	0.28	11.7	148 402	100	6092	7.6	13.2	5029	68	5384	33 761
爱尔兰	21	140 702	0.63	21.3	105 534	121	22 007	4.3	17.4	9247	62	6027	46 492
西班牙	22	80 402	0.28	12.4	120 319	125	4006	5.4	10.5	3579	77	5769	29 863
爱沙尼亚	23	26 713	—	7.7	—	109	5403	7.3	8.6	1972	69	6464	14 110
斯洛文尼亚	24	40 952	—	8.8	—	98	12 144	3.7	12.9	4200	50	6521	22 898
乌拉圭	25	27 015	0.49	6.9	30 141	90	518	1.8	3.2	1509	92	2805	11 520
俄罗斯	26	23 672	—	2.4	—	92	397	2.9	9.0	1372	74	6431	10 710
斯洛伐克	27	32 108	—	6.5	—	93	10 302	11.6	9.1	3027	55	5164	16 036
希腊	28	48 785	—	9.6	90 717	111	948	1.6	5.5	2274	61	5246	25 851
匈牙利	29	28 721	—	7.4	—	100	7883	6.8	8.8	2526	69	3876	12 750
捷克	30	35 765	—	6.4	—	94	10 927	12.3	22.3	3910	73	6321	18 867
葡萄牙	31	34 744	0.19	6.7	87 318	110	3384	2.5	10.4	2518	61	4929	21 382
白俄罗斯	32	14 061	—	2.7	—	107	1413	1.8	4.7	1543	75	3564	5819
拉脱维亚	33	21 198	—	5.7	—	99	2494	2.7	5.3	1170	68	3026	10 723
立陶宛	34	27 820	—	5.7	—	107	3403	2.7	8.0	1653	67	3271	11 046
格鲁吉亚	35	—	—	—	—	82	187	0.2	2.7	276	53	1743	2614
乌克兰	36	7297	—	1.2	—	95	725	1.2	3.8	459	69	3550	2974
保加利亚	37	11 627	—	4.0	—	90	1348	4.9	6.0	885	73	4476	6335
黎巴嫩	38	—	—	11.4	—	74	735	—	3.5	649	87	3476	8552
哈萨克斯坦	39	38 594	—	2.2	—	96	450	0.7	8.8	1128	54	4728	9070
波兰	40	26 403	—	6.8	—	97	3309	2.4	8.8	2002	61	3783	12 302
阿根廷	41	31 504	0.49	5.1	50 450	90	560	17.8	3.8	1806	92	2907	9133
巴拿马	42	18 381	0.30	—	34 336	70	394	1.1	5.6	473	75	1732	7229
克罗地亚	43	28 866	—	6.9	—	98	1812	1.8	5.5	1816	58	3814	13 327
沙特阿拉伯	44	185 270	—	5.1	—	110	1028	3.3	24.6	2134	82	8022	19 327
哥伦比亚	45	24 000	0.49	12.4	15 195	96	193	1.1	4.9	788	75	1009	6179
科威特	46	—	—	—	—	111	457	7.6	—	—	98	16 759	40 091
智利	47	46 524	0.41	8.1	45 232	89	524	2.2	11.4	1371	89	3290	12 685
马其顿	48	12 570	—	—	—	82	1085	1.7	2.4	560	59	3521	4442
阿塞拜疆	49	54 358	—	25.6	—	99	72	0.4	10.8	281	53	1603	5843
摩尔多瓦	50	3658	—	1.0	—	88	98	0.7	1.1	173	47	1723	1632
罗马尼亚	51	22 717	—	7.7	—	95	1814	1.0	6.6	—	53	2409	7670
委内瑞拉	52	70 993	0.81	6.6	32 079	82	97	2.5	9.0	1752	93	3288	13 559
乌兹别克斯坦	53	—	—	1.4	—	105	—	0.5	1.7	162	36	1648	1377
多米尼加	54	25 784	0.55	13.6	18 884	75	456	1.2	5.1	1130	69	831	5166
亚美尼亚	55	14 825	—	9.2	—	100	85	0.5	1.9	303	64	1676	3125
巴拉圭	56	10 251	0.53	4.2	14 325	68	75	0.7	1.3	—	61	1133	3101
哥斯达黎加	57	21 799	0.58	9.8	23 685	99	1232	1.3	3.6	1244	64	1851	7773
巴西	58	25 336	—	5.3	—	—	383	1.0	5.3	1525	84	2381	10 978
墨西哥	59	29 053	0.50	9.8	42 188	84	1924	1.9	10.1	1477	78	1916	8885
博茨瓦纳	60	53 202	0.63	10.6	29 850	77	1895	1.1	12.5	415	61	1617	6980
秘鲁	61	19 642	0.27	12.3	22 833	91	169	0.7	6.6	724	77	1098	5386
牙买加	62	14 053	0.67	10.8	18 093	91	198	0.8	3.3	377	52	1222	4888
约旦	63	26 153	0.42	6.3	19 308	90	855	9.4	9.0	733	82	2216	4371
南非	64	29 933	0.60	3.3	21 534	91	753	5.0	11.6	944	62	4654	7266
土耳其	65	29 092	0.57	5.9	27 124	84	1250	1.1	2.8	1575	70	2498	10 135
厄瓜多尔	66	19 407	0.32	9.8	19 285	85	115	0.9	3.6	573	67	1123	4501
伊朗	67	11 618	—	—	34 452	—	213	1.2	10.8	42	69	2635	5675
蒙古	68	11 136	—	2.6	—	92	89	0.2	2.3	147	68	1555	2286
摩洛哥	69	10 446	0.27	7.7	13 235	62	372	0.5	1.9	395	57	783	2823
马来西亚	70	31 642	0.29	5.4	50 719	67	4720	2.1	4.0	2147	72	4136	8754

附表 1-2-3 2010 年世界第一次工业现代化指标数值

国家	编号	工业劳动生产率	工业资本生产率	工业能源生产率	人均工业资本	中学普及率	人均制造业出口	工业与农业劳动力之比	工业与农业增加值之比	人均制造业增加值	城市人口比例	人均电力消费	人均GDP
萨尔瓦多	71	10 142	0.83	8.1	9284	65	527	1.0	2.1	648	64	852	3444
埃及	72	13 092	1.22	4.0	6616	76	147	0.9	2.7	422	43	1671	2804
中国	73	12 457	0.35	3.3	9902	83	1103	0.8	4.6	1439	49	2944	4433
阿尔及利亚	74	23 472	—	11.1	26 423	95	27	2.8	6.0	—	72	987	4350
土库曼斯坦	75	—	—	5.8	—	—	38	—	3.3	—	48	2403	4393
突尼斯	76	12 025	—	5.8	23 506	89	1184	1.9	3.9	707	66	1350	4207
阿尔巴尼亚	77	6202	—	4.1	—	79	304	0.5	—	370	52	1801	3764
吉尔吉斯斯坦	78	—	—	1.9	—	84	124	0.5	1.5	149	35	1339	880
塔吉克斯坦	79	—	—	2.6	—	84	17	—	1.3	98	27	1808	740
玻利维亚	80	—	0.41	3.5	7910	78	40	0.5	2.9	218	66	593	1935
缅甸	81	—	—	—	—	50	50	—	—	—	32	121	
菲律宾	82	11 948	0.46	9.8	13 649	83	313	0.5	2.6	458	49	641	2136
泰国	83	18 005	0.24	3.2	33 863	83	2193	0.5	3.6	1711	34	2335	4803
纳米比亚	84	—	0.49	19.8	24 143	64	819	0.4	3.2	648	38	1474	5079
津巴布韦	85	5024	—	2.6	9488	43	89	—	2.1	85	38	707	568
洪都拉斯	86	7287	—	4.8	9298	73	165	0.5	2.2	344	52	669	2064
尼加拉瓜	87	5115	0.53	6.0	8150	69	23	0.5	1.2	211	57	470	1475
越南	88	—	—	2.2	—	43	537	—	2.0	239	30	1035	1334
肯尼亚	89	—	—	3.9	2437	48	44	0.1	0.7	78	24	155	787
斯里兰卡	90	7452	—	6.6	9781	97	277	0.7	2.3	432	15	449	2400
刚果共和国	91	—	—	181.0	4149	54	689	0.6	19.7	110	63	146	2920
印度尼西亚	92	16 229	0.37	6.1	12 711	78	246	0.5	3.1	731	50	634	2947
赞比亚	93	—	0.88	4.2	3741	21	34	0.1	1.8	107	39	610	1225
危地马拉	94	9424	0.47	15.5	9229	65	252	0.7	2.4	537	49	569	2882
毛里塔尼亚	95	—	—	—	2636	20	1	—	2.6	33	41	—	1017
科特迪瓦	96	—	—	—	3608	—	98	—	1.0	145	51	225	1208
印度	97	4285	0.30	2.2	6142	65	120	0.4	1.5	195	31	641	1419
巴基斯坦	98	—	0.39	1.6	5762	34	92	0.5	0.8	134	36	458	1025
莱索托	99	—	—	—	9620	50	112	—	3.2	131	27	—	1097
柬埔寨	100	1886	—	2.7	—	17	344	0.3	0.6	115	20	144	783
喀麦隆	101	—	—	—	3465	47	14	0.2	—	—	52	258	1091
厄立特里亚	102	—	—	40.5	—	29	3	—	—	18	21	47	369
叙利亚	103	—	0.47	—	12 685	72	147	2.3	—	—	56	1809	2747
加纳	104	3850	—	3.3	2046	57	68	0.4	0.6	85	51	299	1326
乍得	105	—	—	—	1829	23	—	—	0.2	9	22	—	909
莫桑比克	106	—	—	1.3	779	25	2	—	0.7	49	31	445	387
几内亚	107	—	—	—	6341	38	—	—	2.0	29	35	—	435
也门共和国	108	—	—	7.1	—	44	7	0.8	—	—	32	263	1401
巴布亚新几内亚	109	—	2.03	—	8406	40	9	—	—	—	12	—	1382
海地	110	—	—	—	1628	—	9	0.1	—	—	52	25	670
尼泊尔	111	—	—	4.8	4620	60	23	—	0.4	35	17	103	596
塞内加尔	112	—	—	7.2	2548	36	67	—	1.3	121	42	188	999
塞拉利昂	113	—	—	—	1308	16	23	—	0.1	10	39	—	448
刚果民主共和国	114	—	—	0.6	533	41	3	—	—	—	34	101	211
老挝	115	—	—	—	—	45	1	0.0	1.0	79	33	—	1123
马拉维	116	—	—	—	1462	33	6	—	0.7	39	16	—	360
多哥	117	—	—	13.2	2509	55	100	—	0.5	39	38	111	503
马达加斯加	118	—	—	—	632	37	25	0.1	—	53	32	—	419
马里	119	—	—	—	1563	42	9	—	0.5	—	34	—	674
尼日利亚	120	—	—	9.5	2155	44	35	—	0.9	149	49	135	1437
孟加拉国	121	—	0.60	4.1	3277	50	59	0.3	1.5	115	28	247	664
坦桑尼亚	122	—	—	—	—	32	22	—	0.9	46	26	91	525
贝宁	123	—	—	14.4	1872	48	20	—	0.4	53	44	57	690
尼日尔	124	—	—	—	1223	14	10	0.2	0.4	17	18	—	360
安哥拉	125	—	—	37.4	2906	31	32	—	6.1	258	58	247	4219
乌干达	126	—	—	—	499	19	11	—	1.1	36	15	—	506
中非	127	—	—	—	1618	18	—	—	0.3	29	39	—	457
布基纳法索	128	—	—	—	2265	22	9	0.0	0.6	42	26	—	593
埃塞俄比亚	129	—	—	4.2	690	25	2	0.1	0.2	14	17	51	302
布隆迪	130	—	—	—	905	23	1	—	0.4	20	11	—	220
卢旺达	131	—	—	—	860	30	2	—	0.4	29	19	—	519
高收入国家		83 696	—	—	—	99	5810	6.3	16.8	4825	80	9010	35 365
中等收入国家		12 415	—	—	—	72	596	0.7	3.7	798	48	1689	3792
低收入国家		—	—	—	—	42	31	—	0.8	63	27	227	514
世界平均		22 743	—	—	—	71	1513	0.8	6.8	1462	52	2981	9307
参考值		24 511	0.12	4.04	266 637	80	812	3.2	6.5	2219	68	4439	11 095

附表 1-2-4 世界第一次工业现代化指数的增长率和预期完成时间

国家	编号	1970	1980	1990	2010	1970~2010年均增长率/(%)	实现100需要的年数(按1970~2010年速度)	1980~2010年均增长率/(%)	实现100需要的年数(按1980~2010年速度)	1990~2010年均增长率/(%)	实现100需要的年数(按1990~2010年速度)
瑞典	1	99	100	100	100	0.03	40	—	—	—	—
美国	2	96	100	100	100	0.09	40	—	—	—	—
芬兰	3	93	93	98	100	0.19	40	0.25	30	0.08	—
澳大利亚	4	90	95	100	100	0.27	40	0.16	30	—	—
瑞士	5	95	97	100	100	0.12	40	0.09	30	—	—
挪威	6	92	100	100	100	0.21	40	—	—	—	—
日本	7	87	100	100	100	0.36	40	—	—	—	—
丹麦	8	91	100	100	100	0.24	40	—	—	—	—
德国	9	98	100	—	100	0.12	20	—	—	—	—
荷兰	10	94	99	100	100	0.16	40	0.02	30	—	—
加拿大	11	97	99	100	100	0.06	40	0.05	30	—	—
新加坡	12	72	97	100	100	0.83	40	0.12	30	—	—
英国	13	90	100	100	100	0.26	40	—	—	—	—
法国	14	90	100	100	100	0.28	40	0.00	30	—	—
比利时	15	93	100	100	100	0.19	40	—	—	—	—
奥地利	16	92	—	100	100	0.21	40	—	—	0.01	—
新西兰	17	89	94	95	95	0.17	68	0.06	108	0.04	—
韩国	18	26	55	87	98	3.40	41	1.93	31	0.62	—
以色列	19	90	95	99	99	0.25	40	0.19	30	0.05	20
意大利	20	83	95	99	100	0.45	40	0.16	30	0.04	—
爱尔兰	21	58	86	96	99	1.36	41	0.46	32	0.15	—
西班牙	22	62	95	98	100	1.20	40	0.16	30	0.12	—
爱沙尼亚	23	—	—	—	99	—	—	—	—	—	—
斯洛文尼亚	24	—	—	—	98	—	—	—	—	—	—
乌拉圭	25	49	52	65	78	1.16	62	1.37	49	0.90	48
俄罗斯	26	—	—	61	84	—	—	—	—	1.58	31
斯洛伐克	27	—	87	—	98	—	—	0.41	34	—	—
希腊	28	54	84	90	93	1.35	46	0.32	53	0.16	—
匈牙利	29	49	81	65	99	1.75	41	0.66	32	2.09	—
捷克	30	—	—	—	100	—	—	—	—	—	—
葡萄牙	31	39	71	85	97	2.33	41	1.08	33	0.66	—
白俄罗斯	32	—	—	—	68	—	—	—	—	—	—
拉脱维亚	33	—	—	—	88	—	—	—	—	—	—
立陶宛	34	—	—	—	94	—	—	—	—	—	—
格鲁吉亚	35	—	—	—	38	—	—	—	—	—	—
乌克兰	36	—	—	55	53	—	—	—	—	−0.21	—
保加利亚	37	—	—	55	84	—	—	—	—	2.08	29
黎巴嫩	38	—	—	—	69	—	—	—	—	—	—
哈萨克斯坦	39	—	—	—	74	—	—	—	—	—	—
波兰	40	—	—	58	95	—	—	—	—	2.48	—
阿根廷	41	59	59	72	86	0.96	55	1.26	42	0.90	36
巴拿马	42	35	37	31	66	1.60	66	1.95	52	3.80	31
克罗地亚	43	—	—	—	90	—	—	—	—	—	—
沙特阿拉伯	44	—	—	—	100	—	—	—	—	—	—
哥伦比亚	45	22	41	35	61	2.56	59	1.32	67	2.83	38
科威特	46	77	100	85	88	0.35	75	−0.40	—	0.19	86
智利	47	51	59	58	86	1.34	51	1.30	41	2.03	27
马其顿	48	—	—	—	64	—	—	—	—	—	—
阿塞拜疆	49	—	—	26	60	—	—	—	—	4.33	32
摩尔多瓦	50	—	—	32	29	—	—	—	—	−0.49	—
罗马尼亚	51	—	—	43	80	—	—	—	—	3.14	27
委内瑞拉	52	47	72	59	81	1.35	56	0.39	84	1.60	33
乌兹别克斯坦	53	—	—	—	—	—	—	—	—	—	—
多米尼加	54	20	27	—	66	6.24	27	2.98	44	—	—
亚美尼亚	55	—	—	—	46	—	—	—	—	—	—
巴拉圭	56	17	23	36	42	2.35	77	2.09	72	0.81	126
哥斯达黎加	57	25	38	46	72	2.71	52	2.18	45	2.22	35
巴西	58	29	—	62	80	2.60	49	—	—	1.28	37
墨西哥	59	34	45	56	84	2.30	47	2.12	38	2.04	28
博茨瓦纳	60	6	22	40	72	6.21	40	4.06	36	2.89	32
秘鲁	61	36	43	45	60	1.27	80	1.15	75	1.47	55
牙买加	62	—	49	42	51	—	—	0.10	704	1.02	86
约旦	63	26	47	48	78	2.85	49	1.74	44	2.52	—
南非	64	—	60	66	84	—	—	1.10	46	1.20	—
土耳其	65	16	25	48	76	3.97	47	3.77	37	2.37	32
厄瓜多尔	66	22	36	39	54	2.32	67	1.35	76	1.63	58
伊朗	67	27	52	—	52	3.29	40	−0.02	—	—	—
蒙古	68	—	—	—	42	—	—	—	—	—	—
摩洛哥	69	15	22	35	43	2.71	71	2.29	67	1.15	93
马来西亚	70	19	47	57	88	3.87	43	2.15	36	2.19	26

附表 1-2-4　世界第一次工业现代化指数的增长率和预期完成时间

国家	编号	1970	1980	1990	2010	1970～2010年均增长率/(%)	实现100需要的年数(按1970～2010年速度)	1980～2010年均增长率/(%)	实现100需要的年数(按1980～2010年速度)	1990～2010年均增长率/(%)	实现100需要的年数(按1990～2010年速度)
萨尔瓦多	71	18	29	26	51	2.62	66	1.84	67	3.35	41
埃及	72	22	29	31	46	1.85	83	1.49	83	1.96	60
中国	73	17	18	22	65	3.42	53	4.46	40	5.61	28
阿尔及利亚	74	18	36	42	69	3.39	51	2.26	46	2.55	34
土库曼斯坦	75	—	—	—	—	—	—	—	—	—	—
突尼斯	76	26	40	38	64	2.24	60	1.56	59	2.56	38
阿尔巴尼亚	77	—	—	—	42	—	—	—	—	—	—
吉尔吉斯斯坦	78	—	—	20	29	—	—	—	—	1.83	87
塔吉克斯坦	79	—	—	—	26	—	—	—	—	—	—
玻利维亚	80	20	25	23	44	1.98	82	1.92	74	3.13	47
缅甸	81	—	—	—	24	—	—	—	—	—	—
菲律宾	82	25	34	35	45	1.42	97	0.91	119	1.27	84
泰国	83	12	26	39	65	4.30	50	3.12	44	2.58	37
纳米比亚	84	—	—	34	56	—	—	—	—	2.51	43
津巴布韦	85	16	21	22	27	1.26	145	0.81	192	1.02	150
洪都拉斯	86	16	24	19	39	2.16	85	1.54	92	3.70	46
尼加拉瓜	87	25	27	25	34	0.82	172	0.75	175	1.55	90
越南	88	—	—	—	32	—	—	—	—	—	—
肯尼亚	89	9	11	6	13	1.01	244	0.53	419	3.76	76
斯里兰卡	90	17	15	24	35	1.84	97	2.93	66	1.97	74
刚果共和国	91	18	32	30	45	2.23	77	1.12	102	2.06	60
印度尼西亚	92	9	16	27	48	4.24	58	3.83	49	2.93	45
赞比亚	93	14	19	26	25	1.40	140	0.96	175	−0.27	—
危地马拉	94	15	20	21	43	2.64	72	2.55	64	3.67	43
毛里塔尼亚	95	5	—	14	28	3.48	88	—	—	1.67	119
科特迪瓦	96	11	17	—	14	1.31	169	−0.55	—	—	—
印度	97	10	11	9	29	2.76	85	3.21	69	6.33	40
巴基斯坦	98	15	12	19	25	1.24	152	2.52	85	1.45	116
莱索托	99	5	11	15	28	4.59	69	3.08	73	2.95	64
柬埔寨	100	—	—	—	19	—	—	—	—	—	—
喀麦隆	101	8	12	15	26	3.13	84	2.52	84	2.63	72
厄立特里亚	102	—	—	—	15	—	—	—	—	—	—
叙利亚	103	32	32	24	46	0.92	125	1.26	92	3.28	44
加纳	104	18	11	14	24	0.81	214	2.77	82	2.84	70
乍得	105	5	—	8	9	1.29	231	—	—	0.41	616
莫桑比克	106	—	6	6	11	—	—	2.29	126	3.25	88
几内亚	107	—	—	13	24	—	—	—	—	2.88	71
也门共和国	108	—	—	—	25	—	—	—	—	—	—
巴布亚新几内亚	109	8	—	11	18	2.03	124	—	—	2.51	89
海地	110	—	11	8	7	—	—	−1.49	—	−0.65	—
尼泊尔	111	—	4	3	11	—	—	3.22	100	5.89	59
塞内加尔	112	10	12	12	18	1.45	157	1.37	154	1.98	106
塞拉利昂	113	10	11	11	7	−1.93	—	−1.52	—	−2.20	—
刚果民主共和国	114	11	16	—	18	2.19	100	0.27	672	—	—
老挝	115	—	—	—	18	—	—	—	—	—	—
马拉维	116	—	7	7	10	—	—	1.28	208	1.94	138
多哥	117	7	13	10	14	1.74	153	0.39	529	1.72	134
马达加斯加	118	7	12	8	9	0.58	448	−0.81	—	0.53	469
马里	119	6	7	6	24	3.67	80	4.18	65	7.26	41
尼日利亚	120	8	14	15	19	2.04	123	0.87	224	1.25	156
孟加拉国	121	—	8	9	27	—	—	4.08	62	5.57	44
坦桑尼亚	122	—	5	—	14	—	—	3.12	95	—	—
贝宁	123	6	8	—	13	3.99	72	1.50	166	—	—
尼日尔	124	3	7	6	8	2.48	146	0.31	865	0.88	317
安哥拉	125	—	14	9	33	—	—	2.88	69	6.58	37
乌干达	126	4	2	5	9	2.28	146	4.45	85	2.89	104
中非	127	8	10	10	9	0.38	683	−0.47	—	−0.65	—
布基纳法索	128	4	5	7	10	2.57	131	2.36	129	1.72	155
埃塞俄比亚	129	—	—	—	6	—	—	—	—	—	—
布隆迪	130	2	3	4	7	3.30	123	2.82	126	2.68	121
卢旺达	131	2	6	7	9	3.86	105	1.24	228	0.78	336
高收入国家		—	—	—	—	—	—	—	—	—	—
中等收入国家		—	—	—	—	—	—	—	—	—	—
低收入国家		—	—	26	—	—	—	—	—	3.63	38
世界平均		41	54	61	77	3.17	28	1.82	35	1.16	43

附表 1-2-5　1970～2010 年世界第一次工业现代化指数

国家	编号	1970	1980	1990	2000	2005	2010
瑞典	1	99	100	100	100	100	100
美国	2	96	100	100	100	100	100
芬兰	3	93	93	98	99	100	100
澳大利亚	4	90	95	100	100	100	100
瑞士	5	95	97	100	100	100	100
挪威	6	92	100	100	100	100	100
日本	7	87	100	100	100	100	100
丹麦	8	91	100	100	100	100	100
德国	9	98	100	—	100	100	100
荷兰	10	94	99	100	100	100	100
加拿大	11	97	99	100	99	100	100
新加坡	12	72	97	100	100	100	100
英国	13	90	100	100	100	100	100
法国	14	90	100	100	100	100	100
比利时	15	93	100	100	99	100	100
奥地利	16	92	—	100	100	100	100
新西兰	17	89	94	95	91	98	95
韩国	18	26	55	87	98	100	98
以色列	19	90	95	99	100	100	100
意大利	20	83	95	99	100	100	100
爱尔兰	21	58	86	96	99	99	99
西班牙	22	62	95	98	100	100	100
爱沙尼亚	23	—	—	—	73	95	99
斯洛文尼亚	24	—	—	—	96	98	98
乌拉圭	25	49	52	65	70	64	78
俄罗斯	26	—	—	61	49	68	84
斯洛伐克	27	—	87	—	80	98	98
希腊	28	54	84	90	95	91	93
匈牙利	29	49	81	65	79	98	99
捷克	30	—	—	—	82	100	100
葡萄牙	31	39	71	85	95	97	97
白俄罗斯	32	—	—	—	—	—	68
拉脱维亚	33	—	—	—	63	78	88
立陶宛	34	—	—	—	64	87	94
格鲁吉亚	35	—	—	—	26	31	38
乌克兰	36	—	—	55	31	44	53
保加利亚	37	—	—	55	43	68	84
黎巴嫩	38	—	—	—	58	61	69
哈萨克斯坦	39	—	—	—	48	58	74
波兰	40	—	—	58	73	86	95
阿根廷	41	59	59	72	83	77	86
巴拿马	42	35	37	31	51	53	66
克罗地亚	43	—	—	—	71	89	90
沙特阿拉伯	44	—	—	—	91	93	100
哥伦比亚	45	22	41	35	49	53	61
科威特	46	77	100	85	82	—	88
智利	47	51	59	58	72	81	86
马其顿	48	—	—	—	51	61	64
阿塞拜疆	49	—	—	26	29	55	60
摩尔多瓦	50	—	—	32	20	24	29
罗马尼亚	51	—	—	43	41	66	80
委内瑞拉	52	47	72	59	71	74	81
乌兹别克斯坦	53	—	—	—	—	—	—
多米尼加	54	20	27	—	57	61	66
亚美尼亚	55	—	—	—	31	47	46
巴拉圭	56	17	23	36	40	48	42
哥斯达黎加	57	25	38	46	64	66	72
巴西	58	29	—	62	—	—	80
墨西哥	59	34	45	56	82	83	84
博茨瓦纳	60	6	22	40	64	71	72
秘鲁	61	36	43	45	55	58	60
牙买加	62	—	49	42	57	58	51
约旦	63	26	47	48	57	65	78
南非	64	—	60	66	66	77	84
土耳其	65	16	25	48	60	71	76
厄瓜多尔	66	22	36	39	48	53	54
伊朗	67	27	52	—	42	41	52
蒙古	68	—	—	—	20	32	42
摩洛哥	69	15	22	35	36	39	43
马来西亚	70	19	47	57	78	85	88

附表 1-2-5 1970～2010 年世界第一次工业现代化指数

国家	编号	1970	1980	1990	2000	2005	2010
萨尔瓦多	71	18	29	26	45	51	51
埃及	72	22	29	31	38	27	46
中国	73	17	18	22	35	47	65
阿尔及利亚	74	18	36	42	31	48	69
土库曼斯坦	75	—	—	—	—	—	—
突尼斯	76	26	40	38	46	56	64
阿尔巴尼亚	77	—	—	—	27	35	42
吉尔吉斯斯坦	78	—	—	20	22	23	29
塔吉克斯坦	79	—	—	—	27	—	26
玻利维亚	80	20	25	23	36	26	44
缅甸	81	—	—	—	—	—	24
菲律宾	82	25	34	35	40	43	45
泰国	83	12	26	39	46	52	65
纳米比亚	84	—	—	34	43	53	56
津巴布韦	85	16	21	22	15	16	27
洪都拉斯	86	16	24	19	21	30	39
尼加拉瓜	87	25	27	25	29	33	34
越南	88	—	—	—	—	—	32
肯尼亚	89	9	11	6	10	18	13
斯里兰卡	90	17	15	24	17	27	35
刚果共和国	91	18	32	30	—	55	45
印度尼西亚	92	9	16	27	35	35	48
赞比亚	93	14	19	26	14	17	25
危地马拉	94	15	20	21	30	43	43
毛里塔尼亚	95	5	—	14	15	17	19
科特迪瓦	96	11	17	—	12	14	14
印度	97	10	11	9	22	26	29
巴基斯坦	98	15	12	19	17	23	25
莱索托	99	5	11	15	19	28	28
柬埔寨	100	—	—	—	13	—	19
喀麦隆	101	8	12	15	18	25	26
厄立特里亚	102	—	—	—	12	—	15
叙利亚	103	32	32	24	31	50	46
加纳	104	18	11	14	14	16	24
乍得	105	5	—	8	7	7	9
莫桑比克	106	—	6	6	7	10	11
几内亚	107	—	—	13	13	17	24
也门共和国	108	—	—	—	—	23	25
巴布亚新几内亚	109	8	—	11	18	—	18
海地	110	—	11	8	—	—	7
尼泊尔	111	—	4	3	8	11	11
塞内加尔	112	10	12	12	13	16	18
塞拉利昂	113	10	11	11	—	—	7
刚果民主共和国	114	11	16	—	—	—	18
老挝	115	—	—	—	—	—	18
马拉维	116	—	7	7	9	9	10
多哥	117	7	13	10	11	12	14
马达加斯加	118	7	12	8	6	11	9
马里	119	6	7	6	9	12	24
尼日利亚	120	8	14	15	19	19	19
孟加拉国	121	—	8	9	20	23	27
坦桑尼亚	122	—	5	—	—	—	14
贝宁	123	6	8	—	9	13	13
尼日尔	124	3	7	6	6	7	8
安哥拉	125	—	14	9	18	—	33
乌干达	126	4	2	5	7	9	9
中非	127	8	10	10	6	5	9
布基纳法索	128	4	5	7	9	8	10
埃塞俄比亚	129	—	—	—	5	6	6
布隆迪	130	2	3	4	—	6	7
卢旺达	131	2	6	7	6	8	9
高收入国家		100	100	100	100	100	100
中等收入国家		—	—	26	34	45	53
低收入国家		—	—	—	12	14	16
世界平均		41	54	61	56	71	77

附表 1-2-6　1970～2010 年世界第一次工业现代化指数的排名

国家	编号	1970	1980	1990	2000	2005	2010
瑞典	1	1	1	1	1	1	1
美国	2	4	1	1	1	1	1
芬兰	3	7	20	17	19	1	1
澳大利亚	4	14	15	1	1	1	1
瑞士	5	5	13	1	1	1	1
挪威	6	10	1	1	1	1	1
日本	7	17	1	1	1	1	1
丹麦	8	11	1	1	1	1	1
德国	9	2	1	—	1	1	1
荷兰	10	6	11	1	1	1	1
加拿大	11	3	12	1	17	1	1
新加坡	12	20	14	1	1	1	1
英国	13	13	1	1	1	1	1
法国	14	15	1	1	1	1	1
比利时	15	8	1	1	18	1	1
奥地利	16	9	—	14	16	20	20
新西兰	17	16	19	20	26	25	29
韩国	18	37	30	22	21	21	26
以色列	19	12	18	16	1	1	1
意大利	20	18	17	15	15	19	1
爱尔兰	21	23	22	19	20	22	22
西班牙	22	21	16	18	1	1	1
爱沙尼亚	23	—	—	—	34	28	23
斯洛文尼亚	24	—	—	—	22	26	27
乌拉圭	25	27	32	28	39	48	47
俄罗斯	26	—	—	30	54	44	42
斯洛伐克	27	—	—	21	31	23	25
希腊	28	24	23	21	23	30	32
匈牙利	29	26	24	27	32	24	24
捷克	30	—	—	—	30	1	1
葡萄牙	31	29	26	23	24	27	28
白俄罗斯	32	—	—	—	—	—	54
拉脱维亚	33	—	—	—	44	37	36
立陶宛	34	—	—	—	42	32	31
格鲁吉亚	35	—	—	—	80	78	83
乌克兰	36	—	—	37	71	69	66
保加利亚	37	—	—	36	60	43	41
黎巴嫩	38	—	—	—	46	49	53
哈萨克斯坦	39	—	—	—	56	53	49
波兰	40	—	—	32	35	33	30
阿根廷	41	22	28	25	27	39	38
巴拿马	42	31	41	55	51	61	55
克罗地亚	43	—	—	—	37	31	33
沙特阿拉伯	44	—	—	—	25	29	21
哥伦比亚	45	42	38	50	53	58	61
科威特	46	19	10	24	28	—	34
智利	47	25	29	33	36	36	37
马其顿	48	—	—	—	52	51	59
阿塞拜疆	49	—	—	61	77	57	63
摩尔多瓦	50	—	—	54	86	86	90
罗马尼亚	51	—	—	42	63	45	44
委内瑞拉	52	28	25	31	38	40	43
乌兹别克斯坦	53	—	—	—	—	—	—
多米尼加	54	46	49	—	48	50	56
亚美尼亚	55	—	—	—	72	68	72
巴拉圭	56	54	55	49	65	66	79
哥斯达黎加	57	40	40	40	43	46	50
巴西	58	34	—	29	—	—	45
墨西哥	59	32	36	35	29	35	39
博茨瓦纳	60	76	57	45	41	41	51
秘鲁	61	30	37	41	50	52	62
牙买加	62	—	33	44	49	54	68
约旦	63	38	34	38	47	47	46
南非	64	—	27	26	40	38	40
土耳其	65	57	52	39	45	42	48
厄瓜多尔	66	44	42	46	55	59	65
伊朗	67	35	31	—	62	72	67
蒙古	68	—	—	—	84	77	81
摩洛哥	69	60	56	51	67	73	77
马来西亚	70	47	35	34	33	34	35

附表 1-2-6　1970～2010 年世界第一次工业现代化指数的排名

国家	编号	1970	1980	1990	2000	2005	2010
萨尔瓦多	71	50	48	60	59	63	69
埃及	72	43	47	56	66	82	73
中国	73	53	61	67	69	67	57
阿尔及利亚	74	49	43	43	74	65	52
土库曼斯坦	75	—	—	—	—	—	—
突尼斯	76	36	39	48	58	55	60
阿尔巴尼亚	77	—	—	—	78	74	80
吉尔吉斯斯坦	78	—	—	69	81	89	88
塔吉克斯坦	79	—	—	—	79	—	94
玻利维亚	80	45	53	65	68	83	76
缅甸	81	—	—	—	—	—	100
菲律宾	82	39	44	52	64	71	75
泰国	83	62	51	47	57	62	58
纳米比亚	84	—	—	53	61	60	64
津巴布韦	85	56	58	66	95	97	93
洪都拉斯	86	55	54	71	83	79	82
尼加拉瓜	87	41	50	62	76	76	85
越南	88	—	—	—	—	—	87
肯尼亚	89	69	77	93	104	92	115
斯里兰卡	90	52	65	64	92	81	84
刚果共和国	91	48	45	57	—	56	74
印度尼西亚	92	68	64	58	70	75	70
赞比亚	93	61	60	59	97	95	97
危地马拉	94	59	59	68	75	70	78
毛里塔尼亚	95	80	—	75	94	93	103
科特迪瓦	96	64	62	—	102	99	111
印度	97	67	73	85	82	84	89
巴基斯坦	98	58	72	70	93	90	96
莱索托	99	81	76	73	88	80	91
柬埔寨	100	—	—	—	100	—	104
喀麦隆	101	72	69	72	91	85	95
厄立特里亚	102	—	—	—	101	—	110
叙利亚	103	33	46	63	73	64	71
加纳	104	51	78	76	96	98	99
乍得	105	79	—	88	111	111	124
莫桑比克	106	—	86	94	110	105	116
几内亚	107	—	—	77	99	94	102
也门共和国	108	—	—	—	—	87	98
巴布亚新几内亚	109	71	—	79	90	—	107
海地	110	—	74	87	—	—	126
尼泊尔	111	—	89	98	109	103	117
塞内加尔	112	65	70	78	98	96	106
塞拉利昂	113	66	75	80	—	—	127
刚果民主共和国	114	63	63	—	—	—	108
老挝	115	—	—	—	—	—	109
马拉维	116	—	82	91	107	107	118
多哥	117	75	68	81	103	101	112
马达加斯加	118	74	71	86	115	104	120
马里	119	78	83	95	105	102	101
尼日利亚	120	70	66	74	87	91	105
孟加拉国	121	—	81	84	85	88	92
坦桑尼亚	122	—	87	—	—	—	113
贝宁	123	77	80	—	106	100	114
尼日尔	124	84	84	92	116	110	125
安哥拉	125	—	67	83	89	—	86
乌干达	126	82	91	96	112	106	121
中非	127	73	79	82	113	114	122
布基纳法索	128	83	88	90	108	108	119
埃塞俄比亚	129	—	—	—	117	113	129
布隆迪	130	86	90	97	—	112	128
卢旺达	131	85	85	89	114	109	123
高收入国家							
中等收入国家							
低收入国家							
世界平均							

附表 1-3-1　2010 年世界第二次工业现代化指数

国家	编号	工业效益指数	工业质量指数	工业转型指数	工业环境指数	第二次工业现代化指数	排名
瑞典	1	92	106	99	113	102	12
美国	2	109	93	118	92	102	11
芬兰	3	86	111	83	112	97	16
澳大利亚	4	108	74	91	97	92	18
瑞士	5	120	104	108	117	112	3
挪威	6	117	100	89	111	104	10
日本	7	114	102	95	106	104	9
丹麦	8	112	105	106	115	109	5
德国	9	102	100	83	116	100	14
荷兰	10	110	108	120	118	114	1
加拿大	11	86	102	93	98	95	17
新加坡	12	118	101	108	102	107	7
英国	13	101	106	120	118	111	4
法国	14	97	106	112	109	106	8
比利时	15	95	117	91	104	101	13
奥地利	16	110	89	82	112	97	15
新西兰	17	67	60	86	104	77	25
韩国	18	67	98	100	86	87	20
以色列	19	—	108	—	109	109	6
意大利	20	85	70	75	99	81	22
爱尔兰	21	120	120	112	102	113	2
西班牙	22	98	75	76	107	88	19
爱沙尼亚	23	42	84	70	107	72	28
斯洛文尼亚	24	55	71	56	95	67	30
乌拉圭	25	—	42	—	46	44	46
俄罗斯	26	34	62	60	52	51	43
斯洛伐克	27	48	66	51	99	63	35
希腊	28	72	58	93	95	78	24
匈牙利	29	58	94	88	99	83	21
捷克	30	54	87	66	102	75	26
葡萄牙	31	64	49	68	93	67	31
白俄罗斯	32	—	—	—	42	—	—
拉脱维亚	33	61	52	82	109	73	27
立陶宛	34	73	74	79	95	80	23
格鲁吉亚	35	—	48	—	79	61	36
乌克兰	36	—	—	—	47	—	—
保加利亚	37	—	45	—	93	65	33
黎巴嫩	38	—	—	—	52	—	—
哈萨克斯坦	39	—	—	—	43	—	—
波兰	40	67	52	58	95	66	32
阿根廷	41	—	61	—	43	51	42
巴拿马	42	—	40	—	47	44	47
克罗地亚	43	—	41	—	101	65	34
沙特阿拉伯	44	—	—	—	60	—	—
哥伦比亚	45	68	40	62	38	50	44
科威特	46	—	—	—	74	—	—
智利	47	52	39	57	72	54	40
马其顿	48	—	—	—	77	—	—
阿塞拜疆	49	—	—	—	45	—	—
摩尔多瓦	50	—	35	—	53	43	48
罗马尼亚	51	—	35	—	89	56	39
委内瑞拉	52	—	45	—	37	41	50
乌兹别克斯坦	53	—	—	—	26	—	—
多米尼加	54	—	42	—	39	41	49
亚美尼亚	55	—	35	—	46	—	—
巴拉圭	56	—	29	—	30	29	66
哥斯达黎加	57	—	58	—	54	56	38
巴西	58	56	28	79	38	47	45
墨西哥	59	65	57	78	44	60	37
博茨瓦纳	60	—	—	—	19	—	—
秘鲁	61	—	28	—	51	38	53
牙买加	62	—	—	—	37	—	—
约旦	63	—	45	—	30	37	57
南非	64	27	41	62	34	39	52
土耳其	65	53	34	53	89	54	41
厄瓜多尔	66	—	35	—	35	35	60
伊朗	67	—	36	—	16	24	72
蒙古	68	—	—	—	34	—	—
摩洛哥	69	—	24	—	44	33	62
马来西亚	70	—	88	—	56	70	29

附表 1-3-1 2010 年世界第二次工业现代化指数

国家	编号	工业效益指数	工业质量指数	工业转型指数	工业环境指数	第二次工业现代化指数	排名
萨尔瓦多	71	—	30	—	39	34	61
埃及	72	—	40	—	33	36	58
中国	73	22	33	64	44	38	54
阿尔及利亚	74	—	33	—	17	23	73
土库曼斯坦	75	—	—	—	4	—	—
突尼斯	76	—	42	—	37	39	51
阿尔巴尼亚	77	—	—	—	92	—	—
吉尔吉斯斯坦	78	—	4	—	54	14	82
塔吉克斯坦	79	—	—	—	37	—	—
玻利维亚	80	—	24	—	29	27	69
缅甸	81	—	—	—	31	—	—
菲律宾	82	—	28	—	43	35	59
泰国	83	—	48	—	29	37	56
纳米比亚	84	—	27	—	27	27	68
津巴布韦	85	—	13	—	16	15	80
洪都拉斯	86	—	—	—	28	—	—
尼加拉瓜	87	—	21	—	39	29	67
越南	88	—	—	—	41	—	—
肯尼亚	89	—	10	—	21	14	81
斯里兰卡	90	—	30	—	23	26	70
刚果共和国	91	—	13	—	10	12	88
印度尼西亚	92	67	18	50	33	38	55
赞比亚	93	—	7	—	16	11	91
危地马拉	94	—	25	—	40	32	64
毛里塔尼亚	95	—	—	—	6	—	—
科特迪瓦	96	—	16	—	12	14	84
印度	97	—	21	51	13	24	71
巴基斯坦	98	—	16	—	15	15	78
莱索托	99	—	—	—	16	—	—
柬埔寨	100	—	3	—	10	6	101
喀麦隆	101	—	15	—	10	12	87
厄立特里亚	102	—	—	—	1	—	—
叙利亚	103	—	29	—	34	32	63
加纳	104	—	12	—	15	13	85
乍得	105	—	—	—	9	—	—
莫桑比克	106	—	11	—	20	15	79
几内亚	107	—	—	—	10	10	92
也门共和国	108	—	13	—	34	21	74
巴布亚新几内亚	109	—	—	—	39	—	—
海地	110	—	—	—	27	—	—
尼泊尔	111	—	17	—	16	17	76
塞内加尔	112	—	13	—	21	17	75
塞拉利昂	113	—	—	—	11	—	—
刚果民主共和国	114	—	—	—	1	—	—
老挝	115	—	—	—	25	—	—
马拉维	116	—	8	—	13	10	95
多哥	117	—	8	—	12	10	94
马达加斯加	118	—	11	—	14	12	86
马里	119	—	9	—	11	10	93
尼日利亚	120	—	32	—	29	30	65
孟加拉国	121	—	11	—	11	11	90
坦桑尼亚	122	—	—	—	18	—	—
贝宁	123	—	11	—	12	11	89
尼日尔	124	—	9	—	11	10	96
安哥拉	125	—	—	—	26	—	—
乌干达	126	—	12	—	20	16	77
中非	127	—	10	—	9	9	98
布基纳法索	128	—	8	—	12	10	97
埃塞俄比亚	129	—	9	—	8	8	100
布隆迪	130	—	5	—	15	9	99
卢旺达	131	—	10	—	19	14	83
高收入国家		—	100	99	100	100	—
中等收入国家		—	—	68	34	—	—
低收入国家		—	—	—	14	—	—
世界平均		—	47	78	43	54	—

附表 1-3-2 2010 年世界第二次工业现代化指标指数

国家	编号	制造业的劳动生产率	制造业劳动力的平均工资	单位工业增加值的电力消耗	全要素生产率	受过高等教育的劳动力比例	人均高技术出口	工业与服务业劳动力之比	工业与服务业增加值之比	高技术出口占制造业出口比例	互联网普及率	工业产品简单平均关税	废水处理率
瑞典	1	120	89	68	100	98	120	113	103	79	120	120	100
美国	2	120	105	103	120	106	52	120	—	115	106	87	85
芬兰	3	107	101	49	101	113	120	90	95	63	120	120	95
澳大利亚	4	95	—	120	102	102	19	104	102	6	109	85	—
瑞士	5	120	—	120	93	100	120	97	108	120	120	120	112
挪威	6	120	120	112	103	109	87	114	59	93	120	120	92
日本	7	108	—	120	79	120	107	80	101	104	112	120	86
丹麦	8	97	120	—	102	92	120	115	120	82	120	120	104
德国	9	91	96	120	—	81	120	71	89	88	118	120	111
荷兰	10	114	95	120	109	95	120	120	120	120	120	120	114
加拿大	11	96	—	76	109	120	78	99	100	81	115	82	97
新加坡	12	120	—	116	98	84	120	103	102	120	102	—	—
英国	13	81	—	120	104	108	107	120	120	120	120	120	114
法国	14	76	94	120	101	96	120	97	120	120	120	115	92
比利时	15	96	106	84	113	118	120	93	120	61	108	120	84
奥地利	16	108	102	120	—	58	120	81	95	69	108	120	108
新西兰	17	69	—	64	90	75	14	94	113	52	119	98	94
韩国	18	82	—	53	74	98	120	120	60	120	120	35	103
以色列	19	—	—	—	89	120	116	104	—	85	97	120	110
意大利	20	77	59	120	109	52	49	68	114	42	77	120	101
爱尔兰	21	120	—	120	120	119	120	112	105	120	100	120	86
西班牙	22	75	—	120	96	101	27	91	101	37	94	120	107
爱沙尼亚	23	26	23	76	—	107	61	62	94	54	106	120	94
斯洛文尼亚	24	40	45	80	—	78	65	52	82	33	100	120	63
乌拉圭	25	27	—	—	73	53	0	—	—	16	67	26	—
俄罗斯	26	20	—	48	—	120	4	58	69	54	62	43	—
斯洛伐克	27	34	25	86	—	56	77	47	68	39	109	120	68
希腊	28	59	51	105	81	81	11	100	120	59	64	120	100
匈牙利	29	35	21	117	—	69	120	61	82	120	93	120	83
捷克	30	36	25	100	—	53	120	45	65	88	99	120	88
葡萄牙	31	35	—	93	84	49	13	64	120	20	76	120	81
白俄罗斯	32	15	—	—	—	—	5	—	—	18	46	38	—
拉脱维亚	33	22	—	100	—	84	20	81	120	44	98	120	—
立陶宛	34	28	—	117	—	108	40	79	96	61	89	120	77
格鲁吉亚	35	16	—	—	—	95	—	—	—	10	39	120	—
乌克兰	36	8	—	—	—	—	3	—	—	25	33	60	—
保加利亚	37	11	—	—	—	78	12	—	—	46	66	120	—
黎巴嫩	38	—	—	—	—	—	7	—	—	74	63	42	—
哈萨克斯坦	39	35	—	—	—	—	14	—	—	120	45	40	—
波兰	40	28	—	106	—	80	24	55	80	39	89	120	74
阿根廷	41	39	—	—	74	105	5	—	—	43	65	22	—
巴拿马	42	16	—	—	47	74	0	—	—	5	58	37	—
克罗地亚	43	34	—	—	—	64	18	—	—	53	81	120	—
沙特阿拉伯	44	119	—	—	—	—	1	—	—	4	59	60	—
哥伦比亚	45	16	—	120	49	70	1	92	65	29	57	23	—
科威特	46	—	—	—	—	37	0	—	—	1	88	60	—
智利	47	30	—	75	75	—	3	84	56	32	65	53	100
马其顿	48	10	—	—	—	57	0	—	—	6	74	80	—
阿塞拜疆	49	13	—	—	—	—	0	—	—	6	66	25	—
摩尔多瓦	50	6	—	—	—	69	1	—	—	48	46	76	—
罗马尼亚	51	—	—	—	—	48	22	—	—	63	57	120	—
委内瑞拉	52	40	—	—	53	82	1	—	—	29	54	20	—
乌兹别克斯坦	53	—	—	—	—	—	0	—	—	—	29	23	—
多米尼加	54	31	—	—	65	61	1	—	—	14	45	33	—
亚美尼亚	55	14	—	—	—	70	0	—	—	11	36	57	—
巴拉圭	56	—	—	—	46	41	1	—	—	38	28	31	—
哥斯达黎加	57	28	—	—	55	67	52	—	—	120	52	55	—
巴西	58	25	—	86	—	52	5	78	93	65	58	18	—
墨西哥	59	26	—	103	65	71	36	69	68	98	45	36	51
博茨瓦纳	60	61	—	—	82	—	1	—	—	2	9	29	—
秘鲁	61	32	—	—	38	46	1	—	—	38	50	53	—
牙买加	62	15	—	—	30	—	0	—	—	3	40	34	—
约旦	63	—	—	—	52	80	2	—	—	17	39	22	—
南非	64	26	—	29	71	48	3	73	—	55	34	33	—
土耳其	65	29	—	76	50	48	3	55	92	11	57	120	—
厄瓜多尔	66	17	—	—	36	67	1	—	—	49	42	28	—
伊朗	67	1	—	—	—	64	1	—	—	26	21	10	—
蒙古	68	7	—	—	—	61	0	—	—	1	15	53	—
摩洛哥	69	10	—	—	42	28	3	—	—	44	75	14	—
马来西亚	70	33	—	—	—	69	74	120	—	120	81	31	—

附表 1-3-2 2010 年世界第二次工业现代化指标指数

国家	编号	制造业的劳动生产率	制造业劳动力的平均工资	单位工业增加值的电力消耗	全要素生产率	受过高等教育的劳动力比例	人均高技术出口	工业与服务业劳动力之比	工业与服务业增加值之比	高技术出口占制造业出口比例	互联网普及率	工业产品简单平均关税	废水处理率
萨尔瓦多	71	12	—	—	53	34	3	—	—	33	23	55	—
埃及	72	12	—	—	62	57	0	—	—	5	45	22	—
中国	73	17	9	40	31	35	34	35	36	120	49	34	51
阿尔及利亚	74	—	—	—	52	46	0	—	—	3	18	16	—
土库曼斯坦	75	—	—	—	—	—	0	—	—	29	4	—	—
突尼斯	76	—	—	—	64	55	6	—	—	28	53	21	—
阿尔巴尼亚	77	13	—	—	—	—	0	—	—	5	65	120	—
吉尔吉斯斯坦	78	5	—	—	—	7	0	—	—	6	26	82	—
塔吉克斯坦	79	8	—	—	—	—	0	—	—	120	17	58	—
玻利维亚	80	5	—	—	36	36	0	—	—	49	32	27	—
缅甸	81	—	—	—	—	—	0	—	—	0	0	61	—
菲律宾	82	15	—	—	37	—	19	—	—	120	36	51	—
泰国	83	24	—	—	37	49	57	—	—	120	32	26	—
纳米比亚	84	—	—	—	54	26	2	—	—	7	17	38	—
津巴布韦	85	4	—	—	26	—	0	—	—	5	16	—	—
洪都拉斯	86	7	—	—	27	—	0	—	—	36	16	40	—
尼加拉瓜	87	4	—	—	23	39	0	—	—	28	14	64	—
越南	88	5	—	—	—	—	5	—	—	50	44	37	—
肯尼亚	89	—	—	—	19	—	0	—	—	33	20	22	—
斯里兰卡	90	7	—	—	38	50	0	—	—	6	17	29	—
刚果共和国	91	—	—	—	24	—	2	—	—	22	7	14	—
印度尼西亚	92	14	—	120	35	17	3	64	31	57	16	51	—
赞比亚	93	—	—	—	15	—	0	—	—	6	14	18	—
危地马拉	94	11	—	—	54	20	2	—	—	33	15	65	—
毛里塔尼亚	95	—	—	—	22	—	0	—	—	—	6	—	—
科特迪瓦	96	—	—	—	32	—	—	—	—	13	3	20	—
印度	97	—	—	46	32	30	1	34	78	42	11	16	—
巴基斯坦	98	4	—	—	32	—	0	—	—	10	11	18	—
莱索托	99	—	—	—	17	—	0	—	—	2	6	27	—
柬埔寨	100	2	—	—	—	6	0	—	—	1	2	19	—
喀麦隆	101	—	—	—	29	—	0	—	—	28	6	14	—
厄立特里亚	102	—	—	—	—	—	0	—	—	—	1	—	—
叙利亚	103	—	—	—	59	—	0	—	—	8	30	39	—
加纳	104	2	—	—	23	—	0	—	—	12	11	19	—
乍得	105	—	—	—	16	—	0	—	—	—	2	15	—
莫桑比克	106	—	—	—	23	—	0	—	—	7	6	34	—
几内亚	107	2	—	—	34	—	0	—	—	1	1	20	—
也门共和国	108	—	—	—	—	25	0	—	—	2	18	51	—
巴布亚新几内亚	109	—	—	—	31	—	0	—	—	110	2	75	—
海地	110	—	—	—	50	—	0	—	—	9	12	43	—
尼泊尔	111	—	—	—	20	32	0	—	—	4	11	21	—
塞内加尔	112	—	—	—	26	—	0	—	—	7	23	19	—
塞拉利昂	113	—	—	—	18	—	0	—	—	120	1	21	—
刚果民主共和国	114	—	—	—	3	—	0	—	—	—	1	—	—
老挝	115	—	—	—	—	—	0	—	—	—	10	40	—
马拉维	116	—	—	—	15	—	0	—	—	7	3	23	—
多哥	117	—	—	—	17	—	0	—	—	0	4	20	—
马达加斯加	118	—	—	—	22	10	0	—	—	6	2	25	—
马里	119	—	—	—	19	—	0	—	—	14	3	20	—
尼日利亚	120	11	—	—	12	83	0	—	—	6	34	24	—
孟加拉国	121	3	—	—	23	—	0	—	—	2	5	17	—
坦桑尼亚	122	4	—	—	—	—	0	—	—	20	16	21	—
贝宁	123	3	—	—	21	—	0	—	—	3	4	20	—
尼日尔	124	—	—	—	18	—	0	—	—	38	1	20	—
安哥拉	125	—	—	—	23	—	0	—	—	—	14	38	—
乌干达	126	2	—	—	24	—	0	—	—	14	18	22	—
中非	127	—	—	—	19	—	0	—	—	99	3	14	—
布基纳法索	128	—	—	—	16	—	0	—	—	45	3	21	—
埃塞俄比亚	129	2	—	—	18	—	0	—	—	16	1	14	—
布隆迪	130	—	—	—	11	—	0	—	—	49	1	28	—
卢旺达	131	3	—	—	20	—	0	—	—	34	11	27	—
高收入国家		—	—	—	—	100	100	99	—	100	100	100	—
中等收入国家		—	—	—	—	—	14	43	52	109	33	36	—
低收入国家		—	—	—	—	—	0	—	72	14	6	22	—
世界平均		—	—	—	—	—	29	54	—	102	42	43	—

附表 1-3-3 2010 年世界第二次工业现代化指标数值

国家	编号	制造业的劳动生产率	制造业劳动力的平均工资	单位工业增加值的电力消耗	全要素生产率	受过高等教育的劳动力比例	人均高技术出口	工业与服务业劳动力之比	工业与服务业增加值之比	高技术出口占制造业出口比例	互联网普及率	工业产品简单平均关税	废水处理率
瑞典	1	125 851	3564	0.50	0.76	32.3	1725	0.26	0.38	13.7	90	1.85	87.0
美国	2	102 496	4211	0.33	1.00	34.8	470	0.21	—	19.9	74	2.98	73.7
芬兰	3	99 014	4060	0.70	0.77	37.3	1091	0.32	0.41	10.9	87	1.85	83.0
澳大利亚	4	87 780	—	0.28	0.78	33.5	173	0.28	0.38	11.9	76	3.02	—
瑞士	5	158 928	—	0.14	0.70	32.9	5472	0.30	0.36	24.8	84	0.62	97.3
挪威	6	125 181	5037	0.30	0.79	35.8	784	0.25	0.67	16.2	93	0.32	80.2
日本	7	99 690	—	0.22	0.60	39.5	958	0.36	0.38	18.0	78	2.13	75.1
丹麦	8	89 186	5220	0.15	0.77	30.2	1482	0.25	0.28	14.1	89	1.85	90.3
德国	9	83 656	3860	0.25	—	26.5	1938	0.41	0.44	15.3	82	1.85	96.4
荷兰	10	105 688	3829	0.24	0.83	31.4	3582	0.22	0.32	21.3	91	1.85	99.3
加拿大	11	89 084	—	0.45	0.83	44.2	702	0.29	0.39	14.0	80	3.16	84.3
新加坡	12	152 935	—	0.29	0.74	27.6	25 013	0.28	0.38	49.9	71	—	—
英国	13	74 877	—	0.24	0.79	35.4	960	0.24	0.28	21.0	85	1.85	99.6
法国	14	70 480	3768	0.27	0.77	31.7	1534	0.30	0.34	24.9	80	1.85	80.1
比利时	15	88 714	4280	0.41	0.86	38.9	2958	0.31	0.29	10.5	75	1.85	72.8
奥地利	16	100 109	4112	0.28	—	19.1	1635	0.36	0.41	11.9	75	1.85	93.9
新西兰	17	64 035	—	0.53	0.69	24.8	125	0.31	0.34	9.0	83	2.63	81.8
韩国	18	75 552	—	0.64	0.57	32.3	2459	0.22	0.65	29.5	84	7.35	90.1
以色列	19	—	—	—	0.67	44.5	1047	0.28	—	14.7	68	2.09	95.5
意大利	20	71 313	2358	0.28	0.83	17.0	437	0.43	0.34	7.2	54	1.85	88.0
爱尔兰	21	192 882	—	0.18	1.12	39.0	4745	0.26	0.37	21.2	70	1.85	75.1
西班牙	22	69 562	—	0.21	0.73	33.1	245	0.32	0.39	6.4	66	1.85	93.5
爱沙尼亚	23	24 380	923	0.45	—	35.3	553	0.47	0.42	9.3	74	1.85	81.6
斯洛文尼亚	24	36 772	1832	0.42	—	25.5	581	0.56	0.48	5.7	70	1.85	55.2
乌拉圭	25	24 953	—	0.29	0.55	17.3	—	0.32	0.41	2.7	46	9.97	—
俄罗斯	26	18 468	—	0.71	—	50.4	36	0.50	0.56	9.3	43	5.99	—
斯洛伐克	27	31 013	1006	0.39	—	18.3	689	0.62	0.57	6.8	76	1.85	58.9
希腊	28	54 724	2047	0.33	0.61	26.8	96	0.29	0.21	10.1	44	1.85	87.3
匈牙利	29	32 179	863	0.29	—	22.7	1877	0.47	0.47	24.0	65	1.85	72.2
捷克	30	33 279	997	0.34	—	17.5	1661	0.65	0.60	15.3	69	1.85	77.0
葡萄牙	31	32 400	—	0.37	0.64	16.2	115	0.45	0.32	3.4	53	1.85	70.6
白俄罗斯	32	13 908	—	0.64	—	—	43	—	0.89	3.0	32	6.79	—
拉脱维亚	33	20 289	—	0.34	—	27.8	177	0.36	0.29	7.6	68	1.85	—
立陶宛	34	26 090	—	0.29	—	35.5	362	0.37	0.40	10.6	62	1.85	67.0
格鲁吉亚	35	14 869	—	—	—	31.2	2	0.26	0.32	1.8	27	0.09	—
乌克兰	36	7835	—	1.75	—	—	31	0.43	0.52	4.3	23	4.31	—
保加利亚	37	10 459	—	0.65	—	25.6	107	0.56	0.45	7.9	46	1.85	—
黎巴嫩	38	—	—	0.54	—	—	64	—	0.18	12.8	44	6.13	—
哈萨克斯坦	39	32 563	—	0.67	—	—	129	0.35	0.80	30.6	32	6.43	—
波兰	40	25 811	—	0.32	—	26.3	217	0.53	0.49	6.7	62	1.85	64.7
阿根廷	41	35 922	—	0.46	0.56	34.6	41	0.31	0.51	7.5	45	11.86	—
巴拿马	42	14 430	—	0.16	0.36	24.4	—	0.29	0.28	0.6	40	6.95	—
克罗地亚	43	31 752	—	0.26	—	21.2	166	0.47	0.39	9.2	57	2.10	—
沙特阿拉伯	44	110 210	—	0.09	—	—	7	0.27	1.50	0.7	41	4.28	—
哥伦比亚	45	14 915	—	0.16	0.38	22.9	9	0.32	0.60	5.1	37	11.26	—
科威特	46	—	—	—	—	12.1	0	0.27	—	0.2	61	4.28	—
智利	47	27 388	—	0.45	0.57	—	28	0.35	0.69	5.5	45	4.91	86.9
马其顿	48	9134	—	—	—	18.7	0	0.67	0.46	1.1	52	3.24	—
阿塞拜疆	49	12 176	—	0.06	—	—	1	0.28	2.13	1.1	46	10.50	—
摩尔多瓦	50	5100	—	4.40	—	22.8	—	0.40	0.23	8.3	32	4.27	—
罗马尼亚	51	—	—	0.33	—	15.7	198	0.70	0.82	10.9	40	1.85	—
委内瑞拉	52	36 513	—	0.19	0.40	27.0	5	0.32	1.24	5.1	37	13.18	—
乌兹别克斯坦	53	—	—	1.38	—	—	0	0.55	0.67	—	20	11.40	—
多米尼加	54	28 728	—	0.24	0.49	20.2	8	0.28	0.52	2.3	31	7.77	—
亚美尼亚	55	13 189	—	0.35	—	22.9	1	0.40	0.84	1.8	25	4.52	—
巴拉圭	56	—	—	0.30	0.35	13.4	5	0.35	0.64	6.6	20	7.24	—
哥斯达黎加	57	25 521	—	0.21	0.42	22.0	470	0.26	0.39	40.0	37	4.65	—
巴西	58	23 226	—	0.39	—	17.2	42	0.37	0.42	11.2	41	14.00	—
墨西哥	59	24 093	—	0.33	0.49	23.3	319	0.42	0.57	16.9	31	7.21	44.8
博茨瓦纳	60	56 715	—	0.27	0.63	—	7	0.36	0.71	0.4	6	9.02	—
秘鲁	61	29 202	—	0.32	0.29	15.1	9	0.31	0.71	6.6	35	4.91	—
牙买加	62	13 722	—	0.30	0.23	—	1	0.25	0.29	0.6	28	7.68	—
约旦	63	—	—	0.46	0.40	26.3	20	0.24	0.47	2.9	27	11.90	—
南非	64	24 069	—	1.18	0.54	15.7	28	0.40	0.45	4.3	24	7.88	—
土耳其	65	26 969	—	0.45	0.38	15.9	24	0.52	0.52	1.9	40	1.21	—
厄瓜多尔	66	15 485	—	0.20	0.27	22.1	10	0.35	0.72	8.4	29	9.36	—
伊朗	67	893	—	—	0.49	14.4	8	0.68	1.32	4.5	15	25.70	—
蒙古	68	6139	—	1.02	—	20.1	0	0.32	0.81	0.1	10	4.89	—
摩洛哥	69	9565	—	0.37	0.32	9.1	28	0.59	0.54	7.7	52	19.00	—
马来西亚	70	30 778	—	0.52	0.53	24.2	2098	0.47	0.85	44.5	56	8.25	—

附表 1-3-3 2010 年世界第二次工业现代化指标数值

国家	编号	制造业的劳动生产率	制造业劳动力的平均工资	单位工业增加值的电力消耗	全要素生产率	受过高等教育的劳动力比例	人均高技术出口	工业与服务业劳动力之比	工业与服务业增加值之比	高技术出口占制造业出口比例	互联网普及率	工业产品简单平均关税	废水处理率
萨尔瓦多	71	10 842	—	0.42	0.40	11.1	30	0.37	0.44	5.8	16	4.73	—
埃及	72	11 443	—	0.52	0.47	18.8	1	0.55	0.77	0.9	31	12.00	—
中国	73	15 962	381	0.85	0.23	11.5	304	0.83	1.08	27.5	34	7.69	44.0
阿尔及利亚	74	—	—	0.16	0.40	15.2	0	0.60	1.29	0.5	13	16.40	—
土库曼斯坦	75	—	—	0.31	—	—	0	—	1.31	5.0	3	—	—
突尼斯	76	—	—	0.40	0.48	18.2	58	0.67	0.53	4.9	37	12.10	—
阿尔巴尼亚	77	12 465	—	0.64	—	—	3	0.55	0.22	0.9	45	1.97	—
吉尔吉斯斯坦	78	4566	—	1.03	—	2.4	0	0.40	0.57	1.0	18	3.14	—
塔吉克斯坦	79	7250	—	4.46	—	—	0	—	0.57	41.7	12	4.48	—
玻利维亚	80	4301	—	0.28	0.28	11.8	4	0.46	0.75	8.4	22	9.65	—
缅甸	81	—	—	—	—	—	0	0.44	—	0.0	0	4.20	—
菲律宾	82	14 112	—	0.29	0.28	—	173	0.29	0.59	55.4	25	5.07	—
泰国	83	21 716	—	0.45	0.28	16.0	514	0.50	1.04	24.0	22	10.10	—
纳米比亚	84	—	—	0.23	0.41	8.6	14	0.22	0.46	1.2	12	6.73	—
津巴布韦	85	4110	—	1.71	0.20	—	1	—	0.56	0.8	12	—	—
洪都拉斯	86	6219	—	0.31	0.21	—	0	0.44	0.46	6.3	11	6.38	—
尼加拉瓜	87	4101	—	0.37	0.18	12.9	1	0.32	0.39	4.8	10	4.01	—
越南	88	4205	—	1.05	—	—	46	0.56	0.89	8.6	31	6.90	—
肯尼亚	89	—	—	0.69	0.15	—	2	0.21	0.33	5.7	14	11.65	—
斯里兰卡	90	6770	—	0.22	0.29	16.6	3	0.60	0.51	1.0	12	8.75	—
刚果共和国	91	—	—	0.03	0.19	—	19	0.49	3.63	3.7	5	18.70	—
印度尼西亚	92	12 725	—	0.15	0.27	5.6	24	0.46	1.25	9.8	11	5.03	—
赞比亚	93	—	—	0.71	0.11	—	0	0.34	0.83	1.0	10	14.60	—
危地马拉	94	10 116	—	0.28	0.41	6.6	14	0.49	0.49	5.7	11	4.00	—
毛里塔尼亚	95	—	—	—	0.17	—	0	—	1.22	—	4	—	—
科特迪瓦	96	—	—	—	0.25	—	2	—	0.50	2.2	2	12.77	—
印度	97	—	—	0.74	0.25	9.8	8	0.84	0.50	7.2	8	15.90	—
巴基斯坦	98	3632	—	0.61	0.24	—	2	0.55	0.37	1.7	8	14.70	—
莱索托	99	—	—	—	0.13	—	0	—	0.54	0.3	4	9.54	—
柬埔寨	100	1977	—	0.15	—	2.1	0	0.55	0.57	0.1	1	13.80	—
咯麦隆	101	—	—	—	0.22	—	1	0.37	—	4.9	4	18.70	—
厄立特里亚	102	—	—	0.16	—	—	0	—	—	—	1	—	—
叙利亚	103	—	—	—	0.45	—	2	0.62	—	1.3	21	6.69	—
加纳	104	1872	—	0.54	0.18	—	0	0.36	0.37	2.0	8	13.30	—
乍得	105	—	—	—	0.12	—	0	—	0.36	—	2	17.30	—
莫桑比克	106	—	—	4.41	0.17	—	0	—	0.48	1.3	4	7.53	—
几内亚	107	2299	—	—	0.26	—	0	—	1.35	0.2	1	13.23	—
也门共和国	108	—	—	0.01	—	8.3	0	0.33	—	0.4	12	5.07	—
巴布亚新几内亚	109	—	—	—	0.24	—	0	0.16	—	19.0	1	3.43	—
海地	110	—	—	—	0.38	—	0	0.39	—	1.6	8	6.07	—
尼泊尔	111	—	—	0.46	0.15	10.4	0	—	0.33	0.6	8	12.56	—
塞内加尔	112	—	—	0.22	0.20	—	1	—	0.40	1.2	16	13.26	—
塞拉利昂	113	—	—	—	0.14	—	0	—	0.23	27.6	1	12.40	—
刚果民主共和国	114	—	—	1.41	0.03	—	0	—	—	—	1	—	—
老挝	115	—	—	—	—	—	0	0.32	0.90	—	7	6.45	—
马拉维	116	—	—	—	0.12	—	0	—	0.39	1.3	2	11.46	—
多哥	117	—	—	0.32	0.13	—	0	—	0.32	0.1	3	12.60	—
马达加斯加	118	—	—	—	0.17	3.4	0	0.23	—	1.0	2	10.32	—
马里	119	—	—	—	0.14	—	0	—	0.52	2.4	2	12.83	—
尼日利亚	120	10 430	—	0.03	0.09	27.3	30	—	0.41	1.1	24	10.74	—
孟加拉国	121	2577	—	0.73	0.17	—	0	0.39	0.54	—	4	15.40	—
坦桑尼亚	122	3640	—	—	—	—	1	—	0.52	3.5	11	12.42	—
贝宁	123	3033	—	0.16	0.16	—	0	—	0.24	0.5	3	12.88	—
尼日尔	124	—	—	—	0.14	—	0	0.36	0.36	6.6	1	12.76	—
安哥拉	125	—	—	—	0.17	—	0	—	1.98	—	10	6.86	—
乌干达	126	1575	—	—	0.19	—	0	0.19	0.57	2.4	13	11.61	—
中非	127	—	—	—	0.15	—	0	—	0.43	17.1	2	18.20	—
布基纳法索	128	—	—	—	0.12	—	0	0.25	0.55	7.8	2	12.50	—
埃塞俄比亚	129	1847	—	0.56	0.13	—	0	0.51	0.24	2.7	1	17.98	—
布隆迪	130	—	—	—	0.08	—	0	—	0.39	8.5	1	9.09	—
卢旺达	131	2871	—	—	0.15	—	0	0.23	0.24	5.9	8	9.69	—
高收入国家		—	—	—	—	32.9	899	0.29	—	17.3	70	2.58	—
中等收入国家		—	—	—	—	—	130	0.67	0.75	18.8	23	7.16	—
低收入国家		—	—	—	—	—	0	—	0.54	2.5	5	11.59	—
世界平均		—	—	—	—	—	258	0.54	—	17.7	30	6.06	—
基准值		92 394	4027	0.34	0.76	32.9	899	0.29	0.39	17.3	69.7	2.58	87.1

附表 1-3-4　1990～2010 年世界第二次工业现代化指数和排名

国家	编号	指数				排名			
		1990	2000	2005	2010	1990	2000	2005	2010
瑞典	1	69	86	96	102	6	11	8	12
美国	2	74	90	94	102	4	7	11	11
芬兰	3	57	79	94	97	16	14	9	16
澳大利亚	4	64	63	76	92	10	21	19	18
瑞士	5	75	97	105	112	3	2	3	3
挪威	6	62	76	86	104	13	17	18	10
日本	7	74	94	100	104	5	5	7	9
丹麦	8	68	91	108	109	8	6	1	5
德国	9	52	80	93	100	19	13	12	14
荷兰	10	69	87	102	114	7	10	6	1
加拿大	11	63	94	91	95	12	4	15	17
新加坡	12	90	88	105	107	2	8	2	7
英国	13	60	88	104	111	14	9	4	4
法国	14	58	78	92	106	15	15	14	8
比利时	15	56	77	89	101	18	16	16	13
奥地利	16	37	74	88	97	25	18	17	15
新西兰	17	67	59	75	77	9	25	20	25
韩国	18	37	64	94	87	27	19	10	20
以色列	19	63	100	92	109	11	1	13	6
意大利	20	41	64	72	81	21	20	21	22
爱尔兰	21	96	84	102	113	1	12	5	2
西班牙	22	37	59	70	88	23	24	22	19
爱沙尼亚	23	—	52	59	72	—	26	28	28
斯洛文尼亚	24	—	41	52	67	—	31	32	30
乌拉圭	25	—	37	25	44	—	33	57	46
俄罗斯	26	—	—	29	51	—	—	49	43
斯洛伐克	27	—	31	46	63	—	40	35	35
希腊	28	37	62	63	78	24	22	26	24
匈牙利	29	—	50	68	83	—	28	24	21
捷克	30	—	35	55	75	—	35	29	26
葡萄牙	31	37	51	61	67	26	27	27	31
白俄罗斯	32	—	—	—	—	—	—	—	—
拉脱维亚	33	—	42	51	73	—	29	34	27
立陶宛	34	—	62	66	80	—	23	25	23
格鲁吉亚	35	—	—	14	61	—	62	—	36
乌克兰	36	—	—	—	—	—	—	—	—
保加利亚	37	—	24	54	65	—	46	31	33
黎巴嫩	38	—	—	—	—	—	—	—	—
哈萨克斯坦	39	—	—	—	—	—	—	—	—
波兰	40	—	33	44	66	—	37	37	32
阿根廷	41	—	23	37	51	—	51	40	42
巴拿马	42	—	25	34	44	—	45	42	47
克罗地亚	43	—	—	54	65	—	—	30	34
沙特阿拉伯	44	—	—	—	—	—	—	—	—
哥伦比亚	45	57	28	34	50	17	43	41	44
科威特	46	—	—	—	—	—	—	—	—
智利	47	40	35	—	54	22	36	—	40
马其顿	48	—	—	—	—	—	—	—	—
阿塞拜疆	49	—	—	—	—	—	—	—	—
摩尔多瓦	50	—	11	—	43	—	63	—	48
罗马尼亚	51	—	—	33	56	—	—	44	39
委内瑞拉	52	—	18	19	41	—	56	66	50
乌兹别克斯坦	53	—	—	—	—	—	—	—	—
多米尼加	54	—	—	31	41	—	—	46	49
亚美尼亚	55	—	—	—	—	—	—	—	—
巴拉圭	56	—	15	22	29	—	60	62	66
哥斯达黎加	57	—	41	44	56	—	30	38	38
巴西	58	—	—	37	47	—	—	39	45
墨西哥	59	52	40	51	60	20	32	33	37
博茨瓦纳	60	—	—	26	—	—	—	52	—
秘鲁	61	—	23	26	38	—	50	56	53
牙买加	62	—	16	15	—	—	57	70	—
约旦	63	—	16	28	37	—	58	50	57
南非	64	—	32	33	39	—	38	43	52
土耳其	65	32	36	45	54	28	34	36	41
厄瓜多尔	66	—	—	24	35	—	—	60	60
伊朗	67	—	—	—	24	—	—	—	72
蒙古	68	—	—	—	—	—	—	—	—
摩洛哥	69	—	10	20	33	—	65	64	62
马来西亚	70	—	95	69	70	—	3	23	29

附表 1-3-4 1990~2010 年世界第二次工业现代化指数和排名

国家	编号	指数				排名			
		1990	2000	2005	2010	1990	2000	2005	2010
萨尔瓦多	71	—	23	26	34	—	49	53	61
埃及	72	—	31	25	36	—	39	58	58
中国	73	15	20	27	38	31	54	51	54
阿尔及利亚	74	—	—	18	23	—	—	68	73
土库曼斯坦	75	—	—	—	—	—	—	—	—
突尼斯	76	—	—	24	39	—	—	59	51
阿尔巴尼亚	77	—	—	—	—	—	—	—	—
吉尔吉斯斯坦	78	—	—	—	14	—	—	—	82
塔吉克斯坦	79	—	—	—	—	—	—	—	—
玻利维亚	80	—	21	23	27	—	52	61	69
缅甸	81	—	—	—	—	—	—	—	—
菲律宾	82	—	27	32	35	—	44	45	59
泰国	83	—	19	30	37	—	55	48	56
纳米比亚	84	—	—	26	27	—	—	54	68
津巴布韦	85	—	—	—	15	—	—	—	80
洪都拉斯	86	—	16	19	—	—	59	67	—
尼加拉瓜	87	—	23	16	29	—	48	69	67
越南	88	—	—	—	—	—	—	—	—
肯尼亚	89	—	8	11	14	—	67	77	81
斯里兰卡	90	—	20	20	26	—	53	65	70
刚果共和国	91	—	—	—	12	—	—	—	88
印度尼西亚	92	27	29	30	38	29	42	47	55
赞比亚	93	—	—	9	11	—	—	86	91
危地马拉	94	—	23	26	32	—	47	55	64
毛里塔尼亚	95	—	—	—	—	—	—	—	—
科特迪瓦	96	—	—	13	14	—	—	72	84
印度	97	25	30	21	24	30	41	63	71
巴基斯坦	98	—	—	15	15	—	—	71	78
莱索托	99	—	—	—	—	—	—	—	—
柬埔寨	100	—	—	—	6	—	—	—	101
喀麦隆	101	—	—	11	12	—	—	79	87
厄立特里亚	102	—	—	—	—	—	—	—	—
叙利亚	103	—	—	—	32	—	—	—	63
加纳	104	—	11	—	13	—	64	—	85
乍得	105	—	—	—	—	—	—	—	—
莫桑比克	106	—	—	11	15	—	—	78	79
几内亚	107	—	—	13	10	—	—	74	92
也门共和国	108	—	—	—	21	—	—	—	74
巴布亚新几内亚	109	—	—	—	—	—	—	—	—
海地	110	—	—	—	—	—	—	—	—
尼泊尔	111	—	10	—	17	—	66	—	76
塞内加尔	112	—	—	13	17	—	—	73	75
塞拉利昂	113	—	—	—	—	—	—	—	—
刚果民主共和国	114	—	—	—	—	—	—	—	—
老挝	115	—	—	—	—	—	—	—	—
马拉维	116	—	—	—	10	—	—	—	95
多哥	117	—	—	9	10	—	—	83	94
马达加斯加	118	—	—	11	12	—	—	76	86
马里	119	—	—	10	10	—	—	82	93
尼日利亚	120	—	6	—	30	—	69	—	65
孟加拉国	121	—	8	10	11	—	68	81	90
坦桑尼亚	122	—	—	—	—	—	—	—	—
贝宁	123	—	—	10	11	—	—	80	89
尼日尔	124	—	—	9	10	—	—	84	96
安哥拉	125	—	—	—	—	—	—	—	—
乌干达	126	—	14	12	16	—	61	75	77
中非	127	—	—	8	9	—	—	87	98
布基纳法索	128	—	—	9	10	—	—	85	97
埃塞俄比亚	129	—	—	—	8	—	—	—	100
布隆迪	130	—	—	6	9	—	—	89	99
卢旺达	131	—	—	8	14	—	—	88	83
高收入国家		—	74	94	100				
中等收入国家		—	—	—	—				
低收入国家		—	—	—	—				
世界平均		—	40	48	54				

附表 1-4-1 2010 年世界综合工业现代化指数

国家	编号	工业效率指数	工业质量指数	工业转型指数	工业环境指数	综合工业现代化指数	排名
瑞典	1	100	100	93	100	98	1
美国	2	94	76	100	100	92	12
芬兰	3	86	100	79	100	91	15
澳大利亚	4	98	60	88	100	85	18
瑞士	5	100	86	99	96	95	6
挪威	6	100	88	98	100	96	4
日本	7	100	90	93	97	95	7
丹麦	8	99	99	94	100	98	2
德国	9	92	93	87	93	91	14
荷兰	10	87	96	97	91	93	11
加拿大	11	87	—	93	100	93	9
新加坡	12	69	—	100	98	88	17
英国	13	91	87	100	99	94	8
法国	14	91	91	99	92	93	10
比利时	15	88	98	85	98	92	13
奥地利	16	97	98	76	88	89	16
新西兰	17	70	57	65	82	68	26
韩国	18	69	100	80	91	84	19
以色列	19	—	95	95	100	97	3
意大利	20	81	79	70	95	81	20
爱尔兰	21	100	99	90	93	95	5
西班牙	22	88	67	71	92	79	21
爱沙尼亚	23	53	87	72	72	70	25
斯洛文尼亚	24	65	76	48	65	63	30
乌拉圭	25	—	44	22	60	39	54
俄罗斯	26	26	52	53	71	47	49
斯洛伐克	27	49	80	62	74	65	28
希腊	28	69	55	61	79	66	27
匈牙利	29	54	79	87	72	72	24
捷克	30	50	93	78	76	72	23
葡萄牙	31	61	68	42	76	60	32
白俄罗斯	32	—	52	23	97	49	46
拉脱维亚	33	48	56	56	66	56	36
立陶宛	34	—	67	52	69	62	31
格鲁吉亚	35	—	20	7	55	19	79
乌克兰	36	—	52	23	64	42	52
保加利亚	37	—	46	62	52	53	40
黎巴嫩	38	—	36	—	94	59	35
哈萨克斯坦	39	—	34	55	65	50	43
波兰	40	47	58	44	57	51	42
阿根廷	41	—	52	72	57	60	34
巴拿马	42	—	30	11	54	26	70
克罗地亚	43	—	57	41	67	54	39
沙特阿拉伯	44	—	26	28	74	38	56
哥伦比亚	45	58	27	46	83	50	44
科威特	46	—	—	51	62	—	—
智利	47	65	47	50	66	56	37
马其顿	48	—	26	16	61	30	64
阿塞拜疆	49	—	13	6	77	18	83
摩尔多瓦	50	—	26	29	41	32	62
罗马尼亚	51	—	52	39	60	49	45
委内瑞拉	52	—	50	35	100	56	38
乌兹别克斯坦	53	—	—	—	58	—	—
多米尼加	54	—	—	17	93	—	—
亚美尼亚	55	—	35	9	65	27	68
巴拉圭	56	—	24	25	43	30	65
哥斯达黎加	57	—	—	60	81	—	—
巴西	58	47	—	53	100	63	29
墨西哥	59	63	36	66	86	60	33
博茨瓦纳	60	—	6	10	70	16	85
秘鲁	61	—	30	25	74	38	57
牙买加	62	—	20	8	73	—	75
约旦	63	—	29	58	63	47	50
南非	64	34	—	59	71	52	41
土耳其	65	53	57	28	64	48	48
厄瓜多尔	66	—	27	30	72	39	55
伊朗	67	—	—	23	61	—	—
蒙古	68	—	—	4	40	—	—
摩洛哥	69	—	11	27	64	27	69
马来西亚	70	—	76	67	75	72	22

附表 1-4-1 2010 年世界综合工业现代化指数

国家	编号	工业效率指数	工业质量指数	工业转型指数	工业环境指数	综合工业现代化指数	排名
萨尔瓦多	71	—	18	25	79	33	60
埃及	72	—	23	10	41	21	77
中国	73	24	29	49	38	34	59
阿尔及利亚	74	—	20	24	61	31	63
土库曼斯坦	75	—	—	—	61	—	—
突尼斯	76	—	28	29	89	42	53
阿尔巴尼亚	77	—	30	7	58	23	76
吉尔吉斯斯坦	78	—	29	7	37	19	80
塔吉克斯坦	79	—	16	—	38	25	72
玻利维亚	80	—	26	28	47	33	61
缅甸	81	—	—	—	48	—	—
菲律宾	82	—	29	54	62	46	51
泰国	83	—	63	54	33	48	47
纳米比亚	84	—	7	6	50	13	88
津巴布韦	85	—	4	—	56	16	84
洪都拉斯	86	—	14	23	65	28	67
尼加拉瓜	87	—	—	18	86	—	—
越南	88	—	18	50	28	29	66
肯尼亚	89	—	3	17	52	14	86
斯里兰卡	90	—	11	9	19	12	89
刚果共和国	91	—	7	15	59	19	81
印度尼西亚	92	47	18	43	39	35	58
赞比亚	93	—	—	4	65	—	—
危地马拉	94	—	13	22	52	25	73
毛里塔尼亚	95	—	—	—	42	—	—
科特迪瓦	96	—	6	—	69	20	78
印度	97	—	13	28	41	24	74
巴基斯坦	98	—	6	9	30	11	90
莱索托	99	—	—	—	34	—	—
柬埔寨	100	—	—	3	32	—	—
喀麦隆	101	—	8	16	51	18	82
厄立特里亚	102	—	—	—	24	—	—
叙利亚	103	—	18	22	43	26	71
加纳	104	—	—	9	82	—	—
乍得	105	—	—	—	27	—	—
莫桑比克	106	—	—	—	69	—	—
几内亚	107	—	—	—	42	—	—
也门共和国	108	—	—	7	41	—	—
巴布亚新几内亚	109	—	—	—	58	—	—
海地	110	—	—	6	64	—	—
尼泊尔	111	—	—	—	52	—	—
塞内加尔	112	—	5	—	34	13	87
塞拉利昂	113	—	—	—	55	—	—
刚果民主共和国	114	—	—	—	53	—	—
老挝	115	—	—	—	45	—	—
马拉维	116	—	—	—	32	—	—
多哥	117	—	—	—	65	—	—
马达加斯加	118	—	—	3	40	—	—
马里	119	—	—	—	31	—	—
尼日利亚	120	—	—	—	60	—	—
孟加拉国	121	—	—	3	19	—	—
坦桑尼亚	122	—	1	—	48	8	91
贝宁	123	—	—	—	51	—	—
尼日尔	124	—	—	21	23	—	—
安哥拉	125	—	—	—	56	—	—
乌干达	126	—	—	7	64	—	—
中非	127	—	—	—	56	—	—
布基纳法索	128	—	—	23	33	—	—
埃塞俄比亚	129	—	—	9	25	—	—
布隆迪	130	—	—	—	53	—	—
卢旺达	131	—	—	45	62	—	—
高收入国家		—	100	100	100	100	—
中等收入国家		—	24	51	53	40	—
低收入国家		—	—	—	38	—	—
世界平均		—	34	56	59	48	—

附表 1-4-2 2010 年世界综合工业现代化指标指数

国家	编号	制造业劳动生产率	工业劳动力的平均工资	单位工业增加值的能源消耗	开展科技活动的企业比例	大学普及率	人均高技术出口	工业与农业劳动力之比	工业与服务业劳动力之比	高技术产品出口比例	城市人口比例	单位工业增加值的BOD排放量	PM 10平均浓度
瑞典	1	100	100	100	100	100	100	100	100	79	100	100	100
美国	2	100	99	82	—	100	52	100	100	100	100	100	100
芬兰	3	100	99	61	100	100	100	84	90	63	100	100	100
澳大利亚	4	95	—	100	—	100	19	95	100	69	100	—	100
瑞士	5	100	—	100	—	72	100	100	97	100	92	—	100
挪威	6	100	100	100	77	100	87	100	100	93	99	100	100
日本	7	100	—	100	—	80	100	100	80	100	100	100	92
丹麦	8	97	100	100	97	100	100	100	100	82	100	100	100
德国	9	91	84	100	100	78	100	100	71	88	93	88	100
荷兰	10	100	87	75	100	88	100	91	100	100	100	100	74
加拿大	11	96	—	77	—	—	78	100	99	81	100	100	100
新加坡	12	100	—	38	—	—	100	100	100	100	100	100	94
英国	13	81	—	100	78	83	100	100	100	100	100	98	100
法国	14	76	98	100	95	77	100	100	97	100	100	75	100
比利时	15	96	99	68	100	93	100	100	93	61	100	93	100
奥地利	16	100	90	100	100	94	100	77	81	69	85	100	81
新西兰	17	69	—	70	—	100	14	50	94	52	100	45	100
韩国	18	82	—	56	—	100	100	41	100	100	100	100	73
以色列	19	—	—	—	—	90	100	100	100	85	100	—	100
意大利	20	77	65	100	100	88	49	100	68	42	86	98	100
爱尔兰	21	100	—	100	100	97	100	69	100	100	78	100	100
西班牙	22	75	—	100	73	100	27	86	91	37	97	87	93
爱沙尼亚	23	26	32	100	100	98	61	100	62	54	87	28	100
斯洛文尼亚	24	40	56	100	63	100	65	59	52	33	63	47	86
乌拉圭	25	27	—	—	—	87	1	29	—	16	100	—	20
俄罗斯	26	20	—	32	—	100	4	47	58	54	92	21	100
斯洛伐克	27	34	29	85	87	77	77	100	47	39	69	53	100
希腊	28	59	48	100	—	100	11	25	100	59	77	—	81
匈牙利	29	35	31	96	55	83	100	100	61	100	83	100	100
捷克	30	36	31	83	91	87	100	100	45	88	92	35	100
葡萄牙	31	35	—	87	100	91	13	41	64	20	76	51	100
白俄罗斯	32	15	—	—	—	100	5	28	—	18	94	—	100
拉脱维亚	33	22	—	73	53	97	20	44	81	44	85	14	100
立陶宛	34	28	—	—	61	100	40	43	—	61	84	23	100
格鲁吉亚	35	16	—	—	—	39	0	3	—	10	66	—	45
乌克兰	36	8	—	—	—	100	3	20	—	25	86	6	100
保加利亚	37	11	—	—	48	80	12	78	—	46	91	9	55
黎巴嫩	38	—	—	—	—	66	7	—	—	74	100	—	89
哈萨克斯坦	39	35	—	—	—	54	14	11	—	100	67	29	100
波兰	40	28	25	88	50	100	24	38	55	39	76	27	67
阿根廷	41	39	—	—	—	100	5	100	—	43	100	32	39
巴拿马	42	16	—	—	—	60	0	17	—	5	94	19	50
克罗地亚	43	34	—	—	75	77	18	29	—	53	72	30	99
沙特阿拉伯	44	100	—	—	—	51	1	52	—	4	100	100	23
哥伦比亚	45	16	—	100	—	54	1	17	92	29	94	54	100
科威特	46	—	—	—	—	—	0	100	—	1	100	—	24
智利	47	30	—	100	—	91	9	35	84	32	100	49	48
马其顿	48	10	—	—	—	51	1	27	—	6	74	9	100
阿塞拜疆	49	13	—	—	—	26	0	6	—	6	67	82	81
摩尔多瓦	50	6	—	—	—	52	1	11	—	48	59	2	62
罗马尼亚	51	—	—	—	55	78	22	15	—	63	66	13	100
委内瑞拉	52	40	—	—	—	100	1	41	—	29	100	—	100
乌兹别克斯坦	53	—	—	—	—	14	—	7	—	—	45	—	71
多米尼加	54	31	—	—	—	—	1	20	—	14	87	—	100
亚美尼亚	55	14	—	—	—	70	0	7	—	11	80	—	50
巴拉圭	56	—	—	—	—	47	1	11	—	38	77	19	35
哥斯达黎加	57	28	—	—	—	—	52	21	—	100	81	—	81
巴西	58	25	—	69	—	—	5	17	78	65	100	100	100
墨西哥	59	26	—	100	—	37	36	31	69	98	98	—	74
博茨瓦纳	60	61	—	—	—	10	1	17	—	2	77	100	35
秘鲁	61	32	—	—	—	59	1	11	—	38	97	—	52
牙买加	62	15	—	—	—	40	0	13	—	3	65	—	81
约旦	63	—	—	—	—	56	2	100	—	17	100	14	74
南非	64	26	—	43	—	—	3	80	73	25	77	35	100
土耳其	65	29	—	77	91	77	3	18	55	11	88	41	63
厄瓜多尔	66	17	—	—	—	53	1	11	—	49	84	31	100
伊朗	67	1	—	—	—	—	1	20	—	26	86	56	40
蒙古	68	7	—	—	—	74	—	8	—	1	85	11	23
摩洛哥	69	10	—	—	—	20	3	9	—	44	71	24	96
马来西亚	70	33	—	—	—	51	100	33	—	100	90	36	100

附表 1-4-2　2010 年世界综合工业现代化指标指数

国家	编号	制造业劳动生产率	工业劳动力的平均工资	单位工业增加值的能源消耗	开展科技活动的企业比例	大学普及率	人均高技术出口	工业与农业劳动力之比	工业与服务业劳动力之比	高技术产品出口比例	城市人口比例	单位工业增加值的BOD排放量	PM 10 平均浓度
萨尔瓦多	71	12	—	—	—	32	3	16	—	33	81	—	78
埃及	72	12	—	—	—	46	0	14	—	5	54	—	28
中国	73	17	11	43	20	32	34	13	35	100	62	16	38
阿尔及利亚	74	—	—	—	—	40	0	45	—	3	90	—	32
土库曼斯坦	75	—	—	—	—	—	0	—	—	29	61	—	61
突尼斯	76	—	—	—	—	50	6	30	—	28	83	—	95
阿尔巴尼亚	77	13	—	—	—	60	0	8	—	5	66	51	58
吉尔吉斯斯坦	78	5	—	—	—	58	0	7	—	6	44	4	63
塔吉克斯坦	79	8	—	—	—	31	1	—	—	100	33	6	76
玻利维亚	80	5	—	—	—	52	0	8	—	49	83	20	39
缅甸	81	—	—	—	—	—	—	—	—	0	40	—	55
菲律宾	82	15	—	—	—	39	19	7	—	100	61	26	100
泰国	83	24	—	—	—	69	57	9	—	100	42	15	42
纳米比亚	84	—	—	—	—	13	2	6	—	7	47	—	52
津巴布韦	85	4	—	—	—	9	0	—	—	5	48	—	65
洪都拉斯	86	7	—	—	—	28	0	9	—	36	65	—	66
尼加拉瓜	87	4	—	—	—	—	0	8	—	28	72	—	100
越南	88	5	—	—	—	31	5	—	—	50	38	5	41
肯尼亚	89	—	—	—	—	6	0	2	—	33	30	—	74
斯里兰卡	90	7	—	—	—	22	0	12	—	6	19	3	34
刚果共和国	91	—	—	—	—	12	2	9	—	22	79	—	39
印度尼西亚	92	14	—	80	—	34	3	8	64	57	63	17	37
赞比亚	93	—	—	—	—	—	—	2	—	6	49	—	82
危地马拉	94	11	—	—	—	25	2	10	—	33	62	—	43
毛里塔尼亚	95	—	—	—	—	6	—	—	—	—	52	—	32
科特迪瓦	96	—	—	—	—	11	0	—	—	13	63	—	75
印度	97	—	—	29	—	25	1	7	34	42	39	—	43
巴基斯坦	98	4	—	—	—	11	0	8	—	10	45	20	24
莱索托	99	—	—	—	—	15	—	—	—	2	34	10	57
柬埔寨	100	2	—	—	—	19	—	5	—	1	25	19	53
喀麦隆	101	—	—	—	—	15	0	4	—	28	65	—	37
厄立特里亚	102	—	—	—	—	3	—	—	—	—	26	9	36
叙利亚	103	—	—	—	—	35	0	37	—	8	70	17	41
加纳	104	2	—	—	—	17	—	6	—	12	64	—	100
乍得	105	—	—	—	—	3	—	—	—	—	27	—	27
莫桑比克	106	—	—	—	—	7	—	—	—	7	39	—	100
几内亚	107	2	—	—	—	14	—	—	—	1	44	—	40
也门共和国	108	—	—	—	—	15	—	12	—	2	40	19	64
巴布亚新几内亚	109	—	—	—	—	—	0	—	—	100	16	—	100
海地	110	—	—	—	—	—	—	2	—	9	65	—	64
尼泊尔	111	—	—	—	—	20	—	—	—	4	21	—	83
塞内加尔	112	—	—	—	—	10	0	—	—	7	53	20	29
塞拉利昂	113	—	—	—	—	—	—	—	—	100	49	—	61
刚果民主共和国	114	—	—	—	—	11	—	—	—	—	42	—	63
老挝	115	—	—	—	—	22	—	1	—	—	42	—	49
马拉维	116	—	—	—	—	1	—	—	—	7	20	1	75
多哥	117	—	—	—	—	13	—	—	—	0	47	—	82
马达加斯加	118	—	—	—	—	5	—	1	—	6	40	1	79
马里	119	—	—	—	—	9	—	—	—	14	43	—	20
尼日利亚	120	11	—	—	—	—	—	—	—	6	61	—	58
孟加拉国	121	3	—	—	—	18	—	5	—	2	35	3	19
坦桑尼亚	122	4	—	—	—	3	0	—	—	20	33	12	100
贝宁	123	3	—	—	—	17	—	—	—	3	56	—	46
尼日尔	124	—	—	—	—	2	—	3	—	38	22	—	23
安哥拉	125	—	—	—	—	10	—	—	—	—	73	—	38
乌干达	126	2	—	—	—	12	—	1	—	14	19	74	100
中非	127	—	—	—	—	4	—	—	—	99	49	—	64
布基纳法索	128	—	—	—	—	5	—	1	—	45	32	—	34
埃塞俄比亚	129	2	—	—	—	—	—	1	—	16	21	6	47
布隆迪	130	—	—	—	—	4	—	—	—	49	13	—	92
卢旺达	131	3	—	—	—	8	—	1	100	34	24	—	100
高收入国家		—	—	—	—	100	100	100	99	100	100	—	100
中等收入国家		—	—	—	—	34	14	11	43	100	61	—	46
低收入国家		—	—	—	—	12	—	—	—	14	34	—	41
世界平均		—	—	—	—	40	29	13	54	100	65	—	54

附表 1-4-3 2010 年世界综合工业现代化指标数值

国家	编号	制造业劳动生产率	工业劳动力的平均工资	单位工业增加值的能源消耗	开展科技活动的企业比例	大学普及率	人均高技术出口	工业与农业劳动力之比	工业与服务业劳动力之比	高技术产品出口比例	城市人口比例	单位工业增加值的BOD排放量	PM 10平均浓度
瑞典	1	125 851	3618	0.13	60	75	1725	9.48	0.26	14	85	0.37	10
美国	2	120 496	3563	0.16	—	93	470	10.4	0.21	20	82	0.26	18
芬兰	3	99 014	3549	0.21	56	94	1091	5.27	0.32	11	84	0.33	15
澳大利亚	4	87 780	—	0.10	—	80	173	5.92	0.28	12	89	—	13
瑞士	5	158 928	—	0.03	—	53	5472	6.39	0.30	25	74	—	20
挪威	6	125 181	4980	0.06	44	73	784	7.88	0.25	16	79	0.15	16
日本	7	99 690	—	0.09	—	58	958	6.84	0.36	18	91	0.32	24
丹麦	8	89 186	5039	0.04	55	74	1482	8.17	0.25	14	87	0.39	15
德国	9	83 656	3037	0.09	79	57	1938	17.7	0.41	15	74	0.44	16
荷兰	10	105 688	3133	0.17	57	64	3582	5.68	0.22	25	83	0.33	30
加拿大	11	89 084	—	0.17	—	—	702	8.15	0.29	14	81	0.35	15
新加坡	12	152 935	—	0.34	—	—	25 013	19.7	0.28	50	100	0.32	23
英国	13	74 877	—	0.08	44	61	960	15.9	0.24	21	80	0.40	13
法国	14	70 480	3510	0.09	53	56	1534	7.66	0.30	25	85	0.52	12
比利时	15	88 714	3577	0.19	61	68	2958	16.7	0.31	10	97	0.42	21
奥地利	16	100 109	3219	0.10	56	69	1635	4.79	0.36	12	67	0.36	27
新西兰	17	64 035	—	0.18	—	83	125	3.10	0.31	9	86	0.86	11
韩国	18	75 552	—	0.23	—	101	2459	2.58	0.22	29	83	0.38	30
以色列	19	—	—	—	—	66	1047	10.7	0.28	15	92	—	21
意大利	20	71 313	2319	0.09	56	64	437	7.58	0.43	7	68	0.40	21
爱尔兰	21	192 882	—	0.05	60	71	4745	4.33	0.26	21	62	0.16	13
西班牙	22	69 562	—	0.08	41	78	245	5.37	0.32	6	77	0.45	24
爱沙尼亚	23	24 380	1159	0.13	57	72	553	7.26	0.47	9	69	1.37	9
斯洛文尼亚	24	36 772	2012	0.11	36	88	581	3.69	0.56	6	50	0.83	26
乌拉圭	25	24 953	—	0.15	—	63	9	1.80	0.32	3	92	—	112
俄罗斯	26	18 468	—	0.41	—	77	36	2.92	0.50	9	74	1.85	15
斯洛伐克	27	31 013	1026	0.15	49	56	689	11.6	0.62	7	55	0.73	13
希腊	28	54 724	1710	0.10	—	114	96	1.58	0.29	10	61	—	27
匈牙利	29	32 179	1125	0.14	31	60	1877	6.82	0.47	24	69	1.35	15
捷克	30	33 279	1132	0.16	52	63	1661	12.3	0.65	15	73	1.13	16
葡萄牙	31	32 400	—	0.15	60	66	115	2.54	0.45	3	61	0.77	18
白俄罗斯	32	13 908	—	0.37	—	79	43	1.78	—	3	75	—	6
拉脱维亚	33	20 289	—	0.18	30	71	177	2.73	0.36	8	68	2.87	12
立陶宛	34	26 090	—	0.17	34	81	362	2.71	0.37	11	67	1.67	16
格鲁吉亚	35	14 869	—	—	—	28	2	0.17	0.26	2	53	—	49
乌克兰	36	7835	—	0.82	—	77	31	1.25	0.43	4	69	6.26	15
保加利亚	37	10 459	—	0.25	27	58	107	4.90	0.56	8	73	4.29	40
黎巴嫩	38	—	—	0.09	—	48	64	—	—	13	87	—	25
哈萨克斯坦	39	32 563	—	0.45	—	39	129	0.66	0.35	31	54	1.34	18
波兰	40	25 811	905	0.15	28	74	217	2.36	0.53	7	61	1.45	33
阿根廷	41	35 922	—	0.20	—	75	41	17.8	0.31	8	92	1.21	57
巴拿马	42	14 430	—	0.18	—	44	1	1.07	0.29	1	75	2.10	45
克罗地亚	43	31 752	—	0.15	42	56	166	1.83	0.47	9	58	1.31	22
沙特阿拉伯	44	110 210	—	0.20	—	37	7	3.26	0.27	1	82	0.18	96
哥伦比亚	45	14 915	—	0.08	—	39	9	1.07	0.32	5	75	0.72	38
科威特	46	—	—	—	—	—	1	7.63	0.27	0	98	—	91
智利	47	27 388	—	0.12	—	66	28	2.17	0.35	5	89	0.79	46
马其顿	48	9134	—	—	—	37	8	1.66	0.67	1	59	4.44	17
阿塞拜疆	49	12 176	—	0.04	—	19	1	0.36	0.28	1	53	0.47	27
摩尔多瓦	50	5100	—	1.05	—	38	5	0.68	0.40	8	47	18.65	36
罗马尼亚	51	—	—	0.13	31	57	198	0.95	0.70	11	53	3.00	11
委内瑞拉	52	36 513	—	0.15	—	78	5	2.54	0.32	5	93	—	10
乌兹别克斯坦	53	—	—	0.73	—	10	—	0.46	0.55	—	36	—	31
多米尼加	54	28 728	—	0.07	—	—	8	1.24	0.28	2	69	—	14
亚美尼亚	55	13 189	—	0.11	—	51	0	0.45	0.40	2	64	—	45
巴拉圭	56	—	—	0.24	—	35	2	0.70	0.35	7	61	2.09	64
哥斯达黎加	57	25 521	—	0.10	—	—	470	1.30	0.30	40	64	—	27
巴西	58	23 226	—	0.19	—	—	42	1.04	0.37	11	84	—	18
墨西哥	59	24 093	—	0.10	—	27	319	1.95	0.42	17	78	—	30
博茨瓦纳	60	56 715	—	—	—	7	2	1.06	0.36	0	61	0.25	64
秘鲁	61	29 202	—	0.08	—	43	9	0.69	0.31	7	77	—	42
牙买加	62	13 722	—	0.09	—	29	1	0.79	0.25	1	52	—	27
约旦	63	—	—	0.16	—	40	20	9.35	0.24	3	82	2.77	30
南非	64	24 069	—	0.31	—	—	28	5.00	0.40	4	62	1.11	18
土耳其	65	26 969	—	0.17	51	56	24	1.11	0.52	2	70	0.96	35
厄瓜多尔	66	15 485	—	0.10	—	39	10	0.66	0.35	8	67	1.25	19
伊朗	67	893	—	—	—	—	8	1.23	0.68	4	69	0.70	56
蒙古	68	6139	—	0.38	—	54	—	0.49	0.32	0	68	3.44	96
摩洛哥	69	9565	—	0.13	—	14	28	0.55	0.59	8	57	1.60	23
马来西亚	70	30 778	—	0.19	—	37	2098	2.08	0.47	45	72	1.10	18

附表 1-4-3　2010 年世界综合工业现代化指标数值

国家	编号	制造业劳动生产率	工业劳动力的平均工资	单位工业增加值的能源消耗	开展科技活动的企业比例	大学普及率	人均高技术出口	工业与农业劳动力之比	工业与服务业劳动力之比	高技术产品出口比例	城市人口比例	单位工业增加值的BOD排放量	PM 10平均浓度
萨尔瓦多	71	10 842	—	0.12	—	23	30	1.03	0.37	6	64	—	28
埃及	72	11 443	—	0.25	—	33	1	0.90	0.55	1	43	—	78
中国	73	15 962	395	0.30	12	23	304	0.78	0.83	28	49	2.47	59
阿尔及利亚	74	—	—	0.09	—	29	1	2.83	0.60	1	72	—	69
土库曼斯坦	75	—	—	0.17	—	—	2	—	—	5	48	—	36
突尼斯	76	—	—	0.17	—	36	58	1.86	0.67	5	66	—	23
阿尔巴尼亚	77	12 465	—	0.25	—	44	3	0.50	0.55	1	52	0.77	38
吉尔吉斯斯坦	78	4566	—	0.53	—	42	1	0.46	0.40	1	35	8.81	35
塔吉克斯坦	79	7250	—	0.38	—	23	6	—	—	42	27	6.91	29
玻利维亚	80	4301	—	0.29	—	38	4	0.50	0.46	8	66	1.94	57
缅甸	81	—	—	—	—	—	—	—	0.44	0	32	—	40
菲律宾	82	14 112	—	0.10	—	28	173	0.45	0.29	55	49	1.51	17
泰国	83	21 716	—	0.32	—	50	514	0.54	0.50	24	34	2.59	53
纳米比亚	84	—	—	0.05	—	9	14	0.39	0.22	1	38	—	42
津巴布韦	85	4110	—	0.39	—	6	1	—	—	1	38	—	34
洪都拉斯	86	6219	—	0.21	—	21	3	0.54	0.44	6	52	—	34
尼加拉瓜	87	4101	—	0.17	—	—	1	0.51	0.32	5	57	—	21
越南	88	4205	—	0.46	—	22	46	—	0.56	9	30	7.85	54
肯尼亚	89	—	—	0.25	—	4	2	0.11	0.21	6	24	—	30
斯里兰卡	90	6770	—	0.15	—	16	3	0.74	0.60	1	15	12.19	65
刚果共和国	91	—	—	0.01	—	9	—	0.58	0.49	4	63	—	57
印度尼西亚	92	12 725	—	0.16	—	25	24	0.50	0.46	10	50	2.32	60
赞比亚	93	—	—	0.24	—	—	—	0.10	0.34	1	39	—	27
危地马拉	94	10 116	—	0.06	—	18	14	0.65	0.49	6	49	—	51
毛里塔尼亚	95	—	—	—	—	4	—	—	—	—	41	—	68
科特迪瓦	96	—	—	—	—	8	2	—	—	2	51	—	30
印度	97	—	—	0.45	—	18	8	0.44	0.84	7	31	—	52
巴基斯坦	98	3632	—	0.61	—	8	2	0.47	0.55	2	36	1.93	91
莱索托	99	—	—	—	—	11	—	—	—	0	27	4.02	38
柬埔寨	100	1977	—	0.37	—	14	—	0.30	0.55	0	20	2.08	42
喀麦隆	101	—	—	—	—	11	1	0.24	0.37	5	52	—	59
厄立特里亚	102	—	—	0.02	—	2	—	—	—	—	21	4.40	61
叙利亚	103	—	—	—	—	26	2	2.29	0.62	1	56	2.28	54
加纳	104	1872	—	0.31	—	12	—	0.37	0.36	2	51	—	22
乍得	105	—	—	—	—	2	—	—	—	—	22	—	83
莫桑比克	106	—	—	0.79	—	5	—	—	—	1	31	—	22
几内亚	107	2299	—	—	—	10	—	—	—	0	35	—	55
也门共和国	108	—	—	0.14	—	11	—	0.76	0.33	0	32	2.07	34
巴布亚新几内亚	109	—	—	—	—	—	2	—	0.16	19	12	—	16
海地	110	—	—	—	—	—	—	0.13	0.39	2	52	—	35
尼泊尔	111	—	—	0.21	—	14	—	—	—	1	17	—	27
塞内加尔	112	—	—	0.14	—	8	1	—	—	1	42	1.99	77
塞拉利昂	113	—	—	—	—	—	—	—	—	28	39	—	36
刚果民主共和国	114	—	—	1.80	—	8	—	—	—	—	34	—	35
老挝	115	—	—	—	—	16	—	0.04	0.32	—	33	—	45
马拉维	116	—	—	—	—	1	—	—	—	1	16	30.11	29
多哥	117	—	—	0.08	—	9	—	—	—	0	38	—	27
马达加斯加	118	—	—	—	—	4	—	0.05	0.23	1	32	45.33	28
马里	119	—	—	—	—	7	—	—	—	2	34	—	111
尼日利亚	120	10 430	—	0.11	—	—	—	—	—	1	49	—	38
孟加拉国	121	2577	—	0.24	—	13	—	0.30	0.39	0	28	11.36	115
坦桑尼亚	122	3640	—	—	—	2	1	—	—	3	26	3.17	19
贝宁	123	3033	—	0.07	—	12	—	—	—	0	44	—	48
尼日尔	124	—	—	—	—	1	—	0.20	0.36	7	18	—	96
安哥拉	125	—	—	0.03	—	7	—	—	—	—	58	—	58
乌干达	126	1575	—	—	—	9	—	0.06	0.19	2	15	0.53	10
中非	127	—	—	—	—	—	—	—	—	1	39	—	35
布基纳法索	128	—	—	—	—	4	—	0.04	0.25	8	26	—	65
埃塞俄比亚	129	1847	—	0.24	—	—	—	0.08	0.51	3	17	6.70	47
布隆迪	130	—	—	—	—	3	—	—	—	8	11	—	24
卢旺达	131	2871	—	—	—	6	—	0.05	0.23	6	19	—	21
高收入国家		—	—	—	—	73	899	6.25	0.29	17	80	—	22
中等收入国家		—	—	—	—	25	130	0.66	0.67	19	48	—	48
低收入国家		—	—	—	—	8	—	—	—	3	27	—	54
世界平均		—	—	—	—	29	258	0.79	0.54	18	52	—	41
参考值		92 394	3595	0.13	56.5	72.8	899	6.25	0.29	17.3	79.7	0.39	22.1

附表 1-4-4　1990～2010 年世界综合工业现代化指数和排名

国家	编号	指数				排名			
		1990	2000	2005	2010	1990	2000	2005	2010
瑞典	1	90	97	94	98	9	5	5	1
美国	2	98	98	94	92	1	2	3	12
芬兰	3	84	96	93	91	13	9	8	15
澳大利亚	4	72	81	83	85	17	19	17	18
瑞士	5	92	94	94	95	6	12	4	6
挪威	6	90	91	93	96	10	15	7	4
日本	7	92	96	93	95	8	7	6	7
丹麦	8	95	98	95	98	4	3	1	2
德国	9	—	92	91	91	—	13	11	14
荷兰	10	93	95	89	93	5	10	12	11
加拿大	11	95	97	—	93	3	6	—	9
新加坡	12	82	100	—	88	14	1	—	17
英国	13	92	98	92	94	7	4	9	8
法国	14	97	96	91	93	2	8	10	10
比利时	15	—	91	87	92	—	16	14	13
奥地利	16	87	92	86	89	11	14	16	16
新西兰	17	67	64	67	68	19	24	23	26
韩国	18	72	83	86	84	18	18	15	19
以色列	19	78	89	89	97	16	17	13	3
意大利	20	80	80	78	81	15	20	18	20
爱尔兰	21	86	94	95	95	12	11	2	5
西班牙	22	66	75	74	79	20	21	19	21
爱沙尼亚	23	—	60	60	70	—	30	26	25
斯洛文尼亚	24	45	57	58	63	30	31	31	30
乌拉圭	25	46	43	45	39	29	46	46	54
俄罗斯	26	—	61	39	47	—	27	56	49
斯洛伐克	27	—	45	53	65	—	42	38	28
希腊	28	44	62	64	66	31	25	24	27
匈牙利	29	—	61	68	72	—	28	22	24
捷克	30	41	50	61	72	35	37	25	23
葡萄牙	31	46	60	60	60	28	29	27	32
白俄罗斯	32	—	69	70	49	—	23	20	46
拉脱维亚	33	—	48	49	56	—	40	40	36
立陶宛	34	57	44	59	62	23	43	29	31
格鲁吉亚	35	—	36	47	19	—	56	42	79
乌克兰	36	—	39	57	42	—	52	34	52
保加利亚	37	—	41	43	53	—	49	50	40
黎巴嫩	38	—	54	54	59	—	35	37	35
哈萨克斯坦	39	—	40	50	50	—	51	39	43
波兰	40	38	42	44	51	37	48	47	42
阿根廷	41	—	55	58	60	—	34	32	34
巴拿马	42	—	31	40	26	—	62	53	70
克罗地亚	43	48	43	55	54	26	47	35	39
沙特阿拉伯	44	26	35	37	38	42	59	58	56
哥伦比亚	45	51	56	43	50	25	32	49	44
科威特	46	32	36	—	—	41	57	—	—
智利	47	54	50	—	56	24	38	—	37
马其顿	48	—	36	37	30	—	58	57	64
阿塞拜疆	49	—	—	—	18	—	—	—	83
摩尔多瓦	50	—	23	33	32	—	70	61	62
罗马尼亚	51	24	31	48	49	45	61	41	45
委内瑞拉	52	57	50	—	56	22	36	—	38
乌兹别克斯坦	53	—	—	—	—	—	—	—	—
多米尼加	54	—	—	—	—	—	—	—	—
亚美尼亚	55	—	44	42	27	—	45	52	68
巴拉圭	56	20	21	32	30	46	73	63	65
哥斯达黎加	57	—	—	58	—	—	—	33	—
巴西	58	43	—	58	63	32	—	30	29
墨西哥	59	41	62	60	60	33	26	28	33
博茨瓦纳	60	—	17	19	16	—	77	73	85
秘鲁	61	—	—	42	38	—	—	51	57
牙买加	62	—	21	33	23	—	72	62	75
约旦	63	35	37	40	47	39	53	54	50
南非	64	32	49	54	52	40	39	36	41
土耳其	65	36	41	43	48	38	50	48	48
厄瓜多尔	66	41	—	—	39	34	—	—	55
伊朗	67	—	—	—	—	—	—	—	—
蒙古	68	—	18	36	—	—	76	60	—
摩洛哥	69	—	24	24	27	—	68	69	69
马来西亚	70	64	73	70	72	21	22	21	22

附表 1-4-4　1990～2010 年世界综合工业现代化指数和排名

国家	编号	指数				排名			
		1990	2000	2005	2010	1990	2000	2005	2010
萨尔瓦多	71	—	30	36	33	—	63	59	60
埃及	72	—	22	30	21	—	71	66	77
中国	73	13	30	31	34	52	64	64	59
阿尔及利亚	74	25	27	30	31	44	66	65	63
土库曼斯坦	75	—	—	—	—	—	—	—	—
突尼斯	76	26	37	46	42	43	55	44	53
阿尔巴尼亚	77	—	12	30	23	—	86	67	76
吉尔吉斯斯坦	78	—	37	40	19	—	54	55	80
塔吉克斯坦	79	—	24	—	25	—	69	—	72
玻利维亚	80	—	44	—	33	—	44	—	61
缅甸	81	14	—	—	—	51	—	—	—
菲律宾	82	47	56	46	46	27	33	43	51
泰国	83	39	45	45	48	36	41	45	47
纳米比亚	84	—	14	23	13	—	81	70	88
津巴布韦	85	18	—	—	16	47	—	—	84
洪都拉斯	86	—	29	—	28	—	65	—	67
尼加拉瓜	87	—	—	—	—	—	—	—	—
越南	88	—	18	18	29	—	75	74	66
肯尼亚	89	—	11	11	14	—	87	80	86
斯里兰卡	90	15	—	—	12	50	—	—	89
刚果共和国	91	—	—	—	19	—	—	—	81
印度尼西亚	92	16	26	28	35	48	67	68	58
赞比亚	93	—	5	—	—	—	98	—	—
危地马拉	94	—	33	—	25	—	60	—	73
毛里塔尼亚	95	—	—	—	—	—	—	—	—
科特迪瓦	96	—	19	—	20	—	74	—	78
印度	97	16	17	21	24	49	78	72	74
巴基斯坦	98	8	—	11	11	56	—	82	90
莱索托	99	—	8	—	—	—	90	—	—
柬埔寨	100	—	5	10	—	—	99	84	—
喀麦隆	101	12	14	15	18	54	83	77	82
厄立特里亚	102	—	—	—	—	—	—	—	—
叙利亚	103	—	—	22	26	—	—	71	71
加纳	104	—	—	18	—	—	—	75	—
乍得	105	—	—	—	—	—	—	—	—
莫桑比克	106	—	6	8	—	—	96	88	—
几内亚	107	—	—	9	—	—	—	85	—
也门共和国	108	—	—	14	—	—	—	78	—
巴布亚新几内亚	109	—	16	—	—	—	79	—	—
海地	110	—	—	—	—	—	—	—	—
尼泊尔	111	—	12	—	—	—	85	—	—
塞内加尔	112	—	2	14	13	—	101	79	87
塞拉利昂	113	—	8	—	—	—	91	—	—
刚果民主共和国	114	—	—	—	—	—	—	—	—
老挝	115	—	—	—	—	—	—	—	—
马拉维	116	5	3	4	—	57	100	93	—
多哥	117	—	—	—	—	—	—	—	—
马达加斯加	118	13	10	9	—	53	88	87	—
马里	119	—	7	—	—	—	92	—	—
尼日利亚	120	—	15	—	—	—	80	—	—
孟加拉国	121	9	7	11	—	55	94	81	—
坦桑尼亚	122	—	6	7	8	—	97	90	91
贝宁	123	—	14	16	—	—	84	76	—
尼日尔	124	—	—	4	—	—	—	92	—
安哥拉	125	—	—	—	—	—	—	—	—
乌干达	126	—	14	—	—	—	82	—	—
中非	127	—	9	—	—	—	89	—	—
布基纳法索	128	—	7	7	—	—	93	89	—
埃塞俄比亚	129	—	2	7	—	—	102	91	—
布隆迪	130	—	6	9	—	—	95	86	—
卢旺达	131	—	—	10	—	—	—	83	—
高收入国家		—	100	100	100				
中等收入国家		—	33	37	40				
低收入国家		—	33	—	—				
世界平均		—	46	47	48				

附表 1-5-1　2000～2010 年中国地区工业现代化指数

国家	编号	2010						2000				
		工业效率指数	工业质量指数	工业转型指数	工业环境指数	工业现代化指数	排名	工业效率与质量指数	工业转型指数	工业环境指数	工业现代化指数	排名
北京	1	18	75	70	93	54	3	26	59	54	44	2
天津	2	26	63	82	84	58	2	17	51	31	30	3
河北	3	12	13	26	40	20	17	7	16	11	10	15
山西	4	13	13	36	40	22	14	7	17	14	12	13
内蒙古	5	25	13	37	45	27	10	8	8	15	10	17
辽宁	6	18	19	37	48	28	8	13	20	20	17	6
吉林	7	19	13	26	37	22	15	10	10	9	10	16
黑龙江	8	17	14	23	35	21	16	11	18	15	15	8
上海	9	25	64	96	93	62	1	22	75	58	46	1
江苏	10	19	54	55	57	42	4	10	31	26	20	4
浙江	11	17	33	61	56	37	6	9	38	21	19	5
安徽	12	13	14	21	36	19	20	6	11	11	9	19
福建	13	17	28	35	60	32	7	9	19	19	15	9
江西	14	15	13	22	32	19	19	6	10	7	8	27
山东	15	17	20	37	48	28	9	8	17	16	13	10
河南	16	14	11	24	34	19	23	6	11	9	9	21
湖北	17	14	18	24	40	22	13	10	17	14	13	11
湖南	18	13	16	19	33	19	22	7	9	9	8	23
广东	19	20	48	48	67	42	5	10	25	19	17	7
广西	20	13	12	16	27	16	27	7	7	6	7	29
海南	21	13	16	8	39	16	28	8	4	16	8	26
重庆	22	14	15	30	45	23	11	7	13	6	8	24
四川	23	13	11	19	30	17	25	6	9	7	7	28
贵州	24	9	9	11	42	14	31	5	6	6	6	30
云南	25	12	12	13	30	15	30	7	7	12	9	20
西藏	26	12	11	7	62	15	29	6	4		5	31
陕西	27	15	18	26	38	23	12	8	11	7	8	22
甘肃	28	12	14	15	29	16	26	7	8	8	8	25
青海	29	12	12	25	27	18	24	8	12	15	11	14
宁夏	30	11	17	24	29	19	21	8	12	10	10	18
新疆	31	19	14	16	33	19	18	13	8	17	12	12
中国		23	29	25	40	29		8	15	14	12	
高收入国家		100	100	100	100	100		100	100	100	100	

注：(1) 由于统计数据不全，2000 年的中国地区评价采用简化模型，即从工业效率与质量、工业转型和工业环境三个方面进行；(2) 具体数据指标的说明详见附表 1-5-3 的注释。

附表 1-5-2　2010 年中国地区工业现代化指标指数

地区	编号	工业劳动生产率	制造业劳动力的平均工资	单位工业增加值的能源消耗	开展科技活动的企业比例	受高等教育的人口比例	人均高技术出口	工业与农业劳动力之比	工农业增加值之比	人均制造业增加值	互联网普及率	单位工业增加值的BOD排放量	污水处理率
北京	1	22	15	16	44	95	86	68	100	43	99	100	81
天津	2	40	13	25	36	53	100	45	100	100	75	100	78
河北	3	15	9	13	10	22	5.6	14	25	41	45	28	47
山西	4	21	8	10	10	26	1.5	11	56	40	52	22	47
内蒙古	5	55	9	11	6	31	0.9	6	35	70	44	40	51
辽宁	6	30	10	15	7	36	13.9	13	36	62	63	28	53
吉林	7	30	10	18	7	30	1.1	8	26	44	46	20	45
黑龙江	8	27	8	17	14	27	0.5	7	24	37	42	27	36
上海	9	37	16	23	26	67	100	100	100	87	92	100	86
江苏	10	18	10	28	30	33	100	39	51	75	61	49	61
浙江	11	13	9	28	41	28	30.7	48	63	71	77	34	59
安徽	12	10	9	21	19	20	1.0	12	22	28	32	32	44
福建	13	16	8	26	19	25	39.3	21	33	53	73	52	55
江西	14	13	8	25	11	21	7.1	13	25	29	29	25	41
山东	15	20	8	21	12	26	20.9	15	35	60	50	41	52
河南	16	13	8	20	12	19	0.8	10	24	39	36	26	39
湖北	17	15	9	16	19	29	7.3	16	22	36	48	27	46
湖南	18	15	9	15	23	23	1.1	7	19	29	39	23	37
广东	19	20	10	30	19	25	100	22	60	63	79	57	65
广西	20	13	8	18	16	18	1.5	6	16	26	36	5	38
海南	21	19	8	13	21	24	2.1	4	6	14	50	36	31
重庆	22	14	10	19	16	26	3.2	14	38	39	49	29	56
四川	23	13	9	16	6	20	5.5	9	21	28	35	20	35
贵州	24	11	9	7	11	16	0.2	4	17	13	28	65	34
云南	25	15	9	12	18	18	0.5	4	17	17	32	21	37
西藏	26	15	8		16	17	0.2	3	14	4	40	83	
陕西	27	20	8	19	16	32	5.8	9	33	37	49	26	39
甘肃	28	16	9	10	18	23	0.4	5	20	19	35	25	26
青海	29	20	9	8	10	26	0.0	9	33	33	48	10	22
宁夏	30	17	9	6	22	28	0.9	11	31	31	40	5	43
新疆	31	38	10	10	9	32	0.5	4	14	30	54	9	36
中国		15	9	43	20	27	40	13	28	36	49	25	47
高收入国家		100	100	100	100	100	100	100	100	100	100	100	100

附表 1-5-3　2010 年中国地区工业现代化指标数值

地区	编号	工业劳动生产率	制造业劳动力的平均工资	单位工业增加值的能源消耗	开展科技活动的企业比例	受高等教育的人口比例	人均高技术出口	工业与农业劳动力之比	工农业增加值之比	人均制造业增加值	互联网普及率	单位工业增加值的BOD排放量	污水处理率
北京	1	18 147	595	0.80	24.9	31.5	773	4.24	27.2	2082	69	0.10	71
天津	2	33 487	523	0.52	20.7	17.5	1135	2.81	33.2	5035	53	0.31	68
河北	3	12 542	343	1.00	5.7	7.3	50.7	0.86	4.2	1964	31	1.38	41
山西	4	17 563	312	1.30	5.7	8.7	13.3	0.69	9.4	1927	37	1.78	41
内蒙古	5	45 615	370	1.16	3.6	10.2	7.8	0.36	5.8	3359	31	0.97	45
辽宁	6	25 131	395	0.85	9.0	12.0	124.6	0.84	6.1	2967	44	1.37	47
吉林	7	24 995	383	0.73	4.2	9.9	9.5	0.51	4.3	2114	32	1.97	39
黑龙江	8	22 783	329	0.76	8.1	9.1	4.6	0.44	4.0	1777	30	1.46	32
上海	9	30 691	642	0.56	14.9	22.0	3646	9.57	63.2	4194	65	0.20	74
江苏	10	15 002	396	0.46	17.2	10.8	1613	2.42	8.6	3620	43	0.80	53
浙江	11	11 034	365	0.46	23.1	9.3	275.7	3.02	10.5	3435	54	1.16	51
安徽	12	8396	360	0.62	11.1	6.7	9.1	0.74	3.7	1342	23	1.21	38
福建	13	13 619	328	0.51	10.6	8.4	353.3	1.28	5.5	2562	51	0.75	48
江西	14	11 060	315	0.52	6.5	6.8	63.4	0.79	4.2	1421	20	1.56	36
山东	15	17 051	342	0.63	6.8	8.7	188.3	0.92	5.9	2908	35	0.94	45
河南	16	11 142	318	0.65	6.8	6.4	7.4	0.65	4.1	1878	26	1.51	34
湖北	17	12 637	378	0.81	10.9	9.5	65.8	0.99	3.6	1736	33	1.44	40
湖南	18	12 599	353	0.85	13.1	7.6	10.2	0.46	3.2	1418	27	1.73	32
广东	19	16 846	385	0.44	10.9	8.2	1715	1.36	10.1	3040	55	0.69	57
广西	20	10 757	322	0.73	9.2	6.0	13.1	0.39	2.7	1239	25	7.39	33
海南	21	15 736	330	0.97	12.0	7.8	18.6	0.24	1.1	656	35	1.09	27
重庆	22	11 587	393	0.68	9.0	8.6	28.8	0.88	6.4	1893	35	1.34	49
四川	23	11 104	352	0.84	3.3	6.7	49.7	0.54	3.5	1365	24	1.96	30
贵州	24	9329	362	1.91	6.2	5.3	2.1	0.24	2.9	645	20	0.60	29
云南	25	12 445	351	1.07	10.3	5.8	4.2	0.23	2.9	837	22	1.88	32
西藏	26	12 481	332		8.9	5.5	1.7	0.21	2.4	196	28	0.47	
陕西	27	16 491	320	0.70	9.0	10.6	52.3	0.57	5.5	1804	34	1.51	34
甘肃	28	13 555	347	1.24	10.1	7.5	3.8	0.30	3.3	926	25	1.54	23
青海	29	16 565	350	1.53	6.0	8.6	0.2	0.54	5.5	1610	34	4.07	19
宁夏	30	14 187	364	2.24	12.3	9.2	7.8	0.67	5.2	1508	28	7.59	37
新疆	31	31 961	389	1.35	5.0	10.6	4.4	0.27	2.4	1464	38	4.25	32
中国		12 685	380.55	0.30	11.5	8.9	359	0.78	4.6	1734	34	1.57	41
高收入国家		83 696	4027	0.13	57.0	33.0	899	6.25	16.8	4825	70	0.39	87
参考值		83 696	4027	0.13	57.0	33.0	899	6.25	16.8	4825	70	0.39	87

注:(1) 开展科技活动的企业比例采用《中国统计年鉴 2012》年的数据(2011 年的值),企业为规模上企业。

(2) 鉴于数据的可获取性,用"受高等教育的人口比例"指标代替"受高等教育的劳动力比例",附表 1-5-4,1-5-5 同。

(3) 人均制造业增加值指标,用各省工业增加值(采矿业、制造业和公共事业)的数据 * 70% 换算制造业增加值,可能会有一定的误差;70% 是根据最近几年各省制造业增加值占工业增加值(采矿业、制造业和公共事业)的比例计算平均得到。其他指标的工业增加值指第二产业增加值。附表 1-5-4,1-5-5 同。

(4) 世界工业有机废水数据为工业废水生化需氧量(BOD),中国地区数据为工业废水化学需氧量(COD),由于数据换算的原因,中国地区的单位工业增加值的 BOD 排放量指标略有偏高。附表 1-5-4,1-5-5 同。

附表 1-5-4 2000 年中国地区工业现代化指标指数

地区	编号	工业劳动生产率	制造业劳动力的平均工资	受高等教育的人口比例	工业与农业劳动力之比	工农业增加值之比	人均制造业增加值	单位工业增加值的BOD排放量	污水处理率
北京	1	12	7.1	60	94	70	12	51	56
天津	2	13	5.6	32	63	74	17	11	52
河北	3	7	3.5	10	19	21	8	4	17
山西	4	6	3.0	12	15	31	5	3	26
内蒙古	5	8	3.0	14	8	11	4	2	28
辽宁	6	13	4.1	22	19	31	11	7	33
吉林	7	10	4.0	18	11	13	5	3	16
黑龙江	8	14	3.5	17	10	35	10	8	23
上海	9	19	8.4	39	100	100	26	28	88
江苏	10	11	4.5	14	54	29	12	9	42
浙江	11	10	5.3	11	67	32	14	7	35
安徽	12	6	3.2	8	16	12	4	6	17
福建	13	11	4.7	11	28	18	10	12	26
江西	14	6	3.2	9	18	10	3	5	9
山东	15	10	3.5	12	20	22	9	6	26
河南	16	6	3.0	10	14	14	5	4	14
湖北	17	12	3.4	14	22	21	7	6	22
湖南	18	7	3.7	10	10	12	4	3	15
广东	19	12	6.1	13	30	32	11	13	25
广西	20	7	3.9	9	9	9	3	1	12
海南	21	8	4.1	11	5	3	2	5	28
重庆	22	7	3.8	10	20	15	4	3	9
四川	23	7	3.8	9	12	12	4	2	11
贵州	24	5	3.8	7	5	10	2	9	4
云南	25	10	4.8	7	5	13	4	5	18
西藏	26	10	3.8	5	5	5	1	13	
陕西	27	6	3.6	15	13	17	3	3	10
甘肃	28	7	4.0	10	7	15	3	6	11
青海	29	9	3.7	12	12	20	4	22	9
宁夏	30	6	3.9	13	15	17	4	1	19
新疆	31	16	4.0	18	6	14	5	3	31
中国		7	4.3	13	17	21	7	5	22
高收入国家		100	100	100	100	100	100	100	100

附表 1-5-5　2000 年中国地区工业现代化指标数值

地区	编号	工业劳动生产率	制造业劳动力的平均工资	受高等教育的人口比例	工业与农业劳动力之比	工农业增加值之比	人均制造业增加值	单位工业增加值的BOD排放量	污水处理率
北京	1	5652	145.2	16.8	4.24	10.49	456	0.91	42
天津	2	5939	115.2	9.0	2.81	11.15	631	4.14	39
河北	3	3537	71.0	2.7	0.86	3.10	282	11.4	13
山西	4	2828	62.7	3.4	0.69	4.60	181	15.7	19
内蒙古	5	4013	61.7	3.8	0.36	1.59	162	20.1	21
辽宁	6	5937	84.3	6.2	0.84	4.66	422	6.55	25
吉林	7	4685	81.6	4.9	0.51	2.01	203	14.2	12
黑龙江	8	6498	72.9	4.8	0.44	5.23	381	5.94	17
上海	9	9064	173.0	10.9	9.57	26.0	988	1.68	66
江苏	10	5067	92.4	3.9	2.42	4.30	437	5.25	32
浙江	11	4612	108.4	3.2	3.02	4.79	521	6.67	26
安徽	12	2941	66.6	2.3	0.74	1.77	155	7.87	12
福建	13	5078	97.3	3.0	1.28	2.67	358	3.80	19
江西	14	3032	65.0	2.6	0.79	1.44	110	10.2	7
山东	15	4653	71.5	3.3	0.92	3.35	348	7.93	20
河南	16	2984	61.5	2.7	0.65	2.08	190	11.7	10
湖北	17	5581	70.4	3.9	0.99	3.21	267	7.34	16
湖南	18	3479	75.8	2.9	0.46	1.86	162	14.2	11
广东	19	5812	126.0	3.6	1.36	4.87	420	3.59	19
广西	20	3514	79.4	2.4	0.39	1.39	117	69.2	9
海南	21	3867	85.2	3.2	0.24	0.52	71	9.9	21
重庆	22	3162	77.6	2.8	0.88	2.32	144	13.9	7
四川	23	3199	78.2	2.5	0.54	1.80	141	22.5	9
贵州	24	2473	78.5	1.9	0.24	1.43	75	5.43	3
云南	25	4840	97.7	2.0	0.23	1.93	138	9.1	14
西藏	26	4564	78.8	1.3	0.21	0.75	33	3.53	—
陕西	27	2955	74.0	4.1	0.57	2.62	129	13.7	7
甘肃	28	3253	83.1	2.7	0.30	2.27	108	7.65	8
青海	29	4316	76.2	3.3	0.54	2.96	131	2.13	6
宁夏	30	2917	80.0	3.7	0.67	2.61	140	52.7	14
新疆	31	7646	82.6	5.1	0.27	2.04	185	17.8	23
中国		3432	88.1	3.6	0.78	3.20	264	9.3	17
高收入国家		47 401	2057	28	4.50	15	3733	0.47	75
参考值		47 401	2057	28	4.50	15	3733	0.47	75

附录二 世界现代化水平评价的数据集

附表 2-1-1	2012 年世界现代化水平	395
附表 2-1-2	2012 年根据第二次现代化指数的国家分组	397
附表 2-2-1	2012 年世界第一次现代化指数	399
附表 2-2-2	2012 年世界第一次现代化评价指标	401
附表 2-2-3	2012 年世界第一次现代化发展阶段	403
附表 2-2-4	世界第一次现代化指数的增长率和预期完成时间	405
附表 2-2-5	1950～2012 年世界第一次现代化指数	407
附表 2-2-6	1950～2012 年世界第一次现代化指数的排名	409
附表 2-3-1	2012 年世界第二次现代化指数	411
附表 2-3-2	2012 年世界知识创新指数	413
附表 2-3-3	2012 年世界知识传播指数	415
附表 2-3-4	2012 年世界生活质量指数	417
附表 2-3-5	2012 年世界经济质量指数	419
附表 2-3-6	2012 年世界第二次现代化发展阶段	421
附表 2-3-7	1970～2012 年世界第二次现代化指数	423
附表 2-3-8	1970～2012 年世界第二次现代化指数的排名	425
附表 2-4-1	2012 年世界综合现代化指数	427
附表 2-4-2	2012 年世界经济发展指数	429
附表 2-4-3	2012 年世界社会发展指数	431
附表 2-4-4	2012 年世界知识发展指数	433
附表 2-4-5	1980～2012 年世界综合现代化指数	435
附表 2-4-6	1980～2012 年世界综合现代化指数的排名	437

附表 2-1-1　2012 年世界现代化水平

国家	编号	人口/100万	第一次现代化 指数	排名[a]	阶段[b]	第二次现代化 指数	排名	阶段[c]	综合现代化 指数	排名	国家阶段[d]	国家分组[e]
瑞典	1	10	100	1	4	106	1	2	99	2	6	1
美国	2	314	100	1	4	105	2	2	95	9	6	1
芬兰	3	5	100	1	4	104	4	2	98	4	6	1
澳大利亚	4	23	100	1	4	96	10	1	94	12	5	1
瑞士	5	8	100	1	4	94	14	2	96	7	6	1
挪威	6	5	100	1	4	93	16	1	91	17	5	1
日本	7	128	100	1	4	102	6	1	96	6	5	1
丹麦	8	6	100	1	4	104	3	2	99	1	6	1
德国	9	80	100	1	4	96	9	1	95	8	5	1
荷兰	10	17	100	1	4	100	7	2	98	3	6	1
加拿大	11	35	100	1	4	93	17	2	92	15	6	1
新加坡	12	5	100	1	4	103	5	2	94	11	6	1
英国	13	64	100	1	4	92	18	2	90	18	6	1
法国	14	66	100	1	4	94	12	2	92	14	6	1
比利时	15	11	100	1	4	98	8	2	97	5	6	1
奥地利	16	8	100	1	4	94	13	1	94	10	5	1
新西兰	17	4	100	1	4	86	20	1	86	19	5	1
韩国	18	50	100	1	4	95	11	1	85	20	5	1
以色列	19	8	100	1	4	91	19	1	91	16	5	1
意大利	20	60	100	1	4	75	23	1	82	22	5	2
爱尔兰	21	5	100	1	4	93	15	2	93	13	6	1
西班牙	22	47	100	1	4	77	22	2	82	21	6	2
爱沙尼亚	23	1	100	1	4	70	25	1	74	27	5	2
斯洛文尼亚	24	2	100	1	4	80	21		79	23	4	1
乌拉圭	25	3	100	1	3	50	40		63	37	3	2
俄罗斯	26	143	100	1	4	59	31		61	38	4	2
斯洛伐克	27	5	100	1	4	56	38		63	36	4	2
希腊	28	11	100	1	3	69	26		74	26	3	2
匈牙利	29	10	100	1	4	69	27	1	71	28	5	2
捷克	30	11	100	1	4	68	29		74	24	5	2
葡萄牙	31	11	100	1	4	71	24	1	74	25	5	2
白俄罗斯	32	9	98	51	3	49	41		54	45	3	2
拉脱维亚	33	2	100	1	4	57	37		64	34	4	2
立陶宛	34	3	100	1	4	60	30	1	71	29	5	2
格鲁吉亚	35	4	90	76	2	33	74		41	69	2	3
乌克兰	36	46	95	63	3	44	50		51	50	3	3
保加利亚	37	7	99	50	3	46	48		54	47	3	2
黎巴嫩	38	4	100	1	3	58	35		57	41	3	2
哈萨克斯坦	39	17	100	1	4	44	54		49	54	3	2
波兰	40	39	100	1	4	58	36		63	35	4	2
阿根廷	41	41	100	1	4	58	33		69	30	4	2
巴拿马	42	4	100	1	3	43	55		50	51	3	3
克罗地亚	43	4	100	1	4	58	34		65	33	4	2
沙特阿拉伯	44	28	98	52	4	58	32		53	48	4	2
哥伦比亚	45	48	99	49	3	41	57		50	52	3	3
科威特	46	3	99	48	4	68	28	1	67	31	5	2
智利	47	17	100	1	4	52	39		60	39	4	2
马其顿	48	2	96	59	3	40	59		48	56	3	3
阿塞拜疆	49	9	92	67	3	34	72		39	73	3	3
摩尔多瓦	50	4	91	72	3	35	69		43	66	3	3
罗马尼亚	51	20	100	1	3	44	52		49	55	3	3
委内瑞拉	52	30	100	1	4	44	51		66	32	4	3
乌兹别克斯坦	53	30	79	89	2	30	85		30	89	2	4
多米尼加	54	10	96	56	3	48	44		57	42	3	3
亚美尼亚	55	3	89	77	2	38	64		45	61	2	3
巴拉圭	56	7	92	70	3	30	84		43	65	3	4
哥斯达黎加	57	5	100	1	3	48	42		54	44	3	3
巴西	58	199	100	1	3	46	47		55	43	3	3
墨西哥	59	121	100	1	4	39	62		49	53	4	3
博茨瓦纳	60	2	83	86	3	31	82		33	84	3	3
秘鲁	61	30	97	53	3	38	66		46	58	3	3
牙买加	62	3	96	57	3	37	67		43	63	3	3
约旦	63	6	96	60	4	45	49		54	46	4	3
南非	64	52	93	66	4	40	58		40	72	4	3
土耳其	65	74	100	1	3	47	46		58	40	3	3
厄瓜多尔	66	15	96	55	3	35	71		45	60	3	3
伊朗	67	76	97	54	3	44	53		46	59	3	3
蒙古	68	3	92	69	2	32	76		41	70	2	3
摩洛哥	69	33	86	81	3	32	77		36	78	3	3
马来西亚	70	29	100	1	3	48	43		53	49	3	3

附表 2-1-1 2012 年世界现代化水平

国家	编号	人口/100万	第一次现代化			第二次现代化			综合现代化		国家阶段[d]	国家分组[e]
			指数	排名[a]	阶段[b]	指数	排名	阶段[c]	指数	排名		
萨尔瓦多	71	6	95	64	3	31	78		39	74	3	3
埃及	72	81	92	71	3	33	75		42	68	3	3
中国	73	1351	96	58	3	42	56		44	62	3	3
阿尔及利亚	74	38	95	62	3	31	79		38	75	3	3
土库曼斯坦	75	5	88	78	3	29	87		36	77	3	4
突尼斯	76	11	95	61	3	40	61		43	64	3	3
阿尔巴尼亚	77	3	90	75	2	38	65		42	67	2	3
吉尔吉斯斯坦	78	6	85	82	2	28	89		32	87	2	4
塔吉克斯坦	79	8	76	90	2	23	104		24	102	2	4
玻利维亚	80	10	85	83	3	29	86		33	83	3	4
缅甸	81	53	73	92	1	28	90		25	99	1	3
菲律宾	82	97	91	73	2	31	81		36	76	3	3
泰国	83	67	87	79	3	36	68		35	79	3	3
纳米比亚	84	2	83	85	3	40	60		33	81	3	3
津巴布韦	85	14	69	97	3	21	107		21	108	3	4
洪都拉斯	86	8	90	74	3	26	94		33	85	3	4
尼加拉瓜	87	6	86	80	2	33	73		40	71	2	3
越南	88	89	81	88	2	39	63		33	82	2	3
肯尼亚	89	43	55	115	1	24	102		23	104	1	4
斯里兰卡	90	20	82	87	2	35	70		32	88	2	3
刚果共和国	91	4	70	94	3	31	80		26	95	3	3
印度尼西亚	92	247	83	84	3	27	92		28	92	3	4
赞比亚	93	14	57	113	2	16	126		18	113	2	4
危地马拉	94	15	92	68	3	27	93		32	86	3	3
毛里塔尼亚	95	4	59	110	2	21	106		17	117	2	4
科特迪瓦	96	20	53	119	2	13	130		17	116	2	4
印度	97	1237	75	91	2	25	96		25	100	2	4
巴基斯坦	98	179	67	102	2	20	114		22	105	2	4
莱索托	99	2	69	98	3	17	123		26	94	3	4
柬埔寨	100	15	64	106	1	19	117		17	115	1	4
喀麦隆	101	22	70	96	2	24	101		27	93	2	4
厄立特里亚	102	6	65	105	2	25	97		25	101	2	4
叙利亚	103	22	94	65	3	48	45		47	57	3	3
加纳	104	25	68	100	2	25	98		26	98	2	4
乍得	105	12	40	130	0	18	121		11	130	0	4
莫桑比克	106	25	49	121	1	14	129		15	123	1	4
几内亚	107	11	51	120	2	20	116		14	124	2	4
也门共和国	108	24	70	95	3	30	83		29	90	3	3
巴布亚新几内亚	109	7	47	123	1	24	103		13	125	1	4
海地	110	10	63	108	1	17	122		34	80	1	4
尼泊尔	111	27	68	101	1	24	100		19	112	1	4
塞内加尔	112	14	66	103	2	26	95		26	96	2	4
塞拉利昂	113	6	42	128	0	12	131		17	118	0	4
刚果民主共和国	114	66	60	109	1	19	118		21	107	1	4
老挝	115	7	64	107	1	27	91		18	114	2	4
马拉维	116	16	46	124	1	21	109		12	129	1	4
多哥	117	7	57	112	1	20	113		20	110	1	4
马达加斯加	118	22	55	116	1	20	115		19	111	1	4
马里	119	15	46	125	1	21	108		20	109	1	4
尼日利亚	120	169	65	104	2	22	105		26	97	2	4
孟加拉国	121	155	70	93	2	20	111		22	106	2	4
坦桑尼亚	122	48	54	118	1	18	120		16	120	1	4
贝宁	123	10	58	111	1	24	99		23	103	1	4
尼日尔	124	17	39	131	1	20	112		12	128	1	4
安哥拉	125	21	69	99	3	29	88		28	91	3	4
乌干达	126	36	55	114	1	20	110		17	119	1	4
中非	127	5	44	127	0	17	124		15	122	0	4
布基纳法索	128	16	42	129	0	16	125		13	126	0	4
埃塞俄比亚	129	92	46	126	1	16	127		12	127	1	4
布隆迪	130	10	49	122	1	15	128		11	131	1	4
卢旺达	131	11	55	117	1	18	119		16	121	1	4
高收入国家[f]	132	1050	100		4	100		2	100		6	
中等收入国家	133	4914	92		3	33			36		3	
低收入国家	134	830	58		2	21			16		2	
世界平均	135	7043	99		3	49			49		3	

注:a. 第一次现代化指数达到100%时,排名不分先后。b. 第一次现代化的阶段:4代表过渡期,3代表成熟期,2代表发展期,1代表起步期,0代表传统农业社会。c. 第二次现代化的阶段:2代表发展期,1代表起步期。d. 国家阶段划分:0代表传统农业社会,1代表第一次现代化起步期,2代表第一次现代化发展期,3代表第一次现代化成熟期,4代表第一次现代化过渡期,5代表第二次现代化起步期,6代表第二次现代化发展期,7代表第二次现代化成熟期,8代表第二次现代化过渡期。e. 国家分组为根据第二次现代化指数的分组,1代表发达国家,2代表中等发达国家,3代表初等发达国家,4代表欠发达国家。f. 高收入国家:OECD国家中的高收入国家,包括32个国家。"—"表示没有数据,后同。

附表 2-1-2　2012 年根据第二次现代化指数的国家分组

国家	编号	第二次现代化指数	第一次现代化指数	综合现代化指数	人均国民收入	人类发展指数	2012 年分组[a]	2011 年分组[a]
瑞典	1	106	100	99	56 120	0.897	1	1
美国	2	105	100	95	52 350	0.912	1	1
芬兰	3	104	100	98	46 820	0.879	1	1
澳大利亚	4	96	100	94	59 790	0.931	1	1
瑞士	5	94	100	96	80 950	0.916	1	1
挪威	6	93	100	91	98 880	0.943	1	1
日本	7	102	100	96	47 690	0.888	1	1
丹麦	8	104	100	99	59 860	0.900	1	1
德国	9	96	100	95	45 170	0.911	1	1
荷兰	10	100	100	98	48 110	0.915	1	1
加拿大	11	93	100	92	50 650	0.901	1	1
新加坡	12	103	100	94	51 090	0.899	1	1
英国	13	92	100	90	38 300	0.890	1	1
法国	14	94	100	92	41 860	0.884	1	1
比利时	15	98	100	97	44 810	0.880	1	1
奥地利	16	94	100	94	47 960	0.880	1	1
新西兰	17	86	100	86	35 550	0.908	1	1
韩国	18	95	100	85	24 640	0.888	1	1
以色列	19	91	100	91	32 030	0.886	1	1
意大利	20	75	100	82	34 810	0.872	2	2
爱尔兰	21	93	100	93	39 110	0.901	1	1
西班牙	22	77	100	82	29 340	0.869	2	2
爱沙尼亚	23	70	100	74	16 360	0.839	2	2
斯洛文尼亚	24	80	100	79	22 780	0.874	1	1
乌拉圭	25	50	100	63	13 670	0.787	2	2
俄罗斯	26	59	100	61	12 740	0.777	2	2
斯洛伐克	27	56	100	63	17 070	0.829	2	2
希腊	28	69	100	74	23 670	0.854	2	2
匈牙利	29	69	100	71	12 450	0.817	2	2
捷克	30	68	100	74	18 130	0.861	2	2
葡萄牙	31	71	100	74	20 620	0.822	2	2
白俄罗斯	32	49	98	54	6400	0.785	2	2
拉脱维亚	33	57	100	64	14 030	0.808	2	2
立陶宛	34	60	100	71	13 910	0.831	2	2
格鲁吉亚	35	33	90	41	3290	0.741	3	3
乌克兰	36	44	95	51	3640	0.733	3	3
保加利亚	37	46	99	54	6850	0.776	3	3
黎巴嫩	38	58	100	57	9520	0.764	2	2
哈萨克斯坦	39	44	100	49	9780	0.755	3	3
波兰	40	58	100	63	12 660	0.833	2	2
阿根廷	41	58	100	69	—	0.806	2	2
巴拿马	42	43	100	50	9030	0.761	3	3
克罗地亚	43	58	100	65	13 260	0.812	2	2
沙特阿拉伯	44	58	98	53	24 660	0.833	2	2
哥伦比亚	45	41	99	50	7010	0.708	3	3
科威特	46	68	99	67	44 940	0.813	2	2
智利	47	52	100	60	14 290	0.819	2	2
马其顿	48	40	96	48	4710	0.730	3	3
阿塞拜疆	49	34	92	39	6290	0.745	3	3
摩尔多瓦	50	35	91	43	2150	0.657	3	3
罗马尼亚	51	44	100	49	8560	0.782	3	3
委内瑞拉	52	44	100	66	12 460	0.763	3	3
乌兹别克斯坦	53	30	79	30	1700	0.657	4	4
多米尼加	54	48	96	57	5430	0.698	3	3
亚美尼亚	55	38	89	45	3770	0.728	3	3
巴拉圭	56	30	92	43	3320	0.670	4	4
哥斯达黎加	57	48	100	54	8850	0.761	3	3
巴西	58	46	100	55	11 640	0.742	3	3
墨西哥	59	39	100	49	9720	0.755	3	3
博茨瓦纳	60	31	83	33	7650	0.681	3	3
秘鲁	61	38	97	46	5890	0.734	3	3
牙买加	62	37	96	43	5190	0.715	3	3
约旦	63	45	96	54	4660	0.744	3	3
南非	64	40	93	40	7460	0.654	3	3
土耳其	65	47	100	58	10 810	0.756	3	3
厄瓜多尔	66	35	96	45	5170	0.708	3	3
伊朗	67	44	97	46	6570	0.749	3	3
蒙古	68	32	92	41	3080	0.692	3	3
摩洛哥	69	32	86	36	2910	0.614	3	3
马来西亚	70	48	100	53	9820	0.770	3	3

附表 2-1-2　2012 年根据第二次现代化指数的国家分组

国家	编号	第二次现代化指数	第一次现代化指数	综合现代化指数	人均国民收入	人类发展指数	2012 年分组[a]	2011 年分组[a]
萨尔瓦多	71	31	95	39	3600	0.660	3	4
埃及	72	33	92	42	2980	0.681	3	3
中国	73	42	96	44	5720	0.715	3	3
阿尔及利亚	74	31	95	38	4970	0.715	3	3
土库曼斯坦	75	29	88	36	5410	0.693	4	4
突尼斯	76	40	95	43	4240	0.719	3	3
阿尔巴尼亚	77	38	90	42	4520	0.714	3	3
吉尔吉斯斯坦	78	28	85	32	1040	0.621	4	4
塔吉克斯坦	79	23	76	24	880	0.603	4	4
玻利维亚	80	29	85	33	2220	0.663	4	4
缅甸	81	28	73	25	—	0.520	3	4
菲律宾	82	31	91	36	2950	0.656	3	4
泰国	83	36	87	35	5250	0.720	3	3
纳米比亚	84	40	83	33	5700	0.620	3	3
津巴布韦	85	21	69	21	800	0.484	4	4
洪都拉斯	86	26	90	33	2140	0.616	4	4
尼加拉瓜	87	33	86	40	1690	0.611	3	3
越南	88	39	81	33	1550	0.635	4	4
肯尼亚	89	24	55	23	870	0.531	4	4
斯里兰卡	90	35	82	32	2910	0.745	3	3
刚果共和国	91	31	70	26	2550	0.561	3	3
印度尼西亚	92	27	83	28	3420	0.681	4	4
赞比亚	93	16	57	18	1410	0.554	4	4
危地马拉	94	27	92	32	3130	0.626	4	4
毛里塔尼亚	95	21	59	17	1040	0.485	4	4
科特迪瓦	96	13	53	17	1220	0.448	4	4
印度	97	25	75	25	1550	0.583	4	4
巴基斯坦	98	20	67	22	1250	0.535	4	4
莱索托	99	17	69	26	1480	0.481	4	4
柬埔寨	100	19	64	17	880	0.579	4	4
喀麦隆	101	24	70	27	1190	0.501	4	4
厄立特里亚	102	25	65	25	450	0.380	4	4
叙利亚	103	48	94	47	—	0.662	3	3
加纳	104	25	68	26	1580	0.571	4	4
乍得	105	18	40	11	970	0.370	4	4
莫桑比克	106	14	49	15	510	0.389	4	4
几内亚	107	20	51	14	440	0.391	4	4
也门共和国	108	30	70	29	1220	0.499	3	4
巴布亚新几内亚	109	24	47	13	1790	0.490	4	4
海地	110	17	63	34	760	0.469	4	4
尼泊尔	111	24	68	19	700	0.537	4	4
塞内加尔	112	26	66	26	1030	0.484	4	4
塞拉利昂	113	12	42	17	530	0.368	4	4
刚果民主共和国	114	19	60	21	370	0.333	4	4
老挝	115	27	64	18	1270	0.565	4	4
马拉维	116	21	46	12	320	0.411	4	4
多哥	117	20	57	20	490	0.470	4	4
马达加斯加	118	20	55	19	420	0.496	4	4
马里	119	21	46	20	660	0.406	4	4
尼日利亚	120	22	65	26	2460	0.500	4	4
孟加拉国	121	20	70	22	830	0.554	4	4
坦桑尼亚	122	18	54	16	570	0.484	4	4
贝宁	123	24	58	23	750	0.473	4	4
尼日尔	124	20	39	12	390	0.335	4	4
安哥拉	125	29	69	28	4510	0.524	4	4
乌干达	126	20	55	17	480	0.480	4	4
中非	127	17	44	15	490	0.365	4	4
布基纳法索	128	16	42	13	670	0.385	4	4
埃塞俄比亚	129	16	46	12	410	0.429	4	4
布隆迪	130	15	49	11	240	0.386	4	4
卢旺达	131	18	55	16	600	0.502	4	4
高收入国家		100	100	100	43 723	0.889*		
中等收入国家		33	92	36	4425	0.612**		
低收入国家		21	58	16	620	0.490***		
世界平均		49	99	49	10 252	0.700		

注：a. 1 代表发达国家，2 代表中等发达国家，3 代表初等发达国家，4 代表欠发达国家。* 很高人类发展，** 中等人类发展，*** 低人类发展。

附表 2-2-1　2012 年世界第一次现代化指数

国家	编号	经济指标[a]				社会指标						指数	排名	达标个数
		人均国民收入	农业劳动力比例[b]	农业增加值比例[b]	服务业增加值比例[b]	城市人口比例	医生比例	婴儿死亡率	预期寿命	成人识字率	大学入学率[b]			
瑞典	1	100	100	100	100	100	100	100	100	100	100	100	1	10
美国	2	100	100	100	100	100	100	100	100	100	100	100	1	10
芬兰	3	100	100	100	100	100	100	100	100	100	100	100	1	10
澳大利亚	4	100	100	100	100	100	100	100	100	100	100	100	1	10
瑞士	5	100	100	100	100	100	100	100	100	100	100	100	1	10
挪威	6	100	100	100	100	100	100	100	100	100	100	100	1	10
日本	7	100	100	100	100	100	100	100	100	100	100	100	1	10
丹麦	8	100	100	100	100	100	100	100	100	100	100	100	1	10
德国	9	100	100	100	100	100	100	100	100	100	100	100	1	10
荷兰	10	100	100	100	100	100	100	100	100	100	100	100	1	10
加拿大	11	100	100	100	100	100	100	100	100	100	—	100	1	9
新加坡	12	100	100	100	100	100	100	100	100	100	—	100	1	9
英国	13	100	100	100	100	100	100	100	100	100	100	100	1	10
法国	14	100	100	100	100	100	100	100	100	100	100	100	1	10
比利时	15	100	100	100	100	100	100	100	100	100	100	100	1	10
奥地利	16	100	100	100	100	100	100	100	100	100	100	100	1	10
新西兰	17	100	100	100	100	100	100	100	100	100	100	100	1	10
韩国	18	100	100	100	100	100	100	100	100	100	100	100	1	10
以色列	19	100	100	—	—	100	100	100	100	100	100	100	1	8
意大利	20	100	100	100	100	100	100	100	100	100	100	100	1	10
爱尔兰	21	100	100	100	100	100	100	100	100	100	100	100	1	10
西班牙	22	100	100	100	100	100	100	100	100	100	100	100	1	10
爱沙尼亚	23	100	100	100	100	100	100	100	100	100	100	100	1	10
斯洛文尼亚	24	100	100	100	100	100	100	100	100	100	100	100	1	10
乌拉圭	25	100	100	100	100	100	100	100	100	100	100	100	1	10
俄罗斯	26	100	100	100	100	100	100	100	100	100	100	100	1	10
斯洛伐克	27	100	100	100	100	100	100	100	100	100	100	100	1	10
希腊	28	100	100	100	100	100	100	100	100	100	100	100	1	10
匈牙利	29	100	100	100	100	100	100	100	100	100	100	100	1	10
捷克	30	100	100	100	100	100	100	100	100	100	100	100	1	10
葡萄牙	31	100	100	100	100	100	100	100	100	100	100	100	1	10
白俄罗斯	32	77	—	100	100	100	100	100	100	100	100	98	51	8
拉脱维亚	33	100	100	100	100	100	100	100	100	100	100	100	1	10
立陶宛	34	100	100	100	100	100	100	100	100	100	100	100	1	10
格鲁吉亚	35	40	56	100	100	100	100	100	100	100	100	90	76	8
乌克兰	36	44	100	100	100	100	100	100	100	100	100	95	63	9
保加利亚	37	82	100	100	100	100	100	100	100	100	100	99	50	9
黎巴嫩	38	100	—	100	100	100	100	100	100	100	100	100	1	9
哈萨克斯坦	39	100	100	100	100	100	100	99	100	100	100	100	1	9
波兰	40	100	100	100	100	100	100	100	100	100	100	100	1	10
阿根廷	41	—	100	100	100	100	100	100	100	100	100	100	1	9
巴拿马	42	100	100	100	100	100	100	100	100	100	100	100	1	10
克罗地亚	43	100	100	100	100	100	100	100	100	100	100	100	1	10
沙特阿拉伯	44	100	100	100	83	100	94	100	100	100	100	98	52	8
哥伦比亚	45	84	100	100	100	100	100	100	100	100	100	99	49	9
科威特	46	100	100	100	90	100	100	100	100	100	—	99	48	8
智利	47	100	100	100	100	100	100	100	100	100	100	100	1	10
马其顿	48	57	100	100	100	100	100	100	100	100	100	96	59	9
阿塞拜疆	49	76	80	100	70	100	100	96	100	100	100	92	67	6
摩尔多瓦	50	26	100	100	100	90	100	100	98	100	100	91	72	7
罗马尼亚	51	100	100	100	100	100	100	100	100	100	100	100	1	10
委内瑞拉	52	100	100	100	96	100	—	100	100	100	100	100	1	8
乌兹别克斯坦	53	20	—	79	100	72	100	79	97	100	59	79	89	3
多米尼加	54	65	100	100	100	100	100	100	100	100	—	96	56	8
亚美尼亚	55	45	77	70	100	100	100	100	100	100	100	89	77	7
巴拉圭	56	40	100	83	100	100	—	100	100	100	100	92	70	7
哥斯达黎加	57	100	100	100	100	100	100	100	100	100	100	100	1	10
巴西	58	100	100	100	100	100	100	100	100	100	100	100	1	10
墨西哥	59	100	100	100	100	100	100	100	100	100	100	100	1	10
博茨瓦纳	60	92	100	100	100	100	34	81	67	100	49	83	86	5
秘鲁	61	71	100	100	100	100	100	100	100	100	100	97	53	9
牙买加	62	62	100	100	100	100	—	100	100	100	100	96	57	8
约旦	63	56	100	100	100	100	100	100	100	100	100	96	60	9
南非	64	90	100	100	100	100	76	90	80	100	—	93	66	5
土耳其	65	100	100	100	100	100	100	100	100	100	100	100	1	10
厄瓜多尔	66	62	100	100	100	100	100	100	100	100	100	96	55	9
伊朗	67	79	100	100	100	100	89	100	100	100	100	97	54	8
蒙古	68	37	92	92	100	100	100	96	100	100	100	92	69	6
摩洛哥	69	35	77	100	100	100	62	100	100	84	100	86	81	6
马来西亚	70	100	100	100	100	100	100	100	100	100	100	100	1	10

附表 2-2-1　2012 年世界第一次现代化指数

国家	编号	经济指标[a]				社会指标						指数	排名	达标个数
		人均国民收入	农业劳动力比例[b]	农业增加值比例[b]	服务业增加值比例[b]	城市人口比例	医生比例[b]	婴儿死亡率	预期寿命	成人识字率	大学入学率[b]			
萨尔瓦多	71	43	100	100	100	100	100	100	100	100	100	95	64	9
埃及	72	36	100	100	100	86	100	100	100	92	100	92	71	7
中国	73	69	89	100	99	100	100	100	100	100	100	96	58	7
阿尔及利亚	74	60	100	100	94	100	100	100	100	91	100	95	62	7
土库曼斯坦	75	65	—	100	82	98	100	62	93	100	—	88	78	3
突尼斯	76	51	100	100	100	100	100	100	100	100	100	95	61	9
阿尔巴尼亚	77	54	72	69	100	100	100	100	100	100	100	90	75	7
吉尔吉斯斯坦	78	13	88	76	100	71	100	100	100	100	100	85	82	6
塔吉克斯坦	79	11	—	56	100	53	100	71	96	100	100	76	90	4
玻利维亚	80	27	83	100	100	100	47	93	96	100	100	85	83	5
缅甸	81	—	—	26	73	65	61	73	93	100	92	73	92	1
菲律宾	82	35	93	100	100	90	—	100	98	100	100	91	73	5
泰国	83	63	76	100	98	93	39	100	100	100	100	87	79	5
纳米比亚	84	69	100	100	100	87	37	84	91	100	60	83	85	4
津巴布韦	85	10	—	100	100	66	—	55	83	100	40	69	97	3
洪都拉斯	86	26	85	100	100	100	—	100	100	100	100	90	74	7
尼加拉瓜	87	20	93	75	100	100	100	100	100	98	—	86	80	4
越南	88	19	63	76	93	63	100	100	100	100	100	81	88	5
肯尼亚	89	10	49	50	100	49	18	61	87	100	27	55	115	2
斯里兰卡	90	35	76	100	100	37	68	100	100	100	100	82	87	6
刚果共和国	91	31	85	100	44	100	10	80	83	99	69	70	94	2
印度尼西亚	92	41	85	100	86	100	20	100	100	100	100	83	84	6
赞比亚	93	17	42	77	94	79	7	53	81	89	29	57	113	0
危地马拉	94	38	93	100	100	100	—	100	100	98	100	92	68	6
毛里塔尼亚	95	13	—	88	82	100	16	44	88	73	34	59	110	1
科特迪瓦	96	15	—	56	100	100	14	41	72	51	30	53	119	2
印度	97	19	64	86	100	63	70	70	95	79	100	75	91	2
巴基斯坦	98	15	67	61	100	75	83	42	95	68	64	67	102	1
莱索托	99	18	—	100	100	52	—	40	70	100	72	69	98	3
柬埔寨	100	11	59	42	89	40	22	88	100	92	100	64	106	1
喀麦隆	101	14	56	68	93	100	—	48	78	89	79	65	96	1
厄立特里亚	102	5	—	100	100	43	—	81	89	88	14	65	105	2
叙利亚	103	—	100	63	85	100	100	100	100	100	100	94	65	7
加纳	104	19	72	65	100	100	—	56	87	89	81	68	100	2
乍得	105	12	—	27	70	44	—	33	72	47	15	40	130	0
莫桑比克	106	6	—	49	100	63	4	47	71	70	32	49	121	1
几内亚	107	5	—	73	74	71	10	45	80	32	66	51	120	0
也门共和国	108	15	100	100	88	66	20	71	90	83	69	70	95	2
巴布亚新几内亚	109	22	—	42	51	26	5	62	89	79	—	47	123	0
海地	110	9	—	—	—	100	—	54	90	61	—	63	108	1
尼泊尔	111	8	—	41	100	35	—	90	97	72	97	68	101	1
塞内加尔	112	12	89	90	100	86	6	67	90	65	51	66	103	1
塞拉利昂	113	6	—	26	78	78	2	27	65	56	—	42	128	0
刚果民主共和国	114	4	—	46	100	82	—	34	71	84	55	60	109	1
老挝	115	15	—	54	80	71	18	54	97	91	100	64	107	1
马拉维	116	4	—	52	100	32	2	66	78	77	5	46	124	1
多哥	117	6	55	49	100	77	5	52	80	76	69	57	112	1
马达加斯加	118	5	37	51	100	66	16	79	81	72	28	55	116	1
马里	119	8	45	35	78	75	8	38	78	42	50	46	125	0
尼日利亚	120	30	—	68	100	90	40	39	74	77	69	65	104	1
孟加拉国	121	10	62	85	100	64	36	86	100	73	88	70	93	2
坦桑尼亚	122	7	39	54	100	59	1	80	87	85	26	54	118	1
贝宁	123	9	—	46	100	85	6	52	84	53	82	58	111	1
尼日尔	124	5	53	39	92	36	2	49	83	19	12	39	131	0
安哥拉	125	54	—	100	69	83	—	29	74	88	50	69	99	1
乌干达	126	6	46	58	100	30	12	66	84	92	60	55	114	1
中非	127	6	—	28	71	79	—	31	71	46	19	44	127	0
布基纳法索	128	8	35	42	85	55	4	46	80	36	30	42	129	0
埃塞俄比亚	129	5	38	31	91	36	2	65	90	49	51	46	126	0
布隆迪	130	3	—	37	95	22	—	53	77	84	21	49	122	0
卢旺达	131	7	38	45	100	52	6	77	91	82	48	55	117	1
高收入国家[c]		100	100	100	100	100	100	100	100	100	100	100		10
中等收入国家		53	80	100	100	99	100	89	100	100	100	92		6
低收入国家		7	—	55	100	59	21	55	88	75	61	58		1
世界平均		100	98	100	100	100	100	87	100	100	100	99		8

注：a. 为 2005～2012 年期间最近年的数据；b. 高收入国家：OECD 国家中的高收入国家，包括 32 个国家。后同。

附表 2-2-2　2012 年世界第一次现代化评价指标

国家	编号	经济指标				社会指标					
		人均国民收入	农业劳动力比例[a]	农业增加值比例[a]	服务业增加值比例[a]	城市人口比例	医生比例[a]	婴儿死亡率	预期寿命	成人识字率	大学入学率[a]
瑞典	1	56 120	2	2	73	85	3.8	2	82	99	70
美国	2	52 350	3	1	79	81	2.5	6	79	99	94
芬兰	3	46 820	4	3	71	84	2.9	2	81	99	94
澳大利亚	4	59 790	3	2	69	89	3.3	4	82	99	86
瑞士	5	80 950	4	1	73	74	3.9	4	83	99	56
挪威	6	98 880	2	1	57	80	3.7	2	81	99	74
日本	7	47 690	5	1	73	92	2.3	2	83	99	61
丹麦	8	59 860	3	1	77	87	3.4	3	80	99	80
德国	9	45 170	2	1	69	75	3.8	3	81	99	62
荷兰	10	48 110	3	2	74	89	2.9	4	81	99	77
加拿大	11	50 650	2	2	71	81	2.1	5	81	99	—
新加坡	12	51 090	1	0	73	100	1.9	2	82	96	—
英国	13	38 300	1	1	79	82	2.8	4	82	99	62
法国	14	41 860	3	2	79	79	3.2	4	83	99	58
比利时	15	44 810	1	1	77	98	3.0	4	80	99	71
奥地利	16	47 960	5	2	70	66	4.8	3	81	99	72
新西兰	17	35 550	7	7	69	86	2.7	5	81	99	80
韩国	18	24 640	8	2	59	82	2.1	3	81	99	98
以色列	19	32 030	2	—	—	92	3.3	3	82	98	66
意大利	20	34 810	4	2	74	69	4.1	3	83	99	62
爱尔兰	21	39 110	5	2	71	62	2.7	3	81	99	71
西班牙	22	29 340	4	2	72	79	3.7	4	82	98	85
爱沙尼亚	23	16 360	5	4	67	68	3.3	3	76	100	77
斯洛文尼亚	24	22 780	8	2	66	50	2.5	2	80	100	86
乌拉圭	25	13 670	11	10	65	95	3.7	10	77	98	63
俄罗斯	26	12 740	10	4	59	74	4.3	9	70	100	76
斯洛伐克	27	17 070	3	4	61	54	3.0	6	76	99	55
希腊	28	23 670	13	3	80	77	6.2	4	81	97	114
匈牙利	29	12 450	5	4	65	70	3.0	5	75	99	60
捷克	30	18 130	3	2	60	73	3.6	3	78	99	64
葡萄牙	31	20 620	11	2	74	62	3.9	3	80	94	69
白俄罗斯	32	6400	—	10	47	75	3.8	4	72	100	91
拉脱维亚	33	14 030	8	4	74	68	2.9	8	74	100	65
立陶宛	34	13 910	9	3	69	67	4.1	5	74	100	74
格鲁吉亚	35	3290	53	9	67	53	4.2	13	74	100	28
乌克兰	36	3640	17	9	61	69	3.5	9	71	100	80
保加利亚	37	6850	6	6	63	73	3.8	11	74	98	63
黎巴嫩	38	9520	—	6	73	87	3.2	8	80	90	46
哈萨克斯坦	39	9780	26	5	56	53	3.6	16	70	100	45
波兰	40	12 660	13	4	65	61	2.2	5	77	100	73
阿根廷	41	—	1	7	63	91	3.2	12	76	98	79
巴拿马	42	9030	17	3	74	66	1.6	16	77	94	42
克罗地亚	43	13 260	14	5	69	58	3.0	4	77	99	62
沙特阿拉伯	44	24 660	5	2	37	83	0.9	14	75	94	51
哥伦比亚	45	7010	17	6	56	76	1.5	15	74	94	45
科威特	46	44 940	3	0	40	98	1.8	9	74	96	—
智利	47	14 290	10	3	60	89	1.0	7	80	99	74
马其顿	48	4710	17	10	64	57	2.6	7	75	98	38
阿塞拜疆	49	6290	38	5	31	54	3.4	31	71	100	20
摩尔多瓦	50	2150	26	13	70	45	2.9	14	69	99	40
罗马尼亚	51	8560	29	6	52	54	2.4	11	75	99	52
委内瑞拉	52	12 460	8	7	43	89	—	13	74	96	78
乌兹别克斯坦	53	1700	—	19	49	36	2.4	38	68	99	9
多米尼加	54	5430	15	6	62	76	1.5	24	73	90	—
亚美尼亚	55	3770	39	22	45	63	2.7	15	74	100	46
巴拉圭	56	3320	27	18	52	59	—	19	72	94	35
哥斯达黎加	57	8850	13	6	69	74	1.1	9	80	97	47
巴西	58	11 640	15	5	69	85	1.8	13	74	91	26
墨西哥	59	9720	13	4	60	78	2.1	13	77	94	29
博茨瓦纳	60	7650	30	3	62	57	0.3	37	47	87	7
秘鲁	61	5890	26	7	56	78	1.1	14	75	94	43
牙买加	62	5190	18	7	72	54	—	15	73	87	31
约旦	63	4660	2	3	67	83	2.6	17	74	98	47
南非	64	7460	5	3	69	63	0.8	34	56	94	—
土耳其	65	10 810	24	9	64	72	1.7	17	75	95	69
厄瓜多尔	66	5170	28	10	50	63	1.7	20	76	92	40
伊朗	67	6570	21	14	50	72	0.9	15	74	84	55
蒙古	68	3080	33	16	52	69	2.8	27	67	98	61
摩洛哥	69	2910	39	15	56	59	0.6	27	71	67	16
马来西亚	70	9820	13	10	49	73	1.2	7	75	93	36

附表 2-2-2　2012 年世界第一次现代化评价指标

国家	编号	经济指标				社会指标					
		人均国民收入	农业劳动力比例[a]	农业增加值比例[a]	服务业增加值比例[a]	城市人口比例	医生比例[a]	婴儿死亡率	预期寿命	成人识字率	大学入学率[a]
萨尔瓦多	71	3600	21	12	61	65	1.6	14	72	85	25
埃及	72	2980	29	14	46	43	2.8	19	71	74	30
中国	73	5720	34	10	45	52	1.9	12	75	95	27
阿及利亚	74	4970	11	9	42	69	1.2	22	71	73	31
土库曼斯坦	75	5410	—	15	37	49	2.4	48	65	100	—
突尼斯	76	4240	16	9	60	66	1.2	14	75	80	35
阿尔巴尼亚	77	4520	42	22	64	54	1.1	14	77	97	56
吉尔吉斯斯坦	78	1040	34	20	55	35	2.0	23	70	99	41
塔吉克斯坦	79	880	—	27	51	27	1.9	42	67	100	22
玻利维亚	80	2220	36	13	48	67	0.5	32	67	94	39
缅甸	81	—	—	57	33	32	0.6	41	65	93	14
菲律宾	82	2950	32	12	57	45	—	24	69	95	28
泰国	83	5250	40	12	44	47	0.4	12	74	96	51
纳米比亚	84	5700	27	9	60	44	0.4	36	64	89	9
津巴布韦	85	800	—	13	55	33	—	55	58	84	6
洪都拉斯	86	2140	35	15	57	53	—	20	73	85	20
尼加拉瓜	87	1690	32	20	53	58	—	21	74	78	—
越南	88	1550	47	20	42	32	1.2	20	76	93	25
肯尼亚	89	870	61	30	53	24	0.2	49	61	87	4
斯里兰卡	90	2910	39	11	57	18	0.7	9	74	91	17
刚果共和国	91	2550	35	3	20	64	0.1	37	58	79	10
印度尼西亚	92	3420	35	15	39	51	0.2	25	71	93	32
赞比亚	93	1410	72	20	42	40	0.1	57	57	71	4
危地马拉	94	3130	32	11	59	50	—	27	72	78	18
毛里塔尼亚	95	1040	—	17	37	58	0.1	68	61	58	5
科特迪瓦	96	1220	—	27	47	52	0.1	73	50	41	4
印度	97	1550	47	18	56	32	0.7	43	66	63	25
巴基斯坦	98	1250	45	24	54	37	0.8	71	66	55	10
莱索托	99	1480	—	8	56	26	—	74	49	90	11
柬埔寨	100	880	51	36	40	20	0.2	34	71	74	16
喀麦隆	101	1190	53	22	42	53	—	62	55	71	12
厄立特里亚	102	450	—	13	66	21	—	37	62	70	2
叙利亚	103	—	14	24	38	56	1.5	12	75	85	26
加纳	104	1580	42	23	48	52	0.1	53	61	71	12
乍得	105	970	—	56	31	22	—	90	51	37	2
莫桑比克	106	510	—	30	47	31	0.0	64	50	56	5
几内亚	107	440	—	21	33	36	0.1	67	56	25	10
也门共和国	108	1220	25	14	40	33	0.2	42	63	66	10
巴布亚新几内亚	109	1790	—	36	23	13	0.1	48	62	63	—
海地	110	760	—	—	—	55	—	56	63	49	—
尼泊尔	111	700	—	36	48	18	—	33	68	57	14
塞内加尔	112	1030	34	17	59	43	0.1	45	63	52	8
塞拉利昂	113	530	—	57	35	39	0.0	110	45	44	—
刚果民主共和国	114	370	—	32	45	41	—	88	50	67	8
老挝	115	1270	—	28	36	35	0.2	55	68	73	17
马拉维	116	320	—	29	51	16	0.0	46	55	61	1
多哥	117	490	54	31	54	38	0.1	57	56	60	10
马达加斯加	118	420	80	29	57	33	0.2	41	64	65	4
马里	119	660	66	42	35	38	0.1	79	55	34	7
尼日利亚	120	2460	—	22	54	45	0.4	77	52	61	10
孟加拉国	121	830	48	18	54	32	0.4	35	70	59	13
坦桑尼亚	122	570	77	28	47	29	0.0	38	61	68	4
贝宁	123	750	—	32	54	43	0.1	58	59	42	12
尼日尔	124	390	57	38	41	18	0.0	58	58	15	2
安哥拉	125	4510	—	10	31	42	—	104	51	71	7
乌干达	126	480	66	26	45	15	0.1	45	59	73	9
中非	127	490	—	54	32	39	—	98	49	37	3
布基纳法索	128	670	85	35	38	27	0.0	66	56	29	5
埃塞俄比亚	129	410	79	49	41	18	0.0	46	63	39	8
布隆迪	130	240	—	41	43	11	—	57	54	67	3
卢旺达	131	600	79	33	53	26	0.1	39	63	66	7
高收入国家	132	43 723	3	1	75	80	2.9	5	80	99	77
中等收入国家	133	4425	38	10	54	49	1.3	34	70	83	28
低收入国家	134	620	—	27	49	30	0.2	55	62	60	9
世界平均	135	10 252	31	3	70	53	1.5	35	71	84	32
标准值		8312	30	15	45	50	1.0	30	70	80	15

注：a. 为 2005～2012 年期间最近年的数据。

附表 2-2-3　2012 年世界第一次现代化发展阶段

国家	编号	信号指标				信号赋值				平均值	发展阶段[a]	指数
		农业增加产值占GDP比例	农业增加值/工业增加值	农业劳动力占总劳动力比例	农业劳动力/工业劳动力	农业增加产值占GDP比例	农业增加值/工业增加值	农业劳动力占总劳动力比例	农业劳动力/工业劳动力			
瑞典	1	2	0.06	2	0.10	4	4	4	4	4.0	4	100
美国	2	1	0.06	3	0.16	4	4	4	4	4.0	4	100
芬兰	3	3	0.10	4	0.18	4	4	4	4	4.0	4	100
澳大利亚	4	2	0.09	3	0.16	4	4	4	4	4.0	4	100
瑞士	5	1	0.03	4	0.17	4	4	4	4	4.0	4	100
挪威	6	1	0.03	2	0.11	4	4	4	4	4.0	4	100
日本	7	1	0.05	5	0.19	4	4	4	4	4.0	4	100
丹麦	8	1	0.07	3	0.13	4	4	4	4	4.0	4	100
德国	9	1	0.03	2	0.05	4	4	4	4	4.0	4	100
荷兰	10	2	0.07	3	0.16	4	4	4	4	4.0	4	100
加拿大	11	2	0.05	2	0.11	4	4	4	4	4.0	4	100
新加坡	12	0	0.00	1	0.05	4	4	4	4	4.0	4	100
英国	13	1	0.03	1	0.06	4	4	4	4	4.0	4	100
法国	14	2	0.10	3	0.13	4	4	4	4	4.0	4	100
比利时	15	1	0.03	1	0.06	4	4	4	4	4.0	4	100
奥地利	16	2	0.06	5	0.19	4	4	4	4	4.0	4	100
新西兰	17	7	0.30	7	0.32	3	3	4	3	3.3	4	100
韩国	18	2	0.06	8	0.45	4	4	4	3	3.8	4	100
以色列	19	—		2	0.08			4	4	4.0	4	100
意大利	20	2	0.08	4	0.13	4	4	4	4	4.0	4	100
爱尔兰	21	2	0.06	5	0.26	4	4	4	3	3.8	4	100
西班牙	22	2	0.09	4	0.21	4	4	4	3	3.8	4	100
爱沙尼亚	23	4	0.14	5	0.15	4	4	4	4	4.0	4	100
斯洛文尼亚	24	2	0.08	8	0.27	4	4	4	3	3.8	4	100
乌拉圭	25	10	0.41	11	0.52	3	3	3	3	3.0	3	100
俄罗斯	26	4	0.11	10	0.35	4	4	4	3	3.8	4	100
斯洛伐克	27	4	0.11	3	0.09	4	4	4	4	4.0	4	100
希腊	28	3	0.21	13	0.78	4	3	3	3	3.3	3	100
匈牙利	29	4	0.11	5	0.17	4	4	4	4	4.0	4	100
捷克	30	2	0.06	3	0.08	4	4	4	4	4.0	4	100
葡萄牙	31	2	0.10	11	0.41	4	4	3	3	3.5	4	100
白俄罗斯	32	10	0.23	22		3	3	3		3.0	3	98
拉脱维亚	33	4	0.19	8	0.36	4	4	4	3	3.8	4	100
立陶宛	34	3	0.12	9	0.36	4	4	4	3	3.8	4	100
格鲁吉亚	35	9	0.35	53	5.13	3	3	1	0	1.8	2	90
乌克兰	36	9	0.32	17	0.83	3	3	3	2	2.8	3	95
保加利亚	37	6	0.21	6	0.20	3	3	4	3	3.3	3	99
黎巴嫩	38	6	0.30	7		3	3	4		3.3	3	100
哈萨克斯坦	39	5	0.12	26	1.31	4	4	3	2	3.3	3	100
波兰	40	4	0.11	13	0.41	4	4	3	3	3.5	4	100
阿根廷	41	7	0.23	1	0.03	3	3	4	4	3.5	4	100
巴拿马	42	3	0.16	17	0.92	4	4	3	2	3.3	3	100
克罗地亚	43	5	0.18	14	0.50	4	4	3	3	3.5	4	100
沙特阿拉伯	44	2	0.04	5	0.19	4	4	4	4	4.0	4	98
哥伦比亚	45	6	0.17	17	0.81	3	4	3	2	3.0	3	99
科威特	46	0	0.01	3	0.13	4	4	4	4	4.0	4	99
智利	47	3	0.09	10	0.44	4	4	3	3	3.5	4	100
马其顿	48	10	0.41	17	0.58	3	3	3	3	3.0	3	96
阿塞拜疆	49	5	0.09	38	2.64	3	4	2	1	2.5	3	92
摩尔多瓦	50	13	0.80	26	1.37	3	3	3	2	2.8	3	91
罗马尼亚	51	6	0.14	29	1.01	3	4	2	2	3.0	3	100
委内瑞拉	52	7	0.13	8	0.36	3	4	4	3	3.5	4	100
乌兹别克斯坦	53	19	0.58	34		2	3	2		2.3	2	79
多米尼加	54	6	0.19	15	0.81	3	4	3	2	3.0	3	96
亚美尼亚	55	22	0.65	39	2.33	2	3	2	1	2.0	2	89
巴拉圭	56	18	0.60	27	1.69	2	3	3	2	2.5	3	92
哥斯达黎加	57	6	0.24	13	0.69	3	3	3	3	3.0	3	100
巴西	58	5	0.20	15	0.70	3	3	3	3	3.0	3	100
墨西哥	59	4	0.10	13	0.56	4	4	3	3	3.5	3	100
博茨瓦纳	60	3	0.08	30	1.97	4	4	3	2	3.3	3	83
秘鲁	61	7	0.20	26	1.48	3	3	3	2	2.8	3	97
牙买加	62	7	0.32	18	1.17	3	3	3	2	2.8	3	96
约旦	63	3	0.10	2	0.11	4	4	4	4	4.0	4	96
南非	64	3	0.09	5	0.19	4	4	4	4	4.0	4	93
土耳其	65	9	0.33	24	0.91	3	3	3	2	2.8	3	100
厄瓜多尔	66	10	0.24	28	1.56	3	3	3	2	2.8	3	96
伊朗	67	14	0.37	21	0.66	2	3	3	3	3.0	3	97
蒙古	68	16	0.51	33	1.88	2	3	2	2	2.3	2	92
摩洛哥	69	15	0.49	39	1.83	2	3	2	2	2.5	3	86
马来西亚	70	10	0.25	13	0.44	3	3	3	3	3.0	3	100

附表 2-2-3 2012 年世界第一次现代化发展阶段

国家	编号	信号指标				信号赋值				平均值	发展阶段[a]	指数
		农业增加产值占GDP比例	农业增加值/工业增加值	农业劳动力占总劳动力比例	农业劳动力/工业劳动力	农业增加产值占GDP比例	农业增加值/工业增加值	农业劳动力占总劳动力比例	农业劳动力/工业劳动力			
萨尔瓦多	71	12	0.44	21	1.00	3	3	3	2	2.8	3	95
埃及	72	14	0.37	29	1.24	3	3	3	2	2.8	3	92
中国	73	10	0.22	34	1.11	3	3	2	2	2.5	3	96
阿尔及利亚	74	9	0.19	11	0.35	3	4	3	3	3.3	3	95
土库曼斯坦	75	15	0.30	49		3	3	2		2.7	3	88
突尼斯	76	9	0.30	16	0.48	3	3	3	3	3.0	3	95
阿尔巴尼亚	77	22	1.51	42	2.00	2	2	2	1	1.8	2	90
吉尔吉斯斯坦	78	20	0.78	34	1.65	2	3	2	2	2.3	2	85
塔吉克斯坦	79	27	1.18	56		2	2	1		1.7	2	76
玻利维亚	80	13	0.33	36	1.83	3	3	2	1	2.5	3	85
缅甸	81	57	5.91	63		0	0	1		0.3	1	73
菲律宾	82	12	0.38	32	2.09	3	3	2	1	2.3	2	91
泰国	83	12	0.28	40	1.89	3	3	2	2	2.5	3	87
纳米比亚	84	9	0.31	27	1.99	3	3	3	2	2.8	3	83
津巴布韦	85	13	0.42	29		3	3	3		3.0	3	69
洪都拉斯	86	15	0.53	35	1.78	3	3	2	2	2.5	3	90
尼加拉瓜	87	20	0.75	32	1.95	2	3	2	2	2.3	2	86
越南	88	20	0.51	47	2.25	2	3	2	1	2.0	2	81
肯尼亚	89	30	1.72	61	9.12	2	2	1	0	1.3	1	55
斯里兰卡	90	11	0.35	39	2.23	3	3	2	1	2.3	2	82
刚果共和国	91	3	0.04	35	1.72	4	4	2	2	3.0	3	70
印度尼西亚	92	15	0.31	35	1.62	3	3	2	2	2.5	3	83
赞比亚	93	20	0.51	72	10.17	2	3	1	0	1.5	2	57
危地马拉	94	11	0.38	32	1.66	3	3	2	2	2.5	3	92
毛里塔尼亚	95	17	0.37	55		2	3	1		2.0	2	59
科特迪瓦	96	27	1.04	60		2	2	1		1.7	2	53
印度	97	18	0.67	47	1.91	2	3	2	2	2.3	2	75
巴基斯坦	98	24	1.11	45	2.18	2	2	2	1	1.8	2	67
莱索托	99	8	0.21	40		3	3	2		2.7	3	69
柬埔寨	100	36	1.47	51	2.74	1	2	1	1	1.3	1	64
喀麦隆	101	22	0.61	53	4.23	2	3	1	1	1.8	2	70
厄立特里亚	102	13	0.66	81		3	3	0		2.0	2	65
叙利亚	103	24	0.63	14	0.44	2	3	3	3	2.8	3	94
加纳	104	23	0.80	42	2.69	2	3	2	1	2.0	2	68
乍得	105	56	4.39	83		0	1	0		0.3	0	40
莫桑比克	106	30	1.33	81		1	2	0		1.0	1	49
几内亚	107	21	0.46	87		2	3	0		1.7	2	51
也门共和国	108	14	0.30	25	1.31	3	3	3	2	2.8	3	70
巴布亚新几内亚	109	36	0.86	72		1	2	1		1.3	1	47
海地	110	—		51				1		1.0	1	63
尼泊尔	111	36	2.35	66		1	1	1		1.0	1	68
塞内加尔	112	17	0.69	34	2.28	2	3	2	1	2.0	2	66
塞拉利昂	113	57	6.84	69		0	0	1		0.3	0	42
刚果民主共和国	114	32	1.43	68		1	2	1		1.3	1	60
老挝	115	28	0.77	78		2	3	1		2.0	2	64
马拉维	116	29	1.43	95		2	2	0		1.3	1	46
多哥	117	31	1.98	54	7.96	1	2	1	0	1.0	1	57
马达加斯加	118	29	2.05	80	21.73	2	1	1	0	0.8	1	55
马里	119	42	1.86	66	11.79	1	2	1	0	1.0	1	46
尼日利亚	120	22	0.93	45		2	2	2		2.0	2	65
孟加拉国	121	18	0.62	48	3.32	2	3	2	1	2.0	2	70
坦桑尼亚	122	28	1.10	77	17.79	2	2	1	0	1.3	1	54
贝宁	123	32	2.45	43		1	1	2		1.3	1	58
尼日尔	124	38	1.87	57	5.13	1	2	1	0	1.0	1	39
安哥拉	125	10	0.17	75		3	4	1		2.7	3	69
乌干达	126	26	0.91	66	10.93	2	2	1	0	1.3	1	55
中非	127	54	3.96	86		0	1	0		0.3	0	44
布基纳法索	128	35	1.35	85	27.35	1	2	0	0	0.8	1	42
埃塞俄比亚	129	49	4.65	79	12.02	1	1	1	0	0.8	1	46
布隆迪	130	41	2.40	92		1	1	0		0.7	1	49
卢旺达	131	33	2.37	79	20.74	1	1	1	0	0.8	1	55
高收入国家	132	1	0.06	3	0.16	4	4	4	4	4.0	4	100
中等收入国家	133	10	0.28	38	1.51	3	3	2	2	2.5	3	92
低收入国家	134	27	1.17	57		2	2	1		1.7	2	58
世界平均	135	3	0.12	31	1.26	4	4	2	2	3.0	3	99

注：a. 4 代表第一次现代化的过渡期，3 代表成熟期，2 代表发展期，1 代表起步期，0 代表传统农业社会。

附表 2-2-4　世界第一次现代化指数的增长率和预期完成时间

国家	编号	1990年指数	2012年指数	1990~2012年年均增长率	指数达到100需要的年数（按1990~2012年速度）
瑞典	1	100	100	0.0	
美国	2	100	100	0.0	
芬兰	3	100	100	0.0	
澳大利亚	4	100	100	0.0	
瑞士	5	100	100	0.0	
挪威	6	100	100	0.0	
日本	7	100	100	0.0	
丹麦	8	100	100	0.0	
德国	9	100	100	0.0	
荷兰	10	100	100	0.0	
加拿大	11	100	100	0.0	
新加坡	12	94	100	0.3	0
英国	13	100	100	0.0	
法国	14	100	100	0.0	
比利时	15	100	100	0.0	
奥地利	16	100	100	0.0	
新西兰	17	100	100	0.0	
韩国	18	97	100	0.1	0
以色列	19	100	100	0.0	
意大利	20	100	100	0.0	
爱尔兰	21	100	100	0.0	
西班牙	22	100	100	0.0	
爱沙尼亚	23		100		
斯洛文尼亚	24		100		
乌拉圭	25	94	100	0.3	0
俄罗斯	26		100		
斯洛伐克	27		100		
希腊	28	99	100	0.1	0
匈牙利	29	95	100	0.2	0
捷克	30	93	100	0.3	0
葡萄牙	31	95	100	0.2	0
白俄罗斯	32		98		
拉脱维亚	33		100		
立陶宛	34		100		
格鲁吉亚	35		90		
乌克兰	36		95		
保加利亚	37	87	99	0.6	2
黎巴嫩	38		100		
哈萨克斯坦	39		100		
波兰	40	93	100	0.4	0
阿根廷	41	93	100	0.3	0
巴拿马	42	94	100	0.3	0
克罗地亚	43		100		
沙特阿拉伯	44	91	98	0.3	7
哥伦比亚	45	87	99	0.6	2
科威特	46	98	99	0.0	32
智利	47	86	100	0.7	0
马其顿	48		96		
阿塞拜疆	49		92		
摩尔多瓦	50		91		
罗马尼亚	51	83	100	0.8	0
委内瑞拉	52	94	100	0.3	2
乌兹别克斯坦	53		79		
多米尼加	54	82	96	0.8	5
亚美尼亚	55		89		
巴拉圭	56	73	92	1.1	8
哥斯达黎加	57	92	100	0.4	0
巴西	58	87	100	0.7	0
墨西哥	59	91	100	0.4	0
博茨瓦纳	60	66	83	1.1	18
秘鲁	61	82	97	0.8	3
牙买加	62	83	96	0.7	6
约旦	63	87	96	0.5	9
南非	64	80	93	0.7	10
土耳其	65	79	100	1.1	0
厄瓜多尔	66	86	96	0.5	7
伊朗	67	65	97	1.9	2
蒙古	68	87	92	0.3	32
摩洛哥	69	66	86	1.2	12
马来西亚	70	77	100	1.2	0

附表 2-2-4　世界第一次现代化指数的增长率和预期完成时间

国家	编号	1990 年指数	2012 年指数	1990～2012 年年均增长率	指数达到 100 需要的年数（按 1990～2012 年速度）
萨尔瓦多	71	81	95	0.7	8
埃及	72	73	92	1.0	9
中国	73	63	96	1.9	2
阿尔及利亚	74	80	95	0.8	7
土库曼斯坦	75		88		
突尼斯	76	78	95	0.9	5
阿尔巴尼亚	77		90		
吉尔吉斯斯坦	78		85		
塔吉克斯坦	79		76		
玻利维亚	80	72	85	0.7	23
缅甸	81		73		
菲律宾	82	71	91	1.1	8
泰国	83	73	87	0.8	18
纳米比亚	84	64	83	1.2	16
津巴布韦	85	59	69	0.7	52
洪都拉斯	86	66	90	1.4	7
尼加拉瓜	87		86		
越南	88		81		
肯尼亚	89	48	55	0.6	100
斯里兰卡	90	66	82	1.0	21
刚果共和国	91	64	70	0.4	88
印度尼西亚	92	59	83	1.6	11
赞比亚	93	52	57	0.4	141
危地马拉	94	65	92	1.6	5
毛里塔尼亚	95	53	59	0.5	100
科特迪瓦	96	51	53	0.2	
印度	97	51	75	1.7	17
巴基斯坦	98	49	67	1.4	28
莱索托	99	54	69	1.1	33
柬埔寨	100		64		
喀麦隆	101	52	70	1.4	27
厄立特里亚	102		65		
叙利亚	103	79	94	0.8	7
加纳	104	53	68	1.1	34
乍得	105	38	40	0.3	362
莫桑比克	106	36	49	1.4	50
几内亚	107	44	51	0.7	99
也门共和国	108	61	70	0.7	54
巴布亚新几内亚	109	48	47	−0.1	
海地	110	47	63	1.3	36
尼泊尔	111	32	68	3.5	11
塞内加尔	112	48	66	1.5	29
塞拉利昂	113	42	42	0.1	
刚果民主共和国	114		60		
老挝	115	34	64	3.0	15
马拉维	116	37	46	1.1	73
多哥	117	48	57	0.7	77
马达加斯加	118	47	55	0.8	79
马里	119	37	46	1.0	78
尼日利亚	120	48	65	1.4	31
孟加拉国	121	43	70	2.2	16
坦桑尼亚	122	32	54	2.3	27
贝宁	123	55	58	0.2	233
尼日尔	124	35	39	0.4	211
安哥拉	125	59	69	0.7	58
乌干达	126	33	55	2.4	25
中非	127	43	44	0.1	
布基纳法索	128	32	42	1.2	71
埃塞俄比亚	129	33	46	1.5	52
布隆迪	130	34	49	1.7	42
卢旺达	131	35	55	2.1	29
高收入国家		100	100	0.0	
中等收入国家		84	92	0.4	19
低收入国家		52	58	0.5	104
世界平均		81	99	0.9	2

附表 2-2-5　1950～2012 年世界第一次现代化指数

国家	编号	1950	1960	1970	1980	1990	2000	2010	2011	2012
瑞典	1	81	96	100	100	100	100	100	100	100
美国	2	100	100	100	100	100	100	100	100	100
芬兰	3	61	84	100	100	100	100	100	100	100
澳大利亚	4	86	99	100	100	100	100	100	100	100
瑞士	5	84	93	100	100	100	100	100	100	100
挪威	6	85	91	100	100	100	100	100	100	100
日本	7	63	88	100	100	100	100	100	100	100
丹麦	8	84	97	100	100	100	100	100	100	100
德国	9	75	92	100	100	100	100	100	100	100
荷兰	10	80	97	100	100	100	100	100	100	100
加拿大	11	90	100	100	100	100	100	100	100	100
新加坡	12	55	77	90	94	94	100	100	100	100
英国	13	84	96	100	100	100	100	100	100	100
法国	14	76	97	100	100	100	100	100	100	100
比利时	15	83	95	100	100	100	100	100	100	100
奥地利	16	73	90	100	100	100	100	100	100	100
新西兰	17	85	98	100	100	100	100	100	100	100
韩国	18	35	52	71	87	97	100	100	100	100
以色列	19	85	95	91	100	100	100	100	100	100
意大利	20	63	87	100	100	100	100	100	100	100
爱尔兰	21	65	85	96	100	100	100	100	100	100
西班牙	22	58	73	95	100	100	100	100	100	100
爱沙尼亚	23	—	—	—	—	—	95	100	100	100
斯洛文尼亚	24	—	—	—	—	—	100	100	100	100
乌拉圭	25	—	81	85	96	94	99	100	100	100
俄罗斯	26	—	90	—	—	—	91	100	100	100
斯洛伐克	27	—	—	—	—	—	95	100	100	100
希腊	28	63	74	92	100	99	100	100	100	100
匈牙利	29	72	79	92	95	95	97	100	100	100
捷克	30	—	—	100	96	93	98	100	100	100
葡萄牙	31	48	60	73	86	95	100	100	100	100
白俄罗斯	32	—	—	—	—	—	93	97	97	98
拉脱维亚	33	—	—	—	—	97	95	100	100	100
立陶宛	34	—	—	—	—	—	95	100	100	100
格鲁吉亚	35	—	—	—	—	92	82	89	89	90
乌克兰	36	—	—	—	—	—	90	94	94	95
保加利亚	37	—	—	81	95	97	87	92	98	98	99
黎巴嫩	38	—	—	77	85	93	—	96	100	100	100
哈萨克斯坦	39	—	—	—	—	—	90	99	100	100
波兰	40	50	80	95	100	93	96	100	100	100
阿根廷	41	81	86	91	94	93	100	100	100	100
巴拿马	42	48	63	83	94	94	95	99	100	100
克罗地亚	43	—	—	—	—	—	97	100	100	100
沙特阿拉伯	44	—	27	52	66	91	99	97	97	98
哥伦比亚	45	36	54	66	78	87	92	88	98	99
科威特	46	—	77	88	91	98	100	100	100	99
智利	47	68	73	77	92	86	97	100	100	100
马其顿	48	—	—	—	—	—	92	96	96	96
阿塞拜疆	49	—	—	—	—	—	84	89	91	92
摩尔多瓦	50	—	—	—	—	—	79	91	91	91
罗马尼亚	51	—	68	82	90	83	89	100	100	100
委内瑞拉	52	52	75	89	96	94	96	99	100	100
乌兹别克斯坦	53	—	—	—	—	—	77	78	78	79
多米尼加	54	40	48	62	76	82	90	95	96	96
亚美尼亚	55	—	—	—	—	—	82	88	88	89
巴拉圭	56	47	56	69	68	73	88	89	90	92
哥斯达黎加	57	55	58	73	90	92	94	98	100	100
巴西	58	53	59	72	81	87	94	100	100	100
墨西哥	59	53	64	79	88	91	98	100	100	100
博茨瓦纳	60	—	25	29	47	66	70	84	81	83
秘鲁	61	36	59	72	79	82	92	95	96	97
牙买加	62	47	68	78	81	83	90	100	96	96
约旦	63	—	44	55	85	87	92	95	95	96
南非	64	56	63	76	78	80	80	92	92	93
土耳其	65	34	45	54	61	79	88	100	100	100
厄瓜多尔	66	48	53	65	82	86	91	95	96	96
伊朗	67	—	42	57	72	65	84	99	99	97
蒙古	68	—	66	—	87	87	78	89	92	92
摩洛哥	69	36	41	49	54	66	75	82	85	86
马来西亚	70	—	46	55	69	77	91	99	100	100

附表 2-2-5　1950～2012 年世界第一次现代化指数

国家	编号	1950	1960	1970	1980	1990	2000	2010	2011	2012
萨尔瓦多	71	43	47	54	60	81	92	94	94	95
埃及	72	32	48	60	71	73	84	90	91	92
中国	73	26	37	40	54	63	76	92	94	96
阿尔及利亚	74	38	43	54	72	80	85	91	94	95
土库曼斯坦	75	—	—	—	—	—	72	86	86	88
突尼斯	76	—	43	54	68	78	89	94	95	95
阿尔巴尼亚	77	—	48	—	58	—	75	90	90	90
吉尔吉斯斯坦	78	—	—	—	—	—	71	85	85	85
塔吉克斯坦	79	—	—	—	—	—	78	76	76	76
玻利维亚	80	37	45	61	61	72	79	86	84	85
缅甸	81	—	40	25	40	—	55	78	69	73
菲律宾	82	43	58	53	61	71	88	90	90	91
泰国	83	37	41	55	62	73	77	82	86	87
纳米比亚	84	—	—	—	—	64	65	81	82	83
津巴布韦	85	—	44	48	52	59	64	68	68	69
洪都拉斯	86	31	40	52	57	66	82	90	90	90
尼加拉瓜	87	—	49	65	70	—	76	87	86	86
越南	88	—	37	—	—	—	66	79	81	81
肯尼亚	89	24	31	37	42	48	58	59	55	55
斯里兰卡	90	—	50	54	52	66	72	80	81	82
刚果共和国	91	—	41	55	62	64	63	60	68	70
印度尼西亚	92	16	30	41	43	59	68	82	83	83
赞比亚	93	—	42	47	52	52	50	55	56	57
危地马拉	94	27	46	46	62	65	78	81	90	92
毛里塔尼亚	95	—	26	32	44	53	53	56	59	59
科特迪瓦	96	—	—	37	54	51	51	59	56	53
印度	97	30	33	39	44	51	59	71	73	75
巴基斯坦	98	20	34	42	45	49	60	66	66	67
莱索托	99	—	23	34	49	54	51	63	69	69
柬埔寨	100	—	25	—	—	—	44	59	63	64
喀麦隆	101	—	35	35	48	52	52	71	69	70
厄立特里亚	102	—	—	—	—	—	48	62	64	65
叙利亚	103	—	48	62	75	79	79	89	94	94
加纳	104	—	37	39	42	53	55	62	67	68
乍得	105	—	26	28	37	38	43	49	41	40
莫桑比克	106	—	24	13	23	36	48	47	49	49
几内亚	107	—	15	—	27	44	47	52	50	51
也门共和国	108	—	19	—	26	61	56	67	70	70
巴布亚新几内亚	109	—	31	36	39	48	46	46	46	47
海地	110	17	31	30	30	47	53	60	62	63
尼泊尔	111	—	16	23	26	32	39	60	67	68
塞内加尔	112	—	34	42	47	48	55	64	66	66
塞拉利昂	113	—	19	39	38	42	34	41	42	42
刚果民主共和国	114	—	—	—	46	—	42	49	59	60
老挝	115	—	24	25	34	34	38	67	64	64
马拉维	116	—	26	28	28	37	37	46	45	46
多哥	117	—	27	34	42	48	46	55	57	57
马达加斯加	118	—	33	41	39	47	47	55	55	55
马里	119	—	24	28	31	37	37	43	46	46
尼日利亚	120	21	25	37	46	48	50	57	64	65
孟加拉国	121	—	29	—	32	43	51	65	69	70
坦桑尼亚	122	—	27	35	39	32	42	50	52	54
贝宁	123	—	30	38	40	55	46	56	57	58
尼日尔	124	—	21	24	30	35	37	32	39	39
安哥拉	125	—	30	—	29	59	40	66	67	69
乌干达	126	—	28	24	30	33	39	50	55	55
中非	127	—	31	35	37	43	38	44	43	44
布基纳法索	128	—	—	25	32	32	39	42	43	42
埃塞俄比亚	129	—	18	26	26	33	33	44	46	46
布隆迪	130	—	17	21	27	34	31	47	49	49
卢旺达	131	—	20	24	29	35	34	51	54	55
高收入国家		—	100	100	100	100	100	100	100	100
中等收入国家		—	51	—	84	84	93	91	91	92
低收入国家		—	34	33	45	52	58	56	58	58
世界平均		—	—	68	80	81	89	96	98	99

附表 2-2-6 1950～2012 年世界第一次现代化指数的排名

国家	编号	1950	1960	1970	1980	1990	2000	2010	2011	2012
瑞典	1	12	9	1	1	1	1	1	1	1
美国	2	1	1	1	1	1	1	1	1	1
芬兰	3	23	21	1	1	1	1	1	1	1
澳大利亚	4	3	3	1	1	1	1	1	1	1
瑞士	5	8	12	1	1	1	1	1	1	1
挪威	6	4	14	1	1	1	1	1	1	1
日本	7	22	17	1	1	1	1	1	1	1
丹麦	8	7	5	1	1	1	1	1	1	1
德国	9	15	13	1	1	1	1	1	1	1
荷兰	10	13	7	1	1	1	1	1	1	1
加拿大	11	2	1	1	1	1	1	1	1	1
新加坡	12	27	27	27	31	27	1	1	1	1
英国	13	9	8	1	1	1	1	1	1	1
法国	14	14	6	1	1	1	1	1	1	1
比利时	15	10	11	1	1	1	1	1	1	1
奥地利	16	16	16	1	1	1	1	1	1	1
新西兰	17	5	4	1	1	1	1	1	1	1
韩国	18	46	47	42	40	23	1	1	1	1
以色列	19	6	10	25	1	1	1	1	1	1
意大利	20	21	18	1	1	1	1	1	1	1
爱尔兰	21	19	20	19	1	1	1	1	1	1
西班牙	22	24	32	20	1	1	1	1	1	1
爱沙尼亚	23	—	—	—	—	—	39	1	1	1
斯洛文尼亚	24	—	—	—	—	—	1	1	1	1
乌拉圭	25	—	23	30	25	26	28	1	1	1
俄罗斯	26	—	15	—	—	—	52	43	1	1
斯洛伐克	27	—	—	—	—	—	38	1	1	1
希腊	28	20	30	24	1	21	1	1	1	1
匈牙利	29	17	25	23	28	25	32	1	1	1
捷克	30	—	—	1	26	30	30	1	1	1
葡萄牙	31	32	39	38	41	24	1	1	1	1
白俄罗斯	32	—	—	—	—	—	45	53	52	51
拉脱维亚	33	—	—	—	23	—	41	1	1	1
立陶宛	34	—	—	—	—	—	40	1	1	1
格鲁吉亚	35	—	—	—	33	—	68	71	76	76
乌克兰	36	—	—	—	—	—	57	61	64	63
保加利亚	37	—	22	22	24	38	47	51	50	50
黎巴嫩	38	—	26	31	32	—	37	1	1	1
哈萨克斯坦	39	—	—	—	—	—	55	46	1	1
波兰	40	31	24	21	1	32	36	1	1	1
阿根廷	41	11	19	26	29	31	1	1	1	1
巴拿马	42	33	37	32	30	29	42	49	1	1
克罗地亚	43	—	—	—	—	—	34	1	1	1
沙特阿拉伯	44	—	87	63	58	35	29	52	53	52
哥伦比亚	45	43	45	44	48	36	46	76	51	49
科威特	46	—	28	29	35	22	1	1	48	48
智利	47	18	31	36	34	42	33	1	1	1
马其顿	48	—	—	—	—	—	49	54	56	59
阿塞拜疆	49	—	—	—	—	—	66	74	70	67
摩尔多瓦	50	—	—	—	—	—	73	64	68	72
罗马尼亚	51	—	34	33	36	43	60	44	1	1
委内瑞拉	52	30	29	28	27	28	35	45	1	1
乌兹别克斯坦	53	—	—	—	—	—	79	89	89	89
多米尼加	54	39	52	47	49	46	58	55	54	56
亚美尼亚	55	—	—	—	—	—	70	75	77	77
巴拉圭	56	36	44	43	56	56	61	70	75	70
哥斯达黎加	57	26	43	39	37	33	43	50	1	1
巴西	58	29	40	40	44	39	44	1	1	1
墨西哥	59	28	36	34	38	34	31	1	1	1
博茨瓦纳	60	—	93	88	76	62	87	81	86	86
秘鲁	61	45	41	41	46	45	50	58	58	53
牙买加	62	35	33	35	45	44	56	1	57	57
约旦	63	—	59	52	42	40	51	56	59	60
南非	64	25	38	37	47	48	71	63	66	66
土耳其	65	47	57	60	64	51	62	1	1	1
厄瓜多尔	66	34	46	46	43	41	53	57	55	55
伊朗	67	—	64	51	52	63	65	48	49	54
蒙古	68	—	35	—	39	37	75	73	67	69
摩洛哥	69	44	67	64	68	61	83	82	81	81
马来西亚	70	—	55	53	55	53	54	47	1	1

附表 2-2-6　1950～2012 年世界第一次现代化指数的排名

国家	编号	1950	1960	1970	1980	1990	2000	2010	2011	2012
萨尔瓦多	71	37	54	59	65	47	48	60	62	64
埃及	72	48	50	50	53	55	67	66	69	71
中国	73	52	72	72	69	67	80	62	61	58
阿尔及利亚	74	40	61	57	51	49	64	65	65	62
土库曼斯坦	75	—	—	—	—	—	85	78	78	78
突尼斯	76	—	62	56	57	52	59	59	60	61
阿尔巴尼亚	77	—	51	—	66	—	82	68	73	75
吉尔吉斯斯坦	78	—	—	—	—	—	86	80	82	82
塔吉克斯坦	79	—	—	—	—	—	77	91	90	90
玻利维亚	80	42	58	49	62	57	74	79	83	83
缅甸	81	—	69	95	87	—	97	90	95	92
菲律宾	82	38	42	61	63	58	63	69	72	73
泰国	83	41	66	55	59	54	78	84	79	79
纳米比亚	84	—	—	—	—	65	90	85	85	85
津巴布韦	85	—	60	65	72	70	91	94	98	97
洪都拉斯	86	49	68	62	67	59	69	67	74	74
尼加拉瓜	87	—	49	45	54	—	81	77	80	80
越南	88	—	70	—	—	—	89	88	88	88
肯尼亚	89	53	80	79	85	81	95	107	115	115
斯里兰卡	90	—	48	58	71	60	84	87	87	87
刚果共和国	91	—	65	54	60	66	92	105	97	94
印度尼西亚	92	57	84	71	83	71	88	83	84	84
赞比亚	93	—	63	66	73	76	106	113	113	113
危地马拉	94	51	56	67	61	64	76	86	71	68
毛里塔尼亚	95	—	90	86	81	74	101	111	109	110
科特迪瓦	96	—	—	78	70	78	103	108	114	119
印度	97	50	76	75	82	79	94	92	91	91
巴基斯坦	98	55	75	68	80	80	93	98	103	102
莱索托	99	—	99	85	74	73	105	101	96	98
柬埔寨	100	—	95	—	—	—	115	109	107	106
喀麦隆	101	—	73	81	75	77	102	93	94	96
厄立特里亚	102	—	—	—	—	—	109	102	104	105
叙利亚	103	—	53	48	50	50	72	72	63	65
加纳	104	—	71	74	84	75	98	103	99	100
乍得	105	—	92	90	94	92	116	120	130	130
莫桑比克	106	—	96	101	110	95	108	122	122	121
几内亚	107	—	107	—	106	88	110	116	120	120
也门共和国	108	—	103	—	109	68	96	96	92	95
巴布亚新几内亚	109	—	78	80	90	84	114	125	123	123
海地	110	56	79	87	99	86	100	104	108	108
尼泊尔	111	—	106	99	108	104	121	106	101	101
塞内加尔	112	—	74	69	77	85	99	100	102	103
塞拉利昂	113	—	102	73	92	91	128	130	129	128
刚果民主共和国	114	—	—	—	78	—	117	121	110	109
老挝	115	—	97	93	95	99	123	95	105	107
马拉维	116	—	91	89	104	94	126	124	126	124
多哥	117	—	88	84	86	82	112	114	112	112
马达加斯加	118	—	77	70	89	87	111	115	117	116
马里	119	—	98	91	98	93	125	128	125	125
尼日利亚	120	54	94	77	79	83	107	110	106	104
孟加拉国	121	—	85	—	96	89	104	99	93	93
坦桑尼亚	122	—	89	82	91	102	118	118	119	118
贝宁	123	—	83	76	88	72	113	112	111	111
尼日尔	124	—	100	97	100	96	127	131	131	131
安哥拉	125	—	82	—	102	69	119	97	100	99
乌干达	126	—	86	96	101	101	120	119	116	114
中非	127	—	81	83	93	90	124	126	127	127
布基纳法索	128	—	—	94	97	103	122	129	128	129
埃塞俄比亚	129	—	104	92	107	100	130	127	124	126
布隆迪	130	—	105	100	105	98	131	123	121	122
卢旺达	131	—	101	98	103	97	129	117	118	117

注：第一次现代化指数达到100，排名不分先后。排名为131个国家的排名。

附表 2-3-1　2012 年世界第二次现代化指数

国家	编号	知识创新指数	知识传播指数	生活质量指数	经济质量指数	第二次现代化指数	国家排名	发展阶段[b]	国家分组[c]
瑞典	1	98	106	109	112	106	1	2	1
美国	2	111	96	102	111	105	2	2	1
芬兰	3	100	115	108	93	104	4	2	1
澳大利亚	4	58	109	111	107	96	10	1	1
瑞士	5	76	92	102	106	94	14	1	1
挪威	6	57	98	115	103	93	16	1	1
日本	7	116	94	97	102	102	6	1	1
丹麦	8	91	113	97	116	104	3	2	1
德国	9	94	93	102	98	96	9	1	1
荷兰	10	79	114	106	102	100	7	2	1
加拿大	11	61	109	104	98	93	17	2	1
新加坡	12	86	106	115	104	103	5	2	1
英国	13	75	90	90	112	92	18	2	1
法国	14	78	92	98	108	94	12	2	1
比利时	15	77	105	107	105	98	8	2	1
奥地利	16	76	99	102	99	94	13	1	1
新西兰	17	55	111	87	90	86	20	1	1
韩国	18	104	105	103	70	95	11	1	1
以色列	19	85	88	90	101	91	19	1	1
意大利	20	39	77	91	94	75	23	1	2
爱尔兰	21	73	107	92	102	93	15	2	1
西班牙	22	37	87	88	94	77	22	2	2
爱沙尼亚	23	49	83	91	57	70	25	1	2
斯洛文尼亚	24	68	98	90	65	80	21	1	2
乌拉圭	25	8	61	53	76	50	40		2
俄罗斯	26	39	76	75	48	59	31		2
斯洛伐克	27	27	69	73	57	56	38		2
希腊	28	24	82	82	92	69	26		2
匈牙利	29	61	86	69	58	69	27	1	2
捷克	30	47	79	91	55	68	29		2
葡萄牙	31	48	75	81	80	71	24	1	2
白俄罗斯	32	20	72	77	29	49	41		2
拉脱维亚	33	24	71	62	71	57	37		2
立陶宛	34	28	73	74	63	60	30	1	2
格鲁吉亚	35	6	42	40	43	33	74		3
乌克兰	36	21	63	54	39	44	50		3
保加利亚	37	20	63	57	46	46	48		3
黎巴嫩	38	—	53	56	64	58	35		3
哈萨克斯坦	39	11	57	65	41	44	54		3
波兰	40	26	76	75	54	58	36		3
阿根廷	41	16	73	57	85	58	33		2
巴拿马	42	4	49	47	74	43	55		3
克罗地亚	43	22	74	74	62	58	34		2
沙特阿拉伯	44	3	82	91	57	58	32		2
哥伦比亚	45	4	55	41	65	41	57		3
科威特	46	4	95	96	78	68	28	1	2
智利	47	8	72	62	66	52	39		2
马其顿	48	10	53	55	42	40	59		3
阿塞拜疆	49	4	49	42	40	34	72		3
摩尔多瓦	50	13	49	37	42	35	69		3
罗马尼亚	51	22	58	53	42	44	52		3
委内瑞拉	52	4	64	55	55	44	51		3
乌兹别克斯坦	53	7	54	36	22	30	85		4
多米尼加	54	—	44	38	62	48	44		3
亚美尼亚	55	9	68	40	35	38	64		3
巴拉圭	56	1	38	36	44	30	84		4
哥斯达黎加	57	14	58	51	71	48	42		3
巴西	58	19	52	47	67	46	47		3
墨西哥	59	8	44	50	55	39	62		3
博茨瓦纳	60	11	27	32	53	31	82		3
秘鲁	61	2	49	41	58	38	66		3
牙买加	62	4	45	41	58	37	67		3
约旦	63	9	66	43	64	45	49		3
南非	64	11	58	43	49	40	58		3
土耳其	65	23	59	49	55	47	46		3
厄瓜多尔	66	5	46	40	47	35	71		3
伊朗	67	21	64	55	35	44	53		3
蒙古	68	7	51	37	35	32	76		3
摩洛哥	69	13	40	33	41	32	77		3
马来西亚	70	25	57	65	45	48	43		3

附表 2-3-1　2012年世界第二次现代化指数

国家	编号	知识创新指数	知识传播指数	生活质量指数	经济质量指数	第二次现代化指数	国家排名	发展阶段[b]	国家分组[c]
萨尔瓦多	71	5	33	38	49	31	78		3
埃及	72	11	46	39	35	33	75		3
中国	73	40	46	50	33	42	56		3
阿尔及利亚	74	2	40	41	42	31	79		3
土库曼斯坦	75	—	9	55	23	29	87		4
突尼斯	76	26	47	42	44	40	61		3
阿尔巴尼亚	77	4	59	42	46	38	65		3
吉尔吉斯斯坦	78	6	42	31	32	28	89		4
塔吉克斯坦	79	2	33	27	29	23	104		4
玻利维亚	80	7	43	31	35	29	86		4
缅甸	81	—	23	32	—	28	90		3
菲律宾	82	2	42	33	47	31	81		3
泰国	83	8	54	50	33	36	68		3
纳米比亚	84	—	30	32	58	40	60		3
津巴布韦	85	—	15	25	24	21	107		4
洪都拉斯	86	1	31	34	38	26	94		4
尼加拉瓜	87	—	28	34	37	33	73		4
越南	88	—	53	36	28	39	63		3
肯尼亚	89	16	26	25	29	24	102		4
斯里兰卡	90	3	48	44	44	35	70		3
刚果共和国	91	—	25	26	43	31	80		3
印度尼西亚	92	2	36	36	35	27	92		4
赞比亚	93	5	8	25	26	16	126		4
危地马拉	94	2	28	34	43	27	93		4
毛里塔尼亚	95	—	13	30	21	21	106		4
科特迪瓦	96	1	4	22	25	13	130		4
印度	97	10	29	29	31	25	96		4
巴基斯坦	98	5	15	28	31	20	114		4
莱索托	99	0	18	18	30	17	123		4
柬埔寨	100	3	18	29	27	19	117		4
喀麦隆	101	—	18	22	32	24	101		4
厄立特里亚	102	—	11	24	40	25	97		4
叙利亚	103	—	46	49	48	48	45		3
加纳	104	8	30	25	35	25	98		4
乍得	105	—	9	24	20	18	121		4
莫桑比克	106	6	10	20	21	14	129		4
几内亚	107	—	13	26	19	20	116		4
也门共和国	108	—	27	26	38	30	83		3
巴布亚新几内亚	109	—	22	31	18	24	103		4
海地	110	—	12	24	14	17	122		4
尼泊尔	111	13	33	28	23	24	100		4
塞内加尔	112	16	25	25	37	26	95		4
塞拉利昂	113	5	1	21	20	12	131		4
刚果民主共和国	114	—	19	19	20	19	118		4
老挝	115	—	27	34	21	27	91		4
马拉维	116	—	10	26	26	21	109		4
多哥	117	6	24	22	28	20	113		4
马达加斯加	118	2	15	31	30	20	115		4
马里	119	14	19	26	23	21	108		4
尼日利亚	120	5	25	25	34	22	105		4
孟加拉国	121	0	19	28	35	20	111		4
坦桑尼亚	122	11	11	25	24	18	120		4
贝宁	123	—	23	23	26	24	99		4
尼日尔	124	—	7	27	27	20	112		4
安哥拉	125	—	16	25	46	29	88		4
乌干达	126	11	15	29	28	20	110		4
中非	127	—	8	23	19	17	124		4
布基纳法索	128	3	12	27	24	16	125		4
埃塞俄比亚	129	4	12	25	22	16	127		4
布隆迪	130	3	8	25	22	15	128		4
卢旺达	131	0	13	31	29	18	119		4
高收入国家[a]	132	100	100	100	100	100		2	
中等收入国家	133	21	38	37	36	33			
低收入国家	134	—	16	24	24	21			
世界平均	135	53	45	44	54	49			

注：a. 高收入国家：OECD 国家中的高收入国家，2012 年为 32 个国家。后同。
b. 第二次现代化的阶段：2 代表发展期，1 代表起步期，0 代表准备阶段。
c. 1 代表发达国家，2 代表中等发达国家，3 代表初等发达国家，4 代表欠发达国家。

附表 2-3-2　2012 年世界知识创新指数

国家	编号	知识创新指标的实际值				知识创新指标的指数				知识创新指数
		知识创新经费投入[a]	知识创新人员投入[b]	知识创新专利产出[c]	知识产权出口比例[d]	知识创新经费指数	知识创新人员指数	知识创新专利指数	知识产权出口指数	
瑞典	1	3.4	51.8	2.4	1.3	120	120	31	120	98
美国	2	2.8	39.8	8.6	0.8	116	99	110	120	111
芬兰	3	3.5	74.8	3.1	1.3	120	120	40	120	100
澳大利亚	4	2.4	42.6	1.2	0.1	99	106	15	11	58
瑞士	5	3.0	33.2	1.9	—	120	83	24	—	76
挪威	6	1.7	55.9	2.0	0.1	69	120	26	13	57
日本	7	3.4	51.6	22.5	0.5	120	120	120	103	116
丹麦	8	3.0	67.3	2.5	—	120	120	32	—	91
德国	9	2.9	41.4	5.8	0.4	120	103	74	78	94
荷兰	10	2.2	35.1	1.4	0.7	90	87	18	120	79
加拿大	11	1.7	45.6	1.4	0.2	72	114	17	40	61
新加坡	12	2.1	64.4	2.0	0.6	87	120	26	111	86
英国	13	1.7	40.2	2.4	0.5	72	100	31	98	75
法国	14	2.3	39.2	2.2	0.5	94	98	28	91	78
比利时	15	2.2	39.8	0.7	0.5	93	99	9	106	77
奥地利	16	2.8	45.6	2.7	0.2	118	114	34	38	76
新西兰	17	1.3	36.9	3.2	0.2	53	92	41	33	55
韩国	18	4.0	59.3	29.6	0.3	120	120	120	54	104
以色列	19	3.9	66.0	1.7	0.4	120	120	21	79	85
意大利	20	1.3	18.2	1.4	0.2	53	45	18	39	39
爱尔兰	21	1.7	35.1	1.1	2.4	72	88	14	120	73
西班牙	22	1.3	27.2	0.7	0.1	54	68	9	19	37
爱沙尼亚	23	2.2	35.4	0.2	0.1	91	88	2	17	49
斯洛文尼亚	24	2.8	44.0	2.2	0.1	117	110	28	18	68
乌拉圭	25	0.4	5.4	0.1	0.0	18	13	1	0	8
俄罗斯	26	1.1	31.0	2.0	0.0	47	77	26	6	39
斯洛伐克	27	0.8	28.0	0.3	0.0	34	70	4	1	27
希腊	28	0.7	21.7	0.6	0.0	29	54	7	6	24
匈牙利	29	1.3	23.9	0.7	0.9	54	60	9	120	61
捷克	30	1.9	31.1	0.8	0.1	78	78	11	19	47
葡萄牙	31	1.5	47.8	0.6	0.0	62	119	8	4	48
白俄罗斯	32	0.7	—	1.8	0.0	29	—	23	7	20
拉脱维亚	33	0.7	18.9	0.9	0.0	27	47	12	7	24
立陶宛	34	0.9	26.5	0.4	0.0	38	66	5	2	28
格鲁吉亚	35	0.2	—	0.3	0.0	8	—	4	4	6
乌克兰	36	0.7	12.5	0.5	0.1	31	31	7	14	21
保加利亚	37	0.6	15.5	0.3	0.0	27	39	4	8	20
黎巴嫩	38	—	—	—	0.0	—	—	—	1	—
哈萨克斯坦	39	0.2	6.5	0.9	—	7	16	11	—	11
波兰	40	0.9	17.5	1.1	0.0	37	44	15	9	26
阿根廷	41	0.6	12.4	0.2	0.0	27	31	2	5	16
巴拿马	42	0.2	1.1	0.1	0.0	8	3	1	6	4
克罗地亚	43	0.8	15.5	0.5	0.1	31	39	7	11	22
沙特阿拉伯	44	0.1	—	0.1	—	4	—	2	—	3
哥伦比亚	45	0.2	1.8	0.0	0.0	7	5	1	5	4
科威特	46	0.1	1.3	—	—	4	3	—	—	4
智利	47	0.4	3.2	0.2	0.1	17	8	2	5	8
马其顿	48	0.2	4.7	0.2	0.1	9	12	2	17	10
阿塞拜疆	49	0.2	—	0.2	0.0	9	—	2	0	4
摩尔多瓦	50	0.4	7.8	0.3	0.1	17	19	3	12	13
罗马尼亚	51	0.5	8.3	0.5	0.2	20	21	7	39	22
委内瑞拉	52	—	2.9	0.0	—	—	7	0	—	4
乌兹别克斯坦	53	—	5.3	0.1	—	—	13	1	—	7
多米尼加	54	—	—	0.0	—	—	—	0	—	—
亚美尼亚	55	0.3	—	0.5	—	11	—	6	—	9
巴拉圭	56	0.1	0.5	0.0	—	2	1	0	—	1
哥斯达黎加	57	0.5	12.9	0.0	0.0	20	32	0	2	14
巴西	58	1.2	7.1	0.2	0.0	50	18	3	4	19
墨西哥	59	0.4	3.9	0.1	0.0	18	10	1	2	8
博茨瓦纳	60	0.5	—	—	0.0	21	—	—	—	11
秘鲁	61	0.1	—	0.0	0.0	5	—	0	1	4
牙买加	62	—	—	0.1	0.0	—	—	1	6	4
约旦	63	0.4	—	—	—	17	—	1	—	9
南非	64	0.8	3.6	0.1	0.0	32	9	1	3	11
土耳其	65	0.9	9.9	0.6	—	36	25	8	—	23
厄瓜多尔	66	0.3	1.1	0.0	—	13	3	0	—	5
伊朗	67	0.8	7.5	0.8	—	33	19	11	—	21
蒙古	68	0.3	—	0.4	0.0	11	—	5	3	7
摩洛哥	69	0.7	8.6	0.1	0.0	31	22	1	0	13
马来西亚	70	1.1	16.4	0.4	0.0	44	41	5	9	25

附表 2-3-2　2012 年世界知识创新指数

国家	编号	知识创新指标的实际值				知识创新指标的指数				知识创新指数
		知识创新经费投入[a]	知识创新人员投入[b]	知识创新专利产出[c]	知识产权出口比例[d]	知识创新经费指数	知识创新人员指数	知识创新专利指数	知识产权出口指数	
萨尔瓦多	71	0.0	—	—	0.0	1	—	—	10	5
埃及	72	0.4	5.2	0.1	—	18	13	1	—	11
中国	73	2.0	10.2	4.0	0.0	83	25	51	2	40
阿尔及利亚	74	0.1	1.7	0.0	0.0	4	4	0	0	2
土库曼斯坦	75	—	—	—	—	—	—	—	—	—
突尼斯	76	1.1	18.6	0.1	0.1	46	46	1	10	26
阿尔巴尼亚	77	0.2	1.5	0.0	0.0	8	4	0	3	4
吉尔吉斯斯坦	78	0.2	—	0.2	0.0	7	—	3	8	6
塔吉克斯坦	79	0.1	—	0.0	0.0	5	—	0	1	2
玻利维亚	80	0.3	1.6	—	0.0	12	4	—	6	7
缅甸	81	0.1	—	—	—	5	—	—	—	—
菲律宾	82	0.1	0.8	0.0	0.0	4	2	0	1	2
泰国	83	0.2	3.2	0.2	0.1	8	8	2	13	8
纳米比亚	84	0.1	—	—	—	6	—	—	—	—
津巴布韦	85	—	1.0	—	—	—	2	—	—	—
洪都拉斯	86	0.0	—	0.0	—	2	—	0	—	1
尼加拉瓜	87	—	—	0.0	—	—	—	0	—	—
越南	88	—	—	—	—	—	—	1	—	—
肯尼亚	89	1.0	2.3	0.0	0.1	41	6	0	15	16
斯里兰卡	90	0.2	1.0	0.1	—	7	3	1	—	3
刚果共和国	91	—	—	—	—	—	—	—	—	—
印度尼西亚	92	0.1	0.9	0.0	0.0	4	2	0	1	2
赞比亚	93	0.3	0.4	0.0	—	13	1	0	—	5
危地马拉	94	0.0	0.3	0.0	0.0	2	1	0	6	2
毛里塔尼亚	95	—	—	—	—	—	—	—	—	—
科特迪瓦	96	—	0.7	0.0	—	—	2	0	—	1
印度	97	0.8	1.6	0.1	0.0	34	4	1	1	10
巴基斯坦	98	0.3	1.5	0.0	0.0	14	4	0	1	5
莱索托	99	0.0	0.1	—	—	1	0	—	—	0
柬埔寨	100	—	—	—	0.0	—	—	—	5	3
喀麦隆	101	—	—	—	0.0	—	—	—	0	—
厄立特里亚	102	—	—	—	—	—	—	—	—	—
叙利亚	103	—	—	0.1	—	—	—	1	—	—
加纳	104	0.4	0.4	—	—	16	1	—	—	8
乍得	105	—	—	—	—	—	—	—	—	—
莫桑比克	106	0.5	0.4	0.0	0.0	19	1	0	4	6
几内亚	107	—	—	—	—	—	—	—	—	—
也门共和国	108	—	—	0.0	—	—	—	0	—	—
巴布亚新几内亚	109	—	—	0.0	—	—	—	0	—	—
海地	110	—	—	0.0	—	—	—	0	—	—
尼泊尔	111	0.3	—	—	—	13	—	—	—	13
塞内加尔	112	0.5	3.6	—	—	23	9	—	—	16
塞拉利昂	113	—	—	—	0.0	—	—	—	5	5
刚果民主共和国	114	0.5	—	—	—	21	—	—	—	—
老挝	115	—	—	—	—	—	—	—	—	—
马拉维	116	—	0.5	—	—	—	1	—	—	—
多哥	117	0.3	0.3	—	—	11	1	—	—	6
马达加斯加	118	0.1	0.5	0.0	—	4	1	0	—	2
马里	119	0.7	0.3	—	—	28	1	—	—	14
尼日利亚	120	0.2	—	—	—	8	—	—	—	5
孟加拉国	121	—	—	0.0	0.0	—	—	0	0	0
坦桑尼亚	122	0.5	0.4	—	—	22	1	—	—	11
贝宁	123	—	—	—	—	—	—	—	—	—
尼日尔	124	—	0.1	—	—	—	0	—	—	—
安哥拉	125	—	0.6	—	—	—	1	—	—	—
乌干达	126	0.6	0.4	0.0	0.1	23	1	0	19	11
中非	127	—	—	—	—	—	—	—	—	—
布基纳法索	128	0.2	0.5	0.0	—	8	1	0	—	3
埃塞俄比亚	129	0.2	0.4	0.0	—	10	1	0	—	4
布隆迪	130	0.1	—	—	0.0	5	—	—	0	3
卢旺达	131	—	0.1	0.0	—	—	0	0	—	0
高收入国家		2.4	40.1	7.8	0.5	100	100	101	100	100
中等收入国家		1.2	5.7	1.2	—	52	14	15	4	21
低收入国家		—	—	—	0.0	—	—	—	2	—
世界平均		2.1	12.8	2.0	0.3	89	32	26	64	53
基准值		2.4	40.1	7.8	0.5					

注：a. 指 R&D 经费/GDP(%)，其数据为 2005~2012 年期间最近年的数据。

b. 指从事研究与发展活动的研究人员全时当量/万人，其数据为 2005~2012 年期间最近年的数据。

c. 指居民申请国内发明专利数/万人，其数据为 2005~2012 年期间最近年数据。

d. 指知识产权出口收入占 GDP 比例(%)，其数据为 2005~2012 年期间最近年数据。

附表 2-3-3　2012 年世界知识传播指数

国家	编号	知识传播指标的实际值				知识传播指标的指数				知识传播指数
		中学普及率[a]	大学普及率[b]	人均知识产权进口	互联网普及率	中学普及指数	大学普及指数	知识产权进口指数	互联网普及指数	
瑞典	1	98	70	247	93	97	90	120	118	106
美国	2	94	94	127	79	93	120	72	101	96
芬兰	3	108	94	302	90	107	120	120	114	115
澳大利亚	4	136	86	184	79	120	111	105	100	109
瑞士	5	96	56	—	85	95	71	—	108	92
挪威	6	111	74	117	95	110	95	67	120	98
日本	7	102	61	156	86	101	79	89	110	94
丹麦	8	125	80	—	92	120	102	—	117	113
德国	9	101	62	152	82	100	79	86	105	93
荷兰	10	130	77	216	93	120	99	120	118	114
加拿大	11	103	—	313	83	102	—	120	105	109
新加坡	12	—	—	3108	72	—	—	120	91	106
英国	13	95	62	132	87	94	79	75	111	90
法国	14	110	58	146	81	109	75	83	103	92
比利时	15	107	71	237	81	106	91	120	103	105
奥地利	16	98	72	183	80	97	93	104	102	99
新西兰	17	120	80	219	82	118	102	120	104	111
韩国	18	97	98	168	84	96	120	95	107	105
以色列	19	102	66	136	71	101	85	77	90	88
意大利	20	101	62	102	56	100	80	58	71	77
爱尔兰	21	119	71	9179	77	118	91	120	98	107
西班牙	22	131	85	51	70	120	109	29	89	87
爱沙尼亚	23	107	77	46	78	106	98	26	100	83
斯洛文尼亚	24	98	86	174	68	97	110	99	87	98
乌拉圭	25	90	63	10	54	89	81	6	69	61
俄罗斯	26	95	76	53	64	94	98	30	81	76
斯洛伐克	27	94	55	24	77	93	71	14	97	69
希腊	28	108	114	33	55	107	120	19	70	79
匈牙利	29	102	60	136	71	101	77	77	90	86
捷克	30	97	64	78	73	96	82	44	93	79
葡萄牙	31	113	69	43	60	112	88	24	77	75
白俄罗斯	32	106	91	11	47	105	117	6	60	72
拉脱维亚	33	98	65	22	73	97	84	12	93	71
立陶宛	34	106	74	13	67	105	95	7	85	73
格鲁吉亚	35	86	28	2	37	85	36	1	47	42
乌克兰	36	98	80	16	35	97	102	9	45	63
保加利亚	37	93	63	25	52	92	80	14	66	63
黎巴嫩	38	74	46	5	61	73	59	3	78	53
哈萨克斯坦	39	98	45	9	53	97	57	5	68	57
波兰	40	98	73	61	62	97	94	34	79	76
阿根廷	41	92	79	51	56	91	101	29	71	73
巴拿马	42	84	42	11	40	83	54	6	51	49
克罗地亚	43	98	62	70	62	97	79	40	79	74
沙特阿拉伯	44	114	51	—	54	113	65	—	69	82
哥伦比亚	45	93	45	11	49	92	58	6	62	55
科威特	46	101	—	—	70	100	—	—	90	95
智利	47	89	74	49	61	88	95	28	78	72
马其顿	48	83	38	16	57	82	49	9	73	53
阿塞拜疆	49	100	20	3	54	99	26	2	69	49
摩尔多瓦	50	88	40	5	43	87	51	3	55	49
罗马尼亚	51	95	52	23	46	94	66	13	58	58
委内瑞拉	52	85	78	13	49	85	100	8	62	64
乌兹别克斯坦	53	105	9	—	37	104	11	—	46	54
多米尼加	54	76	—	8	41	75	—	4	52	44
亚美尼亚	55	96	46	—	39	95	59	—	50	68
巴拉圭	56	70	35	0	29	69	44	0	37	38
哥斯达黎加	57	104	47	18	48	103	60	10	60	58
巴西	58	106	26	18	49	105	33	10	62	52
墨西哥	59	86	29	9	40	85	37	5	51	44
博茨瓦纳	60	82	7	6	12	81	9	3	15	27
秘鲁	61	90	43	8	38	89	55	4	49	49
牙买加	62	89	31	17	34	88	40	10	43	45
约旦	63	88	47	—	41	87	60	—	52	66
南非	64	102	—	39	41	101	—	22	52	58
土耳其	65	86	69	10	45	85	89	6	57	59
厄瓜多尔	66	87	40	6	35	86	51	3	45	46
伊朗	67	86	55	—	28	85	71	—	35	64
蒙古	68	103	61	3	16	102	78	2	21	51
摩洛哥	69	69	16	2	55	68	21	1	70	40
马来西亚	70	67	36	52	66	67	46	30	84	57

附表 2-3-3　2012 年世界知识传播指数

国家	编号	知识传播指标的实际值				知识传播指标的指数				知识传播指数
		中学普及率[a]	大学普及率[b]	人均知识产权进口	互联网普及率	中学普及指数	大学普及指数	知识产权进口指数	互联网普及指数	
萨尔瓦多	71	69	25	7	20	69	33	4	26	33
埃及	72	86	30	4	44	85	39	2	56	46
中国	73	89	27	13	42	88	34	7	54	46
阿尔及利亚	74	98	31	4	15	97	40	2	19	40
土库曼斯坦	75	—	—	—	7	—	—	—	9	9
突尼斯	76	91	35	1	41	90	45	1	53	47
阿尔巴尼亚	77	91	56	8	55	90	71	5	69	59
吉尔吉斯斯坦	78	88	41	1	22	87	53	1	28	42
塔吉克斯坦	79	87	22	0	15	86	29	0	18	33
玻利维亚	80	77	39	4	36	77	50	2	45	43
缅甸	81	50	14	—	1	50	18	—	1	23
菲律宾	82	85	28	5	36	84	36	3	46	42
泰国	83	87	51	54	26	86	66	31	34	54
纳米比亚	84	64	9	—	13	63	12	—	16	30
津巴布韦	85	—	6	—	17	—	8	—	22	15
洪都拉斯	86	73	20	5	18	72	26	3	23	31
尼加拉瓜	87	69	—	0	14	68	—	0	17	28
越南	88	77	25	—	39	76	32	—	50	53
肯尼亚	89	60	4	1	32	60	5	0	41	26
斯里兰卡	90	99	17	—	18	98	22	—	23	48
刚果共和国	91	54	10	—	6	53	13	—	8	25
印度尼西亚	92	83	32	7	15	82	40	4	19	36
赞比亚	93	—	4	0	13	—	6	0	17	8
危地马拉	94	65	18	6	16	64	23	3	20	28
毛里塔尼亚	95	27	5	—	5	27	7	—	7	13
科特迪瓦	96	—	4	—	2	—	6	—	3	4
印度	97	69	25	3	13	68	32	2	16	29
巴基斯坦	98	37	10	1	10	36	12	1	13	15
莱索托	99	53	11	2	5	53	14	1	6	18
柬埔寨	100	47	16	1	5	46	20	0	6	18
喀麦隆	101	50	12	0	6	50	15	0	7	18
厄立特里亚	102	30	2	—	1	30	3	—	1	11
叙利亚	103	74	26	—	24	74	33	—	31	46
加纳	104	58	12	—	12	58	16	—	16	30
乍得	105	23	2	—	2	23	3	—	3	9
莫桑比克	106	26	5	0	5	26	6	0	6	10
几内亚	107	38	10	0	1	38	13	0	2	13
也门共和国	108	47	10	—	17	46	13	—	22	27
巴布亚新几内亚	109	40	—	—	4	40	—	—	4	22
海地	110	—	—	—	10	—	—	—	12	12
尼泊尔	111	66	14	—	11	65	19	—	14	33
塞内加尔	112	41	8	—	19	41	10	—	24	25
塞拉利昂	113	—	—	0	1	—	—	0	2	1
刚果民主共和国	114	43	8	—	2	43	11	—	2	19
老挝	115	47	17	—	11	46	21	—	14	27
马拉维	116	34	1	0	4	34	1	0	6	10
多哥	117	55	10	—	4	54	13	—	5	24
马达加斯加	118	38	4	—	2	38	5	—	3	15
马里	119	44	7	—	2	44	10	—	3	19
尼日利亚	120	44	10	1	33	43	13	1	42	25
孟加拉国	121	54	13	0	6	53	17	0	7	19
坦桑尼亚	122	35	4	—	4	35	5	—	5	11
贝宁	123	48	12	—	5	47	16	—	6	23
尼日尔	124	16	2	—	1	16	2	—	2	7
安哥拉	125	32	7	0	17	31	10	0	22	16
乌干达	126	28	9	0	15	28	12	0	19	15
中非	127	18	3	—	3	18	4	—	4	8
布基纳法索	128	26	5	—	4	26	6	—	5	12
埃塞俄比亚	129	38	8	0	1	37	10	0	2	12
布隆迪	130	28	3	0	1	28	4	0	2	8
卢旺达	131	32	7	0	8	32	9	0	10	13
高收入国家	132	101	78	176	79	100	100	100	100	100
中等收入国家	133	74	28	9	30	73	36	5	38	38
低收入国家	134	44	9	0	6	44	12	0	8	16
世界平均	135	73	32	36	36	72	41	21	45	45
基准值		101	78	176	79					

注：a. 为 2005～2012 年期间最近年的数据。中学普及率数据包括职业培训，中学普及率指数最大值设为 100。
　　b. 为 2005～2012 年期间最近年的数据。

附表 2-3-4　2012 年世界生活质量指数

国家	编号	生活质量指标的实际值				生活质量指标的指数				生活质量指数
		预期寿命	人均购买力[a]	婴儿死亡率	人均能源消费	预期寿命指数	人均购买力指数	婴儿死亡率指数	能源消费指数	
瑞典	1	82	43 090	2	5134	101	105	120	110	109
美国	2	79	52 620	6	6794	98	120	72	120	102
芬兰	3	81	38 570	2	6183	100	94	120	120	108
澳大利亚	4	82	41 590	4	5883	102	101	120	120	111
瑞士	5	83	53 920	4	3189	102	120	119	68	102
挪威	6	81	66 220	2	5942	101	120	120	120	115
日本	7	83	36 440	2	3539	103	89	120	76	97
丹麦	8	80	43 200	3	3048	99	105	120	65	97
德国	9	81	42 860	3	3822	100	104	120	82	102
荷兰	10	81	42 890	4	4668	101	104	120	100	106
加拿大	11	81	41 170	5	7270	101	100	94	120	104
新加坡	12	82	74 110	2	6452	102	120	120	120	115
英国	13	82	34 640	4	3020	101	84	110	65	90
法国	14	83	36 690	4	3832	102	89	120	82	98
比利时	15	80	39 870	4	5148	100	97	120	110	107
奥地利	16	81	42 990	3	3902	100	105	120	83	102
新西兰	17	81	30 750	5	4188	101	75	83	90	87
韩国	18	81	32 150	3	5260	101	78	120	113	103
以色列	19	82	30 510	3	3044	101	74	120	65	90
意大利	20	83	34 070	3	2664	103	83	120	57	91
爱尔兰	21	81	35 090	3	2910	100	85	120	62	92
西班牙	22	82	31 140	4	2666	102	76	119	57	88
爱沙尼亚	23	76	22 900	3	4317	95	56	120	92	91
斯洛文尼亚	24	80	27 610	2	3472	99	67	120	74	90
乌拉圭	25	77	17 980	10	1309	95	44	44	28	53
俄罗斯	26	70	22 710	9	5113	87	55	48	109	75
斯洛伐克	27	76	24 240	6	3084	94	60	70	66	73
希腊	28	81	25 680	4	2343	100	62	116	50	82
匈牙利	29	75	21 000	5	2369	93	51	83	51	69
捷克	30	78	24 980	3	4074	97	61	120	87	91
葡萄牙	31	80	24 750	3	2087	100	60	120	45	81
白俄罗斯	32	72	16 800	4	3114	89	41	110	67	77
拉脱维亚	33	74	21 350	8	2122	91	52	58	45	62
立陶宛	34	74	23 110	5	2406	92	56	98	51	74
格鲁吉亚	35	74	6760	13	790	92	16	35	17	40
乌克兰	36	71	8670	9	2766	88	21	48	59	54
保加利亚	37	74	15 250	11	2615	92	37	42	56	57
黎巴嫩	38	80	17 080	8	1449	99	42	54	31	56
哈萨克斯坦	39	70	18 860	16	4717	86	46	28	101	65
波兰	40	77	21 320	5	2505	95	52	98	54	75
阿根廷	41	76	—	12	1967	94	—	36	42	57
巴拿马	42	77	16 620	16	1085	96	40	28	23	47
克罗地亚	43	77	19 700	4	1971	95	48	110	42	74
沙特阿拉伯	44	75	52 790	14	6738	94	120	32	120	91
哥伦比亚	45	74	11 340	15	671	91	28	29	14	41
科威特	46	74	88 170	9	10 408	92	120	52	120	96
智利	47	80	20 140	7	1874	99	49	61	40	62
马其顿	48	75	11 520	7	1484	93	28	68	32	55
阿塞拜疆	49	71	14 860	31	1369	88	36	14	29	42
摩尔多瓦	50	69	4710	14	936	85	11	32	20	37
罗马尼亚	51	75	17 300	11	1778	92	42	40	38	53
委内瑞拉	52	74	17 480	13	2380	92	43	33	51	55
乌兹别克斯坦	53	68	4920	38	1628	84	12	12	35	36
多米尼加	54	73	10 790	24	727	91	26	18	16	38
亚美尼亚	55	74	7890	15	916	92	19	30	20	40
巴拉圭	56	72	6700	19	739	89	16	23	16	36
哥斯达黎加	57	80	13 140	9	983	99	32	51	21	51
巴西	58	74	14 350	13	1371	91	35	34	29	47
墨西哥	59	77	15 910	13	1588	96	39	34	34	50
博茨瓦纳	60	47	14 630	37	1115	58	36	12	24	32
秘鲁	61	75	10 770	14	695	92	26	32	15	41
牙买加	62	73	8420	15	1135	91	20	30	24	41
约旦	63	74	11 390	17	1143	91	28	27	24	43
南非	64	56	11 970	34	2741	70	29	13	59	43
土耳其	65	75	18 020	17	1564	93	44	25	33	49
厄瓜多尔	66	76	9920	20	849	94	24	22	18	40
伊朗	67	74	16 530	15	2813	91	40	29	60	55
蒙古	68	67	7670	27	1310	83	19	16	28	37
摩洛哥	69	71	6660	27	539	88	16	16	12	33
马来西亚	70	75	21 430	7	2639	93	52	60	56	65

附表 2-3-4　2012 年世界生活质量指数

国家	编号	生活质量指标的实际值				生活质量指标的指数				生活质量指数
		预期寿命	人均购买力[a]	婴儿死亡率	人均能源消费	预期寿命指数	人均购买力指数	婴儿死亡率指数	能源消费指数	
萨尔瓦多	71	72	7290	14	690	89	18	31	15	38
埃及	72	71	10 600	19	978	88	26	23	21	39
中国	73	75	10 890	12	2029	93	26	38	43	50
阿尔及利亚	74	71	12 750	22	1108	88	31	20	24	41
土库曼斯坦	75	65	11 040	48	4839	81	27	9	104	55
突尼斯	76	75	10 470	14	890	93	25	32	19	42
阿尔巴尼亚	77	77	10 080	14	768	96	25	32	16	42
吉尔吉斯斯坦	78	70	2860	23	562	87	7	19	12	31
塔吉克斯坦	79	67	2340	42	306	83	6	10	7	27
玻利维亚	80	67	5400	32	746	83	13	14	16	31
缅甸	81	65	—	41	268	80	—	11	6	32
菲律宾	82	69	7290	24	426	85	18	18	9	33
泰国	83	74	13 420	12	1790	92	33	38	38	50
纳米比亚	84	64	9060	36	717	79	22	12	15	32
津巴布韦	85	58	1570	55	697	72	4	8	15	25
洪都拉斯	86	73	4190	20	609	91	10	22	13	34
尼加拉瓜	87	74	4240	21	515	92	10	21	11	34
越南	88	76	4780	20	697	94	12	23	15	36
肯尼亚	89	61	2180	49	480	76	5	9	10	25
斯里兰卡	90	74	8830	9	499	92	21	52	11	44
刚果共和国	91	58	4540	37	393	72	11	12	8	26
印度尼西亚	92	71	8740	25	857	87	21	17	18	36
赞比亚	93	57	2990	57	621	71	7	8	13	25
危地马拉	94	72	6920	27	691	89	17	17	15	34
毛里塔尼亚	95	61	2740	68	—	76	7	6	—	30
科特迪瓦	96	50	2680	73	579	62	7	6	12	22
印度	97	66	5080	43	614	82	12	10	13	29
巴基斯坦	98	66	4670	71	482	82	11	6	10	28
莱索托	99	49	2990	74	9	61	7	6	0	18
柬埔寨	100	71	2710	34	365	88	7	13	8	29
喀麦隆	101	55	2550	62	318	68	6	7	7	22
厄立特里亚	102	62	1190	37	129	77	3	12	3	24
叙利亚	103	75	—	12	910	93	—	35	19	49
加纳	104	61	3540	53	425	76	9	8	9	25
乍得	105	51	1930	90	—	63	5	5	—	24
莫桑比克	106	50	980	64	415	62	2	7	9	20
几内亚	107	56	1140	67	—	69	3	7	—	26
也门共和国	108	63	3690	42	312	78	9	10	7	26
巴布亚新几内亚	109	62	2330	48	—	77	6	9	—	31
海地	110	63	1640	56	320	78	4	8	7	24
尼泊尔	111	68	2170	33	383	84	5	13	8	28
塞内加尔	112	63	2180	45	264	78	5	10	6	25
塞拉利昂	113	45	1460	110	—	56	4	4	—	21
刚果民主共和国	114	50	660	88	383	61	2	5	8	19
老挝	115	68	4170	55	—	84	10	8	—	34
马拉维	116	55	730	46	—	68	2	10	—	26
多哥	117	56	1140	57	427	70	3	8	9	22
马达加斯加	118	64	1340	41	—	80	3	11	—	31
马里	119	55	1550	79	—	68	4	6	—	26
尼日利亚	120	52	5120	77	721	65	12	6	15	25
孟加拉国	121	70	2640	35	205	87	6	13	4	28
坦桑尼亚	122	61	1650	38	448	75	4	12	10	25
贝宁	123	59	1710	58	385	73	4	8	8	23
尼日尔	124	58	880	62	—	72	2	7	—	27
安哥拉	125	51	6560	104	673	64	16	4	14	25
乌干达	126	59	1320	45	—	73	3	10	—	29
中非	127	49	950	98	—	61	2	4	—	23
布基纳法索	128	56	1550	66	—	69	4	7	—	27
埃塞俄比亚	129	63	1240	46	381	78	3	10	8	25
布隆迪	130	54	750	57	—	66	2	8	—	25
卢旺达	131	63	1390	39	—	79	3	11	—	31
高收入国家		81	41 120	4	4675	100	100	99	100	100
中等收入国家		70	9070	34	1280	87	22	13	27	37
低收入国家		62	1694	55	359	76	4	8	8	24
世界平均		71	13 736	35	1890	88	33	13	40	44
基准值		81	41 120	4	4675					

注：a. 为按购买力平价（PPP）计算的人均国民收入。

附表 2-3-5 2012年世界经济质量指数

国家	编号	经济质量指标的实际值				经济质量指标的指数				经济质量指数
		人均国民收入	单位GDP的能源消耗[b]	物质产业增加值比例[b]	物质产业劳动力比例[b]	人均国民收入指数	单位GDP的能源消耗指数	物质产业增加值指数	物质产业劳动力指数	
瑞典	1	56 120	0.1	26.8	22.1	120	118	95	117	112
美国	2	52 350	0.1	21.4	18.8	120	84	118	120	111
芬兰	3	46 820	0.1	28.7	27.3	107	81	88	95	93
澳大利亚	4	59 790	0.1	30.6	24.5	120	120	83	105	107
瑞士	5	80 950	0.0	27.5	27.5	120	120	92	94	106
挪威	6	98 880	0.1	43.2	22.6	120	120	59	114	103
日本	7	47 690	0.1	26.9	30.3	109	120	94	85	102
丹麦	8	59 860	0.1	23.2	22.5	120	120	109	115	116
德国	9	45 170	0.1	31.3	29.8	103	120	81	87	98
荷兰	10	48 110	0.1	26.0	28.5	110	108	97	91	102
加拿大	11	50 650	0.1	29.2	23.5	116	79	87	110	98
新加坡	12	51 090	0.1	26.7	22.9	117	92	95	113	104
英国	13	38 300	0.1	21.3	21.1	88	120	119	120	112
法国	14	41 860	0.1	20.8	25.1	96	114	120	103	108
比利时	15	44 810	0.1	22.6	22.9	102	93	112	113	105
奥地利	16	47 960	0.1	30.2	31.1	110	120	84	83	99
新西兰	17	35 550	0.1	30.9	27.5	81	102	82	94	90
韩国	18	24 640	0.2	40.5	23.6	56	51	62	109	70
以色列	19	32 030	0.1	—	22.9	73	118	—	113	101
意大利	20	34 810	0.1	26.3	31.5	80	120	96	82	94
爱尔兰	21	39 110	0.1	29.2	23.1	89	120	87	112	102
西班牙	22	29 340	0.1	28.4	25.1	67	117	89	103	94
爱沙尼亚	23	16 360	0.3	33.1	35.9	37	43	76	72	57
斯洛文尼亚	24	22 780	0.1	33.9	39.7	52	70	75	65	65
乌拉圭	25	13 670	0.1	34.9	32.0	31	120	72	81	76
俄罗斯	26	12 740	0.4	40.6	37.5	29	30	62	69	48
斯洛伐克	27	17 070	0.2	38.8	40.8	39	60	65	63	57
希腊	28	23 670	0.1	19.7	29.7	54	105	120	87	92
匈牙利	29	12 450	0.2	34.6	35.1	28	58	73	74	58
捷克	30	18 130	0.2	39.6	41.2	41	50	64	63	55
葡萄牙	31	20 620	0.1	26.1	36.2	47	106	97	71	80
白俄罗斯	32	6400	0.5	52.8	—	15	24	48	—	29
拉脱维亚	33	14 030	0.1	25.9	31.9	32	72	98	81	71
立陶宛	34	13 910	0.2	31.3	34.1	32	65	81	76	63
格鲁吉亚	35	3290	0.2	33.1	63.8	8	49	77	40	43
乌克兰	36	3640	0.7	38.5	37.9	8	15	66	68	39
保加利亚	37	6850	0.3	36.8	37.8	16	30	69	68	46
黎巴嫩	38	9520	0.1	26.6	—	22	74	95	—	64
哈萨克斯坦	39	9780	0.4	44.2	44.9	22	28	57	57	41
波兰	40	12 660	0.2	35.2	43.0	29	56	72	60	54
阿根廷	41	—	0.1	36.5	24.7	—	82	69	104	85
巴拿马	42	9030	0.1	25.6	34.8	21	101	99	74	74
克罗地亚	43	13 260	0.1	31.2	41.3	30	73	81	62	62
沙特阿拉伯	44	24 660	0.3	62.8	29.3	56	42	40	88	57
哥伦比亚	45	7010	0.1	43.9	37.8	16	120	58	68	65
科威特	46	44 940	0.2	59.5	24.0	103	60	43	108	78
智利	47	14 290	0.1	39.7	33.6	33	90	64	77	66
马其顿	48	4710	0.3	35.7	47.2	11	34	71	55	42
阿塞拜疆	49	6290	0.2	68.5	52.0	14	59	37	50	40
摩尔多瓦	50	2150	0.5	30.1	45.7	5	24	84	56	42
罗马尼亚	51	8560	0.2	48.4	57.6	20	52	52	45	42
委内瑞拉	52	12 460	0.2	56.9	29.3	28	59	44	88	55
乌兹别克斯坦	53	1700	0.9	51.2	—	4	12	49	—	22
多米尼加	54	5430	0.1	37.8	32.2	12	87	67	80	62
亚美尼亚	55	3770	0.3	54.8	55.6	9	40	46	46	35
巴拉圭	56	3320	0.2	48.5	43.3	8	55	52	60	44
哥斯达黎加	57	8850	0.1	31.4	33.1	20	106	81	78	71
巴西	58	11 640	0.1	31.3	37.3	27	91	81	69	67
墨西哥	59	9720	0.2	39.9	38.1	22	68	63	68	55
博茨瓦纳	60	7650	0.2	38.3	45.1	17	72	66	57	53
秘鲁	61	5890	0.1	44.2	43.2	13	102	57	60	58
牙买加	62	5190	0.2	27.5	33.5	12	53	92	77	58
约旦	63	4660	0.2	33.2	19.5	11	47	76	120	64
南非	64	7460	0.4	30.9	37.3	17	29	82	69	49
土耳其	65	10 810	0.1	36.1	49.6	25	75	70	52	55
厄瓜多尔	66	5180	0.2	49.9	45.6	12	70	57	57	47
伊朗	67	6570	0.4	50.5	53.5	15	26	50	48	35
蒙古	68	3080	0.4	48.2	50.4	7	31	53	51	35
摩洛哥	69	2910	0.2	44.2	60.7	7	59	57	43	41
马来西亚	70	9820	0.3	50.9	41.0	22	43	50	63	45

附表 2-3-5　2012 年世界经济质量指数

国家	编号	经济质量指标的实际值				经济质量指标的指数				经济质量指数
		人均国民收入	单位GDP的能源消耗[b]	物质产业增加值比例[b]	物质产业劳动力比例[b]	人均国民收入指数	单位GDP的能源消耗指数	物质产业增加值指数	物质产业劳动力指数	
萨尔瓦多	71	3600	0.2	38.9	42.1	8	60	65	61	49
埃及	72	2980	0.3	53.7	52.9	7	37	47	49	35
中国	73	5720	0.3	55.4	63.9	13	33	46	40	33
阿尔及利亚	74	4970	0.2	57.8	41.6	11	53	44	62	42
土库曼斯坦	75	5410	0.7	63.0	—	12	15	40	—	23
突尼斯	76	4240	0.2	39.8	50.4	10	52	64	51	44
阿尔巴尼亚	77	4520	0.2	36.3	62.3	10	63	70	41	46
吉尔吉斯斯坦	78	1040	0.5	45.1	54.7	2	23	56	47	32
塔吉克斯坦	79	880	0.3	49.1	—	2	34	52	—	29
玻利维亚	80	2220	0.3	51.7	55.8	5	38	49	46	35
缅甸	81	—	—	66.9	—	—	—	38	—	—
菲律宾	82	2950	0.2	42.9	47.5	7	67	59	54	47
泰国	83	5250	0.3	55.8	60.6	12	34	45	43	33
纳米比亚	84	5700	0.1	39.7	41.3	13	91	64	62	58
津巴布韦	85	800	0.8	44.8	—	2	14	57	—	24
洪都拉斯	86	2140	0.3	42.7	55.1	5	42	59	47	38
尼加拉瓜	87	1690	0.3	46.5	48.8	4	38	54	53	37
越南	88	1550	0.4	58.3	68.5	4	28	43	38	28
肯尼亚	89	870	0.5	47.3	67.8	2	21	54	38	29
斯里兰卡	90	2910	0.2	42.5	58.5	7	64	60	44	44
刚果共和国	91	2550	0.1	80.0	57.8	6	88	32	45	43
印度尼西亚	92	3420	0.2	61.3	56.8	8	46	41	45	35
赞比亚	93	1410	0.4	57.6	79.4	3	26	44	32	26
危地马拉	94	3130	0.2	40.7	51.8	7	53	62	50	43
毛里塔尼亚	95	1040	—	63.1	—	2	—	40	—	21
科特迪瓦	96	1220	0.5	52.8	—	3	24	48	—	25
印度	97	1550	0.4	43.7	71.9	4	27	58	36	31
巴基斯坦	98	1250	0.4	46.4	67.9	3	29	54	38	31
莱索托	99	1480	0.0	44.4	—	3	—	57	—	30
柬埔寨	100	880	0.4	59.8	69.6	2	28	42	37	27
喀麦隆	101	1190	0.3	58.2	65.9	3	42	44	39	32
厄立特里亚	102	450	0.3	33.9	—	1	43	75	—	40
叙利亚	103	—	—	61.7	47.0	—	—	41	55	48
加纳	104	1580	0.3	51.6	56.9	4	43	49	45	35
乍得	105	970	—	68.5	—	2	—	37	—	20
莫桑比克	106	510	0.7	53.2	—	1	15	48	—	21
几内亚	107	440	—	66.9	—	1	—	38	—	19
也门共和国	108	1220	0.2	60.2	43.8	3	47	42	59	38
巴布亚新几内亚	109	1790	—	77.2	—	4	—	33	—	18
海地	110	760	0.4	—	—	2	27	—	—	14
尼泊尔	111	700	0.5	52.0	—	2	20	49	—	23
塞内加尔	112	1030	0.3	41.0	63.9	2	43	62	40	37
塞拉利昂	113	530	—	65.0	—	1	—	39	—	20
刚果民主共和国	114	370	0.9	55.0	—	1	12	46	—	20
老挝	115	1270	—	64.2	—	3	—	39	—	21
马拉维	116	320	—	48.8	—	1	—	52	—	26
多哥	117	490	0.7	46.3	62.5	1	15	55	41	28
马达加斯加	118	420	—	43.4	84.2	1	—	58	31	30
马里	119	660	—	65.0	71.7	2	—	39	36	25
尼日利亚	120	2460	0.3	45.7	—	6	42	55	—	34
孟加拉国	121	830	0.3	46.1	62.6	2	40	55	41	35
坦桑尼亚	122	570	0.7	52.6	80.8	1	15	48	32	24
贝宁	123	750	0.5	45.7	—	2	21	55	—	26
尼日尔	124	390	—	58.5	68.9	1	—	43	37	27
安哥拉	125	4510	0.1	69.0	—	10	91	37	—	46
乌干达	126	480	—	54.5	71.6	1	—	46	36	28
中非	127	490	—	68.0	—	1	—	37	—	19
布基纳法索	128	670	—	61.5	87.8	2	—	41	29	24
埃塞俄比亚	129	410	0.8	59.0	87.0	1	13	43	30	22
布隆迪	130	240	—	57.5	—	—	—	44	—	22
卢旺达	131	600	—	47.0	83.4	1	—	54	31	29
高收入国家		43723	0.1	25.3	25.8	100	100	100	100	100
中等收入国家		4425	0.3	46.0	62.7	10	39	55	41	36
低收入国家		620	0.6	51.0	—	1	19	50	—	23
世界平均		10252	0.2	29.8	54.9	23	60	85	47	54
基准值		43723	0.1	25.3	25.8					

注：a. 为人均能源消费与人均GDP之比，为2005～2012年期间最近年数据。
b. 为2005～2012年期间最近年的数据。

附表 2-3-6 2012 年世界第二次现代化发展阶段

国家	编号	第一次现代化阶段 2012[a]	产业结构信号 物质产业增加值占 GDP 比例	赋值	劳动力结构信号 物质产业劳动力占总劳动力比例	赋值	平均值	第二次现代化的阶段[b]	2012 年第二次现代化指数
瑞典	1	4	26.8	2	22.1	2	2.0	2	106
美国	2	4	21.4	2	18.8	3	2.5	2	105
芬兰	3	4	28.7	2	27.3	2	2.0	2	104
澳大利亚	4	4	30.6	1	24.5	2	1.5	1	96
瑞士	5	4	27.5	2	27.5	2	2.0	2	94
挪威	6	4	43.2		22.6	2	1.0	1	93
日本	7	4	26.9	2	30.3	1	1.5	1	102
丹麦	8	4	23.2	2	22.5	2	2.0	2	104
德国	9	4	31.3	1	29.8	2	1.5	1	96
荷兰	10	4	26.0	2	28.5	2	2.0	2	100
加拿大	11	4	29.2	2	23.5	2	2.0	2	93
新加坡	12	4	26.7	2	22.9	2	2.0	2	103
英国	13	4	21.3	2	21.1	2	2.0	2	92
法国	14	4	20.8	2	25.1	2	2.0	2	94
比利时	15	4	22.6	2	22.9	2	2.0	2	98
奥地利	16	4	30.2	1	31.1	1	1.0	1	94
新西兰	17	4	30.9	1	27.5	2	1.5	1	86
韩国	18	4	40.5		23.6	2	1.0	1	95
以色列	19	4	—		22.9	2	1.0	1	91
意大利	20	4	26.3	2	31.5	1	1.5	1	75
爱尔兰	21	4	29.2	2	23.1	2	2.0	2	93
西班牙	22	4	28.4	2	25.1	2	2.0	2	77
爱沙尼亚	23	4	33.1	1	35.9	1	1.0	1	70
斯洛文尼亚	24	4	33.9	1	39.7		0.5		80
乌拉圭	25	3	34.9		32.0				50
俄罗斯	26	4	40.6		37.5	1	0.5		59
斯洛伐克	27	4	38.8	1	40.8		0.5		56
希腊	28	3	19.7		29.7				69
匈牙利	29	4	34.6	1	35.1		1.0	1	69
捷克	30	4	39.6	1	41.2		0.5		68
葡萄牙	31	4	26.1	2	36.2		1.5	1	71
白俄罗斯	32	3	52.8		—				49
拉脱维亚	33	4	25.9	2	31.9	1	1.5		57
立陶宛	34	4	31.3	1	34.1	1	1.0	1	60
格鲁吉亚	35	2	33.1		63.8				33
乌克兰	36	3	38.5		37.9				44
保加利亚	37	3	36.8		37.8				46
黎巴嫩	38	3	26.6		—				58
哈萨克斯坦	39	4	44.2		44.9				44
波兰	40	4	35.2	1	43.0		0.5		58
阿根廷	41	4	36.5	1	24.7	2	1.5		58
巴拿马	42	3	25.6		34.8				43
克罗地亚	43	4	31.2	1	41.3		0.5		58
沙特阿拉伯	44	4	62.8		29.3	2	1.0		58
哥伦比亚	45	3	43.9		37.8				41
科威特	46	4	59.5		24.0	2	1.0	1	68
智利	47	4	39.7	1	33.6	1	1.0		52
马其顿	48	3	35.7		47.2				40
阿塞拜疆	49	3	68.5		52.0				34
摩尔多瓦	50	3	30.1		45.7				35
罗马尼亚	51	3	48.4		57.6				44
委内瑞拉	52	4	56.9		29.3	2	1.0		44
乌兹别克斯坦	53	2	51.2		—				30
多米尼加	54	3	37.8		32.2				48
亚美尼亚	55	2	54.8		55.6				38
巴拉圭	56	3	48.5		43.3				30
哥斯达黎加	57	3	31.4		33.1				48
巴西	58	3	31.3		37.3				46
墨西哥	59	4	39.9	1	38.1	1	1.0		39
博茨瓦纳	60	3	38.3		45.1				31
秘鲁	61	3	44.2		43.2				38
牙买加	62	3	27.5		33.5				37
约旦	63	4	33.2	1	19.5	3	2.0		45
南非	64	4	30.9	1	37.3	1	1.0		40
土耳其	65	4	36.1		49.6				47
厄瓜多尔	66	3	49.9		45.6				35
伊朗	67	3	50.5		53.5				44
蒙古	68	2	48.2		50.4				32
摩洛哥	69	3	44.2		60.7				32
马来西亚	70	3	50.9		41.0				48

附表 2-3-6　2012 年世界第二次现代化发展阶段

国家	编号	第一次现代化阶段 2012[a]	产业结构信号 物质产业增加值占 GDP 比例	赋值	劳动力结构信号 物质产业劳动力占总劳动力比例	赋值	平均值	第二次现代化的阶段[b]	2012 年第二次现代化指数
萨尔瓦多	71	3	38.9		42.1				31
埃及	72	3	53.7		52.9				33
中国	73	3	55.4		63.9				42
阿尔及利亚	74	3	57.8		41.6				31
土库曼斯坦	75	3	63.0		—				29
突尼斯	76	3	39.8		50.4				40
阿尔巴尼亚	77	2	36.3		62.3				38
吉尔吉斯斯坦	78	2	45.1		54.7				28
塔吉克斯坦	79	2	49.1		—				23
玻利维亚	80	3	51.7		55.8				29
缅甸	81	1	66.9						28
菲律宾	82	2	42.9		47.5				31
泰国	83	3	55.8		60.6				36
纳米比亚	84	3	39.7		41.3				40
津巴布韦	85	3	44.8		—				21
洪都拉斯	86	3	42.7		55.1				26
尼加拉瓜	87	2	46.5		48.8				33
越南	88	2	58.3		68.5				39
肯尼亚	89	1	47.3		67.8				24
斯里兰卡	90	2	42.5		58.5				35
刚果共和国	91	3	80.0		57.8				31
印度尼西亚	92	3	61.3		56.8				27
赞比亚	93	2	57.6		79.4				16
危地马拉	94	3	40.7		51.8				27
毛里塔尼亚	95	2	63.1		—				21
科特迪瓦	96	2	52.8						13
印度	97	2	43.7		71.9				25
巴基斯坦	98	2	46.4		67.9				20
莱索托	99	3	44.4		—				17
柬埔寨	100	1	59.8		69.6				19
喀麦隆	101	2	58.2		65.9				24
厄立特里亚	102	2	33.9		—				25
叙利亚	103	3	61.7		47.0				48
加纳	104	2	51.6		56.9				25
乍得	105	0	68.5						18
莫桑比克	106	1	53.2		—				14
几内亚	107	2	66.9						20
也门共和国	108	3	60.2		43.8				30
巴布亚新几内亚	109	1	77.2		—				24
海地	110	1	—						17
尼泊尔	111	1	52.0						24
塞内加尔	112	2	41.1		63.9				26
塞拉利昂	113	0	65.0						12
刚果民主共和国	114	1	55.0		—				19
老挝	115	2	64.2						27
马拉维	116	1	48.8						21
多哥	117	1	46.3		62.5				20
马达加斯加	118	1	43.4		84.2				20
马里	119	1	65.0		71.7				21
尼日利亚	120	1	45.7						22
孟加拉国	121	2	46.1		62.6				20
坦桑尼亚	122	1	52.6		80.8				18
贝宁	123	1	45.7		—				24
尼日尔	124	1	58.5		68.9				20
安哥拉	125	3	69.0						29
乌干达	126	1	54.5		71.6				20
中非	127	0	68.0						17
布基纳法索	128	0	61.5		87.8				16
埃塞俄比亚	129	1	59.0		87.0				16
布隆迪	130	1	57.5		—				15
卢旺达	131	1	47.0		83.4				18
高收入国家		4	25.1	2	25.8	2	2.0	2	100
中等收入国家		3	46.0		62.7				33
低收入国家		2	51.0		—				21
世界平均		3	29.8		54.9				49

注：a. 第一次现代化的阶段：4 代表过渡期，3 代表成熟期，2 代表发展期，1 代表起步期，0 代表传统农业社会。
b. 第一次现代化过渡期时，再判断第二次现代化阶段，并根据第二次现代化指数进行调整(必须大于 60)；
第二次现代化的阶段：2 代表发展期，1 代表起步期，0 代表准备阶段。

附表 2-3-7 1970～2012 年世界第二次现代化指数

国家	编号	1970[a]	1980[a]	1990[a]	2000[a]	2010[b]	2011[b]	2012[b]	2010[c]	2011[c]	2012[c]
瑞典	1	58	75	93	109	104	104	105	105	106	106
美国	2	71	79	97	108	109	107	108	104	103	105
芬兰	3	49	62	85	103	103	106	105	104	105	104
澳大利亚	4	54	61	77	99	99	99	100	90	95	96
瑞士	5	51	65	98	99	96	96	96	100	94	94
挪威	6	56	65	87	100	99	99	99	95	95	93
日本	7	58	72	88	103	102	103	104	101	101	102
丹麦	8	54	66	87	102	104	106	106	105	104	104
德国	9	56	62	80	97	100	101	101	100	96	96
荷兰	10	60	68	85	93	92	97	98	99	101	100
加拿大	11	59	69	89	92	93	94	93	92	93	93
新加坡	12	41	41	69	76	99	102	102	99	103	103
英国	13	54	64	75	92	92	94	94	95	94	92
法国	14	48	67	78	90	95	95	95	96	97	94
比利时	15	53	74	83	90	95	98	98	97	98	98
奥地利	16	44	55	78	82	96	99	100	93	93	94
新西兰	17	47	62	69	77	90	90	90	80	86	86
韩国	18	25	35	55	84	100	102	102	96	95	95
以色列	19	45	64	65	81	89	95	95	86	92	91
意大利	20	39	47	66	74	78	81	81	77	76	75
爱尔兰	21	38	44	59	76	87	88	88	94	93	93
西班牙	22	31	55	62	72	83	85	84	77	77	77
爱沙尼亚	23	—	81	—	66	77	84	84	68	70	70
斯洛文尼亚	24	—	—	—	67	82	85	87	86	79	81	80
乌拉圭	25	34	48	59	69	58	61	61	48	49	50
俄罗斯	26	—	97	—	57	71	74	76	56	57	59
斯洛伐克	27	—	—	—	57	65	68	68	57	57	56
希腊	28	35	56	52	62	72	78	78	64	71	69
匈牙利	29	50	53	51	57	67	70	70	68	69	69
捷克	30	66	70	62	60	76	78	80	66	67	68
葡萄牙	31	24	28	39	68	79	81	81	72	72	71
白俄罗斯	32	—	70	—	51	61	64	65	46	48	49
拉脱维亚	33	—	60	—	56	65	68	68	56	57	57
立陶宛	34	—	79	—	55	69	74	75	59	59	60
格鲁吉亚	35	—	63	—	49	43	44	44	29	32	33
乌克兰	36	—	75	—	49	57	58	60	41	43	44
保加利亚	37	50	68	63	48	58	61	62	45	45	46
黎巴嫩	38	—	52	—	54	70	72	70	59	46	58
哈萨克斯坦	39	—	74	—	41	48	56	57	39	42	44
波兰	40	55	51	47	51	64	67	68	57	58	58
阿根廷	41	36	40	54	54	60	71	72	56	57	58
巴拿马	42	41	48	53	52	49	50	50	43	42	43
克罗地亚	43	—	—	—	51	63	65	65	57	57	58
沙特阿拉伯	44	26	40	52	50	56	62	63	68	57	58
哥伦比亚	45	23	27	43	47	42	45	45	39	40	41
科威特	46	59	53	90	54	76	75	74	62	68	68
智利	47	30	36	38	48	54	57	59	49	50	52
马其顿	48	—	—	—	41	48	49	50	37	40	40
阿塞拜疆	49	—	65	—	43	44	44	44	33	33	34
摩尔多瓦	50	—	61	—	39	46	46	46	34	34	35
罗马尼亚	51	36	42	41	42	52	50	51	45	43	44
委内瑞拉	52	32	34	39	40	53	53	54	52	42	44
乌兹别克斯坦	53	—	60	—	40	33	36	35	40	29	30
多米尼加	54	26	35	44	42	54	57	57	44	47	48
亚美尼亚	55	—	—	—	—	36	48	54	54	37	38	38
巴拉圭	56	24	22	31	40	36	37	37	37	29	30
哥斯达黎加	57	33	31	35	37	49	52	54	45	47	48
巴西	58	30	29	43	40	52	55	56	40	46	46
墨西哥	59	26	33	46	40	48	47	47	38	39	39
博茨瓦纳	60	11	23	28	33	32	45	46	29	30	31
秘鲁	61	25	29	37	38	43	42	42	36	37	38
牙买加	62	25	39	42	46	50	58	57	37	37	37
约旦	63	20	32	50	38	50	52	54	55	44	45
南非	64	39	33	38	37	45	50	51	32	40	40
土耳其	65	20	25	32	50	51	52	53	45	46	47
厄瓜多尔	66	25	40	28	33	41	41	42	42	34	35
伊朗	67	21	22	30	33	47	48	47	50	45	44
蒙古	68	—	55	52	30	41	43	45	29	31	32
摩洛哥	69	23	26	30	33	37	39	40	31	31	32
马来西亚	70	25	24	29	39	51	57	58	47	48	48

附表 2-3-7　1970～2012 年世界第二次现代化指数

国家	编号	1970[a]	1980[a]	1990[a]	2000[a]	2010[b]	2011[b]	2012[b]	2010[c]	2011[c]	2012[c]
萨尔瓦多	71	22	25	29	40	37	52	52	30	30	31
埃及	72	25	26	35	40	40	42	43	31	32	33
中国	73	21	25	26	31	47	50	54	38	40	42
阿尔及利亚	74	19	30	39	33	35	38	39	30	31	31
土库曼斯坦	75	—	—	—	35	46	47	50	25	27	29
突尼斯	76	20	29	28	33	47	49	50	44	40	40
阿尔巴尼亚	77	—	35	—	22	42	43	44	38	38	38
吉尔吉斯斯坦	78	—	56	—	32	37	38	37	25	27	28
塔吉克斯坦	79	—	—	—	32	30	28	29	22	22	23
玻利维亚	80	29	25	36	29	45	35	35	25	28	29
缅甸	81	16	21	21	27	25	25	30	29	28	28
菲律宾	82	25	26	29	32	33	36	37	24	30	31
泰国	83	18	26	24	30	37	41	41	35	36	36
纳米比亚	84	—	—	35	28	38	40	32	24	28	40
津巴布韦	85	20	21	27	26	26	28	31	19	21	21
洪都拉斯	86	17	27	29	28	42	34	33	34	26	26
尼加拉瓜	87	22	31	34	25	43	45	46	33	33	33
越南	88	—	17	—	22	30	46	46	32	38	39
肯尼亚	89	16	15	24	26	24	27	28	20	24	24
斯里兰卡	90	22	21	34	24	28	33	34	33	34	35
刚果共和国	91	33	28	23	22	26	32	33	25	31	31
印度尼西亚	92	19	19	29	22	29	32	33	25	26	27
赞比亚	93	15	22	22	20	17	23	25	18	15	16
危地马拉	94	17	25	38	22	28	34	35	26	26	27
毛里塔尼亚	95	21	21	25	24	22	28	30	21	21	21
科特迪瓦	96	9	28	31	20	17	27	20	18	14	13
印度	97	17	19	24	21	27	30	30	24	24	25
巴基斯坦	98	16	17	18	25	24	24	27	18	19	20
莱索托	99	20	24	32	19	19	20	21	25	17	17
柬埔寨	100	—	4	—	19	26	30	33	21	24	19
喀麦隆	101	16	23	24	19	26	30	31	20	24	24
厄立特里亚	102	—	—	—	19	22	22	22	24	24	25
叙利亚	103	31	35	38	24	38	51	51	44	48	48
加纳	104	18	25	22	18	22	27	28	20	25	25
乍得	105	16	26	18	16	18	21	21	18	18	18
莫桑比克	106	8	11	18	18	14	16	16	14	14	14
几内亚	107	8	14	26	18	20	23	23	17	20	20
也门共和国	108	4	14	40	23	21	30	30	28	21	30
巴布亚新几内亚	109	13	19	19	19	12	22	22	17	18	24
海地	110	14	15	24	17	20	23	25	14	13	17
尼泊尔	111	15	13	21	18	24	29	26	27	23	24
塞内加尔	112	24	19	25	16	25	27	27	22	23	26
塞拉利昂	113	24	19	23	14	16	20	20	14	14	12
刚果民主共和国	114	—	17	—	14	19	23	23	20	19	19
老挝	115	6	15	17	18	27	31	30	27	27	27
马拉维	116	21	15	23	16	19	20	20	21	21	21
多哥	117	19	22	23	17	19	21	22	14	20	20
马达加斯加	118	18	15	17	16	19	20	20	17	19	20
马里	119	20	17	17	16	18	24	25	17	20	21
尼日利亚	120	15	16	25	16	20	24	25	27	21	22
孟加拉国	121	5	16	21	16	20	30	31	19	20	20
坦桑尼亚	122	15	14	17	14	19	20	21	17	17	18
贝宁	123	20	21	25	15	24	28	29	17	22	24
尼日尔	124	13	16	18	15	11	20	20	18	20	20
安哥拉	125	19	16	35	15	27	27	28	26	28	29
乌干达	126	11	15	17	14	18	21	21	18	20	20
中非	127	13	15	20	12	19	21	22	15	17	17
布基纳法索	128	2	17	16	13	15	18	18	19	16	16
埃塞俄比亚	129	14	15	18	15	14	16	16	12	15	16
布隆迪	130	10	16	16	11	19	19	20	15	14	15
卢旺达	131	13	10	16	9	16	25	20	24	29	18
高收入国家[d]		72	76	89	100	100	100	100	100	100	100
中等收入国家		20	36	33	38	40	40	41	31	32	33
低收入国家		9	20	22	20	21	24	24	20	17	21
世界平均		33	44	47	46	51	52	53	48	48	49

注：a. 1970—2000 年是以 2000 年高收入国家平均值为基准值的评价。2001 年以来是以当年高收入国家平均值为基准值的评价。1970 年和 1990 年没有知识创新和知识传播的数据，评价结果仅供参考。

b. 以当年高收入国家平均值为基准值的评价，为第二次现代化评价模型第一版的评价结果，见技术注释。

c. 采用第二次现代化评价模型第二版的评价结果，见技术注释。

d. 第二次现代化评价模型第二版，高收入国家：OECD 国家中的高收入国家，2012 年为 32 个国家。

附表 2-3-8　1970～2012 年世界第二次现代化指数的排名

国家	编号	1970[a]	1980[a]	1990[a]	2000[a]	2010[b]	2011[b]	2012[b]	2010[c]	2011[c]	2012[c]
瑞典	1	7	2	3	1	3	4	4	2	1	1
美国	2	1	1	2	2	1	1	1	4	5	2
芬兰	3	18	15	10	4	4	3	3	3	2	4
澳大利亚	4	13	18	15	7	10	9	9	18	12	10
瑞士	5	15	11	1	8	12	14	14	6	14	14
挪威	6	8	12	7	6	8	10	11	14	13	16
日本	7	6	4	6	3	5	5	5	5	6	6
丹麦	8	12	10	8	5	2	2	2	1	3	3
德国	9	9	16	12	9	7	8	8	7	10	9
荷兰	10	3	7	9	10	16	13	13	8	7	7
加拿大	11	4	6	5	12	15	17	18	17	18	17
新加坡	12	23	32	18	19	9	6	7	9	4	5
英国	13	11	14	16	11	17	18	17	13	15	18
法国	14	19	9	13	13	14	15	15	11	9	12
比利时	15	14	3	11	14	13	12	12	10	8	8
奥地利	16	22	20	14	16	11	11	10	16	17	13
新西兰	17	20	17	17	18	18	19	19	20	20	20
韩国	18	46	41	26	15	6	7	6	12	11	11
以色列	19	21	13	20	17	19	16	16	19	19	19
意大利	20	26	29	19	21	24	24	25	23	23	23
爱尔兰	21	27	30	25	20	20	20	20	15	16	15
西班牙	22	35	21	22	22	21	21	22	22	22	22
爱沙尼亚	23	—	—	—	26	25	23	23	26	26	25
斯洛文尼亚	24	—	—	—	25	22	22	21	21	21	21
乌拉圭	25	31	27	24	23	39	41	41	43	39	40
俄罗斯	26	—	—	—	29	29	30	28	38	35	31
斯洛伐克	27	—	—	—	30	33	35	35	34	37	38
希腊	28	30	19	30	27	28	26	27	29	25	26
匈牙利	29	17	24	32	31	32	33	32	25	27	27
捷克	30	2	5	23	28	27	27	26	28	29	29
葡萄牙	31	51	53	42	24	23	25	24	24	24	24
白俄罗斯	32	—	—	—	39	37	38	38	45	40	41
拉脱维亚	33	—	—	—	32	34	34	36	37	33	37
立陶宛	34	—	—	—	33	31	29	29	32	30	30
格鲁吉亚	35	—	—	—	43	68	71	72	81	73	74
乌克兰	36	—	—	—	42	41	42	42	55	51	50
保加利亚	37	16	8	21	45	40	40	40	49	48	48
黎巴嫩	38	—	25	—	34	30	31	33	31	46	35
哈萨克斯坦	39	—	—	—	51	56	47	46	58	53	54
波兰	40	10	26	34	38	35	36	34	33	31	36
阿根廷	41	29	33	27	35	38	32	31	36	36	33
巴拿马	42	24	28	28	37	53	58	58	53	55	55
克罗地亚	43	—	—	—	40	36	37	37	35	32	34
沙特阿拉伯	44	40	34	29	41	42	39	39	27	34	32
哥伦比亚	45	55	55	38	46	71	69	69	59	56	57
科威特	46	5	23	4	36	26	28	30	30	28	28
智利	47	38	37	45	44	44	44	43	42	38	39
马其顿	48	—	—	—	52	55	60	60	64	57	59
阿塞拜疆	49	—	—	—	48	65	70	71	73	71	72
摩尔多瓦	50	—	—	—	61	62	65	64	69	68	69
罗马尼亚	51	28	31	40	50	46	55	57	47	52	52
委内瑞拉	52	34	42	43	56	45	49	50	40	54	51
乌兹别克斯坦	53	—	—	—	53	84	84	85	57	84	85
多米尼加	54	42	39	36	49	43	46	47	51	43	44
亚美尼亚	55	—	—	—	67	54	66	70	63	64	64
巴拉圭	56	50	72	59	55	81	82	81	65	83	84
哥斯达黎加	57	32	47	53	65	52	52	49	46	44	42
巴西	58	37	50	37	57	47	48	48	56	45	47
墨西哥	59	41	43	35	58	57	63	62	60	61	62
博茨瓦纳	60	96	71	69	70	85	67	67	83	79	82
秘鲁	61	47	51	49	62	67	74	75	67	66	66
牙买加	62	45	36	39	47	51	43	45	66	65	67
约旦	63	69	45	33	63	50	51	52	39	50	49
南非	64	25	44	47	64	63	57	55	74	60	58
土耳其	65	65	63	57	66	48	50	53	48	47	46
厄瓜多尔	66	48	35	70	71	73	76	76	54	70	71
伊朗	67	61	74	62	73	60	61	63	41	49	53
蒙古	68	—	22	31	80	72	72	68	80	78	76
摩洛哥	69	54	58	61	69	80	79	78	76	76	77
马来西亚	70	44	69	65	60	49	45	44	44	42	43

附表 2-3-8　1970～2012 年世界第二次现代化指数的排名

国家	编号	1970[a]	1980[a]	1990[a]	2000[a]	2010[b]	2011[b]	2012[b]	2010[c]	2011[c]	2012[c]
萨尔瓦多	71	57	62	67	54	78	53	54	78	81	78
埃及	72	49	57	54	59	74	75	74	77	74	75
中国	73	60	66	73	78	59	56	51	62	58	56
阿尔及利亚	74	72	48	44	72	82	80	79	79	77	79
土库曼斯坦	75	—	—	—	68	61	62	61	92	89	87
突尼斯	76	63	49	68	74	58	59	59	50	59	61
阿尔巴尼亚	77	—	38	—	94	69	73	73	61	63	65
吉尔吉斯斯坦	78	—	—	—	76	79	81	80	94	90	89
塔吉克斯坦	79	—	—	—	75	87	98	100	102	103	104
玻利维亚	80	39	65	50	81	64	85	83	93	85	86
缅甸	81	82	80	91	84	98	108	97	82	88	90
菲律宾	82	43	61	66	77	83	83	82	97	80	81
泰国	83	74	60	80	79	77	77	77	68	67	68
纳米比亚	84	—	—	51	83	76	78	91	96	86	60
津巴布韦	85	64	76	71	86	94	101	92	110	108	107
洪都拉斯	86	79	56	64	82	70	87	88	70	94	94
尼加拉瓜	87	58	46	56	87	66	68	65	72	72	73
越南	88	—	88	—	95	86	64	66	75	62	63
肯尼亚	89	80	98	82	85	105	105	105	106	97	102
斯里兰卡	90	56	78	55	89	89	88	86	71	69	70
刚果共和国	91	33	54	83	97	96	89	87	91	75	80
印度尼西亚	92	73	85	63	93	88	90	89	90	92	92
赞比亚	93	86	75	88	100	123	124	117	114	125	126
危地马拉	94	78	64	48	96	90	86	84	89	93	93
毛里塔尼亚	95	59	79	75	91	106	100	98	104	109	106
科特迪瓦	96	98	52	60	99	122	106	124	117	130	130
印度	97	77	81	81	98	92	96	96	99	96	96
巴基斯坦	98	84	90	95	88	101	111	110	118	117	114
莱索托	99	67	68	58	104	116	123	119	95	122	123
柬埔寨	100	—	110	—	101	97	92	90	103	98	117
喀麦隆	101	81	70	78	103	95	94	93	107	100	101
厄立特里亚	102	—	—	—	102	104	115	114	100	99	97
叙利亚	103	36	40	46	90	75	54	56	52	41	45
加纳	104	75	67	87	106	103	102	103	108	95	98
乍得	105	83	59	94	113	119	119	120	116	119	121
莫桑比克	106	100	108	97	107	128	130	130	127	129	129
几内亚	107	99	104	72	109	108	112	111	121	115	116
也门共和国	108	103	103	41	92	107	95	95	84	107	83
巴布亚新几内亚	109	94	84	93	105	130	116	113	122	120	103
海地	110	90	95	79	112	110	113	108	130	131	122
尼泊尔	111	88	106	90	110	102	97	106	86	101	100
塞内加尔	112	53	83	77	117	99	104	104	101	102	95
塞拉利昂	113	52	82	86	126	124	125	126	128	128	131
刚果民主共和国	114	—	86	—	127	112	114	112	109	118	118
老挝	115	101	100	99	108	91	91	99	87	91	91
马拉维	116	62	99	85	118	129	127	123	105	106	109
多哥	117	71	73	84	111	115	117	115	129	112	113
马达加斯加	118	76	101	100	114	117	122	122	123	116	115
马里	119	66	89	101	116	120	110	107	119	113	108
尼日利亚	120	87	93	76	123	109	109	109	85	105	105
孟加拉国	121	102	92	89	115	111	93	94	111	111	111
坦桑尼亚	122	85	105	103	124	113	121	118	124	121	120
贝宁	123	68	77	74	120	100	99	101	120	104	99
尼日尔	124	92	91	96	119	131	126	127	113	110	112
安哥拉	125	70	94	52	121	93	103	102	88	87	88
乌干达	126	95	102	102	125	121	120	121	115	114	110
中非	127	91	97	92	129	114	118	116	126	123	124
布基纳法索	128	104	87	104	128	126	129	129	112	124	125
埃塞俄比亚	129	89	96	98	122	127	131	131	131	126	127
布隆迪	130	97	107	106	130	118	128	125	125	127	128
卢旺达	131	93	109	105	131	125	107	128	98	82	119

注：a. 1970～2000 年是以 2000 年高收入国家平均值为基准值的评价。2001 年以来是以当年高收入国家平均值为基准值的评价。1970 年和 1990 年没有知识创新和知识传播的数据，评价结果仅供参考。

b. 以当年高收入国家平均值为基准值的评价，为第二次现代化评价模型第一版的评价结果，见技术注释。

c. 采用第二次现代化评价模型第二版的评价结果，见技术注释。

d. 第二次现代化评价模型第二版，高收入国家：OECD 国家中的高收入国家，2012 年为 32 个国家。

附表 2-4-1 2012 年世界综合现代化指数

国家	编号	经济发展指数	社会发展指数	知识发展指数	综合现代化指数	排名
瑞典	1	100	100	97	99	2
美国	2	99	84	100	95	9
芬兰	3	98	94	100	98	4
澳大利亚	4	93	100	88	94	12
瑞士	5	99	98	90	96	7
挪威	6	94	100	78	91	17
日本	7	98	95	95	96	6
丹麦	8	98	100	100	99	1
德国	9	97	98	90	95	8
荷兰	10	96	100	97	98	3
加拿大	11	98	86	91	92	15
新加坡	12	100	89	93	94	11
英国	13	86	99	83	90	18
法国	14	89	100	88	92	14
比利时	15	96	98	96	97	5
奥地利	16	97	96	90	94	10
新西兰	17	83	94	81	86	19
韩国	18	84	81	90	85	20
以色列	19	87	100	85	91	16
意大利	20	88	96	62	82	22
爱尔兰	21	96	93	90	93	13
西班牙	22	80	100	66	82	21
爱沙尼亚	23	63	82	76	74	27
斯洛文尼亚	24	73	79	84	79	23
乌拉圭	25	60	86	43	63	37
俄罗斯	26	56	68	60	61	38
斯洛伐克	27	63	74	52	63	36
希腊	28	70	99	52	74	26
匈牙利	29	62	82	70	71	28
捷克	30	68	85	70	74	24
葡萄牙	31	69	94	60	74	25
白俄罗斯	32	36	79	48	54	45
拉脱维亚	33	61	78	53	64	34
立陶宛	34	71	86	55	71	29
格鲁吉亚	35	38	62	23	41	69
乌克兰	36	46	62	45	51	50
保加利亚	37	50	65	45	54	47
黎巴嫩	38	44	82	46	57	41
哈萨克斯坦	39	49	56	44	49	54
波兰	40	57	76	57	63	35
阿根廷	41	73	79	53	69	30
巴拿马	42	54	66	29	50	51
克罗地亚	43	58	86	52	65	33
沙特阿拉伯	44	61	52	46	53	48
哥伦比亚	45	48	69	33	50	52
科威特	46	85	68	47	67	31
智利	47	57	71	51	60	39
马其顿	48	44	66	34	48	56
阿塞拜疆	49	32	60	26	39	73
摩尔多瓦	50	44	53	31	43	66
罗马尼亚	51	49	60	39	49	55
委内瑞拉	52	53	64	81	66	32
乌兹别克斯坦	53	24	38	29	30	89
多米尼加	54	52	62	—	57	42
亚美尼亚	55	34	60	40	45	61
巴拉圭	56	51	50	28	43	65
哥斯达黎加	57	57	70	36	54	44
巴西	58	56	71	38	55	43
墨西哥	59	54	68	27	49	53
博茨瓦纳	60	45	41	12	33	84
秘鲁	61	45	67	27	46	58
牙买加	62	51	50	29	43	63
约旦	63	53	65	43	54	46
南非	64	52	37	31	40	72
土耳其	65	52	62	61	58	40
厄瓜多尔	66	41	57	36	45	60
伊朗	67	48	44	46	46	59
蒙古	68	37	57	28	41	70
摩洛哥	69	35	42	31	36	78
马来西亚	70	53	59	47	53	49

附表 2-4-1 2012 年世界综合现代化指数

国家	编号	经济发展指数	社会发展指数	知识发展指数	综合现代化指数	排名
萨尔瓦多	71	45	57	16	39	74
埃及	72	35	53	37	42	68
中国	73	38	50	44	44	62
阿尔及利亚	74	49	50	16	38	75
土库曼斯坦	75	31	42	—	36	77
突尼斯	76	42	52	36	43	64
阿尔巴尼亚	77	38	50	38	42	67
吉尔吉斯斯坦	78	35	38	22	32	87
塔吉克斯坦	79	24	36	13	24	102
玻利维亚	80	33	38	27	33	83
缅甸	81	44	24	8	25	99
菲律宾	82	41	47	22	36	76
泰国	83	39	36	31	35	79
纳米比亚	84	46	42	11	33	81
津巴布韦	85	26	21	15	21	108
洪都拉斯	86	37	43	17	33	85
尼加拉瓜	87	37	44	—	40	71
越南	88	27	32	41	33	82
肯尼亚	89	29	17	22	23	104
斯里兰卡	90	37	40	17	32	88
刚果共和国	91	23	46	11	26	95
印度尼西亚	92	33	33	16	28	92
赞比亚	93	22	21	12	18	113
危地马拉	94	41	44	12	32	86
毛里塔尼亚	95	17	28	7	17	117
科特迪瓦	96	23	25	4	17	116
印度	97	30	25	21	25	100
巴基斯坦	98	30	27	10	22	105
莱索托	99	27	46	7	26	94
柬埔寨	100	25	18	9	17	115
喀麦隆	101	35	38	8	27	93
厄立特里亚	102	45	27	2	25	101
叙利亚	103	61	47	32	47	57
加纳	104	32	30	16	26	98
乍得	105	15	16	3	11	130
莫桑比克	106	22	16	8	15	123
几内亚	107	15	18	7	14	124
也门共和国	108	44	26	18	29	90
巴布亚新几内亚	109	17	9	—	13	125
海地	110	—	34	—	34	80
尼泊尔	111	22	18	15	19	112
塞内加尔	112	33	27	19	26	96
塞拉利昂	113	16	18	—	17	118
刚果民主共和国	114	31	23	11	21	107
老挝	115	18	19	18	18	114
马拉维	116	23	10	3	12	129
多哥	117	31	18	10	20	110
马达加斯加	118	33	19	4	19	111
马里	119	29	18	13	20	109
尼日利亚	120	27	29	21	26	97
孟加拉国	121	32	26	8	22	106
坦桑尼亚	122	23	16	11	16	120
贝宁	123	37	21	11	23	103
尼日尔	124	25	10	2	12	128
安哥拉	125	19	49	16	28	91
乌干达	126	25	11	13	17	119
中非	127	15	27	4	15	122
布基纳法索	128	18	14	6	13	126
埃塞俄比亚	129	18	12	7	12	127
布隆迪	130	19	11	3	11	131
卢旺达	131	24	15	10	16	121
高收入国家[a]		100	99	100	100	
中等收入国家		37	40	32	36	
低收入国家		23	18	6	16	
世界平均		51	48	48	49	

注：a. 高收入国家：OECD 国家中的高收入国家，2012 年为 32 个国家。后同。

附表 2-4-2 2012 年世界经济发展指数

国家	编号	经济发展指标的实际值				经济发展指标的指数				经济发展指数
		人均国民收入	人均制造业增加值	服务业增加值比例[a]	服务业劳动力比例[a]	人均国民收入	人均制造业增加值	服务业增加值比例	服务业劳动力比例	
瑞典	1	56 120	7570	73	78	100	100	98	100	100
美国	2	52 350	5779	79	81	100	98	100	100	99
芬兰	3	46 820	6041	71	73	100	100	95	98	98
澳大利亚	4	59 790	4760	69	76	100	80	93	100	93
瑞士	5	80 950	14 191	73	73	100	100	97	98	99
挪威	6	98 880	6445	57	77	100	100	76	100	94
日本	7	47 690	8414	73	70	100	100	98	94	98
丹麦	8	59 860	5357	77	78	100	90	100	100	98
德国	9	45 170	8537	69	70	100	100	92	95	97
荷兰	10	48 110	5212	74	72	100	88	99	96	96
加拿大	11	50 650	—	71	77	100	—	95	100	98
新加坡	12	51 090	10 362	73	77	100	100	98	100	100
英国	13	38 300	3449	79	79	88	58	100	100	86
法国	14	41 860	3549	79	75	96	60	100	100	89
比利时	15	44 810	4946	77	77	100	83	100	100	96
奥地利	16	47 960	7697	70	69	100	100	93	93	97
新西兰	17	35 550	3699	69	73	81	62	92	98	83
韩国	18	24 640	6888	59	76	56	100	80	100	84
以色列	19	32 030	—	—	77	73	—	—	100	87
意大利	20	34 810	4727	74	69	80	80	99	92	88
爱尔兰	21	39 110	9642	71	77	89	100	95	100	96
西班牙	22	29 340	3460	72	75	67	58	96	100	80
爱沙尼亚	23	16 360	2258	67	64	37	38	90	86	63
斯洛文尼亚	24	22 780	4200	66	60	52	71	89	81	73
乌拉圭	25	13 670	1775	65	68	31	30	87	92	60
俄罗斯	26	12 740	1782	59	63	29	30	79	84	56
斯洛伐克	27	17 070	3049	61	59	39	51	82	80	63
希腊	28	23 670	1900	80	70	54	32	100	95	70
匈牙利	29	12 450	2526	65	65	28	43	88	87	62
捷克	30	18 130	4145	60	59	41	70	81	79	68
葡萄牙	31	20 620	2490	74	64	47	42	99	86	69
白俄罗斯	32	6400	1756	47	—	15	30	63	—	36
拉脱维亚	33	14 030	1249	74	68	32	21	99	92	61
立陶宛	34	13 910	—	69	66	32	—	92	89	71
格鲁吉亚	35	3290	389	67	36	8	7	90	49	38
乌克兰	36	3640	508	61	62	8	9	82	84	46
保加利亚	37	6850	1004	63	62	16	17	85	84	50
黎巴嫩	38	9520	740	73	—	22	12	98	—	44
哈萨克斯坦	39	9780	1373	56	55	22	23	75	74	49
波兰	40	12 660	2002	65	57	29	34	87	77	57
阿根廷	41	—	2096	63	75	—	35	85	100	73
巴拿马	42	9030	515	74	65	21	9	100	88	54
克罗地亚	43	13 260	1823	69	59	30	31	92	79	58
沙特阿拉伯	44	24 660	2531	37	71	56	43	50	92	61
哥伦比亚	45	7010	933	56	62	16	16	75	84	48
科威特	46	44 940	—	40	76	100	—	54	100	85
智利	47	14 290	1593	60	66	33	27	81	89	57
马其顿	48	4710	488	64	53	11	8	86	71	44
阿塞拜疆	49	6290	304	31	48	14	5	42	65	32
摩尔多瓦	50	2150	233	70	54	5	4	94	73	44
罗马尼亚	51	8560	—	52	42	20	—	69	57	49
委内瑞拉	52	12 460	1752	43	71	28	30	58	95	53
乌兹别克斯坦	53	1700	202	49	—	4	3	65	—	24
多米尼加	54	5430	1258	62	68	12	21	83	91	52
亚美尼亚	55	3770	333	45	44	9	6	61	60	34
巴拉圭	56	3320	—	52	57	8	—	69	76	51
哥斯达黎加	57	8850	1456	69	67	20	25	92	90	57
巴西	58	11 640	1244	69	63	27	21	92	85	56
墨西哥	59	9720	1699	60	62	22	29	80	83	54
博茨瓦纳	60	7650	426	62	55	17	7	83	74	45
秘鲁	61	5890	872	56	57	13	15	75	77	45
牙买加	62	5190	431	72	67	12	7	97	90	51
约旦	63	4660	812	67	81	11	14	89	100	53
南非	64	7460	795	69	63	17	13	92	85	52
土耳其	65	10 810	1653	64	50	25	28	85	68	52
厄瓜多尔	66	5170	673	50	54	12	11	67	73	41
伊朗	67	6570	—	50	47	15	—	66	63	48
蒙古	68	3080	219	52	50	7	4	69	67	37
摩洛哥	69	2910	417	56	39	7	7	75	53	35
马来西亚	70	9820	2529	49	59	22	43	66	80	53

附表 2-4-2 2012 年世界经济发展指数

国家	编号	经济发展指标的实际值				经济发展指标的指数				经济发展指数
		人均国民收入	人均制造业增加值	服务业增加值比例a	服务业劳动力比例a	人均国民收入	人均制造业增加值	服务业增加值比例	服务业劳动力比例	
萨尔瓦多	71	3600	698	61	58	8	12	82	78	45
埃及	72	2980	458	46	47	7	8	62	63	35
中国	73	5720	1893	45	36	13	32	60	49	38
阿尔及利亚	74	4970	—	42	58	11	—	56	79	49
土库曼斯坦	75	5410	—	37	—	12	—	50	—	31
突尼斯	76	4240	670	60	50	10	11	81	67	42
阿尔巴尼亚	77	4520	336	64	38	10	6	85	51	38
吉尔吉斯斯坦	78	1040	144	55	45	2	2	73	61	35
塔吉克斯坦	79	880	90	51	—	2	2	68	—	24
玻利维亚	80	2220	264	48	44	5	4	65	60	33
缅甸	81	—	—	33	—	—	—	44	—	—
菲律宾	82	2950	532	57	53	7	9	76	71	41
泰国	83	5250	1862	44	39	12	31	59	53	39
纳米比亚	84	5700	735	60	59	13	12	81	79	46
津巴布韦	85	800	103	55	—	2	2	74	—	26
洪都拉斯	86	2140	416	57	45	5	7	77	61	37
尼加拉瓜	87	1690	262	53	51	4	4	72	69	37
越南	88	1550	305	42	32	4	5	56	42	27
肯尼亚	89	870	87	53	32	2	1	71	43	29
斯里兰卡	90	2910	522	57	42	7	9	77	56	37
刚果共和国	91	2550	124	20	42	6	2	27	57	23
印度尼西亚	92	3420	851	39	43	8	14	52	58	33
赞比亚	93	1410	122	42	21	3	2	57	28	22
危地马拉	94	3130	639	59	48	7	11	79	65	41
毛里塔尼亚	95	1040	36	36	—	2	1	49	—	17
科特迪瓦	96	1220	147	47	—	3	2	63	—	23
印度	97	1550	196	56	28	4	3	75	38	30
巴基斯坦	98	1250	175	54	32	3	3	72	43	30
莱索托	99	1480	130	56	—	3	2	74	—	27
柬埔寨	100	880	143	40	30	2	2	54	41	25
喀麦隆	101	1190	—	42	34	3	—	56	46	35
厄立特里亚	102	450	—	66	—	1	—	89	—	45
叙利亚	103	—	—	38	53	—	—	51	71	61
加纳	104	1580	102	48	43	4	2	65	58	32
乍得	105	970	20	31	—	2	0	42	—	15
莫桑比克	106	510	64	47	—	1	1	63	—	22
几内亚	107	440	30	33	—	1	1	44	—	15
也门共和国	108	1220	—	40	56	3	—	53	76	44
巴布亚新几内亚	109	1790	—	23	—	4	—	31	—	17
海地	110	760	—	—	—	2	—	—	—	—
尼泊尔	111	700	42	48	—	2	1	64	—	22
塞内加尔	112	1030	127	59	36	2	2	79	49	33
塞拉利昂	113	530	11	35	—	1	0	47	—	16
刚果民主共和国	114	370	—	45	—	1	—	60	—	31
老挝	115	1270	112	36	—	3	2	48	—	18
马拉维	116	320	28	51	—	1	0	69	—	23
多哥	117	490	47	54	38	1	1	72	51	31
马达加斯加	118	420	—	57	16	1	—	76	21	33
马里	119	660	—	35	28	2	—	47	38	29
尼日利亚	120	2460	211	54	—	6	4	73	—	27
孟加拉国	121	830	127	54	37	2	2	72	50	32
坦桑尼亚	122	570	55	47	19	1	1	63	26	23
贝宁	123	750	—	54	—	2	—	73	—	37
尼日尔	124	390	24	41	31	1	0	55	42	25
安哥拉	125	4510	347	31	—	10	6	42	—	19
乌干达	126	480	46	45	28	1	1	61	38	25
中非	127	490	29	32	—	1	0	43	—	15
布基纳法索	128	670	36	38	12	2	1	52	16	18
埃塞俄比亚	129	410	—	41	13	1	—	55	18	18
布隆迪	130	240	21	43	—	1	0	57	—	19
卢旺达	131	600	31	53	17	1	1	71	22	24
高收入国家	132	43 723	5925	75	74	100	100	100	100	100
中等收入国家	133	4425	913	54	37	10	15	72	50	37
低收入国家	134	620	73	49	—	1	1	66	—	23
世界平均	135	10 252	1607	70	45	23	27	94	61	51
参考值	150	43 723	5925	74.7	74.2					

注：a. 为 2005～2012 年期间最近年的数据。

附表 2-4-3　2012 年世界社会发展指数

国家	编号	社会发展指标的实际值				社会发展指标的指数				社会发展指数
		城市人口比例	医生比例[a]	婴儿死亡率	生态效益[b]	城市人口比例	医生比例	婴儿死亡率	生态效益	
瑞典	1	85	3.8	2	10.7	100	100	100	100	100
美国	2	81	2.5	6	7.6	100	82	72	83	84
芬兰	3	84	2.9	2	7.4	100	97	100	80	94
澳大利亚	4	89	3.3	4	11.5	100	100	100	100	100
瑞士	5	74	3.9	4	24.8	92	100	100	100	98
挪威	6	80	3.7	2	16.8	99	100	100	100	100
日本	7	92	2.3	2	13.2	100	79	100	100	95
丹麦	8	87	3.4	3	18.5	100	100	100	100	100
德国	9	75	3.8	3	11.1	93	100	100	100	98
荷兰	10	89	2.9	4	9.8	100	99	100	100	100
加拿大	11	81	2.1	5	7.2	100	71	94	78	86
新加坡	12	100	1.9	2	8.4	100	66	100	91	89
英国	13	82	2.8	4	12.8	100	96	100	100	99
法国	14	79	3.2	4	10.4	98	100	100	100	100
比利时	15	98	3.0	4	8.4	100	100	100	92	98
奥地利	16	66	4.8	3	12.0	82	100	100	100	96
新西兰	17	86	2.7	5	9.2	100	94	83	100	94
韩国	18	82	2.1	3	4.6	100	74	100	51	81
以色列	19	92	3.3	3	10.7	100	100	100	100	100
意大利	20	69	4.1	3	12.7	85	100	100	100	96
爱尔兰	21	62	2.7	3	15.8	78	94	100	100	93
西班牙	22	79	3.7	4	10.6	98	100	100	100	100
爱沙尼亚	23	68	3.3	3	3.9	84	100	100	43	82
斯洛文尼亚	24	50	2.5	2	6.4	62	87	100	69	79
乌拉圭	25	95	3.7	10	11.2	100	100	44	100	86
俄罗斯	26	74	4.3	9	2.8	92	100	48	30	68
斯洛伐克	27	54	3.0	6	5.5	67	100	70	60	74
希腊	28	77	6.2	4	9.6	96	100	100	100	99
匈牙利	29	70	3.0	5	5.3	87	100	83	58	82
捷克	30	73	3.6	3	4.6	91	100	100	50	85
葡萄牙	31	62	3.9	3	9.7	77	100	100	100	94
白俄罗斯	32	75	3.8	4	2.2	94	100	100	23	79
拉脱维亚	33	68	2.9	8	6.6	84	99	58	71	78
立陶宛	34	67	4.1	5	5.9	83	100	98	64	86
格鲁吉亚	35	53	4.2	13	4.5	66	100	35	49	62
乌克兰	36	69	3.5	9	1.4	86	100	48	15	62
保加利亚	37	73	3.8	11	2.7	91	100	42	29	65
黎巴嫩	38	87	3.2	8	6.7	100	100	54	73	82
哈萨克斯坦	39	53	3.6	16	2.6	67	100	28	28	56
波兰	40	61	2.2	5	5.1	76	76	98	55	76
阿根廷	41	91	3.2	12	7.5	100	100	36	81	79
巴拿马	42	66	1.6	16	9.2	82	54	28	100	66
克罗地亚	43	58	3.0	4	6.7	72	100	100	73	86
沙特阿拉伯	44	83	0.9	14	3.9	100	32	32	42	52
哥伦比亚	45	76	1.5	15	11.6	94	51	29	100	69
科威特	46	98	1.8	9	5.4	100	62	52	59	68
智利	47	89	1.0	7	8.1	100	35	61	88	71
马其顿	48	57	2.6	7	3.1	71	91	68	33	66
阿塞拜疆	49	54	3.4	31	5.4	67	100	14	59	60
摩尔多瓦	50	45	2.9	14	2.2	56	99	32	24	53
罗马尼亚	51	54	2.4	11	4.7	67	82	40	52	60
委内瑞拉	52	89	—	13	5.3	100	—	33	58	64
乌兹别克斯坦	53	36	2.4	38	1.1	45	82	12	11	38
多米尼加	54	76	1.5	24	7.9	95	51	18	86	62
亚美尼亚	55	63	2.7	15	3.7	79	93	30	40	60
巴拉圭	56	59	—	19	5.0	73	—	23	54	50
哥斯达黎加	57	74	1.1	9	9.6	92	38	51	100	70
巴西	58	85	1.8	13	8.3	100	61	34	90	71
墨西哥	59	78	2.1	13	6.2	98	72	34	67	68
博茨瓦纳	60	57	0.3	37	6.5	71	12	12	71	41
秘鲁	61	78	1.1	14	9.2	97	39	32	100	67
牙买加	62	54	—	15	4.8	67	—	30	52	50
约旦	63	83	2.6	17	4.3	100	88	27	47	65
南非	64	63	0.8	34	2.7	79	26	13	29	37
土耳其	65	72	1.7	17	6.8	89	59	25	74	62
厄瓜多尔	66	63	1.7	20	6.4	79	58	22	69	57
伊朗	67	72	0.9	15	2.3	89	31	29	25	44
蒙古	68	69	2.8	27	2.8	87	95	16	31	57
摩洛哥	69	59	0.6	27	5.4	73	21	16	59	42
马来西亚	70	73	1.2	7	4.0	90	41	60	43	59

附表 2-4-3 2012 年世界社会发展指数

国家	编号	社会发展指标的实际值				社会发展指标的指数				社会发展指数
		城市人口比例	医生比例[a]	婴儿死亡率	生态效益[b]	城市人口比例	医生比例	婴儿死亡率	生态效益	
萨尔瓦多	71	65	1.6	14	5.5	81	55	31	60	57
埃及	72	43	2.8	19	3.3	54	98	23	36	53
中国	73	52	1.9	12	3.0	65	67	38	33	50
阿尔及利亚	74	69	1.2	22	4.8	86	42	20	52	50
土库曼斯坦	75	49	2.4	48	1.4	61	82	9	15	42
突尼斯	76	66	1.2	14	4.7	83	42	32	51	52
阿尔巴尼亚	77	54	1.1	14	5.7	68	39	32	62	50
吉尔吉斯斯坦	78	35	2.0	23	2.1	44	68	19	23	38
塔吉克斯坦	79	27	1.9	42	3.1	33	65	10	34	36
玻利维亚	80	67	0.5	32	3.5	84	16	14	38	38
缅甸	81	32	0.6	41	—	40	21	11	—	24
菲律宾	82	45	—	24	6.1	56	—	18	66	47
泰国	83	47	0.4	12	3.1	58	14	38	33	36
纳米比亚	84	44	0.4	36	8.3	54	13	12	90	42
津巴布韦	85	33	—	55	1.3	41	—	8	14	21
洪都拉斯	86	53	—	20	3.8	66	—	22	42	43
尼加拉瓜	87	58	—	21	3.5	72	—	21	38	44
越南	88	32	1.2	20	2.5	39	40	23	27	32
肯尼亚	89	24	0.2	49	1.9	30	6	9	21	17
斯里兰卡	90	18	0.7	9	5.9	23	23	52	64	40
刚果共和国	91	64	0.1	37	8.0	80	3	12	87	46
印度尼西亚	92	51	0.2	25	4.1	64	7	17	45	33
赞比亚	93	40	0.1	57	2.4	49	2	8	26	21
危地马拉	94	50	—	27	4.8	63	—	17	53	44
毛里塔尼亚	95	58	0.1	68	—	72	2	6	—	28
科特迪瓦	96	52	0.1	73	2.1	65	2	6	23	25
印度	97	32	0.7	43	2.4	39	24	10	27	25
巴基斯坦	98	37	0.8	71	2.6	47	29	6	28	27
莱索托	99	26	—	74	126.1	32	—	6	100	46
柬埔寨	100	20	0.2	34	2.6	25	8	13	28	18
喀麦隆	101	53	—	62	3.8	66	—	7	42	38
厄立特里亚	102	21	—	37	3.9	27	—	12	43	27
叙利亚	103	56	1.5	12	2.7	70	52	35	30	47
加纳	104	52	0.1	53	3.9	65	3	8	42	30
乍得	105	22	—	90	—	28	—	5	—	16
莫桑比克	106	31	0.0	64	1.4	39	1	7	15	16
几内亚	107	36	0.1	67	—	45	3	7	—	18
也门共和国	108	33	0.2	42	4.3	41	7	10	47	26
巴布亚新几内亚	109	13	0.1	48	—	16	2	9	—	9
海地	110	55	—	56	2.4	68	—	8	26	34
尼泊尔	111	18	—	33	1.8	22	—	13	20	18
塞内加尔	112	43	0.1	45	3.9	53	2	10	42	27
塞拉利昂	113	39	0.0	110	—	48	1	4	—	18
刚果民主共和国	114	41	—	88	1.1	51	—	5	12	23
老挝	115	35	0.2	55	—	44	6	8	—	19
马拉维	116	16	0.0	46	—	20	1	10	—	10
多哥	117	38	0.0	57	1.4	48	2	8	15	18
马达加斯加	118	33	0.2	41	—	41	6	11	—	19
马里	119	38	0.1	79	—	47	3	6	—	17
尼日利亚	120	45	0.4	77	3.8	56	14	6	41	29
孟加拉国	121	32	0.4	35	3.7	40	12	13	40	26
坦桑尼亚	122	29	0.0	38	1.4	37	0	12	15	16
贝宁	123	43	0.1	58	2.0	53	2	8	21	21
尼日尔	124	18	0.0	62	—	22	1	7	—	10
安哥拉	125	42	—	104	8.2	52	—	4	90	49
乌干达	126	15	0.1	45	—	19	4	10	—	11
中非	127	39	—	98	—	49	—	4	—	27
布基纳法索	128	27	0.0	66	—	34	2	7	—	14
埃塞俄比亚	129	18	0.0	46	1.2	23	1	10	13	12
布隆迪	130	11	—	57	—	14	—	8	—	11
卢旺达	131	26	0.1	39	—	32	2	11	—	15
高收入国家		80	2.9	4	9.2	100	99	99	100	99
中等收入国家		49	1.3	34	3.6	61	45	13	39	40
低收入国家		30	0.2	55	1.8	37	7	8	19	18
世界平均		53	1.5	35	5.5	65	52	13	60	48
参考值		80	2.9	4.4	9.2					

注：a. 为 2005～2012 年期间最近年的数据。
b. 为 2005～2012 年期间最近年的数据。

附表 2-4-4　2012 年世界知识发展指数

国家	编号	知识发展指标的实际值				知识发展指标的指数				知识发展指数
		知识创新经费投入[a]	人均知识产权[b]	大学普及率	互联网普及率	知识创新经费投入	人均知识产权	大学普及率	互联网普及率	
瑞典	1	3.4	954	70	93	100	100	90	100	97
美国	2	2.8	523	94	79	100	100	100	100	100
芬兰	3	3.5	915	94	90	100	100	100	100	100
澳大利亚	4	2.4	222	86	79	95	56	100	100	88
瑞士	5	3.0	—	56	85	100	—	71	100	90
挪威	6	1.7	187	74	95	69	47	95	100	78
日本	7	3.4	406	61	86	100	100	79	100	95
丹麦	8	3.0	—	80	92	100	—	100	100	100
德国	9	2.9	325	62	82	100	81	79	100	90
荷兰	10	2.2	548	77	93	90	100	99	100	97
加拿大	11	1.7	420	—	83	72	100	—	100	91
新加坡	12	2.1	3418	—	72	87	100	—	91	93
英国	13	1.7	328	62	87	72	82	79	100	83
法国	14	2.3	335	58	81	94	84	75	100	88
比利时	15	2.2	476	71	81	93	100	91	100	96
奥地利	16	2.8	275	72	80	100	69	93	100	90
新西兰	17	1.3	285	80	82	53	71	100	100	81
韩国	18	4.0	236	98	84	100	59	100	100	90
以色列	19	3.9	269	66	71	100	67	85	90	85
意大利	20	1.3	170	62	56	53	42	80	71	62
爱尔兰	21	1.7	10 268	71	77	72	100	91	98	90
西班牙	22	1.3	78	85	70	54	19	100	89	66
爱沙尼亚	23	2.2	61	77	78	91	15	98	100	76
斯洛文尼亚	24	2.8	195	86	68	100	49	100	87	84
乌拉圭	25	0.4	10	63	54	18	3	81	69	43
俄罗斯	26	1.1	58	76	64	47	14	98	81	60
斯洛伐克	27	0.8	25	55	77	34	6	71	97	52
希腊	28	0.7	41	114	55	29	10	100	70	52
匈牙利	29	1.3	247	60	71	54	62	77	90	70
捷克	30	1.9	97	64	73	78	24	82	93	70
葡萄牙	31	1.5	48	69	60	62	12	88	77	60
白俄罗斯	32	0.7	14	91	47	29	3	100	60	48
拉脱维亚	33	0.7	27	65	73	27	7	84	93	53
立陶宛	34	0.9	14	74	67	38	4	95	85	55
格鲁吉亚	35	0.2	2	28	37	8	1	36	47	23
乌克兰	36	0.7	19	80	35	31	5	100	45	45
保加利亚	37	0.6	28	63	52	27	7	80	66	45
黎巴嫩	38	—	5	46	61	—	1	59	78	46
哈萨克斯坦	39	0.2	—	45	53	7	—	57	68	44
波兰	40	0.9	66	73	62	37	17	94	79	57
阿根廷	41	0.6	55	79	56	27	14	100	71	53
巴拿马	42	0.2	14	42	40	8	4	54	51	29
克罗地亚	43	0.8	77	62	62	31	19	79	79	52
沙特阿拉伯	44	0.1	—	51	54	4	—	65	69	46
哥伦比亚	45	0.2	13	45	49	7	3	58	62	33
科威特	46	0.1	—	—	70	4	—	—	90	47
智利	47	0.4	53	74	61	17	13	95	78	51
马其顿	48	0.2	20	38	57	9	5	49	73	34
阿塞拜疆	49	0.2	3	20	54	9	1	26	69	26
摩尔多瓦	50	0.4	7	40	43	17	2	51	55	31
罗马尼亚	51	0.5	40	52	46	20	10	66	58	39
委内瑞拉	52	—	—	78	49	—	—	100	62	81
乌兹别克斯坦	53	—	—	9	37	—	—	11	46	29
多米尼加	54	—	—	—	41	—	—	—	52	
亚美尼亚	55	0.3	—	46	39	11	—	59	50	40
巴拉圭	56	0.1	—	35	29	2	—	44	37	28
哥斯达黎加	57	0.5	19	47	48	20	5	60	60	36
巴西	58	1.2	21	26	49	50	5	33	62	38
墨西哥	59	0.4	10	29	40	18	3	37	51	27
博茨瓦纳	60	0.5	6	7	12	21	2	9	15	12
秘鲁	61	0.1	8	43	38	5	2	55	49	27
牙买加	62		19	31	34	—	5	40	43	29
约旦	63	0.4	—	47	41	17	—	60	52	43
南非	64	0.8	40	—	41	32	10	—	52	31
土耳其	65	0.9	—	69	45	36	—	89	57	61
厄瓜多尔	66	0.3	—	40	35	13	—	51	45	36
伊朗	67	0.8	—	55	28	33	—	71	35	46
蒙古	68	0.3	3	61	16	11	1	78	21	28
摩洛哥	69	0.7	2	16	55	31	0	21	70	31
马来西亚	70	1.1	57	36	66	44	14	46	84	47

附表 2-4-4 2012 年世界知识发展指数

国家	编号	知识发展指标的实际值				知识发展指标的指数				知识发展指数
		知识创新经费投入[a]	人均知识产权[b]	大学普及率	互联网普及率	知识创新经费投入	人均知识产权	大学普及率	互联网普及率	
萨尔瓦多	71	0.0	9	25	20	1	2	33	26	16
埃及	72	0.4	—	30	44	18	—	39	56	37
中国	73	2.0	14	27	42	83	3	34	54	44
阿尔及利亚	74	0.1	4	31	15	4	1	40	19	16
土库曼斯坦	75	—	—	—	7	—	—	—	9	
突尼斯	76	1.1	3	35	41	46	1	45	53	36
阿尔巴尼亚	77	0.2	9	56	55	8	2	71	69	38
吉尔吉斯斯坦	78	0.2	2	41	22	7	0	53	28	22
塔吉克斯坦	79	0.1	0	22	15	5	0	29	18	13
玻利维亚	80	0.3	5	39	36	12	1	50	45	27
缅甸	81	0.1	—	14	1	5	—	18	1	8
菲律宾	82	0.1	5	28	36	4	1	36	46	22
泰国	83	0.2	58	51	26	8	14	66	34	31
纳米比亚	84	0.1	—	9	13	6	—	12	16	11
津巴布韦	85	—	—	6	17	—	—	8	22	15
洪都拉斯	86	0.0	—	20	18	2	—	26	23	17
尼加拉瓜	87	—	—	—	14	—	—	—	17	
越南	88	—	—	25	39	—	—	32	50	41
肯尼亚	89	1.0	1	4	32	41	0	5	41	22
斯里兰卡	90	0.2	—	17	18	7	—	22	23	17
刚果共和国	91	—	—	10	6	—	—	13	8	11
印度尼西亚	92	0.1	8	32	15	4	2	40	19	16
赞比亚	93	0.3	—	4	13	13	—	6	17	12
危地马拉	94	0.0	7	18	16	2	2	23	20	12
毛里塔尼亚	95	—	—	5	5	—	—	7	7	7
科特迪瓦	96	—	—	4	2	—	—	6	3	4
印度	97	0.8	3	25	13	34	1	32	16	21
巴基斯坦	98	0.3	1	10	10	14	0	12	13	10
莱索托	99	0.0	—	11	5	1	—	14	6	7
柬埔寨	100	—	1	16	5	—	0	20	6	9
喀麦隆	101	—	0	12	6	—	0	15	7	8
厄立特里亚	102	—	—	2	1	—	—	3	1	2
叙利亚	103	—	—	26	24	—	—	33	31	32
加纳	104	0.4	—	12	12	16	—	16	16	16
乍得	105	—	—	2	2	—	—	3	3	3
莫桑比克	106	0.5	0	5	5	19	0	6	6	8
几内亚	107	—	—	10	1	—	—	13	2	7
也门共和国	108	—	—	10	17	—	—	13	22	18
巴布亚新几内亚	109	—	—	—	4	—	—	—	4	
海地	110	—	—	—	10	—	—	—	12	
尼泊尔	111	0.3	—	14	11	13	—	19	14	15
塞内加尔	112	0.5	—	8	19	23	—	10	24	19
塞拉利昂	113	—	0	—	1	—	0	—	2	
刚果民主共和国	114	0.5	—	8	2	21	—	11	2	11
老挝	115	—	—	17	11	—	—	21	14	18
马拉维	116	—	—	1	4	—	—	1	6	3
多哥	117	0.3	—	10	4	11	—	13	5	10
马达加斯加	118	0.1	—	4	2	4	—	5	3	4
马里	119	0.7	—	7	2	28	—	10	3	13
尼日利亚	120	0.2	—	10	33	8	—	13	42	21
孟加拉国	121	—	0	13	6	—	0	17	7	8
坦桑尼亚	122	0.5	—	4	4	22	—	5	5	11
贝宁	123	—	—	12	5	—	—	16	6	11
尼日尔	124	—	—	2	1	—	—	2	2	2
安哥拉	125	—	—	7	17	—	—	10	22	16
乌干达	126	0.6	1	9	15	23	0	12	19	13
中非	127	—	—	3	3	—	—	4	4	4
布基纳法索	128	0.2	—	5	4	8	—	6	5	6
埃塞俄比亚	129	0.2	—	8	1	10	—	10	2	7
布隆迪	130	0.1	0	3	1	5	0	4	2	3
卢旺达	131	—	—	7	8	—	—	9	10	10
高收入国家	132	2.4	400	78	79	100	100	100	100	100
中等收入国家	133	1.2	10	28	30	52	3	36	38	32
低收入国家	134	—	0	9	6	—	0	12	8	6
世界平均	135	2.1	71	32	36	89	18	41	45	48
参考值		2.4	400	77.9	78.7					

注：a. 指 R&D 经费占 GDP 比例（%），其数据为 2005～2012 年期间最近年的数据。
b. 指人均知识产权贸易（进口和出口），其数据为 2005～2012 年期间最近年数据。

附表 2-4-5　1980~2012 年世界综合现代化指数

国家	编号	1980[a]	1990[a]	2000[a]	2010[a]	2011[a]	2012[a]	2010[b]	2011[b]	2012[b]
瑞典	1	98.0	98.1	98.3	94.2	94.2	94.2	99.5	99.4	99.0
美国	2	92.4	90.7	95.3	97.3	97.6	98.2	94.5	93.9	94.5
芬兰	3	87.0	91.8	89.4	93.1	94.5	94.6	97.3	97.9	97.6
澳大利亚	4	90.8	87.8	86.2	92.4	92.1	92.3	92.3	93.2	93.7
瑞士	5	89.0	92.1	95.9	91.0	90.9	90.1	93.8	95.4	95.7
挪威	6	91.2	91.4	90.2	90.4	89.6	88.7	91.3	90.8	90.5
日本	7	94.4	93.1	93.9	95.1	95.1	95.0	95.3	95.3	95.8
丹麦	8	92.8	97.7	95.1	95.1	95.4	94.3	99.5	99.5	99.2
德国	9	93.0	93.5	94.7	96.7	95.6	94.4	97.8	94.9	95.0
荷兰	10	91.0	95.8	90.2	90.4	91.4	91.8	95.4	97.1	97.6
加拿大	11	92.6	85.0	82.0	84.3	84.3	83.1	90.3	91.4	91.6
新加坡	12	59.8	63.9	87.6	86.9	88.2	85.8	93.1	94.2	93.9
英国	13	88.4	88.7	88.4	90.3	89.6	87.7	91.3	90.8	89.6
法国	14	89.2	89.8	85.6	91.4	91.4	90.2	93.8	93.6	92.2
比利时	15	90.9	94.4	85.7	90.8	90.8	90.3	96.7	96.8	96.6
奥地利	16	87.2	92.0	86.9	92.4	92.0	91.3	93.9	93.8	94.2
新西兰	17	87.4	78.4	74.1	86.9	87.5	86.4	85.7	85.7	86.3
韩国	18	47.1	63.2	78.7	85.9	87.4	86.7	85.1	84.3	85.0
以色列	19	82.1	80.6	83.5	85.3	88.5	85.7	84.9	91.2	90.7
意大利	20	74.6	84.6	77.9	82.5	83.3	80.2	84.3	83.5	81.8
爱尔兰	21	68.3	71.0	75.0	87.2	87.0	84.8	94.1	93.7	93.1
西班牙	22	72.7	83.5	74.0	84.5	85.0	82.5	82.9	82.7	81.8
爱沙尼亚	23	76.4	56.1	62.5	70.6	75.4	73.6	71.0	73.6	73.6
斯洛文尼亚	24	—	71.0	64.5	78.3	80.9	76.9	79.9	80.0	78.8
乌拉圭	25	64.0	66.4	62.8	68.1	69.0	68.2	61.5	62.4	62.9
俄罗斯	26	85.4	56.3	53.9	65.9	67.2	67.5	57.8	58.6	61.1
斯洛伐克	27	—	69.3	53.1	65.9	67.9	65.9	63.6	63.0	63.1
希腊	28	68.8	67.4	60.4	73.3	78.1	76.2	70.6	74.4	73.8
匈牙利	29	63.0	57.9	58.2	68.1	70.9	68.6	71.6	71.3	71.3
捷克	30	72.7	58.7	57.0	73.0	74.5	72.2	73.1	74.4	74.2
葡萄牙	31	52.5	60.5	69.3	76.5	76.7	75.4	74.5	74.1	74.2
白俄罗斯	32	—	62.9	46.6	54.7	57.7	56.6	52.8	54.2	54.4
拉脱维亚	33	74.7	56.8	56.0	68.4	72.3	69.9	63.6	64.0	64.0
立陶宛	34	—	57.4	53.7	68.9	71.5	69.3	69.4	70.4	70.8
格鲁吉亚	35	76.9	48.0	40.9	46.4	47.8	47.0	40.2	40.5	41.2
乌克兰	36	91.3	50.6	46.0	54.4	55.6	55.6	45.3	49.9	51.1
保加利亚	37	62.8	52.2	48.0	58.8	60.2	59.3	52.7	52.8	53.6
黎巴嫩	38	71.8	54.2	56.7	70.1	73.6	72.0	55.5	56.8	57.4
哈萨克斯坦	39	—	52.9	43.2	47.6	54.0	53.4	44.2	48.4	49.3
波兰	40	65.2	50.8	53.3	65.4	66.3	64.4	63.0	62.9	63.2
阿根廷	41	66.6	54.7	64.0	64.9	79.4	78.8	65.8	67.4	68.5
巴拿马	42	56.3	49.4	50.8	65.0	58.8	57.8	50.8	49.3	49.7
克罗地亚	43	—	61.9	49.5	66.9	67.8	65.6	65.0	65.4	65.5
沙特阿拉伯	44	57.4	55.6	43.0	52.3	58.8	59.2	49.2	50.3	52.9
哥伦比亚	45	50.1	51.3	45.8	50.1	55.2	55.6	47.8	48.3	49.6
科威特	46	74.0	61.8	54.2	73.3	72.2	71.1	61.7	65.9	66.5
智利	47	59.5	47.6	54.4	60.9	64.0	64.1	56.4	57.6	59.9
马其顿	48	—	44.4	46.8	52.1	53.0	51.5	43.6	47.7	47.9
阿塞拜疆	49	—	—	38.4	46.9	49.1	48.1	38.0	38.4	39.2
摩尔多瓦	50	59.4	42.5	39.9	47.8	47.4	47.8	39.7	41.0	42.6
罗马尼亚	51	50.0	40.2	38.9	55.8	54.6	52.8	49.9	48.9	49.2
委内瑞拉	52	57.6	52.0	50.2	71.6	64.3	64.7	58.9	63.3	65.9
乌兹别克斯坦	53	—	19.8	28.9	32.2	34.3	34.2	31.3	29.5	30.2
多米尼加	54	49.6	63.2	59.9	59.7	63.6	53.5	55.9	56.5	57.3
亚美尼亚	55	—	21.4	37.1	48.2	49.5	48.2	44.4	45.0	44.7
巴拉圭	56	41.4	40.4	54.6	45.0	46.5	45.3	44.3	42.3	43.0
哥斯达黎加	57	54.3	49.6	46.7	60.0	58.1	58.7	52.5	52.7	54.4
巴西	58	51.0	55.9	47.9	60.0	62.0	60.8	51.5	55.5	54.9
墨西哥	59	57.0	53.4	50.9	55.4	56.9	54.5	48.1	49.0	49.5
博茨瓦纳	60	20.1	33.3	36.6	40.8	40.8	40.2	26.4	32.1	32.7
秘鲁	61	47.2	54.3	50.0	56.3	51.9	52.3	47.2	44.6	46.4
牙买加	62	41.7	43.7	42.1	62.6	53.1	51.0	42.7	43.8	43.4
约旦	63	49.0	56.1	48.6	54.3	56.7	57.0	54.3	51.9	53.9
南非	64	50.7	44.6	35.8	45.7	45.3	45.1	38.8	39.2	40.0
土耳其	65	41.8	45.3	42.3	59.5	61.6	60.7	55.8	56.5	58.1
厄瓜多尔	66	55.7	42.7	38.0	48.6	49.5	48.9	48.3	43.8	44.7
伊朗	67	38.8	36.7	33.5	54.4	53.6	47.7	49.3	49.7	46.0
蒙古	68	65.3	38.9	35.2	44.8	46.9	47.8	37.6	39.0	40.6
摩洛哥	69	35.3	38.1	37.2	42.3	43.5	42.9	36.2	35.2	36.1
马来西亚	70	39.4	37.2	43.2	52.4	56.5	55.6	51.8	52.2	52.8

附表 2-4-5　1980～2012 年世界综合现代化指数

国家	编号	1980[a]	1990[a]	2000[a]	2010[a]	2011[a]	2012[a]	2010[b]	2011[b]	2012[b]
萨尔瓦多	71	43.4	48.7	48.8	46.4	46.8	46.0	38.6	38.6	39.1
埃及	72	38.2	39.9	39.6	44.0	46.0	45.6	40.8	41.1	41.7
中国	73	21.1	27.7	31.3	45.5	50.7	52.3	39.8	41.2	44.1
阿尔及利亚	74	45.6	40.0	30.4	36.6	43.2	42.5	37.8	37.8	38.3
土库曼斯坦	75	—	—	26.3	30.3	32.1	32.9	35.4	35.8	36.5
突尼斯	76	40.6	40.0	41.9	48.0	50.9	49.7	42.6	43.3	43.4
阿尔巴尼亚	77	35.0	31.8	30.2	51.8	49.6	48.9	43.6	41.2	42.1
吉尔吉斯斯坦	78	—	21.7	35.9	39.7	39.4	37.9	28.9	32.6	31.7
塔吉克斯坦	79	—	5.5	30.5	31.9	30.8	30.8	24.0	23.7	24.2
玻利维亚	80	33.2	53.8	40.7	48.3	42.4	42.1	27.8	31.9	32.7
缅甸	81	25.6	30.2	23.6	28.4	27.2	33.1		15.2	25.4
菲律宾	82	39.6	40.1	39.1	43.0	44.9	44.6	34.1	35.1	36.5
泰国	83	34.2	36.6	32.2	35.7	39.4	38.7	36.6	34.5	35.1
纳米比亚	84	—	32.5	30.7	41.7	40.3	39.8	27.9	31.5	33.3
津巴布韦	85	30.4	26.3	24.0	28.1	28.0	27.8	19.4	20.2	20.5
洪都拉斯	86	36.6	37.8	32.7	42.3	40.0	39.1	33.9	32.2	32.6
尼加拉瓜	87	42.0	36.7	34.4	39.6	38.8	38.2	41.0	40.3	40.4
越南	88	—	21.3	22.3	33.1	34.9	35.3	29.6	32.4	33.3
肯尼亚	89	26.1	27.0	26.5	27.4	28.6	28.5	21.8	22.0	22.6
斯里兰卡	90	31.8	35.0	27.8	32.4	35.1	34.7	30.1	30.6	31.6
刚果共和国	91	33.6	37.2	24.6	32.0	33.1	32.2	29.5	26.6	26.3
印度尼西亚	92	30.7	27.1	30.0	31.7	33.8	33.9	26.9	26.5	27.6
赞比亚	93	29.6	21.0	18.7	22.9	23.4	23.2	20.8	18.1	18.5
危地马拉	94	41.2	34.6	30.9	36.3	40.7	40.5	29.1	30.8	32.0
毛里塔尼亚	95	32.7	37.8	25.5	22.9	25.4	25.7	16.9	16.7	17.3
科特迪瓦	96	61.7	49.5	23.4	24.6	23.8	22.0	18.9	18.1	17.3
印度	97	30.0	27.4	29.5	30.3	31.8	32.0	23.5	24.2	25.2
巴基斯坦	98	29.8	25.7	31.2	29.4	29.7	29.5	19.5	22.0	22.4
莱索托	99	26.7	44.9	18.6	26.4	33.4	33.1	16.5	26.6	26.5
柬埔寨	100	—	30.8	19.9	22.2	25.3	24.0	16.5	16.6	17.4
喀麦隆	101	34.3	31.6	21.3	30.8	33.4	32.5	26.2	26.8	26.9
厄立特里亚	102	—	—	19.9	26.9	27.4	27.2	23.5	23.9	24.5
叙利亚	103	44.6	39.3	29.2	38.8	48.8	48.0	44.9	46.7	46.7
加纳	104	33.9	33.4	19.4	29.4	33.1	32.0	24.7	26.0	25.8
乍得	105	28.4	25.6	23.7	21.9	22.0	21.4	11.7	11.6	11.3
莫桑比克	106	18.0	20.7	21.7	18.2	20.0	18.6	14.7	14.8	15.1
几内亚	107	14.2	42.6	28.5	20.8	21.1	20.8	13.6	13.6	13.6
也门共和国	108	13.0	30.8	23.3	29.6	30.5	39.2	28.4	28.7	29.3
巴布亚新几内亚	109	25.9	23.6	19.3	15.1	15.7	15.8	13.0	13.0	13.2
海地	110	24.3	42.6	22.4	24.6	22.7	22.3	20.3	19.8	34.2
尼泊尔	111	20.2	22.8	16.9	25.2	27.1	26.9	17.9	17.9	18.5
塞内加尔	112	29.8	30.4	23.9	31.9	33.3	32.3	23.0	24.8	26.3
塞拉利昂	113	26.7	27.2	15.4	25.3	26.4	18.0	11.5	11.5	16.9
刚果民主共和国	114	35.4	33.4	13.8	20.4	24.6	24.5	26.2	21.0	21.4
老挝	115	18.9	20.1	17.5	26.8	28.0	27.6	17.4	18.2	18.2
马拉维	116	21.0	31.6	19.4	18.8	18.8	18.8	11.6	12.0	12.2
多哥	117	28.7	33.7	21.2	24.7	25.2	24.9	16.1	19.4	19.6
马达加斯加	118	27.3	27.8	22.1	23.6	23.7	23.5	20.4	18.6	18.7
马里	119	22.6	22.1	17.5	21.9	25.3	25.0	18.1	20.3	20.2
尼日利亚	120	29.7	30.7	19.1	25.0	31.7	31.8	27.2	24.7	25.9
孟加拉国	121	25.1	31.3	24.0	27.3	29.1	28.5	17.5	21.7	21.9
坦桑尼亚	122	18.2	22.7	15.7	21.7	21.7	22.0	15.4	15.7	16.4
贝宁	123	29.5	36.1	20.9	24.6	25.4	24.8	16.1	23.0	23.0
尼日尔	124	25.9	23.7	17.4	15.5	20.2	19.6	10.4	12.6	12.3
安哥拉	125	19.5	44.0	14.6	33.9	36.2	35.7	30.6	26.3	27.8
乌干达	126	21.3	24.0	21.7	22.5	24.0	23.7	15.1	16.4	16.5
中非	127	26.7	28.4	17.3	23.6	24.7	24.7	14.9	14.9	15.1
布基纳法索	128	33.4	22.2	18.7	19.9	19.7	19.3	11.9	12.7	12.9
埃塞俄比亚	129	17.0	23.8	15.3	16.9	18.0	17.7	11.4	12.3	12.4
布隆迪	130	24.9	24.0	17.7	20.8	21.4	21.2	11.2	10.9	10.9
卢旺达	131	19.2	21.5	16.4	21.5	24.0	22.9	15.1	15.0	16.2
高收入国家[c]		99.9	99.9	99.9	99.9	99.6	99.9	99.9	99.8	99.8
中等收入国家		51.5	44.4	42.4	42.3	44.1	44.0	34.4	35.2	36.3
低收入国家		28.2	31.7	23.6	21.9	23.0	22.8	15.2	15.5	15.7
世界平均		59.8	52.9	50.2	55.2	57.6	56.6	47.8	48.1	49.0

注：a. 采用综合现代化评价模型第一版的评价结果，以当年高收入国家平均值为参考值的评价。

　　b. 采用综合现代化评价模型第二版的评价结果，以 OECD 高收入国家平均值为参考值的评价，见技术注释。

　　c. 第二次现代化评价模型第二版，高收入国家：OECD 国家中的高收入国家，2012 年为 32 个国家。

附表 2-4-6　1980～2012 年世界综合现代化指数的排名

国家	编号	1980[a]	1990[a]	2000[a]	2010[a]	2011[a]	2012[a]	2010[b]	2011[b]	2012[b]
瑞典	1	1	1	1	5	6	6	1	2	2
美国	2	6	11	3	1	1	1	8	10	9
芬兰	3	17	9	9	6	5	3	4	3	4
澳大利亚	4	11	14	13	7	7	7	14	14	12
瑞士	5	13	7	2	10	11	12	12	6	7
挪威	6	8	10	7	12	13	13	15	18	17
日本	7	2	6	6	4	4	2	7	7	6
丹麦	8	4	2	4	3	3	5	2	1	1
德国	9	3	5	5	2	2	4	3	8	8
荷兰	10	9	3	8	9	9	8	6	4	3
加拿大	11	5	15	17	21	21	20	17	15	15
新加坡	12	37	25	11	16	16	17	13	9	11
英国	13	14	13	10	14	14	14	16	17	18
法国	14	12	12	15	9	10	11	11	13	14
比利时	15	10	4	14	11	12	10	5	5	5
奥地利	16	16	8	12	8	8	9	10	11	10
新西兰	17	15	19	21	17	17	16	18	19	19
韩国	18	54	27	18	18	18	15	19	20	20
以色列	19	19	18	16	19	15	18	20	16	16
意大利	20	23	16	19	22	22	22	21	21	22
爱尔兰	21	29	20	20	15	19	19	9	12	13
西班牙	22	26	17	22	20	20	21	22	22	21
爱沙尼亚	23	21	38	27	29	27	27	27	27	27
斯洛文尼亚	24	—	21	24	23	23	24	23	23	23
乌拉圭	25	33	24	26	34	34	34	36	37	37
俄罗斯	26	18	36	37	36	37	35	38	38	38
斯洛伐克	27	—	22	40	37	35	36	33	35	36
希腊	28	28	23	28	26	25	25	28	24	26
匈牙利	29	34	33	30	33	33	33	26	28	28
捷克	30	25	32	31	27	28	28	25	25	24
葡萄牙	31	46	31	23	24	26	26	24	26	25
白俄罗斯	32	—	28	52	51	48	48	44	44	45
拉脱维亚	33	22	35	33	32	30	31	32	33	34
立陶宛	34	—	34	38	31	32	32	29	29	29
格鲁吉亚	35	20	56	61	67	67	69	68	69	69
乌克兰	36	7	51	53	53	52	50	57	50	50
保加利亚	37	35	47	48	47	44	43	45	45	47
黎巴嫩	38	27	43	32	30	29	29	42	40	41
哈萨克斯坦	39	—	46	55	65	55	54	61	55	54
波兰	40	32	50	39	38	38	39	34	36	35
阿根廷	41	30	41	25	40	24	23	30	30	30
巴拿马	42	43	54	42	39	46	46	49	52	51
克罗地亚	43	—	29	45	35	36	37	31	32	33
沙特阿拉伯	44	41	40	57	56	45	44	52	49	48
哥伦比亚	45	49	49	54	59	53	51	55	56	52
科威特	46	24	30	36	25	31	30	35	31	31
智利	47	38	57	35	42	40	40	39	39	39
马其顿	48	—	61	50	57	58	58	62	57	56
阿塞拜疆	49	—	—	67	66	65	64	73	74	73
摩尔多瓦	50	39	67	63	64	68	67	70	68	66
罗马尼亚	51	50	69	66	49	54	55	50	54	55
委内瑞拉	52	40	48	43	28	39	38	37	34	32
乌兹别克斯坦	53	—	127	89	88	88	88	81	88	89
多米尼加	54	51	26	29	45	41	53	40	42	42
亚美尼亚	55	—	122	70	62	63	63	59	59	61
巴拉圭	56	61	68	34	71	71	72	60	64	65
哥斯达黎加	57	45	52	51	44	47	45	46	46	44
巴西	58	47	39	49	43	42	41	48	43	43
墨西哥	59	42	45	41	50	49	52	54	53	53
博茨瓦纳	60	106	90	71	78	78	79	93	83	84
秘鲁	61	53	42	44	48	59	57	56	60	58
牙买加	62	60	63	59	41	57	59	64	62	63
约旦	63	52	37	47	54	50	57	43	48	46
南非	64	48	60	73	69	73	73	71	71	72
土耳其	65	59	58	58	46	43	42	41	41	40
厄瓜多尔	66	44	64	68	60	64	62	53	61	60
伊朗	67	66	82	76	52	56	68	51	51	59
蒙古	68	31	75	74	72	69	66	75	72	70
摩洛哥	69	70	76	69	76	75	75	77	77	78
马来西亚	70	65	79	56	55	51	49	47	47	49

附表 2-4-6　1980～2012 年世界综合现代化指数的排名

国家	编号	1980[a]	1990[a]	2000[a]	2010[a]	2011[a]	2012[a]	2010[b]	2011[b]	2012[b]
萨尔瓦多	71	57	55	46	68	70	70	72	73	74
埃及	72	67	73	64	73	72	71	67	67	68
中国	73	103	103	79	70	61	56	69	65	62
阿尔及利亚	74	55	71	84	82	76	76	74	75	75
土库曼斯坦	75	—	—	93	95	95	93	78	76	77
突尼斯	76	63	72	60	63	60	60	65	63	64
阿尔巴尼亚	77	71	92	85	58	62	61	63	66	67
吉尔吉斯斯坦	78	—	120	72	79	83	85	87	80	87
塔吉克斯坦	79	—	128	83	90	98	100	97	100	102
玻利维亚	80	77	44	62	61	77	77	90	84	83
缅甸	81	97	100	100	99	106	91		119	99
菲律宾	82	64	70	65	74	74	74	79	78	76
泰国	83	73	84	78	84	82	83	76	79	79
纳米比亚	84	—	91	82	77	80	80	89	85	81
津巴布韦	85	81	108	97	100	104	104	106	107	108
洪都拉斯	86	68	77	77	75	81	82	80	82	85
尼加拉瓜	87	58	83	75	80	84	84	66	70	71
越南	88	—	123	104	86	86	87	84	81	82
肯尼亚	89	94	107	92	101	102	103	101	103	104
斯里兰卡	90	79	86	91	87	87	88	83	87	88
刚果共和国	91	75	80	95	89	94	96	85	91	95
印度尼西亚	92	80	106	86	92	89	90	92	93	92
赞比亚	93	86	124	117	116	120	117	102	113	113
危地马拉	94	62	81	81	83	79	78	86	86	86
毛里塔尼亚	95	78	78	94	115	110	108	112	115	117
科特迪瓦	96	36	53	101	112	118	120	107	112	116
印度	97	82	104	87	94	96	97	98	98	100
巴基斯坦	98	84	109	80	98	100	101	105	102	105
莱索托	99	91	59	119	105	90	92	114	92	94
柬埔寨	100	—	96	111	118	111	114	113	116	115
喀麦隆	101	72	94	108	93	91	94	94	90	93
厄立特里亚	102	—	—	112	103	105	106	99	99	101
叙利亚	103	56	74	88	81	66	65	58	58	57
加纳	104	74	89	114	97	93	98	96	95	98
乍得	105	89	110	99	119	122	122	125	129	130
莫桑比克	106	111	125	107	127	127	128	121	122	123
几内亚	107	113	66	90	123	125	124	122	123	124
也门共和国	108	114	97	102	96	99	81	88	89	90
巴布亚新几内亚	109	96	115	115	131	131	131	123	124	125
海地	110	100	65	103	111	121	119	104	108	80
尼泊尔	111	105	116	125	107	107	107	109	114	112
塞内加尔	112	83	99	98	91	92	95	100	96	96
塞拉利昂	113	92	105	128	106	108	129	127	130	118
刚果民主共和国	114	69	88	131	125	115	113	95	105	107
老挝	115	109	126	122	104	103	105	111	111	114
马拉维	116	104	93	113	128	129	127	126	128	129
多哥	117	88	87	109	109	113	110	115	109	110
马达加斯加	118	90	102	105	113	119	116	103	110	111
马里	119	101	119	121	120	112	109	108	106	109
尼日利亚	120	85	98	116	108	97	99	91	97	97
孟加拉国	121	98	95	96	102	101	102	110	104	106
坦桑尼亚	122	110	117	127	121	123	121	117	118	120
贝宁	123	87	85	110	110	109	111	116	101	103
尼日尔	124	95	114	123	130	126	125	130	126	128
安哥拉	125	107	62	130	85	85	86	82	94	91
乌干达	126	102	111	106	117	117	115	118	117	119
中非	127	93	101	124	114	114	112	120	121	122
布基纳法索	128	76	118	118	126	128	126	124	125	126
埃塞俄比亚	129	112	113	129	129	130	130	128	127	127
布隆迪	130	99	112	120	124	124	123	129	131	131
卢旺达	131	108	121	126	122	116	118	119	120	121
高收入国家[c]										
中等收入国家										
低收入国家										
世界平均										

注：a. 采用综合现代化评价模型第一版的评价结果，以当年高收入国家平均值为参考值的评价。
　　b. 采用综合现代化评价模型第二版的评价结果，以 OECD 高收入国家平均值为参考值的评价，见技术注释。
　　c. 第二次现代化评价模型第二版，高收入国家：OECD 国家中的高收入国家，2012 年为 32 个国家。

附录三 中国地区现代化水平评价的数据集

附表 3-1-1	2012年中国地区现代化水平	440
附表 3-1-2	2012年中国现代化的地区分组	441
附表 3-2-1	2012年中国地区第一次现代化指数和排名	442
附表 3-2-2	2012年中国地区第一次现代化评价指标	443
附表 3-2-3	2012年中国地区第一次现代化发展阶段	444
附表 3-2-4	中国地区第一次现代化指数的增长率和预期完成时间	445
附表 3-2-5	1970~2012年中国地区第一次现代化指数和排名	446
附表 3-3-1	2012年中国地区第二次现代化指数和排名	447
附表 3-3-2	2012年中国地区知识创新指数	448
附表 3-3-3	2012年中国地区知识传播指数	449
附表 3-3-4	2012年中国地区生活质量指数	450
附表 3-3-5	2012年中国地区经济质量指数	451
附表 3-3-6	2012年中国地区第二次现代化发展阶段	452
附表 3-3-7	1970~2012年中国地区第二次现代化指数	453
附表 3-3-8	1970~2012年中国地区第二次现代化指数的排名	454
附表 3-4-1	2012年中国地区综合现代化指数和排名	455
附表 3-4-2	2012年中国地区经济发展指数	456
附表 3-4-3	2012年中国地区社会发展指数	457
附表 3-4-4	2012年中国地区知识发展指数	458
附表 3-4-5	1980~2012年中国地区综合现代化指数	459
附表 3-4-6	1980~2012年中国地区综合现代化指数的排名	460

附表 3-1-1 2012 年中国地区现代化水平

地区	编号	人口（万）	2012 年第一次现代化 指数	排名	达标个数	发展阶段[a]	2012 年第二次现代化 指数	排名	发展阶段[b]	2012 综合现代化 指数	排名
北京	1	2069	100	1	10	F4	86	1	S2	80	1
天津	2	1413	100	1	10	F4	81	3		73	3
河北	3	7288	92	17	6	F3	42	19		40	18
山西	4	3611	93	15	7	F3	43	17		43	16
内蒙古	5	2490	94	12	8	F3	47	15		43	15
辽宁	6	4389	98	8	8	F3	62	5		56	6
吉林	7	2750	93	14	7	F3	46	16		46	12
黑龙江	8	3834	92	16	6	F2	48	14		46	13
上海	9	2380	100	1	10	F4	86	2	S1	76	2
江苏	10	7920	100	1	9	F3	71	4		61	4
浙江	11	5477	100	1	10	F4	61	6		59	5
安徽	12	5988	90	21	6	F3	43	18		38	22
福建	13	3748	99	7	8	F3	51	10		49	10
江西	14	4504	91	20	6	F3	36	27		35	25
山东	15	9685	97	9	7	F3	53	9		50	8
河南	16	9406	88	25	6	F3	40	22		37	23
湖北	17	5779	96	10	8	F3	49	12		47	11
湖南	18	6639	91	19	6	F2	40	21		39	20
广东	19	10 594	100	1	10	F4	59	7		56	7
广西	20	4682	87	29	5	F2	36	26		34	26
海南	21	887	88	24	7	F3	39	24		40	17
重庆	22	2945	95	11	7	F3	54	8		50	9
四川	23	8076	89	22	6	F2	42	20		40	19
贵州	24	3484	87	27	7	F2	30	30		29	29
云南	25	4659	86	30	4	F2	30	31		29	30
西藏	26	308	83	31	5	F2	31	29		28	31
陕西	27	3753	92	18	7	F3	49	11		44	14
甘肃	28	2578	87	28	6	F2	35	28		33	28
青海	29	573	89	23	4	F3	39	23		34	27
宁夏	30	647	94	13	7	F3	48	13		39	21
新疆	31	2233	88	26	5	F2	39	25		36	24
香港	32	716	100		10	F4	75		S2	78	
澳门	33	57	100		10	F4	76		S2	78	
台湾	34	2332	100		10	F4	80		S1	79	
中国		135 404	96		7	F3	42			44	
高收入国家[c]		104 956	100			F4	100		S2	100	
中等收入国家		491 358	92			F3	33			36	
低收入国家		83 004	58			F2	21			16	
世界平均		704 311	99			F3	49			49	

注：a. F 代表第一次现代化，F4 代表过渡期，F3 代表成熟期，F2 代表发展期，F1 代表起步期。
b. S 代表第二次现代化，S2 代表发展期，S1 代表起步期，香港的发展阶段根据第二次现代化指数进行了调整。
c. 高收入国家：OECD 国家中的高收入国家，包括 32 个国家。后同。

附表 3-1-2　2012 年中国现代化的地区分组

地区	编号	第二次现代化指数	第一次现代化指数	综合现代化指数	人均国民收入[a]	阶段[b]	根据第二次现代化指数的分组[c]	根据综合现代化指数的分组[c]
北京	1	86	100	80	13 863	6	1	2
天津	2	81	100	73	14 766	4	1	2
河北	3	42	92	40	5798	3	3	3
山西	4	43	93	43	5329	3	3	3
内蒙古	5	47	94	43	10 125	3	3	3
辽宁	6	62	98	56	8978	3	2	2
吉林	7	46	93	46	6880	3	3	3
黑龙江	8	48	92	46	5659	2	3	3
上海	9	86	100	76	13 530	4	1	2
江苏	10	71	100	61	10 832	3	2	2
浙江	11	61	100	59	10 043	4	2	2
安徽	12	43	90	38	4563	3	3	3
福建	13	51	99	49	8362	3	3	3
江西	14	36	91	35	4564	3	3	3
山东	15	53	97	50	8204	3	2	2
河南	16	40	88	37	4992	3	3	3
湖北	17	49	96	47	6113	3	2	2
湖南	18	40	91	39	5306	2	3	3
广东	19	59	100	56	8573	4	2	2
广西	20	36	87	34	4430	2	3	3
海南	21	39	88	40	5131	3	3	3
重庆	22	54	95	50	6167	2	2	2
四川	23	42	89	40	4692	2	3	3
贵州	24	30	87	29	3124	2	3	4
云南	25	30	86	29	3517	2	4	4
西藏	26	31	83	28	3635	2	3	4
陕西	27	49	92	44	6112	2	2	3
甘肃	28	35	87	33	3483	3	3	3
青海	29	39	89	34	5258	3	3	3
宁夏	30	48	94	39	5768	3	3	3
新疆	31	39	88	36	5356	2	3	3
香港	32	75	100	78	36 280	6	2	2
澳门	33	76	100	78	64 050	6	2	3
台湾	34	80	100	79	20 380	5	2	2
中国		42	96	44	5720	3	3	3
高收入国家		100	100	100	43 723	6		
中等收入国家		33	92	36	4425	3		
低收入国家		21	58	16	620	2		
世界平均		49	99	49	10 252	3		

注：a. 中国内地为人均 GDP。b. 阶段划分：0 代表传统农业社会，1 代表第一次现代化起步期，2 代表第一次现代化发展期，3 代表第一次现代化成熟期，4 代表第一次现代化过渡期，5 代表第二次现代化起步期，6 代表第二次现代化发展期。c. 分组：1 代表发达水平，2 代表中等发达水平，3 代表初等发达水平，4 代表欠发达水平。

附表 3-2-1　2012 年中国第一次现代化指数和排名

地区	编号	经济指标达标程度				社会和知识指标达标程度						指数	排名	达标个数
		人均国民收入[a]	农业劳动力比例[b]	农业增加值比例	服务业增加值比例	城市人口比例	医生比例	婴儿死亡率[c]	预期寿命[b]	成人识字率	大学入学率[d]			
北京	1	100	100	100	100	100	100	100	100	100	100	100	1	10
天津	2	100	100	100	100	100	100	100	100	100	100	100	1	10
河北	3	70	77	100	78	94	100	100	100	100	100	92	17	6
山西	4	64	78	100	86	100	100	100	100	100	100	93	15	7
内蒙古	5	100	62	100	79	100	100	100	100	100	100	94	12	8
辽宁	6	100	96	100	85	100	100	100	100	100	100	98	8	8
吉林	7	83	71	100	77	100	100	100	100	100	100	93	14	7
黑龙江	8	68	68	97	90	100	100	100	100	100	100	92	16	6
上海	9	100	100	100	100	100	100	100	100	100	100	100	1	10
江苏	10	100	100	100	97	100	100	100	100	100	100	100	1	9
浙江	11	100	100	100	100	100	100	100	100	100	100	100	1	10
安徽	12	55	75	100	73	93	100	100	100	100	100	90	21	6
福建	13	100	100	100	87	100	100	100	100	100	100	99	7	9
江西	14	55	80	100	77	95	100	100	100	100	100	91	20	6
山东	15	99	85	100	89	100	100	100	100	100	100	97	9	7
河南	16	60	67	100	69	85	100	100	100	100	100	88	25	6
湖北	17	74	100	100	82	100	100	100	100	100	100	96	10	8
湖南	18	64	64	100	87	93	100	100	100	100	100	91	19	6
广东	19	100	100	100	100	100	100	100	100	100	100	100	1	10
广西	20	53	56	90	79	87	100	100	100	100	100	87	29	5
海南	21	62	60	60	100	100	100	100	100	100	100	88	24	7
重庆	22	74	91	100	88	100	100	100	100	100	100	95	11	7
四川	23	56	70	100	77	87	100	100	100	100	100	89	22	6
贵州	24	38	60	100	100	73	100	100	100	100	100	87	27	7
云南	25	42	51	93	91	79	100	100	99	100	100	86	30	4
西藏	26	44	56	100	100	46	100	100	97	88	100	83	31	5
陕西	27	74	68	100	77	100	100	100	100	100	100	92	18	7
甘肃	28	42	59	100	89	78	100	100	100	100	100	87	28	6
青海	29	63	72	100	73	95	100	100	100	83	100	89	23	4
宁夏	30	69	76	100	93	100	100	100	100	100	100	94	13	7
新疆	31	64	59	85	80	88	100	100	100	100	100	88	26	5
香港	32	100	100	100	100	100	100	100	100	100	100	100		10
澳门	33	100	100	100	100	100	100	100	100	100	100	100		10
台湾	34	100	100	100	100	100	100	100	100	100	100	100		10
中国		69	89	100	99	100	100	100	100	100	100	96		7

注：a. 中国内地地区为人均居民生产总值（人均 GDP）。
　　b. 中国内地地区为 2010 年的数据。
　　c. 中国内地地区为估计值，为根据 2000 年人口普查结果和 2012 年全国婴儿死亡率的换算。
　　d. 中国地区为在校大学生占 18～21 岁人口比例，根据在校大学生人数和 2010 年人口普查数据计算。

附表 3-2-2　2012 年中国第一次现代化评价指标

地区	编号	经济指标				社会和知识指标					
		人均国民收入[a]	农业劳动力比例[b]	农业增加值比例	服务业增加值比例	城市人口比例	医生比例	婴儿死亡率[c]	预期寿命[b]	成人识字率	大学入学率[d]
北京	1	13 863	5	1	23	86	3.6	1.3	80	98	69
天津	2	14 766	15	1	52	82	2.2	1.5	79	98	74
河北	3	5 798	39	12	53	47	2.0	6.4	75	96	28
山西	4	5 329	38	6	56	51	2.4	6.0	75	97	24
内蒙古	5	10 125	48	9	55	58	2.4	10.3	74	96	29
辽宁	6	8 978	31	9	53	66	2.3	3.5	76	98	46
吉林	7	6 880	42	12	53	54	2.2	5.8	76	98	43
黑龙江	8	5 659	44	15	44	57	2.0	3.3	76	97	39
上海	9	13 530	4	1	39	89	2.3	1.6	80	98	56
江苏	10	10 832	19	6	50	63	2.0	4.3	77	95	37
浙江	11	10 043	16	5	50	63	2.4	4.0	78	94	32
安徽	12	4 563	40	13	55	47	1.5	9.9	75	92	27
福建	13	8 362	29	9	52	60	1.8	6.5	76	96	31
江西	14	4 564	38	12	54	48	1.5	15.3	74	96	31
山东	15	8 204	35	9	51	52	2.1	5.2	76	93	38
河南	16	4 992	45	13	56	42	1.8	7.3	75	94	26
湖北	17	6 113	30	13	50	54	1.9	6.1	75	94	36
湖南	18	5 306	47	14	47	47	1.8	8.4	75	96	32
广东	19	8 573	26	5	49	67	1.9	5.2	76	97	20
广西	20	4 430	53	17	48	44	1.7	8.8	75	96	23
海南	21	5 131	50	25	28	52	1.8	6.4	76	95	27
重庆	22	6 167	33	8	52	57	1.8	7.6	76	95	35
四川	23	4 692	43	14	52	44	2.0	7.2	75	93	25
贵州	24	3 124	50	13	39	36	1.4	20.6	71	88	17
云南	25	3 517	59	16	43	39	1.5	21.6	70	91	17
西藏	26	3 635	53	11	35	23	1.3	13.6	68	70	15
陕西	27	6 112	44	9	56	50	1.9	10.5	75	95	39
甘肃	28	3 483	51	14	46	39	1.7	15.0	72	90	22
青海	29	5 258	42	9	58	47	2.1	14.1	70	89	12
宁夏	30	5 768	39	9	50	51	2.0	8.2	73	92	22
新疆	31	5 356	51	18	46	44	2.3	9.7	72	96	19
香港	32	36 280	0.0	0.1	7	100	1.8	1.5	83	100	60
澳门	33	64 050	0.0	0.0	6	100	2.6	2.5	80	100	64
台湾	34	20 380	5.0	1.8	29	83	11.1	5.78	80	98	84
中国		5 720	34	10	45	52	1.9	11.7	75	95	27
标准值		8 312	30	15	45	50	1.0	30	70	80	15

注：a. 中国内地地区为人均居民生产总值(人均 GDP)。

　　b. 中国内地地区为 2010 年的数据。

　　c. 中国内地地区为估计值，为根据 2000 年人口普查结果和 2012 年全国婴儿死亡率的换算。

　　d. 中国地区为在校大学生占 18～21 岁人口比例，根据在校大学生人数和 2010 年人口普查数据计算。

附表 3-2-3 2012年中国地区第一次现代化发展阶段

地区	编号	产业结构信号				劳动力结构信号				平均值	发展阶段[a]
		农业增加值占GDP比例	赋值	农业增加值/工业增加值	赋值	农业劳动力占总劳动力比例[b]	赋值	农业劳动力/工业劳动力	赋值		
北京	1	1	4	0.04	4	5	4	0.24	3	3.8	F4
天津	2	1	4	0.03	4	15	3	0.36	3	3.5	F4
河北	3	12	3	0.23	3	39	2	1.17	2	2.5	F3
山西	4	6	3	0.10	4	38	2	1.45	2	2.8	F3
内蒙古	5	9	3	0.16	4	48	2	2.77	1	2.5	F3
辽宁	6	9	3	0.16	4	31	2	1.19	2	2.8	F3
吉林	7	12	3	0.22	3	42	2	1.97	2	2.5	F3
黑龙江	8	15	2	0.35	3	44	2	2.30	1	2.0	F2
上海	9	1	4	0.02	4	4	4	0.10	4	4.0	F4
江苏	10	6	3	0.13	4	19	3	0.41	3	3.3	F3
浙江	11	5	4	0.10	4	16	3	0.33	3	3.5	F4
安徽	12	13	3	0.23	3	40	2	1.36	2	2.5	F3
福建	13	9	3	0.17	4	29	3	0.78	3	3.3	F3
江西	14	12	3	0.22	3	38	2	1.27	2	2.5	F3
山东	15	9	3	0.17	4	35	2	1.09	2	2.8	F3
河南	16	13	3	0.23	3	45	2	1.55	2	2.5	F3
湖北	17	13	3	0.25	3	30	3	1.01	2	2.8	F3
湖南	18	14	3	0.29	3	47	2	2.17	1	2.3	F2
广东	19	5	4	0.10	4	26	3	0.74	3	3.5	F4
广西	20	17	2	0.35	3	53	1	2.54	1	1.8	F2
海南	21	25	2	0.88	2	50	1	4.15	1	1.5	F2
重庆	22	8	3	0.16	4	33	2	1.14	2	2.8	F3
四川	23	14	3	0.27	3	43	2	1.86	2	2.5	F2
贵州	24	13	3	0.33	3	50	2	4.18	1	2.3	F2
云南	25	16	2	0.37	3	59	1	4.37	1	1.8	F2
西藏	26	11	3	0.33	3	53	1	4.80	1	2.0	F2
陕西	27	9	3	0.17	4	44	2	1.75	2	2.8	F3
甘肃	28	14	3	0.30	3	51	1	3.38	1	2.0	F2
青海	29	9	3	0.16	4	42	2	1.86	2	2.8	F3
宁夏	30	9	3	0.17	4	39	2	1.49	2	2.8	F3
新疆	31	18	2	0.38	3	51	1	3.64	1	1.8	F2
香港	32	0.1	4	0.01	4	0.2	4	0.02	4	4.0	F4
澳门	33	0.0	4	0.00	4	0.35	4	0.02	4	4.0	F4
台湾	34	1.8	4	0.06	4	5.3	4	0.15	4	4.0	F4
中国		10	3	0.22	3	37	2	1.28	2	2.5	F3

注：a. F 代表第一次现代化，F4 代表过渡期，F3 代表成熟期，F2 代表发展期，F1 代表起步期
  b. 中国内地地区为 2010 年的数据。

附表 3-2-4　中国地区第一次现代化指数的增长率和预期完成时间

地区	编号	1980年指数	1990年指数	2012年指数	1990～2012年均增长率/(%)	指数达到100需要的年数(按1990～2012年速度)	1980～2012年均增长率/(%)	指数达到100需要的年数(按1980～2012年速度)
北京	1	82.9	90.5	100.0	0.45		0.59	
天津	2	77.7	84.2	100.0	0.78		0.79	
河北	3	56.4	62.9	91.9	1.74	5	1.54	6
山西	4	62.5	69.0	92.8	1.36	6	1.24	6
内蒙古	5	58.8	65.3	94.1	1.67	4	1.48	4
辽宁	6	69.5	79.2	98.1	0.97	2	1.08	2
吉林	7	64.7	68.6	93.1	1.40	5	1.15	6
黑龙江	8	63.7	72.0	92.3	1.13	7	1.16	7
上海	9	82.3	89.4	100.0	0.51		0.61	
江苏	10	56.3	64.2	99.7	2.02	0	1.80	0
浙江	11	52.7	66.3	100.0	1.89	0	2.02	0
安徽	12	51.5	56.7	89.6	2.10	5	1.74	6
福建	13	54.8	65.0	98.7	1.92	1	1.86	1
江西	14	51.6	56.2	90.7	2.20	5	1.78	6
山东	15	51.2	63.4	97.2	1.96	1	2.02	1
河南	16	50.5	59.1	88.1	1.83	7	1.75	7
湖北	17	53.8	62.7	95.6	1.93	2	1.81	3
湖南	18	50.8	57.5	90.8	2.10	5	1.83	5
广东	19	59.2	69.2	100.0	1.69	0	1.65	0
广西	20	53.4	56.4	86.5	1.96	7	1.52	10
海南	21	31.3	61.7	88.2	1.64	8	3.29	4
重庆	22	—	—	95.2	—			
四川	23	48.8	57.0	89.0	2.05	6	1.90	6
贵州	24	45.4	51.3	87.1	2.44	6	2.06	7
云南	25	44.1	49.8	85.6	2.49	6	2.09	8
西藏	26	38.4	44.3	83.1	2.90		2.44	8
陕西	27	53.5	64.3	91.9	1.64	5	1.71	5
甘肃	28	46.0	59.9	86.7	1.70	8	2.00	7
青海	29	53.1	57.0	88.6	2.02	6	1.61	8
宁夏	30	54.2	61.7	93.9	1.93	3	1.73	4
新疆	31	50.6	60.2	87.6	1.72	8	1.73	8
香港	32	—	100.0	100.0				
澳门	33	—	100.0	100.0	—			
台湾	34	—	100.0	100.0	—			
中国		54.0	63.0	95.7	1.92	2	1.81	2

附表 3-2-5　1970~2012 年中国地区第一次现代化指数和排名

地区	编号	第一次现代化指数							排名						
		1970	1980	1990	2000	2010	2011	2012	1970	1980	1990	2000	2010	2011	2012
北京	1	64	83	91	94	100	100	100	3	1	1	2	1	1	1
天津	2	66	78	84	93	100	100	100	2	3	3	3	1	1	1
河北	3	35	56	63	74	90	91	92	19	10	15	16	17	17	17
山西	4	43	62	69	77	91	92	93	9	7	7	13	15	15	15
内蒙古	5	46	59	65	72	93	94	94	8	9	10	20	11	11	12
辽宁	6	60	69	79	87	96	97	98	4	4	4	4	8	8	8
吉林	7	49	65	69	79	91	92	93	6	5	8	10	14	14	14
黑龙江	8	56	64	72	81	90	91	92	5	6	5	8	16	16	16
上海	9	70	82	89	97	100	100	100	1	2	2	1	1	1	1
江苏	10	41	56	64	83	99	99	100	11	11	13	5	5	6	1
浙江	11	36	53	66	83	99	100	100	17	18	9	6	4	1	1
安徽	12	34	52	57	69	87	89	90	22	20	25	24	21	21	21
福建	13	41	55	65	79	96	98	99	13	12	11	11	7	7	7
江西	14	34	52	56	68	88	90	91	21	19	27	25	20	20	20
山东	15	33	51	63	77	94	96	97	24	21	14	14	9	9	9
河南	16	38	51	59	67	85	87	88	15	24	21	27	25	25	25
湖北	17	38	54	63	79	94	95	96	14	14	16	9	10	10	10
湖南	18	32	51	58	73	88	90	91	26	22	22	18	19	19	19
广东	19	42	59	69	81	98	100	100	10	8	6	7	6	1	1
广西	20	33	53	56	68	84	85	87	23	16	26	26	30	29	29
海南	21	—	31	62	70	86	87	88	—	30	17	22	23	23	24
重庆	22	—	—	—	77	92	94	95	—	—	—	15	12	12	11
四川	23	31	49	57	69	87	88	89	27	25	23	23	22	22	22
贵州	24	34	45	51	60	85	86	87	20	27	28	30	26	27	27
云南	25	33	44	50	61	85	85	86	25	28	29	29	27	30	30
西藏	26	—	38	44	59	81	82	83	—	29	30	31	31	31	31
陕西	27	37	53	64	78	89	90	92	16	15	12	12	18	18	18
甘肃	28	28	46	60	67	84	86	87	28	26	20	28	28	28	28
青海	29	41	53	57	71	86	87	89	12	17	24	21	24	24	23
宁夏	30	47	54	62	73	91	93	94	7	13	18	17	13	13	13
新疆	31	35	51	60	72	84	87	88	18	23	19	19	29	26	26
香港	32	—	—	100	100	100	100	100							
澳门	33	—	—	100	100	100	100	100							
台湾	34	—	—	100	100	100	100	100							
中国		40	54	63	76	93	94	96							
高收入国家		100	100	100	100	100	100	100							
中等收入国家		—	84	84	93	91	91	92							
低收入国家		33	45	52	58	56	58	58							
世界平均		68	80	81	89	96	98	99							

附表 3-3-1　2012 年中国地区第二次现代化指数和排名[a]

地区	编号	知识创新指数	知识传播指数	生活质量指数	经济质量指数	第二次现代化指数	排名
北京	1	114.7	89.6	84.8	54.9	86	1
天津	2	99.5	87.6	94.7	42.5	81	3
河北	3	22.1	46.8	64.4	35.0	42	19
山西	4	27.1	44.6	69.4	32.9	43	17
内蒙古	5	27.6	46.1	74.8	37.9	47	15
辽宁	6	66.4	56.2	86.7	38.7	62	5
吉林	7	26.7	53.8	65.2	39.1	46	16
黑龙江	8	33.9	48.2	73.6	35.0	48	14
上海	9	120.0	90.0	89.3	43.9	86	2
江苏	10	99.9	68.3	76.4	41.2	71	4
浙江	11	73.7	54.8	76.7	40.4	61	6
安徽	12	42.0	43.6	47.5	39.5	43	18
福建	13	46.1	56.3	62.3	40.3	51	10
江西	14	20.0	41.2	42.2	40.0	36	27
山东	15	53.5	51.2	70.5	37.3	53	9
河南	16	23.7	43.9	54.2	39.0	40	22
湖北	17	48.9	48.5	61.0	38.5	49	12
湖南	18	28.7	43.4	53.1	35.7	40	21
广东	19	75.5	53.6	65.4	40.3	59	7
广西	20	18.3	41.8	49.0	36.9	36	26
海南	21	19.3	46.6	54.9	35.9	39	24
重庆	22	41.9	77.5	58.5	36.5	54	8
四川	23	33.5	41.6	54.5	37.0	42	20
贵州	24	15.0	34.0	43.4	29.1	30	30
云南	25	13.8	33.7	40.1	31.6	30	31
西藏	26	7.8	42.2	44.2	31.8	31	29
陕西	27	54.6	51.8	52.5	38.5	49	11
甘肃	28	23.1	40.5	45.0	31.9	35	28
青海	29	25.1	36.0	60.9	35.2	39	23
宁夏	30	45.3	44.1	72.4	30.9	48	13
新疆	31	17.0	44.9	60.1	34.4	39	25
香港	32	39.2	85.7	97.1	76.7	75	
澳门	33	7.0	93.9	113.1	89.0	76	
台湾	34	101.5	81.9	85.8	50.1	80	
中国		40.3	45.9	50.2	33.0	42	
高收入国家[b]		100.2	99.9	99.8	100.4	100	
中等收入国家		21.2	38.2	37.3	36.4	33	
低收入国家		—	15.8	24.1	23.5	21	
世界平均		52.7	44.8	43.6	53.9	49	

注：a. 采用第二次现代化评价模型第二版的评价结果，见技术注释。后同。
　　b. 高收入国家：OECD 国家中的高收入国家，2012 年为 32 个国家。后同。

附表 3-3-2 2012 年中国地区知识创新指数

地区	编号	知识创新指标的实际值				知识创新指标的指数				知识创新指数
		知识创新经费投入[a]	知识创新人员投入[b]	知识创新专利产出[c]	知识产权出口比例[d]	知识创新经费指数	知识创新人员指数	知识创新专利指数	知识产权出口比例指数	
北京	1	5.9	113.8	25.5	0.51	120	120	120	99	114.7
天津	2	2.8	63.4	9.6	0.22	116	120	120	41	99.5
河北	3	0.9	10.8	0.8	0.06	39	27	11	12	22.1
山西	4	1.1	13.0	1.5	0.06	46	32	19	11	27.1
内蒙古	5	0.6	12.8	0.6	0.23	27	32	8	44	27.6
辽宁	6	1.6	19.9	4.5	0.48	66	50	58	93	66.4
吉林	7	0.9	18.2	1.4	0.03	38	45	18	5	26.7
黑龙江	8	1.1	17.0	1.8	0.13	44	42	24	25	33.9
上海	9	3.4	64.4	15.6	0.95	120	120	120	120	120.0
江苏	10	2.4	50.7	13.9	0.31	99	120	120	60	99.9
浙江	11	2.1	50.8	6.1	0.05	87	120	78	10	73.7
安徽	12	1.6	17.2	3.2	0.08	68	43	42	15	42.0
福建	13	1.4	30.5	2.3	0.11	57	76	29	22	46.1
江西	14	0.9	8.5	0.7	0.07	37	21	9	14	20.0
山东	15	2.0	26.2	4.2	0.05	85	65	53	10	53.5
河南	16	1.0	13.6	1.2	0.01	44	34	15	2	23.7
湖北	17	1.7	21.2	2.5	0.20	72	53	32	38	48.9
湖南	18	1.3	15.1	1.5	0.02	54	38	19	4	28.7
广东	19	2.2	46.5	5.7	0.12	90	116	73	23	75.5
广西	20	0.7	8.8	1.4	0.01	31	22	18	2	18.3
海南	21	0.5	7.7	1.0	0.13	20	19	13	26	19.3
重庆	22	1.4	15.7	3.9	0.11	58	39	50	20	41.9
四川	23	1.5	12.1	2.0	0.09	61	30	26	17	33.5
贵州	24	0.6	5.4	0.9	0.05	25	13	11	10	15.0
云南	25	0.7	6.0	0.7	0.02	28	15	9	3	13.8
西藏	26	0.3	3.9	0.3	0.04	11	10	3	7	7.8
陕西	27	2.0	22.0	4.5	0.12	83	55	58	23	54.6
甘肃	28	1.1	9.4	1.3	0.04	45	24	16	8	23.1
青海	29	0.7	9.0	0.5	0.22	29	23	7	43	25.1
宁夏	30	0.8	12.5	1.3	0.52	32	31	17	101	45.3
新疆	31	0.5	7.0	0.8	0.10	22	18	10	19	17.0
香港	32	0.7	29.3	1.3	0.18	31	73	17	36	39.2
澳门	33	0.0	4.8	0.6	—	2	12	7	—	7.0
台湾	34	3.1	67.0	5.0	—	120	120	65	—	101.5
中国	73	2.0	10.2	4.0	0.01	83	25	51	2	40.3
高收入国家	132	2.4	40.1	7.8	0.52	100	100	101	100	100.2
中等收入国家	133	1.2	5.7	1.2	0.02	52	14	15	4	21.2
低收入国家	134	—	—	—	0.01	—	—	—	2	—
世界平均	135	2.1	12.8	2.0	0.33	89	32	26	64	52.7
基准值		2.4	40.1	7.8	0.52					

注：a. 指 R&D 经费/GDP，单位为%。
　　b. 指从事研究与发展活动的研究人员的全时当量/万人口。
　　c. 指知识创新活动中的专利产出，数值为居民申请国内发明专利数/万人。
　　d. 中国内地地区为技术转让收入占 GDP 比例。

附表 3-3-3　2012 年中国地区知识传播指数

地区	编号	知识传播指标的实际值				知识传播指标的指数				知识传播指数
		中学普及率[a,d]	大学普及率[b,d]	人均知识产权进口[c]	互联网普及率	中学普及指数	大学普及指数	人均知识产权进口指数	互联网普及指数	
北京	1	96	69	145	72	95	89	83	92	90
天津	2	95	74	153	59	95	95	87	74	88
河北	3	99	28	2	42	98	35	1	53	47
山西	4	92	24	2	44	91	30	1	56	45
内蒙古	5	95	29	5	39	94	38	3	49	46
辽宁	6	95	46	13	50	94	60	7	64	56
吉林	7	96	43	27	39	95	55	16	49	54
黑龙江	8	98	39	3	35	97	50	2	44	48
上海	9	96	56	186	68	95	73	106	87	90
江苏	10	93	37	122	50	93	48	70	64	68
浙江	11	97	32	13	59	96	42	7	75	55
安徽	12	98	27	5	31	97	35	3	40	44
福建	13	105	31	6	61	104	40	4	78	56
江西	14	89	31	1	29	88	40	1	36	41
山东	15	104	38	4	40	103	49	2	51	51
河南	16	104	26	1	30	103	34	1	39	44
湖北	17	90	36	12	40	90	46	7	51	48
湖南	18	90	32	1	33	89	42	1	42	43
广东	19	93	20	28	63	92	26	16	80	54
广西	20	94	23	2	34	94	29	1	43	42
海南	21	93	27	7	44	92	35	4	56	47
重庆	22	94	35	275	41	93	45	120	52	77
四川	23	92	25	6	32	91	32	4	40	42
贵州	24	78	17	0	29	78	22	0	36	34
云南	25	77	17	1	29	76	22	1	36	34
西藏	26	65	15	—	33	64	20	—	42	42
陕西	27	104	39	4	42	103	49	2	53	52
甘肃	28	95	22	1	31	94	28	1	39	41
青海	29	75	12	1	42	75	16	0	53	36
宁夏	30	92	22	10	40	91	28	6	51	44
新疆	31	87	19	23	44	86	25	13	55	45
香港	32	89	60	—	73	88	77	—	93	86
澳门	33	96	64	300	61	96	82	120	78	94
台湾	34	100	84	—	30	99	108	—	38	82
中国		89	27	13	42	88	34	7	54	46
高收入国家		101	78	176	79	100	100	100	100	100
中等收入国家		74	28	9	30	73	36	5	38	38
低收入国家		44	9	0	6	44	12	0	8	16
世界平均		73	32	36	36	72	41	21	45	45
基准值		101	77.9	176	78.7					

注：a. 中国地区为在校中学生占 12～17 岁人口比例，根据在校中学生人数和 2010 年人口普查数据计算。
　　b. 中国地区为在校大学生占 18～21 岁人口比例，根据在校大学生人数和 2010 年人口普查数据计算。
　　c. 中国内地地区为人均技术进口费用。
　　d. 中国内地地区的数据，没有考虑出国留学和外地借读的影响。

附表 3-3-4 2012 年中国地区生活质量指数

地区	编号	生活质量指标的实际值				生活质量指标的指数				生活质量指数
		预期寿命[a]	人均购买力[b]	婴儿死亡率[c]	人均能源消费	预期寿命指数	人均购买力指数	婴儿死亡率指数	能源消费指数	
北京	1	80	24 907	1	2776	99	61	120	59	85
天津	2	79	26 530	1	4522	98	65	120	97	95
河北	3	75	10 417	6	3318	93	25	68	71	64
山西	4	75	9575	6	4137	93	23	73	89	69
内蒙古	5	74	18 191	10	6273	92	44	43	120	75
辽宁	6	76	16 130	4	4343	95	39	120	93	87
吉林	7	76	12 362	6	2805	94	30	76	60	65
黑龙江	8	76	10 168	3	2605	94	25	120	56	74
上海	9	80	24 309	2	3668	99	59	120	78	89
江苏	10	77	19 461	4	2867	95	47	102	61	76
浙江	11	78	18 045	4	2614	96	44	111	56	77
安徽	12	75	8198	10	1517	93	20	44	32	47
福建	13	76	15 024	6	2370	94	37	68	51	62
江西	14	74	8200	15	1310	92	20	29	28	42
山东	15	76	14 740	5	3091	95	36	85	66	70
河南	16	75	8969	7	1971	92	22	61	42	54
湖北	17	75	10 983	6	2458	93	27	72	53	61
湖南	18	75	9533	8	2088	93	23	52	45	53
广东	19	76	15 403	5	2123	95	37	84	45	65
广西	20	75	7959	9	1559	93	19	50	33	49
海南	21	76	9219	6	1560	95	22	69	33	55
重庆	22	76	11 080	8	2584	94	27	58	55	59
四川	23	75	8431	7	2063	93	21	61	44	55
贵州	24	71	5612	21	2360	88	14	21	50	43
云南	25	70	6320	22	1800	86	15	20	38	40
西藏	26	68	6531	14	—	84	16	32	—	44
陕西	27	75	10 981	10	2281	93	27	42	49	53
甘肃	28	72	6258	15	2151	90	15	29	46	45
青海	29	70	9448	14	4812	87	23	31	103	61
宁夏	30	73	10 363	8	5771	91	25	54	120	72
新疆	31	72	9623	10	3838	90	23	45	82	60
香港	32	83	51 890	2	2106	103	120	120	45	97
澳门	33	80	112 180	3	—	99	120	120	—	113
台湾	34	80	33 056	6	4121	99	80	76	88	86
中国		75	10 890	12	2029	93	26	38	43	50
高收入国家		81	41 120	4	4675	100	100	99	100	100
中等收入国家		70	9070	34	1280	87	22	13	27	37
低收入国家		62	1694	55	359	76	4	8	8	24
世界平均		71	13 736	35	1890	88	33	13	40	44
基准值		81	41 120	4.4	4675					

注：a. 中国内地地区数据为 2010 年的数据。
b. 中国内地地区数据为按购买力平价计算的人均 GDP，其他为按购买力平价计算的人均 GNI。
c. 中国内地地区为估计值，为根据 2000 年人口普查结果和 2012 年全国婴儿死亡率的换算。

附表 3-3-5　2012 年中国地区经济质量指数

地区	编号	经济质量指标的实际值				经济质量指标的指数				经济质量指数
		人均居民收入[a]	单位 GDP 的能源消耗	物质产业增加值比例	物质产业劳动力比例[b]	人均居民收入	单位 GDP 的能源消耗	物质产业增加值指数	物质产业劳动力指数	
北京	1	13 863	0.20	76	26	32	55	33	100	55
天津	2	14 766	0.31	47	56	34	36	54	46	42
河北	3	5798	0.57	35	72	13	19	72	36	35
山西	4	5329	0.78	39	65	12	14	65	40	33
内蒙古	5	10 125	0.62	35	66	23	18	71	39	38
辽宁	6	8978	0.48	38	57	21	23	66	45	39
吉林	7	6880	0.41	35	63	16	27	73	41	39
黑龙江	8	5659	0.46	40	64	13	24	63	40	35
上海	9	13 530	0.27	60	42	31	41	42	62	44
江苏	10	10 832	0.26	44	64	25	42	58	40	41
浙江	11	10 043	0.26	45	64	23	42	56	40	40
安徽	12	4563	0.33	33	69	10	33	77	37	40
福建	13	8362	0.28	39	67	19	39	64	39	40
江西	14	4564	0.29	35	67	10	38	73	38	40
山东	15	8204	0.38	40	68	19	29	63	38	37
河南	16	4992	0.39	31	74	11	28	82	35	39
湖北	17	6113	0.40	37	59	14	27	69	44	38
湖南	18	5306	0.39	39	68	12	28	65	38	36
广东	19	8573	0.25	46	61	20	44	54	43	40
广西	20	4430	0.35	35	74	10	31	71	35	37
海南	21	5131	0.30	47	62	12	36	54	42	36
重庆	22	6167	0.42	39	62	14	26	64	42	37
四川	23	4692	0.44	35	66	11	25	73	39	37
贵州	24	3124	0.76	48	61	7	15	53	42	29
云南	25	3517	0.51	41	73	8	21	62	35	32
西藏	26	3635	—	54	64	8	—	47	40	32
陕西	27	6112	0.37	35	69	14	29	73	37	38
甘肃	28	3483	0.62	40	66	8	18	63	39	32
青海	29	5258	0.92	33	65	12	12	77	40	35
宁夏	30	5768	1.00	42	66	13	11	60	39	31
新疆	31	5356	0.72	36	65	12	15	70	40	34
香港	32	36 280	—	93	13	83	—	27	120	77
澳门	33	64 050	—	94	16	120	—	27	120	89
台湾	34	20 380	0.20	69	41	47	54	37	63	50
中国		5720	0.33	55	64	13	33	46	40	33
高收入国家		43 723	0.11	25	26	100	102	100	100	100
中等收入国家		4425	0.28	46	63	10	39	55	41	36
低收入国家		620	0.56	51	—	1	19	50	—	23
世界平均		10 252	0.18	30	55	23	60	85	47	54
基准值		43 723	0.11	25.3	25.8					

注：a. 中国内地地区数据为人均 GDP 的值,单位为当年价格美元。
b. 中国内地地区数据为 2010 年的值。

附表 3-3-6 2012 年中国地区第二次现代化发展阶段

地区	编号	第一次现代化的阶段[a]	产业结构信号		劳动力结构信号		平均值	第二次现代化的阶段[b]
			物质产业增加值占GDP比例	赋值	物质产业劳动力占总劳动力比例[c]	赋值		
北京	1	F4	24	2	26	2	2.0	S2
天津	2	F4	53		56			
河北	3	F3	65		72			
山西	4	F3	61		65			
内蒙古	5	F3	65		66			
辽宁	6	F3	62		57			
吉林	7	F3	65		63			
黑龙江	8	F2	60		64			
上海	9	F4	40	1	42	0	0.5	S1
江苏	10	F3	56		64			
浙江	11	F4	55		64			
安徽	12	F3	67		69			
福建	13	F3	61		67			
江西	14	F3	65		67			
山东	15	F3	60		68			
河南	16	F3	69		74			
湖北	17	F3	63		59			
湖南	18	F2	61		68			
广东	19	F4	54		61			
广西	20	F2	65		74			
海南	21	F2	53		62			
重庆	22	F3	61		62			
四川	23	F2	65		66			
贵州	24	F2	52		61			
云南	25	F2	59		73			
西藏	26	F2	46		64			
陕西	27	F3	65		69			
甘肃	28	F2	60		66			
青海	29	F3	67		65			
宁夏	30	F3	58		66			
新疆	31	F2	64		65			
香港	32	F4	7	3	13	3	3.0	S2
澳门	33	F4	6	3	16	2	2.5	S2
台湾	34	F4	31	1	41	0	0.5	S1
中国		F3	55		65			
高收入国家		F4	25	2	26	2	2	S2
中等收入国家		F3	46		59			
低收入国家		F2	51					
世界平均		F3	30		57			

注：a. F 代表第一次现代化，F4 代表过渡期，F3 代表成熟期，F2 代表发展期，F1 代表起步期。
b. S 代表第二次现代化，S2 代表发展期，S1 代表起步期，香港的发展阶段根据第二次现代化指数进行了调整。
c. 中国内地地区为 2010 年数据。

附表 3-3-7　1970~2012年中国地区第二次现代化指数

地区	编号	1970[a]	1980[a]	1990[a]	2000[a]	2010[b]	2010[c]	2011[c]	2012[c]
北京	1	31	44	55	74	93	85	86	86
天津	2	31	40	43	54	79	71	72	81
河北	3	17	29	25	29	43	36	37	41
山西	4	24	36	28	32	49	40	40	43
内蒙古	5	26	31	27	29	49	39	41	46
辽宁	6	28	34	35	40	61	52	53	61
吉林	7	25	34	30	34	49	40	41	45
黑龙江	8	25	33	30	35	50	43	43	47
上海	9	39	44	49	66	89	85	84	86
江苏	10	20	29	32	35	67	59	62	71
浙江	11	17	24	27	35	66	55	56	60
安徽	12	16	25	22	27	41	35	37	43
福建	13	18	26	23	31	51	43	46	51
江西	14	18	25	22	26	36	31	33	36
山东	15	18	26	28	32	52	44	47	52
河南	16	18	27	23	26	40	34	36	40
湖北	17	17	28	27	31	50	41	43	49
湖南	18	17	25	24	28	42	35	36	40
广东	19	22	26	27	34	62	51	53	58
广西	20	17	25	21	25	36	31	32	36
海南	21	—	—	21	26	41	36	36	39
重庆	22	—	—	—	27	47	48	46	53
四川	23	—	22	24	30	43	36	36	41
贵州	24	20	23	19	22	33	27	28	30
云南	25	19	22	20	23	32	26	28	30
西藏	26	—	15	20	22	32	27	31	31
陕西	27	22	31	26	39	52	42	44	49
甘肃	28	12	22	24	27	38	31	33	35
青海	29	20	28	24	27	41	33	33	39
宁夏	30	26	28	26	29	46	41	40	48
新疆	31	18	30	26	28	41	33	34	39
香港	32	—	—	75	93	84	83	85	75
澳门	33	—	—	51	79	81	82	84	76
台湾	34	—	—	65	80	86	82	82	80
中国		22	26	26	31	49	38	40	42
高收入国家[d]		72	76	89	100	100	100	100	100
中等收入国家		20	36	32	38	40	31	32	33
低收入国家		9	20	27	20	21	20	21	16
世界平均		33	44	47	46	51	48	48	49

注：a. 1970~2000年以2000年高收入国家平均值为基准值评价。2001年以来以当年高收入国家平均值为基准值评价。
b. 2010年以当年高收入国家平均值为基准值的评价，为第二次现代化评价模型第一版的评价结果，见技术注释。
c. 采用第二次现代化评价模型第二版的评价结果，见技术注释。
d. 第二次现代化评价模型第二版，高收入国家：OECD国家中的高收入国家，2012年为32个国家。

附表 3-3-8　1970～2012 年中国地区第二次现代化指数的排名

地区	编号	1970[a]	1980[a]	1990[a]	2000[a]	2010[b]	2010[c]	2011[c]	2012[c]
北京	1	3	1	1	1	1	1	1	1
天津	2	2	3	3	3	3	3	3	3
河北	3	23	11	17	16	19	18	18	19
山西	4	9	4	8	12	14	16	16	17
内蒙古	5	6	9	13	17	15	17	15	15
辽宁	6	4	5	4	4	7	6	7	5
吉林	7	8	6	7	9	13	15	14	16
黑龙江	8	7	7	6	7	11	11	13	14
上海	9	1	2	2	2	2	2	2	2
江苏	10	14	12	5	8	4	4	4	4
浙江	11	24	24	10	6	5	5	5	6
安徽	12	26	22	25	21	24	22	19	18
福建	13	18	19	22	14	10	10	9	10
江西	14	20	21	24	26	27	26	27	27
山东	15	17	18	9	11	9	9	8	9
河南	16	16	16	23	25	25	23	23	22
湖北	17	22	14	12	13	12	13	12	12
湖南	18	25	20	21	20	20	21	21	21
广东	19	10	17	11	10	6	7	6	7
广西	20	21	23	27	28	28	28	28	26
海南	21	—	—	26	27	22	20	22	25
重庆	22	—	—	—	22	16	8	10	8
四川	23	—	26	19	15	18	19	20	20
贵州	24	13	25	30	30	29	30	30	30
云南	25	15	27	28	29	30	31	31	31
西藏	26	—	29	29	31	31	29	29	29
陕西	27	11	8	15	5	8	12	11	11
甘肃	28	27	28	20	23	26	27	26	28
青海	29	12	15	18	24	23	24	25	23
宁夏	30	5	13	16	18	17	14	17	13
新疆	31	19	10	14	19	21	25	24	24
香港	32								
澳门	33								
台湾	34								
中国									
高收入国家[d]									
中等收入国家									
低收入国家									
世界平均									

注：a. 1970～2000 年以 2000 年高收入国家平均值为基准值评价。2001 年以来以当年高收入国家平均值为基准值评价。
b. 2010 年以当年高收入国家平均值为基准值的评价，为第二次现代化评价模型第一版的评价结果，见技术注释。
c. 采用第二次现代化评价模型第二版的评价结果，见技术注释。
d. 第二次现代化评价模型第二版，高收入国家：OECD 国家中的高收入国家，2012 年为 32 个国家。

附表 3-4-1 2012 年中国地区综合现代化指数和排名

地区	编号	经济发展指数	社会发展指数	知识发展指数	综合现代化指数	排名
北京	1	66	89	84	79.5	1
天津	2	62	78	79	72.9	3
河北	3	34	53	32	39.7	18
山西	4	37	59	33	42.9	16
内蒙古	5	46	54	30	43.2	15
辽宁	6	46	71	51	56.0	6
吉林	7	39	62	37	46.0	12
黑龙江	8	36	66	35	46.0	13
上海	9	64	80	85	76.1	2
江苏	10	49	72	62	61.2	4
浙江	11	48	76	52	58.5	5
安徽	12	31	47	36	38.1	22
福建	13	41	61	45	48.9	10
江西	14	32	44	28	35.0	25
山东	15	41	63	47	50.3	8
河南	16	31	51	29	36.8	23
湖北	17	39	58	44	46.8	11
湖南	18	34	50	35	39.5	20
广东	19	47	69	52	55.8	7
广西	20	29	48	26	34.4	26
海南	21	35	57	28	40.1	17
重庆	22	39	54	56	49.6	9
四川	23	33	52	34	39.7	19
贵州	24	34	32	21	29.2	29
云南	25	29	35	22	28.6	30
西藏	26	33	31	18	27.5	31
陕西	27	35	49	47	43.9	14
甘肃	28	31	38	28	32.5	28
青海	29	34	43	25	34.4	27
宁夏	30	36	49	30	38.6	21
新疆	31	34	48	27	36.4	24
香港	32	73	88	72	77.5	
澳门	33	76	97	60	77.6	
台湾	34	76	82	79	79.1	
中国		38	50	44	44.1	
高收入国家[a]		100	100	100	99.8	
中等收入国家		37	40	32	36.3	
低收入国家		23	18	6	15.7	
世界平均		51	48	48	49.0	

注：a. 高收入国家：OECD 国家中的高收入国家，2012 年为 32 个国家。后同。

附表 3-4-2 2012 年中国地区经济发展指数

地区	编号	经济指标的实际值				经济指标的指数				经济发展指数
		人均国民收入[a]	人均制造业[b]	服务业增加值比例	服务业劳动力比例[c]	人均国民收入	人均制造业	服务业增加值比例	服务业劳动力比例	
北京	1	13 863	2018	76	74	32	34	100	100	66
天津	2	14 766	5493	47	44	34	93	63	60	62
河北	3	5798	2177	35	28	13	37	47	38	34
山西	4	5329	2115	39	35	12	36	52	47	37
内蒙古	5	10 125	3939	35	34	23	66	47	46	46
辽宁	6	8978	3352	38	43	21	57	51	57	46
吉林	7	6880	2573	35	37	16	43	47	49	39
黑龙江	8	5659	1733	40	36	13	29	54	49	36
上海	9	13 530	3780	60	58	31	64	81	79	64
江苏	10	10 832	3827	44	36	25	65	58	49	49
浙江	11	10 043	3550	45	36	23	60	61	49	48
安徽	12	4563	1699	33	31	10	29	44	41	31
福建	13	8362	2889	39	33	19	49	53	45	41
江西	14	4564	1641	35	33	10	28	46	44	32
山东	15	8204	2984	40	32	19	50	54	43	41
河南	16	4992	2024	31	26	11	34	41	35	31
湖北	17	6113	2136	37	41	14	36	49	56	39
湖南	18	5306	1745	39	32	12	29	52	43	34
广东	19	8573	3089	46	39	20	52	62	53	47
广西	20	4430	1430	35	26	10	24	47	35	29
海南	21	5131	745	47	38	12	13	63	51	35
重庆	22	6167	2144	39	38	14	36	53	51	39
四川	23	4692	1656	35	34	11	28	46	46	33
贵州	24	3124	807	48	39	7	14	64	52	34
云南	25	3517	939	41	27	8	16	55	36	29
西藏	26	3635	228	54	36	8	4	72	48	33
陕西	27	6112	2313	35	31	14	39	46	42	35
甘肃	28	3483	1018	40	34	8	17	54	46	31
青海	29	5258	1982	33	35	12	33	44	48	34
宁夏	30	5768	1721	42	34	13	29	56	46	36
新疆	31	5356	1618	36	35	12	27	48	47	34
香港	32	36 280	551	92.9	87	83	9	100	100	73
澳门	33	64 050	349	93.8	84	100	6	100	100	76
台湾	34	20 380	4967	69	59	47	84	93	79	76
中国		5720	1893	45	36	13	32	60	49	38
高收入国家		43 723	5925	75	74	100	100	100	100	100
中等收入国家		4425	913	54	37	10	15	72	50	37
低收入国家		620	73	49	—	1	1	66		23
世界平均		10 252	1607	70	45	23	27	94	61	51
参考值		43 723	5925	74.7	74.2					

注：a. 中国内地地区数据为人均 GDP。
　　b. 中国内地地区为估计值，为估计值，为人均工业增加值的 80%，工业增加值包括采矿业、制造业和公共事业的增加值。
　　c. 中国内地地区为 2012 年的数据。

附表 3-4-3　2012 年中国地区社会发展指数

地区	编号	社会指标的实际值				社会指标的指数				社会发展指数
		城市人口比例	医生比例	婴儿死亡率[a]	生态效益[b]	城市人口比例	医生比例	婴儿死亡率	生态效益	
北京	1	86	3.6	1	5.0	100	100	100	54	89
天津	2	82	2.2	1	3.3	100	75	100	35	78
河北	3	47	2.0	6	1.7	58	68	68	19	53
山西	4	51	2.4	6	1.3	64	83	73	14	59
内蒙古	5	58	2.4	10	1.6	72	82	43	18	54
辽宁	6	66	2.3	4	2.1	82	79	100	22	71
吉林	7	54	2.2	6	2.5	67	77	76	27	62
黑龙江	8	57	2.0	3	2.2	71	71	100	24	66
上海	9	89	2.3	2	3.7	100	81	100	40	80
江苏	10	63	2.0	4	3.8	78	69	100	41	72
浙江	11	63	2.4	4	3.8	79	82	100	42	76
安徽	12	47	1.5	10	3.0	58	53	44	33	47
福建	13	60	1.8	6	3.5	74	61	68	38	61
江西	14	48	1.5	15	3.5	59	51	29	38	44
山东	15	52	2.1	5	2.7	65	71	85	29	63
河南	16	42	1.8	7	2.5	53	61	61	28	51
湖北	17	54	1.9	6	2.5	67	65	72	27	58
湖南	18	47	1.8	8	2.5	58	60	52	28	50
广东	19	67	1.9	5	4.0	84	65	84	44	69
广西	20	44	1.7	9	2.8	54	57	50	31	48
海南	21	52	1.8	6	3.3	64	60	69	36	57
重庆	22	57	1.8	8	2.4	71	61	58	26	54
四川	23	44	2.0	7	2.3	54	70	61	25	52
贵州	24	36	1.4	21	1.3	45	49	21	14	32
云南	25	39	1.5	22	2.0	49	51	20	21	35
西藏	26	23	1.3	14	1.7	28	45	32	18	31
陕西	27	50	1.9	10	2.7	62	64	42	29	49
甘肃	28	39	1.7	15	1.6	48	57	29	18	38
青海	29	47	2.1	14	1.1	59	72	31	12	43
宁夏	30	51	2.0	8	1.0	63	69	54	11	49
新疆	31	44	2.3	10	1.4	55	78	45	15	48
香港	32	100	1.8	2	—	100	63	100	—	88
澳门	33	100	2.6	3	—	100	90	100	—	97
台湾	34	83	11.1	6	4.9	100	100	76	54	82
中国		52	1.9	12	3.0	65	67	38	33	50
高收入国家		80	2.9	4	9.2	100	99	99	100	100
中等收入国家		49	1.3	34	3.6	61	45	13	39	40
低收入国家		30	0.2	55	1.8	37	7	8	19	18
世界平均		53	1.5	35	5.5	65	52	13	60	48
参考值		80	2.9	4.4	9.2					

注：a. 中国内地地区为估计值，为根据 2012 年人口普查结果和 2012 年全国婴儿死亡率的换算。
b. 为能源使用效率。

附表 3-4-4 2012 年中国地区知识发展指数

地区	编号	知识指标的实际值				知识指标的指数				知识发展指数
		知识创新经费投入[a]	人均知识产权费用[b]	大学普及率[c]	互联网普及率	知识创新经费投入	人均知识产权费用	大学普及率	互联网普及率	
北京	1	5.9	216	69	72	100	54	89	92	84
天津	2	2.8	184	74	59	100	46	95	74	79
河北	3	0.9	6	28	42	39	1	35	53	32
山西	4	1.1	5	24	44	46	1	30	56	33
内蒙古	5	0.6	29	29	39	27	7	38	49	30
辽宁	6	1.6	56	46	50	66	14	60	64	51
吉林	7	0.9	29	43	39	38	7	55	49	37
黑龙江	8	1.1	10	39	35	44	3	50	44	35
上海	9	3.4	314	56	68	100	79	73	87	85
江苏	10	2.4	156	37	50	99	39	48	64	62
浙江	11	2.1	18	32	59	87	4	42	75	52
安徽	12	1.6	9	27	31	68	2	35	40	36
福建	13	1.4	16	31	61	57	4	40	78	45
江西	14	0.9	5	31	29	37	1	40	36	28
山东	15	2.0	9	38	40	85	2	49	51	47
河南	16	1.0	2	26	30	44	0	34	39	29
湖北	17	1.7	25	36	40	72	6	46	51	44
湖南	18	1.3	2	32	33	54	1	42	42	35
广东	19	2.2	39	20	63	90	10	26	80	52
广西	20	0.7	2	23	34	31	1	29	43	26
海南	21	0.5	14	27	44	20	4	35	56	28
重庆	22	1.4	281	35	41	58	70	45	52	56
四川	23	1.5	10	25	32	61	3	32	40	34
贵州	24	0.6	2	17	29	25	1	22	36	21
云南	25	0.7	2	17	29	28	0	22	36	22
西藏	26	0.3	1	15	33	11	0	20	42	18
陕西	27	2.0	11	39	42	83	3	49	53	47
甘肃	28	1.1	2	22	31	45	1	28	39	28
青海	29	0.7	12	12	42	29	3	16	53	25
宁夏	30	0.8	40	22	40	32	10	28	51	30
新疆	31	0.5	29	19	44	22	7	25	55	27
香港	32	0.7	349	60	73	31	87	77	93	72
澳门	33	0.0	305	64	61	2	76	82	78	60
台湾	34	3.1	—	84	30	100	—	100	38	79
中国	73	2.0	14	27	42	83	3	34	54	44
高收入国家	132	2.4	400	78	79	100	100	100	100	100
中等收入国家	133	1.2	10	28	30	52	3	36	38	32
低收入国家	134	—	0	9	6	—	0	12	8	6
世界平均	135	2.1	71	32	36	89	18	41	45	48
参考值		2.4	400	77.9	78.7					

a. 指 R&D 经费/GDP(%)，其数据为 2005~2012 年期间最近年的数据。
b. 中国内地地区数据为估计值，为人均技术转让费用和人均技术进口费用的总和。
c. 中国内地地区为在校大学生占 18~21 岁人口比例，根据在校大学生人数和 2012 年人口普查数据计算。

附表 3-4-5　1980～2012 年中国地区综合现代化指数

地区	编号	1980[a]	1990[a]	2000[a]	2010[a]	2010[b]	2011[b]	2012[b]
北京	1	42	52	65	82	74	77	80
天津	2	36	43	50	70	67	70	73
河北	3	25	29	28	38	35	37	40
山西	4	26	31	32	43	40	41	43
内蒙古	5	27	31	30	42	38	41	43
辽宁	6	29	38	39	53	52	53	56
吉林	7	28	33	35	46	42	44	46
黑龙江	8	28	34	33	45	44	44	46
上海	9	42	49	62	76	73	75	76
江苏	10	28	32	35	59	53	56	61
浙江	11	23	31	36	58	55	57	59
安徽	12	22	24	27	39	33	35	38
福建	13	24	29	34	48	44	46	49
江西	14	23	26	29	38	31	33	35
山东	15	20	29	32	47	45	47	50
河南	16	19	25	25	36	32	34	37
湖北	17	25	30	33	46	42	44	47
湖南	18	22	26	30	40	35	37	39
广东	19	26	32	37	56	52	54	56
广西	20	22	25	28	34	30	32	34
海南	21	—	33	31	41	37	38	40
重庆	22	—	—	30	44	41	43	50
四川	23	21	28	30	40	36	37	40
贵州	24	19	23	24	33	26	27	29
云南	25	21	24	25	32	26	27	29
西藏	26	27	28	25	34	29	28	28
陕西	27	27	29	37	48	40	41	44
甘肃	28	17	26	27	36	29	31	33
青海	29	28	29	29	37	32	33	34
宁夏	30	25	29	29	38	34	36	39
新疆	31	26	31	30	38	33	35	36
香港	32	64	77	76	83	79	79	78
澳门	33	—	75	65	79	78	78	78
台湾	34	—	74	74	76	76	79	79
中国		23	28	32	48	40	41	44
高收入国家[c]		100	100	100	100	100	100	100
中等收入国家		52	48	43	42	34	35	36
低收入国家		28	38	24	22	15	15	16
世界平均		60	59	50	55	48	48	49

注：a. 采用综合现代化评价模型第一版的评价结果，以当年高收入国家平均值为参考值的评价。
　　b. 采用综合现代化评价模型第二版的评价结果，以 OECD 高收入国家平均值为参考值的评价，见技术注释。
　　c. 综合现代化评价模型第二版，高收入国家：OECD 国家中的高收入国家，2012 年为 32 个国家。

附表 3-4-6　1980～2012 年中国地区综合现代化指数的排名

地区	编号	1980[a]	1990[a]	2000[a]	2010[a]	2010[b]	2011[b]	2012[b]
北京	1	1	1	1	1	1	1	1
天津	2	3	3	3	3	3	3	3
河北	3	16	15	24	22	19	18	18
山西	4	12	11	13	15	15	15	16
内蒙古	5	9	12	16	16	16	16	15
辽宁	6	4	4	4	6	6	7	6
吉林	7	5	6	8	12	11	12	12
黑龙江	8	6	5	11	13	9	10	13
上海	9	2	2	2	2	2	2	2
江苏	10	8	8	9	4	5	5	4
浙江	11	19	10	7	5	4	4	5
安徽	12	22	28	26	20	23	23	22
福建	13	18	18	10	9	10	9	10
江西	14	20	25	21	24	26	26	25
山东	15	26	17	14	10	8	8	8
河南	16	28	27	28	27	24	24	23
湖北	17	17	14	12	11	12	11	11
湖南	18	23	24	20	18	20	19	20
广东	19	13	9	5	6	7	6	7
广西	20	21	26	25	28	27	27	26
海南	21	—	7	15	17	17	17	17
重庆	22	—	—	18	14	13	13	9
四川	23	24	22	19	19	18	20	19
贵州	24	27	30	31	30	30	30	29
云南	25	25	29	30	31	31	31	30
西藏	26	11	21	29	29	29	29	31
陕西	27	10	16	6	8	14	14	14
甘肃	28	29	23	27	26	28	28	28
青海	29	7	20	22	25	25	25	27
宁夏	30	15	19	23	21	21	21	21
新疆	31	14	13	17	23	22	22	24
香港	32							
澳门	33							
台湾	34							
中国								
高收入国家[c]								
中等收入国家								
低收入国家								
世界平均								

注：a. 采用综合现代化评价模型第一版的评价结果，以当年高收入国家平均值为参考值的评价。
　　b. 采用综合现代化评价模型第二版的评价结果，以 OECD 高收入国家平均值为参考值的评价，见技术注释。
　　c. 综合现代化评价模型第二版，高收入国家：OECD 国家中的高收入国家，2012 年为 32 个国家。